HANDBUCH DES GEOGRAPHIEUNTERRICHTS

HANDBUCH DES GEOGRAPHIEUNTERRICHTS

Gründungsherausgeber:
Helmuth Köck, Landau

Koordinierende Herausgeber:
Dieter Böhn, Würzburg; *Dieter Börsch*, Urbar; *Helmuth Köck*, Landau

Die Herausgeber der einzelnen Bände:
Dieter Böhn, Würzburg; *Dieter Börsch*, Urbar; *Wolf Gaebe*, Stuttgart;
Helmuth Köck, Landau; *Hartmut Leser*, Basel; *Heinz Nolzen*, Stegen; *Eberhard Rothfuß*, Passau;
Eike W. Schamp, Frankfurt/M.; *Diether Stonjek*, Georgsmarienhütte; *Wolfgang Taubmann*, Bremen

Wissensch. Redakteur:
Diether Stonjek, Georgsmarienhütte

Mitarbeiter:
Janine Ackermann, Basel; *Christel Adick*, Bochum; *Klaus Aerni*, Bern; *Mariam Akhtar-Schuster*, Hamburg; *Volker Albrecht*, Dietzenbach; *Thomas Ammerl*, München; *Ulrich Ante*, Würzburg; *Martina Backes*, Freiburg; *Gerhard Bahrenberg*, Bremen; *Jürgen Bähr*, Kiel; *Heiner Barsch*, Potsdam; *Timo Bartholl*, Eschborn; *Gerd Bauriegel*, Passau; *Ulrich Bichsel*, Zimmerwald; *Konrad Billwitz*, Greifswald; *Josef Birkenhauer*, Seefeld; *Ralf Bläser*, Köln; *Hans-Heinrich Blotevogel*, Bochum; *Hans Böhm*, St. Augustin; *Dieter Böhn*, Würzburg; *Dieter Börsch*, Urbar; *Michael Boßmann*, Bonn; *Toni Breuer*, Regensburg; *Ekkehard Buchhofer*, Marburg; *Hans Joachim Büchner*, Ingelheim; *Hans-Joachim Bürkner*, Erkner; *Jochen Bürkner*, Göttingen; *Martin Coy*, Innsbruck; *Holger Damm*, Osnabrück; *Veronika Deffner*, Passau; *Louis Degen*, Basel; *Christoph Dittrich*, Freiburg; *Axel Drescher*, Freiburg; *Florian Dünckmann*, Kiel; *Malcolm Dunn*, Potsdam; *Eckart Ehlers*, Bonn; *Edgar Enzel*, Mülheim-Kärlich; *Anton Escher*, Mainz; *Gerd Feller*, Bremen; *Gerd Förch*, Siegen; *Klaus Frantz*, Innsbruck; *Wolf Gaebe*, Stuttgart; *Folkwin Geiger*, Merzhausen; *Jörg Gertel*, Leipzig; *Klaus Gießner*, Eichstätt; *Hermann Goßmann*, St. Peter; *Peter Gräf*, Aachen; *Hans-Dieter Haas*, München; *Günter Haase*, Leipzig; *Friedhelm Hädrich*, Kirchzarten; *Berta Hamann*, Würzburg; *Judith Hampel*, Köln; *Roswita Hantschel*, Langen; *Josef Härle*, Wangen; *Markus Hassler*, Marburg; *Martin Hasler*, Bern; *Jürgen Hasse*, Bunderhee; *Günter Heinritz*, München; *Wilfried Heller*, Potsdam; *Werner Hennings*, Bielefeld; *Felicitas Hillmann*, Bremen; *Lutz Holzner*, Milwaukee; *Manfred Hommel*, Bochum; *Karin Horn*, Düsseldorf; *Jürg Hosang*, Basel; *Armin Hüttermann*, Marbach; *Dieter Jesgarz*, Meckenheim; *Volker Kaminske*, Pfinztal; *Franz-Josef Kemper*, Bonn; *Hans Kienholz*, Bern; *Gerhard Kirchlinne*, Bonn; *Rainer Klawik*, Kronberg; *Werner Klohn*, Vechta; *Peter Knoth*, Bonn; *Helmuth Köck*, Landau; *Frauke Kraas*, Köln; *Stefan Krätke*, Frankfurt/O.; *Thomas Krings*, Freiburg; *Eberhardt Kroß*, Bochum; *Fred Krüger*, Erlangen; *Brigitte Kugler*, Halle; *Wolfgang Kuls*, Bonn; *Rudolf Kunz*, Luzern; *Heinrich Lamping*, Frankfurt/M.; *Wolfgang Latz*, Linz; *Hans Dieter Laux*, Meckenheim; *Hartmut Leser*, Basel; *Harald Leisch*, Bonn; *Christoph Leusmann*, Bonn; *E. Lipinsky*, Bonn; *Ulrich Lipperheide*, Bonn; *Beate Lohnert*, Bayreuth; *Ronald Lübbecke*, Friedland; *Jörg Maier*, Bayreuth; *Verena Meier*, Basel; *Rolf Meincke*, Greifswald; *Bernhard Metz*, Teningen; *Werner Mikus*, Heidelberg; *Holger Möller*, Dresden; *Ingo Mose*, Vechta; *Detlef Müller-Mahn*, Bayreuth; *Jürgen Newig*, Flintbek; *Heinz Nolzen*, Stegen; *Wilfried Nübler*, Gundelfingen; *Helmut Nuhn*, Marburg; *Jürgen Oßenbrügge*, Hamburg; *Reinhard Paesler*, Gröbenzell; *Eberhard Parlow*, Basel; *Astrid Pennekamp-Berg*, Neumünster; *Gerd Ratz*, Weingarten; *Theo Rauch*, Bonn; *Johannes Rehner*, München; *Wolfgang Reimann*, Niederkassel-Rheidt; *Sybille Reinfried*, Zürich; *Armin Rempfler*, Wangen b. Olten; *Jochen Renger*, Eschborn; *Wolfgang Riedel*, Eckernförde; *Hans-Gottfried von Rohr*, Hamburg; *Ursula Rom*, Aachen; *Eberhard Rothfuß*, Passau; *Hans-Jörg Sander*, Königswinter; *Eike Wilhelm Schamp*, Frankfurt/M.; *Ludwig Schätzl*, Hannover; *Daniel Schaub*, Basel; *Jörg Scheffer*, Passau; *Irmgard Schickhoff*, Frankfurt/M.; *Konrad Schliephake*, Würzburg; *Karl-Ludwig Schmidt*, Frankenthal; *Wulf-Dieter Schmidt-Wulffen*, Hannover; *Fritz Schmithüsen*, Baden-Baden; *Rita Schneider-Sliwa*, Basel; *Fred Scholz*, Berlin; *Ulrich Scholz*, Gießen; *Kai Schrader*, Basel; *Hermann Schrand*, Münster; *Jürgen Schultz*, Aachen; *Heinz Schürmann*, Hahnheim; *Brigitta Schütt*, Berlin; *Astrid Seckelmann*, Bochum; *René Sollberger*, Basel; *Dietrich Soyez*, Köln; *Jörg Stadelbauer*, Freiburg; *Andreas Stamm*, Bonn; *Diether Stonjek*, Georgsmarienhütte; *Monika Suter*, Muttenz; *Wolfgang Taubmann*, Bremen; *Dietbert Thannheiser*, Hamburg; *Elke Tharun*, Frankfurt/M.; *Ulrich Theißen*, Dortmund; *Günter Thieme*, Königswinter; *Eckhard Thomale*, Karlsruhe; *Dieter Uthoff*, Stromberg; *Helmer Vogel*, Würzburg; *Karl Vorlaufer*, Bad Soden; *Stefan Waluga*, Bochum; *Jürgen Weber*, Bayreuth; *Hans-Joachim Wenzel*, Osnabrück; *Herbert Wetzler*, Staufen; *Hans-Wilhelm Windhorst*, Vechta; *Klaus Windolph*, Hannover; *Wilfried Wittenberg*, Karlsruhe; *Christoph Wüthrich*, Basel

AULIS VERLAG DEUBNER · KÖLN

HANDBUCH DES GEOGRAPHIE-UNTERRICHTS

BAND 9
GLOBALE VERFLECHTUNGEN

Herausgegeben von:
Eike W. Schamp

Verfasst von:
*Ralf Bläser, Hans-Joachim Bürkner, Malcolm Dunn, Anton Escher, Wolf Gaebe, Peter Gräf,
Judith Hampel, Markus Hassler, Wilfried Heller, Werner Hennings, Rainer Klawik, Stefan Krätke,
Eberhardt Kroß, Ronald Lübbecke, Helmut Nuhn, Jürgen Oßenbrügge, Eike W. Schamp,
Dietrich Soyez, Andreas Stamm, Karl Vorlaufer*

AULIS VERLAG DEUBNER · KÖLN

Bibliografische Information Der Deutschen Bibliothek

Die Deutsche Bibliothek verzeichnet diese Publikation
in der Deutschen Nationalbibliografie;
detaillierte bibliografische Daten sind im Internet
unter *http://dnb.ddb.de* abrufbar.

Zu den Autoren

Bläser, Ralf, Dr.
Geographisches Institut der Universität Köln

Bürkner, Hans-Joachim, Prof. Dr.
IRS, Institut für Regionalentwicklung und
Strukturplanung Erkner

Dunn, Malcolm, Prof. Dr.
Professur für Wirtschaftspolitik der Universität Potsdam

Escher, Anton, Prof. Dr.
Geographisches Institut der Universität Mainz

Gaebe, Wolf, Prof. Dr.
Institut für Geographie der Universität Stuttgart

Gräf, Peter, Prof. Dr.
Geographisches Institut der RWTH Aachen

Hampel, Judith
Köln

Hassler, Markus, Prof. Dr.
Fachbereich Geographie der Universität Marburg

Heller, Wilfried, Prof. Dr.
Institut für Geographie der Universität Potsdam

Hennings, Werner, Prof. Dr.
Oberstufen-Kolleg, Universität Bielefeld

Klawik, Rainer, Dr.
Kronberg

Krätke, Stefan, Prof. Dr.
Lehrstuhl Wirtschafts- und Sozialgeographie,
Europa-Universität Viadrina, Frankfurt/Oder

Kroß, Eberhardt, Prof. Dr.
Geographisches Institut der Ruhr-Universität Bochum

Lübbecke, Ronald, Dr.
Friedland

Nuhn, Helmut, Prof. Dr.
Fachbereich Geographie der Universität Marburg

Oßenbrügge, Jürgen, Prof. Dr.
Institut für Geographie der Universität Hamburg

Schamp, Eike W., Prof. Dr.
Institut für Humangeographie
der Universität Frankfurt/Main

Soyez, Dietrich, Prof. Dr.
Geographisches Institut der Universität Köln

Stamm, Andreas, Dr.
Deutsches Institut für Entwicklungspolitik DIE Bonn

Vorlaufer, Karl, Prof. Dr.
Bad Soden a.T.

Das vorliegende Werk wurde sorgfältig erarbeitet. Dennoch übernehmen Autoren, Herausgeber und Verlag für die
Richtigkeit von Angaben, Hinweisen und Ratschlägen sowie für eventuelle Druckfehler keine Haftung.

Best.-Nr. 8109
© AULIS VERLAG DEUBNER · KÖLN · 2008
Einbandgestaltung: Atelier Warminski, Büdingen
Satz: Verlag
Zeichnungen: Ömer Alpaslan
Druck und Weiterverarbeitung: Hans Kock Buch- und Offsetdruck GmbH, Bielefeld
ISBN 978-3-7614-2393-6

Inhaltsverzeichnis

1	**Einführender Teil**	1
1.1	Globale Verflechtungen in der geographischen Forschung (*Eike W. Schamp*)	1
1.1.1	Weltbilder, weltweite räumliche Arbeitsteilung und globale Verflechtungen	1
1.1.2	Globale Verflechtungen im Spiegel geographischer Werke	4
1.1.3	Dimensionen globaler Verflechtung in der aktuellen geographischen Forschung	6
1.2	Globalisierung als Thema des Geographieunterrichts (*Eberhard Kroß*)	8
1.2.1	Globalisierung – ein neues Unterrichtsthema?	8
1.2.2	Globalisierung in didaktischer Perspektive	10
1.2.3	Globales Lernen als Antwort auf Globalisierung	13
1.2.4	Der wirtschaftsgeographische Beitrag zum Globalen Lernen	15
1.3	Entgrenzung, Regionalisierung und Raumentwicklung im Diskurs der Moderne (*Jürgen Oßenbrügge*)	19
1.3.1	Globale Verflechtungen in ihren raumzeitlichen Konfigurationen	21
1.3.1.1	Raum-Zeit 1: Zeitliche Rhythmen und zentral-periphere Strukturierungen	21
1.3.1.2	Raum-Zeit 2: Territoriale Ent- und Begrenzungen im Diskurs der Moderne	23
1.3.2	Ent- und Begrenzungen in internationalen Beziehungen: Geopolitischer Realismus oder globalistische Interdependenz?	27
1.3.2.1	Traditionen des territorialstaatlichen Denkens in Politik und Geographie: Rivalität zwischen Staaten, Realismus und Geopolitik	27
1.3.2.2	Globale Verflechtungen, politische Interdependenz und Auflösung der territorialstaatlichen Perspektive	28
1.3.3	Globale Verflechtungen und regionale Ungleichheiten: Raumzeitliche Logiken kapitalistischer Entwicklung	30
1.3.3.1	Räumliche Arbeitsteilung und lange Wellen: Dependenz- und Weltsysteme	30
1.3.3.2	Die gegenwärtige Flexibilisierung dependenter Strukturen	33
1.3.4	Poststrukturalismus und kritische Moderne	35
2	**Allgemeingeographischer Teil**	37
2.1	Theoretische Ansätze zur Erklärung internationaler Arbeitsmigration und ihr Beitrag zur Diskussion um globale Verflechtungen (*Hans-Joachim Bürkner* und *Wilfried Heller*)	37
2.1.1	Einleitung: Von makro- und mikroanalytischen zu mesoanalytischen Erklärungsansätzen	37
2.1.2	Makroanalytische Ansätze	38
2.1.2.1	Push-Pull-Ansatz	38
2.1.2.2	Neoklassische Ökonomie und ihre Perspektive auf internationale Migration	38
2.1.2.3	Dependenztheoretischer Ansatz	39
2.1.2.4	Weltgesellschaftsansatz	39
2.1.2.5	Weltsystemtheorie	40
2.1.2.6	Global-City-Forschung	41
2.1.3	Mikroanalytische Ansätze	41
2.1.4	Die Meso-Ebene	42
2.1.4.1	Netzwerkansatz	42
2.1.4.2	Ansatz „Migrationssysteme"	44
2.1.4.3	Ansatz „Soziales Kapital"	45
2.1.4.4	Ansatz „Transnationale Migration/Transnationale Soziale Räume"	46
2.1.5	Resümee	47

2.2	Systeme globaler Kommunikation	48
2.2.1	Globalisierung des Verkehrs und weltweite Vernetzung (*Helmut Nuhn*)	48
2.2.1.1	Funktion und Bedeutung des Transportsektors für den Globalisierungsprozess	48
2.2.1.2	Technologische Innovationen im Transportsektor	51
2.2.1.3	Restrukturierung der Transportkette	53
2.2.1.4	Strategische Allianzen zum Aufbau von Transportnetzen	55
2.2.1.5	Internationalisierung des Transportgeschehens im Seeverkehr	58
2.2.1.6	Fazit und Ausblick	61
2.2.2	Globale IuK-Vernetzungen (*Peter Gräf*)	62
2.2.2.1	Grundlagen	62
2.2.2.2	Die globale Komponente	63
2.2.2.3	Nutzung, Raum und Standortcluster	66
2.2.2.4	Netze und neue Standorttypen	70
2.2.3	Globale Finanzmärkte (*Eike W. Schamp*)	72
2.2.3.1	Globale Finanzsysteme im Wandel	72
2.2.3.2	Globale Finanzströme	75
2.2.3.3	Globale Finanzplätze und ihre Akteure	79
2.2.3.4	Finanzströme und Produktionswelten	82
2.2.4	Gegenspieler: Transnationale NGOs als glokale Verflechtungsakteure (*Ralf Bläser* und *Dietrich Soyez*)	84
2.2.4.1	Einleitung	84
2.2.4.2	Transnationale NGOs als gesellschaftliche Produktivkräfte	87
2.2.4.3	NGOs als Forschungsobjekte der Geographie	90
2.2.4.4	Ausblick	95
2.3	Systeme globaler Ströme von Waren und Dienstleistungen	95
2.3.1	Internationaler Handel mit Waren und Dienstleistungen (*Wolf Gaebe*)	95
2.3.1.1	Internationaler Waren-Handel	95
2.3.1.2	Internationaler Handel mit Dienstleistungen	102
2.3.2	Tourismus und globale Verflechtungen: Determinanten, Entwicklungs- und Raummuster (*Karl Vorlaufer*)	105
2.3.2.1	Grundlagen und Muster der Expansion des internationalen Tourismus	105
2.3.2.2	Die raumzeitliche Entfaltung und Verbreitung des Welttourismus	110
2.3.2.3	Tourismuspolitik und -förderung als Determinante des Welttourismus	112
2.3.2.4	Reisedevisenbilanzen - ihre außenwirtschaftliche Bedeutung	115
2.3.2.5	Tourismus und globale Umweltbelastungen	115
2.4	Ökonomische Erklärungsansätze	116
2.4.1	Globalisierung: Wachstumsmotor oder Wachstumshemmnis? Die Globalisierungsdiskussion im Spiegel der reinen und monetären Außenwirtschaftstheorie (*Malcolm Dunn*)	116
2.4.1.1	Einleitung	116
2.4.1.2	Unternehmen und Staaten als Akteure der Globalisierung	117
2.4.1.3	Globale Verflechtungen aus der Perspektive der reinen Außenwirtschaftstheorie	118
2.4.1.4	Die Globalisierung aus der Perspektive der monetären Außenwirtschaftstheorie	122
2.4.1.5	Schlussbetrachtung und Ausblick	124
2.4.2	Auslandstätigkeiten von Transnationalen Unternehmen (*Wolf Gaebe*)	125
2.4.2.1	Von der Internationalisierung zur Globalisierung	125
2.4.2.2	Erklärungsansätze für Auslandstätigkeiten	131
2.4.2.3	Globale Wertketten	134

2.5	Global City und Globalizing Cities (*Stefan Krätke*)	141
2.5.1	Ansätze zur Analyse der Global City im internationalen Städtesystem	141
2.5.1.1	Funktionale Klassifikation und Hierarchie	142
2.5.1.2	Saskia Sassens Konzept und seine Begrenzungen	143
2.5.1.3	Die Rolle des Finanzsektors	144
2.5.2	Global Cities in ökonomisch-funktionalen Rangordnungen des Städtesystems	145
2.5.3	Global Cities als Standortzentren der Anbieter von globalen Dienstleistungen	148
2.5.4	Sozialräumliche und kulturelle Aspekte von „Globalizing Cities"	152
3	**Regionalgeographischer Teil**	154
3.1	Prozesse der Arbeitsmigration zwischen Mexiko und den USA (*Hans-Joachim Bürkner*)	154
3.1.1	Die Arbeitsmigration Mexiko–USA als Beispiel für Verflechtungsprozesse innerhalb von großräumigen Migrationssystemen	154
3.1.2	Entwicklung der Arbeitsmigration Lateinamerika–USA	154
3.1.2.1	Allgemeine Entwicklungstendenzen	154
3.1.2.2	Struktur der Migrantengruppen	156
3.1.3	Verflechtungsaspekte der Arbeitsmigration Mexiko-USA	158
3.1.3.1	Beschäftigung, Arbeitsmärkte und Migrantenökonomien	158
3.1.3.2	Einwanderungspolitik, „illegale" Migration und variable Grenzregime	160
3.1.3.3	Monetäre Aspekte der Arbeitsmigration: Rimessen und Investitionen	161
3.1.3.4	Migrantennetzwerke und transnationale soziale Räume	162
3.1.3.5	Probleme der politischen Repräsentation der Zuwanderer in den USA unter dem Vorzeichen transnationaler Verflechtungen	163
3.1.4	Resümee	164
3.2	Das globale Netzwerk syrischer Familien in der Karibik (*Anton Escher*)	164
3.2.1	Theoretische Überlegungen zum globalen Netzwerk von Familien	166
3.2.2	Die syrische Familie Fares Hadeed auf der karibischen Insel Antigua	166
3.2.3	Amar al-Hosn, das Zentrum des Netzes, ein Dorf in der Arabischen Republik Syrien	168
3.2.4	Amar al-Hosn, das globale Clan-Dorf	172
3.2.5	Die Zugehörigkeit zu Organisationen und Institutionen	173
3.2.6	Die Verdichtung der Identität im Netz der Diaspora	174
3.3	Die Globalisierung der Tourismuswirtschaft: Muster, Strategien, Netzwerke (*Karl Vorlaufer*)	175
3.3.1	Die horizontale und vertikale Integration der Tourismuswirtschaft	177
3.3.2	Globale Computer-Reservierungs-Systeme	186
3.3.3	Fluggesellschaften	187
3.3.4	Die transnationale Hotellerie	188
3.3.4.1	Filialisierungs-Strategien	193
3.3.4.2	Produktstrategien und Marktsegmentierung	194
3.3.5	Globalisierungs- und Unternehmenskultur	195
3.3.6	Globalisierung und Regionalisierung	196
3.4	Die exportorientierte Bekleidungsindustrie Indonesiens in globalen Produktionsnetzwerken (*Markus Hassler*)	197
3.4.1	Exporte und räumliche Strukturen der indonesischen Bekleidungsindustrie	198
3.4.2	Die Organisation der indonesischen Exportproduktion	202
3.4.3	Makro-regionale Produktionsnetzwerke	205
3.4.4	Die Organisation der Produktion und Wissenstransfers	206

3.4.5	Herkunft und regionale Zusammensetzung der Arbeitskräfte	208
3.4.6	Fazit	209
3.5	International vernetzte Hochschulen als Ausgangspunkt technologischer Innovationsprozesse in Entwicklungsländern – Fallbeispiel Costa Rica (*Andreas Stamm*)	210
3.5.1	Globalisierung von Technologie und Innovation unter Ausschluss der Entwicklungsländer?	210
3.5.2	Technologische „Protocluster" in Lateinamerika	211
3.5.3	International ausgerichtete Softwareproduktion an einem peripheren Standort: Fallstudie Costa Rica	213
3.5.4	Akteure bei der Herausbildung der costaricanischen Softwareindustrie	214
3.5.4.1	Die zentrale Rolle der technischen Hochschule	215
3.5.4.2	Die Investition von Intel als Katalysator der innovativen Dynamik	215
3.5.4.3	Genese und Selbstorganisation eines technologischen Protoclusters an einem peripheren Standort	217
3.5.5	Ansatzpunkte für nachholende Technologieentwicklung in Entwicklungsländern	219
3.6	Transnationale NGOs im War of the Woods in British Columbia, Kanada (*Dieter Soyez*)	220
3.6.1	Ressourcenperipherien	220
3.6.1.1	Ressourcenperipherien als umstrittene Räume	221
3.6.1.2	Das Beispiel der kanadischen Provinz British Columbia (B.C.)	221
3.6.1.3	Die Küstenwälder British Columbia's: Naturressourcen oder Natur als Ressource?	222
3.6.2	Zur Transnationalisierung des Clayoquot-Konflikts unter Einfluss und Mitwirkung transnationaler NGOs	224
3.6.2.1	Phasen	224
3.6.2.2	Themen	226
3.6.2.3	Akteure	227
3.6.3	Clayoquot und die Rolle transnationaler NGOs aus geographischer Sicht	228
3.6.3.1	Raumüberwinder	228
3.6.3.2	Weltenverknüpfer	229
3.6.3.3	Standortprofiteure	229
3.6.3.4	Raumproduzenten	230
3.6.4	Ausblick	232
4	**Unterrichtspraktischer Teil**	**233**
4.1	Globales Lernen im Geographieunterricht (*Eberhard Kroß*)	233
4.2	Das Internet – Globale Kommunikation und ihre Wirkungen (*Rainer Klawik*)	234
4.2.1	Didaktische Überlegungen zur Unterrichtsreihe	234
4.2.2	Allgemeine Lernziele der Unterrichtsreihe	235
4.2.3	Erstes Teilthema: Die Entstehung und globale Verbreitung des Internet	236
4.2.3.1	Didaktische Überlegungen	236
4.2.3.2	Lernziele	236
4.2.3.3	Stundenverlauf	236
4.2.3.4	Mögliche Hausaufgabe und Lösungen	241
4.2.4	Zweites Teilthema – Der „Digitale Graben"	241
4.2.4.1	Didaktische Überlegungen	241
4.2.4.2	Lernziele	242
4.2.5	Drittes Teilthema – Das Internet und die globale Arbeitsteilung	243
4.2.5.1	Didaktische Überlegungen	243

4.2.5.2	Lernziele	244
4.2.6	Viertes Teilthema: Das Internet als Kommunikationsweg transnationaler sozialer Bewegungen	248
4.2.6.1	Didaktische Überlegungen	248
4.2.6.2	Lernziele	249
4.3	Air Cargo – ein Baustein der Globalisierung (*Ronald Lübbecke*)	254
4.3.1	Begründung und Strukturierung	254
4.3.2	Materialien	257
4.4	Die globale Banane (*Judith Hampel*)	281
4.4.1	Begründung des Themas	281
4.4.2	Das Konzept der globalen Warenkette – übertragbar auf den Bananenhandel?	281
4.4.3	Mögliche Strukturierung	283
4.4.4	Materialien und mögliche Aufgaben	286
4.4.4.1	Die Geschichte der Banane	286
4.4.4.2	Die Banane: Die Pflanze, ihre Krankheiten und die Folgen des Einsatzes von Pestiziden und Düngemitteln	287
4.4.4.3	Soziale Folgen des Bananenhandels	291
4.4.4.4	Der Weg der Banane von der Plantage bis in den Supermarkt	294
4.4.4.5	Veränderungen auf dem Bananenmarkt – die globale Warenkette in der Praxis	295
4.4.4.6	Marken	300
4.4.4.7	Die Bananenmarktordnung	301
4.4.4.8	Vergleich von Bananen-Produktionsländern und nach Deutschland exportierenden Ländern	305
4.4.4.9	Vergleich der globalen Warenkette in der Lebensmittelindustrie und der Bekleidungsindustrie	306
4.5	Globalisierung „am Rande der Welt". Modernisierung und Integration West Samoas in den Weltmarkt als konzertierte Aktion 'strategischer Gruppen'. Eine Unterrichtseinheit für die Sekundarstufe II (*Werner Hennings*)	308
5	Literatur	333
6	Glossar	355
7	Register	365

Gliederung des Gesamtwerkes

HANDBUCH DES GEOGRAPHIEUNTERRICHTS

Band 1: Grundlagen des Geographieunterrichts
Herausgeber Helmut Köck

Band 2: Bevölkerung und Raum
Herausgeber Dieter Börsch

Band 3: Industrie und Raum
Herausgeber Wolf Gaebe

Band 4: Städte und Städtesysteme
Herausgeber Helmut Köck

Band 5: Agrarwirtschaftliche und ländliche Räume
Herausgeber Wolfgang Taubmann

Band 6: Freizeit und Erholungsräume
Herausgeber Diether Stonjek

Band 7: Politische Räume – Staaten, Grenzen, Blöcke
Herausgeber Jörg Stadelbauer

Band 8: Entwicklungsländer (Teilbände I und II)
Herausgeber Dieter Böhn und Eberhard Rothfuß

Band 9: Globale Verflechtungen
Herausgeber Eike W. Schamp

Band 10: Physische Geofaktoren (Teilbände I und II)
Herausgeber Heinz Nolzen

Band 11: Umwelt: Geoökosysteme und Umweltschutz
Herausgeber Helmut Leser

Band 12: Geozonen (Teilbände I und II)
Herausgeber Heinz Nolzen

1 Einführender Teil

1.1 Globale Verflechtungen in der geographischen Forschung
(Eike W. Schamp)

Die weltumspannende Kenntnis über ferne Orte und die Nutzung dieser Kenntnis für ökonomisches und politisches Handeln gehören seit fünfhundert Jahren zum Bestand moderner Gesellschaften. Durch die Entdeckung der neuen Welten seit dem 15. und 16. Jahrhundert wurde eine Revolution des Denkens ausgelöst, die bis heute wirkt. Das machen die Werke deutlich, mit denen Kartographen seinerzeit die (neue) Welt darzustellen und verständlich zu machen suchten (*Tinacci Mondello* et al. 2005). Seitdem ist die Vorstellung, dass es nur eine Welt gebe, die durch viele Verflechtungen im weltweiten Maßstab zusammengehalten werde, für Sozialwissenschaftler vertraut. Wenn aber z. B. *Giddens* (1995, S. 84) heute feststellt: „Die Moderne ist in ihrem inneren Wesen auf Globalisierung angelegt", dann meint er eine neue und andere Art der Moderne in der Gegenwart. Das Verständnis von Globalisierung als einer „Intensivierung weltweiter sozialer Beziehungen" (*Giddens* 1995, S. 85), die in dieser Art nie zuvor bestand, bewirkt heute wieder eine Revolution des Denkens unter Sozialwissenschaftlern – und unter ihnen auch von Geographen. Es wäre zu einfach, dies allein auf die Erfindung und Nutzung neuer Technologien zurückzuführen. Die Einführung neuer Technologien – insbesondere der Dampfkraft und des Telegrafen im 19. Jahrhundert – kann auch früher schon als eine Quelle der Globalisierung angesehen werden. Doch die mit dem Internet verbundene Informationsrevolution hat andere, grundlegendere Konsequenzen. Faktisch ist nun jeder Ort und jeder Mensch in ‚weltweite' Beziehungen eingebunden, und das erfordert und generiert neue Welt-Bilder und Denkmuster. Das Interesse des Geographen wird von einer territorialen Perspektive, die auf Orte und Regionen und deren Strukturen gerichtet ist, auf das Erkennen und die Analyse von weltweiten Beziehungsmustern, Verflechtungen und Prozessen gelenkt. Bestimmte Verflechtungsmuster im ‚globalen' Maßstab treten in den Vordergrund, sie gilt es zu erklären. Das ist der Gegenstand dieses Bandes.

Verflechtungssysteme im Sinne dieses Bandes meinen einen Austausch von Waren, Geld, Informationen oder Menschen zwischen weit entlegenen Orten auf der Welt. Zwar hat es Interaktionen und Austausch auf der Welt schon seit Jahrtausenden gegeben. Doch die Art des Austausches wird heute von anderen gesellschaftlichen Bedingungen eines hoch entwickelten Kapitalismus bestimmt, in denen der Verfügbarkeit ökonomischer Ressourcen und der Wirkung ökonomischer Steuerung eine zentrale Rolle zukommt. Die neue Art der weltweiten gesellschaftlichen und räumlichen Arbeitsteilung und deren politische und ökonomische Strukturierung bewirken spezifische Systeme globaler Verflechtungen und damit letztlich das, was man heute unter Globalisierung versteht (*Giddens* 1995, S. 93). Orte und Regionen, der ursprüngliche Erkenntnisgegenstand der Geographie, werden hierin zu Verortungen aktiv gestaltender und (passiv?) erleidender Akteure in ‚globalen' Verflechtungen und als solche in ‚Globalisierung' eingebettet. Das erklärt den Fokus dieses Bandes auf vornehmlich ökonomische Verflechtungen zwischen territorialen Einheiten und deren Einbettung in politische, gesellschaftliche und diskursive Zusammenhänge.

1.1.1 Weltbilder, weltweite räumliche Arbeitsteilung und globale Verflechtungen

Allenthalben spricht man heute von Globalisierung als dem vorherrschenden gesellschaftlichen Prozess, durch den die lokale Welt immer weniger zukunftssicher und immer stärker ‚von außen' beeinflusst verstanden wird. Das lässt vermuten, dass die Felder und die geographischen Reichweiten globaler Verflechtungen sowie ihre Wirkungen auf Lokalitäten und Regionen heute anders – sprich: komplexer – geworden sind als früher. *Peter Dicken* (2003, S. 7) fragt rhetorisch zu Beginn seines Lehrbuches: „Something is happening out there – but what is it?" Ganz offensichtlich wird die Debatte um eine 'globale' Welt und deren globale Verflechtungen vom Verständnis einer Historizität geprägt. Für eine fundierte Auseinandersetzung mit den veränderten Perspektiven steht das folgende Kap. 1.3. Hier genügt es, zunächst eine Zeitperspektive einzunehmen, in der realwirtschaftliche Prozesse mit unterschiedlichen Verständnissen der jeweils herrschenden ‚Welt' verknüpft werden.

Die Entwicklung der Weltwirtschaft aus der Perspektive ihres Austausches von Wirtschaftsgütern und ihrer Produktionsfaktoren ist seit langem Gegenstand von Wirtschaftswissenschaftlern einschließlich der Wirtschaftshistoriker und der Wirtschaftsgeographen. Sie lässt sich als ein zunehmendes Ausgreifen der regionalen Austauschverhältnisse auf der Welt sowohl im geographischen als auch gesellschaftlichen Sinne verstehen. Abb. 1.1/1 stellt ein vereinfachtes Schema der Phasen der Weltwirtschaft seit Beginn der Ersten Industrialisierung vor. Die Begründungen sollen an dieser Stelle nicht diskutiert werden (vgl. Kap. 1.3). Die Abbildung ist der beschreibende Versuch, die Veränderung der gesellschaftlichen Strukturen, und hier besonders derjenigen von Produktion und Konsumtion, in einem Weltsystem zu systematisieren, indem die Art der vorherrschenden Verflechtungssysteme zur bestimmenden Dimension gewählt wird; sie ist kumulativ zu verstehen und zeigt, wie im Zeitverlauf ökonomische Güter – und die entsprechenden Produktions- und Konsumtionsorte – zunehmend in die weltwirtschaftliche Arbeitsteilung eingebunden werden und diese damit vertiefen.

Phasen-Schemata dieser Art spiegeln zunächst nur den Stand der Diskussion in den Gesellschaftswissenschaften der 1960er bis 1980er Jahre wider. Sie bergen aber auch den Kern einer gegenwärtigen Debatte, vor allem in den Wirtschaftswissenschaften, der Wirtschaftsgeschichte und der Politikwissenschaft, ob und inwieweit die gegenwärtig als ‚Globalisierung' bezeichnete Phase wirklich neu ist und sich dem zufolge auch die Verflechtungen nach Art, Qualität und Wirkung zu früheren Epochen unterscheiden. Diese Annahme wird keineswegs allseitig akzeptiert. Vielmehr haben sich nach *Held* u. a. (1999, vgl. auch *Bathelt/Glückler* 2002,

Abb. 1.1./1:
Vorstellungen über die Entwicklung der Weltwirtschaft, gemessen an vorherrschenden ökonomischen Verflechtungen zwischen Regionen in der Weltwirtschaft (nach *Baade* 1969, *Borner* 1984, ergänzt)

Zentrum-Peripherie-Modell des Welthandels (Industrie-/Entwicklungsländer; ‚alte' Globalisierung)

1750-1850	Handel in Massengütern zur Rohstoffbeschaffung der neuen Industrien in aufkommenden Industrieländern (bes. Baumwolle)
ab 1850	Handel in Massengütern zur Versorgung der Bevölkerung in den sich schnell urbanisierenden Regionen der Industrieländer (bes. Weizen)
ab 1870	Handel in Massengütern zur Versorgung der industriell-urbanen Räume mit Energie (zunächst Kohle, ab ca. 1920 Rohöl)

Zentrum-Zentrum- und Zentrum-Peripherie-Modell der Weltwirtschaft (zusätzlich Austausch unter ‚Gleichen'; Beginn einer ‚neuen' Globalisierung)

ab 1950	Handel in spezialisierten Industriewaren (zunächst Fertigwaren, später immer mehr Zwischenprodukte und Investitionsgüter; der Welthandel wächst schneller als die Weltproduktion)
ab 1960/70	Austausch von Direktinvestitionen (die Direktinvestitionen wachsen schneller als Weltproduktion und Welthandel)
ab 1980	Austausch von Finanzkapital (u.a. durch neue Akteure wie Pensionsfonds, Versicherungen) und von unternehmensbezogenen Dienstleistungen
ab 1990/2000	Austausch von ‚Wissen' (z.B. in Netzwerken von Kompetenz- und Exzellenz-Zentren)

Dicken 2003) drei verschiedene Grundpositionen in der Diskussion der letzten Jahre entwickelt: die skeptische, die radikale und eine ‚inkrementale' Beurteilung dessen, was die Gegenwart von der Vergangenheit unterscheidet. Die Auseinandersetzung zwischen Vertretern der skeptischen und Vertretern der radikalen Perspektive, dass Globalisierung im Vergleich zum 19. Jahrhundert keineswegs neu sei, hat letztlich zur Schärfung der Dimensionen des Neuen im ausgehenden 20. und beginnenden 21. Jahrhundert beigetragen.

In der Sicht eines der führenden Ökonomen der Weltbank, *Paul Streeten*, unterscheidet sich die gegenwärtige Globalisierung vollständig von derjenigen des 19. Jahrhunderts. Wenn ökonomische Integration der Weltwirtschaft bedeutet, dass Wirtschaftssubjekte geringere Barrieren für ökonomisches Handeln vorfinden, mit dem sie nationale Grenzen überschreiten, dann war die Weltwirtschaft – besser die Regionen, die daran Anteil hatten – im 19. Jahrhundert weiter integriert als heute: Flüsse von Waren und Kapital und Migration von Menschen waren freier als heute. So zitiert schon *Baade* (1969, S. 39) Stefan Zweigs ‚Abschied von Wien', in dem dieser auf die völlige Reisefreiheit – ohne Pass und Visum – vor 1914 hinwies. *Streeten* (2001) entscheidet sich daher, die Globalisierung im 19. Jahrhundert als eine ‚Integration' der Weltwirtschaft zu bezeichnen, während er das gegenwärtige Zeitalter das der weltweiten ‚Interdependenz' von Wirtschaftsgebieten nennt. Der Handel ist heute durch nicht-tarifäre Handelshemmnisse, Wirtschaftsgemeinschaften usf. weniger ‚frei' als früher; die Teilhabe der Entwicklungsländer an den Vorteilen der Weltwirtschaft ist äußerst ungleichmäßig; Direktinvestitionen machen im Vergleich zu früher einen geringeren Anteil an den Investitionen eines Landes aus und sind auch noch auf wenige Länder der Triade ausgerichtet; gegen internationale Migration bestehen erhebliche Barrieren in den meisten Ländern; das gegenwärtige Übergewicht von intra-industriellem bzw. sogar Intra-Unternehmens-Handel macht jede Region als Produktionsraum gegenüber einer Unterbrechung dieses Handels weit empfindlicher als früher. *Streeten* sieht daher – entgegen dem in vielen Texten herausgestellten Wachstum globaler Verflechtungen im Warenhandel, beim Tourismus oder bei den Direktinvestitionen und auf den Kapitalmärkten (vgl. die entsprechenden Kapitel dieses Bandes) – die gegenwärtige Weltwirtschaft zwar als stärker interdependent als jemals zuvor, jedoch als besonders fragmentiert an (vgl. auch *Bordo* u. a. 2003). Eine Übereinstimmung mit dem Konzept der ‚fragmentierenden' Entwicklung in der auf Entwicklungsländer orientierten Geographie ist unübersehbar (*Scholz* 2004).

Historische Studien haben dagegen aufgezeigt, dass das für die aktuelle Globalisierung kennzeichnende besondere Zusammenrücken der Welt, das auch in der Geographie gerne mit dem „death of distance" (*Cairncross* 2001) oder der „time/space compression" (*Harvey* 1989) bezeichnet wird, bereits zur vorherrschenden Wahrnehmung der Globalisierung im 19. Jahrhundert gehörte. So sind nicht einzelne Dimensionen, sondern die Vorstellung, dass das ganze Weltsystem sich verändert habe, grundlegend für die heute vorherrschende Sicht, dass die aktuelle Globalisierung neu – d. h. anders als früher – sei und sich zugleich stetig verändere.

Held u. a. (1999, S. 15 f.) nennen die folgenden Dimensionen dieser Globalisierung:
– eine – nicht allein topographisch gemeinte – Dehnung von gesellschaftlichen, politischen und ökonomischen Interaktionen über bestehende (geographische) Grenzen hinaus („stretching"),
– eine deutliche Intensivierung der weltweiten Interaktionen nach Umfang und Vielfalt der Interaktionsmuster („intensification"), welche diesem Band vor allem den Gegenstand geben,
– eine Beschleunigung von Interaktionen und den Prozessen, die diese auslösen („speeding up"), durch eine Intensivierung und Ausweitung globaler Erreichbarkeiten,
– und die daraus folgende Wirkung („impact") von entfernten Bedingungen auf lokale Entwicklung und von lokalen Prozessen auf globale Orte.

Diese Konzeptualisierung hat nun unmittelbare Konsequenzen für eine geographische Betrachtung der Welt. Einerseits bezeichnen stretching, intensification und speeding up Dimensionen von Interaktionen und sagen mithin etwas über globale Verflechtungssysteme aus. Andererseits erfolgt als Konsequenz aus veränderten Strömen eine Veränderung der räumlichen Arbeitsteilung der Welt – und umgekehrt, neue Standorte können sich besser bzw. anders in die arbeitsteilige Weltwirtschaft einbringen.

Analysen der Weltwirtschaft (vgl. Kap. 1.1.2) legen ihren Gegenstand gerne in thematischen Weltkarten of-

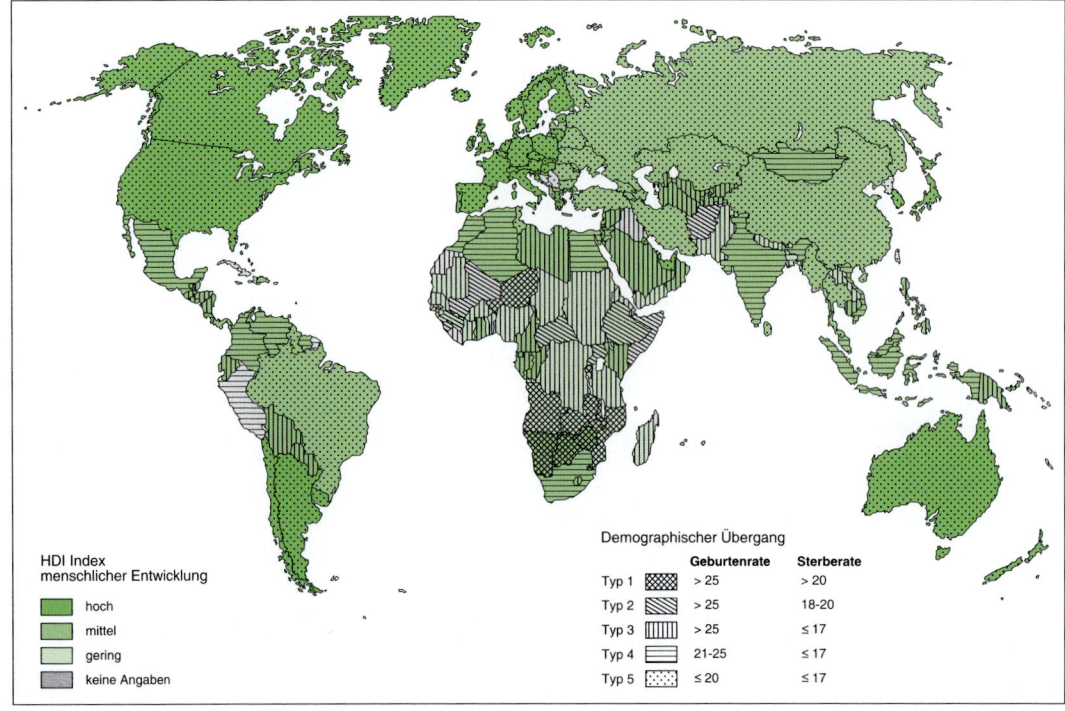

Abb. 1.1/2:
Reiche und arme Welt zu Beginn des 21. Jahrhunderts
Quellen: UNDP 2001, *Knox/Agnew/McCarthy* 2003, S. 41

fen. Sie zeigen in der Regel, dass der allgemeine Mechanismus des Kapitalismus, uneven development zu bewirken, nicht aufgehoben ist. Die Weltkarte menschlicher Entwicklung – hier gemessen mit dem Human Development-Index und der aktuellen Stellung der demographischen Transformation von Gesellschaften (vgl. *Knox/Agnew/McCarthy* 2003) – bleibt über lange Zeitperioden erstaunlich unverändert (Abb. 1.1/2), auch wenn sich zugleich Art, Umfang und Wege globaler Verflechtungen in einer Weise ändern, dass für bestimmte Orte und Regionen der Eindruck von Volatilität, Reversibilität und Fragmentierung entsteht.

Die – auch diesem Band zugrunde liegende – Ansicht sieht Globalisierung als eine gegenwärtige Epoche in einem lang anhaltenden Veränderungsprozess welt-gesellschaftlicher Systeme, die sich durch bestimmte Eigenschaften von früheren Epochen unterscheidet. Autoren, die diese Meinung vertreten, werden von *Held* u. a. als ‚Transformalisten' bezeichnet. In ihrer Sicht ist Globalisierung ein lang anhaltender historischer Prozess, in dem es zu Widersprüchen zwischen den entgrenzenden und begrenzenden Tendenzen – wie *Oßenbrügge* dies diskutiert (Kap. 1.3) – kommt. Der Blickwinkel richtet sich stärker auf das gesellschaftliche ‚Machen' von Globalisierung und auch darauf, dass einzelne Tendenzen durch gesellschaftliche Prozesse reversibel sein können. Die Weltgeschichte ist hier weder eine Einbahnstraße noch ist die Richtung des Verkehrs eindeutig vorgegeben.

1.1.2 Globale Verflechtungen im Spiegel geographischer Werke

Am Beginn der weltwirtschaftlichen Betrachtung seit dem 19. Jahrhundert steht der Handel (Abb. 1.1/1). Folgt man der jüngeren Darstellung von *Ritter* (1994), so sind die Entwicklungen des Welthandels und der Geographie anfangs eng miteinander verknüpft. Welthandels-Geographien wurden in Deutschland noch bis in die 20er

Jahre des 20. Jahrhunderts geschrieben. Doch setzte in Deutschland die Wiederauflage von *Otrembas* Werk (1957, 1978) einen endgültigen Schlusspunkt unter die Behandlung des Welthandels in geographischer Perspektive, und das später ganz allein stehende Werk von *Ritter* „Welthandel" trägt bereits dem Neuen im Untertitel Rechnung: „Geographische Strukturen und Umbrüche im internationalen Warenhandel" (*Ritter* 1994). In den USA konnte noch 1979 *Grotewold* ein empirisches Modell der Welthandelsströme entwerfen, dem die vom Außenhandelstheoretiker *Predöhl* in den 1930er Jahren entworfene Zentrum-Peripherie-Vorstellung eines Weltsystems von Regionen zugrunde lag; es kam wohl zu spät, um eine stärkere Resonanz in der Geographie zu finden. Bis in die 1980er Jahre blieb – wenn auch spärlich – der Welthandel unter außenwirtschaftstheoretischen Perspektiven ein Thema der amerikanischen Wirtschaftsgeographie (z. B. *Conkling/McConnell* 1981, Hanink 1988). Auch in Frankreich lebte z. B. eine deskriptive Handelsgeographie fort (z. B. *Garcia* 1982). Dieser Niedergang der Beschäftigung der Geographen mit den Handelsverflechtungen auf der Welt korrespondiert mit dem Abbruch von empirischen Gesamtschauen der Weltwirtschaft. Auch hier bilden die Werke des Ökonomen *Baade* (1969) oder des Wirtschaftsgeographen *Boesch* (1966) einen Endpunkt der Auseinandersetzung mit dem Thema in Deutschland. Man kann sie als eine vormoderne Art der Welthandels- und Weltwirtschaftsliteratur beschreiben, die weitgehend auf die Produktion und die Verteilung naturgebundener Produkte – Nahrungsmittel, Energiestoffe, industrielle Rohstoffe – im Weltmaßstab beschränkt bleibt; als eine Literatur, die weder die aktuell für bedeutend erachteten Verflechtungen thematisiert noch ökonomische oder gar gesellschaftliche Erklärungen versucht. In der anglophonen Welt wurde jedoch die Beschäftigung mit weltwirtschaftlichen Fragen nie aufgegeben, sondern unter der Perspektive eines Weltsystem-Ansatzes (vgl. Kap. 1.3) mit den Lehrbüchern von *Berry/Conkling/Ray* (1976) und dem weit verbreiteten Werk von *Knox/Agnew/McCarthy* (1989–2003) fortgesetzt.

Mit *Peter Dickens* „Global Shift" erscheint im Jahr 1986 das Lehrbuch, das seitdem in mehrfachen Auflagen (zuletzt 2003) sehr erfolgreich weltweit eine neue Perspektive der globalen (ökonomischen) Verflechtungen eröffnet: die Neuordnung des Weltsystems durch Direktinvestitionen, d. h. durch strategische Investitionsentscheidungen von Multinationalen Unternehmen und die Fortentwicklung ihrer Organisation von unternehmenseigenen und unternehmensfremden Beziehungssystemen (vgl. Kap. 2.4.2). Das Lehrbuch verbindet Theorieansätze, die zumeist in der Theorie des Unternehmens, der Organisationstheorie und anderen betriebswirtschaftlichen Konzepten entwickelt wurden, mit einer ausgefeilten Empirie globaler Vernetzung. *Peter Dicken* versucht neuerdings – zusammen mit anderen Autoren –, eine auf mikroanalytischer Perspektive beruhende systemische Vorstellung globaler Vernetzung in sog. globalen Produktionsnetzwerken voranzutreiben (z. B. *Henderson* u. a. 2002), in denen auch Verflechtungen der Finanzströme und Wissensökonomie ihre Bedeutung haben (vgl. u. a. Kap. 2.2.3).

Es mag scheinen, dass die Geographie die Veränderungen der weltweiten Vernetzungen detailliert wahrgenommen und zum Gegenstand ihrer aktuellen Forschung gemacht hat. Das ist jedoch ganz und gar nicht der Fall. Erstens beklagt *Peter Dicken* (2004, S. 7) sogar für die anglophone Welt, dass die Geographie in der Globalisierungsdebatte immer weniger gehört werde, aber auch selbst wenig zur Empirie weltweiter Verflechtungen beitrage (S. 17). Zweitens bleibt es bemerkenswert, dass der gegenwärtige Blick der Geographen, die sich mit globalen Verflechtungssystemen auseinandersetzen, weitgehend auf ein engeres Verständnis des Ökonomischen beschränkt bleibt. So gerät die Behandlung des Themas leicht in das Fahrwasser einer funktionalen Betrachtung, die eine normative Auseinandersetzung mit gesellschaftlichen Krisen im Weltmaßstab scheut. Ein Blick in eine französische Buchhandlung zeigt jedoch, dass dort Bücher über mondialisation voll von Krisenbeschreibungen sind, die der Lösung harren: das schnelle Wachstum der Bevölkerung in einigen Weltregionen, die als ‚unregierbar' verstandene Verstädterung, die Vernichtung von Agrarflächen weltweit, die Übernutzung der Wasserreserven und auch der Reserven der fossilen Energieträger, die weltweite Umweltzerstörung (und das bekannteste Problem des ‚global change', der Klimawandel), die schnelle weltweite Ausbreitung von Epidemien (und Krankheiten wie Aids) sowie kriegerische Konflikte und Staatszerfall. In der deutschsprachigen, aber auch der anglophonen Welt harren hier Themen der ‚globalen Verflechtung' der Behandlung durch Geographen, die aktueller für die Gestaltung der zukünftigen Welt nicht sein können.

1.1.3 Dimensionen globaler Verflechtung in der aktuellen geographischen Forschung

Die Geographie mit ihrer eigenen Fachtradition hat nicht alle denkbaren Dimensionen der Globalisierung und der neuen globalen Verflechtungen in ihrer empirischen Arbeit aufgegriffen. Vielmehr stehen zwei aus der Sicht der Teilbereiche der Geographie klassische Themenfelder im Vordergrund: die soziale Verflechtung sowie die ökonomische Vernetzung durch Unternehmen. Weniger ausgeprägt haben sich Geographen mit den politisch-institutionellen Verflechtungen im Weltmaßstab auseinander gesetzt.
Im Bereich der sozialen Verflechtungen im globalen System steht die Frage nach der internationalen Arbeitsmigration im Vordergrund (siehe im Einzelnen Kap. 2.1; vgl. aber auch die Übersicht von *Böhm* 1994). Das scheint zunächst ein sehr traditionelles Thema zu sein, gerade wenn man sich an die Aussage von *Streeten* erinnert, dass internationale Migration vor der gegenwärtigen Phase der Globalisierung einen weit größeren Umfang hatte. Doch das traditionelle Verständnis von Migration wird den neuen sozialen Verflechtungen im Globalisierungs-Zeitalter immer weniger gerecht. Unter dem Begriff des ‚Transnationalen' werden heute soziale Beziehungen zu fassen gesucht, die neuartig sind oder neu in den Blickpunkt rücken, jedenfalls der gegenwärtigen Phase der Globalisierung ihr eigenes Charakteristikum geben. Solche Thematisierungen erschließen sich noch wenig der systematisierenden Darstellung eines Handbuches, prägen aber vermutlich die wissenschaftliche Debatte in der nahen Zukunft. In diesem Band stellt Kap. 2.1. verschiedene Ansätze auf der ‚Meso-Ebene' der Migrationsforschung vor und analysiert Kap. 3.2 das Beispiel eines ‚globalen Familien-Netzwerkes'. Globale Familiennetzwerke wurden unter anderem für die arabische und chinesische Welt analysiert. Der amerikanische Journalist *Kotkin* (1993) spricht von globalen „tribes", Stämmen, die sich durch bestimmte Gemeinsamkeiten – nicht allein denen der Familienzugehörigkeit – ihrer Zusammengehörigkeit vergewissern und dieses zur Basis ökonomischer Inter- und Transaktionen machen. *Sklairs* (2000) transnational capitalist class, *Beaverstocks* (2004) expatriates als ‚globale' Wissensmanager oder die in der Wissenssoziologie diskutierten globalen ‚communities of practice' (*Wenger* 1998) zeigen neue Formierungen sozialer Zugehörigkeit in globalen Aktivitäten, die mit den traditionellen Konzepten der Migrationstheorie nicht mehr gefasst werden können.
In der ökonomischen Perspektive steht die Unternehmung als Treiber globaler Verflechtungen und Vernetzungen stärker im Vordergrund. Das so weit verbreitete Werk von *Peter Dicken* (2003) gibt die herrschende Meinung wieder: Das Aufkommen und die Wirkung der Multinationalen bzw. Transnationalen Unternehmen bezeichnet die prägende Dimension der aktuellen Globalisierung (bes. *Dicken* 2003, dort Kap.7, vgl. auch Kap. 2.4.2). Hieran knüpft eine Fülle von Forschungen und neuen Konzepten, die aus der Wirtschaftsgeographie und benachbarten ökonomischen Disziplinen in den beiden vergangenen Jahrzehnten eine Disziplin gemacht haben, die die Globalisierungsdebatte stark vorantrieb. Globalisierung als Ausdehnung von ökonomischen Interaktionssystemen in und zwischen Unternehmen wurde mit der These von *Fröbel/Heinrichs/Kreye* (1977) über die Neue Internationale Arbeitsteilung einer breiteren Öffentlichkeit bekannt. In den 1970er Jahren gelang es Unternehmen in der Textil- und Bekleidungsindustrie sowie in der Elektronikindustrie aus den Industrieländern, arbeitsintensive von kapitalintensiven Arbeitsschritten zu trennen und dadurch an Standorte verlagerbar zu machen, an denen ausreichend qualifizierte Arbeit in ausreichender Menge zu niedrigen Kosten verfügbar wurde. Diese ‚Globalisierung' in sog. „Weltmarktfabriken" in einigen Entwicklungsländern erlaubte eine neue – „enträumlichte" und also aus ihren ursprünglichen Standorten entankerte – Form der Kostenminimierung, jedoch nur auf der Grundlage einer Reihe weiterer Neuerungen im Umfeld der Unternehmen. Eine betraf z. B. die radikale Senkung der Transportkosten durch neue Transporttechnologien und logistische Prozesse. Regierungen der betroffenen Entwicklungsländer hatten andererseits zu lernen, die herrschende Entwicklungsstrategie der Importsubstitution zugunsten einer Exportorientierung aufzugeben und dafür Investitionen in sogenannte Exportorientierte Produktionszonen und Häfen sowie Deregulierungen vorzunehmen. Regierungen der Industrieländer hatten u. a. Zoll-Regeln des Re-Imports (bezüglich des international subcontracting, der internationalen Lohnfertigung) zu ändern oder Investitionsschutz-Abkommen mit den Entwicklungsländern zu schließen. International verfügbare Standards, z. B. über Produktqualität, Produktionsverfahren oder Routinen der

Transaktionen, mussten neu durchgesetzt werden. Kurz, jede pure ökonomische Begründung würde hier zu kurz greifen, da eine Menge an teils unkoordinierten und widersprüchlichen gesellschaftlichen Prozessen die Neue Internationale Arbeitsteilung rahmt.

Man kann die Neue Internationale Arbeitsteilung als den Beginn eines allseitigen Lernprozesses verstehen, der schließlich die Globalisierung im Sinne von *Held* u. a. vorantrieb und zum heutigen System globaler Verflechtungen geführt hat. Viele Sozialwissenschaftler teilen heute die Ansicht, dass mit der Durchsetzung der modernen Informations- und Kommunikationstechnologien im letzten Jahrzehnt des 20. Jahrhunderts ein qualitativ neuer Impuls die Weltwirtschaft verändert habe (z. B. *Wilson/Corey* 2000, vgl. auch Kap. 2.2.2). In diesem Jahrzehnt setzt sich die Vorstellung einer hochgradig vernetzten Welt (*Castells* 1996) durch, in der Informationen stärker verfügbar werden als jemals zuvor. Das lenkt den Blick auf die Fähigkeit, aus Informationen Neues zu schaffen, also auf reflexives Wissen und Kreativität. Eine weite Debatte sieht gerade diese Fähigkeiten an bestimmte Regionen gebunden, die untereinander wiederum weltweit vernetzt sind. Die Konsequenzen der mit der Durchsetzung der neuen IuK-Technologien verbundenen gesellschaftlichen und ökonomischen Änderungen sind keineswegs ausgeschöpft. Neue Konzepte der fortschreitenden ‚Fragmentierung' industrieller Prozesse in der Weltwirtschaft (*Schamp* 2000, *Arndt/Kierzkowski* 2001, *Kenney/Florida* 2004, *Alvstam/Schamp* 2005) oder des ‚Fraktalen' in internationalen Beziehungen (*Amin* 2004) werden entwickelt, um die aktuellen gesellschaftlichen Prozesse besser verstehen zu können, die die Art der globalen Verflechtung bestimmen. Sie alle sind geeignet, das Bild der hohen Komplexität der gegenwärtigen globalen Verflechtungen und der ‚Interdependenz' im Sinne *Streetens* zu stützen.

Demgegenüber haben die Geographen kaum die politischen und institutionellen Veränderungen diskutiert, die das gegenwärtige Zeitalter der Globalisierung ausmachen. Zwar gibt es kritische Auseinandersetzungen mit dem gegenwärtig in der Wirtschaftspolitik herrschenden neoliberalen Diskurs – insbesondere aus der Perspektive der Entwicklungsländer und der Art ihrer Einbindung in diese ‚neue' Globalisierung (vgl. *Scholz* 2004, *Chang* 2003) -, auch wird die Fragmentierung der Liberalisierung im Weltwirtschaftssystem dargestellt und kritisiert (u. a. *Dicken* 2003), und schließlich fordern zunehmend Ökonomen und Politiker neue weltweite Regulierungen. Die Frage der noch oder wieder vorhandenen oder schon verlorenen Macht des Nationalstaates ist dabei nur ein Gegenstand aktueller Debatten (vgl. Kap. 1.3), stärker wird die Analyse der verschiedenen Formen weltumspannender Regulierung in der Geographie angemahnt (*Amin* 2004). Zum Beispiel werden in der Geographie erst zögerlich neue politische Formierungen, die man mit Namen wie ‚INGO' oder ‚globale Zivilgesellschaft' belegt (Kap. 2.2.4 und 3.5), und das Aufkommen neuer Regelsysteme, die globale Verflechtungen ermöglichen und strukturieren, analysiert. Bislang wenig in der geographischen Forschung beachtet werden z. B. Standards als Regelsysteme, die globale Transaktionen nach Art und Umfang erst möglich machen. Die Schaffung und Durchsetzung von Standards, insbesondere die zunehmende Mächtigkeit privater Standards, hat eine erhebliche Konsequenz für die Verteilung ökonomischer Chancen und damit der ökonomischen Macht im Weltwirtschaftssystem. Ihre Komplexität nimmt zu (*Morgan* 2001). Immer mehr private Standards machen Märkte, wie nicht zuletzt *Borrus/Zysman* (1997) am Beispiel von Microsoft und Intel diskutiert haben, wie sich aber auch bei der Diffusion von ISO-Standards erweist (*Brunsson/Jacobsson* 2000, *Nädvi/Walter* 2002, *Braun* 2005). Die Formen der globalen Regulierung, die ihnen zugrunde liegenden Interessenkonflikte und unterschiedlichen Lesarten gesellschaftlicher Prozesse zeichnen ein widersprüchliches Bild des aktuellen Globalisierungsprozesses, eines, das es unmöglich macht, ein eindeutiges und kohärentes Verständnis der Welt und ihrer Verflechtungen zu konzipieren (vgl. *Amin* 2004). Begriffe wie Heterogenität, Fragmentierung, Fraktale bei gleichzeitig vielseitiger Vernetzung suchen diesen wahrgenommenen Zustand des Weltsystems zu fassen.

Mancher mag erstaunt sein, dass ein geographisches Handbuch mehr von der Art der globalen Verflechtungen spricht als von den Orten globaler Verflechtung. Das bislang aufgezeigte Verständnis der aktuellen Weltwirtschaft als eines Systems von Verflechtungen – oder mit *Castells* (1996), als „space of flows" – und eines Prozesses der wachsenden Fragmentierungen legt den Gedanken nahe, dass Orte immer weniger als strukturelle ‚Festpunkte' einer Welt verstanden werden können. Sie erhalten oder gewinnen eine Funktion im Weltsystem und können diese auch wieder verlieren. Insofern steht jeder Ort in irgendwelchen globalen Beziehungen. In der aktuellen Globalisierung ist jedoch nach dem Konzept der Soziologin *Saskia Sassen* (1991) ein neuer Typ von ‚Orten' im Weltsystem entstanden, der zur Steuerung dieses Weltsystems wesentlich beiträgt und der sowohl aufgrund der zeitlichen Dimension pfadabhängiger Entwicklungen als auch der Dimension seiner aktuellen Funktionalität über eine gewisse Persistenz verfügt: die global city und die globalizing city (vgl. Kap. 2.5). Diese verdienen daher eine besondere Beachtung. Auch wenn damit anscheinend geographische Fixpunkte der Globalisierung identifiziert werden, bleibt es bei der wachsenden Vorstellung, dass die aktuelle Welt ein System von Verflechtungen und Knoten sei, das Volatilität, Heterogenität und Fragmentierung der regionalen Entwicklung verschärft, wenn nicht bewirkt.

1.2 Globalisierung als Thema des Geographieunterrichts *(Eberhard Kroß)*

1.2.1 Globalisierung – ein neues Unterrichtsthema?

„Globalisierung" ist von einem Schlagwort längst zu einem Reizwort geworden. Der Globalisierungsprozess hat eine lange Geschichte, die bis in die Kolonialzeit zurückreicht. Für einflussreiche Forscher wie *Wallerstein* (1978) setzt sie bereits im 16. Jahrhundert ein, als spanische und portugiesische Konquistadoren und Kaufleute die ersten Weltreiche der Neuzeit schufen und damit sukzessive immer größere Teile der Welt dem europäischen Einfluss öffneten.

Globalisierung war zunächst einmal ein Schicksal der Kolonisierten, denn von uns aus gesehen handelte es sich um die Europäisierung der Erde. Von Globalisierung sprechen wir erst, seitdem auch wir mit den Schattenseiten konfrontiert werden: mit Arbeitsplatzverlagerung, Lohnkonkurrenz, Zuwanderung u. ä. In der Literatur vor 1990 waren vielmehr Begriffe wie international, multinational oder universal geläufig. Die Veränderung der Sprache macht auf eine Veränderung im Sachverhalt aufmerksam. Allerdings gelingt es immer weniger, diesen Sachverhalt begrifflich klar zu erfassen, weil in der breiten Diskussion fast inflationär immer neue Aspekte hinzukommen. „Globalisierung" ist zu einem diffusen Sammelbegriff geworden, in dem sich viele Hoffnungen und viele Probleme der Gegenwart bündeln lassen.

Grotelüschen sprach bereits 1965 in der theoretischen Begründung für seinen dreimaligen Unterrichtsgang um die Erde von der „Allgegenwärtigkeit eines jeden Punktes des Globus". Er griff dabei auf ein Zitat des spanischen Philosophen *Ortega y Gasset* von 1930 zurück: „Die Welt (ist) über Nacht gewachsen und in ihr und mit ihr das Leben. Über Nacht ist es wahrhaft weltweit geworden. Das heißt, der Lebensinhalt eines Menschen von mittlerer Art ist heute der ganze Planet; jeder einzelne erlebt gewohnheitsmäßig die ganze Erde. ... Kein Stück Erde ist mehr in den geometrischen Grenzen seines Ortes eingeschlossen; es übt mannigfache Wirkungen auf das Leben an anderen Stellen des Planeten. ... Wir müssen heute jedem Punkt des Globus die einflussreichste Allgegenwärtigkeit zugestehen. Diese Nähe des Fernen, diese Gegenwart des Abwesenden hat den Horizont jeden Lebens in fabelhaftem Ausmaß geweitet".

Für die Geographie waren ohnehin „die Verpflichtung zu globalem Denken" und der „Ansatz zu Weltverständnis" (*Schöller* 1975) fundamental. Wie ein roter Faden zieht sich durch alle geographiedidaktischen Überlegungen das Ringen um die Vermittlung eines „angemessenen Weltbildes". Es hat zwei Dimensionen: die topographische und die inhaltliche. Große Einigkeit besteht darin, dass der Aufbau einer weltweiten topographischen Orientierungsfähigkeit grundlegend ist. Zunächst ging es im länderkundlichen Unterricht um topographische Fertigkeiten wie Karten- und Atlasarbeit sowie um topographisches Orientierungswissen. Mit dem allgemeingeographischen Unterricht kam die Vermittlung globaler Orientierungsraster hinzu (*Fuchs* 1977, *Kirchberg* 1977). Schließlich erforderte die aktuelle Konzeption der „Geographie als Akteurswissenschaft" (*Bathelt/Glückler* 2003, S. 21, vgl. *Wardenga* 2002) als viertem Teilbereich die Berücksichtigung subjektiver Raumwahrnehmungen (*Kroß* 1995), wodurch auch Globalisierungsprozesse besser zu erfassen sind.

Orientierungsraster und Raumwahrnehmungen verweisen auf die inhaltliche Dimension. Sie ist wesentlich problematischer, denn je nach Couleur lassen sich konservativ, liberal, religiös oder sonst wie geprägte

Weltbilder unterscheiden (*Köck* 1977). Ziel ist in jedem Fall, dem Heranwachsenden seinen Standort in der Welt zu verdeutlichen und ihm die Möglichkeit zu geben, die Welt besser zu verstehen – was nicht zuletzt heißt, sich selbst besser zu verstehen und seine Identität zu finden und weiter zu entwickeln. Deshalb dürfte es einleuchten, wenn sich der Geographieunterricht in den ausgewählten Raumausschnitten mit einem breiten Themenspektrum auseinandersetzt, das von ökologischen Aspekten über ökonomische und soziale bis hin zu politischen reicht.

Die Entwicklung zu immer globaleren Sichtweisen lässt sich sehr anschaulich an zwei zentralen Themenfeldern illustrieren. Das Themenfeld mit der längsten Tradition ist die Weltwirtschaft. Es ist bis in das Kaiserreich Ende des 19. Jahrhunderts zurückzuverfolgen. Ursprünglich diente es dazu, die Rolle des Deutschen Reiches als neue Weltmacht zu fördern. Man war sich darüber im Klaren, dass ohne entsprechende Bildung Deutschland „im Wirtschaftskampfe der Völker" nicht erfolgreich sein könne (*Wagner* 1928, S. 27). Zunächst wurde die Weltwirtschaft in der Oberstufe im Sinne einer Welthandelsgeographie unterrichtet, wobei Deutschland im Mittelpunkt des Interesses stand. Eine Blickweitung ergab sich dadurch, dass neben der Länderkunde, die ja die Wechselwirkungen zwischen Natur und Mensch herauszuarbeiten hatte, eine Güterkunde etabliert wurde, die den Prozess vom Naturprodukt zum Konsumgut verfolgte (*Jentsch/Winkler* 1958, 1964). Das ermöglichte die Transponierung des Themenbereichs in die Mittelstufe, wo er mit der Einführung der Allgemeinen Geographie genutzt wurde, um auch ökonomisches Lernen anzubahnen (*Kroß* 2004.1). Das war sinnvoll, weil über den Welthandel hinaus zunehmend Fragen zur internationalen Arbeitsteilung einbezogen wurden, die eine Verbindung zu dem zweiten Themenfeld über die Entwicklungsländer schufen.

Dieser Entwicklungsländerunterricht entstand nach dem Zweiten Weltkrieg in einem ganz anderen weltpolitischen Kontext (*Scheunpflug/Seitz* 1995). Er war zunächst in die länderkundlichen Betrachtungen integriert, so wie es heute noch stellenweise in dem Kulturerdteilkonzept von *Newig* (1986) geschieht. Im allgemeingeographischen Unterricht war er von Anfang an weltweit ausgerichtet, wobei Merkmale und Ursachen von Unterentwicklung vergleichend betrachtet wurden (z. B. *Buck* u. a. 1970–1974, Bd. 3). Der entscheidende Schritt hin zu einer wirklich globalen Betrachtung, die selbst entfernte Erdräume wechselseitig verflochten sah, gelang aber erst in den 1980er Jahren unter dem Einfluss der Dependenztheorie. Der Entwicklungsländerunterricht wandelte sich zu einem entwicklungspolitischen Lernen, das zunächst nur ein recht schematisches bipolares Weltbild schuf. Dennoch fühlten wir uns in der Ersten Welt zunehmend herausgefordert, wenn von der Dritten Welt und deren Entwicklungsproblemen die Rede war. Im Idealfall konnte der Unterricht konkrete Handlungen initiieren, die weit über traditionelle Entwicklungshilfe hinausgingen und ganz im Sinne des politischen Lernens eine „Alltagswende" auslösten (*Scheunpflug/Schröck* 2002). Seitdem sind Grundbedürfnisansatz und Verflechtungsansatz zu wichtigen Ecksteinen des entwicklungspolitischen Lernens geworden. Am klarsten und umfassendsten sind diese Veränderungen in den verschiedenen Ausgaben von „Welt im Wandel" von *Engelhard* (zuletzt 2007) abzulesen. Sie zeigen anschaulich, wie das entwicklungspolitische Lernen zum globalen Lernen hinführt.

Erst mit der Hinwendung zur Allgemeinen Geographie und der Abkehr vom Prinzip vom Nahen zum Fernen in den 1970er Jahren ergab sich die Möglichkeit, Globalisierung angemessen zu thematisieren. Am Anfang steht das Lehrwerk „Dreimal um die Erde" von *Grotelüschen/Schüttler* (1968–1972). Im 3. Band wurden hier in weltweiter Perspektive u. a. die „Ernährung der Menschheit" und die „Industriewirtschaft" angesprochen. Noch bezeichnender – nunmehr für untere Klassenstufen – war der Ausbau der Fallstudien, so wie sie sich in den Lehrwerken „Geographie" von *Buck* u. a. (1970–1974), „Welt und Umwelt" von *Hausmann* (1972–1975) oder „Blickpunkt Welt" von *Birkenhauer/Hendinger* (1979–1982) finden. Dabei wurde in einem exemplarischen Verfahren der thematische Zusammenhang immer stärker vertieft und verbreitet. Durch dieses „räumliche Springen", dessen kognitive Transferleistung vielfach nicht verstanden wurde, konnten erst die topographischen Orientierungsraster erarbeitet werden. Besonders interessant war dabei die inhaltliche Ausdifferenzierung der globalen Thematik, die neben ökonomischen auch ökologische, soziale und politische Sachverhalte erfasste. Die Geographie „am regionalen Faden", die ab 1985 Oberhand gewann, beendete leider die hoffnungsvollen Ansätze (s. dazu *Kirchberg* 2005).

Diese grob skizzierte Entwicklung bildet die Ausgangssituation für die weitere didaktische Diskussion über Globalisierung. Insofern geht es um ein altes Thema des Geographieunterrichts, für den die weltweite Perspektive immer zentral war. Nur hat sich gezeigt, dass Chancen für eine umfassende Thematisierung von Globalisierungsaspekten durch bestimmte Rahmenbedingungen erleichtert werden – nicht zuletzt durch einen allgemeingeographischen Unterricht und die Abkehr vom Prinzip vom Nahen zum Fernen. Jedoch ist dabei zu beachten, dass die weltweite Betrachtung einzelner Phänomene allein der Globalisierung, so wie sie etwa *Beck* (1997, S. 27 ff.) versteht, nicht gerecht wird. Vielmehr sind die wechselseitigen Verflechtungen zwischen verschiedenen Punkten des Globus und zugleich zwischen verschiedenen inhaltlichen Aspekten des Globalisierungsprozesses essentiell. Das wissenschaftliche Konzept der „globalen Verflechtungen" ist somit in einem spezifisch didaktischen Konzept von Globalisierung aufgehoben. Ohnehin arbeitet die allgemeindidaktische Diskussion, die die fachdidaktische Diskussion wesentlich beeinflusst, nur mit dem Globalisierungsbegriff. Welche Aspekte und Dimensionen der Globalisierung aber sind für die Geographiedidaktik relevant?

1.2.2 Globalisierung in didaktischer Perspektive

Erste Anstöße zu einer stärkeren Wahrnehmung von Globalisierungsprozessen im Geographieunterricht kamen von außerhalb. Sie lassen sich an wichtigen Daten festmachen, wie dem Brundtland-Bericht von 1987 über „Unsere gemeinsame Zukunft" (Weltkommission 1987), dem Bestseller „Erdpolitik" von *Weizsäcker* von 1989, der Agenda 21 von Rio de Janeiro 1992 (Bundesministerium 1997) oder der Diskussion um Zuwanderung und rechtsextremistische Ausschreitungen 1991/1992 (Bade 1994), um nur die wichtigsten zu nennen (vgl. *Kroß* 2004.2). Die Schulgeographie hat auf diese Anstöße schneller reagiert als die Hochschulgeographie. Sie musste es auch, wenn sie ihren Schülerinnen und Schülern Hilfen zur Orientierung in „globalisierten Lebenswelten" (*Fuchs* 2005, S. 135) bieten wollte. Noch schneller hatte die Allgemeine Didaktik auf die neuen Herausforderungen reagiert und Lehrhilfen bereitgestellt, auf die auch der Fachunterricht nicht ungern zurückgegriffen hat. So erfolgten um 1990 entscheidende Weichenstellungen, indem etwa das entwicklungspolitische Lernen, das umweltpolitische (ökologische) Lernen und das interkulturelle Lernen im Globalen Lernen zusammengeführt wurden. *Seitz* (2000) hat die wesentlichen Elemente für die Entwicklung eines umfassenden pädagogischen Konzepts von Globalem Lernen zusammengestellt (Abb. 1.2/1). Jeder Fachunterricht wird sich darauf beziehen und mit ihnen auseinandersetzen müssen.

In den ersten fachwissenschaftlichen Darstellungen wurden herausragende Aspekte des Globalisierungsprozesses thematisiert, so von *Dicken* (zuerst 1986) die stark wachsenden Auslandsinvestitionen im „global shift" oder von *Sassen* (zuerst 1991) die Steuerung des weltweiten Modernisierungsprozesses durch „global cities". In den „Geographies of Global Change" wurde von *Johnston/Taylor/Watts* (zuerst 1995) der weitergehende Versuch gemacht, diese Prozesse zu systematisieren und zu strukturieren. Ziel war es, den Auswirkungen der Globalisierung in den unterschiedlichsten Lebensbereichen nachzugehen und sie aufzudecken. Erfasst wurden die wirtschaftlichen, politischen, sozialen, kulturellen und ökologischen Veränderungen. Natürlich könnte diese Liste ergänzt oder anders strukturiert werden.

Für didaktische Zwecke ist keine Vollständigkeit anzustreben, vielmehr geht es angesichts der begrenzten Unterrichtszeit und der begrenzten Aufnahmekapazität der Schüler um bildungswirksame Einsichten. Es ist nicht das Ziel, die Vielzahl der Globalisierungsaspekte zu „behandeln", sondern an gut gewählten Beispielen den Globalisierungsprozess exemplarisch zu durchdringen. Dementsprechend gruppierte *Fuchs* (1998, S. 75) die Globalisierungseffekte nach vier Dimensionen: Er sprach von der vernetzten Welt für Kommunikation und Verkehr, dem Weltbinnenmarkt für wirtschaftliche Aktivitäten, der Welt als globalem Dorf für kulturelles Zusammenwachsen und der Welt als Risikogemeinschaft bei ökologischen Gefährdungen. Inzwischen zeigt sich, dass es wenig sinnvoll ist, etwa die Welt als Risikogemeinschaft nur mit ökologischen Gefährdungen in Verbindung zu bringen. Zum einen kann sich Globalisierung ökologisch durchaus positiv

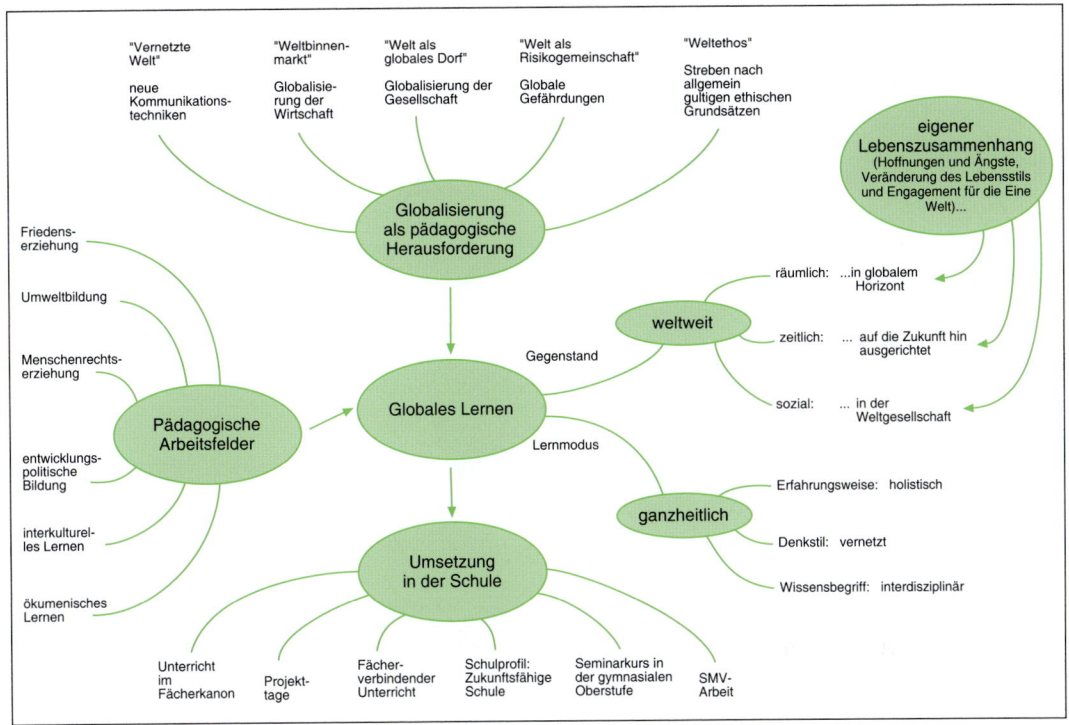

Abb. 1.2/1:
Elemente Globalen Lernens
Quelle: *Seitz* 2000, S. 21

auswirken, wenn z. B. ressourcenschonende Produktionsverfahren weltweit eingesetzt oder bedrohte Natur als Welterbe geschützt werden. Zum andern scheint das Risikopotenzial des Globalisierungsprozesses im ökonomischen, kulturellen und sozialen Bereich nicht minder groß zu sein, wenn man nur an das Aussterben von Sprachen, die Nivellierung kultureller Besonderheiten, die Auslagerung von Arbeitsplätzen oder die sozialen Verarmungsprozesse denkt. Wichtiger wäre, die Ursachen des Prozesses zu erfassen, nämlich die ökonomische Liberalisierung in Verbindung mit den verbesserten Kommunikations- und Transportmöglichkeiten. Ihnen wären dann die Folgen gegenüberzustellen – im Guten wie im Bösen. In jedem Fall wären Akteure und Betroffene gleichermaßen in den Blick zu nehmen.

Dieser Punkt sollte in didaktischer Hinsicht ein zentrales Anliegen sein: Über die Beschreibung und Kategorisierung von Globalisierungsprozessen hinaus geht es darum, Ursachen und Wirkungen zu analysieren, Gewinner und Verlierer zu identifizieren. Globalisierung wird durch klar identifizierbare Ereignisse in Gang gehalten und hat klar identifizierbare Akteure mit Handlungsstrategien. Das hat nicht zuletzt 2005 die Diskussion in Deutschland über die „Heuschrecken" gezeigt – global agierende Kapitalisten, die auf der Suche nach Profit weltweit mobil sind und bei geringer Kapitalrendite ohne Rücksicht auf das Schicksal von Menschen und Regionen woanders hinspringen. Andererseits hat die Diskussion auch Gestaltungsmöglichkeiten aufgezeigt. Wir müssen nicht willenlose Opfer sein, wie die Zinsbesteuerung von Schwarzgeld im Ausland oder der Kampf gegen unfaire Handelspraktiken zeigen. Deshalb kommt der Frage eine besondere Bedeutung zu, an welchen Zielen sich die Gestaltungsbemühungen orientieren. Die Antwort darauf – initiiert durch den Brundtland-Bericht und die Agenda 21 – gibt das Leitbild der „Bildung für eine nachhaltige Entwicklung", so wie es als Orientierungsrahmen von der BUND-LÄNDER-KOMMISSION 1998 publiziert worden ist (s. auch *Haan/Harenberg* 1999).

So widersprüchlich es sein mag, den disparaten Prozess der Globalisierung durch das nicht minder dispa-

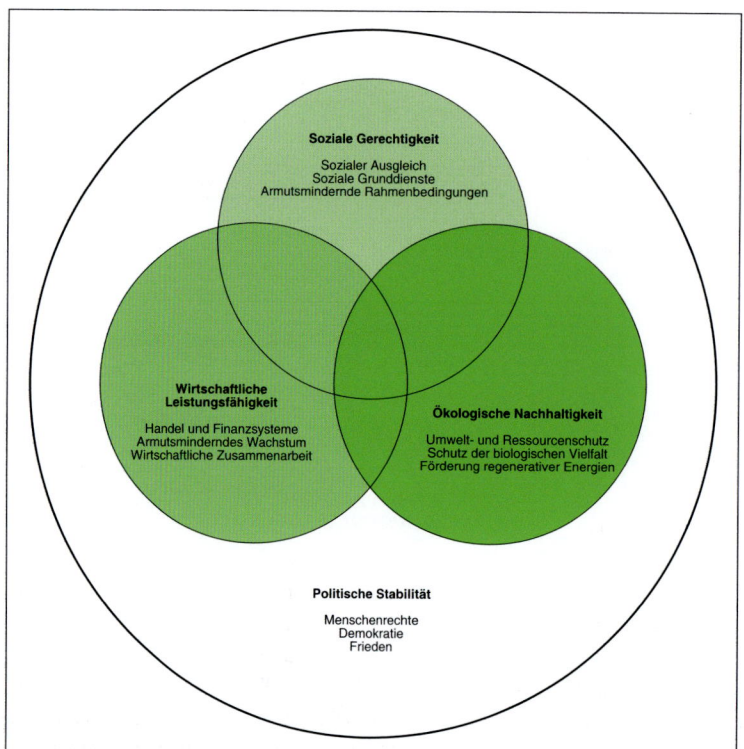

Abb. 1.2/2:
Faktoren nachhaltiger Entwicklung
Quelle: verändert nach *Engelhard* 2007, S. 23

rate Konzept der nachhaltigen Entwicklung ethisch und damit auch didaktisch handhabbar machen zu wollen, so hilfreich ist es in heuristischer Hinsicht. Zunächst einmal bietet sich das Vier-Faktoren-Modell der nachhaltigen Entwicklung mit den Faktoren der wirtschaftlichen Leistungsfähigkeit, der ökologischen Nachhaltigkeit, der sozialen Gerechtigkeit und der politischen Stabilität und Verantwortlichkeit an (Abb. 1.2/2), zumal sich daraus die zentralen Themenfelder für eine unterrichtliche Behandlung von Globalisierung ableiten lassen. Dabei ist der vierte Faktor – die politische Stabilität und Verantwortlichkeit – erst im Zusammenhang mit der Diskussion um die Umsetzung von nachhaltigen Entwicklungsmaßnahmen als Grundvoraussetzung hinzugefügt worden. In dieser Form, die auch das Entwicklungsleitbild des BMZ umschreibt, wird das Modell der neuen KMK-Vereinbarung zum Lernbereich Globale Entwicklung zugrunde gelegt (VENRO 2005, S. 6 und KMK/BMZ 2007). Für die Umsetzung des Modells im Schulunterricht ist die Einsicht wichtig, dass jeder der vier Faktoren für sich genommen ein klares Profil besitzt, dass aber keiner nur für sich betrachtet werden darf. Erst in der Zusammenschau wird das inhärente Konfliktpotenzial deutlich, das sorgfältig austariert werden will.

Die Probleme bei der Anwendung dieses Konzeptes auf den Geographieunterricht liegen auf der Hand: Der Globalisierungsprozess ist hoch komplex, so dass die vier Faktoren vielfach als Abstraktion erscheinen. Er ist schwer durchschaubar, weil neben der globalen Dimension in inhaltlichen und räumlichen Vernetzungen gedacht werden muss, wobei die lokale Ebene oft als Ausgangspunkt zu dienen hat. Er vollzieht sich gegenwärtig in einer Geschwindigkeit, die uns immer wieder überfordert. Er ist dabei in sich nicht widerspruchsfrei, sondern verlangt nach der Analyse der Konfliktsituationen. Er wird von Akteuren gestaltet, die sich gern hinter Institutionen verstecken und von Sachzwängen getrieben darstellen, so dass es schwer fällt, die Gewinner und Verlierer zu benennen. Mit diesen Problemen wird zugleich das didaktische Programm umrissen, das sich als Globales Lernen versteht.

1.2.3 Globales Lernen als Antwort auf Globalisierung

Globales Lernen in diesem umfassenden Sinne wird also als Antwort der Schule auf den Globalisierungsprozess und dessen Folgen für das Leben unserer Schüler verstanden. Nach einer weitgehend akzeptierten Definition, die vom Schweizer Forum „Schule für eine Welt" entwickelt wurde, ist Globales Lernen „die Vermittlung einer globalen Weltsicht und die Hinführung zum persönlichen Urteilen und Handeln in globaler Perspektive auf allen Stufen der Bildungsarbeit. Die Fähigkeit, Sachlagen und Probleme in einem weltweiten und ganzheitlichen Zusammenhang zu sehen, bezieht sich nicht auf einzelne Themenbereiche. Sie ist vielmehr eine Perspektive des Denkens, Urteilens, Fühlens und Handelns, eine Beschreibung wichtiger sozialer Fähigkeiten für die Zukunft" (FORUM SCHULE FÜR EINE WELT 1996, S. 19). Das ist ein hoher kategorialer Anspruch, beinhaltet er doch nicht weniger als die Fähigkeit, den alle Lebensbereiche durchdringenden Globalisierungsprozess zu verstehen und zu bewerten, seine eigene Position in diesem Prozess zu klären und die sich dem Einzelnen bietenden Handlungsmöglichkeiten zu reflektieren und zu prüfen.

Die Diskussion um Globales Lernen ist inzwischen ebenso ausgeufert wie die um Globalisierung und nachhaltige Entwicklung. Zunächst einmal lassen sich zwei Grundpositionen unterscheiden: eine isolierende und eine integrierende. Von der isolierenden Position aus wird Globales Lernen als innovativer Lernbereich verstanden, der in der Schule thematisiert werden sollte, weil er wichtig geworden ist. Diese Position findet sich beispielsweise in der Hamburger Bildungsagenda für nachhaltige Entwicklung, deren Umsetzung fünf Lernfelder bzw. Lerninhalte für Globales Lernen vorsieht: 1. Globale Produktionsprozesse und Welthandel, 2. Gefährdung und Erhalt globaler Gemeinschaftsgüter, 3. Hamburg und die Welt, 4. Globalisierung von Alltag und Freizeit, 5. Armut und Menschenrechte (*Schreiber* 2004, S. 91). Denkbar ist dabei, dass sich verschiedene Fächer dieser Themen annehmen, aber im Übrigen das etablierte Curriculum bedient wird. Ein solches Vorgehen bietet sich in der Regel an, um eine neue Unterrichtsidee in einem überschaubaren Rahmen prüfen und weiter entwickeln zu können.

Die integrierende Position geht einen Schritt weiter und betrachtet Globales Lernen als übergreifendes Unterrichtsprinzip. Das ist möglich, weil in Lernfeldern wie dem entwicklungspolitischen Unterricht, dem umweltpolitischen (ökologischen) Unterricht oder der interkulturellen Erziehung bereits entsprechende Erfahrungen gesammelt worden sind (u. a. *Seitz* 2000, *Scheunpflug/Schröck* 2002). Zu einem umfassenden Unterrichtsprinzip wird es dadurch, dass es die globale Perspektive an möglichst alle Sachverhalte anlegt und im Sinne einer nachhaltigen Entwicklung Prozesse zu betrachten und Problemlösungen zu erarbeiten versucht. Es geht um die Ausweitung des eigenen Betrachtungshorizontes, „um den Erwerb der Fähigkeit, Nahes mit Fernem zu verbinden und die Auswirkungen ferner Ereignisse auf lokale Strukturen zu erkennen. Das bedeutet nicht nur Förderung von vernetztem Denken, sondern auch Stärkung der Persönlichkeit, Entwicklung von Einfühlungsvermögen und Bereitschaft zum Perspektivenwechsel. … Neben einem Fundamentum an Wissen und Fertigkeiten geht es v.a. um die Kultivierung von Lernfähigkeit" (*Schreiber* 2000, S. 441). Da solche Kompetenzen in der Wirtschaft von Mitarbeitern längst erwartet werden, bietet sich ein so verstandenes Globales Lernen sogar als umfassendes Schulprogramm an.

Für ein Fach wie Erdkunde/Geographie, das die Gestalt und die Gestaltung unserer Erde wie kein anderes zum Inhalt hat, sollte Globales Lernen Leitprinzip sein. Es könnte sich dadurch im Kanon der Fächer besonders profilieren. Natürlich kann man an markanten Themen zu globalen Produktionsnetzwerken, der Metropolisierung der Erde, der internationalen Migration oder dem Klimawandel die neue Perspektive am klarsten zeigen. Aber es lassen sich kaum Unterrichtsthemen erkennen, die nicht mehr oder minder durch die Globalisierung beeinflusst sind. Auf keinen Fall darf das normative Leitbild des Globalen Lernens – die Bildung für eine nachhaltige Entwicklung in all ihren Facetten – aus dem Auge verloren werden. Die von der Geographiedidaktik immer wieder aufgeworfene Frage nach dem Weltbild kann nur vor diesem Hintergrund sinnvoll und kohärent beantwortet werden. Globales Lernen im Geographieunterricht dient dem Ziel, einen substantiellen Beitrag zur „Bewahrung unserer Erde" zu leisten (*Kroß* 1991). *Köck* (2003) spricht in ähnlichem Sinne von „umweltbewusstem Raumverhalten".

Mit dieser Ausweitung der Betrachtung besteht die Gefahr, zu vieles zu wollen und Schüler wie Lehrer gleichermaßen zu überfordern. Schließlich sollte man die Fallstricke nicht übersehen, die durch die thematische Komplexität, den weltweiten Betrachtungsmaßstab, die räumliche und inhaltliche Vernetzung, die Konfliktlinien zwischen den Globalisierungsdimensionen, die Bewertung von Nachhaltigkeit oder zahllose Dilemma-Situationen entstehen. Noch ist vieles im theoretischen Rahmen nicht geklärt, so dass der Umgang mit Unsicherheit und Offenheit für jede Lehrkraft eine ständige Herausforderung ist. Umso wichtiger erscheint es, an ganz konkreten Unterrichtsbeispielen die Wirkung der Globalisierung aufzuzeigen, die Folgen für Mensch, Gesellschaft und Natur zu diskutieren und zu bewerten sowie zu prüfen, inwieweit sie persönliches Handeln beeinflussen und welche Handlungsoptionen sich anbieten.

Damit sind Eckpunkte benannt, an denen die Überlegungen zum Globalen Lernen im Geographieunterricht anknüpfen sollten. Sie haben zumindest vier unterschiedliche Dimensionen zu berücksichtigen: die Inhaltsdimension, die Lernzieldimension, die Raumdimension und die Zeitdimension. Dabei kommt der dynamisierenden, prozessorientierten Zeitdimension neben der Raumdimension gerade in Hinblick auf nachhaltige Entwicklung als Leitbild große Bedeutung zu. Zu ihrer Darstellung hat sich das Modell des didaktischen Würfels als hilfreich erwiesen (*Kroß* 2004.2, s. Abb. 1.2/3). Bei der Planung und Strukturierung von Unterrichtseinheiten verweist er auf die Zusammenhänge, die von Schülerinnen und Schülern erkannt, analysiert und verinnerlicht werden sollten. Er kann so Blindflecken vermeiden helfen.

Problematisch erscheint immer wieder die Einbeziehung von Handlungen in die Lernzieldimensionen. Sie darf nicht als Einladung zur Indoktrination missverstanden werden. Wie kompliziert das Verhältnis zwi-

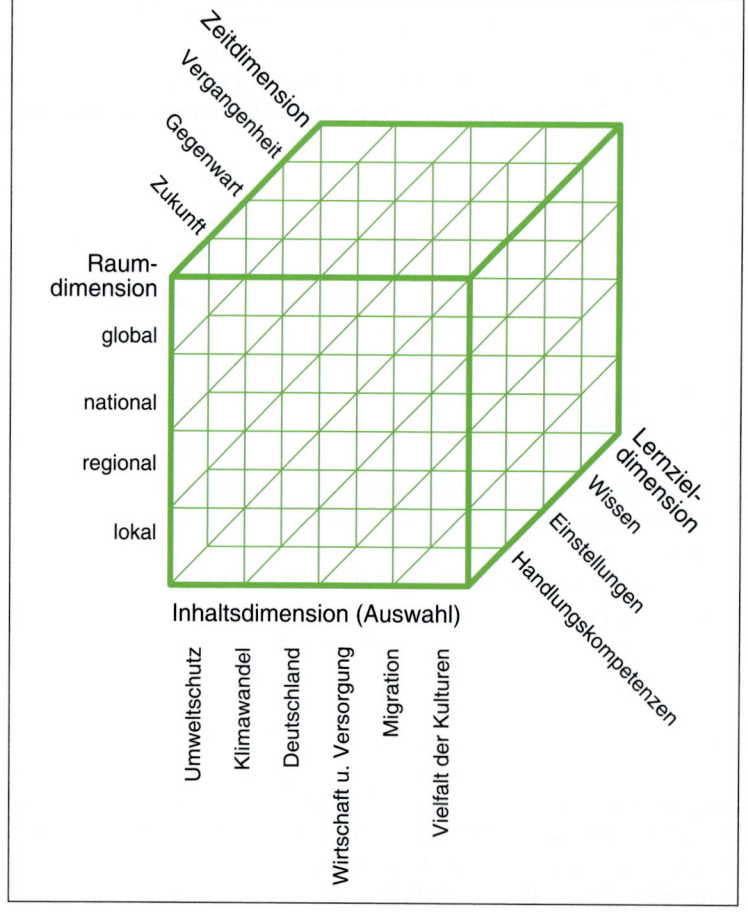

Abb. 1.2/3:
Dimensionen Globalen Lernens
Quelle: verändert nach *Kroß* 2004.2, S. 18

schen Bewusstsein und Verhalten ohnehin ist, hat *Köck* (2003) am Beispiel der Umwelterziehung analysiert. Da Globalisierung aber kein auf ein bestimmtes Ziel hinsteuernder Prozess ist, ist er der bewussten Auseinandersetzung, der bewussten Einflussnahme, mit anderen Worten der Gestaltung zugänglich. Wohl scheinen viele Globalisierungsprozesse selbst für Staaten oder Großkonzerne nicht steuerbar zu sein. Dennoch sollten wir uns nicht als bloße Opfer von Globalisierung empfinden, weil wesentliche Weichenstellungen scheinbar außerhalb unserer Einflussmöglichkeiten erfolgen. Unsere Schülerinnen und Schüler sind nicht allein Betroffene, sondern auch Akteure – zumindest im Verbund mit anderen. Sie müssen sich beispielsweise der Konsequenzen ihres Konsumverhaltens und ihres Umgangs mit der Natur bewusst und sich ihrer Gestaltungsmacht sicher sein. Diese Gestaltungsmacht wird erstens über wissenschaftlich fundierte Informationen wirksam, die die Zivilgesellschaft etwa über Nicht-Regierungs-Organisationen (NGO) in die öffentliche Diskussion einspeist. Zweitens haben Erfahrungen aus der Vergangenheit gezeigt, dass wir als Konsumenten in einer kapitalistischen Weltwirtschaft erhebliche Kaufmacht haben. Durch kollektive Aktionen lassen sich sogar Weltkonzernen wie Shell oder Nike Grenzen aufzeigen. Und drittens haben wir – quasi als internationale Bürgerinitiative – ein erhebliches Protestpotenzial, das sich sehr geschickt der neuen Medien bedienen kann.

Vor allem sind Wege zu überlegen, wie sich negative Auswirkungen der Globalisierung reduzieren lassen. Gerade die Tatsache, dass wir noch nicht um alle Details der Wirkungen und Rückkoppelungen dieses Prozesses wissen, sollte Ansporn sein, den Ehrgeiz, die Kreativität und die Innovationskraft unserer Schülerinnen und Schüler zu mobilisieren, damit sie ihre Zukunft bewusster gestalten können. Dafür bietet sich die Trias „Besser, anders, weniger" an (*Loske* 1996). Vor dem Weniger haben wir besondere Angst, weil es sehr nach Verzicht klingt – und verzichten möchte keiner. Aber ist hier nicht auch ein grundlegender Paradigmenwechsel denkbar? So wie sich Ideen der Gleichheit oder der Demokratie durchgesetzt haben, kann sich ja in absehbarer Zeit auch die Idee der Umweltgerechtigkeit allgemein durchsetzen.

Die Überlegungen lassen sich bündeln und als im Unterricht zu vermittelnde Kompetenzen formulieren (in Anlehnung an KMK/BMZ 2007):

Wissen und Können
- 1. Fähigkeit zur weltweiten topographischen Orientierung.
- 2. Verständnis für ökonomische, ökologische, soziale und politische Grundtatbestände und Zusammenhänge.
- 3. Fähigkeit zur Analyse von Globalisierungsprozessen nach Ursachen, Wirkungen und Strukturen sowie nach Gewinnern und Verlierern.

Einstellungen und Werte
- 4. Fähigkeit und Bereitschaft zu weltoffener Wahrnehmung, Empathie und Reziprozität als Voraussetzung zur Entwicklung der eigenen Identität.
- 5. Bereitschaft, die persönliche Einbindung in den Globalisierungsprozess zu akzeptieren.
- 6. Bewertung global relevanter Entwicklungen in Hinblick auf ihre Nachhaltigkeit.

Kommunikation und Handeln
- 7. Kenntnis unterschiedlicher Handlungsoptionen zur Beeinflussung des Globalisierungsprozesses.
- 8. Fähigkeit und Bereitschaft, sich in exemplarischer Form zusammen mit anderen an der Gestaltung des Globalisierungsprozesses zu beteiligen.
- 9. Orientierung eigener Handlungen am Prinzip der Nachhaltigkeit.

1.2.4 Der wirtschaftsgeographische Beitrag zum Globalen Lernen

Globalisierung ist in der Wirtschaftsgeographie ein relativ neues Thema. Das ist insofern bemerkenswert, als Geographen umfangreiche Werke zum Welthandel verfasst haben. Den Perspektivenwechsel leitete 1986 *Dicken* mit seinem bahnbrechenden Werk über den „Global Shift" ein, das 2003 bereits in vierter Auflage erschienen ist. Es thematisiert wirtschaftliche Verflechtungen in verschiedenen Maßstabsebenen von der „local economy" bis hin zur „global economy". Im Zentrum stehen fünf Wirtschaftszweige, an denen unterschiedliche Formen von Verflechtungen und Entwicklungsdynamik exemplarisch untersucht werden: Welche global wirksamen technologischen, organisatorischen und finanziellen Innovationen verändern die Produktion und Vermarktung von Gütern und Dienstleistungen und wie? Dabei interessieren neben der Betrachtung der Prozesse und deren räumlichen Auswirkungen nicht zuletzt auch die Akteure und deren Strategien.

Leider ist die alte Klage darüber, dass in unseren Schulen zu wenig ökonomischer Sachverstand vermittelt wird, berechtigt (*Paseka* 2005). Vielfach wird immer noch alles, was mit Wirtschaft zusammenhängt, abgelehnt, weil es sich scheinbar schlecht mit emanzipatorischen Bildungszielen vereinbaren lässt. Die aktuellen Bemühungen um die Etablierung von Wirtschaftskunde als einem neuen, eigenständigen Fach sollten jedoch die Geographielehrer daran erinnern, dass sie den wirtschaftlichen Tätigkeiten der Menschen bei der Gestaltung von Räumen größeres Gewicht zumessen müssen. Um allerdings anspruchsvollere ökonomische Konzepte und Begriffe zum Verständnis aktueller Globalisierungsprozesse nutzen zu können, muss ihrem sachgerechten Aufbau besondere Aufmerksamkeit gewidmet werden. Die Ausweitung wirtschaftsgeographisch orientierter Unterrichtsthemen würde wenig hilfreich sein, wenn es nicht gelänge, sie so sinnvoll zu stufen, dass entsprechende Fähigkeiten und Fertigkeiten kohärent entwickelt werden können (s. *Kroß* 2004.1, Abb. 1.2/4).

Abb. 1.2/4:
Lehrplansäule „Wirtschaft" im Geographieunterricht
Quelle: *Kroß* 2004.1, S. 4

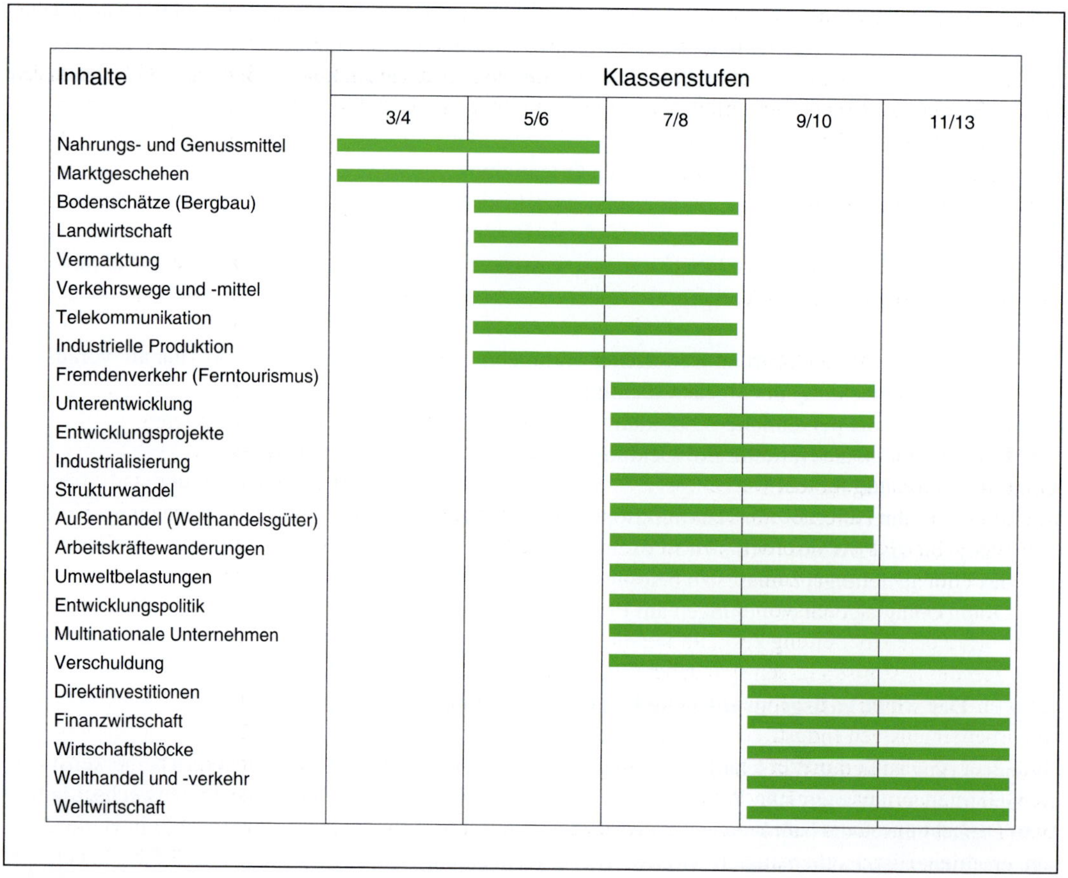

Was bietet sich an, was ist notwendig? Zunächst sollten die Überlegungen nicht bei einzelnen Inhalten ansetzen, sondern bei den zugrunde liegenden Konzepten. Beispiele dafür wären Markt, Arbeitsteilung, Konkurrenz, Standort, Produktionsfaktor usw. Nicht jedes ökonomische Konzept muss für die Wirtschaftsgeographie gleich bedeutsam sein, wie geldwirtschaftliche oder betriebswirtschaftliche Überlegungen zu Kredit, Zins oder Controlling zeigen (z. B. *Mühlbrad* 2003). Dennoch sind die Schnittmengen groß. Normalerweise sind die Konzepte positiv besetzt. Das heißt aber nicht, dass es keine negativen Aspekte gibt, wie Probleme von Ausbeutung, Entfremdung, ungleicher Entwicklung oder Raubbau zeigen. Während sich konkrete Unterrichtsinhalte leicht einer bestimmten Klassenstufe zuordnen lassen wie in Abb. 1.2/4, sind Konzepte zumeist kontinuierlich zu entwickeln und zu verfeinern, zumal häufiger auf sie zurückgegriffen werden muss.

Um den Globalisierungsprozess zu verstehen, muss vor allem die Logik der Arbeitsteilung und des Marktes verstanden werden. Sie ist zentral für die neoliberale Wirtschaftspolitik und lässt sich bis in die Anfänge der klassischen Wirtschaftstheorie zurückverfolgen. So hat *Ricardo* 1817 das Gesetz vom komparativen Kostenvorteil aufgestellt und damit den Austausch von Gütern und Dienstleistungen nicht nur unter einzelnen Haushalten und Betrieben, sondern auch unter ganzen Volkswirtschaften begründet (vgl. Kap. 2.4.1). Die Einsicht, dass Arbeitsteilung und in ihrem Gefolge die Spezialisierung helfen, bessere Leistungen oder – wirtschaftlich gesprochen – eine höhere Produktivität zu erzielen, lässt sich schon in der Grundschule entwickeln. Unterrichtsbeispiele dafür können unsere Versorgung mit Nahrungs- und Genussmitteln oder das Geschehen auf dem Wochenmarkt oder in einem Supermarkt sein. Die zahlreichen dazu veröffentlichten Unterrichtsbeispiele zeigen, dass dabei ohne Probleme bereits eine globale Perspektive eingenommen werden kann.

Ausgehend von den Produktionsbedingungen und Produktionsstrukturen einzelner Wirtschaftsbereiche können dann Produktionsprozesse detaillierter untersucht werden. In der modernen Industriegeographie beispielsweise wäre die Behandlung von Produktionsketten und Produktionsnetzwerken als Systemanalyse zu konzipieren, die von den neu entstehenden Raummustern ausgehen könnte (*Schamp* 1997). Da es dabei von Branche zu Branche erhebliche Unterschiede gibt, bietet sich das exemplarische Verfahren an, um die Mechanismen der Arbeitsteilung und der resultierenden Wertschöpfung vertieft analysieren zu können. Dabei sind nicht zuletzt die technischen und organisatorischen Innovationen zu beachten, die eine immer feinere materielle und räumliche Ausdifferenzierung der Arbeitsteilung ermöglichen.

In Verbindung damit ist ein Verständnis für die Bedeutung von Innovationen anzubahnen, sowohl in technischer wie in organisatorischer Hinsicht. Da technische Innovationen vielfach Spezialwissen erfordern, wird man auf strukturklare Fallbeispiele zurückgreifen, beispielsweise die Aufnahme der Modulfertigung im Automobilbau oder die Weiterentwicklung zahlloser Gebrauchsgegenstände mit Hilfe von Speicherchips. Bei den organisatorischen Innovationen kann man auf Veränderungen durch die Kommunikationstechnologie hinweisen, beispielsweise den modernen Containerverkehr, die Auslagerung von Computerarbeit nach Indien oder den Abbau von Handelsschranken durch die Weltwirtschaftsorganisation WTO. Ein fortgeschrittenes Verständnis muss bereits für die Behandlung von Produktionsstufen bei der Herstellung einer Ware aufgebracht werden. Bekannte Beispiele dafür stellen die Stahlerzeugung und Stahlverarbeitung oder der Automobilbau dar. Während sich einige dieser Produktionsprozesse noch im Heimatland beobachten lassen, erfordern immer mehr eine weltweite Sicht. Am klarsten zeigen dies Beispiele aus der Bekleidungsindustrie, zumal sie einen unmittelbaren Bezug zur Lebenswelt der Schüler herstellen und technisch wenig anspruchsvoll sind.

Damit wäre eine Überleitung zur räumlichen Arbeitsteilung geschaffen, die die Dritte Welt stärker in den Blick nimmt. Historisch lassen sich dabei drei Stufen unterschiedlicher Verflechtung erkennen: 1. der Import von Rohstoffen in die Industrieländer und der Export von Fertigwaren von dort, 2. die Auslagerung von arbeitsintensiven Industrien wie der Textil- und Bekleidungsindustrie in die Dritte Welt und schließlich 3. der Aufbau komplexer Fertigungen für lohnkostensensible, weitgehend standardisierte Produkte in Schwellenländern und der Export von dort in die Industrieländer. Die dadurch entstehende Konkurrenzsituation macht uns die meisten Schwierigkeiten und wird die Schüler später nicht nur in ihrem Arbeitsleben vor große Herausforderungen stellen.

Das Prinzip von Arbeitsteilung und Spezialisierung ist zunächst einmal positiv besetzt, weil es der beispiellosen Entwicklung unserer Volkswirtschaft und unserer westlichen Zivilisation zugrunde liegt. Dennoch ist auch die andere Seite der Medaille zu betrachten. So wirkt sich die Arbeitsteilung negativ in der Sinnentleerung bei der Fließbandarbeit aus, die Verbindung arbeitsteiliger Produktionsstandorte durch Verkehr etwa in Form der „just in time"-Produktion erfordert einen immer größeren Energieaufwand und führt zu enormen Umweltbelastungen.

Noch bedeutsamer ist es, die Gewinner und Verlierer dieser Prozesse zu identifizieren. Zum einen wird beklagt, dass die mit der Globalisierung untrennbar verbundene neoliberale Wirtschaftspolitik die Gesellschaft spaltet und grob gesehen ein Drittel der Menschheit zu Globalisierungsverlierern macht. Wohl mag die Arbeitsteilung Wohlfahrtsgewinne für einen Gesamtraum ermöglichen, doch das kann verdecken, dass einzelne Wirtschaftssubjekte oder Wirtschaftsräume sehr unterschiedlichen Nutzen haben (*Kulke* 2004, S. 208). Das anschaulichste Beispiel dafür lieferte die Dependenztheorie, die die Theorie der komparativen Kostenvorteile hinterfragte und argumentierte, dass die Industrieländer durch die „terms of trade" begünstigt würden. Die aktuelle Theorie der fragmentierenden Entwicklung nimmt darauf Bezug (*Scholz* 2004, S. 215 ff.).

Bedeutsam für die moderne wirtschaftsgeographische Sicht ist das verwendete Raumkonzept. In der traditionellen Wirtschaftsgeographie hatte der Raum ontologischen Charakter und spielte eine zentrale Rolle. Seine Strukturen und Dimensionen wurden ganz wesentlich mit der Verteilung von Standorten und deren wirtschaftlichen Verflechtungen assoziiert. Im Globalisierungsprozess dagegen befürchtet *O'Brien* (1992) gar „the end of geography" auf Grund von „space-shrinking technologies". Prozesse wie die Entstehung von „global cities" oder die „Fragmentierung" von Städten und ganzen Regionen zeigen allerdings, dass Strukturen, Distanzen und Potenziale von Räumen ihre Bedeutung als Standortfaktoren längst nicht verloren haben, sondern im globalen Standortwettbewerb noch differenzierter bewertet werden. *Wardenga* (2002) hat deshalb vier Raumkonzepte unterschieden: neben dem Container-Raum den Raum der Raumstrukturforschung, den Raum der Wahrnehmungsgeographie und schließlich den Raum als Element von Kommunikation und Handlung. Alle vier müssen sich im Unterricht keineswegs ausschließen, allerdings ist für die moderne Wirtschaftsgeographie ein „relationales" Konzept fruchtbar, das den Raum in Hinblick auf seine Bewertung durch handelnde Wirtschaftssubjekte begreift (*Bathelt/Glückler* 2003, *Schamp* 2000). Dabei ist zu berücksichtigen, dass solche veränderten Raumkonzepte mit der Veränderung von Forschungsperspektiven einhergehen.

Die bislang angestellten Überlegungen beziehen sich vornehmlich auf die Rezeption von Inhalten – also auf die Wissensdimension. Natürlich ist es wichtig, Prozesse durchschaubar zu machen, allein schon um Menschen die Angst vor ihnen zu nehmen. Noch hilfreicher wird es sein, Handlungsmöglichkeiten aufzuzeigen – etwa hinsichtlich der Flexibilität bei Arbeitsplatz- und Wohnstandortwahl. Konkrete Handlungsmöglichkeiten ergeben sich schon recht früh, wenn Schüler direkt als Konsumenten angesprochen werden. Kinderarbeit wäre ein geeignetes Thema, um über die affektive Dimension hinaus Kaufentscheidungen zu beeinflussen wie in der Kampagne für „Fairen Handel" (*Kunz* 1999). Im Rahmen von Arbeitsgemeinschaften können Schüler sogar als Produzenten tätig sein, wie das Beispiel der Schülerfirma „Tea Spoon" zeigt (*Harenberg* 2004).

Eine rein wirtschaftsgeographische Betrachtung stößt jedoch an Grenzen. Globalisierung hat außer der ökonomischen Dimension noch eine gesellschaftliche, politische und ökologische. Das Vier-Faktoren-Modell hat darauf hingewiesen. Zur angemessenen Behandlung des Globalisierungsprozesses dürfen – zumindest in der Schule – die anderen drei Dimensionen nicht vernachlässigt werden. Erst dann lässt sich dessen ganze Brisanz ermessen. Es ist in der Schule auch nicht möglich, den Globalisierungsprozess nur zu konstatieren, herzuleiten und zu analysieren. Immer wird von den Schülerinnen und Schülern die Frage gestellt werden: „Was bedeutet das für mich, woran kann ich mich orientieren?" Damit aber wird der Schritt von einem Unterricht über globale Verflechtungen und Globalisierung zum Globalen Lernen vollzogen. Dementsprechend wäre der moderne Geographieunterricht als Globales Lernen in Dienste einer nachhaltigen Entwicklung zu gestalten.

1.3 Entgrenzung, Regionalisierung und Raumentwicklung im Diskurs der Moderne *(Jürgen Oßenbrügge)*

Die heutige Zeit gehört wahrscheinlich zu den Perioden der Weltgeschichte, in denen häufiger und systematischer Fragen nach Ursprung, Entwicklungsdynamik und Umbruchsituationen weltweiter Verflechtungen gestellt werden. In den Jahrzehnten des ausgehenden 20. Jahrhunderts und kurz nach Beginn eines neuen Jahrtausends liegen derartige Überlegungen allein wegen der vorherrschenden Konvention der Zeiteinteilung auf der Hand. Jedoch wäre eine Fragestellung, die sich allein auf eine Zeitrechnung bezieht, kaum ein hinreichendes Argument, um Konjunkturen wissenschaftlicher Fragestellungen zu erklären. Vielmehr sind es verschiedene Erscheinungen, die den interpretativen Schluss auf die für den folgenden Beitrag erkenntnisleitende These nahe legen.
Derzeit werden Konturen globaler Verflechtungen sichtbar, die das Ende einer vor einigen Jahrhunderten begründeten Struktur weltgesellschaftlicher Zusammenhänge ankündigen. Gegenwärtig brechen etablierte Begrenzungen sozialer Praktiken auf, denen die Qualität eines epochalen Wandels zugeschrieben wird. Zu den Anzeichen, die diese These nahe legen, gehören:
– die Auflösung der sozialistischen Gesellschaftsmodelle. Sie sind im 19. Jahrhundert erstmalig konzipiert worden und haben nach dem Zweiten Weltkrieg besonders durch die sowjetische Hegemonie über den sogenannten Ostblock als ein Gegenmodell zur kapitalistisch verfassten Organisation der (westlichen) Gesellschaft fungiert. Seit Ende der achtziger Jahre setzen sich marktwirtschaftliche Prinzipien überall durch.
– die abnehmende Bedeutung territorial abgegrenzter und national integrierter Staaten besonders in Europa, wo das nationalstaatliche Prinzip in der Neuzeit „erfunden" worden ist. Internationale Regimebildung und suprastaatliche Integrationsformen verzeichnen einen signifikanten Bedeutungszuwachs; gleichzeitig werden nationalstaatliche Alleingänge immer unvorteilhafter.
– das sich häufende Auftreten multi- und transnationaler Akteure, deren Handlungen globale Netzwerke aufbauen und weltweite Abhängigkeiten deutlicher denn je erkennbar machen. Nachdem Großunternehmen alle relevanten Märkte der Welt durchdrungen haben und in ihrem Gefolge auch mittelgroße Unternehmen Globalstrategien verfolgen, treten in zunehmendem Maße auch Verbände, Nichtregierungsorganisationen und andere Gruppierungen als transnationale Organisationen auf und erzeugen Debatten über „global governance".
– die globalen Implikationen der Umweltveränderungen und des Ressourcenverbrauchs. Beginnend mit den antizipierten Folgen nuklearer Kriegsschäden ist in den letzten Jahrzehnten ein ganzer Katalog globaler Umweltveränderungen aufgestellt worden, der besonders in den Bereichen Klimawandel, Ozonloch, Biodiversität und Bodenschutz ein einheitliches Handeln auf globaler Ebene erforderlich macht.

Insgesamt werden in wesentlichen Bereichen der Politik, Ökonomie, Kultur und Ökologie Tendenzen der Globalisierung in einem Ausmaß sichtbar, das der Annahme eines Epochenwechsels reichlich Unterstützung liefert. Dieses ist nicht als schlagartiger Umbruch zu verstehen, sondern als krisenanfälliger Übergang. Alte Strukturen bestehen weiter, jedoch kündigt sich Neues vernehmlich an. Die seit einigen Jahren intensiv geführte Globalisierungsdebatte drückt die öffentliche Aufmerksamkeit und das kollektive Bewusstsein für eine strukturelle Umbruchphase aus. Trotzdem kritisiert *Wallerstein* (1998) den humanwissenschaftlichen „mainstream", der sich bisher viel zu wenig um raumzeitliche Variationen gesellschaftlicher Entwicklungen Gedanken gemacht hat. Seiner Meinung nach bestehen derzeit keine Theorien, Methoden und Instrumente, die für ein angemessenes Verständnis der sozialen Welt notwendig wären. Dadurch wird auch das Vermögen der Wissenschaft beschränkt, eine sinnvolle Rolle bei Aufbau und Veränderung der sozialen Welt einzunehmen.
Das vorliegende Kapitel versteht sich als Versuch, diese Defizite zu verringern. Die Bilanzierung heutiger globaler Verflechtungen führt damit zur Fragestellung, ob wir gewissermaßen zufällig ein zeitliches Zusammenfallen neuer räumlicher Beziehungen erleben oder einen umfassenden Umbruch. Wenn das Letztere der Fall ist, müssten sich zwischen den Veränderungen gegenseitig verstärkende Beziehungen, mög-

licherweise hierarchische Abhängigkeiten aufzeigen lassen. Solche Fragen machen deutlich, dass Kategorien gesucht werden müssen, mit deren Hilfe gesellschaftliche Veränderungen durch die Untersuchung räumlicher Strukturen und Prozesse erklärt werden können.

Die bisher vorliegenden Überlegungen, raumzeitliche Kategorien in Hinblick auf die gegenwärtigen Prozesse der Globalisierung anzuwenden, stoßen jedoch auf schwierige konzeptionelle Probleme. In den sehr anregenden Zusammenstellungen von *Beck* (1997, 1998.1, 1998.2) sind beispielsweise vielfältige raumzeitliche Bezüge zu finden, die möglicherweise auf das Entstehen einer „neuen Welt" aufmerksam machen, als „eine Art unerforschten Kontinent, welcher sich im transnationalen Niemandsland (…) auftut" (*Beck* 1997, S. 182). Jedoch ist der zur Entdeckungsreise verwendete soziologische und geographische Begriffsapparat vielschichtig, wenig systematisiert und theoretisiert. Verwundern darf diese Situation allerdings besonders dann nicht, wenn vertraute Wahrnehmungsmuster und bewährte Repräsentationsformen angesichts der Schnelligkeit und Tiefgründigkeit des globalen Wandels obsolet werden (*Harvey* 1989). An ihre Stelle treten Suchstrategien, die partielle Einsichten anstreben, die durch große Theorien nicht angemessen vermittelt werden. Dennoch soll hier zunächst auf Überlegungen verwiesen werden, die unsere bisherige Wahrnehmungspraxis strukturiert haben, um eine historisch-geographische Folie aufzuspannen. Sie lässt es eher zu, die gegenwärtig zu beobachtende Vielfalt dahingehend zu durchmustern, ob etwas grundsätzlich Neues oder nur eine konventionelle raumzeitliche Variante mit bekanntem Abweichungsmuster erscheint.

Der Weg, der in diesem Kapitel eingeschlagen wird, orientiert sich an zwei strukturierenden Gedanken. Zum einen ist Globalisierung mit weltweiten Verflechtungen verbunden, die einer Entgrenzung sozialer Praktiken entsprechen. Sicherlich bestehen auch heute noch Barrieren für die Mobilität von Menschen, Gütern, Kapital und Information, aber sie werden ohne Zweifel durchlässiger. Die Zunahme globaler Verflechtungen erzeugt neue Fragen, Probleme und Herausforderungen und damit Forderungen nach Steuerung zur Einhegung zentrifugal wirkender Kräfte. Daher ist das Verhältnis von Ent- und Begrenzung ein Leitthema, das dieses Kapitel durchzieht. Zum anderen werden solche Überlegungen in den Vordergrund gerückt, die von begründbaren Zyklen raumzeitlicher Konfigurationen ausgehen, wie sie in Konzepten zu Wirtschafts- und Gesellschaftsstufen, langen Wellen und Transformationstheorien vorliegen. Die Suche nach einem historisch-geographischen Konzept über Umbrüche und somit auch für das „Neue" an der heutigen Situation ist damit ein weiterer Leitgedanke dieses Kapitels.

Am Anfang der Betrachtung stehen zwei kurze Skizzen über Sinn, Ziel und kommunikative Vermittlungen raumzeitlicher Verflechtungen als gedachte Bewegungen der Ent- und Begrenzung. Zum einen werden Möglichkeiten der raumzeitlichen Periodisierungen der Geschichte aufgezeigt, die sich für die verschiedenen Modernisierungsdiskurse in Wert setzen lassen. Zum anderen sind einige Grundlagen zum Begriff Moderne anzusprechen, die besonders die Vorstellungen der Entgrenzung sozialer Beziehungen und Praktiken aufnehmen. Damit kommen besonders politisch-normative Regionalisierungen und das Konzept des Territorialstaates als wichtigste Organisationseinheit der Moderne in den Blick.

Darauf aufbauend werden die bisher dominanten Interpretationsmuster globaler Verflechtungen und internationaler Beziehungen im geographischen und politikwissenschaftlichen Kontext dargestellt. Dabei werden zwei Bruchlinien aufgezeigt, die derzeit sowohl die modernisierungstheoretischen als auch die marxistischen Entwürfe globaler Verflechtungen betreffen. Obwohl in der modernisierungstheoretisch orientierten Diskussion über internationale Beziehungen überwiegend Einigkeit darüber besteht, dass marktvermittelte Koordinationen als eine Unterstützung demokratischer und friedlicher Prozesse anzusehen sind, bestehen auch Kontroversen. Vor dem Hintergrund des Verhältnisses von Ent- bzw. Begrenzung ist besonders auf die Differenz zwischen den bisher vorherrschenden, streng auf dem Konzept autonomer Nationalstaaten aufbauenden geopolitischen bzw. realistischen Ansätzen einerseits und neuen interdependenz- und regimeorientierten Vorstellungen andererseits hinzuweisen. Vereinfacht ausgedrückt: Leben wir noch in der „Staatenwelt" oder bereits in der „Einen Welt"?

Als Kontrapunkt zum Modernisierungsdiskurs werden anschließend Konzepte diskutiert, die eher dem erkenntnistheoretischen Realismus zuzuordnen sind und eine materialistische Erklärung raumzeitlicher Verflechtungen einschließlich ihrer strukturellen Einbettung anbieten. Globale Verflechtungen sind hier im Wesentlichen eine Ausdrucksform der Logik kapitalistischer Entwicklung in der Neuzeit. Hier knüpft die Argumentation an die Dependenz- und Weltsystemperspektive an und prüft ihre Aktualität. Derartige neomarxistische Interpretationen unterliegen aber auch einer intensiven fachwissenschaftlichen Kritik, die von poststrukturalistischen Positionen ausgeht. Somit stellt sich auch hier die Frage nach Kontinuität oder Bruch und epochalem Wandel.

In diesem Kapitel werden demnach verschiedene sozialwissenschaftliche Theorien angesprochen, die mit entsprechenden gesellschaftspolitischen Optionen und sozialen Praktiken verbunden sind. Dieses kommunikative Zusammenspiel von Wissenschaft, Politik und Medien wird hier als Diskurs bezeichnet. Damit sind übergreifende Verständigungsprozesse und Interpretationsschemata zum Begriff Moderne bzw. zum Prozess der Modernisierung gemeint. Der Diskurs über die Moderne bezeichnet demnach keine explizite oder harte Theorie. Um den „weichen" Charakter derartiger Aussagenkomplexe zu unterstreichen, haben sich in der neuen Kulturgeographie auch Bezeichnungen eingebürgert wie Erzählung und Narrativ, die hier synonym zum Diskursbegriff verwendet werden. Da weiterhin Diskurse Ergebnisse sozialer Interaktion sind, bezeichnen wir mit dem Begriff Projekt der Moderne die Ziele einer politischen Philosophie, die über grundlegende Reformen in der Gegenwart eine bessere gesellschaftliche Zukunft verspricht. Der Projektbegriff drückt damit die zielgerichtete Inwertsetzung des Modernisierungsdiskurses aus.

1.3.1 Globale Verflechtungen in ihren raumzeitlichen Konfigurationen

1.3.1.1 Raum-Zeit 1: Zeitliche Rhythmen und zentral-periphere Strukturierungen

Zur Untersuchung gesellschaftlicher Umbruchsituationen gibt es in den Sozialwissenschaften verschiedene, in Teilen kompatible, manchmal aber sich widersprechende Konzeptionen. Im engeren Feld der hier im Vordergrund stehenden Arbeiten über die raumzeitlichen Konfigurationen gesellschaftlicher Entwicklung ist besonders eine in der Geographie aufgenommen und weiterentwickelt worden. Ihren Ausgangspunkt findet man in der engen Verbindung zwischen Geographie und Geschichte in Frankreich, deren Fragestellungen und Ergebnisse in der Zeitschrift „Annales" veröffentlicht worden sind. Vor allem das Wirken von *Vidal de la Blache* am Anfang des 20. Jahrhunderts hat diese Richtung in der Geographie bekannt gemacht. Für unser Thema hat der Sozialhistoriker *Fernand Braudel* in den 1950er und 1960er Jahren wichtige Grundlagen erarbeitet, die vom amerikanischen Sozialwissenschaftler *Immanuel Wallerstein* aufgenommen und differenziert worden sind.

Zur besseren Einordnung der Kategorien von *Braudel* und *Wallerstein* ist es sinnvoll, vorweg auf den Unterschied idiographischer und nomothetischer Betrachtungen in der Geographie hinzuweisen (*Bartels* 1970). Zur idiographischen Auffassung gehört die Betonung des Besonderen, des Einmaligen einer Region, deren Eigenschaften nur aus sich selbst heraus verstanden werden können. Regionen sind als Landschaften Raumindividuen, die sich einer generalisierten, vergleichenden Betrachtung entziehen. Diese Auffassung entspricht in weiten Teilen dem Historismus in der Geschichtswissenschaft. Demgegenüber abstrahiert die nomothetische Betrachtung von konkreten regionalen und geschichtlichen Kontexten und sucht, allgemeingültige, gesetzesmäßige Aussagen über räumliche Strukturen und ihre Veränderung aufzustellen. Der Raum wird dazu als isotrop angenommen, d. h. seine Eigenschaften weisen in alle Richtungen die gleiche Qualität auf. Ausgehend von dieser Annahme kann dann die Bedeutung von Distanz, Erreichbarkeit, Interaktion und Bewegung, Transportinfrastrukturen und Agglomerationsvorteilen untersucht werden.

Beide Richtungen stellen nach *Wallerstein* (1998) nur zwei Seiten einer reduktionistischen intellektuellen Position dar, weil sie nur Varianten ausdrücken und sich damit der historischen und geographischen Realität weitgehend entziehen. Um zu einem besseren Verständnis zu gelangen bzw. um die Restriktionen der idiographischen und nomothetischen Betrachtung zu überwinden, schlägt *Wallerstein* (1991, 1998) drei Kategorien vor, mit denen die historisch-geographische Realität angemessener erfasst werden kann.

Episodische raumzeitliche Konfigurationen (episodic geopolitical TimeSpace, l'histoire événementielle)
Diese Kategorie lehnt sich an die idiographische Betrachtung an. Sie wird bei Braudel als „l'histoire événementielle" bezeichnet und beinhaltet Ereignisse, deren Bedeutung im unmittelbaren Kontext erkennbar werden und die nicht in länger währende Prozesse einbezogen sein müssen. In Bezug auf Raum und Zeit sind sie eng und kurz. Ihr geographisches Pendant ist das „place-Konzept", das unterschiedlich als Ort, Schauplatz oder Region übersetzt werden kann. Sehr allgemein gefasst bezeichnet „place" Schnittpunkte der Bewegungen von Körpern und Schauplätze ihrer Begegnung. An diesen Orten bestehen Interaktionen zwischen Menschen untereinander bzw. Mensch-Umwelt-Beziehungen, die zu Prozessen der sozialen Integration und kulturellen Reproduktion führen. Da diese Abläufe in Bezug auf Raum und Zeit als eng und kurz anzusehen sind, ist die raumzeitliche Konfiguration der Episode primär geeignet, kontingente und situative Kontexte zu erfassen. Ein vieldiskutiertes Beispiel der aktuellen Diskussion stellt der Versuch von *Massey* dar, den Ent- und Begrenzungsdiskurs in dem Konzept „a global sense of place" in emanzipatorischer Absicht aufzuheben (*Massey* 1991, siehe unten).

Zyklische, ideologische raumzeitliche Konfigurationen (cyclico-ideological TimeSpace, l'Histoire conjoncturelle)
Zyklische Konfigurationen weisen eine innere Dynamik auf, die zu raumzeitlichen Ungleichheiten führen. Die Betonung liegt hier auf mittelfristigen Prozessen, in die einzelne Ereignisse und Örtlichkeiten eingefasst sein können. Sie setzen aber im Unterschied zu der zuerst genannten Kategorie eine dauerhafte und weitgehend kollektiv geteilte Interpretation einer raumzeitlichen Konfiguration voraus. Häufig findet hier eine Verbindung zu Zentrum-Peripherie-Konstruktionen statt, die dem Moment der raumzeitlichen Ungleichheiten eine strukturierende Richtung gibt. Das Zentrum produziert Ungleichheiten, indem es sich durch kulturelle, ökonomische und politische Dominanzbeziehungen reproduziert, die Peripherie verliert Ressourcen und wird kulturell deformiert. Entsprechende Regionalisierungen liegen den Begriffspaaren Erste-Dritte-Welt, Nord-Süd-Konflikt oder Kern-Rand-Europa zugrunde und bilden den (politischen) Kern der Dependenztheorien (vgl. Kapitel 1.3.3).

Strukturelle raumzeitliche Konfigurationen (structural TimeSpace, l'Histoire structurelle, longue durée)
Braudel und Wallerstein halten diese Kategorie für die wichtigste, weil sie solche lang andauernden, primär ökonomischen und sozialen Strukturen kennzeichnet, die das soziale Handeln, die Zivilisationsmuster und Produktionsweisen bestimmen. Die Verwendung dieser Kategorie setzt die Definition eines „historischen Systems" mit seinen raumzeitlichen Bedingungen und Begrenzungen voraus. Die Praktiken der Moderne stellen dafür ebenso ein Beispiel dar wie die Funktionsweisen des kapitalistischen Weltsystems, die im Folgenden noch näher beleuchtet werden. In der Geographie ist diese Überlegung ursprünglich in der Herleitung der Kulturerdteile aufgenommen worden. Dieses Konzept verweist auf eine langfristig stabile und gesellschaftsstrukturierende Regionalisierung der Welt. Da solche Überlegungen in einigen Varianten der jüngsten Debatte über die neue Weltordnung eine große Rolle spielen, ist in der Geographie eine neue Auseinandersetzung über kulturelle Regionalisierungen der Welt zu verzeichnen (*Ehlers* 1996, *Lewis/Wigen* 1997, *Kreutzmann* 2000).

Die konzeptionellen Überlegungen von Braudel und Wallerstein haben vor allem Eingang in die neuere Politische Geographie gefunden. Sie werden beispielsweise im weitverbreiteten Lehrbuch von *Peter Taylor* (1993) rezipiert und weiterentwickelt. Die große Resonanz ist darauf zurückzuführen, dass hier verschiedene Ansätze als integrierbar erscheinen. Dazu gehörten das Konzept der „Langen Wellen" (*Kondratieff, Schumpeter*), Periodisierungen der Regulationstheorie (*Lipietz*), innovationstheoretische Überlegungen zur Bedeutung von neuen Technologien und Organisationsformen für das wirtschaftliche Wachstum (Mensch) oder Annahmen über Zentrum-Peripherie-Beziehungen und politisch-ökonomische Dominanzbeziehungen im globalen Maßstab (*Myrdal, Friedman*). In diesem Kapitel werden besonders die zuletzt genannten Aspekte weiter verfolgt.

1.3.1.2 Raum-Zeit 2: Territoriale Ent- und Begrenzungen im Diskurs der Moderne

Die noch heute wirksame strukturelle raumzeitliche Konfiguration, die nach Wallerstein im sogenannten „langen" 16. Jahrhundert entsteht, kann als ein von Beginn an global interagierendes System aufgefasst werden, das lokale Lebenswelten weltweit zueinander in Beziehung gesetzt hat. Die europäische Entdeckungs-, Ausbeutungs-, Versklavungs- und Kolonialgeschichte bietet dazu vielfältiges Anschauungsmaterial. Andere Betrachtungen gehen von einer evolutionär verlaufenden Entgrenzungsdynamik dieser „langen Dauer" aus und bieten zur Charakterisierung grundlegender Veränderungen das idealtypisch gedachte Gegensatzpaar von „vormodernen" und „spätmodernen" Gesellschaften an (*Giddens* 1988, *Werlen* 2000). In dem zuletzt genannten Verständnis wird die Geschichte der Moderne häufig im Sinne einer Herauslösung der Menschen aus zugewiesenen Rollen in lokalen Gemeinschaften und deren Umsetzung in weitaus weniger vorbestimmte Positionen in großräumigen Gesellschaften konzipiert. Inzwischen erscheint in den gegenwärtigen Debatten über Globalisierungsprozesse der Begriff der Weltgesellschaft am epistemologischen und ontologischen Horizont (*Wobbe* 2000). Folgen wir diesem Verständnis, kündigt sich eine Vollendung des Modernisierungsprozesses an, was beispielsweise in der Aussage zum Ausdruck kommt: „Globales hängt von Handlungen lokal situierter Subjekte ab, und deren lokale Bedingungen sind von globalen Phänomenen durchdrungen" (*Werlen* 1997, S. 1). Jedoch sollten jenseits der vielfach festgestellten Kontinuität lokaler Entankerung nicht die historisch unterschiedlichen Formen, Phasen und Intensitäten der Ent- und Begrenzungen gesellschaftlicher Praktiken, Institutionen und Diskurse übersehen werden, die gleichzeitig die Mehrdeutigkeit der Moderne und Brüche in einer vermeintlich linearen Entwicklung charakterisieren. Denn bei näherer Betrachtung zeigt sich, dass die Entgrenzungsvorstellung primär ein Produkt intellektueller Kommunikation über komplexe und weitreichende Ideen ist, in denen Individuen und Gesellschaften eine imaginäre Bedeutung zugewiesen wird. Dieses eher ideengeschichtlich zu betrachtende Projekt der Moderne, das von den alltäglichen Praktiken und Institutionen zu unterscheiden ist, wird hier in den Mittelpunkt gerückt, um am Beispiel seiner normativen und regulativen Gehalte Momente der Regionalisierung der Gesellschaft herauszustellen. Dabei erfolgt zunächst eine nicht ganz unproblematische Gleichsetzung der Begriffe Ent- und Begrenzung mit denen der Befreiung und Disziplinierung (*Wagner* 1995).

In sehr starker Vereinfachung lässt sich das Projekt der Moderne auf die Idee der menschlichen Autonomie reduzieren, die mit den beiden Bedingungen Freiheit und Demokratie verknüpft ist. Es beruht auf handlungsfähigen Individuen, die freie Zusammenschlüsse bilden, in denen die universalistisch gedachten Vorstellungen über Freiheit und Demokratie durch Institutionen wie das Recht, die verfasste politische Ordnung, den wirtschaftlichen Liberalismus und die rationale Wissenschaft gesichert werden. Die frühe Moderne ist daher treffend als „Rebellion gegen das Schicksal und die Zuschreibung" (*Bauman* 1992) beschrieben worden, die in mittelalterlichen Weltbildern und feudalistischen Gesellschaftsformen vorherrschend gewesen sind. Das Projekt der Moderne wendet sich damit nicht nur gegen die kulturelle Hegemonie christlich-religiöser Weltbilder, sondern auch gegen die durch sie vermittelten Grenzziehungen individueller und kollektiver Aktionsräume sowie die erzwungenen und verklärten Formen der (Im-)Mobilität. In letzter Konsequenz zielt das Projekt der Moderne darauf ab, derartige, vom Individuum ungewünschte Bindungen aufzuheben.

Jedoch streifen wir hier bereits den ersten problematischen Punkt. Der Diskurs der Entgrenzung beginnt zumeist mit einer dichotomischen Setzung: die traditionelle wird der modernen Gesellschaft gegenübergestellt. Die negativ besetzte Imagination der Vergangenheit (Zeit – Mittelalter) und des Fremden (Raum – außereuropäische Welt) wird mit einer positiv besetzten Imagination der Zukunft und kohärenten Gesellschaft kontrastiert. Die darin enthaltenen Versprechungen eröffnen einen Weg für Sozialmythen, die nicht nur der Identitätsbildung dienen, sondern die sich auch manipulativ einsetzen lassen und kollektive Handlungsbereitschaft aufbauen helfen. Seit den frühen Begründungskontexten des Diskurses hat sich der ausgeprägte Dualismus zwischen traditionell und modern verfassten Gesellschaftsimaginationen bis heute erhalten und spielt in der modernisierungstheoretischen Entwicklungsforschung noch immer eine gewichtige Rolle (*Peet* 1999, *Scholz* 2000).

Ein zweiter problematischer Aspekt ergibt sich aus den organisationsbezogenen Aussagen des Modernisierungsprojektes. Wenn Individuen auf der Grundlage freier Zusammenschlüsse Institutionen ausbilden, die Freiheit und Demokratie ermöglichen und sichern, stellt sich die Frage, nach welchen Prinzipien die an sich grenzenlos gedachten Ansprüche reguliert werden sollen. Vormoderne, substantielle Begründungskontexte der traditionellen Gesellschaft wie beispielsweise die durch Gott verfügte Ordnung und die davon abgeleitete Definition vom guten und rechten Leben können in der modernen Gesellschaft nicht mehr angewendet werden. Vielmehr rekurriert der Diskurs der Moderne auf weltliche Werte und Regeln, deren Erkenntnis und Anerkennung durch die Individuen von zentraler Bedeutung ist. Wesentlich ist die Idee der menschlichen Natur, die auf Ideen der natürlichen, unabdingbaren Rechte des Einzelnen, aber auch auf der Auffassung von natürlichen sozialen Ordnungen basiert. Hinzu tritt die Vernunft als eine überindividuelle Kategorie und Bezugspunkt für die Bestrebungen der freien Individuen. Schließlich das Gemeinwohl als kollektivistische Kategorie, die über die Einzelnen hinausweist und nicht eindeutig von den Willen der Einzelnen abgeleitet werden kann.

Spätestens die Idee des Gemeinwohls führt zur Frage der Begründung einer politischen Ordnung auf liberalen Grundlagen und zur Unterscheidung von negativer und positiver Freiheit, d.h. Freiheit von Beschränkungen und Freiheit zur kollektiven Verfolgung substantieller Ziele (*Wagner* 1995, S. 31). Mögliche Lösungswege zur Vermittlung latenter Konflikte zwischen grenzenlosen Geltungsansprüchen und begrenzenden Garantien sollen hier nur in zugespitzter Form genannt werden. Ein erster Lösungsweg knüpft an die Überlegung an, dass eine sich selbst regulierende Ordnung aus einer Vielzahl unabhängiger Akteure entstehen kann, die von utilitaristischen Motiven geleitet werden und rational handeln. Beispielsweise wird die entsprechende Ordnung in frühen Ansätzen der modernen Ökonomie durch den Markt hergestellt, auf dem sich nutzenmaximierende Individuen bewegen. Ihre Handlungsmöglichkeiten werden durch Marktgesetze eingeschränkt, die jedoch nichts anderes sind als die intendierten und nicht intendierten Handlungsfolgen der anderen Marktteilnehmer. Auf diese Weise entsteht das größtmögliche Ausmaß an wirtschaftlicher Freiheit. Zudem bringt der Markt als selbstregulierende Ordnung ein optimales Ergebnis für die Gemeinschaft der Marktteilnehmer hervor. Der Utilitarismus (*T. Hobbes, J. Locke, A. Smith, D. Ricardo, J. S. Mill*) leitet eine kollektive Ordnung bzw. Gesellschaft aus dem Austausch und den Beziehungen individueller Handlungen ab, die mit bestimmten Wünschen und Bedürfnissen ausgestattet sind.

Der zweite Lösungsweg basiert auf dem fortschrittlichen und überlegenen Anspruch moderner organisatorischer Konzepte, die nicht nur gegenüber anderen gesellschaftlichen Entwürfen durchsetzbar sind, sondern auch alle Menschen überzeugen würden. So ist für die Herstellung von Freiheit und Demokratie zum einen der Ausschluss vormoderner Praktiken Voraussetzung, zum anderen auch der Aufbau von Institutionen, die Bildung und Erziehung der Massen garantieren. Mehr noch: In Hinblick auf die Handlungsfähigkeit der mit der Industrialisierung entstehenden neuen großen Gruppen, Klassen und Schichten wird die Vorstellung vorherrschend, dass Normen und Werte dem Individuum vorausgesetzt und unabhängig von seiner Existenz wirksam seien (*K. Marx, M. Weber, E. Durkheim*). Ordnung, Beschränkung und Disziplin als gezielte Regulierung ist daher von Anfang an in die Moderne eingeschrieben gewesen, die eine verbindliche Regionalisierung von Gesellschaft mit sich brachte.

Die verschiedenen Ausprägungen des begrenzenden Diskurses haben in den letzten zwei Jahrhunderten immer wieder Konzepte zur Regionalisierung der Gesellschaft hervorgebracht. Die vielfältigen Beispiele können hier nicht ausführlich behandelt werden (vgl. dazu *Harvey* 1989). Vielmehr sollen einige Grundrichtungen benannt werden, die eine erste systematisierende Sichtung ermöglichen. In analytischer Absicht werden sie hier als getrennt dargestellt, obwohl sie sich immer gemischt, gegenseitig verstärkt oder auch einfach ignoriert haben.

Begrenzung als rationale Raumorganisation für den gesellschaftlichen Fortschritt
Eine erste Richtung leitet sich aus der Überlegung ab, dass Territorien die Reichweite sozialtechnologischer Neuerungen definieren und über derartige Programmräume moderne Praktiken aus zweierlei Gründen gebündelt werden. Zum einen können die theoretisch global angelegten und damit grenzenlosen Vor-

stellungen der Moderne auf räumlich begrenzte Praktiken reduziert werden. Zum anderen würde die an sich unbegrenzte Vielzahl und Verschiedenheit von Menschen auf ein Territorium durch einen „relativ kohärenten Satz von handlungsleitenden Konventionen geordnet und aneinander gebunden" (*Wagner* 1995, S. 265) und damit nationale Identität geschaffen. Aus diesen Gründen unterstützt der Diskurs der Moderne die Ausbildung eines nach außen klar abgegrenzten und nach innen einheitlich aufgebauten Staates. Weiterhin werden auf rationale Kriterien zurückführbare innerstaatliche politische Regionalisierungen befördert (z. B. im nachrevolutionären Frankreich), die entsprechende Identitätsprozesse unterstützen.
Auch auf der lokalen Ebene werden geplante Umgestaltungen des Raumes realisiert. Eingeleitet durch den Umbau von Paris durch Haussmann im 19. Jahrhundert entstehen in der organisierten Moderne des 20. Jahrhundert weitere Konzepte im Städtebau (z. B. Charta von Athen) und in der Raumplanung (z. B. Zentrale Orte Konzept), die mit einer Vielzahl von Regionalisierungen gesellschaftlicher Beziehungen einhergehen. Gleichzeitig führen sie zu einer „kreativen Zerstörung", da zuvor bestehende materielle und soziale Praktiken aufgehoben werden, um die vernunftbetonten Ideen der Moderne zur Entfaltung zu bringen. Lacoste spricht in diesem Zusammenhang von einer inneren „Geopolitik", die darauf ausgerichtet ist, einen rationalen Staatsaufbau zu gewährleisten sowie Probleme und Projekte der Raumordnung entsprechend den technischen, ökonomischen und gesellschaftlichen Gegebenheiten optimal zu lösen (*Lacoste* 1990).
Der organisierte Raum ist allerdings nicht als statischer Endpunkt eines linear verlaufenden Prozesses zu denken, denn es haben immer unterschiedliche Auslegungen der Grundidee des Gemeinwohls und der Gerechtigkeit bestanden. Zudem veränderten sich Bewertungen dessen, was als vernünftig angesehen werden sollte, angesichts neuer technologischer Möglichkeiten zur Gestaltung von Raum und der Distanz-überwindung. Schließlich führten die Widersprüche zwischen individueller Aneignung und kollektiver Nutzung von Raum zu permanenten De- und Rekonstruktionen der materiellen und diskursiven Gehalte des organisierten Raumes.

Der anti-moderne Begrenzungsdiskurs und die „Erfindung" der institutionalisierten Geographie
Die Kritik an modernen Vorstellungen, besonders an den universalistischen Aspekten der Gleichheit, hat frühzeitig zu verschiedenen Gegenentwürfen geführt, die sich auf das vermeintliche Faktum der geographischen Differenz berufen haben. Bereits *Adam Müller* wies Anfang des 19. Jahrhunderts dezidiert auf die Implikationen hin, die von der von *Adam Smith* und anderen propagierten modernen Wirtschaftsverfassung zu beachten seien:
„Erst müsst Ihr die Erde mit ihren unendlichen Klimaten und eigentümlichen Lokalitäten in eine große gleichförmige Fläche ausgewalzt haben, erst muss alle Vorliebe der Menschen für das Nähere und Angewöhnte und für das Besondere, Erworbene ausgerottet sein, ehe diese unbedingte Gewerbefreiheit, also ehe dieses absolut freie Privatvermögen der Einzelnen möglich wäre" (*Müller* 1812, S. 34, vgl. *Oßenbrügge* 1993, S. 35).
Diese durch die Romantik beeinflusste Wahrnehmung der Risiken der Moderne wurde wenig später von *Wilhelm Heinrich Riehl* in seiner „Naturgeschichte des Volkes als Grundlage einer deutschen Sozialpolitik" vertieft ausgeführt. Sie stellt das soziale Gemeindeleben, das durch die „Gemeinsamkeiten der Arbeit, des Berufes und der Siedelung" geprägt sei, der zunehmenden Entgrenzung der Gesellschaft gegenüber (*Sieferle* 1984). *Riehl* idealisiert die Heimat als Ort vormoderner Praktiken, um den aufstrebenden internationalistischen Strömungen der Arbeiterbewegung zu begegnen. Die von *Werlen* (1997) und anderen häufig konstatierte regionalistische Sehnsucht der deutschen Sozialgeographie hat hier ebenso ihren Ursprung wie die konservative Begründung des Geographieunterrichts. Die fachwissenschaftliche und didaktische Entstehungsgeschichte der Geographie geht somit auf imaginierte Gegenbilder zu den im 19. Jahrhundert mächtiger werdenden modernen Weltbildern zurück. Selbst die Begründung der Anthropogeographie durch Ratzel ist mit ihren an biologischen Vorstellungen gekoppelten Organismusthesen (Kulturboden als Vermittler zwischen Staat und Volk) überwiegend als anti-moderner Entwurf zu lesen, der zum ersten Mal in systematischer Weise „natürliche" Grenzen der gesellschaftlichen Entwicklung formulierte.
Diese Beispiele weisen auf einen anders gelagerten Begrenzungsdiskurs hin, der von verschiedenen Mo-

tiven getragen worden ist. Einerseits gehört dazu die Betonung vermeintlich erhaltenswerter Barrieren gegen die Vereinheitlichungstendenzen der kapitalistischen Marktwirtschaft, andererseits die Hervorhebung der geographischen Determination von Kultur und Politik und damit die Konstruktion eines natürlich gegebenen Differenzparadigmas für die Gesellschaft, das die Geographie bis heute beschäftigt. Im ausgehenden 19. Jahrhundert hat sich dieser Diskurs sehr stark mit autoritär-nationalistischen Vorstellungen verbunden, wodurch die Auffassung der territorialen Konkurrenz der Nationalstaaten, die sich im Imperialismus und Kolonialismus ausdrückte, eine Legitimationsbasis erhielt. Die Debatten im Vorfeld des Ersten Weltkriegs veranschaulichen sehr eindrucksvoll die unterschiedlichen Mischverhältnisse zwischen rational-universalistischen Argumenten und geodeterministischen Herleitungen der Ortsbezogenheit und Territorialität „natürlicher" Gemeinschaften.

„Schöne neue Welt" als totalitärer Raum
Die organisatorische Durchdringung des Raumes im 19. und 20. Jahrhundert weist einen Kopplungseffekt auf, der gleichzeitig den effizienten Staatsaufbau, die technisch-industrielle Modernisierung und die Durchsetzung partizipativer Formen der Demokratie befördert hat. Jedoch erzeugte die Moderne auch Formen totalitärer Raumorganisation. Extreme lassen sich besonders im deutschen Faschismus aufzeigen, aber auch im sowjetischen Sozialismus der Stalinära oder im südafrikanischen Apartheidsregime, das eine sehr umfassende und tiefgreifende Raumpolitik zur Rassentrennung und Unterdrückung im 20. Jahrhundert auch unter dem Banner eines erzieherischen, zivilisatorischen Modells entwickelte (*Robinson* 1996). Die Begrenzung der räumlichen Mobilität des Einzelnen und die Reglementierung der sozialen Beziehungen an allen Orten bilden Momente der „dunklen Seite" der Modernisierung. Die Metapher Mensch-Maschine-System weist auf genau festgelegte und kontrollierte raumzeitliche Abläufe hin, in denen gleichzeitig Körper- und Denktätigkeiten auf programmierbare Funktionen reduziert sind, was in *Fritz Langs* Film „Metropolis" monumental in Szene gesetzt worden ist. Die Kritik an der Moderne knüpft aber auch an die Wohnmaschinen von *Le Corbusier* und anderen an, die sich zwischen den fünfziger und siebziger Jahren des 20. Jahrhunderts ausgebreitet haben. Sie zielt auf die funktionalistische Architektur, die Prinzipien der gegliederten Stadt und die entsprechenden Konzepte der Landesplanung und Raumordnung ab. Die Kritik hat sich an den einschränkenden Bestimmungen über die Bewegungsfreiheit von Menschen in unterschiedlichen Regimen entzündet wie früher im real existierenden Sozialismus oder heute im herrschenden Umgang mit Flüchtlingen und kulminiert in der perfiden Brutalität der Raumorganisation in den Konzentrationslagern der NS-Zeit.

Der Diskurs der Moderne verfügt über ein breites Repertoire begrenzender Konzepte, die im Namen vermeintlich zukunftsorientierter und fortschrittlicher Veränderungen sich zumindest zeitweise zur Anwendung empfehlen. Die damit verbundenen restriktiven Potenziale haben einen Teil der postmodernen Kritik radikalisiert. Viele zeitgenössische Autoren sehen die Moderne nicht als unvollendet, sondern besonders wegen ihrer Rückseiten und Hinterhöfe als abzulehnendes Gesamtgebäude an. Der Diskurs der organisierenden Begrenzung wird hier mit der Legitimation der Unterdrückung gleichgesetzt. Diese Problematik lässt sich auch dann nicht vermeiden, wenn – metaphorisch gesprochen – die Rückseiten saniert werden, sondern nur dann, wenn auch die Vorderseiten zusammen mit den anderen Teilen abgerissen werden. Einige modernisierungskritische, poststrukturalistische Diskurse verweisen auf diesen Weg, auf den im abschließenden Abschnitt eingegangen wird.

Zwischenbilanz
Formen, Bedeutungen und Funktionen von Ent- und Begrenzungen sind im Diskurs der Moderne in verschiedene Interpretationsschemata eingebettet. Sie illustrieren wissenschaftlich hergeleitete Weltbilder mit wirtschaftlicher, kultureller und politischer Schwerpunktsetzung, die häufig sehr öffentlichwirksam gewesen sind. Um ihre raumzeitlichen Ausprägungen und die Dynamik globaler Verflechtungen sowie Fragen nach Kontinuität oder Bruch genauer fassen können, lässt sich ein kategorialer Begriffsapparat raumzeitlicher Prozesse nutzen, den *Braudel* und *Wallerstein* aufgebaut haben (Abb. 1.3/1). Damit wird ein

Abb. 1.3/1:
Kategorien zur Differenzierung raumzeitlicher Dynamiken

Kategorien zur Differenzierung raumzeitlicher Dynamiken			
Territoriale Entgrenzung / Territoriale Gebundenheit	Episode	Konjunktur	Lange Dauer
Zentrum			
Peripherie			

mehrdimensionaler Raum eröffnet, der uns auch näher an die Antwort auf die Frage bringt, ob die derzeitigen Globalisierungsprozesse eine neue Qualität darstellen. Bevor dieser aktuelle Aspekt jedoch vertieft wird, soll zuvor ein Blick auf solche Ansätze erfolgen, mit denen bisher raumzeitliche Dynamiken auf globaler Ebene konzeptionell erschlossen worden sind.

1.3.2 Ent- und Begrenzungen in internationalen Beziehungen: Geopolitischer Realismus oder globalistische Interdependenz?

1.3.2.1 Traditionen des territorialstaatlichen Denkens in Politik und Geographie: Rivalität zwischen Staaten, Realismus und Geopolitik

Die nach innen gerichtete Bündelung moderner Praktiken im territorial definierten und durch nationale Identitätsbildung integrierten Staat ist seit Beginn der Neuzeit von Annahmen der Rivalität unter den Staaten begleitet gewesen, die im Zeitverlauf immer komplexer geworden sind. Das merkantilistische Programm ging noch von einer sehr einfachen Form des Wettbewerbs aus: „Es liegt auf der Hand, dass ein Land nicht gewinnen kann, ohne dass ein anderes verliert" (*Voltaire* zitiert nach *Braudel* 1990, Bd. 1, S. 602). Der Merkantilismus lässt sich als Geburtsstunde der Geopolitik in Form der Geoökonomie ansehen. Globale wirtschaftliche Verflechtungen gleichen hier noch einem Nullsummenspiel. Derartige Vorstellungen verstärkten sich im 19. Jahrhundert und leiteten die Periode imperialistischer Politik ein, die sich unter anderem auf „Gesetze des räumlichen Wachstum des Staates" (*Ratzel*) berufen konnte. Sie löste die direkte territoriale Annexion oder die indirekte Kontrolle anderer Territorien aus. Ein Wettlauf um Kolonien und Einflusssphären setzte ein, der die europäische Politik am Vorabend des Ersten Weltkrieges beherrscht hat.
Im 20. Jahrhundert wird dieses Denken in Konzepten zur Geopolitik im Kontext der Politischen Geographie und des Realismus in der politikwissenschaftlichen Teildisziplin „Internationale Beziehungen" weitergeführt. Der Realismus betrachtet globale Verflechtungen ausgehend von der Annahme, dass die Welt als Staatensystem zu konzipieren sei. Alle Territorialstaaten würden die gleichen Grundziele verfolgen, die in der Sicherung der eigenen Existenz und der souveränen Handlungsfähigkeit liegen. Daher sei es zwingend, die Territorialstaaten als die „natürlichen" Einheiten zur Untersuchung globaler Verflechtungen anzusehen. Der Staat wird somit als einheitlicher, geschlossener Akteur konzipiert, der für sein Territorium das Monopol physischer Gewalt innehat und nach außen entsprechend den eigenen „vitalen Interessen" agiert, die keiner übergeordneten Gewalt unterworfen sind. Internationale Regierungsorganisationen (z. B. UNO-Organisationen) sind in diesem Verständnis zwischenstaatliche Instrumente der Regierungen, durch die globale Verflechtungen nach dem Maßstab des kleinsten gemeinsamen Nenners reguliert werden. Die-

se Strukturierung des internationalen Systems wird häufig mit der Metapher Billard-Ball-Modell belegt. Welche Interessen für einzelne Territorialstaaten im internationalen System relevant sein können, ist unter anderem Gegenstand der Geopolitik, die dafür einen geopolitischen Code bereitstellt (*Gaddis* 1982, *Taylor* 1993, *Oßenbrügge* 2000). Andere Staaten werden nach Kriterien bewertet, die Einschätzungen erlauben, ob sie die eigenen „vitalen Interessen" eher unterstützen oder behindern. Auf diese Weise entsteht der geopolitische Code als relativ stabiles Bewertungsraster der Welt in Form ausländischer Territorien, das einen strukturellen Rahmen für die Außenpolitik erzeugt. Darin eingelagert sind Bewertungs- und Verhaltensregeln. Sie drücken Kontroll- oder Koordinationsansprüche über solche Räume aus, die nicht in der jeweiligen territorialstaatlichen Einflusssphäre liegen. Die inhaltlichen Dimensionen des geopolitischen Codes setzen sich aus der Motivation nach politischer Hegemonie (Gewaltmonopol, strukturelle Macht), nach Sicherung ökonomisch wichtiger Räume (Rohstoffräume, Absatzgebiete) und nach Erhaltung ethnisch-kultureller Homogenität zusammen. Entsprechende Einteilungen der Welt finden sich beispielsweise bei *Cohen* (1982), der gewissermaßen den geopolitischen Realismus internationaler Beziehungen aus US-amerikanischer Sicht repräsentiert.

In jüngster Zeit sind realistische und geopolitische Interpretationen der internationalen Politik als Geoökonomie bezeichnet worden (*Luttwak* 1994). Damit wird eine tendenzielle Verschiebung innerhalb der nationalen Interessen weg von militärisch-strategischen Inhalten hin zu handels- und technologiepolitischen Motiven und Intentionen sichtbar: „each nation will pursue economic policies that reflect domestic needs and external political ambitions without much concern for the effects of these policies on other countries or in the international economic system as a whole" (*Gilpin* 1985, S. 293). Wegen der steigenden Mobilitätsfähigkeit aller Produktionsfaktoren, besonders aber des Kapitals, wird die Sicherung und Steigerung der Wettbewerbsfähigkeit zu einem zentralen Anliegen staatlicher Akteure (man vergleiche z. B. die Debatte um den Standort Deutschland). Der neue geoökonomische Ansatz reflektiert damit staatliche Reaktionen auf die quantitative und qualitative Zunahme globaler Verflechtungen in den letzten Jahrzehnten und wird manchmal als neorealistisch bezeichnet, da die alten Annahmen des Realismus durch die zunehmenden Interdependenzen an Evidenz verlieren (vgl. zur Reichweite geoökonomischer Argumente *Oßenbrügge* 1997).

In zeitgeschichtlicher Perspektive bildet der geopolitische Realismus das dominante Erklärungsmodell internationaler Beziehungen besonders nach dem Zweiten Weltkrieg. Unverkennbar ist der Einfluss der durch den Ost-West-Gegensatz hervorgerufenen Blocklogik und einer durch US-amerikanische Denkfabriken geprägten wissenschaftlichen Definitionsmacht über das „Wesen" internationaler Beziehungen. Es bestanden aber auch andere Theorieschulen, die den Begriffen Verflechtung und Interdependenz breiteren Raum gegeben haben und auf diese Weise eher dem Entgrenzungsdiskurs der Moderne verpflichtet waren.

1.3.2.2 Globale Verflechtungen, politische Interdependenz und Auflösung der territorialstaatlichen Perspektive

Die negativen Erfahrungen des Ersten Weltkrieges, die sich mit den Begriffen imperiale Machtpolitik, territoriale Konkurrenz, Rüstungswettläufe, Ressourcenkontrolle, nationale Überhöhung und verzerrte Feindbilder beschreiben lassen, haben erste Vorstellungen einer Völkergemeinschaft hervorgebracht, die Prinzipien der „Weltgesellschaft" umsetzen sollten. Die vernunftorientierte Grundidee der Moderne, ausgedrückt in der Vorstellung, eine bessere Zukunft sei durch rationales Handeln erreichbar, mischt sich hier mit der Erwartung eines dauerhaften wirtschaftlichen Wachstums, das bei Anwendung der Grundregeln der klassischen politischen Ökonomie (freies Unternehmertum, Marktwirtschaft, Freihandel) eintreten würde. Diese Position wird in der Lehre der „Internationalen Beziehungen" als Idealismus bzw. als früher Liberalismus bezeichnet. Als Beispiele für wichtige Programmpunkte, die in den 1920er Jahren zur Diskussion standen, lassen sich folgende Themen nennen (*Meyers* 1993, S. 234f.):
– Forderung nach Demokratisierung autokratischer Herrschaftsgebilde;

– Vernetzung internationaler Organisationen im Weltmaßstab durch Zusammenschluss von Individuen zu International Non-Government Organisations (INGOs);
– Aufbau eines Systems der kollektiven Sicherheit, der friedlichen Streitbeilegung und Rüstungskontrolle;
– Erziehung zu normgerechtem Handeln durch Aufklärung über gemeinsame Interessen.

Die Idee der Weltgesellschaft, die aus „Kooperation und Zusammenschluss vernunftgemäß handelnder, die Verwirklichung ethischer Normen verfolgender Individuen" entstehen soll (*Meyers* 1993, S. 244), ist auch mit Vorstellungen eines Weltstaates in Verbindung gebracht worden. Eine zeitgenössische, auch kartographische Darstellung bietet *Pfaul* (1929), der die Vereinigten Staaten von Nordamerika, Südamerika, Europa, Afrika und Austrasien als organisatorische Regionalisierung einer „weltweiten Rechts-, Wirtschafts- und Arbeitsgemeinschaft" konzipierte (*Böge* 1997, S. 84).

Während der Liberalismus in den Jahren vor dem Zweiten Weltkrieg besonders wegen der Wirtschaftskrisen stark an Bedeutung verlor, erlebten einige der frühen Vorstellungen in den siebziger Jahren des 20. Jahrhunderts eine Wiederbelebung unter den Bezeichnungen Funktionalismus, Institutionalismus und Globalismus. In diesen Ansätzen wird die Vorstellung des Territorialstaats als alleiniger Akteur in den globalen Verflechtungen aus ontologischer Perspektive in Frage gestellt. Generell werden Akteure nicht mehr territorial, sondern eher funktional nach dem Grad ihrer Entscheidungs- und Handlungsautonomie und prozessual nach der Art und Dauer ihrer Beteiligung an Verhandlungen im Kontext der internationalen Politik bestimmt. Den Hintergrund für diesen neuen Aufschwung des entgrenzten Modernisierungsdiskurses bilden die Momente des globalen Wandels, d.h. der Bedeutungsgewinn weltweiter wirtschaftlicher Verflechtungen, aber auch die übergreifenden ökologischen Problemlagen und die neuen Migrationsbewegungen mit der Ausbildung transnationaler sozialer Räume. Derartige Veränderungen haben deutlich gemacht, dass nicht mehr allein die Einzelstaaten die entscheidenden Akteure im Feld der internationalen Politik sind, sondern eine Vielfalt von Gruppierungen einschließlich multinationaler Konzerne und transnationaler NGOs Einfluss auf die Gestaltung globaler Verflechtungen nehmen. Die neuen Ansätze lassen sich von der Vorstellung leiten, dass die Handlungsgrundlagen, Normen und Zielvorstellungen in offenen Diskursen gebildet werden, die sich in Entscheidungs- und Verhaltensroutinen überführen lassen. Dadurch ergeben sich dynamische Verfahrensregeln oder internationale Regime, die zu einer neuen, grenzübergreifenden Vernetzung und Regulation führen. Als frühe Metapher für diese Form und als bewusste Abgrenzung zum Billard-Ball-Modell ist das Bild einer Menge sich überlagernder Spinngewebe gewählt worden, weil: „Contacts are not only at the boundaries of sovereign states, but between points within each" (*Burton* 1979, S. 36).

Obwohl es keine explizite Geographie internationaler Beziehungen gibt, die sich auf den politikwissenschaftlichen Diskurs bezieht, ist das Vernetzungsmodell eine sehr verbreitete Betrachtungsweise im Fach und besonders differenziert in Teilen der Wirtschaftsgeographie ausgebaut (*Schamp* 2000). Im Kontext der Politischen Geographie steht vor allem die Frage im Vordergrund, welche Veränderungen der Territorialstaat vollzieht, ob er sich „nach oben" und „nach unten" auflöst (*Anderson* 1995). Daneben tritt die Untersuchung und Einordnung der neuen Akteure zunehmend in den Vordergrund. Besondere Beachtung haben die Akteure der Zivilgesellschaft erhalten wie INGOs und die globalen sozialen Bewegungen einschließlich der Möglichkeit, partizipative Formen der global governance zu entwickeln (*Soyez* 2000, *Oßenbrügge* 2001). Heute befinden sich die seit achtzig Jahren bestehenden Leitideen des interdependenzorientierten Globalismus im konjunkturellen Aufwind des wissenschaftlichen Interesses. Sicherlich wären hier weitergehende Differenzierungen und Vertiefungen angebracht, um der gegenwärtigen Breite und Qualität der Debatte zu entsprechen. Dieses wird im abschließenden Abschnitt zumindest ansatzweise auch geleistet. Zuvor ist es aber notwendig, den kapitalismuskritischen Zweig der Theorien über die raumzeitliche Ordnung und Entwicklung der Gesellschaft anzusprechen.

1.3.3 Globale Verflechtungen und regionale Ungleichheiten: Raumzeitliche Logiken kapitalistischer Entwicklung

1.3.3.1 Räumliche Arbeitsteilung und lange Wellen: Dependenz- und Weltsystemtheorie

Kritische Gegenentwürfe zum Diskurs der Moderne haben zwar schon immer bestanden; jedoch sind besonders in der zweiten Hälfte des 20. Jahrhunderts Ansätze ausgearbeitet worden, die den normativen Implikationen einiger Varianten der Modernisierungstheorie, z. B. die Theorie der Wirtschaftsstufen von *Rostow* (1960), mit einem Gegenmodell konfrontierten. Besonders der Gedanke, dass nationalstaatlich verfasste Gesellschaften einem vorhersehbaren sozialen Wandel der Modernisierung unterliegen, auf dem manche bereits weiter vorangeschritten sind, andere aber auch zurückbleiben, ist wegen seiner fragwürdigen Implikationen für die Entwicklungspolitik, aber auch wegen seiner konzeptionellen Prämissen abgelehnt worden. In verschiedenen Lehrbüchern zur Wirtschafts- und Politischen Geographie haben umfassende Entwürfe Eingang gefunden, die *Hopkins* und *Wallerstein* mit dem Begriff „Weltsystem" als Kennzeichen eines alternativen Konzeptes raumzeitlicher Entwicklung belegt haben. Sie stellen den normativen Bezügen der Modernisierungstheorie einen erkenntnistheoretischen Realismus entgegen, der behauptet, das moderne Weltsystem sei der Bezugspunkt für soziales Handeln, verantwortlich für Prozesse der globalen Integration und für die Erzeugung verschiedener Formen der Fraktionalisierung, Fragmentierung und Marginalisierung auf der globalen Ebene.
„Die Arena, in der soziales Handeln und sozialer Wandel sich vollziehen, ist nicht eine Gesellschaft in abstracto, sondern eine konkrete Welt, ein raumzeitliches Ganzes, wobei der Raum dieselben Ausmaße hat wie die einfache Arbeitsteilung zwischen den das Ganze bildenden Teilen oder Regionen, und wobei die Zeit sich so weit erstreckt, wie die einfache Arbeitsteilung die Welt beständig als soziales Ganzes reproduziert" (*Hopkins/Wallerstein* 1979, S. 152).
Hopkins und *Wallerstein* führen aus, dass das moderne Weltsystem als europazentrierte Weltwirtschaft bereits im 16. Jahrhundert entstanden und seither in Zyklen der Expansion und Kontraktion gewachsen sei. Das Wachstum lässt sich an Kriterien wie Ausweitung der geographischen Reichweite, Steigerung der Produktionskapazitäten, Intensivierung der Interdependenzen und Integrationsleistungen sowie zunehmende Durchdringung und Organisierung gesellschaftlicher Verhältnisse festmachen. Dieser Prozess ist an Ungleichheiten gebunden und verstärkt sie in einer bestimmten Form:
„Insgesamt wirkt das System räumlich als allgegenwärtige Trennung in Zentralländer und Hinterländer oder (…) Zentren und Peripherien, verbunden und reproduziert durch Prozesse der Kapitalakkumulation und des ungleichen Tauschs; zeitlich funktioniert es im wesentlichen zyklisch, dergestalt, dass sein Wachstum (…) bislang in Wellen verlief und weiterhin verläuft. Die einzelnen Phasen der Zyklen des Systems sind somit – wie die Zonen seiner Arbeitsteilung – nicht nur die fortgesetzte Folge sozialen Handelns, sondern auch die sehr reale Bedingung und die sehr reale Einschränkung des Ergebnisses solchen Handelns" (*Hopkins/Wallerstein* 1979, S. 152f.).
Dieses Kapitel lässt es nicht zu, auf die verschiedenen Elemente der Weltsystemtheorie im Einzelnen einzugehen, die nicht nur von *Wallerstein* theoretisch ausgearbeitet und empirisch eingesetzt worden sind. Ebenso kann die umfassende Kritik hier nur gestreift werden (einführend *Taylor* 1989, 1993, *Imbusch* 1990). Jedoch sollen die grundlegenden Argumente und die Architektur des Ansatzes skizziert werden, um Stärken und Schwächen zu illustrieren.
Ausgangspunkt der Weltsystemtheorie ist die Auffassung, dass sich ein einheitlicher Weltmarkt in der Zeit zwischen 1450 und 1600 ausbildete, der seitdem als strukturelle raumzeitliche Konfiguration globale Entwicklungsprozesse bestimmt hat. Der Weltmarkt wird in dieser Theorie als Raum des Austausches von Waren zur Akkumulation von Kapital und Realisierung von Profiten konzipiert. Austauschprozesse entstehen, weil neben unterschiedlicher Ressourcenausstattung und Kapitalverfügbarkeit eine spezifische räumliche Arbeitsteilung vorhanden ist. Im Unterschied zu dem Theorem der komparativen Kostenvorteile (*Ricardo, Heckscher-Ohlin*) wird diese jedoch nicht auf wirtschaftliche Spezialisierungsmuster zurückgeführt,

vielmehr dient die Vorstellung des „ungleichen Tausches" als Basisthese für strukturelle Ungleichheiten in den weltweiten Produktionsbeziehungen. Dieses Argument geht auf Arbeiten der Dependenztheoretiker *Frank* und *Emmanuel* zurück und führt zu der Annahme, dass die kapitalistische Dynamik in räumlicher Perspektive auf einem Wertetransfer aufbaue, d.h. auf einem spezifischen funktionalen Verhältnis der Arbeitsteilung zwischen Zentrum, Peripherie und Semiperipherie. *Wallerstein* benutzt den Begriff der „Warenkette" (ähnlich den Begriffen Wertschöpfungskette und Produktionssystem). Warenketten verbinden die Standorte der Produktion weltweit und sind „in der kapitalistischen Welt des 16. Jahrhunderts genauso wahrhaftig beschreibbar wie (…) in der des 20. Jahrhunderts" (*Wallerstein* 1984, S. 26). Das Verhältnis von „Zentralität" und „Peripheralität" entsteht durch die in den Warenketten verkörperten unterschiedlichen Arbeitsquanten und übrigen Produktionsfaktoren, deren Mehrwert nicht dort angeeignet wird, wo er produziert worden ist, sondern in andere Regionen transferiert wird. Dadurch entsteht eine „Hierarchisierung des Raumes", die eine selbstverstärkende Wirkung entfalten konnte:

„Erstens: wann immer eine vertikale Integration zweier Glieder in der Warenkette auftrat, war es möglich, einen noch größeren Teil des gesamten Mehrwerts in das Zentrum zu verlagern. Zweitens führte die Verlagerung von Mehrwert ins Zentrum dort zu einer Konzentration von Kapital und stellte überproportionale Geldmittel für eine weitere Mechanisierung zur Verfügung; dies erlaubte den Produzenten des Zentrums, sowohl für existierende Produkte weitere Wettbewerbsvorteile zu erlangen, als auch neue knappe Produkte zu schaffen, mit denen der Prozess erneuert werden konnte" (*Wallerstein* 1984, S. 27).

Daher wird auch die modernisierungstheoretische Auffassung der zeitgleichen Existenz einer dualen Gesellschaft, bestehend aus traditionellen und modernen Teilen, die unverbunden nebeneinander bestehen, als verfehlt zurückgewiesen. Die kapitalistische Durchdringung der Peripherien erzeuge vielmehr die Situation der strukturellen Heterogenität, die alle Individuen und Bevölkerungsgruppen umfasst. Rückständigkeit ist damit nicht Ursache, sondern Folge der Hierarchisierung des Raumes und der darin eingeschriebenen Ungleichheiten.

Die Prozesse der Zentralisierung und Peripherisierung verlaufen nicht konfliktfrei, sondern führen zu politischen Kämpfen darüber, wer die Vorteile aus den wirtschaftlichen Prozessen zieht. Hierauf baut das Staatskonzept von Wallerstein auf. Staaten werden von ihm als soziales Kräfteverhältnis konzipiert oder als ein Ergebnis der Auseinandersetzungen zwischen den verschiedenen Gruppen- und Klasseninteressen angesehen. Gespiegelt werden derartige Verhältnisse in den Formen und Inhalten der Rechtsetzung, dem Ausmaß der Besteuerung und den Instrumenten der Umverteilung. Weiterhin betont *Wallerstein* die territoriale Souveränität und das Gewaltmonopol der Staaten. Diese eher als intern aufzufassenden Verhältnisse unterliegen jedoch strukturierenden äußeren Bedingungen: „Staaten entwickelten sich und wurden geformt als Teil eines Staatensystems", das Regeln und Legitimationen definiert, innerhalb derer Staaten operieren (*Wallerstein* 1984, S. 48).

Der Aufstieg der absolutistischen Monarchien, die in Verbindung mit der räumlichen Arbeitsteilung zu den frühen Zentren der kapitalistischen Entwicklung avancierten und dadurch besonders starke Staatsapparate aufbauen konnten (Nordwesteuropa), wird von ihm als Ausgangspunkt des modernen bürgerlichen Staates gesehen. Dieses verstärkte die angelegten zentral-peripheren Strukturen, weil stärkere Staaten ihre Potenziale einsetzen konnten, restriktive Formen internationaler Beziehungen herbeizuführen (z. B. Merkantilismus, Imperialismus), wodurch die Peripherie dauerhaft in Abhängigkeit geriet. Damit sind auch permanente Auseinandersetzungen über die Staatsgrenzen und um die Frage der territorialen Kontrolle der Warenketten verbunden gewesen, die Formen der Annexion und Kolonialisierung, aber auch der Sezession und Dekolonialisierung beinhalten. Gleichzeitig setzte ein Wettbewerb zwischen den Staaten im Zentrum ein, um die besten Bedingungen zur Kapitalakkumulation herbeizuführen und eine Hegemonie im Staatensystem zu erreichen. Die Raumstruktur des kapitalistischen Weltsystems ist danach zweigeteilt: zum einen das Zentrum mit Beziehungen zwischen den Staaten, die durch geoökonomische Konkurrenz geprägt sind, zum anderen die Staaten der Peripherie, die sich in einer nur schwer überwindbaren Abhängigkeit befinden. Hinzu tritt bei *Wallerstein* die Kategorie der Semiperipherie. Sie nimmt eine Mittelposition ein und kennzeichnet die Chance bzw. die Gefahr einzelner Staaten, im zentral-peripheren Weltsystem auf- oder abzusteigen. Semiperipherien können dazu fungieren, Kontroll- und Ausbeutungsbeziehungen des Zentrums zu vermitteln. Sie haben aber das Potenzial, selbst zum Zentrum aufzusteigen und zentrale Staaten zu verdrängen. Die zeitliche Perspektive im Konzept des modernen Weltsystems beruht wie in vielen ähnlich gelagerten Ansätzen auf der Vorstellung wellenartiger Abfolgen der Expansion und Kontraktion des wirtschaftlichen Wachstums und der technologischen Entwicklung. Im geographischen Kontext haben besonders die *Kondratieff-*, *Schumpeter-* sowie die *Kuznets-*Zyklen Aufmerksamkeit gefunden (*Knox/Agnew* 1998, S. 10f.). Ihre theoretische Begründung und ihre empirische Evidenz sind allerdings wegen der Datenlage besonders vor 1900 sehr umstritten. Jedoch sind zweifellos Phasen der relativen Stabilität und Krisenperioden in der wirtschaftlichen und gesellschaftlichen Entwicklung nachweisbar, die immer wieder den Anlass für konzeptionelle Überlegungen über zyklische Rhythmen ergeben (z. B. *Goldstein* 1988, *Kleinknecht* 1990).

Eine prominente Rolle nehmen die *Kondratieff-*Zyklen ein, die jeweils etwa fünfzig Jahre umfassen und die eine Auf- und eine Stagnations- bzw. Abstiegsphase aufweisen. Sie werden von *Knox* und *Agnew* (1998, S. 9) genutzt, um eine regionalisierte Wirtschaftsgeschichte der letzten 200 Jahre zu illustrieren. Noch weitergehender ist *Taylors* Versuch, die zeitliche und die räumliche Perspektive zu verbinden, um auf diese Weise die beiden dynamischen Aspekte des kapitalistischen Weltsystems aufeinander zu beziehen (*Taylor* 1993, S. 20f.). Ihre Darstellungen machen deutlich, dass die konzeptionellen Überlegungen und empirischen Arbeiten der Vertreter des Weltsystem-Ansatzes nicht nur breit rezipiert worden sind, sondern auch Anregungen für unterschiedliche Weiterentwicklungen gegeben haben. Bevor diese näher vorgestellt werden, sind jedoch einige ausgewählte Probleme des Weltsystem-Ansatzes anzuführen, die besonders die Argumentationslogik von Wallerstein betreffen.

Problematisch erscheint zunächst die Verwendung der Zentrum-Peripherie-Metapher, die mit dem Konzept der Territorialstaaten verbunden wird und somit eine eindeutige Lokalisierung des Zentrums und der Peripherie suggeriert. Zwar finden sich auch Hinweise auf substaatliche Regionalisierungen, die aber nicht die Bedeutung abschwächen, die den Territorialstaaten als Einheit in diesem Ansatz zugemessen wird. Dieses Vorgehen wird spätestens dann unhaltbar, wenn diesen Einheiten eine Handlungsfähigkeit zugemessen wird, die jenseits subjektiver oder kollektiver Handlungsintentionen auf Erfordernisse oder Zwänge des Weltsystems zurückgeführt werden. Die dependenztheoretische Argumentation ist für derartige Verkürzungen offen und übersieht dabei häufig die vorhandene historisch-geographische Vielfalt der wirtschaftlichen Entwicklungspfade sowie die außerwirtschaftlichen sozialen Beziehungen und innergesellschaftlichen Alternativen. Darüber hilft auch nicht der Hinweis hinweg, dass die dependenztheoretische Zuspitzung den ersten umfassenden Diskurs gebildet hat, in dem die Welt aus der Perspektive der Peripherie betrachtet worden ist (*Peet* 1999, S. 107f).

Ein weiteres theoretisches Defizit der Weltsystemanalyse von *Wallerstein*, das besonders von marxistischer Seite vorgetragen wird, ist die Vorrangstellung der Distributionssphäre zur Erklärung von Ungleichheiten. Wachstum wird hier ähnlich der Exportbasis-Theorie ausschließlich durch den überproportionalen Zufluss regionsexterner Produktionsmittel erklärt, durch die regionsinterne Wirkungen erst ausgelöst werden. In umgekehrter Richtung bewirkt dieser Mechanismus Prozesse der Unterentwicklung in peripheren Regionen. Derartige Vorstellungen lassen allerdings grundlegende Veränderungen kapitalistischer Arbeitsbeziehungen in Form starker Produktivitätssteigerungen, höherer Konsumquoten oder veränderter Arbeitszeiten unberücksichtigt, die erst das Potenzial fortwährender Akkumulation ergeben und Prozesse in der Distributionssphäre ermöglichen. So kann *Wallerstein* den enormen Produktivitätsfortschritt ehemals peripherer Staaten wie Südkorea oder Taiwan nicht angemessen erklären.

Jedoch entwertet diese Kritik nicht die Fragestellung nach Form und Bedeutung der räumlichen Arbeitsteilung für die wirtschaftliche Entwicklung auf globaler Ebene. In kritischer Auseinandersetzung mit politisch-ökonomischen Theorien räumlicher Ungleichheit sind in der Geographie verschiedene bahnbrechende Arbeiten entstanden, die das schematische Zentrum-Peripherie Verständnis differenzieren und in weiterführende (marxistische) Theoriekomplexe einbinden (z. B. *Harvey* 1982, *Massey* 1984, *Smith* 1984, *Lipietz* 1987). Auf dieser Grundlage werden Reformulierungen möglich, die geeignet erscheinen, gegenwärtige Veränderung des globalen Kapitalismus angemessener zu erfassen.

1.3.3.2 Die gegenwärtige Flexibilisierung dependenter Strukturen

Die Debatte über Formen, Ursachen und Wirkungen der Globalisierung ist in der jüngeren Zeit sehr stark angeschwollen. Es ist daher empfehlenswert, einen relativ engen Zugriff auf die entsprechende Literatur zu wählen, um den gegenwärtigen Stand zumindest aus einer Perspektive zu erfassen. Neben der Anschlussfähigkeit an holistische Erklärungen des kapitalistischen Weltsystems und seiner immanenten räumlichen Ungleichheiten erscheint hier die im ersten Abschnitt aufgenommene Frage nach gegenwärtigen Ent- und Begrenzungen der wirtschaftlichen Entwicklung wesentlich. Diese werden in der Literatur häufig auch als De- und Reterritorialisierungen bezeichnet und beziehen sich beispielsweise auf Fragen über die Bedeutung der regionalen Verankerung und der nationalstaatlichen Regulierung wirtschaftlicher Aktivitäten angesichts sich globalisierender Verhältnisse, um auf diese Weise neue räumliche Konfigurationen jenseits der vereinfachenden Zentrum-Peripherie-Vorstellungen zu entdecken. Dazu lassen sich zunächst vier Aspekte der Entgrenzung benennen:

Erstens: Der gegenwärtig wichtigste Motor in Richtung Entgrenzung der sozialen Praktiken besteht in der sogenannten Informationsrevolution. Damit verbunden sind nicht nur die Möglichkeiten der Restrukturierung der Produktionssysteme und das Entstehen neuer Märkte, sondern auch die Beschleunigung der Kommunikation und die Ausbildung globaler Informationsnetze. Die bereits sichtbaren und erwarteten Veränderungen gehen soweit, dass im Begriff Informationszeitalter (*Castells* 2001) bereits ein Epochenwandel beschrieben wird. Ähnliche „Revolutionen" haben auch früher beträchtliche Veränderungen herbeigeführt, wie sie beispielsweise von *Schivelbusch* (1977) für die Raum- und Zeitperzeption des 19. Jahrhunderts eindrucksvoll dargestellt worden ist.

Zweitens: In der kritischen Globalisierungsdiskussion dominiert die Auseinandersetzung über die Folgen der Deregulierung der Finanzmärkte Anfang der siebziger Jahre des letzten Jahrhunderts, die inzwischen, unterstützt durch die Möglichkeiten der neuen Informations- und Kommunikationstechnologien, einen hochmobilen und sich zunehmend beschleunigenden Weltfinanzmarkt hervorgebracht haben. Gleichzeitig ist eine weitgehende Abkopplung der Finanzwirtschaft vom Produktivkapital zu verzeichnen, die zu einer starken Zunahme spekulativer Aktivitäten auf dem Weltkapitalmarkt geführt hat. Dieser entfaltet sich gegenwärtig weitgehend unreguliert, wodurch eine Vielzahl von Krisenmöglichkeiten aufgetaucht ist. Konkrete Formen bestehen in regionalen Verschuldungs- und Währungskrisen auf der Makroebene sowie Firmenzusammenbrüchen und „shareholder value" orientierter Restrukturierung der börsennotierten Unternehmen mit entsprechenden Arbeitsplatzeinsparungen auf der Mikroebene.

Drittens: Die entgrenzenden Effekte der Information werden von einer Transportrevolution und sektoralen Verschiebung der Produktion begleitet. Die massiven Deindustrialisierungsprozesse in „altindustrialisierten" Regionen und das Entstehen der „neuen internationalen Arbeitsteilung" ist nicht nur ein Resultat der Profitengpässe und fordistischen Arbeitsbeziehungen gewesen, sondern auch auf die Beschleunigung und Verbilligung des Transports zurückzuführen. Dadurch konnten einige Weltregionen erfolgreich einen Prozess der nachholenden Industrialisierung einleiten, der unter anderem auch die Gültigkeit dependenztheoretischer Aussagen erodierte. Neben der räumlichen Dezentralisierung der Produktion zeigt sich auch eine Ausweitung und weltweite Vernetzung der Dienstleistungen, die nicht nur eine Folge der Globalisierung der Märkte sind, sondern auch unmittelbar von den Veränderungen der Transportkosten abhängen wie beispielsweise im Tourismusbereich.

Viertens: Das weltweite Bevölkerungswachstum erzeugt nicht nur ein ständig wachsendes Arbeitskräftepotenzial, das die Standortwahl der „Weltmarktfabriken" steuert, sondern löst auch umfangreiche Wanderungen aus, die transnationale Haushalte und Lebensformen entstehen lassen. Diese Prozesse stehen im Zusammenhang mit den zunehmenden Informationen über die „Reichtumsquellen" der Welt und den dahin führenden günstigen Transportwegen. Ironischerweise verkörpert sich die gegenwärtig letzte Stufe des Projektes der Moderne, die in der Sprache von *Beck* als „Kolonisten des transnationalen Niemandsland" bezeichnet werden könnten, in Abstraktionen von Personen, die im deutschen Kontext eher als Zumutung empfunden und in der Zuwanderungsdebatte eher als Belastung und Problemgruppe wahrgenommen werden. Dennoch ist eine Zunahme der Mobilitätsbereitschaft weltweit erkennbar, und Wanderungen werden weiterhin, ob mit oder ohne staatliche Duldung, zu einer wachsenden Größe.

Diese Formen und Folgen der „time-space-compression", die üblicherweise zu den Kernbestandteilen der Vorstellungen über Globalisierung gehören, erzeugen aber nicht einen zunehmend dezentral organisierten, weltweit gleichmäßig vernetzten Raum der Weltgesellschaft, sondern sie sind mit neuen Zentralisierungen oder Reterritorialisierungen und räumlichen Ungleichheiten verbunden. Der globalisierungsbezogene Begrenzungsdiskurs lässt sich besonders an zwei weiteren Aspekten festmachen:

Fünftens: Die derzeit ablaufenden Entgrenzungen wirtschaftlicher Aktivitäten sind partikular, denn sie betreffen im Wesentlichen Einschränkungen, die durch territorialstaatliche Institutionen hervorgerufen werden. In dem Augenblick, in dem diese einem Bedeutungsverlust unterliegen, werden andere Raumbedingungen wirksam, die einen konzentrierenden Effekt beinhalten. Auf diese Weise führt Entgrenzung paradoxerweise zu einer Aufwertung der Vorteile von Nähe und Nachbarschaft (proximity). Als Formen territorial integrierter Standortgemeinschaften finden regionale Innovationssysteme, urbane Produktionskomplexe in „Global Cities", industrielle Distrikte und regionale Produktionscluster große Beachtung (vgl. einführend *Storper* 1997). Sie verweisen auf ein komplementäres Wechselspiel zwischen Ent- und Begrenzungen, das durch den Begriff „glocalisation" bezeichnet wird. Aus der Perspektive des Unternehmens verbindet Glokalisierung daher Vorteile der globalen und regionalen Integration der Produktionssysteme. Aus wirtschaftsgeographischer Perspektive können territorial integrierte Produktionskomplexe und Global Cities als „Motoren der Weltwirtschaft" identifiziert werden.

Sechstens: Der Staat unterliegt einerseits dem Prozess der Deterritorialisierung, da die Entgrenzungsprozesse die Möglichkeiten zur souveränen Machtausübung nach innen einschränken. Daher werden die Institutionen, die territorialstaatlich ausgerichtet sind, tendenziell schwächer. Andererseits lassen sich Reterritorialisierungen beobachten, die sowohl Formen überstaatlicher Zusammenschlüsse als auch Verschiebungen zugunsten der lokalen und regionalen Maßstabsebene beinhalten. Beispiele sind die neuen bzw. die Vertiefungen regionaler Zusammenschlüsse wie NAFTA, MERCOSUR oder die Europäische Union. Dezentralisierungen erfolgen im Zusammenhang eines steigenden Handlungsdruckes lokaler und bundesstaatlicher Eliten, die Wettbewerbsfähigkeit auf regionaler Ebene zu sichern und zu steigern (z. B. in der EU, vgl. *Heeg/Oßenbrügge* 2001). Darüber hinaus gibt es aber auch Bestrebungen, die bestehende nationalstaatliche Organisation zu erhalten oder eine neue durch Sezession herbeizuführen, um auf diese Weise Vorteile im globalen Kontext zu erzielen. *Harvey* (1997) nennt dieses eine „geopolitische Demokratisierung", die besonders auf die geoökonomischen Beziehungen abzielt, in der auch einzelne Staaten und Regionen Nischen besetzen und besondere Vorteile erzielen können (z. B. Singapur, Schweiz).

Diese Aspekte bilden insgesamt nur Ausschnitte eines tiefgreifenden Veränderungsprozesses ab, der in seiner Gesamtheit noch nicht ganz verstanden ist. Dennoch lassen sich einige Elemente einer neuen räumlichen Konfiguration nennen, die das Zentrum-Peripherie-Schema grundlegend modifizieren. Als Zentren können nicht (mehr) Territorialstaaten angesehen werden. Vielmehr sind Global Cities als Knoten in weltweiten Netzen und regionale Produktionskomplexe als Innovationssysteme die neuen Zentren der Weltwirtschaft. Einige Autoren weisen zudem auf hierarchische Abstufungen in den Zentren hin und unterstellen gewissermaßen eine globale zentralörtliche Hierarchie, die auf die Anzahl der Hauptsitze transnationaler Unternehmen oder, die wie im gegebenen Beispiel von *Taylor* (2000), auf die Zahl der global aktiven unternehmensorientierten Dienstleistungsbetriebe zurückgeführt werden. Auch wenn diese Vorstellungen bisher nicht sonderlich überzeugen können, unterstreichen sie die Bedeutung, die einzelnen Metropolregionen in den globalen Verflechtungen zukommt. Diese Orte sind auch bevorzugtes Zuwanderungsziel der Migranten, die damit nicht nur die soziale Zusammensetzung strukturell verändern, sondern multikulturelle Formen der Stadtentwicklung erzeugen und damit den Ausgangspunkt für einen transnationalen Urbanismus bilden (*Smith* 2000).

Die Peripherie ist sicherlich auch nicht mehr mit Begriffen wie „Dritte Welt" oder „Süden" angemessen zu fassen. Einerseits verschärfen sich auch in den Zentren sozialräumliche Differenzierungsprozesse, und Global Cities wie New York oder regionale Motoren der Weltwirtschaft wie das Silicon Valley sind auch durch erhebliche soziale Ungleichheiten charakterisiert. Umgekehrt verteilen Entgrenzungsprozesse ökonomische Vorteile, die sich aus dem grundlegenden Strukturwandel ergeben, auch in die Regionen, die als Semi- bzw. Peripherie gegolten haben. Regional konzentrierte Wachstumsraten in Indien (z. B. Bangalore) oder China (z. B. Shanghai) belegen dieses eindrucksvoll. Andererseits bleiben große Regionen abgekoppelt oder durchlaufen permanente Wirtschafts- und Finanzkrisen.

Ein Gesamtbild versucht *Veltz* (1996,1997) zu skizzieren, der von Archipelen in einem Meer der Peripherien spricht. *Agnew* und *Corbridge* (1995) argumentieren näher an den alten zentral-peripheren Schablonen, indem sie die neuen Knoten der Weltwirtschaft und Weltpolitik mit unterschiedlichen Peripherien umgeben, die in den alten Zentral- und Hinterländer liegen können. Die Kartographie der Flexibilisierung dependenter Strukturen ist sicherlich noch unbefriedigend und verweist nochmals auf die Notwendigkeit, das „buntscheckige Terrain der ungleichen geographischen Entwicklung" (*Harvey* 1997, S. 49) näher zu erforschen.

1.3.4 Poststrukturalismus und kritische Moderne

Globale Verflechtungen lassen sich als internationale Beziehungen oder als dependente Muster weltweiter Abhängigkeiten und Ungleichheiten konzipieren und in unterschiedliche Theoriegebäude einbinden. Bisher ist dieses Vorgehen vor dem Hintergrund des Diskurses zur Moderne erfolgt, der es erlaubt, die großen Theorieentwürfe der liberalen und kapitalismuskritischen Tradition zwar in modifizierter und erweiterter Form, aber letztlich ungebrochen weiterzuführen. Die Gegenwart wäre dann als Wendepunkt einer zyklisch-ideologischen raumzeitlichen Konfiguration zu kennzeichnen, in der sich soziale Wahrnehmungs- und Gestaltungspraktiken tiefgreifend verändern. Dieser Prozess erfolgt aber weiterhin auf der Grundlage der vorherrschenden (aufklärungsorientierten) Zivilisationsmuster und (kapitalismusabhängigen) Produktionsweisen als strukturelle raumzeitliche Konfiguration.

Jedoch ist diese Einschätzung nicht unbestritten. Verschiedene Positionen in der philosophischen und gesellschaftstheoretischen „post"-Debatte (Postmoderne, Poststrukturalismus, Postkolonialismus) betonen den Bruch mit den vorherrschenden Imaginationen von Gesellschaft und Konstruktionen raumzeitlicher Realität. Die Reichweite dieser Kritik ist aber sehr unterschiedlich: So stellen zentrale Positionen der postmodernen „critical geopolitics" im wesentlichen Fortschreibungen des modernisierungskritischen Programms dar, die allerdings die Repräsentationsformen globaler Verflechtungen und internationaler Beziehungen stark in den Vordergrund rücken. Im Zentrum der wissenschaftlichen Fragestellungen stehen die durch die „Informationsrevolution" und die durch massenmediale Aufmerksamkeit geprägten Formen der diskursiven Verarbeitung einschließlich der darin eingeschriebenen Machtverhältnisse. Diese Richtung erweist sich als durchaus anschlussfähig an den Diskurs der Moderne, z. B. an den interdependenzorientierten Globalismus oder die dialektische Theorie-Praxis Konzeption der marxistischen Geographie (z. B. *O'Tuathail* 2001).

Weitergehend sind die kritischen Beiträge zur Entwicklungstheorie aus der Postkolonialismusdebatte. Beispielsweise vertritt *Arturo Escobar* (1995) die Auffassung, dass die Realität, über die wir im Westen reden, ein soziales Konstrukt der Diskurse ist, über die dieser Beitrag bisher berichtet hat. Der Diskurs der Moderne ist in diesem Verständnis ethnozentristisch und partikular, er dient letztlich der Sicherung der weltweiten Vormachtstellung der Kultur des Westens. Als Gegenmaßnahme empfiehlt *Escobar*, dass diese hegemonialen raumzeitlichen Imaginationen durch die Repräsentierten gespiegelt und überwunden werden sollten. Die Aufforderung, den Blick des Westens fremdkulturell zu brechen, bezieht sich aber nicht nur auf die Dekonstruktion der Metanarrative, sondern sucht auch Bezüge zum gesellschaftlichen Handeln. *Escobar* schlägt dazu die Auseinandersetzung mit den sozialen Praktiken sozialer Bewegungen im „globalen Süden" vor, um die vielfältigen Formen des Widerstands und alternativer gesellschaftlicher Entwürfe zu erkennen. Gegen die unterdrückende, disziplinierende, normenbildende, totalisierende, essentialistische und objektiven Wahrheitsgehalt beanspruchende Gewalt des liberalen und marxistischen Diskurs der Moderne setzt er die kontextabhängigen, raumzeitlich situierten und Machtbeziehungen reflektierenden Handlungen subalterner Gruppen. Gegenstand dieser Wissenschaft sind in der Terminologie von *Braudel* und *Wallerstein* die episodischen raumzeitlichen Konfigurationen, die sich jeder Generalisierung entziehen und dennoch Handlungsperspektiven aufzeigen.

Die Bezeichnung „Globalisierung von unten" (*Mies* 2001) ist ein Versuch, diesen Überlegungen eine Richtung zu geben, die im Fach als „geographies of resistance" (*Pile/Keith* 1997) zunehmende Beachtung finden. Aber auch sie stoßen auf Widerstand, denn je hörbarer die Stimmen werden, die sich von den großen Theorien verabschieden und sich der raumzeitlichen Konfiguration Episode widmen, desto stärker bemühen sich die Meister der Metanarrative der argumentativen In- und Exklusion. Sie warnen vor einem „neuen Idealismus" und trennen sich ausdrücklich von dem „Genre relationaler Dialektik" (*Harvey* 1997) oder versuchen, den Poststrukturalimus zu umarmen und in ein Konzept der kritischen Moderne einzubinden: „Criticize everything, convert critique into proposal, criticize the proposal, but still do something – that is the critical modernist credo (*Peet* 1999, S. 198). Die Hilflosigkeit beider Positionen ist offenkundig: Weder ist *Harveys* Rückgriff auf die Unterscheidungsmöglichkeit zwischen einem richtigen und einem falschen Bewusstsein akzeptabel, noch erscheint *Peets* implizite Hoffnung, eine grundsätzlich kritische Haltung würde dann, wenn sie zur Tat schreitet, das Projekt der emanzipatorischen Moderne vorantreiben, überzeugend. Ein wissenschaftliches Paradigma oder ein gesellschaftliches Projekt kann nicht aufrechterhalten werden, wenn seine Regeln und Konventionen von denen nicht vertreten werden, die in entsprechenden Kontexten handeln bzw. indem sie „Geographie machen", ohne den Prinzipien der Moderne zu gehorchen.

Die strukturelle raumzeitliche Konfiguration der Neuzeit zeigt demnach deutliche Krisenerscheinungen. Was diese bedeuten können, lässt sich an der Auseinandersetzung über den aktuellen Status von Territorialstaaten illustrieren. *Ruggie* (1993) hat darauf hingewiesen, dass das endgültige Ende des Heiligen Römischen Reiches deutscher Nation als ein Relikt mittelalterlicher politischer Raumorganisation (1806) zeitlich näher der Verabschiedung der Römischen Verträge (1957) ist als dem Westfälischen Frieden (1648), der gemeinhin als Bezugsjahr für die Herausbildung des neuzeitlichen Staatensystems in Europa angesehen wird. Im Verhältnis zwischen langandauernden Perioden und epochalen Veränderungen ist zu beachten, dass grundsätzliche Transformationsprozesse einerseits zwar schlagartig einsetzen können, wie etwa der Zusammenbruch des ehemalig real existierenden Sozialismus in Osteuropa, andererseits aber noch lange Zeit Reste, Überbleibsel oder persistente Erscheinungen des Alten Bestand haben können, die gleichwohl zunehmend macht- und bedeutungslos werden. Möglicherweise verkörpert Harvey mit seinen Auffassungen das diskursive Reich, dessen Epoche zu Ende geht, ohne dass es aufhört zu existieren, und möglicherweise bilden die von ihm Kritisierten den frühen Bestand einer neuen Epoche.

Wahrscheinlich leben wir in Zeiten des Übergangs, des zunehmenden Nebeneinanders wissenschaftlicher und gesellschaftlicher Entwürfe, die nicht vereinbar sind. Der globale Kapitalismus ist machtvoller denn je, doch er trifft auf neue, transnationale Formen des Widerstands, wobei aber keine neue „Klasse für sich" auftaucht, sondern eine unverbundene Vielfalt das Bild bestimmt. Am Ende der Diskussionen über die Moderne kann daher nur das offene Gespräch die Chance bieten, Neues zu entdecken und Felder des Widerstands zu markieren, allerdings ohne Garantie, dass das Alte bewahrt bleibt (*Bohm* 1998). Wann sonst, wenn nicht in der heutigen Situation, sollte sich die Geographie auf dialogische Projekte über episodische, zyklische und strukturelle raumzeitliche Konfigurationen einlassen?

2 Allgemeingeographischer Teil

2.1 Theoretische Ansätze zur Erklärung internationaler Arbeitsmigration und ihr Beitrag zur Diskussion um globale Verflechungen
(Hans-Joachim Bürkner und *Wilfried Heller)*

2.1.1 Einleitung: Von makro- und mikroanalytischen zu mesoanalytischen Erklärungsansätzen

Ökonomische und soziale Verflechtungen im globalen Maßstab setzen nicht nur Strukturen, sondern auch Austauschprozesse zwischen diesen Strukturen voraus. Jeder Austausch benötigt mobile Elemente, die als Träger von Gütern, Informationen, Bedeutungen, Werten usw. fungieren. Die Migration von Menschen hat sich in einer Vielzahl von Zusammenhängen als ein Weg erwiesen, der eine hohe Flexibilität und Effizienz von Austauschprozessen garantieren kann. Nicht zuletzt deshalb kommt beispielsweise der Mobilität von Arbeitskräften weltweit neben der Kapitalmobilität eine primäre Rolle bei der Strukturierung von Unternehmen, Handelsbeziehungen und Wirtschaftsräumen zu. Das folgende Kapitel stellt die wichtigsten theoretischen Ansätze zur Erklärung der Entstehung von inter- bzw. transnationaler Migration dar und diskutiert ihre Erklärungsreichweiten und -grenzen.

Die Erklärung und Interpretation der Ursachen und Folgen internationaler Migration hat ihren Ausgangspunkt in Konzepten, die die Nationalstaaten und die von ihnen regulierten Beziehungen von Arbeitskräften, politischen Organisationen und Unternehmen in den Mittelpunkt der Betrachtung rücken. Migration findet dieser Sichtweise zufolge stets zwischen den Nationalstaaten statt. Diese definieren die Bedingungen, unter denen Menschen in ein Territorium ein- und ausreisen dürfen. Darüber hinaus legen sie auch den sozialen Status und die Rollen fest, die die Migranten jeweils an ihren Herkunfts- und Zielorten einnehmen können. Theoretische Ansätze, die diese Perspektive teilen, sind in der Regel makroanalytisch ausgerichtet, d.h. an „harten" wirtschaftlichen und sozialen Strukturen sowie deren Veränderung orientiert. Ihre Grundzüge werden in Kap. 2.1.2 vorgestellt.

Mit der nationalstaatlichen Perspektive ebenfalls eng verbunden sind die sog. mikroanalytischen Ansätze. Sie stellen das Individuum und seine Entscheidungen in den Mittelpunkt der Betrachtungen. Grundsätzlich lassen sie sich jedoch auch unabhängig von nationalstaatlichen Rahmenbedingungen konzipieren. Das Erkenntnisinteresse liegt hier zumeist in der Erklärung von Migrationsentscheidungen sowie auch der nachfolgenden Integration der Migranten in ihre jeweiligen Zuwanderungskontexte. Eine kurze Diskussion dieser Ansätze wird in Kap. 2.1.3 vorgenommen.

Jüngere Erklärungsansätze verlassen diese auf Nationalstaaten fixierten makro- und mikroanlytischen Ansätze aus unterschiedlichen Gründen. Zum einen versuchen sie, der Tatsache der Globalisierung besser Rechnung zu tragen. Die vermehrte Zirkulation von Kapital, Waren und Menschen rund um den Globus ist in den letzten Jahrzehnten mit sinkenden wirtschaftlichen und politischen Schranken zwischen den Nationalstaaten einher gegangen – zumindest zwischen denjenigen Staaten, die in das kapitalistische Weltwirtschaftssystem integriert waren oder – wie im Falle Osteuropas – integriert worden sind. Kommunikationen innerhalb von Unternehmen, Organisationen und sozialen Netzwerken haben die Kommunikation zwischen Nationalstaaten teilweise ersetzt. Der Austausch zwischen staatlichen Territorien ist Interaktionsprozessen innerhalb und zwischen unterschiedlich definierten, veränderlichen sozialen Räumen gewichen (z. B. *Bommes* 2002). Diese Räume können von staatlichen Interventions- und Handlungsbereichen berührt werden, sie können staatliche Organisationsformen ergänzen bzw. sich unabhängig von ihnen herausbilden. Man muss nicht unbedingt so weit gehen, sämtliche gesellschaftlichen Tätigkeiten, die durch die Globalisierung bedingt sind, als Ausdruck neuer „Spaces of flows" (*Castells* 1996) zu sehen. Für die Frage nach der globalisierungsgerechten Justierung von Migrationstheorien scheint es vielen Autoren vorerst zu genügen, den Blick genauer auf die konkreten Austauschprozesse zwischen sozialen Räumen sowie deren strukturbildende Folgen zu richten. Ins Zentrum der thematisch einschlägigen Migrationsanalysen sind daher gesellschaftliche Mesostrukturen und „deren" Raumkonstrukte gerückt. So werden originäre Beiträge durch eine Anwendung der Ansätze „Migrantennetzwerk", „Migrationssysteme", „Soziales Kapital" und „Transnationale Migration" geleistet (siehe Kap. 2.1.4).

2.1.2 Makroanalytische Ansätze

2.1.2.1 Push-Pull-Ansatz

Am Beginn der Erklärung für die Entstehung internationaler Migration stehen einfache Versuche, einen begrifflichen Zusammenhang zwischen Herkunfts- und Zielgebieten von Migranten herzustellen. Es sind vor allem die Push-Pull-Modelle, die auch in jüngerer Zeit noch gern bei Untersuchungen verwendet werden. Die Grundannahme dieser Ansätze lautet, dass es in den Herkunftsgebieten abstoßende Kräfte und in den Zielgebieten anziehende Kräfte gibt, die wanderungsauslösend wirken (*Lee* 1966, *Ravenstein* 1885/1889). Als weitere Faktoren der Wanderungsentscheidung kommen sog. intervenierende Hindernisse (z. B. räumliche Distanzen, restriktive Einwanderungsgesetze) sowie persönliche Faktoren (z. B.: Alter und Stellung der Wandernden im Lebenszyklus) hinzu.

Die Annahme von Push- und Pull-Kräften sowie von intervenierenden Hindernissen setzt bereits eine spezifische Sicht der Beteiligung von Regionen und Ländern an den jeweiligen Migrationsprozessen voraus. Diese Annnahme legt Vermutungen über ökonomische Ungleichgewichte, soziale Konflikte etc. in den Herkunfts- und Zielregionen nahe, Vermutungen, die aber weder begrifflich noch mit Hilfe ergänzender theoretischer Aussagen expliziert werden.

2.1.2.2 Neoklassische Ökonomie und ihre Perspektive auf internationale Migration

Auf den Grundannahmen des Push-Pull-Ansatzes bauen die neoklassischen Ansätze zur Erklärung ökonomischer Entwicklung auf. In ihnen spielen internationale Migrationen eine wichtige Rolle, da sie jeweils Bestandteil von Faktormobilitäten innerhalb von ökonomischen Gleichgewichtsmodellen sind. Autoren wie *Lewis* (1954) oder später *Todaro* (1976) beschäftigen sich bei der Erklärung von Prozessen der Gleichgewichtsherstellung stärker mit der Entstehung von Migration selbst (vgl. dazu *Massey* et al. 1993, S. 433 f.). Internationale Migration wird diesem Ansatz zufolge – ebenso wie Binnenmigration – zum einen durch das jeweils spezifische Verhältnis von Kapital und Arbeit sowie von räumlichen Disparitäten im Angebot und der Nachfrage nach Arbeit verursacht. Staaten mit einem Übergewicht arbeitsintensiver Sektoren weisen ein relativ geringes Lohnniveau auf, während Staaten mit einem Übergewicht kapitalintensiver Produktion durch hohe Lohnniveaus gekennzeichnet sind. Das Lohngefälle löst eine Migration der Arbeitskraft von Ländern mit geringen zu solchen mit hohen Lohnniveaus aus. Dadurch wird ein Trend zur Herstellung eines relativen Gleichgewichts zwischen „armen" und „reichen" Ländern etabliert: In kapitalarmen Ländern verringert sich das Arbeitskräfteangebot und die Löhne steigen, während in reicheren Ländern das Arbeitskräfteangebot zunimmt und die Löhne fallen. Zugleich vollzieht das Kapital eine räumliche Gegenbewegung. Ausländische Direktinvestitionen in ärmeren Ländern nehmen aufgrund wachsender Chancen auf hohe Kapitalerträge zu. Dabei kommt es zu einer das Kapital begleitenden Bewegung von Humankapital (v. a. hochqualifizierten Arbeitskräften) aus reichen in ärmere Länder. Diese relativ homogene Humankapitalbewegung setzt sich quantitativ und qualitativ deutlich ab von der gegengerichteten, durch heterogene Qualifikationen gekennzeichneten Arbeitsmigration. So können z. B. die seit den 1990er Jahren stattfindenden Bewegungen zwischen den zentralen Industriestaaten Europas und den EU-Beitrittskandidaten-Ländern gekennzeichnet werden.

Trotz der enormen Attraktivität dieses Erklärungsansatzes für nationale Arbeitsmarkt- und Migrationspolitiken ist seine Erklärungskraft begrenzt. So müsste die Arbeitsmigration theoretisch zum Erliegen kommen, wenn keine Lohnunterschiede mehr bestehen, doch werden in der Realität Gleichgewichte dieser Art selten erreicht. Zudem können andere Faktoren (z. B. die Etablierung von Immigrantengesellschaften in den Zielländern der Migration oder hohe Existenzrisiken in den Herkunftsländern) für ein Fortdauern der Migrationsbewegungen sorgen. Auch die perspektivische Beschränkung auf die nationalen Arbeitsmärkte als ausschlaggebende Motoren der Migration bleibt häufig unbefriedigend; die Bedeutung anderer Märkte, insbesondere das Versagen von Kapitalmärkten in den Herkunftsländern (*Massey* et al. 1993, S. 438), wird kaum oder nicht berücksichtigt.

2.1.2.3 Dependenztheoretischer Ansatz

Während der Push-Pull-Ansatz von der Fehlannahme ausgeht, dass die Arbeitsmigration zwischen zwei Staaten bzw. Gesellschaften auftritt, die jeweils autonom sind und sich lediglich dadurch unterscheiden, dass ihre ökonomische Entwicklung auf unterschiedlichen Wohlfahrtsniveaus verläuft, setzt die dependenztheoretische bzw. machttheoretische Erklärung der Ursachen internationaler Migration jeweils bei den bestehenden Abhängigkeitsverhältnissen an. Sie geht davon aus, dass die politischen und ökonomischen Institutionen der dominanten Gesellschaft diejenigen der abhängigen Gesellschaft durchdringen. Dadurch kommt es zu strukturellen Ungleichgewichten zwischen Sektoren und Institutionen der abhängigen Gesellschaft, welche ihrerseits zur Abwanderung von Arbeitskräften führen.

Bei *Harbach* (1976) findet sich der Versuch, das internationale System als Ausgangspunkt für die Erklärung von Migrationen zu begreifen. Zentrale Merkmale dieses Systems sind:
– eine ausgeprägte Schichtung der Staaten, die auf unterschiedlichen Ebenen bzw. Statusdimensionen unterschiedliche Rangplätze einnehmen (ähnlich wie soziale Einheiten innerhalb eines Gesellschaftssystems);
– eine weitgehend feudale Kommunikations- und Interaktionsstruktur, die ein Ausdruck der Herrschaftsverhältnisse zwischen ranghohen und rangniederen Staaten ist;
– strukturelle ökonomische Ungleichgewichte zwischen den Staaten.

Migration wird dabei verstanden als eine spezifische Form der Interaktion zwischen Staaten. Die asymetrische Struktur dieser Interaktion bewirkt, dass die Aufnahmeländer in weit höherem Maße von der Migration profitieren als die Herkunftsländer, so dass *Harbach* hierin die Wirksamkeit struktureller Gewaltverhältnisse (d. h. der Dominanz weniger globaler Zentren über eine Vielzahl von Peripherien) im Sinne *Galtungs* (1975) bestätigt sieht. Obwohl dieser Ansatz zumindest teilweise für sich in Anspruch nehmen kann, die Entstehung von Migrationen aus der Existenz eines internationalen Herrschaftssystems heraus zu erklären, bleiben bei *Harbach* die Struktur dieses Herrschaftssystems ebenso wie die Funktionsmechanismen sowohl in den theoretischen Aussagen als auch in der Diskussion empirischer Belege weitgehend unbeachtet. Zentrale theoretische Begriffe und Aussagen werden überwiegend anhand von bilateralen Modellbeispielen verdeutlicht. Im besten Falle stehen mehrere Herkunftsländer einer Zielgruppe von Ländern in Form von Abhängigkeitsverhältnissen gegenüber. Dabei wird nicht erörtert, wie unterschiedlich diese Verhältnisse zwischen einzelnen Ländern und Ländergruppen ausgeprägt sind, welche innere Dynamik sie entfalten oder welche zeitlichen Veränderungen sie erfahren. Die Erklärung ist somit statischer Natur: Es kann lediglich ein unveränderliches internationales System von Abhängigkeiten zu einem bestimmten Zeitpunkt erfasst werden.

2.1.2.4 Weltgesellschaftsansatz

Bisher blieb es nur wenigen Ansätzen vorbehalten, die Struktur bzw. die Veränderung des Weltsystems in seinen konkreten Auswirkungen auf internationale Migrationsprozesse in größerem Umfang theoretisch zu beleuchten. Einer dieser Ansätze findet sich im Versuch von *Hoffmann-Nowotny* (1989), multilaterale Beziehungen im internationalen System und ihren Stellenwert für die internationale Wanderungsdynamik zu würdigen.

Hoffmann-Nowotny geht wie *Harbach* (1975), aber nicht aus politisch-ökonomischer, sondern aus soziologischer Sicht, bei der Beschäftigung mit der internationalen Bevölkerungsmobilität vom internationalen System aus, das er in Anlehnung an *Heintz* (1982) „Weltgesellschaft" nennt. Die aktuelle internationale Bevölkerungsmobilität werde zunehmend dadurch bestimmt, dass man nicht mehr von verschiedenen Welten (z. B. der Ersten, der Zweiten und der Dritten Welt), sondern nur noch von der „Einen Welt" (vgl. auch *Wallerstein* 1979) reden könne, d.h. von der Welt als Weltgesellschaft. Dies sei das Ergebnis der Penetration der Welt durch die hochentwickelten Nationen. Infolgedessen hänge die internationale Migration von zwei Faktoren ab: erstens von einem ökonomischen Faktor, d.h. vom Entwicklungsgefälle zwischen den Staaten; zweitens von einem kulturellen Faktor, d. h. von der Wertehomogenisierung oder kulturellen Integration der Welt, und zwar deshalb, weil dadurch erst das Entwicklungsgefälle und die Ungleichheit von Menschen bewusst wahrgenommen werden.

Das Entwicklungsgefälle zwischen den Staaten könne auf zwei Wegen von der Bevölkerung überwunden werden: erstens dadurch, dass durch Entwicklungsmaßnahmen das Gefälle zwischen den Staaten ausgeglichen wird, wodurch sich die soziale Lage der Bevölkerung gleichsam im Kollektiv verbessert; zweitens dadurch, dass die Menschen dann, wenn sie nicht auf diese kollektive Lösung setzen, auswandern. Dieser zweite Prozess, d.h. die internationale Bevölkerungsmobilität, charakterisiere die derzeitige Lage der Weltgesellschaft.

2.1.2.5 Weltsystemtheorie

Einen anderen globale Zusammenhänge berücksichtigenden Ansatz verfolgen diejenigen Autoren, die sich auf die Weltsystemtheorie *Immanuel Wallersteins* (1974, 1979) beziehen. Internationale Migration wird von ihnen nicht aus binationalen Ungleichgewichten, sondern aus der Struktur und Entwicklungsdynamik des Weltmarkts heraus erklärt (*Portes/Walton* 1981, *Sassen* 1988). Zwischen wirtschaftlichen Zentren, Peripherien und Semiperipherien besteht eine räumliche Arbeitsteilung, die durch sog. Penetrationsprozesse erzeugt wird (*Fröbel* u. a. 1977, 1986). Konkret bedeutet dies, dass Unternehmen der wohlhabenderen Staaten (meistens multinationale Firmen) die peripheren Ökonomien auf der Suche nach billigen Ressourcen (Land, Rohmaterialien, Arbeitskräften) und neuen Märkten systematisch für ihre Zwecke instrumentalisieren. Neokoloniale Regierungen und mächtige Firmen in den Zentren sichern sich die Loyalität nationaler Eliten in den Peripherien. Die nationalen Ökonomien der Peripherien sind somit abhängig von Strukturveränderungen und Entscheidungen in den Zentren.

Migrationspotenziale und tatsächliche Wanderungsbewegungen (darunter Binnenmigrationen) werden vor allem durch die Verlagerung arbeits- und lohnkostenintensiver Produktion in die Peripherien (Verlängerte Werkbänke) und die Einrichtung exportorientierter Sonderwirtschaftszonen geschaffen. Während es zunächst so scheint, als ob Direktinvestitionen in den Peripherien für dauerhafte Beschäftigungseffekte sorgen und somit allmählich die klassischen Push-Faktoren der Emigration (Arbeitslosigkeit, Unterbeschäftigung) abschwächen könnten, sind dennoch erhöhte Migrationsraten zu beobachten. Denn lokale Ökonomien und traditionelle Existenzgrundlagen werden behindert oder sogar zerstört, und Teile der lokalen Bevölkerungen werden in äußerst prekäre Formen der Lohnabhängigkeit gedrängt. Dadurch wächst die Bereitschaft zu wandern. Viele Menschen können sogar zur Migration gezwungen werden. Den neuen, entwurzelten Lohnabhängigen steht der Weg zurück in traditionelle Arbeitsformen nicht mehr offen (*Sassen* 1988, S. 116). Ein großer Teil der auf diese Weise zunächst regional mobil gewordenen Bevölkerung wird durch fortschreitende Urbanisierungsprozesse und den Kontakt mit globaler Konsumkultur und -ideologie in den Metropolen der Peripherien zur Wanderung in die Zentren des Weltsystems bewegt. Die Optionen dazu haben die ausländischen Direktinvestitionen mit den von ihnen transportierten Modellen moderner Erwerbstätigkeit mitgeliefert.

Verflechtungen werden nicht lediglich als Ausgleichsbewegungen innerhalb einer mehr oder weniger blinden Marktmechanik thematisiert, sondern vielmehr als Ergebnis von ökonomischen Machtinteressen und der Sicherung von zentralen Einflusssphären. Diese politökonomische Sichtweise begreift internationale

Verflechtungen als komplexes Bündel von politischen und ökonomischen Penetrationen einerseits und ökonomischen bzw. bevölkerungspolitischen „Antworten" der Peripherien auf derartige Einflussnahmen andererseits. Obwohl auch bei dieser Auffassung die Nationalstaaten als Akteure und zugleich als „Container" des wirtschaftlichen Geschehens verstanden werden, ist der Blick geweitet für die Berücksichtigung des globalen Rahmens sowie der Vielfalt von Interdependenzen zwischen (nationalen) Zentren und Peripherien.

2.1.2.6 Global-City-Forschung

Eine komplementäre Sichtweise, die allerdings stark auf die Nachfrageseite nach Arbeitskraft in den globalen Zentren konzentriert ist, liefert die Global-City-Forschung (vgl. auch Kap. 2.5). Die Struktur der globalen Ökonomie sorgt nicht nur für bestimmte Beziehungsformen und Austauschprozesse zwischen den Zentren und Peripherien, sondern auch für charakteristische räumliche Konfigurationen der politisch-ökonomischen Herrschaft. Die Entscheidungszentralen multinationaler Konzerne, der Finanzwirtschaft, der unternehmensbezogenen Dienstleistungen und eines Teils der Hochtechnologieentwicklung und -produktion sind räumlich in wenigen Metropolen konzentriert, den sog. Global Cities (*Sassen* 1991). Diese Konzentration hat Auswirkungen für Art und Richtung der internationalen Wanderungen. Sie sorgt nämlich für eine Orientierung der Migrationsströme sowie spezifischer ökonomischer Austauschprozesse auf diese globalen Knotenpunkte hin.

Die Konzentration hochwertiger Produktion, Dienstleistungen und allgemein der hochtechnologischen Wissensentwicklung lässt einen dualen Arbeitsmarkt und darüber hinaus auch eine duale sozialräumliche Struktur der Global Cities entstehen. Es besteht ein hoher Bedarf sowohl an sehr hoch als auch an sehr niedrig qualifizierter Arbeitskraft: Während auf der einen Seite Hochqualifizierte für die neuen, unternehmensbezogenen Dienstleistungs-, Steuerungs- und Technologieentwicklungsbereiche stark nachgefragt werden, expandieren die untersten, personenbezogenen Dienstleistungsbereiche aufgrund der Nachfrage durch die neuen Manager und Beschäftigten der global players. Dabei entwickelt sich ein großer Arbeitsmarkt für Immigranten, die Arbeiten verrichten, die von einheimischen Arbeitskräften mit niedriger Qualifikation gemieden werden.

Hatte die Weltsystemtheorie bereits die These erhärten können, dass die internationale Migration der politischen und wirtschaftlichen Organisation des Weltmarkts folgt, so wird diese These aus Sicht der Global-City-Forschung sozusagen kleinräumig bestätigt. Obwohl mit der weltumspannenden Steuerungstätigkeit der Entscheidungszentralen und dem kontinuierlichen Fluss von Güter-, Kapital- und Menschenströmen zwischen den Global Cities und den Peripherien sowie zwischen den Global Cities selbst im Prinzip Vorgänge angesprochen sind, die die Nationalstaaten und ihre Einflussbereiche überschreiten, wird die traditionelle räumliche Kulisse der Nationalstaaten dennoch nicht in Frage gestellt. Migration wird weiterhin so konzipiert, als fände sie zwischen den Staaten statt, nicht jedoch innerhalb anderer Raumkategorien. Letzteres wäre jedoch plausibel, wenn beispielsweise bedacht würde, dass die hohe räumliche Mobilität von Managern innerhalb von multinationalen Konzernen häufig von den politischen Steuerungsmechanismen (z. B. Ein- und Ausreisekontrollen) der Nationalstaaten kaum oder überhaupt nicht mehr erfasst wird. Diese Migranten bewegen sich ausschließlich auf den sozialen und räumlichen Mobilitätspfaden innerhalb der Unternehmen.

2.1.3 Mikroanalytische Ansätze

Im Unterschied zu makroanalytischen Ansätzen, die überwiegend strukturelle Verursachungszusammenhänge internationaler Migration thematisieren, sind mikroanalytische Ansätze auf das wandernde Individuum und seine Entscheidungen zentriert. In Bezug auf die Erklärung konkreter Wanderungsentscheidungen haben sich in der Migrationsforschung keine fest umrissenen theoretischen Ansätze herausgebildet.

Außerdem steht bei vielen entscheidungstheoretischen Ansätzen die lokale bzw. regionale Ebene im Vordergrund, so z. B. dann, wenn die Wahl von Wohnstandorten innerhalb von Regionen oder Staaten erklärt werden soll. Beispiele für diese Perspektive finden sich in älteren Ansätzen, z. B. *Wolpert* (1965), *Roseman* (1971), *Popp* (1976) oder *Langenheder* (1975).

Die Basisidee dieser Ansätze besteht darin, Wanderungsentscheidungen als Wahl zwischen individuell wahrgenommenen und bewerteten Alternativen aufzufassen. Dabei werden sowohl Opportunitäten (Chancen und Gelegenheiten) als auch Zwänge und Restriktionen wahrgenommen. Die Bedeutung der Opportunitäten, die ein bestimmtes Wanderungsziel bietet, wird vor dem Hintergrund individueller Präferenzen und Ansprüche bewertet. Die Entscheidung selbst orientiert sich an der individuellen Nutzenmaximierung. Dabei ist der erwartete Nutzen ausschlaggebend, nicht der tatsächliche (der ja zum Zeitpunkt der Entscheidung noch nicht eingetreten ist).

Die konkreten Rahmenbedingungen der jeweiligen Entscheidung sind in dieser Perspektive grundsätzlich austauschbar. Von Interesse ist bzw. sind die Innenwelt des Individuums, nicht aber seine sozialen Beziehungen und strukturellen Verankerungen. Letztere werden lediglich als subjektiv wahrgenommene, limitierende Bedingungen und häufig auch als Störfaktoren der Entscheidung konzipiert. Dieser psychologische Reduktionismus entwirft das Individuum als „lonesome actor". Mit der Kontextunabhängigkeit des Individuums ist diese theoretische Grundidee im Prinzip auch auf internationale Migrationen übertragbar. Aus dieser Perspektive heraus fällt es jedoch außerordentlich schwer, zu erklären, in welcher Weise sich Individuen auf völlig neue und häufig auch gänzlich unbekannte strukturelle Bedingungen in weit entfernten Regionen einstellen. Auch komplexe Migrationsprozesse, die auf die soziale Interaktion mit Bezugsgruppen und Netzwerken zurückgehen (z. B. Remigrationen, Kettenwanderungen, zirkuläre Wanderungsbewegungen), können nur sehr mechanistisch erklärt werden, nämlich als Kette von individuellen Reaktionen auf veränderte Umgebungsbedingungen. Migration als soziales Ereignis wird hier nicht thematisierbar.

Auch vereinzelte Versuche, die Basisidee durch die Verwendung des in den 1980er und 90er Jahren populären Rational-Choice-Ansatzes realitätsnäher zu formulieren, haben kein besseres Ergebnis gebracht. So schlägt z. B. *Faist* (1995) vor, die Exit-Voice-Denkfigur dieses Ansatzes zum Ausgangspunkt für die Erklärung von internationaler Migration zu nehmen. Individuelle vergleichende Bewertungen der Situationen im aktuellen Aktionsfeld und in alternativen Regionen bzw. Aktionsfeldern führen bei höherer Bewertung der Alternativen zu einer „Exit"-Entscheidung, d. h.: Das Individuum wandert ab. Bei niedriger Bewertung der Alternativen kommt es dagegen zu einer „Voice"-Entscheidung. Das Individuum verbleibt dabei in seiner vertrauten Umgebung und engagiert sich beispielsweise aktiv für eine Verbesserung der eigenen Lebensverhältnisse oder für eine Veränderung solcher Strukturen, die seinen Zielen entgegen stehen. Allerdings räumt *Faist* ein, dass eine massive Kontextualisierung dieses Ansatzes erforderlich wäre, um ihn tatsächlich näher an die soziale Realität zu rücken. So müssten soziale Bindungen, soziale/ökonomische/kulturelle Distanzen zwischen Herkunfts- und Zielgesellschaften sowie die jeweils strukturell vorgegebenen Freiheitsgrade individuellen Handelns berücksichtigt werden, um diesen Ansatz fruchtbar machen zu können (*Faist* 1995, S. 9). Aber selbst unter dieser Voraussetzung kann die fehlende Verbindung zwischen Handlung und Struktur (der „missing link") nicht hergestellt werden, da das Individuum nach wie vor „lonesome actor" bleibt. In welcher Weise sich das Individuum in den sozialen, kulturellen und ökonomischen Strukturen in den und/oder zwischen den Herkunfts- und Zielkontexten der Migration verortet (und damit auch zu spezifischen Verflechtungsprozessen beiträgt), bleibt somit ungeklärt.

2.1.4 Die Meso-Ebene

2.1.4.1 Netzwerkansatz

Makro- und mikroanalytische Annäherungen an komplexe internationale Migrationsprozesse werden in den 1990er Jahren vor allem von jüngeren Migrationsforschern zunehmend als unbefriedigend empfunden. Während nämlich makroanalytische Ansätze die Rolle der handelnden Individuen, Gruppen und Netzwerke weitgehend vernachlässigen, können mikroanalytische Ansätze die Einbettung der Individuen in gesellschaftliche Strukturen sowie den Beitrag individuellen Handelns zur Formierung dieser Strukturen nicht angemessen erklären. Offensichtlich kann es bei der Erklärung von Migrationsprozessen nicht allein um eine konsistente Ausformulierung ausschließlich struktur- oder handlungsbezogener Aussagensysteme gehen. Vielmehr kommt es auf genaue Rekonstruktionen der Wechselbeziehungen zwischen Handlung und Struktur an. Der „missing meso-link" (*Faist* 1995, 1996) wurde denn auch bald identifiziert: zunächst in Form des lange Zeit wenig beachteten Netzwerkansatzes, dann aber in zunehmendem Maße im Zusammenhang mit der Erforschung sog. transnationaler sozialer Räume.

Die Bedeutung sozialer Netzwerke für die Verursachung internationaler Migration sowie für die Entstehung und Ausgestaltung struktureller Verbindungen zwischen Herkunfts- und Zielregionen der Migranten wird bis Ende der 1980er Jahre in der Migrationsforschung generell unterschätzt, wenn auch in vielen Untersuchungsansätzen zumindest immer wieder Andeutungen auf Netzwerke und ihre Folgen für Migrationen gemacht werden. Historisch greift dies weit zurück. So sind zum Beispiel die Arbeiten von *Thomas* und *Znaniecki* zur Etablierung polnischer Einwanderer-Communities in den USA um die vorletzte Jahrhundertwende herum weitgehend dem Thema der sozialen Bindungen der Migranten an ihre ländlichen Herkunftsbereiche in Polen sowie der sozialen Ausgestaltung des Migrationspfades Polen-USA gewidmet (*Thomas/Znaniecki* 1958). Auch die Forschungen zu sog. Einwandererkolonien in Europa in den 1980er Jahren gehen implizit von der Vorstellung aus, dass die Vermittlung solcher Werte wie Vertrauen und Solidarität in eng geknüpften sozialen Gemeinschaften und Netzwerken stattfindet, die erst im Verlauf kollektiver Migrationsprozesse entstehen (*Heckmann* 1992). Die zeitgleich entstehende angloamerikanische Community-Forschung schließlich kommt ohne explizite Vorstellungen über die (netzwerkförmigen) Strukturen und Prozesse der Bildung von Migrantengemeinschaften nicht mehr aus (*Blaschke* 1997).

Soziale Netzwerke und ihre Leistungen für die Ausgestaltung von internationalen Migrationen werden vor allem in der amerikanischen Literatur der 1980er Jahre zu den Süd-Nord-Migrationen innerhalb des amerikanischen Kontinents genauer untersucht. Autoren wie *Boyd* (1989), *Massey/Espana* (1987) oder *Gurak/Caces* (1992) stellen zwei wichtige Aufgaben von Netzwerken heraus: Erstens in den Herkunftsbereichen der Migranten: die Abfederung von Risiken der Lebensführung und die Erschließung von Erwerbsmöglichkeiten; zweitens in den Zielkontexten der Migrationen: die Integration der neu Zugewanderten in zentrale strukturelle Bereiche der Aufnahmegesellschaft (z. B. den Arbeitsmarkt) und zugleich auch in die bereits existierenden Migranten-Communities. Im Gegensatz zu vielen anderen Netzwerken basieren Migrantennetzwerke hauptsächlich auf verwandtschaftlichen (in geringerem Umfang freundschaftlichen) Bindungen (*Gurak/Caces* 1992, S. 152). Sie können eher informell organisiert und anlass-orientiert sein, d.h. sie bilden sich um gemeinsame Interessen und Ziele herum, die jeweils mit der Migration verbunden sind. Sie können aber auch stärker institutionalisiert sein und beispielsweise als Bestandteile von Einwandererkolonien und Selbsthilfeorganisationen in Erscheinung treten. Den Vorstellungen der Netzwerkforschung der 1980er Jahre zufolge sind Netzwerke distanzabhängig: Je größer die Entfernung zwischen den beteiligten Personen, desto schwächer werden die Beziehungen zwischen ihnen. *Gurak/Caces* nehmen diesen Umstand als Merkmal der Unterscheidung zwischen Migrantennetzwerken und etwa lokalen Selbsthilfegemeinschaften. Die größeren Distanzen führen dazu, dass politische und legislative Restriktionen sich als Hemmnisse für die Kommunikation und das Erreichen ökonomischer Ziele stärker bemerkbar machen. Daher unterscheidet sich die Funktion und Zusammensetzung der internationalen Migrantennetzwerke von anderen lokalen oder regionalen Netzwerken (ebd.).

Diesem Erklärungsansatz zufolge erfüllen Migrantennetzwerke im Einzelnen die folgenden Aufgaben:
a) im Herkunftskontext:
– fangen sie die Kosten und existentiellen Risiken auf, die mit der Migration verbunden sind;
– vermitteln sie Informationen und stellen Ressourcen bereit, die Migrationen ermöglichen oder erleichtern;
– bewirken sie die Selektion der Personen, die aus bestimmten sozialen Gruppen oder Haushalten wandern und zur Erwerbssicherung dieser Gruppen beitragen;

– selektieren sie die Herkunftsorte und die Zielorte, indem sie soziale und räumliche Migrationspfade ausgestalten;

b) im Zielkontext:
– stellen sie Beziehungen zu den Einwanderer-Communities her und sichern die Verbindungen der einzelnen Migranten zur Herkunftsgesellschaft bzw. zu den lokalen Herkunftsgemeinschaften;
– beeinflussen sie Art und Umfang der Integration der Migranten in die Aufnahmegesellschaft;
– kanalisieren sie Informationen und bieten Ressourcen an, die die Nutzung ökonomischer Chancen ermöglichen oder erleichtern (Arbeitsplatzvermittlung, Wohnungsvermittlung).

Allgemein entscheiden die Migrationsnetzwerke in beiden Kontexten durch die Art ihrer Organisation und Tätigkeit auch über den Umfang, den Ablauf und die Geschwindigkeit von Migrationsprozessen (*Gurak/Caces* 1992, S. 153). Insbesondere mehrfache Hin- und Rückwanderungen sowie zirkuläre Migrationen werden von ihnen teilweise intelligent organisiert und in Schwung gehalten (zum empirischen Nachweis vgl. *Klaver* 1997, S. 27 f.).

Das Ziel, Individuen, soziale Gruppen und Gemeinschaften sowie gesellschaftliche Strukturen zueinander in Verbindung zu setzen, wird durch den Netzwerkansatz teilweise erreicht. So wird erstmals die soziale Verursachung internationaler Migration hinreichend thematisierbar. Gegenstand der einschlägigen Analysen sind Strategien der Existenzsicherung von Haushalten, kleineren Gemeinschaften oder ganzen lokalen Gesellschaften, weiterhin die Einbettung dieser Strategien in spezifische Werte- und Normensysteme, die Herstellung von stabilen sozialen Verbindungen zwischen Herkunfts- und Zielkontexten usw. Auch die Perpetuierung von einmal eingerichteten Verbindungen zwischen Herkunfts- und Zielorten wird erklärbar, nämlich als Prozess der Stabilisierung und Ausgestaltung von Netzwerken und den von ihnen ausgehenden Institutionalisierungen.

Allerdings bleiben auch Fragen offen. So liegt eine wesentliche Beschränkung dieser älteren Netzwerkperspektive in ihrer weitgehend „binationalen" Konzeption. Netzwerke entwickeln sich demzufolge entweder in den (nationalen) Herkunftsregionen oder in den Zielregionen oder als bipolare Verbindungen zwischen beiden. Mehrfache Verbindungen ein und derselben Herkunftsgemeinschaft mit mehreren Netzwerken in verschiedenen Zielräumen und mögliche Wechselwirkungen zwischen diesen Netzwerken werden hier nicht bedacht. Auch die Möglichkeit einer Loslösung der Netzwerke von konkreten Orten, wie sie später in der Literatur zur transnationalen Migration thematisiert wird (siehe Abschnitt 2.1.4.4), steht hier noch nicht zur Debatte. Schließlich wird auch die Frage nach den Beziehungen zwischen Netzwerken und „harten" gesellschaftlichen Strukturen (z. B. staatlichen Organisationen) kaum aufgeworfen. Insofern haftet dem Netzwerkansatz etwas Unsystematisches und Isolationistisches an. Untersuchungen, die die Netzwerkperspektive einnehmen, begnügen sich häufig mit dem Nachweis von internen sozialen Kommunikationsstrukturen und beschreiben die Netzwerke tendenziell als separate soziale Einheiten. Damit werden die Netzwerke ihrer Aufgabe als „meso-links" aber nur teilweise gerecht.

2.1.4.2 Ansatz „Migrationssysteme"

Der Ansatz „Migrationssystem" setzt genau hier an und versucht die Blickverengung des Netzwerkansatzes dadurch zu vermeiden, dass Makrostrukturen, Netzwerke und Mikrostrukturen gemeinsam sowie systematisch in den Blick genommen werden (*Fawcett* 1989, *Kritz/Zlotnik* 1992, *Zlotnik* 1992). Ausgangspunkt ist die empirische Beobachtung, dass sich Migrationsflüsse in der Regel zeitlich und räumlich stabilisieren und eine bestimmte Struktur aufweisen. In diesem Sinne wird hier von stabilen internationalen Migrationssystemen gesprochen. Sie weisen jeweils einen intensiven Austausch von Gütern, Kapital und Menschen auf, der räumlich organisiert ist. Einer mehr oder weniger zentralen Aufnahmeregion sind ein oder mehrere Herkunftsländer und/oder -regionen systematisch zugeordnet. Denkbar sind somit nicht nur binationale oder bipolare, sondern auch multipolare Systeme. Insbesondere multipolare Systeme könnten ohne die Berücksichtigung der Tätigkeit ethnischer Netzwerke kaum plausibel erklärt werden.

Wichtig ist in diesem Zusammenhang auch die Vorstellung, dass sich Migrationssysteme weiter entwickeln. Da politische und ökonomische Strukturen und Kommunikationsbeziehungen einem fortlaufenden Wandel unterworfen sind, wird die Annahme einer starren, beispielsweise national organisierten Struktur verworfen. Vielmehr ist die Beteiligung der Organisationen, Gruppen, Netzwerke usw. im Sinne einer Kontinuität im Wandel flexibel und stabil zugleich. Diese Annahme ist jedoch – und dies gilt übrigens auch für andere zentrale Aussagen innerhalb dieses Ansatzes – theoretisch nicht ausreichend untermauert. Als Anregung zur Weiterentwicklung systematischer theoretischer Verknüpfungen zwischen mikro-, meso- und makroanalytischen Ansätzen hat der Ansatz „Migrationssysteme" sich jedoch als hilfreich erwiesen.

2.1.4.3 Ansatz „Soziales Kapital"

Zurück zur Frage der Beschaffenheit und Aufgaben der gesellschaftlichen Mesostrukturen. Soziale Netzwerke erweisen sich für die Migranten vor allem deshalb als hilfreich, weil sie auf dem Weg zum Erreichen der Migrationsziele eine wichtige Ressource zur Verfügung stellen. Diese Ressource wird in den älteren Netzwerkansätzen mit den Begriffen „Vertrauen", „Hilfe", „Solidarität" und Ähnlichem umschrieben. Jüngere Versuche, dieses Phänomen zu präzisieren und vor allem als theoretische Kategorie zu definieren, operieren mit dem Begriff „soziales Kapital" sowie zugeordneten Konzepten.
Ein erster Versuch, diesen Begriff für die Migrationsforschung fruchtbar zu machen, findet sich bei *Portes/Sensenbrenner* (1993). Soziales Kapital wird von ihnen als ökonomischen Zwecken dienende sowie ökonomisch direkt verwertbare Ressource definiert (*Portes/Sensenbrenner* 1993, S. 1323). Die von *Granovetter* (1973) und *Bourdieu* (1979) entliehene Grundannahme lautet, dass ökonomisches Handeln – hier: die Strategien der Migranten, ein Einkommen zu erwirtschaften – immer sozial eingebettet ist. Die Akkumulation von sozialem Kapital geschieht durch Prozesse der verlässlichen Vertrauensbildung („enforceable trust"), der Durchsetzung von Normen der Reziprozität („wie du mir, so ich dir") und der begrenzten Solidarität („bounded solidarity") sowie der Herstellung eines Wir-Gefühls. Bounded solidarity setzt kulturelle Unterschiede und kulturelle Grenzziehungen (inklusive Diskriminierungen von außen) voraus. Im Zuwanderungskontext aktivieren Migranten dabei häufig ein kulturelles Repertoire, das aus dem Herkunftsland mitgebracht worden ist und im Zuwanderungskontext als Ethnizität interpretiert wird. Für die Herkunftskontexte sind allerdings ebenfalls kulturelle Grenzziehungen denkbar, wenn auch in vielen Fällen nicht mit einer ausgeprägt ethnischen Komponente. Mit *Bourdieu* (1979) nehmen *Portes/Sensenbrenner* (1993) an, dass soziales Kapital in jedem Fall direkt in ökonomisches Kapital transferiert werden kann. Diese Vorstellung findet sich auch in der Adaption des Konzepts „Soziales Kapital" durch *Sonja Haug* (2000.1). Allerdings wird der ökonomische Nexus von ihr gelockert – soziales Kapital kann auch außerökonomischen Zwecken dienen und somit zur beliebig verwendbaren Ressource werden. Zudem bezieht sie auch die Herkunftskontexte der Migranten in ihre Überlegungen ein.
Die Vorzüge des Konzepts werden bislang im Vergleich zu den Netzwerken in der besseren formaltheoretischen Fundierung gesehen (*Haug* 2000.2, S. 28). Insbesondere die Formulierung und Überprüfung von Hypothesen (etwa durch *Espinosa/Massey* 1997 vorgenommen) sei damit leichter zu leisten. Die eher deskriptiv orientierten Netzwerkansätze würden dagegen das Verhältnis von individuellen Akteuren und makro-strukturellen Bedingungen nicht ausreichend beleuchten können.
Den optimistischen Einschätzungen derjenigen, die den Sozialkapitalansatz favorisieren, stehen bislang jedoch einige ungeklärte Fragen entgegen. Zu den wichtigsten zählen:
– Wie ist das Verhältnis von Gemeinschaften, die Sozialkapital „erwirtschaften", zu sozialen Netzwerken im Migrationsprozess beschaffen? Sind beide identisch oder sind Netzwerke jeweils Teilmengen von Gemeinschaften (oder umgekehrt)?
– Welche konkreten sozialen Tätigkeiten sind mit solchen abstrakten Begriffen wie „Vertrauensbildung" verbunden, und welche Tätigkeiten sind notwendig, um soziales Kapital „konvertibel" zu machen?
– Hier deuten sich erhebliche Probleme bei der Operationalisierung der theoretischen Begriffe an.

- In welchen Netzwerken und/oder Gemeinschaften wird welche Art von Sozialkapital gebildet? Gibt es Gruppen, die trotz Akkumulation von Sozialkapital ökonomisch nicht erfolgreich sind?
- Kann Sozialkapital auch negative Effekte haben? – Zu dieser Frage haben Portes/Sensenbrenner bereits einige Stichworte geliefert, indem sie auf gruppeninterne Ausbeutungsverhältnisse und die Beschneidung individueller Freiheiten durch ethnische Gruppen hingewiesen haben (*Portes/Sensenbrenner* 1993, S. 139 ff.).

Grundsätzlich ungeklärt ist auch die Frage, inwieweit die These der wechselseitigen Transferierbarkeit unterschiedlicher Kapitalformen, so wie *Bourdieu* (1979, 1983) sie formuliert hat, unter den besonderen Bedingungen der Migration überhaupt Bestand haben kann. Insbesondere der empirische Nachweis der Transferierbarkeit und der Formen des faktischen Transfers steht bislang aus. Angesichts der vagen Begrifflichkeit und der beliebigen Füllbarkeit der Kategorie „soziales Kapital" ist ein eindeutiger Vorteil gegenüber den empirisch sorgfältigen, „dichten" Beschreibungen vieler Netzwerkstudien noch nicht recht zu erkennen.

2.1.4.4 Ansatz „Transnationale Migration/Transnationale Soziale Räume"

Mit dem unübersehbaren Fortschreiten der Globalisierung ist auch die Nachfrage nach adäquaten Erklärungsansätzen zur Entstehung der quantitativ angewachsenen und qualitativ differenzierteren, weltweiten Zirkulation von Menschen gestiegen. Die angloamerikanischen Ansätze zur Erklärung transnationaler Migration sowie europäische Adaptionen unter dem Begriff „Transnationale soziale Räume" versuchen, der veränderten Qualität grenzüberschreitender Migration Rechnung zu tragen. Sie gehen davon aus, dass nicht mehr lokale, stationäre communities innerhalb von nationalstaatlichen Handlungszusammenhängen der zentrale Untersuchungsgegenstand sein müssen, sondern flexible, zwischen verschiedenen Orten oszillierende Personen sowie Gemeinschaften, die nicht mehr nur einem Ort oder einer traditionellen Raumkategorie zurechenbar sind.

Richtungweisend für die neue Forschungsperspektive sind die Arbeiten von *Nina Glick Schiller* u. a. (1992), die am Beispiel der Migration aus dem mittelamerikanischen Raum in die USA erstmals Phänotypen der transnationalen Migration herausarbeitet. Unter dem Begriff „Transnationalismus" fasst sie zum einen bestimmte Arrangements von sozialen Strukturen und Handlungen innerhalb von globalisierungsbedingten Migrationsprozessen, zum anderen aber auch spezifische mobile Lebensstile, die sich in der Globalisierung herausbilden. Sowohl diese Arrangements als auch diese Lebensstile versetzen die Migranten in die Lage, soziales Kapital zu bilden und ökonomische Ressourcen flexibel zu nutzen.

Intensive soziale Bezüge zur Herkunftsgesellschaft wie auch zur Zielgesellschaft seien kennzeichnend für Migranten, die unter restringierten Bedingungen handeln müssen (z. B. in Form der Familienreproduktion unter ökonomischer und politischer Unsicherheit, der sozialen Exklusion in den Herkunftsländern oder der vermehrten sozialen Ausgrenzung in den Ziellandern). Aufgrund der besonderen Formen ihrer sozialen Einbettung könnten die Wandernden politische und ökonomische Opportunitäten in den Herkunfts- und den aktuellen Aufenthaltsregionen gleichermaßen nutzen und ihre Handlungsspielräume erweitern. So sei das kurzfristige Wechseln zwischen dem Leben in einer Kleinstadt in Nordmexiko und der community der Hispanics in New York nicht nur physisch, sondern auch mental problemlos möglich. Außerdem würden diese Migranten sowohl in ihren Herkunftsgemeinden (in ihrer Eigenschaft als Investoren) als auch innerhalb der US-amerikanischen Gesellschaft (als politische Akteure in Migrantenorganisationen und pressure groups) zunehmend mit Macht ausgestattet. Ermöglicht werde dieser Lebensstil nicht nur durch die Existenz von sozialen Netzwerken und Institutionen, sondern auch durch die verbesserte Verfügbarkeit moderner Kommunikations- und Transportmittel.

Im deutschsprachigen Raum wird das Thema vor allem von *Ludger Pries* (1996, 1999) und *Thomas Faist* (1998) aufgegriffen. Die theoretischen Basisaussagen der amerikanischen Forschung werden im Wesentlichen beibehalten und um eine stärkere Reflexion des Verhältnisses von Gesellschaft und Raum ergänzt.

Das Konzept der „transnationalen sozialen Räume" hebt dabei vor allem auf den Umstand der Ablösung der im Migrationsprozess entstehenden sozialen Räume von festen zugeordneten Raumkategorien ab. Zentrales Merkmal der neuen transnationalen sozialen Räume sei, dass sie „plurilokal" angelegt seien (*Pries* 1998) und jenseits nationalstaatlicher oder regionaler Zuordnungen eigenständige Handlungs- und symbolische Referenzsysteme bilden würden.

Mit der Hinwendung zu soziokulturellen Interpretationsweisen wird ein Bereich akzentuiert, der für die Erklärung von inter- bzw. transnationaler Migration zwar wesentlich, aber möglicherweise in dieser Ausschließlichkeit nicht ausschlaggebend ist. So wird zwar deutlich, dass kulturell hybride Praxisformen und Identifikationsprozesse für die neuen Migrationstypen charakteristisch seien (*Fassmann* 2002, S. 347). Dies gilt jedoch auch für ältere Formen der internationalen Arbeitsmigration (z. B. die Migration von Türken nach Westeuropa seit den 50er Jahren), wo eine ausgeprägte Orientierung an vermeintlichen Herkunftskulturen, aber auch originelle Neuschöpfungen deutsch-türkischer Alltagskulturen zu beobachten gewesen sind.

„Transnationale" Elemente von Migrationsprozessen hat es also offensichtlich auch schon vor der gegenwärtigen Phase der Globalisierung gegeben. Umgekehrt ist nicht anzunehmen, dass die Wirkung nationalstaatlicher Eingriffe in das internationale Migrationsgeschehen durch die Globalisierung quasi neutralisiert worden sei. Restriktive Einreisebestimmungen, Politiken der Zuwanderungsabwehr, Ausländergesetzgebungen und dergleichen setzen weiterhin harte Bedingungen für die Entwicklung von Migrationspfaden und sozialen Räumen. Insbesondere die Vermutung, dass transnationale Migration jeweils durchlässige Grenzen erfordere (*Fassmann* 2002, S. 347), ist somit nicht unmittelbar einsichtig und lässt sich auch am Beispiel der häufig „illegal" erfolgenden polnischen Arbeitsmigration nach Berlin widerlegen.

Der Ansatz „Transnationale Migration" scheint somit zunächst mehr Fragen aufzuwerfen als zu beantworten. Besonders die Behauptung, dass transnationale Migration eine „Antwort" auf Globalisierungsprozesse sei, wird in den nächsten Jahren weiterhin kontrovers diskutiert werden müssen. Immerhin ist die scientific community stärker darauf aufmerksam geworden, dass auch ältere Migrationssysteme bereits transnationale Elemente enthielten. Umgekehrt lässt sich aber auch sagen, dass jüngere Migrationssysteme nach wie vor viele traditionelle nationalstaatliche Elemente enthalten. So müssen die Netzwerkbildungen und die Bildung sozialen Kapitals nicht unbedingt nach neuen Regeln erfolgen – sie werden vermutlich lediglich intensiviert, neu akzentuiert und in veränderten sozialen Einbettungsformen weiter entwickelt. Möglicherweise ist also vieles an der transnationalen Migration gar nicht so neu, wie es von den Vertretern dieser Ansätze derzeit suggeriert wird. Um dies systematisch herausfinden zu können und etwaigen heuristischen Kurzschlüssen entgehen zu können, ist eine gesellschaftstheoretische Fundierung dieses eher aus empirischen Einzelbeobachtungen und lockeren Annahmen geknüpften Ansatzes vonnöten (*Bommes* 2002). Erst auf diese Weise wäre es dann auch möglich, die in der Netzwerk- und Sozialkapitaldebatte weitgehend ausgeblendete Frage nach dem Spannungsverhältnis von sozialer Integration und Ungleichheit sowie nach dem Passungsverhältnis von struktureller Differenzierung der Gesellschaften in der Globalisierung und den korrespondierenden (oder auch konfligierenden) Formen der Netzwerkbildung sinnvoll zu stellen (*Bommes* 2002, S. 99).

2.1.5 Resümee

Ansätze zur Erklärung internationaler Arbeitsmigration haben sich in den vergangenen Jahrzehnten zunehmend aus zwei traditionellen Perspektiven gelöst: zum einen aus der ausschließlichen Orientierung auf Wanderung zwischen Nationalstaaten, zum anderen aus der Fixierung auf entweder mikroanalytische oder makroanalytische Zugänge zum Erklärungsgegenstand. Damit sind sowohl Verflechtungen zwischen unterschiedlichen Handlungs- und Strukturebenen als auch zwischen unterschiedlichen Räumen bzw. Raumkategorien in einem breiteren Rahmen zur Debatte gestellt worden, als dies in der traditionellen Migrationsforschung („vor der Globalisierung" heutiger Ausprägung) der Fall gewesen ist. Untersuchungen dieser Art bewegen sich dadurch gleichsam auf einer Mesoebene. Die hier dargestellten theoretischen Ansätze dieser Ebene, – d. h. der Netzwerksansatz, der Ansatz der „Migrationssysteme", der Ansatz „Soziales Kapital" und der Ansatz „Transnationale Migration/Transnationale Soziale Räume" – können wichtige Beiträge zur Erklärung der internationalen Arbeitsmigration und damit zu globalen Verflechtungen leisten. Aber auch sie lassen manche Fragen unbeantwortet oder werfen neue auf. Unter diesen Ansätzen scheint der Ansatz „Migrationssysteme" am ehesten geeignet, mikro-, meso- und makroanalytische Ansätze systematisch theoretisch verbinden und die größte Erklärungsreichweite erzielen zu können.

2.2 Systeme globaler Kommunikation

2.2.1 Globalisierung des Verkehrs und weltweite Vernetzung (*Helmut Nuhn*)

2.2.1.1 Funktion und Bedeutung des Transportsektors für den Globalisierungsprozess

Immer mehr Güter und Personen werden in immer kürzerer Zeit über wachsende Distanzen im weltweiten Verkehr zu sinkenden Kosten transportiert. Die politischen Rahmensetzungen hierfür erfolgten bereits nach dem Zweiten Weltkrieg mit der Gründung internationaler Institutionen wie GATT, IWF und Weltbank, die einen Austausch von Waren, Dienstleistungen und Kapital über Nationalgrenzen hinweg nachhaltig gefördert haben. Seit den 1980er Jahren hat sich der Prozess der weltwirtschaftlichen Verflechtung durch die neoliberale Politik des Abbaus von Handelshemmnissen, der Deregulierung nationaler Verordnungen und der Privatisierung staatlicher Unternehmen weiter verstärkt. Die ausländischen Direktinvestitionen, der Umsatz der Auslandsgesellschaften und der Welthandel sind deshalb deutlich schneller gewachsen als die Weltproduktion (*Nuhn* 1997, *Kulke* 2005; vgl. Abb. 2.2.1/1).

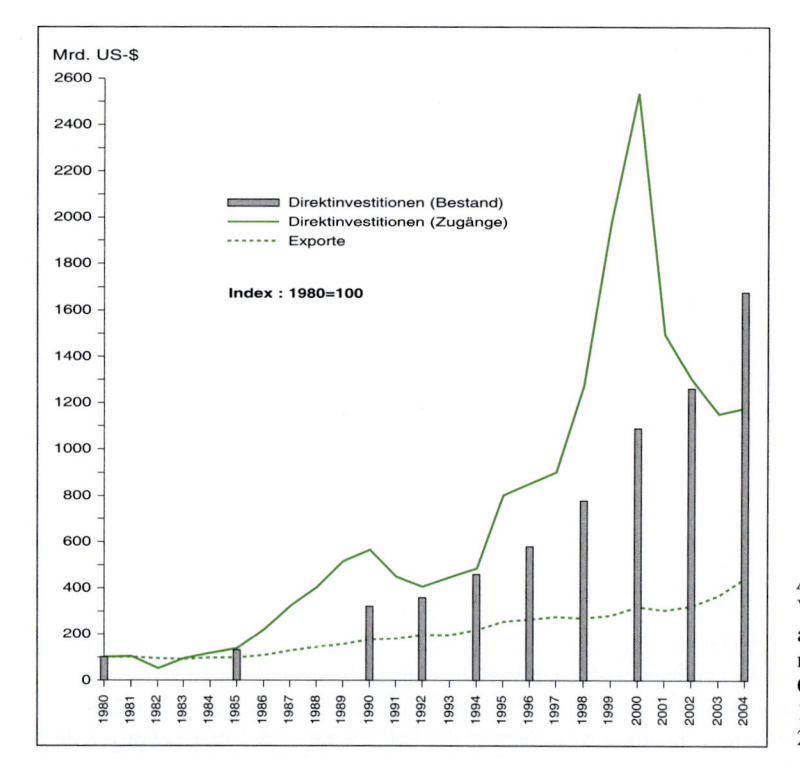

Abb. 2.2.1/1:
Weltweite Wachstumsraten von ausländischen Direktinvestitionen und Exporten 1980–2004
Quelle: *Lammers* 1999 (für 1980–1996) und UNCTAD 2005

Diese Entwicklung wird getragen von multinationalen Unternehmen (MNU) mit globaler Ausrichtung, die weltweite Standortnetze und Produktionsketten aufbauen, um insbesondere komparative Kostenvorteile bei Lohnzahlungen, Umweltauflagen und Steuersätzen zu nutzen. Die grenzüberschreitende Beförderung von Einzelteilen und Komponenten ist zum integrierten Bestandteil einer vernetzten Produktion geworden (*Schamp* 2000). Mehr als ein Drittel des Welthandels resultiert aus dem internen Austausch der MNU, die allerdings in jüngerer Zeit intermediäre Produkte wieder stärker im Rahmen des Internethandels von außerhalb beziehen (*Buckley/Ghauri* 2004). Die für längere Zeit überschaubare Zahl von einigen tausend transnationalen Firmen (ca. 7.000 um 1990) ist in den letzten Jahren stark gewachsen, weil zunehmend auch mittlere Unternehmen Standorte ins Ausland verlagern (ca. 65.000 Muttergesellschaften mit 850.000 Tochterunternehmen im Jahr 2000; *Koopmann/Franzmeyer* 2003).

Neben der internationalen Arbeitsteilung und der Verlagerung von Produktionsstätten ins Ausland führen ein weltweiter Einkauf und Vertrieb (global sourcing/distribution) zur Verlängerung der Transportwege. Zur Einsparung von Lagerkosten und Minderung der Kapitalbindung werden meist kleinere Chargen mit häufigerer Frequenz und zeitgenauer Anlieferung geordert, was zusätzlich zum überproportionalen Anwachsen des Transportaufkommens beiträgt. Selbstverstärkende Effekte resultieren auch aus den deutlich gesunkenen Transport- und Kommunikationskosten (vgl. Abb. 2.2.1/2), wodurch sich neue räumliche Maßstäbe und Strukturen der Organisation von Produktion und Absatz im Weltmaßstab ergeben. Die auf unterschiedlichen Ebenen verflochtenen Prozesse und Akteure können als Netzwerke beschrieben werden, in denen Material- und Informationsflüsse stattfinden. Dabei handelt es sich nicht um einen linearen Vorgang räumlicher Ausweitung und funktionaler Integration, sondern um einen vielfach rückgekoppelten Prozess der Globalisierung.

Mit der weitgehenden Öffnung der Grenzen nationaler Wirtschaftsräume sind die Probleme für einen freien Austausch allerdings noch nicht behoben. Es beginnt vielmehr erst ein langwieriger Prozess der Angleichung unterschiedlicher Transportsysteme und Rechtsordnungen. Ein Austausch von Gütern über Ländergrenzen hinweg ist deshalb noch mit hohem Verwaltungsaufwand und einer größeren Zahl von Doku-

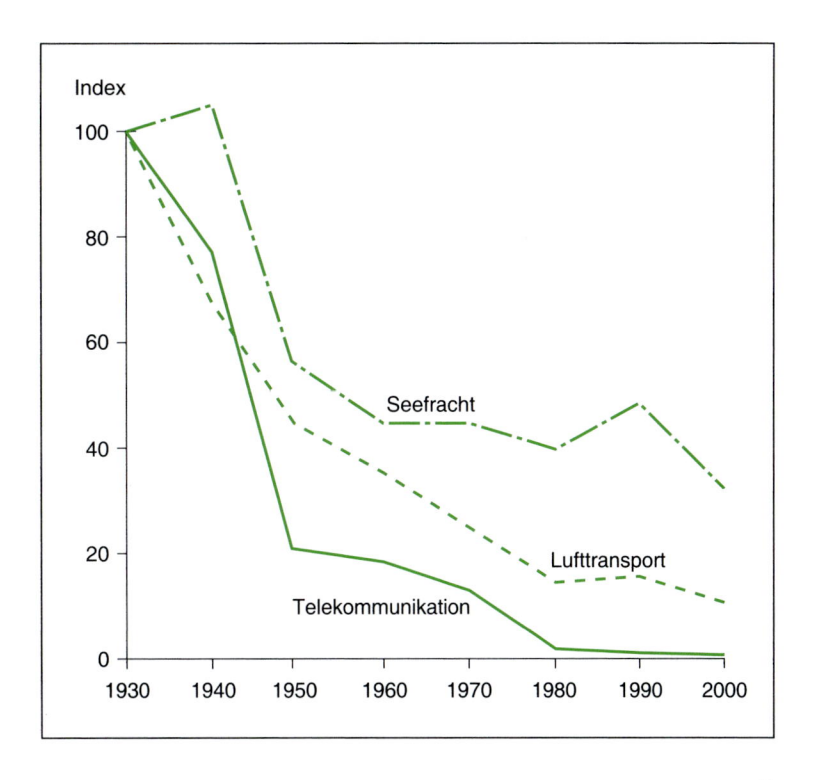

Abb. 2.2.1/2:
Entwicklung der weltweiten Transport- und Kommunikationskosten 1930–2000
(1930 = 100)
Quelle: Weltbank 2005

menten verbunden. Hierzu gehören u. a. Ursprungszertifikate, Versicherungspolicen, Kreditzusagen, Importlizenzen und Exportdeklarationen. Neben dem Versender und Empfänger ist eine größere Zahl von Dienstleistern involviert wie Spediteure, Transporteure, Agenten, Versicherungsmakler etc., die für einen beschleunigten Dokumenten- und Güterfluss und eine Minimierung der Transaktionskosten optimal koordiniert werden müssen (*Frankel* 2002).

Speditionen haben sich deshalb von herkömmlichen Transportunternehmen, die sich auf eine Beförderung und Lagerung sowie die Verwaltung von Fracht- und Zollpapieren beschränken, zu spezialisierten Logistikdienstleistern mit Finanzierungs- und Versicherungsangeboten etc. entwickelt. Seit den 1980er Jahren führen Speditionen im Auftrag von Firmen auch komplexere Aufgaben der Lagerhaltung und Distribution durch, und seit den 1990er Jahren bieten sie die Organisation der Beförderung von Haus-zu-Haus über weltweite Transport- und Kommunikationsnetze in garantierter Zustellungszeit an (*Meersman/Voorde* 2001). Nicht alle Weltregionen werden vom Prozess der Globalisierung mit gleicher Intensität erfasst. Die stärkste Dynamik herrscht innerhalb der expandierenden Integrationsräume der Europäischen Union und der NAFTA sowie in einigen Schwellenländern. Annähernd 80 % des Welthandelsaustauschs erfolgen zwischen den Gravitationsräumen Europas, Asiens und Nordamerikas, der sog. Triade. Die Verdichtung und Verbilligung der Transporte zwischen den aktiven Großräumen ist weit fortgeschritten, während die passiveren Südregionen Amerikas und Afrikas von der neuen Dynamik nur teilweise erfasst sind und weitgehend abgekoppelt bleiben (*Nuhn* 1997). Dies zeigt sich bereits deutlich bei der Darstellung des internationalen Luftverkehrs für das Jahr 1995 (vgl. Abb. 2.2.1/3). Neben einer weiteren generellen Zunahme der Verflechtung im letzten Jahrzehnt ist allerdings Asien heute stärker einbezogen.

Abb. 2.2.1/3:
Weltluftverkehrsnetz bezogen auf die Hauptdrehkreuze der Triade 1995
Quelle: Le Monde Diplomatique 2003

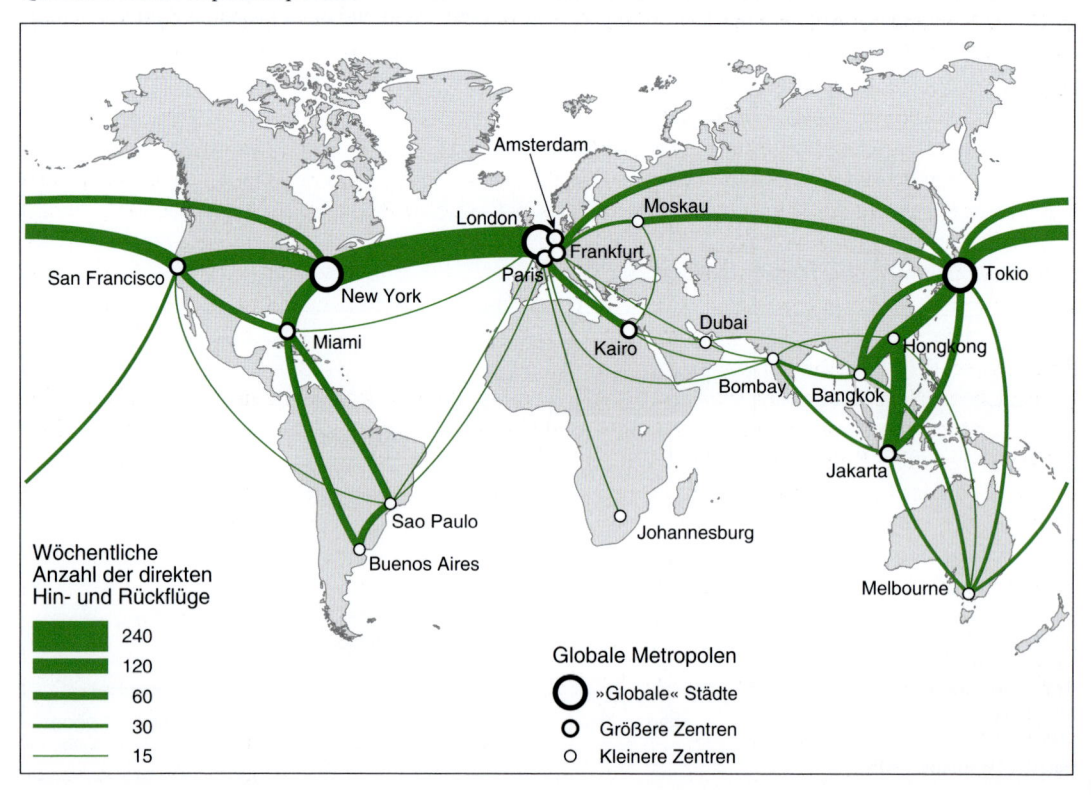

Der Transport- und Kommunikationssektor ist somit eine wichtige Voraussetzung für den Globalisierungsprozess, er ermöglicht und beschleunigt ihn (*Janelle/Beuthe* 1997). Technologische und organisatorische Innovationen bewirken sinkende Transportkosten, wodurch wiederum die Beförderungsnachfrage ansteigt. Auf diese Zusammenhänge wird im folgenden Abschnitt näher eingegangen, bevor die Restrukturierung der Transportkette und der Aufbau integrierter Transportnetze durch strategische Allianzen in weiteren Kapiteln in den Mittelpunkt rücken. Abschließend wird am Beispiel des Seeverkehrs die Internationalisierung im Transportgeschehen mit ihren Vor- und Nachteilen nochmals konkret aufgezeigt.

2.2.1.2   Technologische Innovationen im Transportsektor

Die Bewältigung des gewachsenen Transportaufkommens bei gleichzeitiger Beschleunigung und Senkung der Beförderungskosten war nur möglich durch den von Neuerungen begleiteten Ausbau der physischen Infrastrukturen und die verbesserte Organisation von Transport und Umschlag durch neue logistische Konzepte. Eine wichtige Voraussetzung stellt in diesem Zusammenhang die Spezialisierung und Standardisierung der Transportbehälter und der Beförderungssysteme nach Güterarten dar. Hierdurch lassen sich flüssige und trockene Massengüter sowie Stückgüter entsprechend ihren spezifischen Eigenschaften und Anforderungen sachgerecht und effizient transportieren und umschlagen.
Spezielle Rohöl-, Gas- und Produktentanker sowie Umschlags- und Speicheranlagen für Gefahrengut und Tanklastwagen bzw. Eisenbahnwaggons für den Weitertransport stehen zur Verfügung. In ähnlicher Weise wurden spezielle Erz- und Kohlefrachter mit weitgehend automatisierten Anlagen zur Be- und Entladung und für den Weitertransport auf Straße und Schiene entwickelt. Für den gewachsenen Austausch von Personenkraftwagen zwischen den Kontinenten werden spezielle Autofrachter mit RoRo-Rampen und mehrstöckigen Parkanlagen in den Terminals eingesetzt. Der Weitertransport erfolgt mit Spezialwaggons in Blockzügen und mit Autotransportern auf der Straße. Für Frischobst, Fleisch- und Tiefkühlkost sind intermodale Beförderungssysteme entwickelt worden, die garantieren, dass die notwendigen Temperaturen eingehalten und die Kühlkette nicht unterbrochen wird.
Die größte Bedeutung haben allerdings die genormten 20 Fuß- und 40 Fuß-Container erhalten, die heute in sehr unterschiedlicher Ausführung auch für Flüssig- und Schüttgut sowie für Kühlfracht zur Verfügung stehen. Die standardisierten Behälter lassen sich gut stapeln und mit speziellem Gerät weitgehend automatisiert umsetzen für die Weiterbeförderung auf unterschiedlichen Verkehrsmitteln, ohne dass der Inhalt umgestaut werden muss. Erst durch den Container wurde eine rasche und sichere Haus-zu-Haus-Beförderung in der intermodalen Transportkette ermöglicht (*Exler* 1996). Den Einsparungen an Personal auf den Schiffen und Umschlagsanlagen sowie in den Häfen, Bahnhöfen und Zwischenlägern stehen allerdings hohe Kapitalaufwendungen für Investitionen in spezifische Containerschiffe und Terminals mit Kränen, Fördersystemen und Stapeleinrichtungen gegenüber.
Zusätzlich zur Normierung und Spezialisierung der Transportgefäße stellt der Bau immer größerer Einheiten zur Massenbeförderung und Erzielung von Skaleneffekten eine wichtige Neuerung dar (vgl. Tab. 2.2.1/1). Neben den Kohle- und Erzfrachtern sind seit Beginn der 1950er Jahre insbesondere die Rohöltanker wegen der Umstellung der Energieversorgung und der Schließung des Suezkanals 1967 stark gewachsen. Die Ladekapazität erhöhte sich in zwei Jahrzehnten von 30.000 tdw auf über 200.000 tdw. Deshalb konnten die Transportkosten trotz der längeren Wege um Kap Horn deutlich gesenkt werden. Nach der Ölkrise 1973 und der Wiedereröffnung des vertieften Suezkanals kam die Entwicklung mit der Auslieferung der vorbestellten Supertanker Anfang 1980 zum Stillstand. Größere Tanker mit 400.000 tdw wurden erst wieder nach der Belebung der Energiemärkte in den 1990er Jahren gebaut.
Auch die ab Mitte der 1960er Jahre entwickelten Containerschiffe wurden in mehreren Schüben bzw. Generationen von einer Ladekapazität unter 1.000 Standard-Containern (gemessen in TEU) auf 2.000 bis 3.000 TEU vergrößert, stagnierten aber längere Zeit bei 4.000 TEU, weil die Dimension der Schleusen des Panama-Kanals (290 m Länge, 31,70 m Breite, 12,80 m Tiefe bzw. 60.000 tdw) und die Umschlagsanla-

Tab. 2.2.1/1: Schiffgrößenentwicklung im Seeverkehr 1950-1980
Quelle: *Nuhn* 1994, S. 282 (nach *Hayut/Hilling* 1992, S. 42)

ungefähre Jahresangabe	Tanker Tragfähigkeit Maße in m				Sonst. Massengutfrachter Tragfähigkeit Maße in m				Containerschiffe Tragfähigkeit Maße in m			
	tdw	L,	B,	T[1]	tdw	L,	B,	T	tdw	L,	B,	T
1945	16 500	160,	24,	10	20 000	165,	22,	10	– – –	–	–	–
1950	28 000	190,	24,	10	40 000	180,	29,	12	– – –	–	–	–
1960	70 000	250,	34,	14	80 000	250,	32,	14	– – –	–	–	–
1965	120 000	270,	42,	16	150 000	270,	43,	17	15 000	180,	27,	9
1970	200 000[2]	325,	50,	19	200 000	285,	50,	18	30 000	220,	31,	11
1980	470 000[3]	350,	60,	28	270 000	320,	55,	21	50 000	280,	32,	12

[1] L = Länge, B = Breite, T = Tiefgang;
[2] Very large crude carriers VLCC (175.000–300.000 tdw)
[3] Ultra large crude carriers ULCC (300.000–500.000 tdw)

gen in vielen Häfen hier Begrenzungen boten. Erst seit Beginn der 1990er Jahre sind unter dem Einfluss des weiter wachsenden Marktes und dem verstärkten Wettbewerb Schiffe mit 5.000 bis 6.000 TEU bzw. 8.000 bis 10.000 TEU (5. Generation) in Betrieb genommen worden und größere Einheiten befinden sich in Planung (vgl. Abb. 2.2.1/4). Diese können allerdings dann nur noch wenige Häfen direkt anlaufen und sind vorrangig im Pendelverkehr zwischen den Hauptwirtschaftsräumen einzusetzen. In sog. Transshipmenthäfen erfolgt die Umladung auf kleinere Zubringerschiffe für die Bestimmungshäfen (*Nuhn* 1994.1). Ein tendenziell ähnliches Größenwachstum zeichnet sich auch bei den Flugzeugen ab. Nach dem Jumbo Jet mit ca. 400 Passagieren wird der Airbus A 380 ab 2007 bis zu 600 Passagiere befördern können. Auch hierbei werden hohe Investitionen in verlängerte Landebahnen und vergrößerte Abfertigungszentren in den konkurrierenden Großflughäfen erforderlich.

Von besonderer Bedeutung für die effektive Umsetzung der modernen logistischen Konzepte war die Einführung der Telematik. Ladedokumente sind nicht mehr an den physischen Beförderungsgang gekoppelt. Elektronische Informations- und Steuerungssysteme erlauben die Auswahl geeigneter Routen und Verkehrsmittel. An Stelle der segmentierten Transportkette mit separater Steuerung innerhalb jedes Teilstücks erfolgen eine integrierte Verwaltung des gesamten Transportvorgangs vom Versender zum Empfänger und eine kontinuierliche Überwachung bis zur zeitgerechten Auslieferung.

Abb. 2.2.1/4:
Größenwachstum von Containerschiffen in den letzten vier Jahrzehnten
Quelle: *Nuhn* 2005

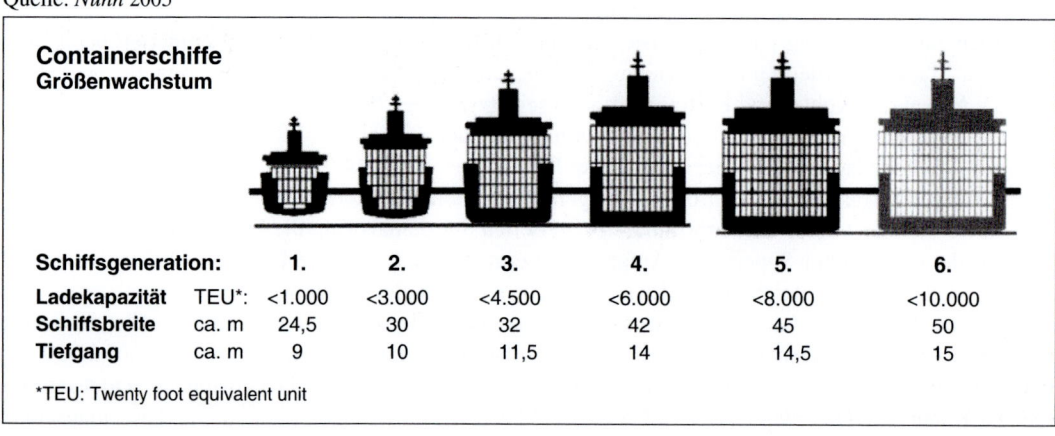

Containerschiffe Größenwachstum

Schiffsgeneration:		1.	2.	3.	4.	5.	6.
Ladekapazität	TEU*:	<1.000	<3.000	<4.500	<6.000	<8.000	<10.000
Schiffsbreite	ca. m	24,5	30	32	42	45	50
Tiefgang	ca. m	9	10	11,5	14	14,5	15

*TEU: Twenty foot equivalent unit

In den Häfen wurden eigene Informationssysteme entwickelt, welche die am Umschlag beteiligten Akteure zusammenführen und die relevanten Daten für die Abwicklung des Transports verfügbar machen. Hierdurch können die mit dem Umschlag und der Weiterleitung sowie dem Import und Export zusammenhängenden Daten in real time zur Verfügung gestellt werden. Container lassen sich ohne Zeitverlust durch den Hafen schleusen und umgehend per Lkw, Bahn oder Binnenschiff ins Hinterland weiterleiten. Güterverkehrs- und Distributionszentren im Hinterland haben sich zu neuen wichtigen Schnittstellen entwickelt, welche Teilfunktionen der Häfen übernommen haben. Neben dem Wegfall von Arbeitskräften in Umschlag und Lagerung haben die Häfen deshalb auch Wertschöpfungsanteile eingebüßt (*Nuhn* 1996).

Mittlerweile wird von den großen Logistikunternehmen an umfassenden Management- und Datenerfassungssystemen gearbeitet, welche die gesamte Transportkette umfassen. Während auf betrieblicher Ebene bereits gute Erfolge erzielt wurden, gibt es bei der weltweiten Vernetzung noch Lücken wegen fehlender Normierung von logistischen Maßeinheiten und technischen Standards. Große Fortschritte werden gegenwärtig mit der Internet-Logistik und interaktiven Websites erzielt, die nicht mehr nur über den PC, sondern auch über Funktelefone zugänglich sind. Die autorisierten Akteure können wichtige Daten direkt eingeben, Buchungen und Zahlungen veranlassen sowie den Transportfluss überwachen. Durch die elektronische Übermittlung werden Papierdokumente sowie zusätzliche Versandkosten eingespart und damit verbundene Verzögerungen vermieden. Eine Optimierung der Sendung unter Zeit- und Kostengesichtspunkten lässt sich leichter erreichen (*Frankel* 2002).

2.2.1.3 Restrukturierung der Transportkette

Zur Bewältigung des stark angewachsenen Transportaufkommens sind in den letzten Jahrzehnten neue Organisationsformen der Transportkette entwickelt worden, die neben der traditionellen Punkt-zu-Punkt-Ver-

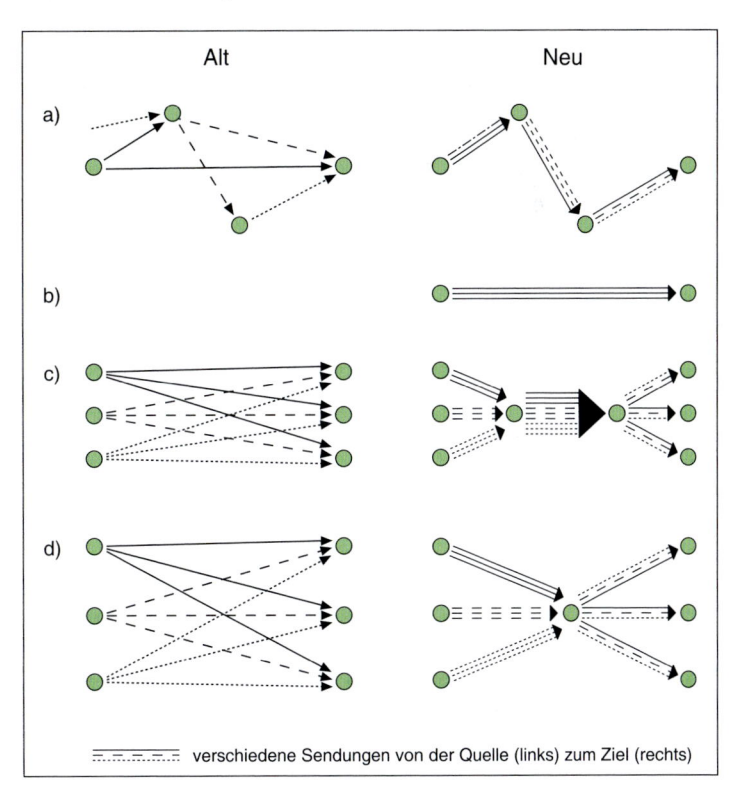

Abb. 2.2.1/5:
Schematische Darstellung von Transportketten
Quelle: *Priemus/Konings* 2001

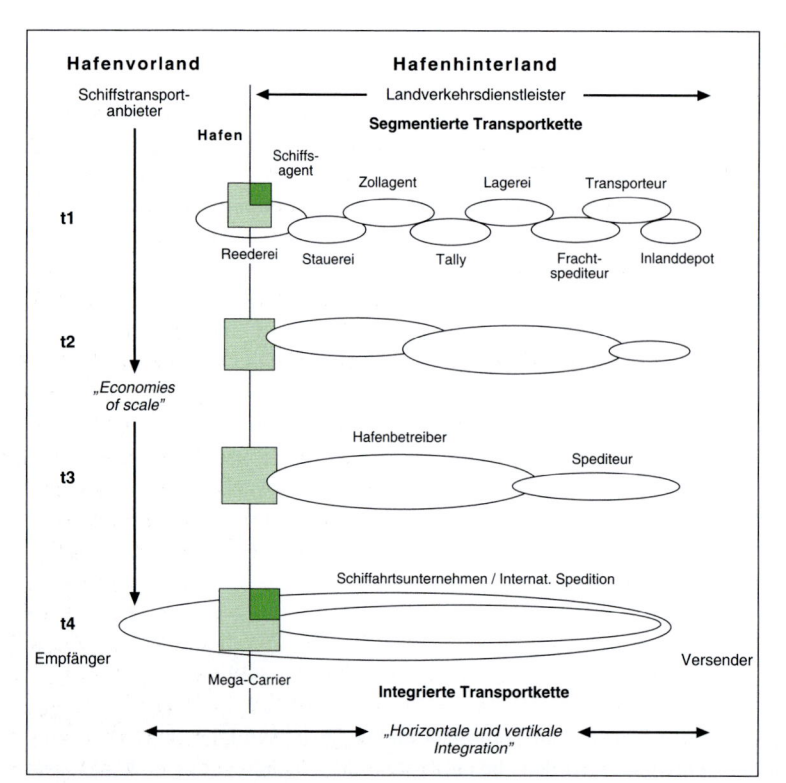

Abb. 2.2.1/6:
Akteure der Transportkette im See-Landverkehr unter globalem Wettbewerb
Quelle: *Nuhn* 2005

bindung und der einfachen Abfolge von Zwischenstationen in einer Linienverbindung stärker zwischen Sammel- und Verteilstrecken mit Knotenpunkten und Hauptstrecken mit gebündelten Transporten zur Nutzung von Skaleneffekten unterscheiden. Die schematische Darstellung in Abb. 2.2.1/5 veranschaulicht die Grundtypen und verdeutlicht, dass den Drehscheiben der Sammel- und Distributionsknoten als Hubs bzw. Transshipmentpunkte besondere Bedeutung zukommt. Mit der Hierarchisierung der Strecken und Knoten im Transportnetz ist insbesondere eine Auf- und Abwertung der Häfen bzw. Flugplätze als Sammel- und Zubringerpunkte bzw. Verteilerknoten verbunden, woraus sich Folgen für die lokale Beschäftigung und Wertschöpfung ergeben (*Priemus/Konings* 2001).

Neben der Differenzierung der Transportkette nach Menge, Geschwindigkeit und Häufigkeit der Bedienung erlauben die beschriebenen technologischen Innovationen auch eine stärkere Integration der bisher nach Transportarten getrennten Segmente der Kette, die zugleich meist auch das Betätigungsfeld mehr oder weniger selbständig agierender spezialisierter Unternehmen darstellten. Wegen der an den Schnittstellen häufig nur weitergereichten genormten Transportbehälter sind viele mit Umschlag, Pflege, Überwachung und Anpassung der Fracht an das folgende Transportsegment verbundene Tätigkeiten weggefallen oder ohne spezifisches Know-how zu erledigen. Abb. 2.2.1/6 zeigt, dass die große Zahl von Akteuren im Hafen-Hinterlandsegment sich durch Zusammenschlüsse und Übernahmen von Funktionen durch andere Dienstleister vermindert hat (*Robinson* 2002, *Martin/Thomas* 2001).

Neben Tendenzen der horizontalen Integration in den einzelnen Segmenten sind deshalb auch Strategien für eine vertikale Integration der Transportkette zu beobachten. Große international agierende Unternehmen übernehmen Akteure aus den vor- und nachgelagerten Segmenten der Kette, um größere Teile des Transportablaufs zu kontrollieren und von der Wertschöpfung zu profitieren. Schifffahrtsunternehmen betreiben eigene Hafenterminals, organisieren Eisenbahngesellschaften für den Transport von Blockzügen ins Hinterland und übernehmen Lkw-Transporteure. Umgekehrt erweitern internationale Speditionen ihre Lkw-Flotte, beteiligen sich an Unternehmen des kombinierten Eisenbahnverkehrs und transportieren

Luftfracht mit eigenen Maschinen. Für den Bereich der Kurier-, Express- und Paketbeförderung (KEP) haben internationale Dienstleister bereits erfolgreich die gesamte Kette vom Versender zum Empfänger im eigenen Unternehmen integriert und werden deshalb auch als Integrator bezeichnet (*Bachmeier* 1999).
Die in Verbindung mit der Globalisierung der Wirtschaft entstandene Nachfrage nach einem schnellen und zuverlässigen Transport von kleineren Sendungen mit wichtigen Dokumenten, Verkaufsmustern und hochwertigen Ersatzteilen wird insbesondere von Banken, Anwaltskanzleien, Wirtschaftsprüfern, Werbeagenturen und Konzernverwaltungen getragen. Es handelt sich um einen internationalen Haus-zu-Haus-Transport einschließlich der zolltechnischen Abfertigung mit schneller Laufzeit und Ankunftsgarantie. Weder die nationalen Postdienste, die mit unterschiedlichen Systemen arbeiten, was beim Grenzübertritt wegen mangelnder Kompatibilität zu Verzögerungen führt, noch die klassischen Speditionen, die auf die Organisation von mittel- bis schwergewichtigen Sendungen spezialisiert sind, waren auf die spezielle Nachfrage eingestellt.
Deshalb haben sich neue Anbieter mit Erfahrungen in großen nationalen Märkten (insbesondere USA) auf die Beförderung von hochwertigen kleineren Sendungsgrößen spezialisiert. Zunächst entstanden Kurierdienste wie DHL Worldwide Express mit einem Sendungsgewicht von maximal 2 kg, Paketdienste wie United Parcel und Federal Express mit Sendungen für ein Gewicht bis 31 kg und Expressdienste ohne Gewichtsbegrenzung wie TNT Express Worldwide. Mittlerweile sind die starren Gewichtsgrenzen und Sendungsgrößen stärker flexibilisiert, und auch Speditionen sowie Postdienste versuchen, in den lukrativen Markt einzudringen (*Hirsch* 2001).
Der Erfolg der KEP-Dienste beruht auf einem neuen logistischen Konzept, das die fragmentierte Transportkette integriert und in Eigenregie die Leistungserstellung vornimmt. Aus diesem Grunde entfallen die Probleme an den informationstechnischen und physischen intermodalen Schnittstellen, wodurch die Laufzeit beschleunigt, eine Sendungsverfolgung erleichtert wird und die Zustellungsgarantie im vorgegebenen Zeitfenster erfolgen kann. Global tätige Unternehmen wie Federal Express verfügen deshalb über ein weltweites Netz von Direktflugverbindungen zwischen eigenen Hubs, von denen aus die Sammel- bzw. Distributionstätigkeit mit eigenen Lieferfahrzeugen erfolgt. Für das Unternehmen sind weltweit über 100.000 Mitarbeiter tätig, welche die 55 Frachtflugzeuge und 37.000 Lkw nach festgelegten Fahrplänen einsetzen. Darüber hinaus wird in Regionen mit weniger Sendungsaufkommen langfristig Frachtraum in Linienflugmaschinen gebucht.
Der durch die Tätigkeit der Integratoren in über 200 Ländern vermittelte Eindruck eines weltweiten flächendeckenden Service ist allerdings nicht ganz korrekt, denn die garantierten Laufzeiten gelten nur für Ballungsräume. Sendungen in entferntere Orte nach außerhalb werden im Gegensatz zur Post mit Tarifzuschlägen belastet, und abgelegene Gebiete sind nicht einbezogen. Die unzureichende Verkehrsanbindung der Peripherie ist nach wie vor ein generelles Manko. *Bowen* (2002) hat nachgewiesen, dass die wirtschaftlich schwächeren Länder außerhalb der Kernräume und deren Randsäumen in den jüngeren Ausbau der internationalen Flugnetze kaum einbezogen sind. Sie bleiben deshalb als potentielle Standorte für Unternehmen gegenüber den Schwellenländern benachteiligt. Bisher werden sie von einer positiven Dynamik der Globalisierung kaum erfasst, was auch dadurch belegt wird, dass bis vor kurzem keine afrikanische Fluggesellschaft Mitglied in einer globalen Allianz war.

2.2.1.4 *Strategische Allianzen zum Aufbau von Transportnetzen*

Stark an Bedeutung gewonnen haben in den letzten Jahren unterschiedliche Formen von vertraglich vereinbarten Kooperationen zwischen selbständigen Verkehrsunternehmen. Im interkontinentalen Seeverkehr liegen langjährige Erfahrungen der Zusammenarbeit von Linienreedereien in sog. Konferenzen vor (gegenwärtig weltweit ca. 150). Hierbei werden für einzelne Fahrtgebiete die Schiffskapazitäten gepoolt, um eine bessere Auslastung zu erreichen. Neben der Kapazitätsplanung kommt es auch zu Tarifabsprachen unter kritischer Beobachtung der Wettbewerbshüter. Tab. 2.2.1/2 zeigt am Beispiel der Zusammenarbeit be-

Tab. 2.2.1/2: Allianzen auf der Basis von Kooperationsverträgen zwischen Containerreedereien im Dienst Europa – Fernost
Quelle: *Notteboom/Winkelmans* 2001, S. 77

1994	1996	1998
Wichtige Allianzen		
	GLOBAL ALLIANCE	NEW WORLD ALLIANCE
	APL	APL/NOL
	Mitsui OSK Lines	Mitsui OSK Lines
Nedlloyd	Nedlloyd	Hyundai
MISC	MISC	
CGM	OOCL	
	GRAND ALLIANCE	GRAND ALLIANCE
Hapag Lloyd	Hapag Lloyd	Hapag Lloyd
NYK Line	NYK Line	NYK Line
Mitsui OSK Lines	P & OCL	P & O Nedlloyd
	NOL	MISC
		OOCL
Maersk	Maersk	Maersk
P & OCL	Sealand	Sealand
Norasia	Norasia	Norasia
Sealand	MSC	MSC
Hyundai	Hyundai	
		UNITED ALLIANCE
	Hanjin	Hanjin
	Tricon-consortium	(incl. DSR-Senator)
	– DSR Senator	UASC
	– Cho Yang	Cho Yang
ACE-consortium		
K-Line	K-Line	K-Line
NOL	Yang Ming	Yang Ming
OOCL		COSCO
Wichtige Außenseiter		
Evergreen	Evergreen	Evergreen
UASC	UASC	
COSCO	COSCO	

deutender Containerlinien auf der Route Europa – Fernost für den Zeitraum 1994 bis 1998, dass es sich um keine starren Verbünde handelt, weil bereits in der kurzen Zeitspanne mehrere Wechsel stattgefunden haben, die teilweise im Zusammenhang mit Übernahmen stehen (*Heaver* et al. 2000, *Notteboom/Winkelmans* 2001). Weitergehende Kooperationsformen bis zur Fusion sind in jüngster Zeit verstärkt zu beobachten.

Im internationalen Luftverkehr sind strategische Allianzen erst jüngeren Datums, weil bisher die großen nationalen Fluglinien das Feld beherrschten. Bis heute wird der internationale Luftverkehr durch Restriktionen bestimmt, die aus dem komplexen System zwischenstaatlicher Vereinbarungen resultieren, die auf der Basis der Empfehlungen der Konferenz von Chicago 1944 abgeschlossen wurden. Hiernach erfordert die Einrichtung von Flugverbindungen zwischen zwei Ländern sowie die kommerzielle Nutzung von Flughäfen die Vereinbarung entsprechender Rechte auf Gegenseitigkeit durch die Regierungen. Zumeist sind in den Verträgen auch Begrenzungen im Hinblick auf die Zahl der Sitzplätze, die Häufigkeit der Flüge und die Preisgestaltung enthalten.

Zwar wurden in den USA bereits 1978 die restriktiven Bestimmungen für den Inlandsflugverkehr aufgehoben und auch in der EU zwischen 1987 und 1997 in drei Stufen die Begrenzungen für Luftfahrtsgesellschaften aus den Mitgliedsstaaten beseitigt, um einen freien Binnenmarkt zu schaffen. Zwischen souveränen Staaten gelten ansonsten aber weiterhin die Verträge für den bilateralen Luftverkehr mit den entsprechenden Protektionsklauseln für die eigenen Fluggesellschaften, auch wenn diese mittlerweile bereits teilweise privatisiert wurden. Im Falle der Kapitalverflechtung von Air France und KLM 2004 wurden aus diesem Grunde die Namen der früher selbständigen Unternehmen weitergeführt (ähnlich wie bei Lufthansa und Swiss 2005). Eine Übernahme durch ausländische Eigner wirft rechtliche Probleme auf, die auch in den USA trotz einer vordergründigen Politik der open skies nicht beseitigt wurden. Der Aufbau weltweiter Flugnetze, der von der globalisierten Wirtschaft und den Touristen gefordert wird, ist aber wegen der bestehenden rechtlichen Restriktionen leichter in Form von strategischen Allianzen realisierbar (*Oum/Park/Zhang* 2000).

Die wichtigsten Gründe für die Kooperation von zwei oder mehr Fluggesellschaften ergeben sich aus der Zusammenlegung der Flugstrecken zur Erzielung von Skaleneffekten und Spezialisierungsvorteilen (jeweils eine Gesellschaft für ein Netzteil zuständig). Durch das 1994 vereinbarte Code sharing von 25 Flügen der United Airlines und 30 der Lufthansa erzielten beide Gesellschaften eine Erweiterung der Märkte in den USA bzw. Europa in bisher nicht zugängliche Gebiete. Bei jeweils 31 non-stop-Flügen auf der Strecke Washington – Frankfurt konnten beide Gesellschaften ihren Kunden nach dem Code sharing 62 Flüge zur Auswahl anbieten. Mit der Koordinierung von Zubringerflügen lässt sich eine bessere Auslastung der Hauptstrecken erreichen. Kostenvorteile erwachsen aus der gemeinsamen Nutzung von Einrichtungen und Personal auf den Flughäfen. Durch die Zusammenlegung der Vielfliegerprogramme erreichen die Kunden leichter die erforderlichen Bonusmeilen und können Ziele in einem erweiterten Netz wählen. Weitere Vorteile erwachsen aus dem gemeinsamen Einkauf, gemeinsamer Wartung und der Werbung für die globale Marke. Außerdem ergeben sich eine Risikoteilung bei neuen Projekten und eine erhöhte Marktmacht. Je nach dem Grad der Kooperation können drei Stufen unterschieden werden. In der einfachen Form beschränkt sich die Zusammenarbeit auf einzelne Routen und wenige Maßnahmen wie das Code sharing, gemeinsame Bodendienste und das Vielfliegerprogramm (praktiziert von 28 Fluggesellschaften im Jahr 2000). Seltener vertreten sind breiter angelegte wirtschaftliche Kooperationen, bei denen Infrastrukturen gemeinsam genutzt und ganze Netze verknüpft werden, Fahrplanabstimmungen erfolgen und Zubringerdienste eine bessere Auslastung der Langstreckenflüge garantieren (neun Gesellschaften im Jahr 2000). Eine Zusammenarbeit in allen operativen Bereichen und bei Entwicklungsprojekten erfolgte ebenfalls nur in neun Fällen (*Oum/Park/Zhang* 2000). Die Anzahl der Allianzen hat sich wegen der zu realisierenden Kosteneinsparungen und Markterweiterungen seit den 1990er Jahren stark erhöht. Während 1994 nur 280 Allianzen bestanden, stieg die Zahl bis 1999 auf 513.

Wichtige internationale Verbünde zur Erweiterung der Flugnetze mit globaler Zielsetzung entstanden in der zweiten Hälfte der 1990er Jahre. Mit der Star Alliance formierte sich 1997 das erste globale Netzwerk nach vorausgehender bilateraler Zusammenarbeit von Lufthansa, United Airlines, SAS, Air Canada und Thai Airways International. Später wurden weitere Gesellschaften aufgenommen, die teilweise wieder ausschieden. Im April 2005 umfasste der Verbund 18 Mitglieder mit 2.800 Flugzeugen, die in 152 Ländern 842 Ziele anflogen. Im Jahre 1999 wurde das zweite globale Bündnis oneworld gegründet durch die Kooperation von American Airlines, British Airways, Quantas, Cathy Pacific und Canadian International. Später schlossen sich weitere Gesellschaften an, so dass Im Juni 2006 insgesamt acht Mitglieder mit 2.161 Flugzeugen in 134 Ländern 605 Ziele anflogen. Aus den beiden Allianzen unter Führung von Air France und Delta (SkyTeam seit 2000) sowie KLM und Northwest (Global Wings, bilaterale Kooperation seit 1989) entstand nach dem Zusammenschluss von Air France und KLM im Frühjahr 2004 der dritte globale Verbund SkyTeam, der im Sommer 2006 mit zehn Mitgliedern 2.018 Flugzeuge besaß und 728 Ziele in 149 Ländern anflog (Daten jeweils nach: www.tourismfuturesintl.com).

Der Erfolg einer aus elf kleineren europäischen Gesellschaften gebildeten regionalen Allianz Qualiflyer wurde durch zeitweilige finanzielle Insolvenzen einiger Mitglieder und den Bankrott von Swissair negativ beeinträchtigt. Tabelle 2.2.1/3 fasst Angaben aus der Gründungsphase für die damals fünf globalen Allianzen zusammen. Im Jahr 2005 vereinigten die drei verbliebenen großen Verbünde bereits über 80 % der weltweiten Passagierflugkapazitäten auf sich. Während die frühen Allianzen wenig stabil waren und auch

Tab. 2.2.1/3: Transportaufkommen der größten fünf globalen Allianzen im Personenluftverkehr 1999
Quelle: *Oum/Park/Zhang* 2000

Gruppe	Beförderungsleistung in Mrd. PKM	Weltanteil	Passagiere Mio.	Weltanteil	Einnahmen Mrd. US-$	Weltanteil
Star Alliance	563	21,4	276	18,9	66,2	20,7
oneworld	480	18,2	213	14,6	52,0	16,3
Wings	287	10,9	133	9,1	28,9	9,0
Air France/Delta Airlines	252	9,6	147	10,0	25,7	8,0
Qualiflyer	91	3,5	47	3,2	14,1	4,4

größere Zusammenschlüsse wie die Atlantic Excellence Group (Delta, Swissair, Austrian Air, Sabena) scheiterten, haben die jüngeren globalen Allianzen mehr Stabilität bewiesen (vgl. *Neiberger* 2003). Für einen erfolgreichen Zusammenschluss sind sich ergänzende Netze mit mindestens einem Vertreter aus Nordamerika und Europa sowie mehreren aus Fernost erforderlich. Evaluierungen haben ergeben, dass Allianzen die Nachfrage beleben und ihre Mitgliedsgesellschaften stärker wachsen als Nichtmitglieder. Die Aufsichtsbehörden in den USA und in Europa haben trotz der Einschränkung des Wettbewerbs bisher keine Auflagen gemacht, weil die Vorteile für den Kunden noch überwiegen. Allerdings werden die Preisentwicklungen beobachtet und für den Fall von Missbrauch Maßnahmen angedroht.

2.2.1.5 Internationalisierung des Transportgeschehens im Seeverkehr

Die Seeschifffahrt ist der bedeutendste Bereich der internationalen Transportwirtschaft mit weltweit einheitlicher Technologie. Zwei Drittel der Welthandelsgüter werden über das Meer transportiert. Die Frachtkosten konnten bereits zwischen 1830 und 1914 um ein Drittel und zwischen 1920 und 1990 nochmals um zwei Drittel gesenkt werden (*Gerstenberger* 2000). Der Schiffstransport ist der am stärksten internationalisierte Zweig des Verkehrswesens. Bei dieser Sachlage und den potenziellen Konfliktfeldern lässt sich nachvollziehen, dass eine größere Zahl von internationalen Seerechtskonventionen vereinbart und ein Seegerichtshof eingerichtet wurden. Die Komplexität und Internationalität des Seetransports wird deutlich am Beispiel der Versendung einer in Süddeutschland gefertigten Maschine im Container nach Argentinien (vgl. Kasten; *Kumar/Hoffmann* 2002).

Transport einer Maschine im Container von Deutschland nach Argentinien

Die beauftragte internationale Schweizer Spedition überträgt den Lkw-Transport von der Fabrik zum Rheinhafen Mannheim einem örtlichen Frachtführer. Dort übernimmt ein holländisches Binnenschiff die Box zum Weitertransport nach Antwerpen, wo der aus Singapur stammende Betreiber des Terminals von Hesse Noordnatie (PSA) die Verladung auf ein in Korea für einen griechischen Eigner gebautes Schiff vornimmt, das an eine dänische Reederei verchartert wurde und bei einem Unternehmen in London versichert ist. Das Containerschiff führt die Flagge Panamas und wird mit Decksleuten aus den Philippinen und Offizieren aus Skandinavien geführt. In Buenos Aires wird der Container am Terminal von HPH aus Hongkong gelöscht und mit einem lokalen Transporteur zum Besteller weitergeleitet.

Seit dem 18. Jahrhundert findet der Grundsatz der Freiheit der Meere allgemeine Anerkennung. Schiffe werden nach internationalem Recht als schwimmende Territorien der Flaggenstaaten betrachtet, deren Gesetze und Verordnungen hier gelten und die verpflichtet sind, die Einhaltung der internationalen Seerechtskonventionen zu überwachen. Die damit geforderte enge Verbindung zwischen Schiff und Flaggenstaat hat sich nach der Einführung offener Schiffsregister gewandelt, die nicht mehr voraussetzen, dass der Eigner die Staatsbürgerschaft des Flaggenstaates besitzt (*Sletmo/Holste* 1993).

Bereits zwischen beiden Weltkriegen sind Reeder aus politischen und ökonomischen Gründen dazu übergegangen, ihre Schiffe unter fremder Flagge fahren zu lassen. So ließen nordamerikanische Reeder wegen der Prohibition in den USA ihre Passagierschiffe in Panama registrieren, um Alkohol an Bord ausschenken zu können, oder um später vor Eintritt in das Kriegsgeschehen die Alliierten ohne formale Verletzung der Neutralität mit militärischen Gütern per Frachtschiff beliefern zu können. Nach dem Zweiten Weltkrieg suchten Reeder vermehrt im harten Wettbewerb gegenüber ihren Konkurrenten Steuer- und Lohnkostenvorteile in den jetzt zahlreicher angebotenen billigen Registern von Drittweltstaaten. Besonderen Zuspruch erfuhr das 1947 von Liberia eröffnete Register, das nicht im eigenen Lande, sondern in New York von einer Servicefirma geführt wird (*Alderton/Winchester* 2002).

Mittlerweile haben viele kleinere Insel- und Offshore-Staaten wie Cayman, die Bahamas oder Tuvalu sowie Länder ohne Seefahrtstradition und den Willen bzw. das Vermögen, die Flaggenstaatsverpflichtungen umzusetzen, wie Bolivien, billige Schiffsregister eröffnet, um von den Registrierungsgebühren zu profitieren. Sicherheits-, Sozial- und Umweltstandards in der Seefahrt sind durch diese Praktiken immer weiter gesunken, so dass sich Hafenstaaten regional zusammengeschlossen haben, um entgegen den bisherigen Gepflogenheiten Kontrollen der einlaufenden Schiffe durchzuführen und bei Verstößen die Beseitigung der Mängel durchzusetzen (*Barton* 1998).

Nach der Ausflaggung sind auch die nationalen Vorschriften über Zahl und Zusammensetzung der Schiffsbesatzungen sowie die sonstigen arbeitsrechtlichen Bestimmungen obsolet geworden. Zunächst wurden einfache Seeleute und später auch Offiziere aus Billiglohnländern eingesetzt. Bei gemischten Mannschaften kommen häufig drei bis vier verschiedene Arbeitsrechtssysteme zur Anwendung. In vielen Fällen werden Sicherheits- und Sozialversicherungsvorschriften allerdings weder durch den Flaggenstaat noch durch zuständige Gewerkschaften überwacht. Neben den Hafenstaaten bemüht sich die Internationale Transportarbeitergewerkschaft – ein Zusammenschluss von ca. 500 Einzelgewerkschaften aus 200 Ländern – um weltweite Kontrollen mit ca. 150 Inspekteuren. Bei den kurzen Hafenliegezeiten, die allenfalls 20 % der Betriebszeit eines Schiffes ausmachen, sind den Interventionen allerdings Grenzen gesetzt (*Dombois/Heseler* 2002).

Schließlich ist die Internationalisierung der Schifffahrtsunternehmen selbst und seit jüngerer Zeit auch der Hafenbetreiber zu konstatieren. Größere Reedereien werden nur noch in Ausnahmefällen als traditionelle Familienunternehmen oder als Staatsbetriebe geführt. Der hohe Investitionsbedarf legt eine Kapitalaufnahme an der Börse nahe, wodurch sich sehr unterschiedliche und teilweise rasch wechselnde Eigentumsverhältnisse ergeben. So gehört die traditionsreiche deutsche Reederei Hapag Lloyd zum Tourismuskonzern TUI, und die Reederei Hamburg-Süd findet sich seit Jahren im Mehrheitsbesitz des Lebensmittelherstellers Oetker. Über Landesgrenzen hinweg haben sich traditionsreiche Reedereien wie die ehemalige DDR-Staatsreederei DRS nach der Fusion mit der Bremer Senatorlinie 1997 mit dem koreanischen Unternehmen Hanjin zusammengeschlossen. 1996 fusionierten die britische P&O und die niederländische Nedlloyd und 1999 die dänische Maersk-Linie mit der US-amerikanischen Sealand, welche in den 1950er Jahren an der Nordküste der USA den Containerverkehr und 1965 den Liniendienst nach Europa eröffnet hatte (*Heaver/Meersman/Voorde* 2001). Im Jahre 2005 übernahm die Maersk Gruppe dann auch Royal P&O Nedlloyd und baute damit ihre Marktführerschaft von 12 % auf ca. 17 % der Containerschiffskapazität aus (über 550 Schiffe mit 1,6 Mio. TEU).

Nachdem zunächst die großen Container-Reedereien wie Sealand, P&O und Maersk eigene Umschlagsanlagen in wichtigen Häfen ihres Liniennetzes als sog. dedicated terminals übernommen haben, sind mittlerweile auch Umschlagsunternehmen der größeren Häfen wie HPH aus Hongkong und PSA aus Singapur bzw. SSA Marine aus Seattle dazu übergegangen, internationale Hafennetze aufzubauen. Auf diese Weise wurden auch bereits traditionsreiche europäische Häfen teilweise oder ganz von ausländischen Betreibergesellschaften übernommen. Hierzu gehören Felixstowe, Harwich und Thamesport in Großbritannien durch HPH sowie Rotterdam durch HPH und P&O und Antwerpen durch PSA (vgl. Abb. 2.2.1/7). Auch kleinere

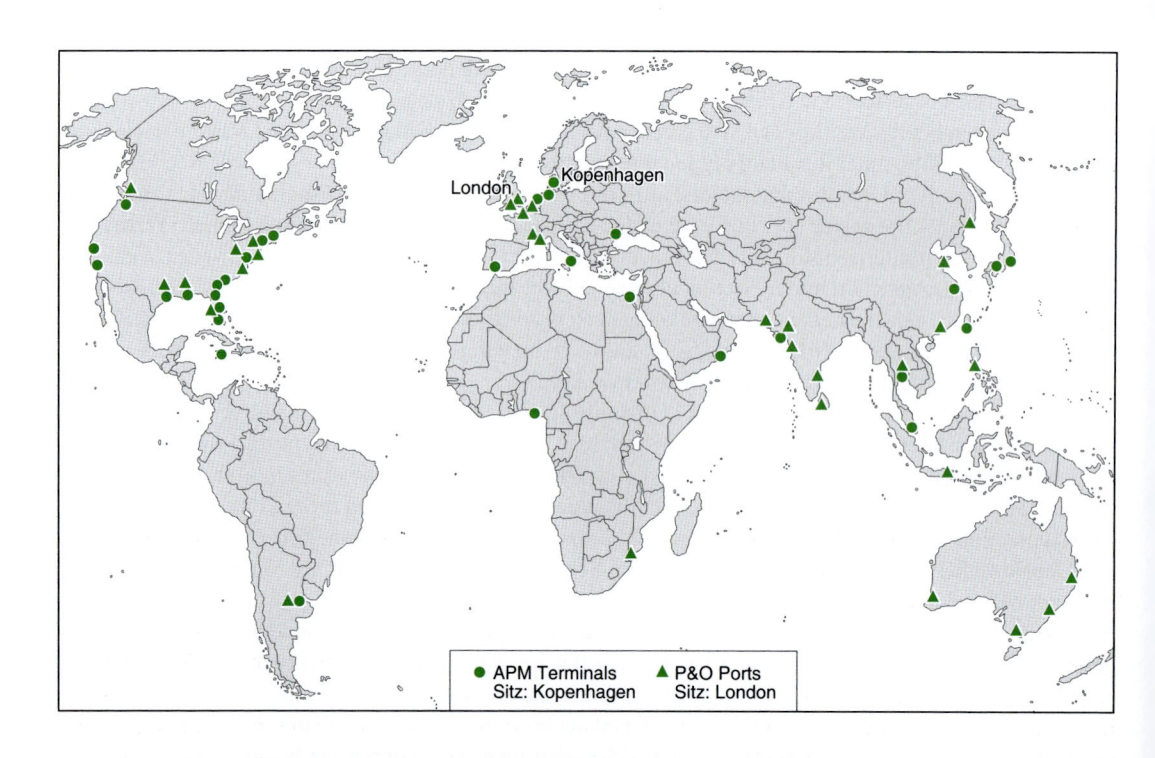

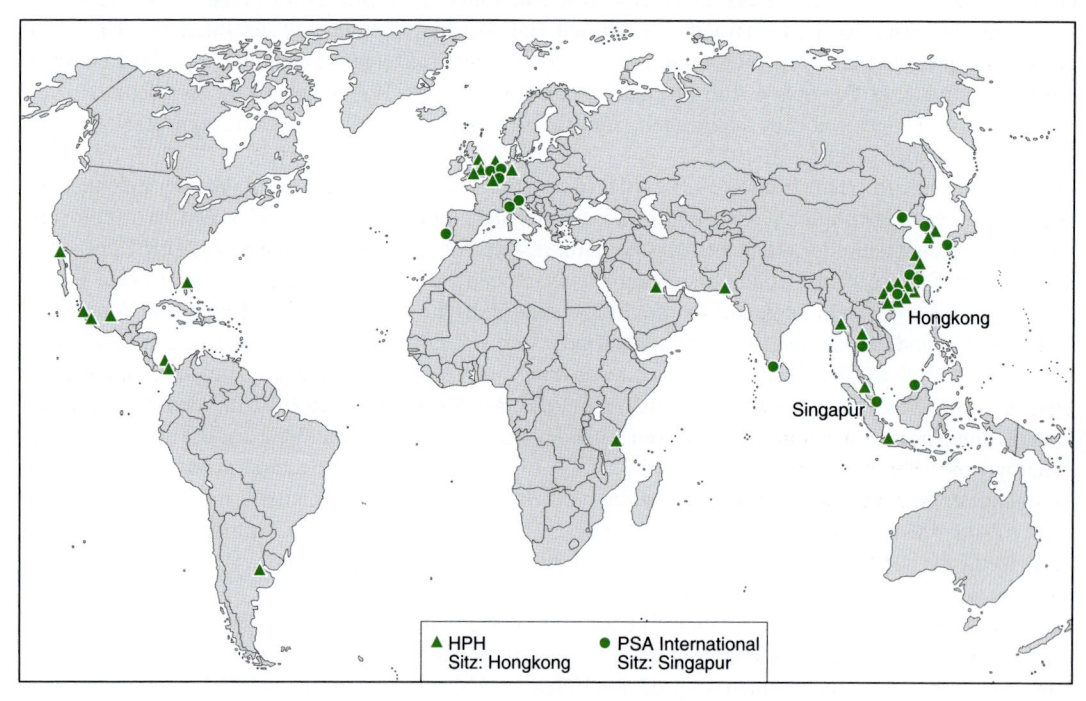

Abb. 2.2.1/7:
Container-Terminalnetze von Betreibern aus der Reederei- (a) und Hafenbranche (b) im Jahr 2004
Quelle: *Nuhn* 2005

kapitalkräftige Gesellschaften aus der Dritten Welt wie Dubai Ports Authority oder ICTS aus Manila beteiligen sich am Terminalausbau z. B. in den ehemals sozialistischen Ländern Rumänien/Konstanza oder Polen/Gdingen (*Notteboom* 2002, *Nuhn* 2005). Durch die Übernahme der terminals von P 80 in 2006 ist das Unternehmen aus Dubai in die Spitzengruppe der Hafenbetreiber aufgestiegen (vgl. *Nuhn* 2007, Abb. 6) Der zunächst nur auf den Schiffsbetrieb und die großen Schifffahrtsgesellschaften beschränkte Trend zur Internationalisierung hat damit auch die längere Zeit als nationale Gateways betrachteten Häfen erfasst (zu vergleichbaren Flughafenübernahmen vgl. *Hollenhorst* 2005). Wenn zur Zeit noch die Namen bekannter Seefahrtsunternehmen mit den dahinter stehenden maritimen Interessen und regionalen Präferenzen erkennbar sind, geht der Trend doch weiter zu professionellen Verwaltungsgesellschaften für Schiffe, Umschlagsanlagen, Zwischenläger und sonstige Transporteinrichtungen, hinter denen eher anonyme Investoren mit wechselnden Kapitalverwertungsinteressen stehen.

2.2.1.6 Fazit und Ausblick

Durch den Prozess der Globalisierung sind ehemals getrennte Märkte zusammengewachsen. Grenzüberschreitende Direktinvestitionen, Handelsverflechtungen und Produktionsnetze werden von multinationalen Unternehmen vorangetrieben und verzeichnen hohe Wachstumsraten. Eine Schlüsselfunktion kommt hierbei dem Verkehrs- und Kommunikationssektor zu, dessen Transportleistung besonders stark gestiegen ist und dessen Anteil am Bruttosozialprodukt sich in vielen Ländern auf 4 bis 6 % verdoppelt hat. Hierzu haben in hohem Maße ausländische Direktinvestition beigetragen.
Effiziente Transportsysteme sind eine Voraussetzung für wirtschaftliche Entwicklung und gesellschaftliche Mobilität. Technologische Innovationen und organisatorische Neuerungen haben die Transporte schneller, pünktlicher, sicherer und preiswerter gemacht, wodurch zusätzliche Nachfrage ausgelöst wird. Prognosen gehen davon aus, dass sich diese Situation auch mittelfristig nicht ändern wird (*Ubbels/Rodenburg/Nijkamp* 2000). Damit drohen die negativen Folgen des Verkehrswachstums durch Ressourcenverbrauch und Emissionen zu einem globalen Problem anzuwachsen.
Nach der Internationalisierung des Verkehrs und der Abschaffung bzw. Reduzierung nationalstaatlicher Regulierungen müssen deshalb neue international gültige Normen und Mindeststandards zur Verkehrssicherheit, zur Regelung der Arbeitszeiten, zum Umweltschutz und zur technischen Kompatibilität der Systeme vereinbart werden. Hierzu sind nicht nur neue Rechtsgrundsätze zu entwickeln, sondern auch Strategien für ihre Umsetzung und Kontrolle durch handlungsfähige Institutionen.
Ein weiteres Problem erwächst aus dem rasch fortschreitenden Konzentrationsprozess auf der Unternehmensebene. Durch horizontale und vertikale Integration von Kommunikations-, Transport- und Logistikdienstleistern, die ihre weltweiten intermodalen Transportnetze aufbauen, entsteht eine große Marktmacht, welche die Gefahr zur Monopolbildung bedeutet. Nationale Kartellbehörden können hier nicht mehr wirkungsvoll eingreifen. Auch in diesem Bereich müssen deshalb internationale Regelungen angestrebt werden, die wegen der unterschiedlichen Interessenslage nur in schwierigen Verhandlungen zu erreichen sind.
Aus geographischem Blickwinkel erscheint auch die mit der Globalisierung und dem Ausbau der modernen Logistiksysteme verbundene starke Polarisierung auf wenige Kernräume, global cities und mega hubs problematisch. Die Marginalisierung und die relative Abkoppelung ganzer Kontinente von der neuen Dynamik sowie die einsetzende Entleerung der Peripherie auch in höher entwickelten Regionen schafft Disparitäten, die langfristig zu sozialen und politischen Konflikten führen können und deshalb bereits im Vorfeld durch eine Politik des Ausgleichs gemildert werden sollten.
Die umrissenen Probleme, deren politische Bewältigung unter den gegebenen Rahmenbedingungen mittelfristig kaum lösbar erscheint, können in hohem Maße darauf zurückgeführt werden, dass die Raumüberwindungskosten für Massentransporte von Personen, Gütern und Informationen überproportional gesunken sind und nach Auffassung vieler Autoren wegen der geringen Berücksichtigung externer Kosten zu niedrig liegen. Dadurch sind unter globalem Wettbewerbsdruck Wirtschaftskreisläufe auf lokaler, re-

gionaler und nationaler Ebene zusammengebrochen. Im Falle einer stärkeren Einbeziehung der externen Kosten des Verkehrs für die Infrastruktur und die Belastungen der sozialen und physischen Umwelt in die Preisbildung könnten die Aufwendungen der Transporte über größere Distanzen so hoch ansteigen, dass eine generelle Reduzierung des Verkehrswachstums eintritt. Hierdurch erhielten Wirtschaftskreisläufe im mittleren Maßstabe wieder eine Chance, und das globale Nachhaltigkeitsziel wäre leichter zu erreichen.

2.2.2   Globale Informations- und Kommunikations-Vernetzungen (IuK) *(Peter Gräf)*

2.2.2.1   Grundlagen

Netzwerke und Vernetzungen
Gäbe es in der Wirtschaftsgeographie einen „Neuen Markt der Begriffe", dann würde die zeitgemäße Interpretation von „Netzwerken" und „Vernetzten Systemen" dazu gehören. Vernetzung im aktuellen Sinne markiert jene Wende menschlichen Handelns durch Unternehmer, Kunden, Bürger oder Lernende, die organisatorisch untereinander verbunden sind und dabei technisch miteinander kommunizieren können (*Mitchell* 1999, S. 12f).
Technische Grundlage einer solchen Vernetzung sind Systeme unterschiedlicher Kapazitätsklassen, die leitungsgebunden (Kupfer-, Koaxial- oder Lichtwellen-(Glasfaser)leiter) bzw. leitungsungebunden-mobil (Funk, terrestrisch und/oder satellitengestützt) oder in einer Kombination von beiden auftreten. Lokal, regional und weltweit ergeben sich auch heute noch erhebliche Ausstattungsunterschiede bei diesen Telekommunikations-Infrastrukturen, die eine notwendige, aber nicht hinreichende Voraussetzung einer Vernetzung sind. Kompetenz und Akzeptanz auf breiter Nutzerbasis und die kostenrelevanten ökonomischen Rahmenbedingungen formen den potenziellen Wirkungsrahmen vernetzter Systeme. Journalistische Beiträge zum gesellschaftlichen Wandel hin zu einer „Informationsgesellschaft" fokussieren häufig kritisch auf den „Funfaktor", mit dem Surfen im Internet, Chatten, Senden von SMS oder Downloads von MP3-Musikdateien verbunden sind. Unbestritten ist dieser Teil ein beachtenswerter Aspekt der ökonomischen Tragfähigkeit von Netzwerken. Erheblich größere Bedeutung kommt jedoch der Umstrukturierung von Arbeitsprozessen zu. Reorganisation, Reichweiten- und Zeitunabhängigkeit sowie Multimedialität ermöglichen eine noch vor einem Jahrzehnt nicht realisierbare Neuformierung von Produktion, Dienstleistungen (u. a. Banken, Logistik, Verwaltung, Wissenschaft und Ausbildung) und Wissensmanagement.

Netze: Technik, Messbarkeit und Lokalisierung
Die technologische Seite der Kommunikationssysteme ist noch immer durch eine starke Dynamik geprägt, die vor allem hohe Übertragungsraten, wachsende Mobilität und Miniaturisierung der Endgeräte zum Ziel hat. Das internetfähige Handy mit Bildübertragung und lokalen Diensten auf UMTS-Basis wurde bereits 2006 als Testprojekt in den Markt eingeführt. Der hier unternommene Versuch eines analytischen Ansatzes kann also nur die Extrapolation einer Momentaufnahme sein, die – wie die Erfahrung des vergangenen Jahrzehnts lehrt – mit erheblichen prognostischen Unwägbarkeiten verbunden ist.
Vernetzung meint heute nicht nur das systeminterne Wachstum von Leitungssystemen mit hierarchisch aufgebauten Verbindungen von Knoten und Verästelungen zu den Nutzern, sondern auch das Zusammenwachsen „alter" Technologie auf der Basis von Kupferleitungen mit jenen der Glasfasertechnik, der Funktionserweiterung von TV-Kabelnetzen für Telekommunikation sowie dem (möglicherweise im Wettbewerb) hinzukommenden Stromnetz als Kommunikationsträger (Powerline). Ein hoher Verbreitungsgrad der Einzelinfrastrukturen beinhaltet die Chance, sie zu noch leistungsfähigeren Systemen zu aggregieren. In Entwicklungsländern stellt jedoch bereits das Fehlen der Basisinfrastrukturen ein schwer zu überbrückendes Hemmnis für die Entwicklung vernetzter Systeme dar. Infrastrukturdefizite und ökonomische Barrieren eines Leitungsausbaues können durch satellitengestützte Vernetzung überbrückt werden. Hier ist erst ein bescheidener Anfang realisiert.

Gleichsam zum Symbol eines globalen, unabhängig von Zeit- und Entfernungskosten und (fast) ohne zentrales Management sich rasant entwickelnden vernetzten Systems ist das Internet geworden. Seine Multifunktionalität ist nur durch Kapazitätsengpässe der Übertragung, durch das Maß der Internetkompetenz und durch sprachliche Barrieren beschränkt. Gleichzeitig diffundiert die Internettechnologie (TCP-IP-Protocol) in Subnetzwerke der Intranets bzw. Extranets in unternehmensspezifischen Anwendungen. Der vorgeschaltete Prozess wurde von *Borrus/Zysman* als „Wintelism" (*Borrus/Zysman* 2002, S. 27f.) bezeichnet, mit der ein Soft- und Hardwarehintergrund von „MS Windows" und „Intel" als Einflussfaktor beschrieben werden sollte.

2.2.2.2 Die globale Komponente

Digitale Brüche
Die Verbreitung der telekommunikativen Infrastrukturen (Netze und Endgeräte) besitzt in globaler Betrachtung eine erhebliche Spannweite und geht einher mit anderen technischen Differenzierungen, beispielsweise der Verbreitung von Computern bzw. der Nutzung elektrischer Energie (*Afemann* 2000, S. 432f.). Im Schatten der Diffusionsdynamik stehen die Entwicklungsländer, insbesondere jene Afrikas (Abb. 2.2.2/1). Eine kontinentbezogene Betrachtung wird der inneren Differenzierung aber ebenfalls nicht gerecht. Afemann (2000, S. 435) hat eine Übersicht des Jahres 1998 publiziert, die die Spannweite der jährlichen Kosten eines Internetzugangs in Afrika darlegt. Die Kosten lagen zwischen 1.700 US$ (Angola) und 120 US$ (Botswana) bei einem Durchschnittswert von 704 US$. Die statistischen Übersichten geben jedoch keinen Einblick in die viel entscheidendere Frage, wer (bei den regionalen Einkommensverhältnissen) wo (z. B. außerhalb der Hauptstädte) bei Interesse einen Zugang realisieren kann. Aspekte der Kom-

Abb. 2.2.2/1:
Internet-Nutzer je 10.000 Einwohner eines Landes im Jahr 2001
Datenquelle: ITU 2002

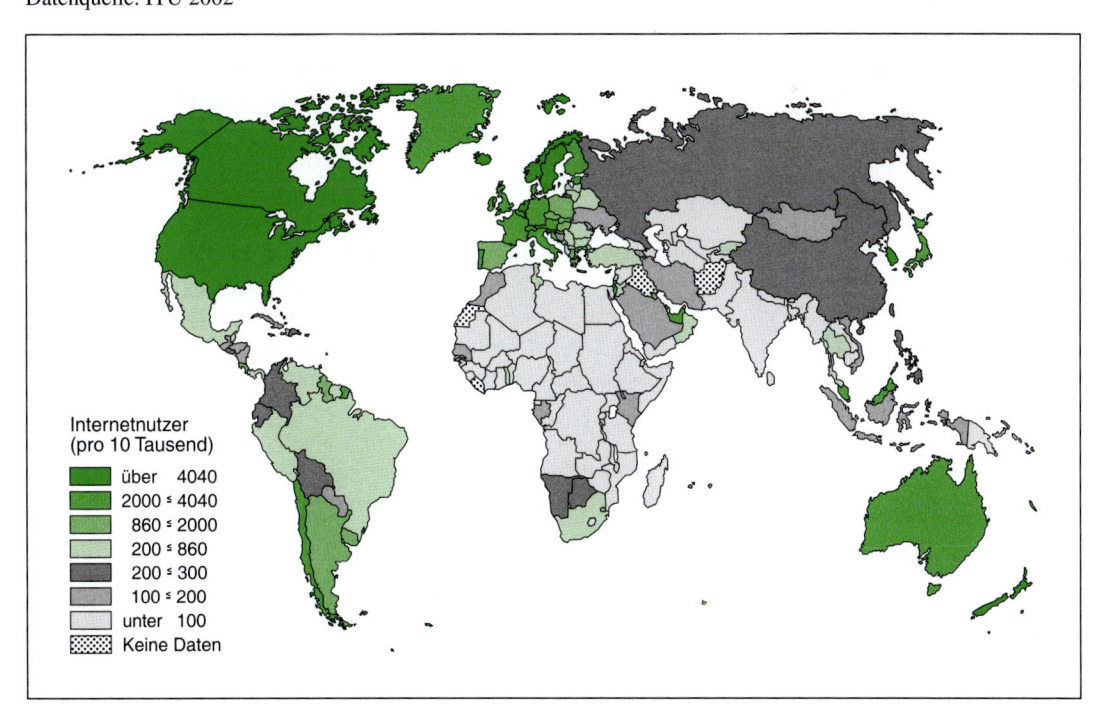

petenz im Umgang mit solchen Technologien bzw. Behinderung einer Diffusion durch staatlich repressive Kommunikationspolitik sind dabei noch nicht berücksichtigt (UNDP 2001, S. 29 f).

Digitale „Brüche" in der Entwicklungsdynamik einer erwarteten „Informationsgesellschaft" haben regional wie global weitreichende Folgen (*Dietz* 2001, S. 50f.). Die multiplikativen Wirkungen, nicht an vernetzten Systemen teilhaben zu können, bergen wirtschaftspolitisch wie gesellschaftlich Risiken im doppelten Sinn: die der Abkopplung von Entwicklungschancen und die der überschnellen Konfrontation mit ungewohnten (vielleicht ungewollten) Formen der Gesellschaft bzw. deren politischer Kultur. In diesem Spannungsverhältnis zwischen telekommunikativer Öffnung als Chance und restriktiver Zugangspolitik bewegen sich heute zahlreiche Länder der „Dritten Welt".

Die Hinwendung zu Informations- und Kommunikationsmöglichkeiten des Internets (eingeschlossen die Formen des E-Commerce) werden in der Mehrzahl der globalen Analysen nicht nur als Chance, sondern als unausweichliche Notwendigkeit betrachtet. Dies muss heute jedoch dann nicht für Entwicklungsländer gelten, wenn nur das Internet als die Hauptschiene der Entwicklung in diesem Sektor betrachtet wird. *Flatz* (1999, S. 617) betont den Irrwitz von Begriffen wie „Electronic Global Village" oder „Universal Access", wenn die Rate der Internetnutzer in Schwarzafrika unter 1 % liegt. Mangelnde Binnenvernetzung wegen fehlender IT-Infrastruktur lässt das Internet, von einigen begünstigten Küstenstandorten Afrikas abgesehen, nicht als geeignetes Entwicklungsinstrument erscheinen.

Technische Begriffe im engeren Sinne

Browser
Browser (engl. to browse: durchblättern, sich umsehen) sind Programme, die Daten aus dem Internet abrufen können. Dokumente im Word-Wide Web (www) werden durch Querverweise im Hypertextformat vernetzt. Browser können auch graphische und multimediale Daten anzeigen.

Mobilkommunikation – Standards
GSM: Abkürzung für „Global System for Mobile Communications". Derzeit weit verbreiteter internationaler Standard für den digitalen Mobilfunk (D1, D2, e-plus). Maximale Datenübertragungsrate: bei 9600 Bit/s.

WAP: Abkürzung für „Wireless Application Protocol", ein Protokoll zur Übertragung und Darstellung von speziellen Internet-Inhalten auf mobilen Geräten (Handy, PDA).

i-mode: i-mode ist ein aus Japan kommender Handy-Standard, der mit Hilfe von cHTML Inhalte aus dem Internet auf einem Handy darstellen kann.

GPRS: Abkürzung für „General Packet Radio Service", seit 2000 verfügbar, verwendet mehrere Funkzeitschlitze gleichzeitig, kein kontinuierlicher Datenstrom, sondern Übertragung einzelner „Datenpakete", Geschwindigkeit bis 171 Kbit/s.

HSCSD: Abkürzung für „High Speed Circuit Switched Data". Neuerer Standard im GSM-System. Durch Kanalbündelung ist eine Übertragungsgeschwindigkeit von 56,6 kbit/s zu erreichen. Kontinuierlicher Datenstrom („always online").

EGDE: Abkürzung für „Evolved Data for GSM Evolution"; zählt zu den „3G"-Mobilfunktechniken der 3. Generation (vgl. UMTS).

UMTS: Abkürzung für „Universal Mobile Telecommunications Systems" – Mobilfunktechnik der 3. Generation („3G"). Im stationären Betrieb 200 Mal schneller als GSM – 2Mbit/s. Bei Fahrzeugen mit 500 km/h Geschwindigkeit noch 144 Kbit/s, bei 120 km/h 384 Kbit/s.

Portal: Webseite, die die Funktion eines „Eingangstores" zu weiteren Webseiten bestimmter Branchengruppen (z. B. Einzelhandel, Versicherungen, Versteigerungen) bieten. Portale haben eine erhebliche Bedeutung im Handel zwischen Unternehmen (business-to-business).

SMS: Abkürzung für „Short Message System", Kurze Textmitteilungen (i.d.R. unter 80 Zeichen) auf mobilen Kommunikationsgeräten (Handy, PDA-Personal Digital Assistant).

TCP-IP: Abkürzung für „Telecommunication Protocol – Internet Protocol". Kommunikationsstandard im Internet.

Email: Digitale Korrespondenz ohne oder mit Anhang (attachment) an individuelle Adresse.

Wirtschaftspolitische Gestaltung zwischen Liberalisierung und Regulierung
Über Jahrhunderte hinweg und bis vor wenigen Jahrzehnten wurden in Europa zunächst das Postwesen, seit dem 19. Jahrhundert die Telekommunikation und seit dem 20. Jahrhundert die Massenkommunikation (Hörfunk und Fernsehen) als öffentliche Angelegenheit, d.h. in der Regel als Monopol der Staaten bzw. einzelner Untereinheiten (Bundesländer, Provinzen u. ä.), betrachtet. Technische Innovationen der Telekommunikation, ihre Lösung von Festnetzen hin zu mobilen Formen sowie die sich einer regionalisierten Kontrolle entziehenden Übertragungstechniken von Satelliten haben wachsenden wirtschaftspolitischen Druck auf die Zulassung eines unternehmerischen Wettbewerbs im Dienstleistungssektor „Kommunikation" ausgeübt (*Dowling/Lehmair* 1998, S. 240). Dies hat in Europa – deutlich später als in den USA – zu einer schrittweisen Marktliberalisierung seit Ende der 1980er Jahre geführt, zu einer Dualität von öffentlich-rechtlichen Unternehmen (meist die ehemaligen Monopolunternehmen in neuem rechtlichen Gewand) und privaten Unternehmen. Im Rahmen dieser Entwicklungen hat auch die EU für ihre Mitgliedstaaten mit unterschiedlichen Übergangsfristen eine Marktliberalisierung verabschiedet (vgl. u. a. *Hudson* 1997, S. 153f., sowie *Wilson/Corey* 2000, S. 221f.)
Der liberalisierte Kommunikationsmarkt schuf auch eine Sequenzierung der Angebotsseite. Neben den „Generalisten", die Netzbetreiber, Dienstanbieter und Mehrwertdienste-Innovatoren sind, haben sich Spezialisten etabliert, die teilweise nur Dienste vermarkten, ohne selbst Netzbetreiber zu sein. Ebenso gliedert sich die Marktreichweite der Anbieter von global bis lokal (City-Carrier) (vgl. *Rauh* 2001, S. 54f.). Insgesamt ist es aber – in globaler Betrachtung – bislang nur in Teilstücken gelungen, über einheitliche Standards tatsächlich einen globalen Kommunikationsraum in Sinne ubiquitärer Erreichbarkeit zu schaffen.
In Deutschland wurde ab den 1990er Jahren eine schrittweise Marktliberalisierung erreicht. Es wurde als unumgänglich erachtet, von den öffentlichen Netzanbietern unabhängige Kontrollorgane einzurichten. Die „Regulierungsbehörde Telekommunikation und Post (RegTP)", heute Bundesnetzagentur, erfüllt in Deutschland diese Funktion. Ihre Hauptaufgaben sind Lizensierungsverfahren, Kontrolle von Netzzugängen und Tarifüberprüfungen.

Global Player – Wettbewerb der Anbieter
Die „Goldgräberstimmung" neuer Märkte mit ihren teilweise (unerwartet) überschäumenden ersten und zweiten Diffusionsphasen, z. B. bei der Einführung der Mobilkommunikation auf GSM-Basis, hat zahlreiche Anbieter auf den Markt gelockt. Auch wenn sie vor ihrer Marktzulassung in Deutschland die Qualifizierungshürden der Regulierungsbehörden haben passieren müssen, hat dies ihren ökonomischen Erfolg nicht garantieren können. Fallende Preise der Geräte, harter Tarifwettbewerb und das Eindringen aus-

ländischer Mitbewerber haben zu rigiden Konsolidierungsprozessen geführt, die durch zahlreiche Fusionen und Übernahmen ab Ende der Neunzigerjahre gekennzeichnet waren und noch sind.

Re-Monopolisierung ist ein Trend, der vor allem durch das Kosten-Ertragspaar zwischen Netzausbau bzw. Lizenzgebühren einerseits und schwindenden Erträgen im harten Tarifwettbewerb andererseits gekennzeichnet ist. Die aktuellen Finanzierungsengpässe um den Netzaufbau eines UMTS-Systems sind ein anschauliches Beispiel hierzu. „Global Leadership" hat allerdings in stärkerem Maße zu Konsortien, d. h. doch zu kartellähnlichen Gruppierungen, mit wachsender Marktbeherrschung geführt. Diese Konsortien haben aber längst ihre kontinentbezogenen Schwerpunkte in der Triade (USA, Europa, Japan) verlassen und versuchen, globale Strategien durchzusetzen, die jener der strategischen Allianzen im Luftverkehr ähnlich sind. Diese Bemühungen werden durch ein „Upgraden" vorhandener Netzinfrastrukturen unterstützt: z. B. der Ersatz transatlantischer bzw. weltweiter submariner Kupferkoaxialkabel durch wesentlich leistungsfähigere Glasfasernetze, zusätzlich zum Ausbau globaler Übertragungskapazitäten bei Satelliten.

Die Markteinführung technischer Innovationen verfolgt zwei Ziele: Die Zulassung einer Erfindung als Betriebsstandard (Frequenzen, technische Protokolle, Browser) gekoppelt an den Durchsetzungsversuch als transnationaler Standard mit dem eigentlichen Ziel, einen globalen Standard zu etablieren. Dieses Ziel wurde bislang nur in der Festnetztelefonie, im Telexsystem und im TCP-IP-Protokoll des Internets erreicht. Die Multimediafähigkeit der Mobilkommunikation wird mit höheren Übertragungsraten/sec gesteigert, die schrittweise von ersten Versuchen mit WAP, über GPRS, HSCSD, EDGE hin zu UMTS sich entwickelt. Daran arbeiten weltweit zahlreiche Netzanbieter, Diensteprovider und Gerätehersteller. In diesem Wettbewerb hat sich als „Quereinsteiger" das japanische Unternehmen DoKoMo mit einem eigenen Standard „i-mode" etabliert. Nach erfolgreicher Markteinführung in Japan diffundieren die Anwendungen nach Europa (e-plus), lange bevor UMTS wirklich marktreif angeboten werden konnte. Daraus erhöht sich der Druck der Kooperation auf künftige UMTS-Netzanbieter weiter.

2.2.2.3 Nutzung, Raum und Standortcluster

Lokal und regional versus global – induzierte Nutzungscluster
Diskussionen um raumbezogene Folgen der IuK-Technologien waren in den Achtzigerjahren des 20. Jahrhunderts ganz geprägt von der Einschätzung der IuK-Technologien als regionalplanerisches Instrument zur Steuerung von Prozessen der Zentralisierung/Dezentralisierung bzw. Konzentration/Dekonzentration (vgl. *Langhagen-Rohrbach* 2001, S. 405 f.). Zahlreiche Wirkungen, die man sich in positiver Hinsicht in ländlichen Räumen erhoffte, scheiterten an zögerlicher Akzeptanz und fehlender Kompetenz, nicht am Ausbau der Netzinfrastrukturen. Die heute zu beobachtende regionale Clusterbildung der privaten wie unternehmensbezogenen Nutzer hat insgesamt zur Stärkung einiger Verdichtungsräume beigetragen. Verdichtungsräume allein als Bevölkerungsagglomeration sind allerdings kein hinreichender Faktor, um aus IuK-Innovationen Nutzen ziehen zu können.

Die Vorstellung, der „digital divide" habe ausschließlich den entwickelten Industrieländern komparative Standort- und Entwicklungsvorteile gebracht, ist in dieser Verkürzung nicht haltbar. Der erklärte politische Wille, auch in Entwicklungsländern massiv „Globale Technologien" zu nutzen, hat zu Insellösungen geführt, deren bekannteste und in der Literatur mehrfach analysierte Beispiele u. a. in Indien (Bangalore) (u. a. *Fromhold-Eisebith* 1999, S. 96f.) oder Malaysia (Putrajaya) zu finden sind (u. a. *Pretzell* 2000, S. 56f.). Diese Entwicklungen wurden von lokalen oder regionalen, personenbezogenen Netzwerken realisiert, für die eine telekommunikative physikalische Vernetzung nur Mittel zum Zweck als Tor zur Welt war und ist und die auf einem innovativen, lokal begrenzten Milieu aufbauen.

Globalisierung von Netzwerken ist ein beflügelndes, grundlegendes Element einer künftigen wirtschaftspolitischen Orientierung, dessen ungehinderte Nutzung durch kompatible technische Standards ähnliche Wirkungen hat wie visafreies Reisen, zollfreier Warenverkehr oder Vereinheitlichung von Währungen. Der etwas modische Charakter dieses Themas verstellt den Blick für die Tatsache, dass immer nur ein Teil der

Bevölkerung bzw. der Unternehmen unmittelbar einem globalen Wettbewerb ausgesetzt ist. Indirekt sind global vernetzte Systeme weitaus einflussreicher als vielen Bürgern bewusst ist; beispielsweise zu belegen mit den technischen Rahmenbedingungen einer weltweiten Übertragung einer Fußball-Weltmeisterschaft aus Japan und Korea.

Global vernetzt: Die Praxis multinationaler Unternehmen
Physikalische Netzwerke und vernetztes Handeln induzieren gegenseitig Synergieeffekte. Multinationale Industrieunternehmen, deren Fertigungsorganisation global modularisiert wurde, sind ohne zuverlässig arbeitende Netzwerke nicht denkbar (*Gräf* 2002, S. 5f.). Diese Zuverlässigkeit hat zwei Ausprägungen: Einerseits werden „Organisatoren" globaler Kommunikation gesucht, die das Know-how besitzen, ohne dass der industrielle Kunde mit den jeweiligen nationalen Telekomanbietern Verträge schließen muss. Andererseits besteht häufig bei multinationalen Industrie- und Dienstleistungsunternehmen das organisatorische Ziel, selbst ein „Corporate Network" zu schaffen. Abb. 2.2.2./2 zeigt das Beispiel des „Corporate Network" von Siemens. Damit lässt sich eine klare Trennung von unternehmensintern und -extern (z. B. auch bei Vertraulichkeit von Informationen) erzielen, unabhängig vom physischen Standort eines Zweigwerkes oder einer Verwaltungsabteilung. Im Fahrzeugbau, im Maschinenbau oder in der chemischen Industrie sind solche Netzwerke seit Jahren Standard. *Marquardt/Horvath* (2001, S. 198 f.) betonen die wachsende Bedeutung von „Global Teams" an Stelle von regionalisierten Strukturen (z. B. bei Procter & Gamble und Philips), deren Handlungsfähigkeit letztlich an Corporate Networks gebunden ist.
Globale Kommunikation in Netzwerken, auch unter zeitkritischen Aspekten, hat bei Dienstleistern vor allem die Organisation von Finanzdienstleistungen (Börsen, Investmentbanking) und die Logistik im Verkehrswesen (Flugverkehr, Hafenlogistik) revolutioniert. Logistische Steuerungen und Call Center-Dienste erfolgen weitab von der tatsächlichen (standortbezogenen) Nachfrage der Leistung. Beispielsweise erfolgen Call Center-Dienste der Lufthansa AG für Deutschland in den Nachtstunden von Los Angeles aus, Hotline-Dienste von Softwareunternehmen für Europa werden von Dublin aus getätigt, und der telekommunikative Kundensupport von DaimlerChrysler für Europa ist in Maastricht (NL) angesiedelt. Der Kunde kennt jeweils weder den Standort des Beraters, noch hat er finanzielle Konsequenzen der Entfernung zu tragen, wenn aus einer beliebigen globalen Position heraus seine Betreuung erfolgt.
Trotz der bereits erwähnten Konsolidierung im Markt der Netzwerkanbieter gab es bislang keine nennenswerten Brüche in der Verfügbarkeit globaler Netzwerkkapazitäten (vgl. Abb. 2.2.2/3). Eine Regulierung des Netzwerkzugangs für Anbieter (z. B. in Deutschland durch die Bundesnetzagentur) bedeutet erhebliche Steuerungsmöglichkeiten einer Beschränkung des Marktzutritts.

Dienste auf dem Netz
Call Center: Call Center bieten Kundenservice per Telefon oder Internet (Hotline-Dienste). Sie entwickeln sich zur zentralen Kundenschnittstelle von Unternehmen („Customer Interaction Center" oder „Customer Care Center").

Chat: Gedanken- und Informationsaustausch von Internetnutzern, die zeitgleich online im Netz sind und sich in „Chatrooms" elektronisch treffen oder bilateral korrespondieren (Vgl. Hotline).

CRM: Abkürzung für „Customer Relationship Management", umfassende Kundenpflege in elektronischen Systemen (vgl. Call Center).

Hotline: Beratung zu meist technischen Aspekten von Geräten und Software am Telefon oder per e-mail bzw. „Chat" im Internet.

Kundensupport: Unterstützung ratsuchender Kunden, vorzugsweise auf telekommunikativen Wegen durch den Produzenten oder Händler.

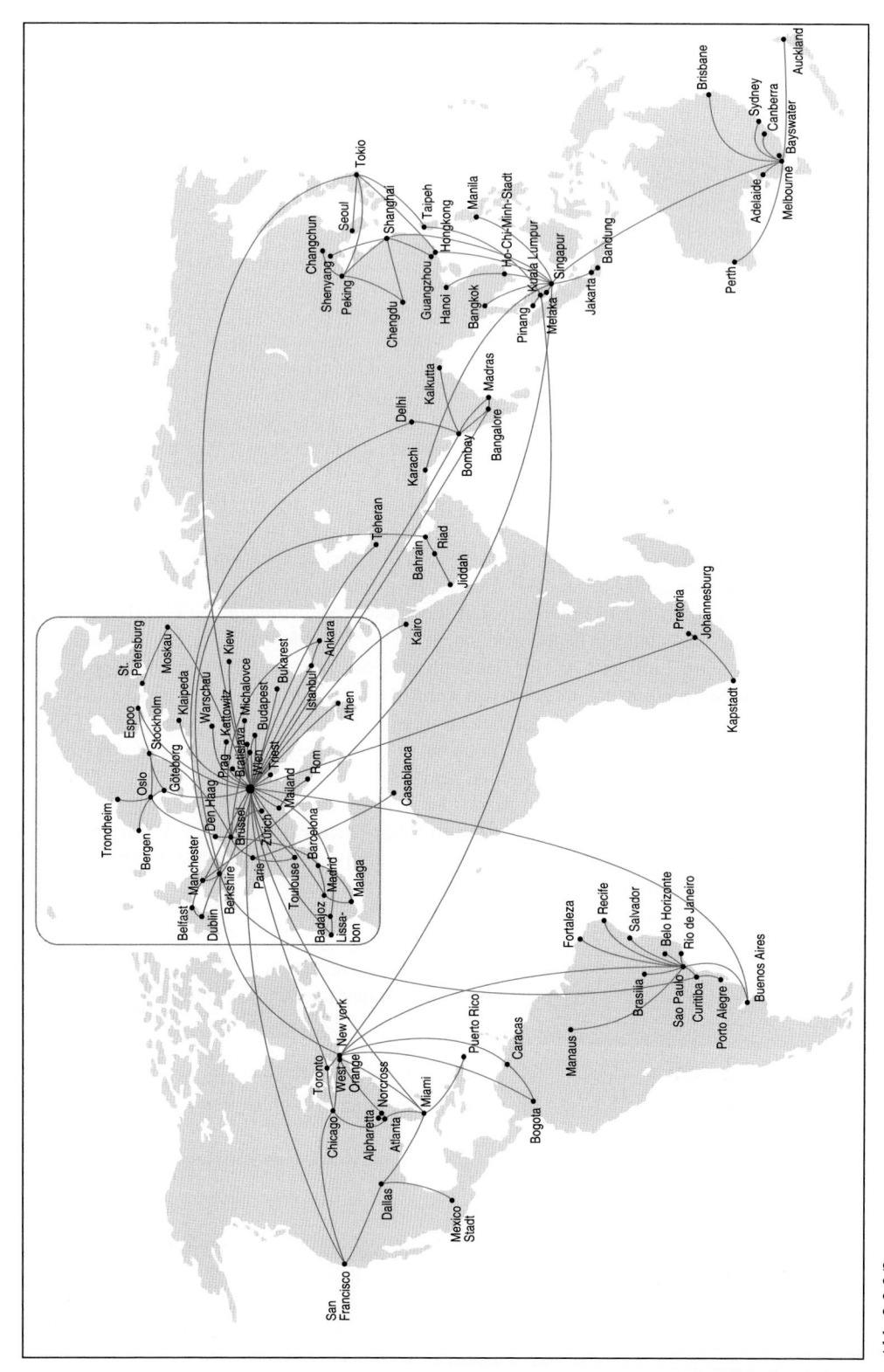

Abb. 2.2.2/2:
Siemens Corporate Network „CIP"
Quelle: Siemens AG 2001

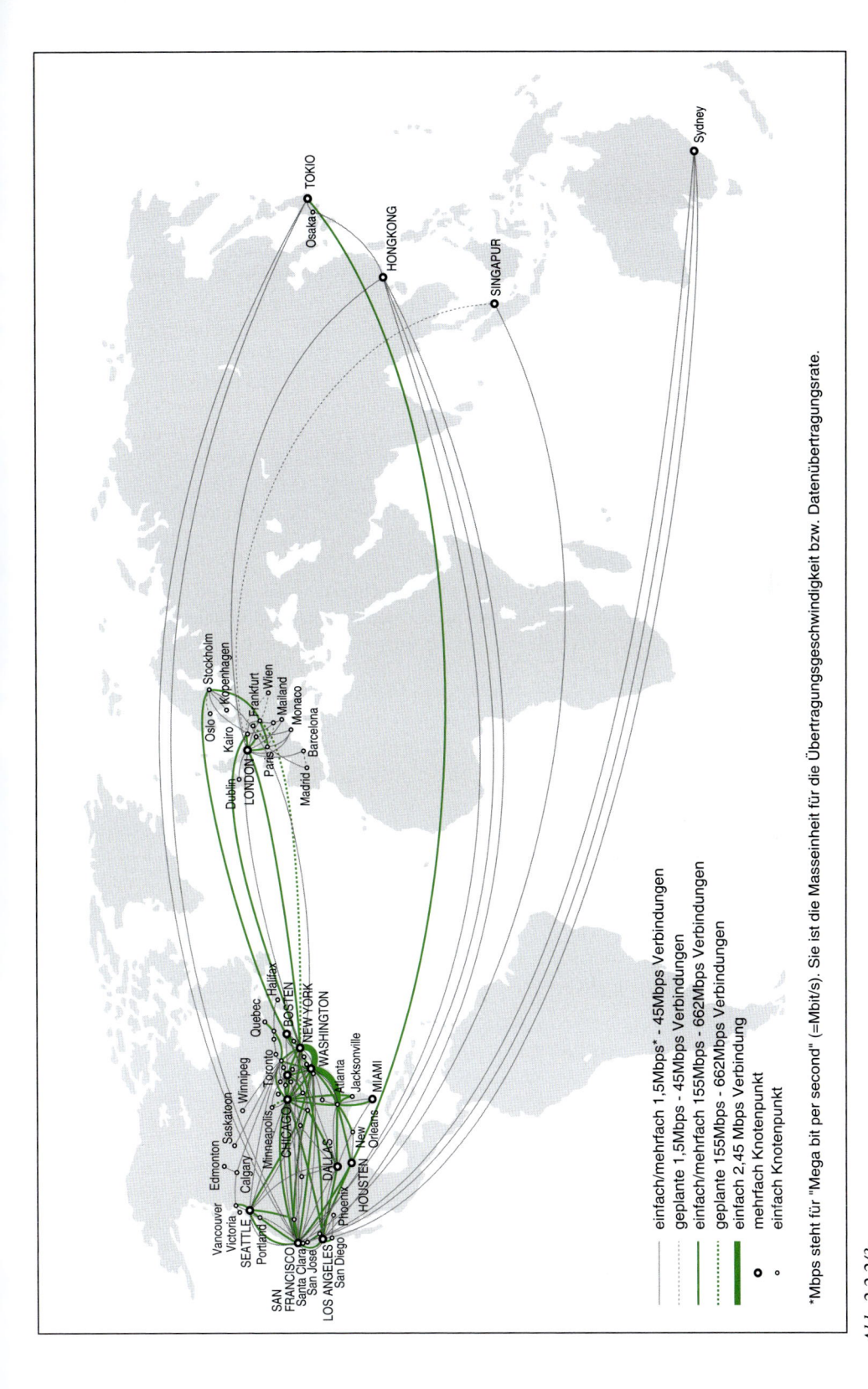

Abb. 2.2.2/3:
WorldCom Netzwerk
Quelle: WorldCom 2001

69

Location Based Services: In Entwicklung befindliche Dienstleistungen im Umfeld des momentanen Standorts eines Teilnehmers der Mobilkommunikation (z. B.: Werbung, Informationen zu Einrichtungen im Umfeld des Standorts). Voraussetzung ist die Ortung des Teilnehmers innerhalb von Funkzellen (geplantes Feature bei UMTS).

„Glokal" aktiv: Die Praxis der kleinen und mittleren Unternehmen (KMU)
Analysen zur strukturellen Umschichtung von Unternehmen durch IT-Technologie einschließlich ihres vernetzten Handelns wurden in zahlreichen Fallstudien anhand von Großunternehmen vorgenommen. Der relativen Bedeutung einzelner „Global Player" mag das gerecht werden, der Masse der Unternehmen nicht. Im Mengengerüst ist also auch den kleinen und mittelständischen Unternehmen (KMU) mehr Beachtung zu schenken. Theoretisch stehen den KMU globale Netzwerke ebenso offen, in IT-technischer Hinsicht sogar auf sehr einfachem Wege. In der mentalen Akzeptanz und in der Kompetenz zur Nutzung von Netzwerken ist die Situation wesentlich komplexer, weil die Möglichkeiten sehr unterschiedlich ausgeschöpft werden. Auf einen vereinfachten Nenner gebracht fehlt es an Erfahrung, an Risikobereitschaft, an innovativem Denken und an best-practice-Beispielen. Die Erfahrungslücke blockiert den Mut zu einer unvoreingenommenen Prüfung, welche Chancen globale Netzwerke auch KMU bieten können (vgl. *Schamp* 2000, S. 67f.). Daraus entsteht möglicherweise der fatale Trugschluss, wer als Unternehmen regional orientiert sei, hänge kaum von globalen Entwicklungen ab. Die Beschaffungsportale der Automobilindustrie belegen deutlich andere Zusammenhänge, von denen regionale Zulieferbetriebe im Einzugsbereich von Produktionsstandorten stark tangiert werden.
Bei KMU ist (auf der technischen Seite) die Abhängigkeit von hochleistungsfähigen globalen (physischen) Netzwerken in eigenen Unternehmen deutlich geringer als bei multinationalen Großunternehmen. Das Eingebettetsein („embeddedness") in regionale Bezüge hat zukunftsorientiert jedoch nur Chancen, wenn vernetztes Handeln einer Branche, einer Innung, einer Industrie-, Handels- oder Handwerkskammer Grundlage der Pflege und Akquisition von Geschäftsbeziehungen ist (*Sternberg* 1998, S. 288f.). Hierzu sind u. a. Kommunikationsnetze, allem voran das Internet, eine Grundlage. Die regionale Verankerung ist aber als zellulares Systemelement zu sehen, dessen Gesamtsystem (Materialien, Löhne, Know-how, Innovationskraft) eben doch ein globales System ist, so dass sich hier auch der physikalische Kreis der Netzwerkhierarchien schließt.
Digitale Brüche sind nicht nur zwischen unterschiedlich entwickelten Volkswirtschaften zu verzeichnen. Sie bestehen auch innerhalb eines Landes, nämlich in der Scherenbewegung der Innovation neuer Netze und der zeitlichen Differenz ihrer Erst- und Nachahmungsanwendung, beispielsweise bei Scannerkassen und Bestelllogistik, bei der Nutzung digitaler Signaturen und elektronisierter öffentlicher Verwaltung sowie bei der Mobilisierung von Datendiensten (also nicht das „Telefon"-Handy) sowie der Einführung von Location Based Services mit dem Aufbau von UMTS-Netzen. Die sich verkürzenden Innovationszyklen der Netzwerktechnologien haben möglicherweise mehr raumdifferenzierende Kräfte als der viel zitierte Globalisierungsprozess.

2.2.2.4 Netze und neue Standorttypen

Neue Standorte und Räumlichkeiten
Netzwerke sind hierarchisch gestaltet, auch wenn der Verbindungsaufbau einer Kommunikation zwischen A und B durchaus auslastungsabhängig, zufällig und im Verlauf eines Datenaustausches wechselnd sein kann. Die „Cyber Geography" hat mit graphischen Methoden versucht, im übertragenen Sinne „zentrale Orte" in Netzwerken zu lokalisieren (*Dodge/Kitchin* 2001, S. 107f.). Sie sind nicht einfach Knoten in Netzwerken, sondern eine Kombination aus qualitativer Ebene und quantitativem Volumen. Es ist unverkennbar, dass die Lokalisierung solcher Zentralitätsmuster auch wirtschaftspolitischen Strategien, sicherheitspolitischem Denken und globalen Machtinteressen entspricht. Letztlich ist das Entstehen des Internets und

seiner Kontrollmöglichkeiten solchen Ansätzen entsprungen. Die fortbestehende Existenz zweier globaler GPS-Systeme (im konventionellen Sinne ein „östliches" und ein „westliches") sowie der geplante Aufbau eines europäischen sind machtstrategisch so zu werten.

Die vermeintliche Abhängigkeit ganzer Länder vom Funktionieren der dargestellten Netzwerke ist eigentlich nur eine Metapher für den Lebensnerv einzelner (Produktions-) Standorte. Auf höchster Hierarchiestufe im Dienstleistungsbereich sind dies die „Global Cities". Netzwerke haben die Hindernisse von Raum und Zeit beispielsweise im Börsenhandel eliminiert und potenziell Börsen zu einer „Global Stock Exchange" mit 24 Stunden Öffnungszeit transformiert. Die Schaffung von ‚Distanzlosigkeit' und die Überlistung der globalen Zeitverschiebung auf diese Weise (wenngleich ohne Einführung einer verbindlichen Weltzeit) schien lange nicht überbietbar. Tatsächlich bahnt sich auf den Netzen jedoch der Wettbewerb der Aktionsgeschwindigkeiten an, wo nicht Menschen mit Menschen in ihrem Know-how und ihrem Reaktionsvermögen miteinander konkurrieren, sondern Computer untereinander (die ihrerseits das Know-how ihrer Programmierer spiegeln). Es ist bemerkenswert, dass die Autoren *Gaspar/Glaeser* (1996) aus dem Blickwinkel einer Überformung städtischer Standortmuster (Agglomerationen) durch Telekommunikation das Wort „Vernetzung" zu diesem Zeitpunkt noch nicht anwenden.

Netzwerke werden grundsätzlich als etwas Materielles und mit bestimmten Infrastrukturen Verortbares begriffen. In der Virtualität, sowohl eines Unternehmens wie eines Netzwerkes, kommt nicht nur das Unsichtbare, Nicht-Lokalisierbare zum Ausdruck, sondern die – möglicherweise viele bedeutendere – Eigenschaft der potenziellen Flüchtigkeit. Eine zum Zeitpunkt x für die Periode y zur Nutzung vorgesehen Netzstruktur kann sich binnen Sekunden in „Nichts" auflösen. Die Alltagsanwendungen einer virtuellen Bank oder einer virtuellen Versteigerung sind nur die Spitze einer sehr breiten Anwendungsbasis, die möglicherweise in naher Zukunft Kernbereich netzorientierter Organisationsstrukturen sein wird. Für Wirtschaftsgeographen ist die mangelnde Verortbarkeit vielleicht ein „bodenloser" Gedanke, betriebswirtschaftlich aber außerordentlich interessant.

Perspektiven innovativer Netztechnologien

Zusammenfassend muss betont werden, dass Diskussionen über den funktionalen Gehalt von Netzen stark durch euphorische Markterwartungen emotionalisiert sind. Das trifft auf weltumspannende Glasfasernetze, globale Satellitenkommunikation mit GPS oder Hochleistungsverbindungen für Industrie und Forschung (Internet II) gleichermaßen zu.

Wenn man zehn Jahre unvoreingenommen zurück blickt, waren Irrtümer und Fehlprognosen die Regel. Sind aber Fehlkalkulationen nicht ein unternehmensbezogener Einzelfall, sondern betreffen sie ganze Branchen, Märkte, insbesondere Kapitalmärkte, dann ist staatliches Handeln auch in liberalisierten Märkten fast unvermeidlich. Einbrüche auf „Neuen Märkten" mag man noch einer überzogenen spekulativen Bewertung einzelner Unternehmen zuschreiben, auf deren konjunkturellen Marktschwankungen Börsen sehr sensibel reagieren. Nie in der Geschichte zur Errichtung technischer Kommunikationsnetze hat es jedoch spekulative Verschuldungen allein für Lizenzen ohne Marktsicherheit in einem Kapitalvolumen (Deutschland fast 50 Mrd. €) gegeben wie im Gerangel um UMTS-Lizenzen – falls die jeweiligen Länder sich für ein Versteigerungsverfahren von Lizenzen entschieden hatten. Es zeichnet sich bereits ab, dass der Staat als Begünstigter der Lizenzeinnahmen nunmehr in die Rolle des Sanierers durch indirekte Subventionen zur Rettung der Lizenzinhaber kommt. Ob die EU beim GPS-Satelliten-Programm, die US-amerikanische Regierung bei Internet II oder unter anderen Deutschland bei der Errichtung der UMTS-Netze: Aus dem liberalisierten wird wiederum ein teilregulierter Markt; weniger aus der Perspektive einer Aufsichtsbehörde, sondern aus der eines Kreditgebers. EITO (2002, S. 219f.) bleibt dennoch bis 2006 bei positiven Markteinschätzungen, weil ein neues Netzwerk (UMTS) bislang nicht realisierbare marktfähige Anwendungen ermöglichen wird.

„Globale Netzwerke" haben zusammenfassend also bereits heute erheblichen Einfluss auf Unternehmen in ihrer Kooperation zwischen Hauptverwaltungen, Betriebsstätten und Standorten der Zulieferer bzw. Kunden, auf allen Ebenen zwischen lokal und global. Mit der ersten Entwicklungsstufe solcher Netzwerke sind die Folgen noch keineswegs erschöpft, im Gegenteil, sie stehen erst am Anfang ihrer „Tiefenwirkung". Das „Re-engineering" von Wirtschaft und Gesellschaft über alle digitalen Bruchstufen hinweg steht erst am Beginn eines Jahrzehnte währenden Prozesses der Schaffung neuer Wirtschaft-, Lebens- und Arbeitsformen, die existenziell auf globale Netzwerke nicht verzichten können.

2.2.3   Globale Finanzmärkte (*Eike W. Schamp*)

Die globale Vernetzung ist nirgends so weit fortgeschritten wie im Finanzsektor; für ihn wurden das „Ende der Geographie" (*O'Brien* 1992) und der „Tod der Distanz" (*Cairncross* 2001) ausgerufen. Erst die aktuelle Forschung über Verhaltensweisen von Investoren und Finanzdienstleistern macht deutlich, dass auch die zunehmende finanzwirtschaftliche Durchdringung von Ländern und Branchen die Prinzipien der räumlichen Arbeitsteilung und der Vorteile geographischer Konzentration nicht außer Kraft setzt. Mit der These der ‚globalen Finanzmärkte' gilt es zweierlei zu verstehen: erstens die Art, das Ausmaß und die Treiber von Veränderungen in der Welt des Geldes, der ‚monetären' Wirtschaft, die eine neue Räumlichkeit des Finanzsektors in der Welt bewirken; und zweitens deren Wirkung auf die Welt der Produktion von Waren, der ‚realen' Wirtschaft, und damit auf deren Standorte und Vernetzungen.

2.2.3.1   Globale Finanzsysteme im Wandel

Obwohl seit der Entwicklung eines modernen Weltwirtschaftssystems in der frühen Neuzeit Finanzbeziehungen bestehen, die die ganze Welt umspannen können, spricht man erst seit wenig mehr als einem Jahrzehnt von den ‚globalen' Finanzmärkten. Die Öffnung nationaler Finanzmärkte durch Liberalisierung und Deregulierung, die Beschleunigung von Kapitalbewegungen zwischen entfernten Regionen und die Erfahrung einer nie gekannten ‚Volatilität' der Finanzmärkte zwischen Boom und Krise mindern die klassischen Eingriffmöglichkeiten der Nationalstaaten bzw. deren Zentralbanken, ohne dass andere mächtige Institutionen (etwa die Banken) eine neue Sicherheit für Kapitaltransaktionen gewährleisen könnten. Viele Ökonomen setzen den ‚globalen' Finanzmarkt mit der Integration eines einheitlichen Marktes für Finanzprodukte gleich, der sich durch eine übereinstimmende Preisbildung auszeichnet. Der Preis für Kapital ist der Zins: Daher unterstellt die These der Globalisierung der Finanzmärkte eine Angleichung (Konvergenz) der (realen) Zinsen (z. B. *Held* et al. 1999, S. 189). Dieser ‚Stand' der weltwirtschaftlichen Integration wird jedoch je nach Finanzprodukt und teilhabenden Ländern sehr unterschiedlich erreicht.
Die meisten Wissenschaftler sehen die Globalisierung von Finanzmärkten als das Ergebnis eines langen historischen Prozesses, der sich auf drei Ebenen entfaltete: erstens auf der Ebene der zwischenstaatlichen Regulierung und Deregulierung im internationalen Finanzregime – was vor allem die Wechselkurse betrifft –, zweitens auf der Ebene der Schaffung internationaler (Finanz-)Liquidität an diesem Regime vorbei und drittens auf der Ebene der Nutzung der neu entwickelten Informations- und Kommunikationstechnologien. Da es im Finanzbereich vor allem um Informationen und Risikoerwartungen geht, spielen diese eine besondere Rolle. Das Überleben alter, möglicherweise disfunktional gewordener Institutionen mag gelegentlich den aktuellen Anforderungen der Akteure im ‚globalen' Finanzsystem nicht entsprechen. Insbesondere die aus dem Bretton Woods System stammenden Organisationen des Internationalen Währungsfonds (IMF) und der Weltbank werden in diesem Zusammenhang genannt.
Zur ersten Ebene: Da Kapital in verschiedenen (nationalen) Währungen gebildet wird, beinhaltet der Gedanke an ein globales Finanzsystem zuallererst die Stellung der Währungen zueinander (Wechselkursregime), dann auch die Regulierung der Märkte für bestimmte Finanzprodukte. Im Kern der Begrifflichkeit steht daher die Art der Regulierung von Wechselkursen und (anderen) Märkten der Finanzprodukte durch Staaten – oder genauer, den Abkommen zwischen Regierungen. Wechselkursregime sind also im weitesten Sinn politische (Regulierungs-)Regime. Sie spiegeln die weltpolitische Situation ihrer Epoche wider – oder an-

ders, sie sind deren beinahe wichtigster Ausdruck. Heute wenden viele Ökonomen zuerst den Blick zurück in die Geschichte, um zu verstehen, inwiefern die Gegenwart sich von der Vergangenheit unterscheidet und also neue Erklärungen für globale Verflechtungen der Finanzmärkte benötigt.

Im ausgehenden 19. Jahrhundert herrschte der Goldstandard (1870–1914), ein System fester, am Gold ausgerichteter Wechselkurse, das bereits viele Volkswirtschaften einbezog und zu erheblichen Finanzströmen zwischen den Kontinenten führte. Diese Phase wird daher oft als die ursprüngliche Phase der Globalisierung von Finanzmärkten bezeichnet (im weiteren vgl. *Held* et al. 1999). Dieses System konnte nach dem Ersten Weltkrieg nicht wiederbelebt werden (Autarkie-Phase): Die Weltwirtschaftskrise 1929 setzte schließlich jeder Art von Finanzintegration auf der Welt ein Ende. Nach dem Zweiten Weltkrieg wurde mit dem System von Bretton Woods auf der Basis einer indirekten Goldbindung über den US$ versucht, für den nicht-sozialistischen Teil der Welt ein Wechselkursregime mit festen Wechselkursen wieder einzuführen. Dieses hochgradig institutionalisierte System fußte auf dem Weltwährungsfonds (IMF) und der Weltbank als Organisationen, die – im ersten Fall – kurzfristige und – im zweiten Fall – langfristige Störungen des Systems ausgleichen sollten. Für beide Organisationen waren die nationalen Regierungen die verantwortlichen Partner. Daher blieben die Kapitalmärkte noch weitgehend unter der nationalen Kontrolle von Zentralbanken und Regierungen.

Zur zweiten Ebene: Bereits in den 1960er Jahren entwickelte sich mit den „Euro-Währungen" ein Finanzmarkt in London, der nicht mehr einer nationalen Kontrolle unterlag. Im Allgemeinen wird die Entstehung dieses Marktes mit einer Konsequenz des Kalten Krieges begründet: Die Sowjetregierung mochte ihre aus internationalen Transfers erhaltenen US$ nicht bei amerikanischen Banken halten – aus Furcht vor Enteignung –, sondern deponierte sie bei britischen Banken. Die Bank of England verzichtete auf eine Überführung in Pfund – und damit auf die Kontrolle dieser Gelder. Euro-Dollar (weil in Europa, genauer London gehandelt), später auch Euro-Yen, Euro-Pfund und Euro-Mark, entwickelten sich zu einem extrem preiswerten Finanzierungsinstrument für – auch amerikanische – Multinationale Unternehmen und viele Entwicklungsländer. Es entstand ein Anleihe-Markt der sog. Eurobonds, die ebenfalls in London gehandelt wurden. Amerikanische Banken errichteten daher in London Auslandsbanken, um an diesem ‚Markt' teilzunehmen. Der Ölpreisschock von 1973, der den Öl-exportierenden Ländern große Summen bescherte, die auf internationalen Märkten angelegt wurden, und viele Entwicklungsländer zur Nachfrage nach umfangreichen Krediten für Ölimporte zwang, trieb die Euromärkte zu weiterer Blüte (vgl. *Held* et al. 1999). Das Bretton Woods-System fester Wechselkurse (zum US$) brach schließlich zusammen: aufgrund dieser Bildung von internationalem Finanzkapital, das sich der Kontrolle der nationalen Zentralbanken entzog, sowie aufgrund seiner Unfähigkeit, realwirtschaftliche Ungleichgewichte im Außenhandel zwischen Staaten zu beseitigen und schockartigen realwirtschaftlichen Ungleichgewichten wie der Ölpreis-Krise zu begegnen. Nun folgte die im Grunde heute noch herrschende Phase von ‚freien, flexiblen' Wechselkursen der wichtigsten Währungen. Nicht mehr Regierungen bzw. deren Zentralbanken bestimmen den Wechselkurs direkt, sondern der ‚Markt' von Währungen. Dieser Übergang wird als Deregulierung bezeichnet. Ausgehend von Entscheidungen der US-Regierungen, viele Tätigkeitsfelder im Finanzbereich von staatlicher Kontrolle zu befreien und damit alten und neuen ‚Akteuren' kreative Möglichkeiten der Geschäftsentfaltung zu ermöglichen, entstand seit den 1980er Jahren eine Deregulierungs- und Liberalisierungsbewegung auf nationalen Finanzmärkten. Diese mündete in die Schaffung und weltweite Ausbreitung neuer Finanzprodukte (besonders der Derivative) und neuer Märkte, einen erheblichen Strukturwandel des Finanzsektors und schließlich in Tendenzen der Angleichung national bestimmter Finanzsysteme an das anglo-amerikanische Finanzsystem.

Doch gerade diese Angleichungstendenzen sind in der aktuellen Forschung sehr umstritten. Im allgemeinen werden das Markt- und daher Börsen-getriebene Finanzsystem des angloamerikanischen Raumes dem Banken-orientierten Finanzsystem Kontinentaleuropas (und Japans) gegenüber gestellt. Durch die aktuelle Hegemonie des US-amerikanischen Modells vermuten manche Wissenschaftler die zunehmende Homogenisierung weltweiter Finanzsysteme nach amerikanischem Vorbild (z. B. *Zeller* 2003, auf Arbeiten von *Chesnais* fußend, skeptisch *Boyer* 2000). Sie sehen ein Zeitalter der ‚Finanzialisierung' (financialisation) aufziehen, in dem eine immer weiter beschleunigte Finanzspekulation erheblich negative Auswirkungen auf die überkommenen Formen der Produktion (und der Rolle der Arbeit darin) haben wird. Aber andere Wissenschaftler wie z. B. *Krahnen/Schmidt* (2004) erkennen starke Beharrungstendenzen in kontinental-europäischen Finanzsystemen, trotz aller gegenwärtigen Veränderungen. Für Deutschland können sie bei einem sehr umfassenden Verständnis des nationalen Finanzsystems, das die Interaktion von Angebot und Nachfrage nach Kapital umfasst, mehr Bestand als Änderung nachweisen. Das aus einem anderen Zusammenhang rührende Konzept der ‚Hybridisierung', d.h. der Anpassung weltweiter Modelle an die Gegebenheiten spezifischer Gesellschaften, lässt sich auch für diese Frage anwenden (*Boyer/Freyssenet* 2003). Gerade unter Bezug auf Finanzsysteme diskutiert daher auch eine ganze Schule von Sozialwissenschaftlern die These einer sich zwar in den Einzelheiten ändernden, in der Gesamtheit aber weiter bestehenden Vielfalt national bestimmter gesellschaftlicher Strukturen unter dem Stichwort der ‚diversity of capitalism' (z. B. *Vitols* 2003, *Amable* 2005).

Zur dritten Ebene: Solange die globalen Informations- und Kommunikationstechnologien noch begrenzt waren, blieb es bei einem geringen internationalen Austausch von Kapitalströmen zwischen privaten Banken: zu teuer, zu langsam (gegenüber wechselnden Informationen), zu risikoreich. Zwar wurden relativ früh internationale Protokolle zum Kapitaltransfer geschaffen, z. B. mit ‚Swift' 1977, aber sie waren für schnelles Handeln auf Finanzmärkten wenig leistungsfähig. Die Digitalisierung änderte alles: Mit dem Computer wurde es möglich, neue mathematische Methoden der Risikoanalyse einzusetzen und neue Finanzprodukte zu entwickeln, insbesondere die sogenannten Derivate. Die globale informationstechnologische Vernetzung sorgte dafür, dass mehr Daten sehr viel schneller als jemals zuvor um die Welt geschickt werden konnten; d. h. die Information vervielfachten sich. Die wirkliche technologische Revolution fand in den 1990er Jahren statt. Gesteigerte Rechner- und Telekommunikations-Kapazitäten verbanden sich in ihrer Wirkung mit dem (kommerzialisierten) Internet (vgl. Kap. 2.2.2, Kap. 4.2). Kabel- und Satelliten-Verbindungen steigerten ihre Leistungsfähigkeit extrem. Die Folgen sind gravierend: Weltweite Finanztransaktionen sind in Echtzeit möglich – was zwar neue Arbitrage möglich macht, aber deren Gewinne senkt; die Transaktionskosten sind niedrig; ein 24-Stunden-rund-um-die Welt-Handel ist möglich, wird aber nicht wirklich ausgeführt (vgl. *Clark/Thrift* 2003); und vieles andere mehr. Die Internet-Revolution hat daher auch Konsequenzen für die Struktur des Bankenwesens, der Finanzintermediäre (wie u. a. Versicherungen, Pensionsfonds etc.) und der Börsen. Daraus folgt insgesamt ein extremes Wachstum von ‚globalen' Finanzströmen. *Langdale* (2000) allerdings sieht weniger die Technologie und mehr die Strategien weniger großer Marktteilnehmer und die national-staatlichen (De-)Regulierungen als treibende Kräfte im weltweiten Handel von Währungen und Securities. Diese Beurteilung trifft sich mit der anderer Beobachter, die den groß gewordenen Kapitalsammelstellen wie insbesondere den Pensionsfonds erhebliche Bedeutung zumessen. *Clark* (2000) spricht daher auch vom „pension fund capitalism".

Jedenfalls zeichnen sich in den 1990er Jahren als Ergebnis eines historischen Prozesses in der Folge des Zusammenbruchs des Bretton Woods-Systems eine extreme Ausweitung von ‚globalen' Finanzströmen und eine extreme Beschleunigung von Finanztransaktionen in einer solchen Weise ab, dass ein unmittelbarer Bezug zur realen Güterwelt (der Investitionen und des Warenaustauschs) zumeist nicht mehr besteht (vgl. Abb. 2.2.3/1).

Diese Entkoppelung ist jedoch nur einseitig: Turbulenzen in der Welt der (globalen) Finanzen haben zugleich erhebliche Auswirkungen auf die Welt der Produktion, wie die verschiedenen Verschuldungs- und Währungskrisen der vergangenen zwei Jahrzehnte zeigen (Mexiko 1994, Asien 1997, Russland 1998, Argentinien 2001, vgl. *Palma* in *Chang* 2003). Regierungen verfolgen daher verschiedene Strategien der Re-Regulierung von Finanzmärkten: Man schließt sich zu einer Währungsunion zusammen (Euro) oder bindet die eigene Währung an eine starke fremde Währung (Euro-Zonen auf dem Balkan und in Afrika, Dollarzone in Lateinamerika und Ostasien). Zugleich werden einerseits von Regierungen Anstrengungen unternommen, durch internationale Organisationen wie die (Basler) Bank für Internationalen Zahlungsausgleich (BIZ) ‚globale' Regeln für das Handeln der Banken zu setzen (‚Basel Accord', ‚Basel II') oder die Agenden überkommener Organisationen wie des IMF und der Weltbank zu ändern. Andererseits entwickelt sich

Abb. 2.2.3/1:
Der jährliche Handel mit Währungen im Vergleich zum Gesamtwert von Warenhandel und Direktinvestitionen 1983–2001, in Mrd. US$
Quelle: Financial Times 20 March 2002, S. 29

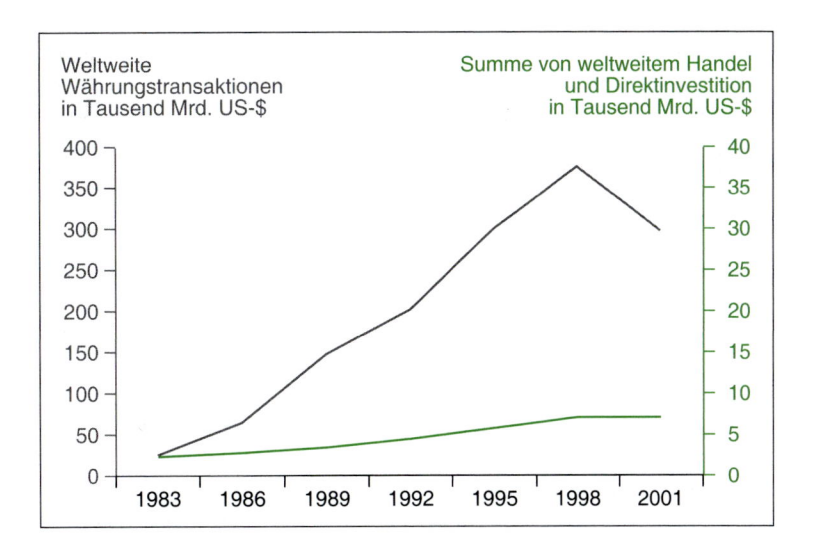

Weltweite Währungstransaktionen in Tausend Mrd. US-$

Summe von weltweitem Handel und Direktinvestition in Tausend Mrd. US-$

mit der Stärkung der Rolle von Rating-Agenturen und branchen-spezifischen Regelsetzungen ein Feld ‚privater' Regulierung globaler Finanzmärkte (*Tickell* 2000, S. 95).

2.2.3.2 Globale Finanzströme

Globale Finanztransaktionen lassen sich nach ihren Eigenschaften sehr unterschiedlich beschreiben: z. B. nach der Art, nach der Fristigkeit und nach den Transaktionspartnern. Lehrbücher unterscheiden Finanzmärkte grundsätzlich in die Teilgebiete Geld und Währung, Kredit und (eigentliches) Kapital. Während es bei ‚Geld und Währung' vor allem um sehr kurzfristige, also Tages-Geschäfte geht, betreffen ‚Kredit' und ‚Kapital' mittel- bis langfristige Zeiträume. *Held* et al. (1999, S. 191) ‚übersetzen' diese Lehrbucheinteilung in die folgenden Typen globaler Finanz-Transaktionen:

- Direktinvestition: langfristige Auslandsinvestitionen von Unternehmen, die dadurch einen Einfluss auf das Management der ausländischen Betriebsstätte nehmen wollen (FDI, foreign direct investment). FDI können zur Neuanlage von Betriebsstätten führen (greenfield investment) oder zur Übernahme bestehender Betriebsstätten (brownfield); die 1990er Jahre sind vor allem durch brownfield investments durch Merger & Acquisitions (M&A) gekennzeichnet (vgl. *Dicken* 2003).
- Portfolio-Investition: kurz- und mittelfristige Finanzanlage in Aktien und Anleihen, zum Zweck der Finanzrendite und Spekulation.
- ‚Forex' (Währungsgeschäfte): Kauf und Verkauf von Währungen, sehr kurzfristig, zumeist zwischen Banken, Finanzintermediären und Multinationalen Unternehmen.
- internationale Kredite: an ausländische private und öffentliche Schuldner in eigener oder fremder Währung, die direkt zwischen den Partnern verhandelt, also nicht an Börsen gehandelt werden (OTC: over the counter).
- internationale Anleihen (bonds): Wertpapiere mit fester oder variabler Laufzeit und einem Zinsversprechen, die (an Börsen) marktfähig sind.
- internationale Aktien (equities): an Ausländer verkaufte Aktien, zumeist an Börsen marktfähig.
- ‚neue' Finanzprodukte: Zu diesen gehören vor allem Derivative, kurz- bis langfristige Wertpapiere, die als zukünftige Rendite- oder Wert-Erwartungen von Aktien, Anleihen, Währungen und deren Indizes abgeleitet sind (daher ‚derivativ': futures, options, swaps etc.). Derivative können sowohl standardisiert sein und werden dann an Börsen gehandelt, aber auch nicht-standardisiert (‚tailored' nach Kundenwunsch) als OTC-Geschäft stattfinden. Da bei Derivativen nicht die ursprünglichen Wertpapiere, son-

dern nur die Erwartungen zu diesen gehandelt werden, können Derivative ungeheure (positive und negative) Hebelwirkungen entfalten.
– internationale Regierungs-Transfers: zwischen Regierungen gegebene langfristige Entwicklungshilfen, kurzfristige Kapitalbilanz-Hilfen, zweckgebundene Hilfen (Militärausgaben, bei Katastrophen) und Sozialtransfers.

Idealtypisch kann man Finanztransaktionen zwischen verschiedenen Akteurskonstellationen unterscheiden: zwischen den (privaten) Banken und Finanzintermediären im weiteren Sinne und ihren (privaten und öffentlichen) Kunden; zwischen den Banken und Finanzintermediären untereinander ('Interbanken-Geschäft'); und zwischen öffentlichen Trägern – in diesem Fall zwischen Regierungen, die sich ihr 'eigenes' Finanzsystem (IMF, Weltbank etc.) und private Banken zunutze machen. Während viele Sozialwissenschaftler und unter ihnen auch Geographen vor allem die letzteren teils sehr kritisch unter dem Blickwinkel von Entwicklung und Entwicklungspolitik (vgl. *Stiglitz* 2002) analysieren, bleibt festzuhalten, dass die Transaktionen zwischen den beiden ersten Gruppen heute weitgehend die Weltwirtschaft nach Art, Umfang und Wirkung bestimmen.

Mit *Laulajainen* (2003, S. 90) unterscheidet man zudem zwischen den Finanzprodukten der Banken (Interbanken-Geschäft, Over-the-counter-Geschäfte) und den 'Securities', die auf Märkten und Marktplätzen (Börse) gehandelt werden. Abb. 2.2.3/2 zeigt die 'Explosion' von globalen Finanztransaktionen um die Jahrtausendwende. Darin sind die Transaktionen zwischen Regierungen und globalen Institutionen (IMF, Weltbank) nicht enthalten.

Für den Finanzaustausch zwischen Volkswirtschaften kann man die Art der Finanzströme zum einen nach der Art der Geber und Nehmer unterscheiden, nämlich private und öffentliche, und zum anderen nach der Art des Finanzproduktes (Direktinvestitionen, Kredite, Portfolio-Investitionen). Die 'globalen Finanzmärkte' zeichnen sich durch eine radikale Verschiebung in beiden Bereichen aus, die mit einer Veränderung der 'Geographie' der Finanzströme verbunden ist.

Der Handel von Währungen kennzeichnet die Spitze des globalisierten Finanzsystems. Sein Umfang ist „astronomisch" auf insgesamt ca. 470 Billionen US$ im Jahr 2004 gewachsen (Abb. 2.2.3/3). Der Umsatz je Handelstag machte schon 1998 mehr als 1,7 Billionen US$ aus und stieg im Jahr 2004 auf 2 Bill. US$. Die Warenexporte konnten da nicht mithalten: Zwischen 1973 und 1995 veränderte sich das Verhältnis des

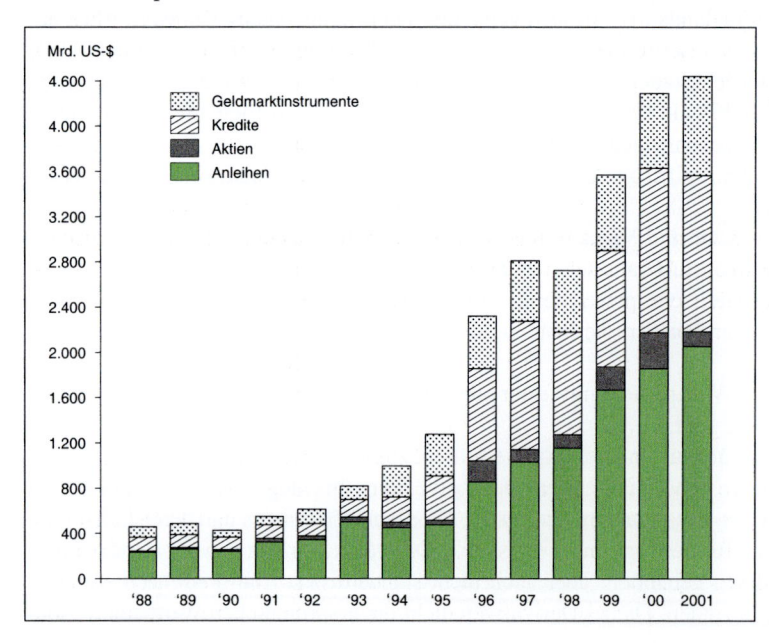

Abb. 2.2.3/2:
Grenzüberschreitende Finanzströme von Krediten und Anteilsscheinen 1988–2001
Quelle: *Laulajainen* 2003, S. 90

Abb. 2.2.3/3:
Das Wachstum der Devisenmärkte zwischen 1995 und 2004
Quelle: BIZ nach Institut der deutschen Wirtschaft (2005, no. 45)

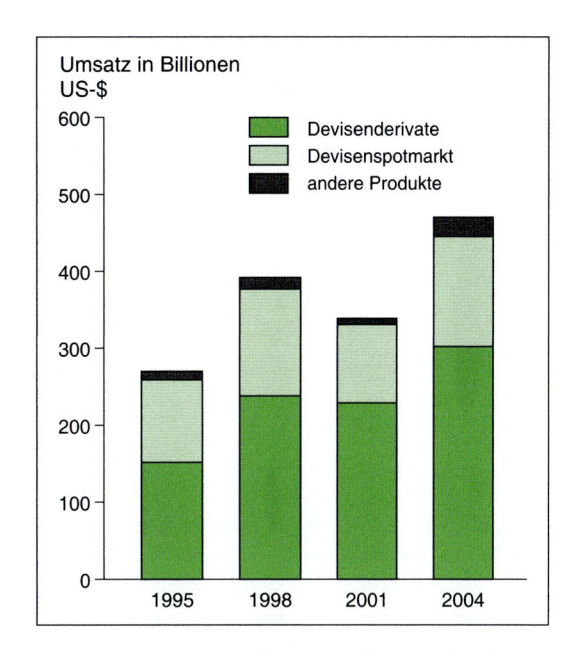

Werts der Weltexporte zum Wert des Währungsumsatzes von 1:2 zu 1:70 (*Dicken* 2003, S. 438). Der Währungshandel findet vor allem zwischen den Großregionen der Triade statt, d.h. zwischen Nordamerika, Europa und Ostasien (Japan und China). Beim Währungshandel geht es um kleinste Arbitragegewinne, deshalb sind Geschwindigkeit und 24-Stunden-Anwesenheit von größter Bedeutung. Andererseits ist das gehandelte ‚Produkt' (US$, € oder Yen) sehr transparent; erhebliche Transaktionskostenersparnisse können also durch Größeneffekte eines Markt-(Börsen-)platzes erzielt werden. Der Handel ist daher auf jeweils ein Zentrum je Zeitzone konzentriert: London, Tokio, New York.

Selbst Regierungen, die ihre Währungen noch nicht dem ‚freien' Spiel der Devisenmärkte überlassen – und das ist die Mehrheit aller Länder – und oft einen prohibitiv hohen Wechselkurs vorschreiben, stehen unter dem Druck der Devisenmärkte. Große Kapitaleigner können mit einer Spekulation auf Abwertung einer ‚gebundenen' Währungen Wechselkurskrisen auslösen, wie im Falle Mexikos 1994, der Ostasien-Krise 1997 oder der Rubel-Krise 1998. Sie haben jeweils das gesamte globale Finanzsystem bedroht (vgl. *Laulajainen* 2003, *Held* et al. 1999).

In ähnlicher Weise ‚explodiert' ist der Weltmarkt für Derivate, die überwiegend auf Zins- oder Wechselkurs-Erwartungen beruhen. Ihr ursprüngliches Ziel, nämlich einen Schutz vor zukünftigen Preisänderungen zu bieten und damit ein Instrument der Risikovorsorge zu sein, hat sich schon längst in das Gegenteil verkehrt: Derivate sind ein Instrument der Spekulation geworden und haben dadurch vielfach Risiken erhöht (*Tickell* 2000). Dabei übertrifft das OTC-Geschäft bei weitem den Handel an Börsen (*Held* et al. 1999, S. 208), d. h. die Transaktionen finden zwischen einer begrenzten Zahl von Banken, großen Finanzintermediären und Multinationalen Unternehmen statt.

Die Vergabe internationaler Kredite durch Banken spiegelt weitgehend die Regionalisierung der Weltwirtschaft wider, die auch im Waren-Handel erreicht wird. Exportstarke Industrieländer wie Deutschland und Japan sind die führenden Kreditgebenden Länder (beide zusammen 30 % der globalen Kreditvergabe im Jahr 2000, vgl. *Laulajainen* 2003, S. 284f.); neuerdings auch China. In der relativen Bedeutung für die Kreditnehmenden Länder zeichnet sich das Vorherrschen amerikanischer Bankkredite in Mittel- und Südamerika, Saudi-Arabien, Südafrika und Indien ab, während deutsche Kredite vor allem in Osteuropa, Russland und der Türkei, japanische Kredite vor allem in den USA, Südostasien und teilweise China überwiegen (*Laulajainen* 2003, S. 285). Folglich sind bei nationalen Krisen jeweils sehr unterschiedliche Finanzinstitutionen betroffen. Das macht Abstimmungen über die Lösung von Schuldenkrisen zwischen den

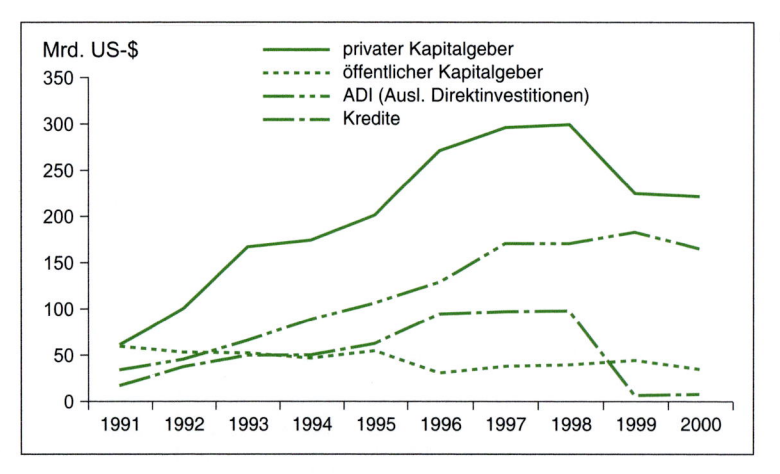

Abb. 2.2.3/4:
Die Struktur von Finanzströmen in Entwicklungsländer in den 1990er Jahren
Quelle: *Camara/Salama* in *Chesnais* 2004, S. 202

Banken (Club of London) und den Regierungen (Club of Paris) so schwierig.
Der Zufluss von Finanzströmen in der Welt ist jedoch äußerst ungleichmäßig. Mit Abstand der größte Teil fließt – in gewisser Weise stetig – zwischen den Ländern der Triade. Finanzströme in den Rest der Welt haben sich in den beiden Jahrzehnten zwischen 1980 und 2000 sehr unterschiedlich nach Art und Richtung entwickelt. In den 1990er Jahren sind die öffentlichen Mittel, die in Entwicklungsländer flossen, stetig gesunken, die privaten Mittel stark gestiegen (Abb. 2.2.3/4). Die privaten Mittel gingen zudem der Art nach höchst ungleichmäßig an Entwicklungsländer: Während vor allem asiatische Länder vom Wachstum der Direktinvestitionen profitierten, flossen nach Lateinamerika vor allem auch Portfolioinvestitionen und nach Afrika Bankkredite (Abb. 2.2.3/5).

Abb. 2.2.3/5:
Der Wandel der Art der Kapitalströme nach Afrika, Asien und Lateinamerika 1980–2000
Quelle: *Camara/Salama* in *Chesnais* 2004, S. 203

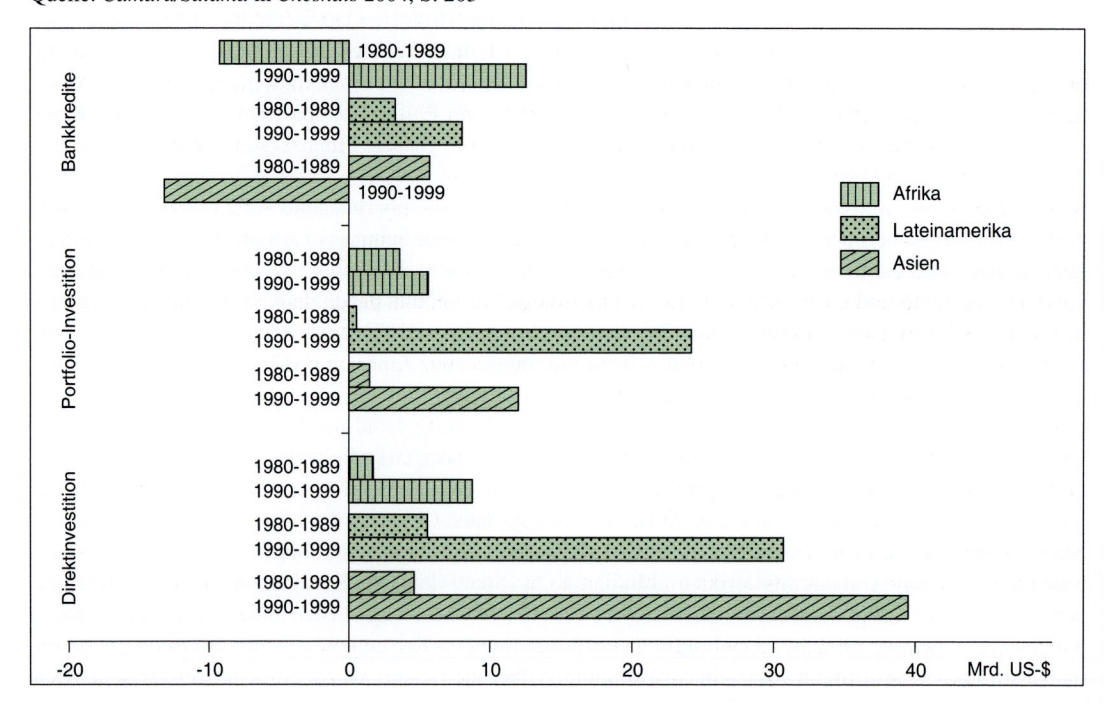

Abb. 2.2.3/6:
Auslandskapital im Verhältnis zum BIP in Ländern unterschiedlichen Einkommens, ein Vergleich von 1913 und 1997
Quelle: *Taylor* 2004, S. 31

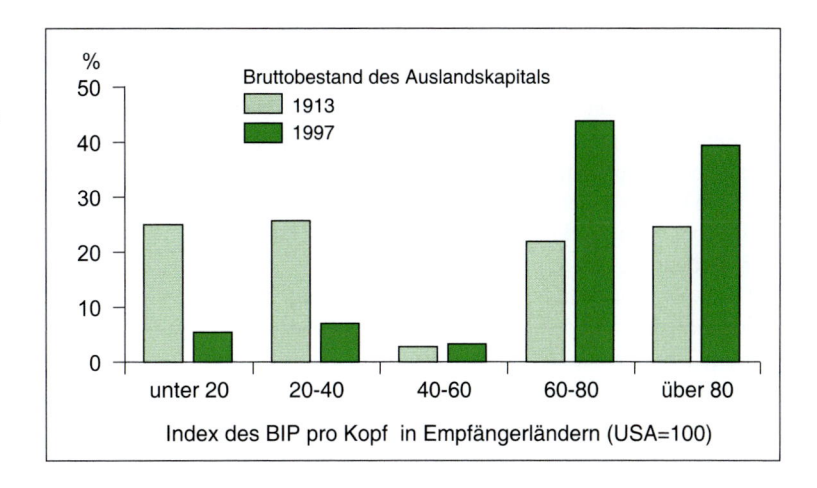

Darüber hinaus gehen Direktinvestitionen und Kredite nahezu ausschließlich in wenige ‚Schwellenländer' in Osteuropa, Lateinamerika oder Asien. Die zunehmende Schere der Kapitalströme zwischen armen und reichen Ländern macht Abb. 2.2.3/6 drastisch deutlich (*Taylor* 2004, S. 31). Die ärmsten Entwicklungsländer, vor allem Afrikas, sind weitgehend von diesen Finanzströmen ausgeschlossen. Die ‚offizielle' Entwicklungshilfe macht bei diesen den größten Teil des Zuflusses an Finanzkapital aus. Der Anteil Afrikas an den gesamten privaten Nettozuflüssen in alle Entwicklungsländer betrug im Jahr 1995 5,6 %, an den Direktinvestitionen jedoch nur 2,5 % (*Held* et al. 1999, S. 212).

2.2.3.3 Globale Finanzplätze und ihre Akteure

Mit der zunehmenden Globalisierung von Finanzmärkten geht eine wachsende Konzentration von Finanzdienstleistungen auf wenige sehr große Finanzplätze einher. Was ein Finanzplatz ist, wird in der Literatur sehr unterschiedlich beschrieben. *Grote* (2004, S. 18) bezieht sich auf eine oft gebräuchliche Definition von *Dufey* und *Giddy* (in Übersetzung): „Ein Finanzzentrum ist eine metropolitane Region mit einer hohen Konzentration von Finanzinstitutionen, in der die Finanztransaktionen eines Landes oder einer Region zentralisiert werden". Die nicht allein auf ein eigenes Hinterland ausgerichtete Funktion vieler (globaler) Finanzzentren – und das Fehlen der urbanen Komponente – treten jedoch in der funktionalen Definition bei *Laulajainen* (2003, S. 332, in Übersetzung) deutlicher hervor: „Die dauerhafteste Eigenschaft eines internationalen Finanzzentrums ist seine Fähigkeit, Informationen zu sammeln, auszutauschen, neu zu bilden und zu interpretieren". Dabei kann man die Rolle eines Finanzplatzes auf zwei untereinander verbundene Tätigkeitsfelder zurückführen: die ‚Konstruktion' von Finanzprodukten durch Banken und andere Finanzinstitutionen und deren Handel auf einem ‚Marktplatz', d. h. der Börse (vgl. für Frankfurt/M. *Lo/Schamp* 2001). Die aktuelle Entwicklung eines hierarchischen Systems von Finanzplätzen, die mehr oder weniger untereinander verbunden sind, lässt sich auf eine informations-ökonomische und agglomerationstheoretische sowie eine politische Weise erklären.

Die informations-ökonomische und agglomerationstheoretische Erklärung (vgl. *Clark/O'Connor* 1997, *Porteous* 1999) erkennt, dass Finanzprodukte für die Marktpartner unterschiedlich transparent sind. Dadurch entsteht ein Problem der asymmetrischen Information, das die Risiken für die Marktpartner erhöht. Man hat erwartet, dass die Umstrukturierung der Finanzmärkte in den vergangenen Jahrzehnten zu einer erheblichen Zunahme von transparenten Finanzprodukten führen würde. Die Sekuritisierung brachte einen Wandel von z. B. großen unteilbaren Krediten an Unternehmen oder Staaten in kleine, an den Börsen handelbare Anteile (z. B. an Rentenfonds). Damit wird das klassische Bankgeschäft umgangen, so dass man auch von einer Disintermediation spricht. Die Privatisierung von Vorsorge-Aufwendungen hat neue, mächtige Nachfrager nach handelbaren Finanzprodukten geschaffen: vor allem Pensionsfonds anglo-amerikanischer Prägung, Lebensversicherungen und Investitionsfonds-Gesellschaften. Diese halten heute mehr als 50 % aller Wertpapiere an den Börsen (*Laulajainen* 2003, S. 86). Die Deregulierung nationalstaatlicher Auflagen macht es diesen Nachfragern heute möglich, ihr Risiko durch Streuung der Anlagen auf verschiedenen nationalen Märkten und damit Tätigkeit auf internationalen Finanzplätzen zu reduzieren. Man könnte daher erwarten, dass die meisten handelbaren Finanzprodukte, bes. Aktien und Anleihen, zu transparenten Produkten würden und deren Handel sich auf einen oder wenige Börsenplätze konzentrieren könnte.

Auf transparenten Märkten werden Größenvorteile in bezug auf Liquidität und daraus folgend geringere Volatilität erzielt. Für jeden Marktpartner ist es daher rational, große Marktplätze aufzusuchen, und das heißt für viele Finanzprodukte, große Börsen den kleinen Börsen vorzuziehen. Ein gutes Beispiel sind so transparente Finanzprodukte wie (konvertible) Währungen und sog. Bund-Futures (ein auf deutsche Bundesanleihen basierendes Derivat). Mit der Einführung elektronischer Börsen, auf denen aus entfernten Standorten gehandelt werden kann (remote access), entwickelte sich eine Konzentration des (Börsen-)Handels auf einen bzw. wenige Börsenplätze: beim Bund-Future auf Frankfurt (früher London), beim Währungsgeschäft (Forex) auf eine Börse je Zeitzone (Tokio, London, New York; vgl. *Laulajainen* 2003, *Grote/Lo/Harrschar-Ehrnborg* 2002).

Nach aktuellen Studien werden die meisten Wertpapiere allerdings noch weitgehend auf (einem oder wenigen) nationalen Börsenplätzen gehandelt (*Grote/Lo/Harrschar-Ehrnborg* 2002, für Deutschland vgl. *Wojik* 2002). Sie sind für lokale Akteure transparenter als für nicht-lokale Akteure, da diese einen Informationsvorsprung besitzen, der sich u. a. auf die Vorteile des informellen Informationsaustauschs (buzz, vgl. *Storper/Venables* 2004) im face-to-face-Gespräch gründet. Finanzplätze bieten daher mit internationalen Börsen nicht allein einen ‚globalen' Marktplatz für Wertpapiere, sondern sind zugleich Orte lokal gebundener Information. ‚Lokale' Informationen sind jedoch vor allem für OTC-Geschäfte wichtig, die in ihrem Umfang das Börsengeschäft bei weitem übertreffen (*Held* et al. 1999, S. 202f.). Die veränderte Rolle der Banken vom Kapitalgeber zum ‚Konstrukteur' von Finanzprodukten, der Zutritt neuer Finanzakteure wie Kapitalanlage-Gesellschaften und die Bildung großer Konsortien zur Verteilung großer Risiken (z. B. bei Milliarden-Krediten) machen eine Fülle weiterer Dienstleister (z. B. Rating-Agenturen, Informationsdienste, Unternehmens- und Steuerberater) und eine spezifische institutionelle Infrastruktur (z. B. Clearing-Stellen) erforderlich, die im urbanen Raum bestehen müssen. Es entstehen lokale Cluster-Vorteile durch reduzierte Transaktionskosten aufgrund des besseren Informationsaustausches zwischen diesen Finanzinstitutionen. Für die Funktionsfähigkeit eines internationalen Finanzzentrums verknüpfen sich derart Agglomerationsvorteile der Lokalisation (u. a. auch ein spezialisierter Pool von Arbeitskräften) und der Urbanisation (u. a. zu verbundenen Unternehmen) (*Porteous* 1999, *Grote* 2003, 2004) miteinander.

Übrigens hat der Strukturwandel der Akteure an einem Finanzplatz auch einen Wandel der innerstädtischen ‚Geographie' des Finanzplatzes, zumeist eine Dezentralisierung aus dem Stadtkern heraus, zur Folge (vgl. das Beispiel Paris bei *Rousset-Deschamps* 2003).

Die politische Erklärung der Existenz von Finanzplätzen bezieht sich immer noch auf die regulative Kraft des Nationalstaates und die gesellschaftlichen Strukturen nationaler Finanzsysteme (vgl. für Deutschland *Krahnen/Schmidt* 2004) sowie auf die Pfadabhängigkeit von lokalen Entwicklungen (Beispiel Frankfurt, vgl. *Grote* 2003, 2004). Aus der Geschichte der Währungsregime herkommend, unterscheidet man im internationalen Finanzsystem zwischen sog. ‚onshore'-, d.h. den durch Nationalstaaten und deren Zentralbanken regulierten Finanzplätzen, und ‚offshore'-Finanzplätzen (vgl. Abb. 2.2.3/7). Offshore-Finanzzentren sind durch geringe Steuerlast, geringe staatliche Regulierung und weitgehendes Bankgeheimnis gekennzeichnet (*Laulajainen* 2003). Die sehr weit gefasste Definition macht damit keinen Unterschied zwischen offshore-Finanzplätzen wie Luxemburg und Zürich (vgl. *Laulajainen* 2003, S. 375 ff.) und solchen wie Cayman Islands, Jersey oder Hongkong.

Viele offshore-Finanzplätze sind mit der Entwicklung der Euro-Märkte zur Zeit der starken nationalstaatlichen Regulierung von Finanzmärkten und des Kalten Krieges entstanden. Manche gelten heute vielfach

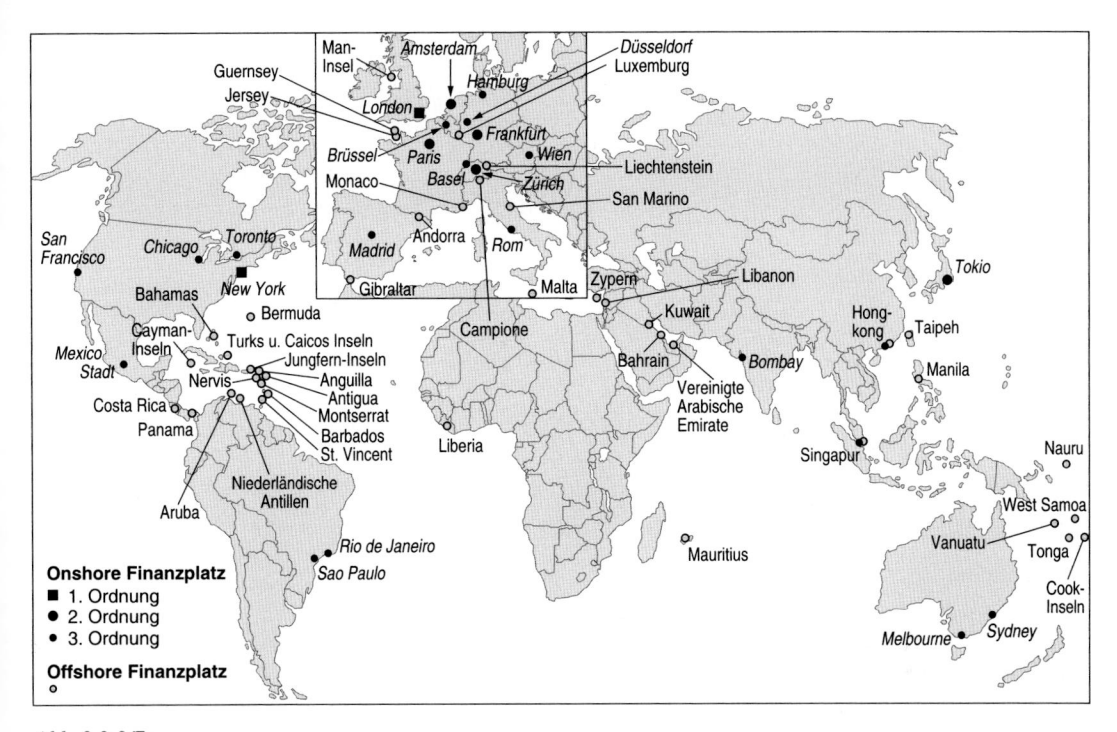

Abb. 2.2.3/7:
Das System der globalen Finanzplätze
Quelle: nach *Dicken* 2003, S. 461, 466

als Risiko-Orte, auf denen unkontrolliert kriminelle Finanztransaktionen durchgeführt werden können (Drogenkartelle, Terrorismus, Finanzbetrügereien). Während einerseits die Regierungen der großen Wirtschaftsnationen dereguliert und damit das ‚Geschäft' der offshore-Zentren eingeengt haben, drängen sie heute auf dem Verhandlungswege auf die Einführung von bestimmten Regulierungen in offshore-Zentren (vgl. *Darbar/Johnston/Zephirin* 2003).

Die informations-ökonomische Begründung für eine Hierarchie von Finanzplätzen lautet, dass Finanzplätze umso ‚lokaler' sein müssen, je intransparenter die an ihnen gehandelten Finanzprodukte sind (*Porteous* 1999). Die politische Begründung zeigt, dass nationale Regierungen daran teilhaben, Intransparenzen zu schaffen. Beides ist ein wichtiger Grund für die Multinationalisierung großer Banken und anderer Finanzinstitutionen, die damit ein eigenes, teilweise weltumspannendes Netzwerk zwischen Finanzplätzen errichtet haben (vgl. *Laulajainen* 2003, S. 274 ff., *Dicken* 2003, S. 449 ff.). Dieses System von Finanzplätzen ist mit wenigen Ausnahmen recht stabil. Finanzmarkt-Akteure versuchen dennoch stetig, die bestehenden Informationsasymmetrien (Intransparenz) zu verändern, und Regierungen versuchen, ‚ihr' Finanzzentrum zu erhalten (vgl. den ‚Wettbewerb' von Frankfurt mit London, *Beaverstock* et al. 2001) oder ein eigenes zu schaffen: so aktuell z. B. Bahrein im arabischen Raum sowie Beijing und Shanghai in China. Schließlich bemühen sie sich zunehmend um neue internationale Regulierungen, die die von allen erkannte gewachsene Krisenanfälligkeit der globalen Finanzmärkte reduzieren sollen. Im globalen Finanzplatz-System entsteht eine zunehmende Differenzierung der Finanzplätze, in der die oberen Rangplätze allerdings relativ stabil sind (Abb. 2.2.3/8).

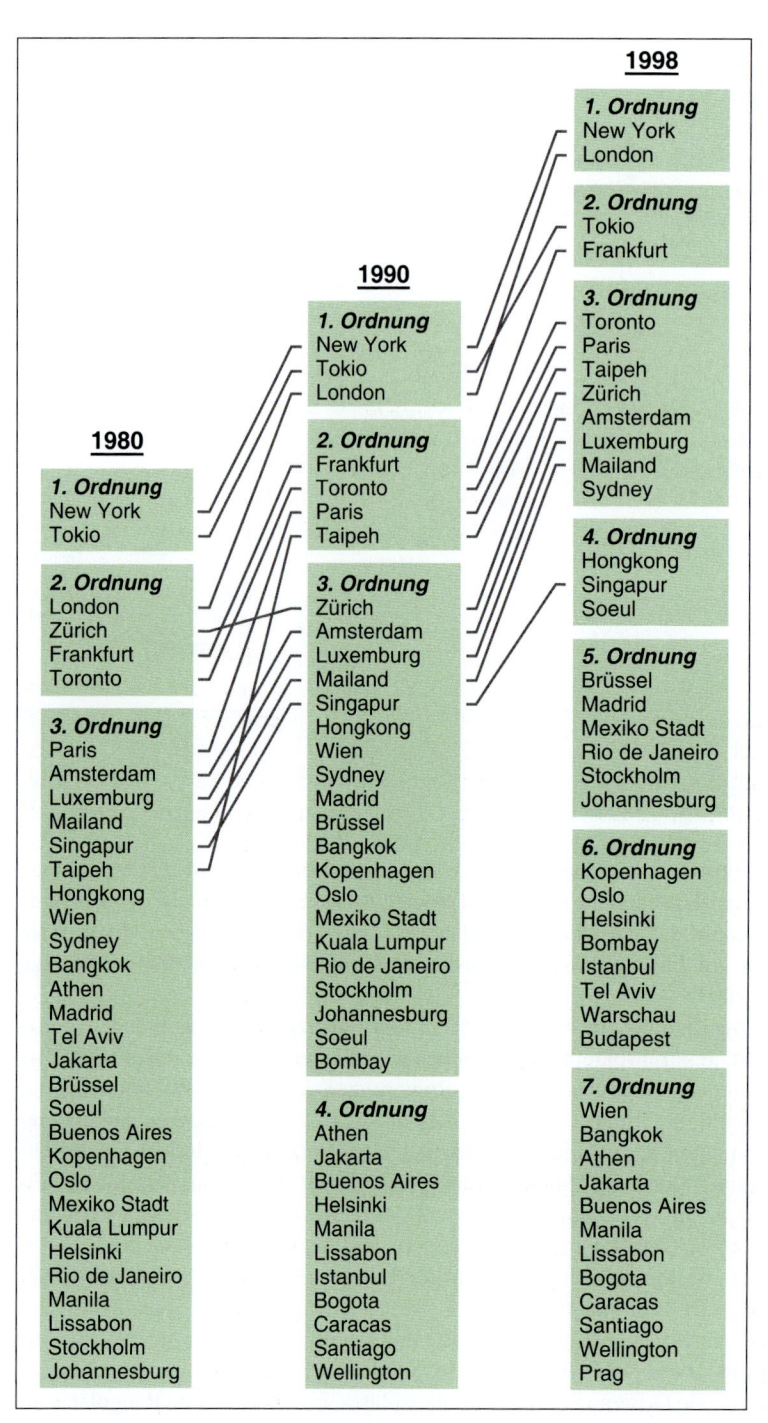

Abb. 2.2.3/8:
Die Veränderung des globalen Finanzplatz-Systems 1980–1998
Quelle: zusammenfassend nach *Poon* 2003

1980

1. Ordnung
New York
Tokio

2. Ordnung
London
Zürich
Frankfurt
Toronto

3. Ordnung
Paris
Amsterdam
Luxemburg
Mailand
Singapur
Taipeh
Hongkong
Wien
Sydney
Bangkok
Athen
Madrid
Tel Aviv
Jakarta
Brüssel
Soeul
Buenos Aires
Kopenhagen
Oslo
Mexiko Stadt
Kuala Lumpur
Helsinki
Rio de Janeiro
Manila
Lissabon
Stockholm
Johannesburg

1990

1. Ordnung
New York
Tokio
London

2. Ordnung
Frankfurt
Toronto
Paris
Taipeh

3. Ordnung
Zürich
Amsterdam
Luxemburg
Mailand
Singapur
Hongkong
Wien
Sydney
Madrid
Brüssel
Bangkok
Kopenhagen
Oslo
Mexiko Stadt
Kuala Lumpur
Rio de Janeiro
Stockholm
Johannesburg
Soeul
Bombay

4. Ordnung
Athen
Jakarta
Buenos Aires
Helsinki
Manila
Lissabon
Istanbul
Bogota
Caracas
Santiago
Wellington

1998

1. Ordnung
New York
London

2. Ordnung
Tokio
Frankfurt

3. Ordnung
Toronto
Paris
Taipeh
Zürich
Amsterdam
Luxemburg
Mailand
Sydney

4. Ordnung
Hongkong
Singapur
Soeul

5. Ordnung
Brüssel
Madrid
Mexiko Stadt
Rio de Janeiro
Stockholm
Johannesburg

6. Ordnung
Kopenhagen
Oslo
Helsinki
Bombay
Istanbul
Tel Aviv
Warschau
Budapest

7. Ordnung
Wien
Bangkok
Athen
Jakarta
Buenos Aires
Manila
Lissabon
Bogota
Caracas
Santiago
Wellington
Prag

2.2.3.4 Finanzströme und Produktionswelten

Es scheint zunächst trivial, einen engen Zusammenhang zwischen der Welt der Produktion und der Welt der Finanzen zu vermuten. Nicht, ob dieser Zusammenhang besteht, ist von Bedeutung, sondern, wie er sich gegenwärtig so verändert, dass der Prozess der Globalisierung genährt wird, und schließlich, welche lokalen und regionalen Wirkungen daraus erwartet werden. Als eine erste Antwort darauf kann man etwas arbiträr makroökonomische Zusammenhänge von mikroökonomischen sowie Entwicklungen, die von der Warenproduktion ausgehen, von solchen, die vom Wandel der Finanzsysteme ausgehen, unterscheiden. In vielen Bereichen zeigen sich strukturelle Ungleichgewichte in der vernetzten Weltwirtschaft, die auf anhaltende oder latente Krisen hinweisen.

– Wechselkurse spiegeln eigentlich den ‚Marktwert' einer Währung wider. Wo die Wirtschaft eines Landes stetig mehr an Waren produziert als konsumiert und das Mehr regelmäßig exportiert, werden (fremde) Währungsbestände angehäuft, die die Tendenz haben, in ihr Ursprungsland zurückzufließen. Früher Japan und Deutschland und heute China sind wegen ihrer Exportüberschüsse zu den größten Gläubigern der Weltwirtschaft herangewachsen und haben – auf der Suche nach risikomindernden Schuldnern – lange Zeit besonders das amerikanische Handelsbilanzdefizit vor allem durch Schuldtitel (s.o.) finanziert. Deutschland hat diese Rolle bereits tendenziell eingebüßt, u. a. wegen der Aufwendungen für Ostdeutschland. Wie lange also bleibt ein solches Verhältnis stabil?

Andererseits treten die in der monetären Außenwirtschaftstheorie (Kap. 2.4.1) beschriebenen Zusammenhänge zwischen Aufwertung bzw. Abwertung einer Währung und der Veränderung von inländischen Produktionsstrukturen nicht immer in der erwarteten Weise ein. Dies war z. B. ein besonderes Problem der Strukturanpassungspolitik des IMF für hoch verschuldete Entwicklungsländer (vgl. *Stiglitz* 2002).

– Direktinvestitionen haben unter den Geographen als langfristige Finanzströme besonderes Interesse gefunden (vgl. *Dicken* 2003, im Einzelnen siehe Kap. 2.4.2). Ihr Ursprung liegt einerseits in der Verfügbarkeit von Kapital in kapitalstarken Ländern, d.h. den Industrieländern, und andererseits in der organisatorischen Entwicklung des (großen) Manager-Unternehmens, das sich internationalisiert (*Chandler* 1977). Ihre Anstoß- (z. B. durch Technologietransfer) und Entzugseffekte (z. B. über interne Transferpreise) sind seit langem ein umstrittenes Thema (*Altenburg* 2001 für die positive Seite). Aus der Diskussion um frühe ‚Weltmarktfabriken' ist z. B. in Taiwan ein ‚kleiner Tiger' geworden, der selbst Multinationale Unternehmen mit ihren Direktinvestitionen hervorbringt. Ausländische Unternehmen ‚machen' und verändern die Standorte ihrer Zweigwerke (vgl. *Dicken* 2000) und schaffen manchmal neue Industrieregionen wie die Maquiladora-Region an der mexikanischen US-Grenze (vgl. *Nuhn* 1994.2, *Berndt* 2004) oder das Perlfluß-Delta (vgl. *Lin* 2001).

Wie Kap. 2.4.2 genauer darlegt, haben sich aber in den vergangenen Jahrzehnten das Ausmaß, die Richtung und das Ziel von Direktinvestitionen erheblich geändert: Direktinvestitionen erfolgen heute auch von Unternehmen aus ‚neu industrialisierten' Ländern (NIC) wie Hongkong, Singapur, Südkorea, Taiwan und China (*Dicken* 2003, S. 58). Sie sind jedoch immer mehr aus industrialisierten Ländern in (andere) indus-trialisierte Länder gerichtet. So entsteht das Bild des Austauschs in der ‚Triade' der Weltwirtschaft (ausführlich *Dicken* 2003). Schließlich werden sie immer weniger für tatsächlich neue Investitionen (‚greenfield') verwendet und viel stärker für den Aufkauf bestehender Anlagen (‚brownfield'). Dabei handelt es sich keineswegs mehr allein um industrielle Produktionsanlagen, sondern zunehmend um Dienstleistungsunternehmen und Immobilien.

– Internationale Übernahmen und Käufe von Unternehmen und deren Teilen (Mergers & Acquisitions) haben seit etwa Mitte der 1990er Jahre bis zur dot.com-Krise im Jahr 2000/1 extrem zugenommen, besonders zwischen Europa und den USA, auch dank der Liberalisierung globaler Finanzmärkte (*Nuhn* 2001, *Chapman* 2003, S. 211f.). Das stärkt einerseits das Geschäft sog. M&A-Boutiquen in den großen Finanzzentren (für Frankfurt/M. vgl. *Lo* 2003, *Rodriguez-Posé/Zademach* 2003). Der Übernahme folgt in der Regel ein Restrukturierungsprozess des Unternehmens, dessen Ergebnis für die regionale Entwicklung ganz unterschiedlich ausfallen kann: von der Schließung oder Verlagerung von Produktion und Dienstleistungen bis zur Stärkung der internationalen Wettbewerbsfähigkeit (*Nuhn* 2001).

Andererseits finden Übernahmen und Käufe auch an der Börse statt. Die zuvor beschriebenen Prozesse der Privatisierung und Deregulierung erlauben es den großen Kapitalsammelstellen, insbesondere den (amerikanischen) Pensionsfonds, den Lebensversicherungen, aber auch den Private Equity Fonds und

Hedge Fonds (die wiederum für die Erstgenannten arbeiten), auf ,funktionierenden' Märkten der Triade Anteile an börsennotierten Unternehmen zu kaufen und zu verkaufen. Ob noch Direktinvestition oder schon Portfolio-Investition, ist oft nicht klar zu unterscheiden. Umstritten ist, ob diese Käufer mehr Einfluss auf die Reorganisation von Unternehmen ausüben wollen als ,nur' dessen Rentabilität zu steigern (,shareholder value'). Die aktuelle Debatte um die ,globale' Ausbreitung eines anglo-amerikanischen Modells des shareholder value (tatsächlich wohl eher die Ausbreitung auf den europäischen Kontinent) und der daraus folgenden ,Finanzialisierung' der nationalen Wirtschaften ist, wie zuvor angesprochen, noch widersprüchlich.
- Ein großer Teil stetig fließender ,grenzüberschreitender Bargeldtransaktionen' beruht auf Formen der weltweiten Arbeits-Migration. Während die Migranten (vgl. Kap. 2.1) durch ihre Arbeit unmittelbar die Produktion des Ziellandes steigern, fließen erhebliche Geldmittel als ,remittances' an ihre Familien im Herkunftsland zurück. Ihre produktive und konsumtive Verwertung im Zielland kann große Auswirkungen auf die regionale Produktivität und regionale Preise (z. B. von Wohnraum) haben. Hiervon sind vor allem Entwicklungsländer betroffen, die keine eigene starke Wirtschaft haben. In diesem schon klassischen System findet ein gegenläufiger Prozess von Arbeitswanderung und ,globalen' Finanzströmen statt.

Diese Geldströme haben Banken aus den Herkunftsländern in diejenigen Städte der Zielländer gelockt, die Schwerpunkte der Zuwanderung sind. Daraus können ethnische Netzwerke des Kapitaltransfers entstehen, die zunehmend auch von Kapitalbesitzern des Herkunftslandes auf der Suche nach risikoarmen Anlageregionen genutzt werden. *Dymski/Li* (2004) schildern diesen Zusammenhang am Beispiel der chinesischen Zuwanderung nach Los Angeles und der dortigen Entwicklung taiwanesischer Auslandsbanken, die zunehmend nicht mehr allein Transferstellen für Remittances aus den USA nach Taiwan, sondern auch Anlagebanken für hereinkommendes ,ethnisches' Kapital aus Taiwan geworden sind. Damit entsteht, anders als im traditionellen Fall, ein ,crossborder co-movement' von Kapital und Arbeit, d. h. ein gleichgerichteter Strom beider ,Produktionsfaktoren' vom Herkunftsland in das Zielland.

Wahrscheinlich finden sich weitere Beispiele an anderen Zuwanderungsorten, etwa türkischer Banken in Deutschland. Zwischen der Entwicklung von Finanzwelten und denjenigen der Produktionswelten besteht jedenfalls ein enger, wenn auch oft in seinen Einzelheiten noch nicht genau untersuchter Zusammenhang. In einer Welt, in der die Mobilität von Kapital leichter erscheint als jemals zuvor, die Mobilität von Menschen aber eingeschränkt wird und die von ,Wissen' – vor allem in seiner nicht kodifizierten Form – als begrenzt verstanden wird, ist es naheliegend, erhebliche Einflüsse von Finanzströmen auf lokale Entwicklung zu vermuten. Jeder dieser Finanzströme ist abhängig vom herrschenden Wechselkursregime. Viele Autoren stimmen darin überein, dass die Krisenanfälligkeit des gegenwärtigen globalen Wechselkursregimes seit den 1990er Jahren zugenommen hat (*Held* et al. 1999, S. 233) und dass die gegenwärtigen Regulierungs-Bemühungen der G8 oder der Bank für Internationalen Zahlungsverkehr (BIZ) als Vorsorge nicht ausreichen.

2.2.4 Gegenspieler: Transnationale NGOs als glokale Verflechtungsakteure
(*Ralf Bläser* und *Dietrich Soyez*)

2.2.4.1 Einleitung

Seit Anfang der 1990er Jahre werden transnationale Nicht-Regierungsorganisationen (Non-Governmental Organizations oder NGOs) im öffentlichen Diskurs häufig als ,Speerspitze' einer globalen Zivilgesellschaft wahrgenommen. Dabei wird ihr scheinbar stetig wachsender politischer Einfluss auf allen Maßstabsebenen zum Anlass genommen, sie zu den wichtigsten Hoffnungsträgern einer ökologisch verträglicheren und sozial gerechteren Weltordnung zu stilisieren. Dies ist nicht zuletzt den Medien geschuldet, die zum Teil euphorisch über einzelne Erfolge der NGOs berichten und damit zweifellos zu einer Überhöhung dieser Akteure beitragen (*Brunnengräber* 1997).

Das Scheitern der Verhandlungsrunde der Welthandelsorganisation (WTO) in Seattle 1999, das neben internen Konflikten unter den Verhandlungspartnern vor allem auf die massiven Straßenproteste im Umfeld der Tagungsstätte zurückzuführen war, ist nur ein – freilich besonders spektakuläres – Beispiel für den Einfluss zivilgesellschaftlicher Akteure auf die politische Entscheidungsfindung. Weniger von der Weltöffentlichkeit bemerkt, brachten NGOs bereits ein Jahr zuvor das Multilaterale Investitionsabkommen (Multilateral Agreement on Investment, MAI) zum Scheitern, das in Geheimverhandlungen der OECD vorbereitet worden war. NGO-Netzwerken gelang es durch eine koordinierte Informationsverbreitung über das Internet, Transparenz in die Verhandlungen zu bringen und die Zielsetzung des Abkommens – nämlich Unternehmen ohne Rücksicht auf örtliche Gegebenheiten unbeschränkte Investitionsfreiheiten im Ausland zu garantieren – derart zu problematisieren, dass Gegenkräfte in Gewerkschaften und nationalen Parlamenten mobilisiert werden konnten. Dies ließ das Abkommen letztlich scheitern (*Wahl* 2001, S.132). Über diese Einzelerfolge hinaus ist seit einigen Jahren eine generelle Öffnung der internationalen Verhandlungssysteme für NGOs zu beobachten. Mit anderen Worten: NGOs sind mittlerweile in fast allen internationalen Politikbereichen präsent – sei es als Träger öffentlichen Protests, als informelle Gesprächspartner oder sogar als offizielle Delegationsmitglieder. Sie sind damit in vielen Bereichen zu ernst zu nehmenden Gegenspielern traditioneller Machteliten geworden.

Parallel zu dieser offensichtlichen Bedeutungszunahme von NGOs haben sich in den Sozial- und Politikwissenschaften fruchtbare neue Forschungsfelder, zum Teil auch eine „politisch sympathisierende Begleitforschung" (*Greven* 2000, S. 4), entwickelt, deren Erträge heute kaum noch zu überschauen sind (vgl. *Frantz* 2002). In der Geographie sind NGOs trotz ihrer zunehmenden politischen Bedeutung sowie ihrer vielfach raumrelevanten Aktivitäten aber bislang nur vereinzelt thematisiert worden (etwa: *Oßenbrügge/Sandner* 1994, *Soyez* 1997, *Oßenbrügge* 2001, *Flitner/Soyez* 2000, *Reuber* 2002). Dies ist umso erstaunlicher, als in einigen Subdisziplinen des Faches deutliche Anschlussmöglichkeiten für eine systematischere Erforschung dieser Akteure aus spezifisch räumlicher Sicht bestehen – von der geographischen Entwicklungsforschung über die Politische Geographie bis hin zur Wirtschaftsgeographie.

Im speziellen Kontext der geographischen Entwicklungsforschung werden NGOs schon länger als Mittler und Gestalter von Entwicklungspolitik untersucht. Dabei steht neben ihrer Funktion als Implementatoren konkreter Projekte auf der lokalen Ebene meist ihr Verhältnis zum Staat im Mittelpunkt der Analyse (vgl. die Synopse bei *McIlwaine* 1998).

Zur Analyse der transnationalen Verflechtungen von NGOs eignet sich besonders die jüngst auch in Deutschland wieder auflebende Politische Geographie als subdisziplinärer Hintergrund (z. B. *Reuber/Wolkersdorfer* 2001). Hier bietet insbesondere die Rezeption der im angelsächsischen Sprachraum entwickelten so genannten „Critical Geopolitics" mit ihrer expliziten Betonung der Pluralität von Geopolitik vielversprechende Anknüpfungspunkte. *Ó Tuathail/Dalby* (1998, S. 4) argumentieren in dieser Hinsicht für eine Ausweitung der Perspektive auf nichtstaatliche Akteure und Ausdrucksweisen, wobei NGOs am ehesten der von ihnen als „Popular Geopolitics" bezeichneten Sphäre zugeordnet werden können (ebd., S. 5). Die meisten Arbeiten hierzu konzentrieren sich allerdings auf die kulturellen und politischen Kämpfe von sozialen Bewegungen in ihren lokalen „terrains of resistance" (*Routledge* 1993). Dabei wird häufig auf geographische Place-Konzepte rekurriert, um die lokalen Bedingungen und Bedeutungsebenen, d.h. die „geographies of the ‚preconditions' of resistance" auszuloten (*Oslender* 2004, S. 958, vgl. auch *Miller* 2000, *Pile/Keith* 1997). Spezielle Bedingungen und Formen transnational entstandener und transnational organisierter Widerstände sind jedoch erst in jüngster Zeit ins Zentrum der Aufmerksamkeit gerückt („going globile" nach *Routledge* 1998, 2000, transnationale „scapes of resistance" nach *Soyez* 2000, vgl. auch *Flitner/Soyez* 2001).

Denn NGOs verfügen zunehmend – ganz ähnlich wie das in der Wirtschaftsgeographie schon seit einiger Zeit für ökonomische Akteure diskutiert wird (vgl. jüngst die Synopse von *Dicken* 2003) – über die Fähigkeit, grenzüberschreitend zu agieren. So sind transnationale NGOs in der Lage, unterschiedliche Maßstabsebenen miteinander zu verbinden und deren jeweilige Potenziale für die Durchsetzung ihre politischen Ziele zu instrumentalisieren (Politics of Scale, *Swyngedouw* 1997). Viele transnationale NGOs machen sich dabei ihre vielfältigen Kontakte in ihrem lokalen Umfeld zunutze, um auf globaler Ebene wirksam zu werden – wie sie umgekehrt hier gewonnene Erkenntnisse, Beziehungen und Kompetenzen nutzen, um Einfluss auf lokaler Ebene zu nehmen. Dazu sind sie offensichtlich in der Lage, weil es ihnen in den letzten Jahrzehnten gelungen ist, besondere Formen von Wissens-, Deutungs- und Beziehungsmacht zu entwickeln, deren Einfluss grenz- und maßstabsübergreifend geltend gemacht werden kann. Als wichtiger Auslöser hierfür ist einmal die zunehmende Transnationalisierung des Konferenzgeschehens im letzten Drittel des 20. Jahrhunderts zu sehen, hier vor allem im Kontext der Vereinten Nationen. Vielfach waren aber auch innenpolitische Blockaden hinsichtlich wichtiger Problemfelder (etwa in der Umweltpolitik) der Anlass, gezielt nach Verbündeten im Ausland zu suchen und durch diese Druck aus dem Ausland auf Regierungen, Institutionen oder Unternehmen des eigenen Landes zu organisieren. Derartige Prozesse werden im Konzept des sog. Boomerang-Effekts (*Keck/Sikkink* 1998) sehr wirklichkeitsnah abgebildet (Abb. 2.2.4/1; vgl. auch Kap. 3.6). Dieser Zusammenhang von lokaler Einbettung in einem spezifischen Kontext einerseits und globaler Entgrenzung andererseits verdeutlicht beispielhaft das Konzept der ‚Glokalisierung' (z. B. *Swyngedouw* 1997): Transnationale NGOs sind demnach glokale Verflechtungsakteure.

Hier sind bereits deutliche Schnittstellen mit der politikwissenschaftlichen Subdisziplin der Internationalen Beziehungen erkennbar. Dies erlaubt es, einige der dort entwickelten Überlegungen aufzugreifen und für geographische Fragen an den Untersuchungsgegenstand zu nutzen. Ähnlich wie die Politische Geographie haben sich auch die Internationalen Beziehungen bis vor wenigen Jahren fast ausschließlich auf die Aktivitäten nationalstaatlicher Akteure konzentriert. Spätestens seit der Konferenz für Umwelt und Entwicklung (UNCED) 1992 in Rio de Janeiro, „auf der die NGO erstmals auf spektakuläre Weise als internationale Akteure sichtbar wurden" (*Wahl* 2001, S. 121), ist die zunehmende Bedeutung dieser „sovereignty-free actors" (*Rosenau* 1990, S. 36) in der internationalen Politik aber nicht mehr zu übersehen (z. B. *Risse-Kappen* 1995).

Abb. 2.2.4/1:
Transnationalisierung von NGOs durch innenpolitische Blockaden – „Boomerang-Effekt"
Quelle: nach *Keck/Sikkink* 1998 (verändert)

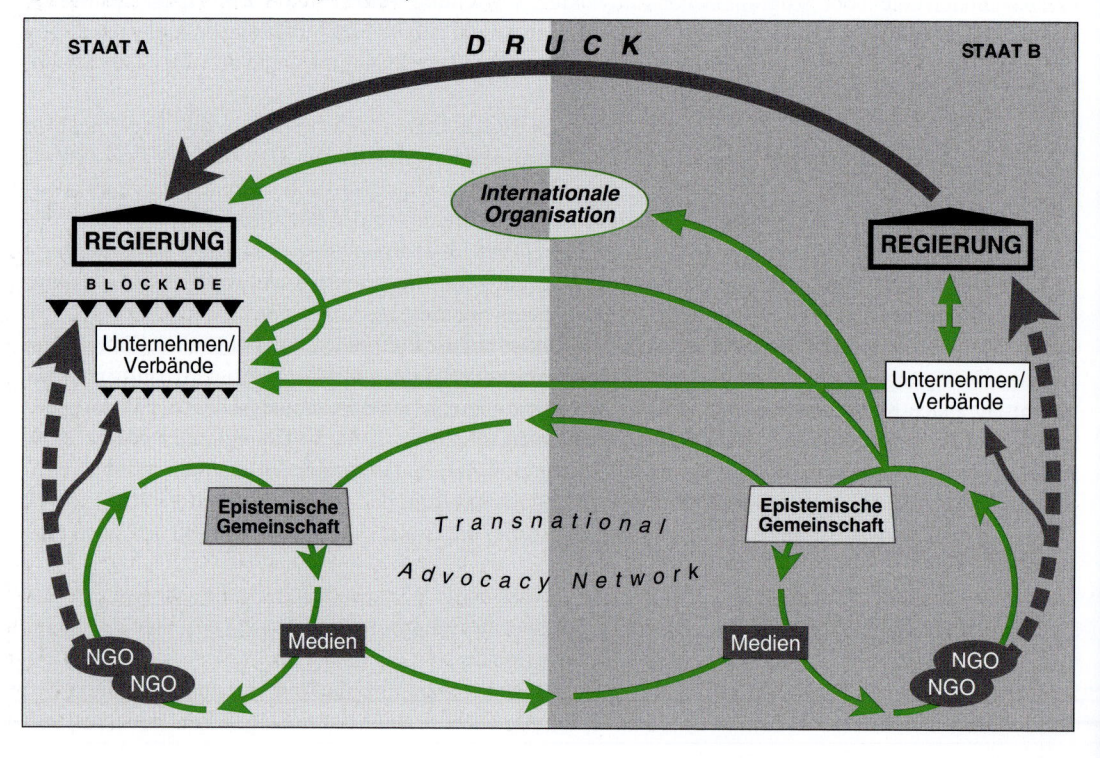

Darüber hinaus ist in den letzten Jahren vielfach belegt, dass transnationale zivilgesellschaftliche Einflussnahme insgesamt, vor allem aber durch NGOs, wirtschaftlichen und industriellen Wandel anzutreiben und zu gestalten vermag, keineswegs ausschließlich durch Pressure Politics oder Politics of Shaming, sondern oft auch in enger Kooperation etwa mit den betroffenen Unternehmen (*Soyez* 1998, *Newell* 2001, jüngst auch *Dicken* 2004, s. auch weiter unten in 2.2.4.2). Entsprechende Problemfelder lassen sich deshalb ohne Schwierigkeiten auch in die verschiedensten wirtschaftsgeographischen Ansätze integrieren, von der Unternehmensgeographie bis hin zur Analyse ganzer Branchen oder weltweiter Netzwerke von transnationalen Unternehmen (Überblick bei *Braun* et al. 2004).

Damit sind die von *Oßenbrügge* in diesem Band dargestellten Übergänge von Be- zur Entgrenzung im politikwissenschaftlichen und geographischen Diskurs der Moderne angesprochen (vgl. Kap. 1.3). Entgrenzung bezieht sich dabei nicht nur auf die empirische und analytische Überwindung etablierter Maßstabsebenen und territorialer Denkmodelle, sondern umfassender auch auf ein Aufbrechen herkömmlicher Akteursgrenzen. Territorialstaatlich definierte Interpretationsmuster internationaler Beziehungen werden tendenziell von Vorstellungen funktional definierter und grenzübergreifender Akteursnetzwerke verdrängt. Das vorliegende Kapitel lässt sich vor diesem Hintergrund – gemäß der von *Reuber* (2002, S. 8) vorgeschlagenen Ausgliederung von Themenfeldern einer zeitgenössischen Politischen Geographie – dem Feld „Globalisierung und neue Internationale Beziehungen" zuordnen. Hauptziel ist es dabei, aufbauend auf allgemeinen in den Sozial- und Politikwissenschaften diskutierten Themen- und Problemfeldern, das geographiespezifische Forschungsinteresse an NGOs deutlicher zu konturieren. Eher traditionellen Fragestellungen – wie etwa nach der konkreten ‚Raumwirksamkeit' einflussreicher Akteure – wird dabei eine ebenso große Bedeutung beigemessen wie solchen der jüngeren geographischen Forschung, etwa im Hinblick auf die ‚soziale Konstruktion von Natur' oder die ‚Regulierungsformen von Mensch-Umwelt-Verhältnissen'. Nicht zuletzt sind die hier insgesamt erzielten Erkenntnisse auch für die Weiterentwicklung geographischer Raumkonzeptionen wichtig. Im Einzelnen wird wie folgt vorgegangen: In einem ersten Schritt wird in zentrale Überlegungen der sozial- und politikwissenschaftlichen NGO-Debatte eingeführt. Daran anknüpfend werden in einem zweiten Schritt anhand der wesentlichen Eigenschaften und Handlungsweisen von transnationalen NGOs solche Problemfelder herausgearbeitet, die aus geographischer Perspektive relevant sind. Ein knapper Ausblick beschließt den Beitrag.

2.2.4.2 *Transnationale NGOs als gesellschaftliche Produktivkräfte*

NGOs – im eigentlichen Sinne des Kürzels – sind als Akteure gar nicht so neu in der internationalen Politik, wie es die erst in den letzten Jahren gestiegene Aufmerksamkeit suggeriert. *Heins* (2002, S. 50) etwa sieht die Ursprünge von transnationalen NGOs schon in den philanthropischen Initiativen des Bürgertums im 19. und frühen 20. Jahrhundert. Die im Jahr 1839 gegründete Anti-Slavery Society, das 1864 gegründete Rote Kreuz sowie die Woman's Christian Temperance Union von 1874 werden häufig als Vorläufer moderner NGOs gesehen.

Ihre zunehmende Bedeutung in der internationalen Politik setzte aber erst mit der schnellen Aufeinanderfolge von UN-Weltkonferenzen seit den 1990er Jahren ein. Während bei der ersten UN-Umweltkonferenz (UNCHE) 1972 in Stockholm nur rund 300 NGOs vertreten waren, verzeichnete die Rio-Konferenz bereits über 1.400 NGO-Akkreditierungen (*Finger* 1994, S. 200). Ein weiterer Indikator für das quantitative Wachstum dieser Akteursgruppe ist die deutlich steigende Zahl von NGOs mit offiziellem Konsultativstatus im Wirtschafts- und Sozialrat (ECOSOC) der Vereinten Nationen seit Ende des Zweiten Weltkrieges. Während 1948 nur 40 Organisationen akkreditiert waren, belief sich die Zahl Ende 2004 bereits auf 2.531 (United Nations 2005). Genaue Angaben über das Wachstum und die Anzahl transnationaler NGOs zu machen, ist aber auf Grund des uneinheitlichen NGO-Begriffs kaum möglich.

Selbst die Vereinten Nationen, die den Begriff „Non-Governmental Organization" ursprünglich geprägt haben, liefern bis heute keine klar definierten Kriterien dessen, was sie genau unter NGOs verstehen (*Mar-*

tens 2002, S. 274). NGO bleibt daher auch im UN-Kontext ein rechtlich unverbindlicher Containerbegriff, der ein breites Spektrum nichtstaatlicher, vorwiegend internationaler Akteure umfasst. Mit Ausnahme von politischen Parteien, privaten Unternehmen und terroristischen Vereinigungen fallen darunter alle denkbaren Gruppen, die sich zu den Zielen der Vereinten Nationen bekennen. Unter der Bezeichnung „Non-Governmental Organization" lassen sich nämlich prinzipiell alle Entitäten subsumieren, die nicht Regierung sind und einen gewissen Organisationsgrad aufweisen. Eine derart umfassende Negativdefinition mag den Konsultationszwecken der Vereinten Nationen genügen, ist aber aus wissenschaftlicher Sicht höchst unbefriedigend. Schließlich ist es wenig sinnvoll, so unterschiedliche Organisationen wie Greenpeace, die Internationale Handelskammer oder die International Confederation of Free Trade Unions unter denselben analytischen Prämissen zu untersuchen.

Auch die NGO-Forschung hat bislang keine einheitliche Definition ihres Untersuchungsgegenstandes hervorgebracht. Mit der Absicht, Ordnung in das terminologische Durcheinander zu bringen, sind in den letzten Jahren zahlreiche Kriterienkataloge zur Abgrenzung von NGOs vorgelegt worden. Weitgehende Einigkeit besteht in der Literatur – zumindest vordergründig – hinsichtlich der folgenden drei Kriterien (z. B. *Gordenker/Weiss* 1996, S. 20, *Hirsch* 2001, S. 16). Demnach sollten NGOs
- von staatlichen Apparaten wie Regierungen, Behörden oder Parteien organisatorisch getrennt und unabhängig sein, sowie
- nicht profitorientiert arbeiten, womit sie von privaten Wirtschaftsunternehmen abgegrenzt werden. Sie sollten außerdem
- eine dauerhafte organisatorische Struktur aufweisen und über eine entsprechende Infrastruktur verfügen.

Unabhängigkeit von staatlichen Apparaten

Dass viele Organisationen, die sich selbst als Nicht-Regierungsorganisation bezeichnen, in einem widersprüchlichen Verhältnis zum Staat stehen, äußert sich in einer Reihe vielfach kurioser Abkürzungen, die nach *Heins* (2002, S. 48f.) „Vorstufen und Mischformen von NGOs" bezeichnen. Als GONGOs (Government-Organized NGOs) werden solche Organisationen bezeichnet, die zwar nicht offizieller Teil staatlicher Apparate sind, aber aus unterschiedlichen Gründen von Staaten gegründet werden und deren Interessen vertreten. So hat beispielsweise die chinesische Regierung im Vorfeld der Weltfrauenkonferenz 1995 in Peking eine Reihe solcher Organisationen gegründet, um ihren Einfluss auch im NGO-Sektor geltend zu machen (*Heins* 2002, S. 48). Im Entwicklungsbereich sind Staaten oftmals auf die Gründung von GONGOs angewiesen, um an internationale Hilfsgelder zu gelangen, da diese häufig nur durch lokale NGOs an die Hilfsbedürftigen weiter gegeben werden können (*Hirsch* 2001, S. 15).

So genannte QUANGOs (Quasi NGOs) finanzieren sich entweder vollständig oder zu einem großen Teil aus öffentlichen Mitteln. Dadurch verlieren sie aber nicht zwingend ihre Handlungsautonomie, solange sie ihre Finanzierungsquellen ausreichend diversifizieren und nicht am Tropf eines einzigen Staates hängen. Auf der Basis der Finanzierungsquelle wird gelegentlich ein weiterer Typus ausgegliedert, die so genannten Donor-Organized NGOs (DONGOs). Damit werden NGOs bezeichnet, die im Auftrag (zwischen)staatlicher Geberorganisationen Entwicklungshilfeprojekte durchführen. Die Weltbank etwa arbeitet bereits seit den 1970er Jahren intensiv mit DONGOs zusammen, die als Dienstleister die von ihr finanzierten Projekte implementieren (*Nelson* 1995). Einige Studien haben belegt, dass viele DONGOs gerade im Entwicklungshilfebereich durch die finanzielle Abhängigkeit von ihren staatlichen und zwischenstaatlichen Geldgebern ihre operative und politische Unabhängigkeit eingebüßt haben und zu ‚Implementationsagenturen' staatlicher Politiken geworden sind (z. B. *Smillie* 1995). Während des Kalten Krieges verlief die politische Instrumentalisierung von DONGOs häufig entlang der Ost-West-Konfliktlinie. Als die amerikanische NGO CARE in den achtziger Jahren im Auftrag der US-Entwicklungsbehörde USAID die Entwicklungs- und Nothilfe für Guatemala und El Salvador abwickelte, wurden örtliche regimekritische Gruppen bewusst von der Kooperation ausgeschlossen, um die Stabilität der herrschenden Militärdiktaturen nicht zu gefährden (*Ludermann* 2001, S. 181).

Fehlende Profitorientierung
Insbesondere die Dritte-Sektor-Forschung, die sich mit Organisationen beschäftigt, die zwischen den Sphären Markt und Staat angesiedelt sind, legt einen definitorischen Schwerpunkt auf die fehlende Profitorientierung der Aktivitäten (*Seibel* 1990). Dieses Kriterium bedeutet jedoch nicht, dass NGOs nicht auch eigene wirtschaftliche Interessen verfolgen (z. B. den Erwerbszweck für ihr Personal sowie die Finanzierung ihrer Aktivitäten und Kampagnen) und Überschüsse erwirtschaften dürfen. Diese sollten aber nicht als Gewinne im erwerbswirtschaftlichen Sinne verbucht werden, sondern müssen zum Zweck der Zielerreichung der Organisation genutzt werden. Dennoch blenden derartige kategoriale Zuweisungen das reale Verhältnis vor allem großer NGOs zur Welt der Unternehmen aus, das ebenso widersprüchlich sein kann wie ihr Verhältnis zum Staat.
Im Umweltbereich sind viele Organisationen seit Mitte der 1990er Jahre dazu übergegangen, Teile ihrer materiellen Ressourcen über strategische Kooperationen mit marktwirtschaftlichen Akteuren zu sichern. Der World Wide Fund for Nature (WWF) beispielsweise kooperiert seit einiger Zeit verstärkt mit der Wirtschaft und hat für die Akquirierung und Pflege der Partnerschaften eigens eine Tochtergesellschaft gegründet (Panda Fördergesellschaft für Umwelt mbH). *Brunnengräber/Walk* (2001, S. 97) interpretieren diese „Ökonomisierung des Organisationshandelns" als Anpassungsreaktion auf eine zunehmende Transnationalisierung der Handlungsstrukturen vieler Umwelt-NGOs, die ihrerseits veränderte Formen der Ressourcenmobilisierung erfordert. Die Partner aus der Wirtschaft versprechen sich durch die meist in der Werbung hervorgehobenen Kooperationen mit den ‚Anwälten der Umwelt' einen Image- und Vertrauensgewinn für ihre Unternehmen.

Organisatorische Verfasstheit
Das Kriterium der organisatorischen Verfasstheit dient dazu, NGOs von sozialen Bewegungen und ad hoc-Initiativen abzugrenzen, die über keine dauerhafte Organisationsbasis verfügen (z. B. hauptamtliches Personal, eingetragener Rechtsstatus, Satzung). Wenngleich dieses Erfordernis auf den ersten Blick vergleichsweise eindeutig zu sein scheint, bestehen auch hier vielfältige Überschneidungsbereiche, die klare Zuordnungen erschweren.
Die Erforschung der sozialen Bewegungen war lange Zeit von der Vorstellung geprägt, dass es sich dabei um außerinstitutionelle und nicht formal organisierte Zusammenschlüsse sozialer Akteure mit kollektiver Identität handele, die mittels Protestmobilisierung grundlegenden sozialen Wandel herbeiführen, verhindern oder rückgängig machen wollen (*Raschke* 1987, S. 21). Dass dieser Bewegungsbegriff nicht ohne weiteres kompatibel ist mit zum Teil streng hierarchisch strukturierten NGOs (z. B. Greenpeace), liegt auf der Hand. Angesichts der zunehmenden Internationalisierung und Komplexität der politischen Problembearbeitung sind viele Bewegungen aber gezwungen, ihren Organisationsgrad zu erhöhen, wenn sie nicht in die politische Bedeutungslosigkeit zurückfallen wollen. *Roth* (1994) sieht die sozialen Bewegungen der siebziger Jahre daher auch „auf dem Weg zur politischen Institution". Dies äußert sich unter anderem darin, dass die Begrifflichkeiten „Bewegung" und „Organisation" gelegentlich in semantischen Alternativen zusammengefasst werden. So werden Bewegungsorganisationen von einigen Autoren als „Fahrgestell" oder „strukturelles Rückgrat" von sozialen Bewegungen konzipiert (z. B. *Janett* 2000, S. 147). Für den internationalen Bereich spricht *Rucht* (1996) von Multinationalen Bewegungsorganisationen (MBOs). Darunter versteht er „bewegungszugehörige Organisationen, deren Organisationsteile mehr als einem Land zugehören und die deshalb in der Regel auch Probleme anderer Länder aufgreifen" (ebd., S. 32).
Auch *Klein* (2000, S. 319f.) vertritt die Auffassung, „dass ein bestimmtes Segment von NGOs als Bewegungsorganisationen verstanden werden muss". Zweifellos trifft dies für solche NGOs zu, die nicht nur aus dem Bewegungssektor entstanden sind, sondern ihre raison d´être darüber hinaus in der Bereitstellung von Ressourcen (z. B. Wissen, Geld, Kontakte) für ‚ihre' Bewegung sowie der Artikulation von deren Interessen in institutionalisierten Foren sehen. Den NGO-Begriff jedoch auf Bewegungsorganisationen zu beschränken, indem NGOs einfach als organisierte Form der sozialen Bewegungen gesehen werden (z. B. *Take* 2002, S. 41), verstellt den Blick für die Analyse wichtiger Muster und Bedingungen von NGO-Han-

deln. Schließlich sind viele NGOs aus ganz anderen Kontexten entstanden, die nichts mit basisnahen Bewegungen gemeinsam haben – etwa aus der Verbändepolitik (*Roth* 2001, S. 50f.).

Zwischenfazit
Es ist deutlich geworden, dass selbst die Anwendung der drei soeben behandelten konstitutiven Kriterien keineswegs zu einer einheitlichen Abgrenzung von NGOs führt. Insbesondere die beiden ersten Kriterien, die eine Verortung von NGOs als Teil eines intermediären Sektors jenseits von Markt und Staat implizieren, können zu gravierenden Fehleinschätzungen führen. „In gewisser Weise signalisieren die NGO nämlich auch eine spezifische Form des ‚Staatswerdens' formell privater Organisationen oder eine ‚Privatisierung' staatlicher Strukturen" (*Hirsch* 2001, S. 15). Insofern müssen NGOs als konstitutiver Bestandteil gegenwärtig ablaufender Restrukturierungsprozesse verstanden werden, in denen staatliche, marktliche und zivilgesellschaftliche Akteure auf komplexe Weise miteinander „vernetzt und verstrickt" sind, um eine Metapher von *Altvater* et al. (2000) aufzugreifen. Es ist daher erforderlich, sich den gesellschaftlichen Kontexten zuzuwenden, unter denen sie agieren. Denn nur in ihren spezifischen Struktur- und Handlungszusammenhängen sind NGOs in ihrer Vieldeutigkeit und Widersprüchlichkeit angemessen zu begreifen (*Brand* 2001, S. 73f.). Dadurch wird zugleich deutlich, dass es sich bei NGOs um eine höchst heterogene Akteursgruppe handelt. Dies gilt nicht nur hinsichtlich der von ihnen behandelten Politikfelder und ihrer Ressourcenausstattung, sondern auch in Bezug auf ihre Problemperzeption und Arbeitsstrategien innerhalb eines Politikfelds sowie im Hinblick auf ihr Verhältnis zum Staat (vgl. *Görg/Brand* 2001, S. 83). Hiermit hängen auch deutlich variierende Absichten und Möglichkeiten zusammen, herrschende gesellschaftlich-politische Praktiken und „Machtgeometrien" (*Massey* 1993) entweder zu verändern, zu stabilisieren oder schlicht zu ignorieren. Diesen wiederum kommt aus der Sicht der Geographie ein zentrales Interesse zu, was im Folgenden eingehender belegt und diskutiert wird.

2.2.4.3   NGOs als Forschungsobjekte der Geographie

In der sozialwissenschaftlichen NGO-Forschung wird generell die Bedeutung der Wissens-, Deutungs- und Beziehungsmacht der unterschiedlichsten zivilgesellschaftlichen Akteure, insbesondere von NGOs, unterstrichen. Dies erklärt auch die folgenden besonderen Fähigkeiten:
– in grenzüberschreitenden Kontexten alte und neue Problembereiche zu thematisieren und mit zeitgemäßen Deutungen als solche zu legitimieren („Framing"),
– dies dann auf die politische Tagesordnung zu bringen („Agenda Setting"), sowie schließlich
– hieraus eine vielfach beeindruckende Gestaltungs- und Verhinderungsmacht zu entfalten, die – nicht nur, aber auch – sehr wesentliche räumliche Implikationen umfasst.

Kurz: NGOs können zu einflussreichen Gegenspielern traditioneller transnationaler Akteure vor allem aus Politik und Wirtschaft werden, und zwar nicht nur in der direkten Konfrontation mit Unternehmen, Regierungen oder internationalen Institutionen. Vielfach wichtiger noch sind auch die verschiedensten Formen direkter und indirekter Einflussnahme auf die Entwicklung neuer Normen, Regime und Regelwerke – von umweltbezogenen Grenzwerten für Einzelparameter über neue Leitbilder für den Umgang mit natürlichen Ressourcen bis hin zu internationalen Handelsabkommen.

Vor diesem Erklärungshintergrund lassen sich die folgenden, analytisch ebenso wie empirisch leichter zu bearbeitenden Dimensionen von spezifisch geographischem Interesse herauslösen, nämlich NGOs als
– Überwinder räumlicher, sozialer und kultureller Distanzen,
– Verknüpfer lokaler Wissens- und Wertewelten,
– Profiteure von spezifischen Standortvorteilen, sowie schließlich
– Produzenten von Raumbildern, -bedeutungen, -strukturen, -prozessen und -potenzialen.

Diese unterschiedlichen, sich aber in Teilbereichen auch überlappenden Rollen von NGOs und die damit zusammenhängenden Wirkungs- und Problemfelder seien im Folgenden ausführlicher vorgestellt, wobei eine Reihe der anzusprechenden Facetten im fallstudienbezogenen Kapitel wieder aufgenommen werden (vgl. Kap. 3.6).

Distanzüberwinder
Immer deutlicher ist in den letzten Jahren geworden, dass NGO-Vertreter den traditionellen wirtschaftlichen und politischen Eliten kaum noch in der prinzipiellen Fähigkeit nachstehen, bei der Einflussnahme auf – oder dem Aufbau von Widerstand gegen – als negativ beurteilte Entwicklungen Distanzen jeder Art zu überwinden: „Our resistance will be as transnational as capital", wie es *Routledge* (2000, S. 25) ebenso prägnant wie zutreffend charakterisiert. Zwar mögen die finanziellen Spielräume enger und die einsatzfähigen Machtmittel weniger bedeutsam sein als etwa die von Unternehmensvertretern. Aber immer, wenn es wirklich darauf ankommt, irgendwo auf der Welt präsent zu sein, werden auch die Repräsentanten transnationaler NGOs Mittel und Wege finden, entweder selbst an wichtigen Sitzungen, Konferenzen oder Protestereignissen teilzunehmen oder sich wenigstens vor Ort persönlich vertreten zu lassen, in der Regel mit Hilfe von Partnerorganisationen. Durch dieses „Scale Jumping" kann eine oft deutlich begrenzte Lebenswelt real oder virtuell verlassen und anderen Orts persönlich oder über Vertreter Einfluss genommen werden. Oft ist mit dieser raumüberwindenden Mobilität auch ein „Re-scaling" im Hinblick auf institutionelle Hierarchien verbunden, so etwa, wenn der gegen einen mit internationalem Kapital finanzierten Staudamm protestierende thailändische Reisbauer mit Hilfe einer US-amerikanischen NGO durchsetzt, in einer Expertenrunde der International Finance Corporation (IFC, Teil der Weltbankgruppe) in Washington, D.C., gehört zu werden. Dennoch dürfen die weiter bestehenden Grenzen für diese Art von Politics of Scale nicht übersehen und ohne Zweifel bestehende Potenziale nicht idealisiert werden: Auch wenn die Akteure aus verschiedenen Weltgegenden miteinander kommunizieren oder grenzüberschreitend gemeinsame Aktionen planen, so können weiterhin sprachliche und kulturelle Barrieren ebenso wirksam bleiben wie inkompatible oder gar konfligierende Problemrahmungen (s. hierzu etwa *Jordan/van Tuijl* 1999, vgl. *Soyez* 2001).

Weltenverknüpfer
In der Verknüpfung zwischen den verschiedensten Lebenswelten, so wie sie durch die Politics of Scale von transnationalen NGOs erzeugt werden, liegen Chancen und Risiken für alle Beteiligten. In der Regel kommen sofort Austauschprozesse im Hinblick auf Wissensbestände, Wertehaltungen und soziale Praktiken in Gang, und zwar – wenn auch nur potenziell – ausgehend von beiden Enden der hergestellten Verbindung. Dies ist zunächst höchst willkommen, etwa wenn der Partner mit der geringeren materiellen Ressourcenausstattung oder grenzüberschreitenden Kapazität (z. B. eine ‚südliche' NGO in Asien) in seinen Aktivitäten unterstützt, zugleich Wissen vermittelt und transnationale wie auch lokale Öffentlichkeit in Bereichen hergestellt wird, die vor Ort unter dem Einfluss herrschender Machteliten für unzugänglich gehalten wurden. Umgekehrt versetzen zuverlässige Informationen über die lokalen Verhältnisse an anderen Orten der Erde auch die transnationale NGO (in der Regel in einem Land des ‚Nordens' angesiedelt) erst in den Stand, ihre eigenen Kompetenzen im Hinblick auf Wissens-, Deutungs- und Beziehungsmacht voll auszuspielen. Allerdings können die so vermittelten Einflüsse für alle beteiligten Partner auch problematisch werden, so etwa, wenn sie mit lokalen Wertehaltungen, Traditionen oder Absichten nicht verträglich sind oder gar kollidieren. Dies kann insbesondere dann zu tiefgreifenden Konflikten führen, wenn der ressourcenstärkere der beiden Partner zu unsensibel für (geographisch-historische) Kontexte, (kulturelle) Empfindlichkeiten oder (politische) Zwänge des Anderen ist oder auch, wofür es ebenfalls zahlreiche Beispiele gibt, im ausschließlichen Eigeninteresse seine Standpunkte durchzudrücken versucht. Eine extreme Form der Einflussnahme ist dann gegeben, wenn durch spezifische Rahmungsprozesse („framing") im fremden Land ‚neue Geographien' geschaffen werden, wie es etwa durch die Konstruktion des sog. Great Bear Forest in British Columbia erfolgte (am Beispiel der Konflikte – „War in the Woods" – an der kanadischen Westküste werden solche Prozesse in Kap. 3.6 belegt werden, s. auch *Hayter/Soyez* 1996, *Hayter* 2003). Hier wird das Agieren der transnationalen NGO schnell als neoimperialistisches/-kolonialistisches Diktat (um-)gedeutet und kann auch zu einer Destabilisierung örtlicher Verhältnisse oder erreichter Fortschritte führen.

Standortprofiteure
Von besonderem geographischem Interesse, bisher aber kaum untersucht, ist die Frage, unter welchen räumlichen Kontextbedingungen sich der Einfluss von NGOs besonders wirksam entfalten kann. Was wie eine neue Variante einer im traditionellen Sinne verstandenen Standortproblematik aussieht, sollte allerdings in einer zeitgemäßen Perspektive behandelt werden (hierzu näher *Bläser/Soyez* 2004, *Bläser* 2005 mit Bezügen zu *Agnew* 1987, *Massey* 1993). Ideal ist dabei eine Kombination solcher Herangehensweisen, in denen das für einen Ort spezifische Umfeld („Locale") nicht nur mit seinen weiteren – bis hin zu globalen – sozialen, ökonomischen und politischen Umwelten („Location"), sondern zugleich auch mit den subjektiven Aneignungen durch die Akteure („Sense of Place") angesprochen werden kann. Anders ausgedrückt: Wo Akteurshandeln und geographische Strukturen in ihrer gegenseitigen Bedingtheit analytisch ebenso zugänglich werden wie ihre gleichzeitige Einbettung in gesellschaftliche Mikro- und Makrosysteme. So gesehen scheint es kaum vorteilhaftere Standorte für eine wirksame NGO-Arbeit zu geben als dort, wo besondere Schnittpunkte politischer, wirtschaftlicher und/oder sozialer Macht bestehen, durch die überdurchschnittlich intensive Ströme von Informationen, Menschen und Kapital verlaufen.
Ein Blick auf besondere Konzentrationen von NGOs in einer weltweiten Perspektive zeigt, dass die angesprochenen Kontextbedingungen vor allem in Städten wie Washington, D.C., Brüssel oder Genf vorliegen, in schon deutlich geringerem Maße etwa in Nairobi oder Rom. Die Hauptstadt der USA ist dabei von besonderem Interesse, weil sich hier die Einflüsse nicht nur der größten politisch-militärischen Macht der Erde und ihrer Institutionen, sondern ebenso der wichtigsten internationalen Finanzinstitutionen überschneiden, hier vor allem der Weltbankgruppe und des Internationalen Währungsfonds (IWF). Folglich ist es nicht erstaunlich, dass sich in einem solchen räumlichen Kontext jene aus dem In- und Ausland stammenden Akteure versammeln, die auf räumliche Nähe und Face-to-Face-Kontakte angewiesen sind – von den Repräsentanten der NGOs über die von Spitzenverbänden der Wirtschaft, Presse, übrigen Interessengruppen und Think Tanks bis hin zu denen der internationalen Diplomatie. Nur die dergestalt gegebene institutionelle Dichte erlaubt den schnellen Kontakt und Austausch, und zwar nicht nur mit Gleichgesinnten, sondern ebenso auch mit den jeweiligen Antagonisten (zu Einzelheiten *Bläser* 2005, zu den stadtgeographischen Implikationen der dortigen Akteurskonzentration auf kleinem Raum *Gerhard* 2003). Zudem sind hier die Möglichkeiten der Zusammenarbeit mit anderen NGOs, die Bildung von aus den verschiedensten Partnern zusammengesetzten Transnational Advocacy Networks (TANs, *Keck/Sikkink* 1998) oder schließlich epistemischer Gemeinschaften besonders gut. Letztere sind zu verstehen als wissensbasierte Netzwerke anerkannter Experten aus den unterschiedlichsten Institutionen (NGOs, Wissenschaftler, Regierungsvertreter etc.), die in einem bestimmten Themenfeld eine gemeinsame Problemauffassung entwickeln, oft gegen die eigentlichen Absichten ihrer Institutionen (*Haas* 1992).
Was schließlich diesen sog. ‚Washingtoner Prozess' besonders interessant macht, ist der hier mögliche Beleg, dass Impulse auf globaler Ebene und durch global orientierte Akteure (hier etwa der Weltbankgruppe) in nicht geringem Maße von traditionell nationalstaatlichen Faktoren abhängen und nur über diese den globalen Zielen angemessen moduliert werden können. So konzentrieren sich die so genannten Bankwatch-NGOs in Washington in ihrer Lobbyarbeit nicht so sehr auf die Weltbank selbst, sondern in erster Linie auf den US-Kongress, der die Finanzmittelzuweisung der USA – des größten und damit einflussreichsten Weltbank-Shareholders – für den konzessionären Hilfsfonds der Weltbankgruppe (International Development Association, IDA) bewilligen muss (vgl. *Bläser* 2005).
Aus dem besonders eindrucksvollen Washingtoner Beispiel allerdings den Schluss zu ziehen, ausschließlich hier könne sich raumwirksame Lobbytätigkeit (*Soyez* 1997) besonders gut entfalten, ist nicht möglich. Das gerade vorgestellte Konzept von place und dort möglicher bis hin zu weltweiter sozialer Interaktion und Einflussnahme lässt sich im Extremfall auch an anderen Orten nachweisen, nur ist die Kontextualität eben sehr verschieden (vgl. etwa die NGO Urgewald in Sassenberg/Münsterland oder auch ‚Coordination gegen BAYER-Gefahren' in Leverkusen).
Gerade für Strategien, mit denen Unternehmen (und Regierungen) in fernen Ländern beeinflusst werden sollen, können aber auch ganz andere Standortvorteile gelten, so wenn z. B. in den Exportmärkten Droh-

kulissen hoher wirtschaftlicher Relevanz aufgebaut werden können, etwa durch Ankündigung von Warenboykott. In einem solchen Kontext können Standortvorteile auch dadurch entstehen, dass sich die aus anderen Ländern stammenden Konfliktgegner in den Ausgangsländern des Protestes auf fremdem Terrain bewegen müssen und aus sprachlicher oder kultureller Sicht in ihrer Bewegungs- und Handlungsfreiheit stark eingeengt sind – und hier zugleich Akteure, Medien und Öffentlichkeit hinsichtlich der kritisierten Verhältnisse in weit entfernten Erdregionen nicht ausreichend informiert sind (vgl. Kap. 3.6).

Wo immer aber NGOs im Spannungsfeld von globaler Entgrenzung und lokaler Einbettung angesiedelt sind, nirgendwo ist das Risiko ausgeschlossen, dass sie in Netzwerken, Koalitionen, Allianzen und selbst in den Konflikten mit ihren eigentlichen Antagonisten von diesen ‚kooptiert' werden oder in ihren Kontakt- und Kooperationsbemühungen zur Stärkung der bekämpften Gegenpositionen beitragen; also ebenso unabsichtlich wie unvermeidbar zu den hegemonialen Verhältnissen beitragen, zu deren Bekämpfung sie eigentlich angetreten sind.

Raumproduzenten

Die meisten der vorgehend angesprochenen Fähigkeiten von Einflussnahme, Gestaltung oder Verhinderung sind mit räumlichen Implikationen verbunden, sowohl im Hinblick auf materielle als auch auf immaterielle Aspekte. Zunächst ist immer wieder eine bedeutende Raumwirksamkeit im traditionell aufgefassten Sinn festzustellen, nämlich die Veränderung des Raumes durch beteiligte Akteure: Ganz gleich, ob man hier etwa die Verhinderung oder die Modifizierung von strukturell und physiognomisch raumprägenden Infrastruktureinrichtungen im Auge hat, also etwa Staudammbauten, oder ob es um die Veränderung üblicher Nutzungsmethoden geht, etwa forstliche Eingriffe in naturnahe Ökosysteme – als Ergebnis der Einflussnahmen durch NGOs nehmen Strukturen, Prozesse und Potenziale betroffener Räume in der Regel eine deutlich andere Entwicklung, als dies ohne entsprechenden Druck der Fall gewesen wäre (zu aufschlussreichen Beispielen hinsichtlich einer als ‚normal' wahrgenommenen forstlichen Wirtschaftslandschaft vgl. *Soyez* 1985, Abb. 43). Diese Veränderungen wiederum, und hier kommt die zweite Bedeutung des Begriffes ‚Raumwirksamkeit' zum Tragen, beeinflussen die zukünftigen Handlungskontexte der betroffenen Akteure in Politik, Wirtschaft und Ökologie teilweise massiv, etwa in ihren Folgen für industrielle Produktionsketten: Eine durch NGO-Einflussnahme erzwungene stärkere Berücksichtigung von Laubholzressourcen in borealen Nadelwäldern, um nur ein Beispiel zu nennen, veränderte in Schweden seit den 1980er Jahren nicht nur die traditionelle Bestandsphysiognomie, sondern beschleunigte den industriestrukturellen Wandel in der Holzwirtschaft (erhöhter Anteil der Sulfatzellstofffabriken) und löste zahlreiche Prozess- und Produktinnovationen aus (Entwicklung neuer Zellstoff- und Papiersorten). Entsprechende Entwicklungen werden auch durch Regimeänderungen auf höchster Ebene eingeleitet, wenn sich auch die Folgen für die räumlichen Kontexte erst zeitverzögert und räumlich stark differenziert durchsetzen. Als Beispiel kann hier das Konzept der ‚nachhaltigen Entwicklung' genannt werden, das seit den frühen 1990er Jahren eine inzwischen unübersehbare Wirkung entfaltet hat, und zwar völlig unabhängig davon, wie dieser Begriff je nach Interessenlagen definiert oder umgedeutet wird.

NGOs als Produzenten von Raum schaffen aber nicht nur neue materielle geographische Strukturen. Sie beeinflussen auch auf bisher kaum untersuchte Weise immaterielle raumbezogene Sachverhalte, hier in erster Linie sicher alltägliche geographische Wahrnehmungen und damit einhergehende Inwertsetzungsmuster. *Reuber* (1999) hat die in solchen Zusammenhängen offenbar immer gegebene Bedeutung von Raumbildern in den Köpfen der Akteure an deutschen Beispielen erstmals umfassend belegt, und die hier gewonnenen Erkenntnisse sind ohne Abstriche auf die von NGOs beeinflussten Problemfelder und sozialen Interaktionen zu übertragen: Alle eingebundenen Akteure haben mehr oder weniger präzise Vorstellungen darüber im Kopf, welche Arten von raumbezogenen Struktur- und Prozesspotenzialen in den sie interessierenden Problembereichen wünschenswert sind, und nutzen diese Vorstellungen auch strategisch (‚strategische Raumbilder' nach *Reuber* 1999), um ihre Absichten durchzusetzen. Jede Geographie raumbezogener Konflikte ist damit zugleich immer auch eine Geographie der Auseinandersetzung um räumliche Vorstellungsbilder – um ihre Hegemonie, ihre Modifizierung, ihr Ersetzen durch alternative Bilder etc.

Solche Raumbilder nun, und hier liegen die Erkenntnisgewinne der letzten Jahre, sind nicht einfach nur statische Wahrnehmungen. Sie sind vielmehr heutigen Auffassungen nach im sozialen Diskurs unter Einsatz von mehr oder weniger subtilen Machtmitteln konstruiert. Sie können folglich auch dekonstruiert und durch andere Bilder ersetzt werden, wobei ‚Texte' jeder Art, also etwa auch Karten, Bilder, Metaphern etc. eine höchst bedeutende Rolle spielen (vgl. etwa *Flitner* 1999).

NGOs spielen in diesen Prozessen der Dekonstruktion traditioneller und Legitimation neuer Vorstellungen über den Raum eine bisher in der Geographie nur ansatzweise untersuchte Rolle, wobei sie nicht nur als Konstrukteure oder Verbreiter neuer Diskurse in den Industriegesellschaften auftreten, sondern vielfach auch traditionell bedeutungslosen oder unterdrückten Diskursen (und den damit zusammenhängenden Raumbildern und Wertewelten) zu mehr Öffentlichkeit, teilweise sogar zu mehr Einfluss verhelfen. Dies ist besonders dort deutlich, wo sie sozio-ökonomisch und politisch marginalisierten Bevölkerungsteilen oder Ethnien (insbes. indigenen Völkern) helfen, die betreffenden Problemfelder im internationalen Kontext zu thematisieren, auf die politische Tagesordnung zu bringen und zu Lösungen beizutragen (etwa *Soyez/Barker* 1998).

Bezogen auf den Umweltbereich können hier gerade im transnationalen Kontext fruchtbare Querverbindungen zu einem in jüngster Zeit immer mehr in den Vordergrund rückenden Problemfeld hergestellt werden, nämlich zur sogenannten ‚sozialen Konstruktion von Natur'. Noch sind NGOs und ihre Vorstellungswelten aus einer solchen Perspektive nicht systematischer untersucht worden, aber es ist ganz offensichtlich, dass hier ergiebige Themenfelder liegen. Im hier analysierten Konfliktbereich z. B. beginnt die durch vorwiegend europäische Akteure aufgedrängte Auffassung von ‚Wäldern als schützenswerte Wildnis' mit der vor Ort traditionellen Konstruktion von Natur, nämlich ‚Wälder als Holzressource', nicht nur zu konkurrieren, sondern sie gerade bei den einflussreichsten politischen Eliten zu ergänzen und sogar zu ersetzen. Ein stärkeres Augenmerk auf solche Prozesse verspricht nicht nur neue Erkenntnisse über innere Mechanismen hier ablaufender Diskurse, sondern zugleich auch bessere Erklärungsansätze über Erfolge und Misserfolge NGO-initiierter Einflussnahmen.

Während Bezüge zur Problematik der sozialen Konstruktion von Natur zur Zeit am einfachsten auf der Basis von Arbeiten englischsprachiger Geographen hergestellt werden können, sind weitere, mit Vorteil vor allem auf den transnationalen Kontext zu übertragende Anleihen aber auch einem spezifischen deutschsprachigen Diskurs zu entnehmen, nämlich dem der ‚Theorie gesellschaftlicher Naturverhältnisse' (etwa *Jahn* 1991, *Jahn/Wehling* 1998). Auch hier soll die lange erfolgte ‚Ausgrenzung' der Natur, nicht zuletzt belegt durch die vorherrschende Wahrnehmung ihrer vermeintlich ‚natürlichen' Position ausschließlich in den Naturwissenschaften, wenn nicht aufgehoben, so doch zumindest korrigiert werden. In diesem Ansatz geht es, um hier *Jahn* (1991, S. 118) zu folgen, um den „Zusammenhang zwischen kognitiven Naturvorstellungen und materialen Naturbeziehungen", ebenso aber auch um die „Verknüpfung zwischen kulturellen Symbolisierungen und materieller Reproduktion"; beides Perspektiven, die nahe an der traditionellen und zeitgenössischen Vorstellungen von der Geographie als einer Mensch-Umwelt-Wissenschaft liegen und die, wie das hier analysierte kanadische Beispiel zeigt, um eindeutig transnationale Implikationen zu bereichern sind.

In der Rückführung solcher Überlegungen auf die in der Geographie selbst diskutierten jüngeren Perspektiven schließlich ist offenbar, dass Themen im Zusammenhang mit NGOs als Produzenten von Raum auch weiterführende konzeptionelle Überlegungen möglich machen (s. hierzu auch *Soyez/Barker* 1998, *Soyez* 2000). So resultieren ihre Aktivitäten in neuen transnationalen Bezügen, die als „scapes" (*Appadurai* 1990), „terrains of resistance" (*Routledge* 1993) oder „transnationale soziale Räume" (*Pries* 1998.2) von Bedeutung auch für die unterschiedlichsten Fragestellungen der Geographie sind; wie umgekehrt diese neuen Raumgebilde als Vorstellung oder Wirklichkeit auch die Aktivitäten von NGOs erst erleichtern oder gar ermöglichen.

2.2.4.4 Ausblick

Bedingt durch einschneidende wirtschaftliche, soziale und politische Veränderungen innerhalb nur einer Generation, sehr wesentlich ausgelöst und beeinflusst durch immer intensivere Globalisierungsprozesse, haben sich transnational tätige NGOs vielfach zu Gegenspielern traditioneller Machteliten entwickelt und traditionell für selbstverständlich gehaltene, raumrelevante Machtgeometrien modifiziert. NGOs sind heute nicht nur als wichtige Agenten des sozialen, sondern auch des räumlichen Wandels im weitesten Sinne zu betrachten: Sie sind Distanzüberwinder, Weltenverknüpfer, Standortprofiteure und Raumproduzenten selbst im transnationalen Kontext. Dabei können sie sowohl als Problemlöser und -definierer wie auch als Problemverursacher auftreten – immer abhängig von den jeweils charakteristischen kontextuellen Rahmenbedingungen und den Formen des eigenen Agierens. Aus idiographischer sowie auch aus nomothetischer Sicht sind sie selbst ebenso wie ihre Handlungen und Wirkungen wichtige Forschungsobjekte der Geographie und vieler ihrer Teildisziplinen.

2.3 Systeme globaler Ströme von Waren und Dienstleistungen

2.3.1 Internationaler Handel mit Waren und Dienstleistungen (*Wolf Gaebe*)

2.3.1.1 Internationaler Waren-Handel

Der Welt-Außenhandel (Tab. 2.3.1/1) wächst schneller als die Welt-Produktion (Abb. 2.3.1/1). Er setzt sich aus verschiedenen Warenströmen und Dienstleistungen zusammen, die zugleich unterschiedliche Phasen des Welthandels beschreiben:
– intersektoraler und interindustrieller Handel, d.h. Handel mit Waren unterschiedlicher Sektoren und Branchen, z. B. Export von Rohstoffen und Import von Industriegütern, wie in den klassischen Außenhandelstheorien unterstellt wird,
– intrasektoraler und intraindustrieller Handel, d.h. Handel mit Waren und Dienstleistungen innerhalb eines Sektors und einer Branche, z. B. Export von Fahrzeugen aus Europa nach Amerika und aus Amerika nach Europa,
– intra-Unternehmenshandel, d.h. Lieferungen zwischen Standorten eines Unternehmens, z. B. Lieferungen von BMW-Motoren aus Deutschland in das BMW-Werk in den USA (Spartanburg in South Carolina), ein Beispiel der Arbeitsteilung in großen transnationalen Unternehmen. Auf den unternehmensinternen Handel entfällt heute etwa ein Drittel des Welthandels.

Die Entwicklung des Welt-Außenhandels wird bestimmt durch die starke Zunahme des Handelsvolumens und des Fracht- und Containerverkehrs sowie durch Verschiebungen der Warenströme zwischen den Kontinenten, insbesondere durch die Umkehrung der Warenströme zwischen Nordamerika und Asien. Über zwei Drittel der Exporte und Importe entfallen auf die Triade (d.h. Nordamerika, Westeuropa und Japan). Globalisierung und transnationale Verflechtungen sind an Afrika weitgehend vorbeigegangen und haben von dort auch keine Impulse erhalten. Die Exporte und Importe Afrikas haben nur noch einen Anteil von 2 % am Welt-Export und Welt-Import, bei einem Anteil des Kontinents an der Weltbevölkerung von 14 %. Westeuropa ist der mit Abstand größte Weltwirtschaftsraum (Abb. 2.3.1/2). Zielländer von mehr als zwei Drittel der Exporte sind andere westeuropäische Länder, meist Nachbarländer. Der innerregionale Handel ist in Asien und Nordamerika erheblich geringer als in Westeuropa; in Nordamerika, weil in der Welthandelsstatistik nur der grenzüberschreitende Handel berücksichtigt wird. Die größten Warenexportströme verbinden Ostasien und Nordamerika, Ostasien und Westeuropa, Westeuropa und Nordamerika.
Die Warenexportländer sind räumlich weniger konzentriert als die Warenproduktionsländer. Die größten Volkswirtschaften, USA, Japan und Deutschland, hatten 2003 einen Anteil von 57 % an der Warenpro-

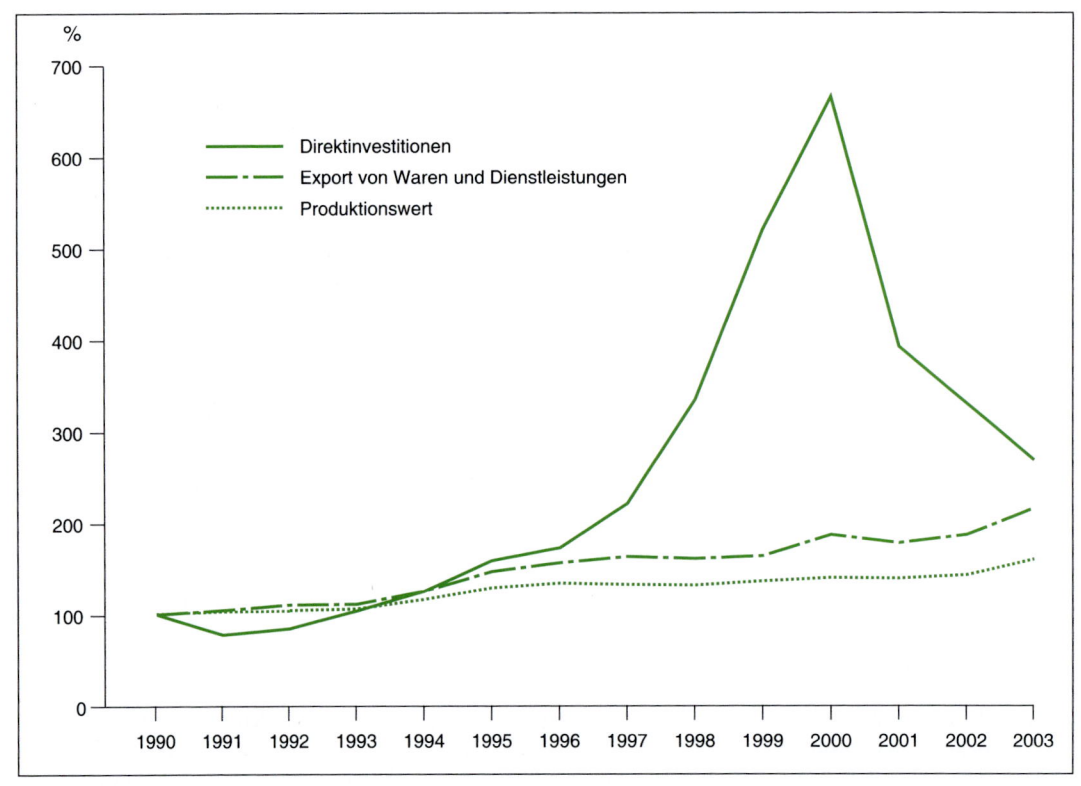

Abb. 2.3.1/1:
Entwicklung von Direktinvestitionen, Export von Waren und Dienstleistungen sowie des Produktionswertes weltweit 1990–2003 (1990 = 100)
Quellen: UNCTAD, IWF

Tab. 2.3.1/1: Warenexporte und Warenimporte der Weltwirtschaftsräume 1948–2003
Quelle: WTO 2004, S. 30

	Exporte in %				Importe in %			
	1948	1963	1983	2003	1948	1963	1983	2003
Nordamerika	27	19	15	14	20	16	18	21
Lateinamerika	12	7	6	5	11	7	5	5
Westeuropa	32	41	39	43	40	45	40	42
Osteuropa	6	11	10	6	6	10	8	5
Afrika	7	6	5	2	8	6	5	2
Asien und übrige Welt	16	16	25	30	15	16	24	25
Welt	100	100	100	100	100	100	100	100
in Mrd. $	58	157	1.838	7.294	66	163	1.881	7.569

duktion, aber nur von 26 % am Warenexport (Tab. 2.3.1/2). Die von der WTO (World Trade Organization) genannten Warenexporte sind durch die Umrechnung in Dollar etwas verzerrt, da sie z. B. bei einer Aufwertung des Euro gegenüber dem Dollar allein durch die Aufwertung in den Euro-Ländern steigen.
Der Anteil der 15 größten Warenexportländer hat seit den 1960er Jahren von fast 80 % auf etwa zwei Drittel abgenommen, der Anteil der 15 größten Warenimportländer hat dagegen zugenommen, von weniger als 50 % auf etwa 70 %, vor allem aufgrund der Nachfrage aus Schwellenländern. Unter den 15 größten Warenproduktionsländern waren im Jahr 2003 drei Schwellenländer (Brasilien, Südkorea, Taiwan) und ein

Abb. 2.3.1/2:
Warenexportströme zwischen
den Weltwirtschaftsräumen
2003
Quelle: WTO 2004, S. 38

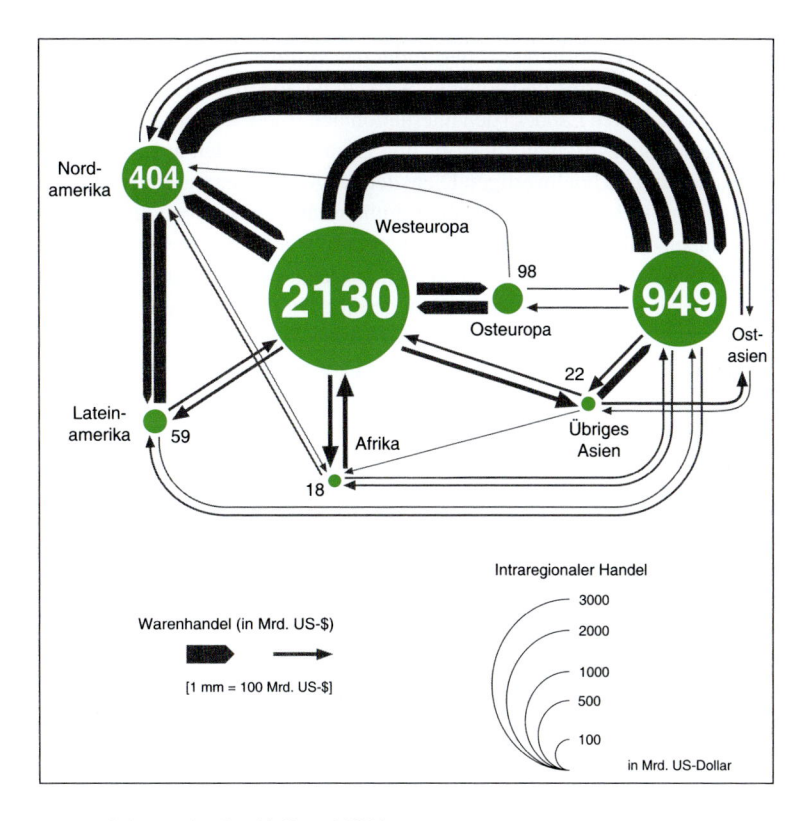

Tab. 2.3.1/2: Die größten Warenexport- und -importländer 1963 und 2003
Quelle: WTO 2004, S. 19, *Dicken* 2003, S. 40

	Anteil am Weltexport in % (Waren)		Rang			Anteil am Weltimport in % (Waren)		Rang	
	1963	2003	1963	2003		1963	2003	1963	2003
Deutschland	15,6	10	2	1	USA	8,6	16,8	1	1
USA	17,4	9,6	1	2	Deutschland	6,2	7,7	2	2
Japan	6,1	6,3	5	3	China	.	5,3	.	3
China	.	5,8	.	4	Großbritannien	4,6	5	6	4
Frankreich	7	5,2	4	5	Frankreich	4,7	5	5	5
Großbritannien	11,4	4,1	3	6	Japan	1,9	4,9	13	6
Niederlande	3,3	3,9	9	7	Italien	4,1	3,7	8	7
Italien	4,7	3,9	6	8	Niederlande	4,3	3,4	7	8
Kanada	2,6	3,6	12	9	Kanada	5	3,2	4	9
Belgien	4,3	3,4	7	10	Belgien	.	3	.	10
Hongkong	0,9	3	15	11	Hongkong	.	3	.	11
Südkorea	0	2,6	.	12	Spanien	1,2	2,6	.	12
Mexiko	.	2,2	.	13	Südkorea	0,3	2,3	.	13
Spanien	.	2	.	14	Mexiko	.	2,3	.	14
Taiwan	0,2	2	.	15	Singapur	.	1,6	.	15

geringer entwickeltes Land (China), unter den 15 größten Warenexport- und -importländern vier Schwellenländer (Hongkong, Südkorea, Mexiko, Taiwan) und China. Die Auswirkungen der Verschiebungen im Welthandel zeigt die deutsche Außenhandelsstruktur: Importe aus Niedriglohnländern nehmen stark zu, zulasten deutscher Lieferungen, aber auch italienischer, französischer, britischer und japanischer Lieferungen nach Deutschland.

Bis Mitte des 20. Jahrhunderts bestimmten unverarbeitete oder kaum verarbeitete Waren wie Erz, Holz, Getreide zwischen gering und höher entwickelten Ländern und Lieferungen verarbeiteter Waren zwischen den höher entwickelten Ländern den internationalen Handel. Trotz der fortbestehenden weltwirtschaftlichen Ungleichgewichte zwischen Rohstoff- und Agrarproduzenten auf der einen Seite sowie Produzenten von Industriegütern und hochwertigen Dienstleistungen auf der anderen hat der Export verarbeiteter Güter aus den geringer entwickelten Ländern absolut und relativ stark zugenommen, u. a. der Export an Textilien.

Exportüberschüsse sind kein zuverlässiger Indikator für die internationale Wettbewerbsfähigkeit eines Landes. Sie können z. B. dadurch erklärt werden, dass Ausländer zwar Waren importieren (kaufen), aber nicht investieren. Exportüberschüsse und relativ geringe Direktinvestitionen weisen auf binnenwirtschaftliche Probleme hin, z. B. hohe Löhne und Lohnnebenkosten, hohe Steuern und investitionshemmende Regelungen.

Importe bedeuten zwar Arbeitsplatz- und Einkommensverluste im Inland; über niedrigere Produktionskosten, z. B. niedrigere Kosten von Vorprodukten, können sie hier jedoch zur Verbesserung der internationalen Wettbewerbsfähigkeit beitragen. Ein erheblicher und zunehmender Teil der Industrieproduktion enthält im Ausland produzierte Teile. Häufig erfolgen im Inland nur noch Zusammenbau und Endmontage (vgl. Kap. 2.4.2.2).

Export-Import-Salden geben wichtige Informationen über die Stellung eines Landes im Welthandel. Nordamerika ist aufgrund der hohen Importe der USA der einzige Welthandelsraum mit einem Warenexportdefizit (Abb. 2.3.1/3). Lateinamerika, Europa, Afrika und Asien weisen dagegen Exportüberschüsse auf, in der Regel verbunden mit einem Nettokapitalexport.

Erklärungen des internationalen Waren-Handels

Erklärungen des internationalen Handels durch Außenhandelstheorien gehen auf *Adam Smith* (1723–1790) und *David Ricardo* (1772–1823) zurück. Internationaler Handel ist immer vorteilhaft, so lehrte *Ricardo*,

Abb. 2.3.1/3:
Export und Import von Waren und Dienstleistungen der Weltwirtschaftsräume 2003
Quelle: WTO 2004, S. 23

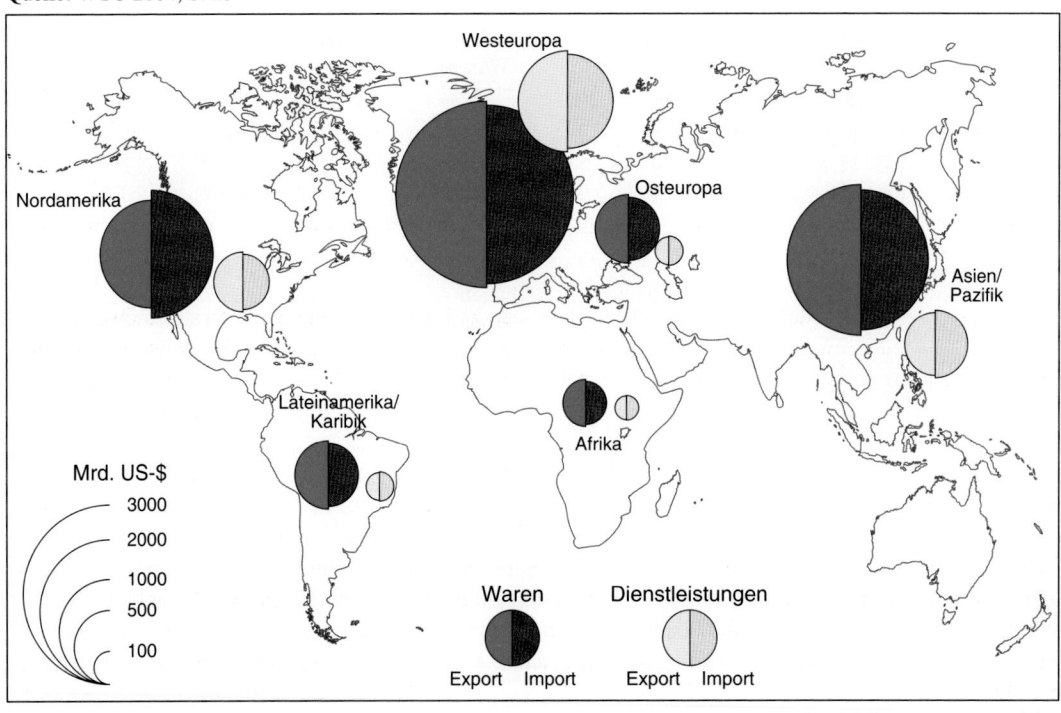

wenn sich jedes Land auf seine Stärken konzentriert. Wenn England Textilien herstellt und Portugal Wein, profitieren beide Länder, weil jedes Land das exportiert (tauscht), was es am günstigsten herstellen kann. Die klassischen Theorien des internationalen Handels unterscheiden sich durch Annahmen über Kosten- bzw. Preisdifferenzen. *Smith* (1776/1978) unterstellte absolute Kostenvorteile der Produktion als Voraussetzung für Außenhandel, *Ricardo* (1817) relative (komparative) Kostenvorteile. Die neoklassische Theorie von *Heckscher* und *Ohlin* (1899–1979) erklärt dagegen internationale Handelsströme durch komparative Vorteile aus der unterschiedlichen Ausstattung der Länder mit den Produktionsfaktoren Arbeit und Kapital. Jedes Land wird nach den Annahmen dieser Theorie die Waren exportieren, für deren Herstellung es komparative Vorteile aufweist. Während Ricardo allein die Arbeitskosten berücksichtigte, empfahlen Heckscher und Ohlin die Waren zu produzieren und zu exportieren, für die ein Land die besten Voraussetzungen aufweist, Arbeitskräfte oder Kapital (Theorie der Faktorproportionen) (vgl. Kap. 2.4.1).
Neuere Erklärungen des internationalen Handels unterstellen dagegen realitätsnäher unvollkommene Märkte durch Oligopole, Größenvorteile, Bedarf bzw. Präferenzen und Angebot an Waren (Preis- und Qualitätsunterschiede) (siehe Kasten; vgl. *Kulke* 2004, S. 199ff.). Klima und Ressourcen bestimmen nach wie vor sehr stark Import und Export. Die „neue" Außenhandelstheorie versucht den stark zunehmenden Handel mit ähnlichen Waren zwischen Ländern mit ähnlichem Entwicklungsstand angebotsbezogen durch Spezialisierungs-, Differenzierungs- und Größenvorteile zu erklären, die mit der Integration der Länder in neue Wirtschaftsräume zunehmen. *Krugman* (1991), ein führender Vertreter der neuen Außenhandelstheorie, erklärt den internationalen Handel durch Größenvorteile in Produktion und Absatz, durch die Ausgangsbedingungen und durch die staatliche Politik. Er betont die Bedeutung lokaler und regionaler Vorteile, vernachlässigt jedoch institutionelle, soziale und kulturelle Faktoren, regionale Anpassungsstrategien und Spezialisierungen (vgl. *Sautter* 2004, *Siebert* 2000).

Gründe für die Zunahme des internationalen Handels
– Zunahme nicht standortgebundener Tätigkeiten
– Internationalisierung und Globalisierung (Nutzung räumlich unterschiedlicher Standort- und Größenvorteile)
– regionalspezifische Angebote und Spezialisierung
– neue Transport- und neue Informations- und Kommunikationstechnologien
– Deregulierung (Abbau von Handelsbarrieren, u. a. im Rahmen der WTO)

Bei einer rein ökonomischen Betrachtung wird übersehen, dass die Länder der Erde über den Außenhandel ihre volkswirtschaftliche und konjunkturelle Entwicklung steuern, z. B. durch Interventionen in Form von Zöllen, Kontingenten, freiwilligen Selbstbeschränkungen und Exportsubventionen. Zölle und Protektionismus, Instrumente z. B. einer Importsubstitutionspolitik, werden mit dem temporären Schutz für nicht wettbewerbsfähige Branchen begründet, die erst, wenn sie wettbewerbsfähig sind, der Auslandskonkurrenz ausgesetzt werden sollen.
Bis Mitte des 19. Jahrhunderts hatten sich die größten Länder der Erde weitgehend von ausländischer Konkurrenz abgeschottet. Danach bestimmte etwa ein halbes Jahrhundert Freihandel die Weltwirtschaft, eingeleitet durch eine einseitige Marktöffnung in Großbritannien. Die Zwischenkriegszeit wurde wieder durch Isolationismus bestimmt. Seit 1947 wurde der Welthandel im Rahmen des GATT (General Agreement on Tariffs and Trade) schrittweise in acht Handelsrunden (Welthandelskonferenzen) liberalisiert, seit 1995 im Rahmen der Nachfolgeinstitution WTO mit Sitz in Genf. Die WTO hat 148 Mitglieder und regelt mehr als 90 % des Welthandels. Durch die WTO werden Interessen der Länder besser vertreten als durch das GATT, da die rechtliche Verbindlichkeit der supranationalen Deregulierung stärker geworden ist, auch wenn die Entscheidungen der WTO weiterhin stark durch große Akteure wie die USA und EU bestimmt werden. Ministerkonferenzen erfolgen im Zweijahresrhythmus, Beschlüsse erfordern eine Dreiviertelmehrheit. Zu den Prinzipien des GATT, heute der WTO, gehören Reziprozität, Inländerbehandlung und Meistbegünstigung. Reziprozität bedeutet, dass die Vertragspartner sich gegenseitig Marktzugang einräumen; Inländerbehandlung meint, dass inländische und ausländische Waren gleich behandelt bzw. ausländische Waren nicht

diskriminiert werden sollen; Meistbegünstigung schreibt vor, dass eine Handelserleichterung, die einem Handelspartner gewährt wird, auch allen anderen Handelspartnern eingeräumt wird. Dadurch soll eine Handelspolitik, die einige Länder bevorzugt, andere dagegen benachteiligt, verhindert werden.

Als Welthandelskonferenzen werden nicht nur die WTO-Konferenzen zur Liberalisierung des Welthandels bezeichnet, sondern auch die UNCTAD-Konferenzen der UNO zur Verbesserung der Wachstumschancen der gering entwickelten Länder. Die UNCTAD (United Nations Conference on Trade and Development) wurde 1964 als Organ der UNO mit Sitz in Genf gegründet. 2005 gehörten ihr 188 Länder an. Mehr als 20 Jahre stand UNCTAD für Sozialismus, Staatsinterventionismus, Rohstofffonds und Umverteilung von Industrie- in Entwicklungsländer. Auf der achten UNCTAD-Konferenz in Cartagena (Kolumbien) 1992 wurde diese Politik geändert und eine „neue Partnerschaft für Entwicklung" propagiert. Erstmals wurden Globalisierung und Liberalisierung auch für gering entwickelte Länder als vorteilhaft und transnationale Unternehmen als erwünschte Investoren angesehen. Die neunte und bisher letzte UNCTAD-Konferenz fand 1996 in Südafrika statt.

Im Unterschied zum GATT ist die WTO auch für Dienstleistungen und Patente zuständig und verfügt über Sanktionsmechanismen. Heftig umstritten ist auch hier der Abbau von Zöllen und Subventionen.

Nach dem Abbau der Warenzölle von durchschnittlich etwa 40 % auf weniger als 4 % sind heute nichttarifäre Handelshemmnisse das Hauptproblem. Sie machen das Drei- bis Vierfache des Zollschutzes aus. Früher ausgeklammerte Bereiche wie Landwirtschaft, ein wichtiger Wirtschaftssektor in den gering entwickelten und ärmsten Ländern der Erde, und Dienstleistungen sollen nun auch liberalisiert werden. Die Agrarmärkte – ihr Anteil am Welthandel beträgt weniger als 10 % – sind viel stärker abgeschlossen als Industriegütermärkte. Zölle, Mengenbeschränkungen und Marktzugangsbeschränkungen, Ausfuhrhilfen und Subventionen behindern den Wettbewerb, wie z. B. hohe Zölle und Mengenbeschränkungen bei Reis, Zucker und Milch. Gering entwickelte Länder der Erde fordern vor allem den Abbau der Handelshemmnisse bei landwirtschaftlichen Produkten, bei denen sie ohne Einfuhrbeschränkungen wettbewerbsfähig sind. Im Unterschied zur EU fördern die USA den Agrarexport nicht über direkte Ausfuhr- bzw. Einkommenshilfen, sondern durch Exportkredite und staatliche Programme zur Lieferung von Nahrungsmitteln. Der Agrarprotektionismus der Industrieländer in Höhe von mehr als 300 Mrd. US-Dollar pro Jahr begünstigt in diesen Ländern nur relativ wenige Betriebe. Er schadet aber sehr vielen Betrieben und Menschen der gering entwickelten Länder, da diese mit den hoch subventionierten Landwirten der hoch entwickelten Länder nicht konkurrieren können. Der weitaus größte Anteil der Subventionen kommt wohlhabenden Landwirten zugute.

Die globalen Wirkungen von Subventionen werden bei den Baumwollsubventionen der USA und der EU besonders deutlich. In den USA erhalten die etwa 25.000 Baumwollpflanzer fast 4 Mrd. US$ pro Jahr, dreimal so viel wie die Afrikaner an Entwicklungshilfe durch die USA, und in der EU bekommen Baumwollpflanzer in Spanien und Griechenland etwa 0,7 Mrd. US$. Das durch die Subventionen verursachte Überangebot und fallende Preise schaden vor allem den gering entwickelten Ländern der Sahelzone. Baumwolle ist in Zentral- und Westafrika das wichtigste Exportgut. Die Produktion von Baumwolle nahm hier seit den 1970er Jahren von weniger als einer halben Million Tonnen auf fast 2,5 Mio. Tonnen zu und trug wie kein anderes Produkt zur Verbesserung der Lebensbedingungen im ländlichen Raum bei. Etwa 10 Mio. Menschen leben in Afrika von der Baumwolle. Aus dem Baumwollexport stammen z. B. in Burkina Faso fast 50 % der Exporteinnahmen, in Mali etwa 30 %. Nur die USA, allein aufgrund der Subventionen, und Usbekistan exportieren mehr Baumwolle als die Sahelzone, wo Baumwolle erheblich billiger und qualitativ besser produziert wird als in den USA. Aufgrund der fallenden Weltmarktpreise für Baumwolle zahlt die amerikanische Regierung immer höhere Subventionen. Hauptabnehmer der amerikanischen Baumwolle ist China, das Land, das nach dem Wegfall der Exportquoten die Konkurrenten, auch amerikanische, aus den Welttextil- und Bekleidungsmärkten drängt. Andere Beispiele für negative globale Wirkungen von Agrarsubventionen sind die Beihilfen der EU für die Zucker- und die Milchwirtschaft. Laut WTO-Regeln darf die EU jährlich nur 1,3 Mio. t subventionierten Zucker (Rübenzucker) exportieren. Sie exportiert jedoch tatsächlich etwa 4 Mio. t, nicht nur Rübenzucker, auch importierten Rohrzucker; Rübenzucker nur aufgrund der Subventionen, da der Weltmarktpreis weit niedriger ist als die Produktionskosten in der EU. Die Produktionskosten von Rübenzucker sind dreimal so hoch wie die Produktionskosten von Rohzucker. Die EU exportiert 1,6 Mio. t Rohrzucker pro Jahr, den die mit der EU assoziierten Länder in Afrika, der Karibik und im pazifischen Raum (AKP-Länder) bevorzugt an die EU verkaufen können. Ähnlich wie auf den Zuckermärkten verzerren auf den Milchmärkten Subventionen Angebot und Nachfrage. Jede Kuh in der EU wird im Durchschnitt mit 2 US$ pro Tag subventioniert, dies ist mehr, als die Hälfte der Weltbevölkerung täglich zur Verfügung hat. Das nur aufgrund der Subventionen produzierte Milchpulver wird dann auch noch subventioniert u. a. nach Afrika und in die Karibik exportiert, mit der Folge, dass die Milchproduzenten dort Absatzprobleme haben.

Auch der Handel mit Textilien und Bekleidung zeigt die Auswirkungen von Regulierung und Deregulierung. Durch Importe aus Niedriglohnländern und Verlagerung von Produktion in diese Länder sind in den Hochlohnländern immer mehr Arbeitsplätze gefährdet (vgl. Kap. 2.4.2.3). Zum Schutz der Textil- und Bekleidungsindustrie dieser Länder gab es von den 1960er Jahren bis 2004 Ausnahmeregelungen, von 1974 bis 1994 durch das Multifaserabkommen (Multi Fibre Agreement) und von 1995 bis 2004 durch das Agreement on Textile and Clothing (ATC). Mit der schrittweisen Liberalisierung (1.1.1995 16 %, 1.1.1998 33 %, 1.1.2002 51 % und 1.1.2005 100 % des Welthandels) hat sich der Wettbewerb weltweit verändert; aber nicht zugunsten der ärmsten Länder, die dringend Hilfe benötigen und wirtschaftlich immer weiter zurückbleiben, sondern zugunsten der Länder mit wettbewerbsfähigen Unternehmen. Durch die Liberalisierung (Deregulierung) kommt es zu grundlegenden Veränderungen in der räumlichen Verteilung der Produktionsstandorte und im Handel mit Textilien und Bekleidung. Von den Verlagerungen könnten etwa 40 Mio. Arbeitsplätze betroffen sein, überwiegend Arbeitsplätze von Frauen. Indien und vor allem China werden aufgrund niedriger Arbeitskosten und großer leistungsfähiger Betriebe gewinnen, andere Länder verlieren, darunter in Asien Sri Lanka, Bangladesh und Kambodscha, in Afrika Uganda und Madagaskar und in Lateinamerika die Dominikanische Republik; das sind Länder, die mehr als die Hälfte ihrer Exporteinnahmen durch Exporte von Textilien und Bekleidung erzielen. In Bangladesh werden z. B. voraussichtlich mehrere hunderttausend der etwa 2 Mio. Arbeitsplätze in der Textil- und Bekleidungsindustrie, zu 85 % Arbeitsplätze von Frauen, verloren gehen. Diese Arbeitsplätze wären ohne die im Rahmen des Multifaserabkommens eingeräumten Quoten am Weltexport von Textilien und Bekleidung nicht entstanden. Dadurch erhielt eines der ärmsten Länder der Erde Zugang zu den Märkten in Europa und Amerika. Nach Abschaffung der Quoten kann sich Bangladesh, ein Land hoher Ineffizienz, Korruption, politischer Instabilität, unzureichender Produktionsnetzwerke und relativ langer Lieferzeiten trotz niedriger Löhne gegen Indien und vor allem China nicht behaupten. Da 2005, wie erwartet, die Exporte u. a. von Hosen, Jacken, Hemden, Blusen, Strümpfen aus China stark angestiegen sind, wehren sich vor allem die Importländer gegen die Liberalisierung, obwohl die Preise für Textilien und Bekleidung sinken. USA und EU haben sich im Juni 2005 mit China über zeitlich begrenzte Einfuhrkontingente für zehn Textilgruppen zum Schutz der inländischen Produzenten geeinigt. Gegen einen Schutz der Produzenten protestieren Händler und Verbraucher.

GATT und WTO beruhen auf der Annahme, dass ein liberalisierter Welthandel die Wohlfahrt allgemein fördert und deshalb alle Handelshemmnisse abgebaut werden sollten. Ob tatsächlich der freie Welthandel den Wohlstand aller Länder mehrt, ist strittig. Unstrittig ist aber, dass GATT und WTO erheblich zum Wachstum des internationalen Handels und damit auch zum Anstieg der Einkommen beigetragen haben. Singapur und Südkorea sind Beispiele für eine erfolgreiche Integration in die Weltwirtschaft durch Nutzung der erheblich verbesserten Marktzugangsmöglichkeiten (2002 20.590 bzw. 9.930 US$ BNE – Bruttonationaleinkommen – pro Kopf). Anfang der 1960er Jahre war Südkorea (390 US$ pro Kopf) auf dem Entwicklungsstand von Ghana (400 US$ pro Kopf), heute ist Südkorea auf dem Entwicklungsstand von Portugal (2002 10.840 US$ pro Kopf), Singapur gehört zu den höchst entwickelten Ländern der Erde. In Ghana ist dagegen das BNE absolut gesunken (2002 270 US$). Dass ein WTO-Beitritt nicht generell Anstieg des Handels bedeutet, belegt der Wirtschaftswissenschaftler *A.K. Rose* (2003) der Universität Berkeley durch eine Langzeitstudie. In einer Regressionsanalyse der Handelsströme zwischen 175 Ländern über mehr als 50 Jahre berücksichtigt er neben der Größe der Volkswirtschaft und der Entfernung zwischen den Ländern Faktoren wie kulturelle Nähe und Zugehörigkeit zu einem Freihandelsraum. Obwohl die Berechnungen als richtig angesehen werden, müssen die Folgerungen relativiert werden, da Konflikte durch den Widerspruch zwischen Liberalisierung und wirtschaftspolitischer Autonomie entstehen können wie auch zwischen globaler Ordnungspolitik und nationaler Wirtschafts- und Sozialpolitik.

Die meisten Menschen leben heute in Ländern, die in den globalen Waren- und Dienstleistungshandel eingebunden sind. Noch Ende der 1970er Jahre waren etwa zwei Drittel der Menschen vom globalen Handel ausgeschlossen, etwa ein Drittel in der Sowjetunion und in China und ein Drittel in Ländern mit Handelsbeschränkungen und Währungskontrollen (vgl. *Knox/Marston* 2001, S. 366).

Umstritten ist die Vereinbarkeit der Idee des freien Welthandels mit regionaler Integration (Regionalisierung). Regionale Integrationen weisen verschiedene Formen auf (vgl. *Blank/Clausen/Wacker* 1998), z. B.
– Wirtschafts- und Währungsunion: Beispiel Europäische Union (EU, 25 Länder),
– Freihandelszone: Beispiele European Trade Association (EFTA, vier Länder) und North American Free Trade Association (NAFTA, drei Länder),
– Ökonomische, soziale und kulturelle Zusammenarbeit: Beispiel Association of South East Asian Nations (ASEAN, neun Länder).

2.3.1.2 Internationaler Handel mit Dienstleistungen

Dienstleistungen, u. a. Finanz- und Unternehmensdienste, sind eine Voraussetzung für eine Produktion im Ausland und den internationalen Warenhandel. Obwohl in allen höher entwickelten Ländern der Anteil des Dienstleistungssektors an der Wertschöpfung und Beschäftigung höher ist als der Anteil des Produktionssektors (Landwirtschaft und Industrie), gilt dies nicht für den Außenhandel (Tab. 2.3.1/3, Abb. 2.3.1/3). Der Anteil der Dienstleistungen am internationalen Handel entspricht nicht annähernd der binnenwirtschaftlichen Bedeutung der Dienstleistungen. Sie erreichen nicht ein Fünftel des Welthandels. In Lateinamerika, Asien und Osteuropa ist der Anteil der Dienstleistungen sehr niedrig; in Nordamerika und Westeuropa liegt er zwischen einem Viertel und einem Fünftel des Außenhandelswertes. Tatsächlich sind die Dienstleistungsexporte und -importe etwas höher als die Außenhandelsstatistiken erkennen lassen, wenn die indirekten Exporte und Importe, u. a. unternehmensbezogene Dienstleistungen, die als Vorleistungen in den Warenexporten und -importen enthalten sind, berücksichtigt werden. An der geringen außenwirtschaftlichen Bedeutung der Dienstleistungen hat sich auch in den 1990er Jahren trotz der starken Zunahme der volkswirtschaftlichen Bedeutung und der Globalisierung u. a. der Finanz- und der Touristikdienste (vgl. Kap. 2.3.2) nicht viel geändert. Preisbereinigt haben Warenexporte sogar stärker zugenommen als Dienstleistungsexporte und -importe.

Tab. 2.3.1/3: Anteil der Waren und Dienstleistungen am Außenhandel 2003
Quelle: WTO 2004, S.23

	Export in %		Import in %	
	Waren	Dienstleistungen	Waren	Dienstleistungen
Nordamerika	75,2	24,8	84,4	15,6
Lateinamerika	86,5	13,5	83,9	16,1
Westeuropa	76,9	23,1	77,5	22,5
Osteuropa	85,5	14,5	82,6	17,4
Afrika	82,6	17,4	76,6	23,4
Asien	85,6	14,4	82,1	17,9

Etwa ein Jahrzehnt später als die Verlagerung der Warenproduktion begann in den 1980er Jahren die Verlagerung von Dienstleistungen ins Ausland, in eigene Betriebe oder andere Unternehmen („out-sourcing" und zugleich „off-shoring"). Beispiele für die Verlagerung von Dienstleistungen in eigene Betriebe sind „call center" von British Telecom in Bangalore und Hyderabad, Beispiele für „out-sourcing" die Verlagerung von Teilen des Rechnungswesens durch die Lufthansa nach Polen und Infineon nach Portugal, die Verlagerung von IT-Arbeitsplätzen durch das Touristikunternehmen TUI nach Indien und einen Teil des Zahlungsverkehrs der Deutschen Bank nach Bangalore („off-shore back offices"). Je weniger komplex die Aufgabe und je näher ein günstiger Verlagerungsort, desto größer ist die Wahrscheinlichkeit einer Verlagerung der Dienstleistungen. Osteuropäer verdrängen deshalb zunehmend Inder. Durch Reduzierung der Kosten kann wie in der Warenproduktion auch bei Dienstleistungen „off-shoring" zur Verbesserung der Wettbewerbsfähigkeit der inländischen Unternehmen beitragen. Noch selten ist die Auslagerung ganzer Geschäftsprozesse („Business Process Outsourcing").

Räumlich unterscheiden sich die Dienstleistungsexporte deutlich von den Warenexporten (Tab. 2.3.1/2 und 2.3.1/4). Nordamerika und Westeuropa haben einen Exportüberschuss im Handel mit Dienstleistungen, alle anderen Weltwirtschaftsräume Defizite mit z.T. erheblichen Unterschieden in den Räumen. 2003 waren die USA das größte Dienstleistungsexport- und -importland (Tab. 2.3.1/4) vor Großbritannien und Deutschland.

Tab. 2.3.1/4: Die größten Dienstleistungsexport- und -importländer 2003
Quelle: WTO 2004, S. 21

	Anteil am Weltexport in % (Dienstleistungen)		Rang			Anteil am Weltimport in % (Dienstleistungen)		Rang	
	1993	2003	1993	2003		1993	2003	1993	2003
USA	17,6	16	1	1	USA	11,4	12,8	1	1
Großbritannien	6,4	8	3	2	Deutschland	10,5	9,6	2	2
Deutschland	6	6,4	4	3	Großbritannien	5,2	6,6	5	3
Frankreich	7,8	5,5	2	4	Japan	10	6,2	3	4
Spanien	3,2	4,2	8	5	Frankreich	5,8	4,7	4	5
Italien	5,5	4	5	6	Italien	5,1	4,2	6	6
Japan	5,5	3,9	6	7	Niederlande	3,9	3,6	7	7
Niederlande	3,9	3,5	7	8	China	1,2	3,1	17	8
China	1,2	2,6	.	9	Irland	0,7	2,8	.	9
Hongkong	2,9	2,5	10	10	Kanada	3,3	2,8	8	10
Österreich	2,8	2,4	11	11	Spanien	1,8	2,6	11	11
Belgien/Luxemburg	3,1	2,4	9	12	Österreich	2	2,4	10	12
Kanada	2,3	2,3	12	13	Belgien/Luxemburg	2,9	2,3	9	13
Irland	0,4	2	.	14	Südkorea	1,5	2,2	13	14
Dänemark	1,3	1,8	16	15	Schweden	1,4	1,6	15	15

Die USA und Großbritannien z. B. weisen einen Exportüberschuss auf, Deutschland und Japan ein Exportdefizit. Während die USA sowohl im Außenhandel mit Waren als auch mit Dienstleistungen stark sind, ist Großbritannien bei Dienstleistungen deutlich stärker als bei Waren, umgekehrt Deutschland und Japan. Asien hat im Gegensatz zum großen Warenexportüberschuss ein großes Dienstleistungsdefizit. Eine Ausnahme ist Indien, nach Irland der größte Standort im „off-shoring" von Dienstleistungen. In Tab. 2.3.1/4, die den gesamten Außenhandel mit Dienstleistungen ausweist, ist nicht zu erkennen, dass Irland, ein Land nur etwa so groß wie Bayern und mit kaum mehr Einwohnern als Berlin und ohne nennenswerten Binnenmarkt, der größte Software-Exporteur der Welt ist. Die Software-Entwicklung begann hier etwa Mitte der 1980er Jahre und beruht auf gut ausgebildeten, englischsprachigen Arbeitskräften, einer guten Infrastruktur und niedrigen Steuern.

Erklärungen des internationalen Handels mit Dienstleistungen
Die geringe außenwirtschaftliche Bedeutung der Dienstleistungen hat mehrere Gründe:
– die unzureichende statistische Erfassung der Dienstleistungsumsätze im Ausland,
– die stärkere Zunahme der indirekten als der direkten Ausfuhren, Ausdruck des steigenden Anteils an Dienstleistungs-Vorleistungen in den Warenexporten, und
– die geringeren Direktinvestitionen der Dienstleistungsunternehmen als der Produktionsunternehmen. Da ein erheblicher Teil der Direktinvestitionen der Industrie auf Dienstleistungen entfällt, u. a. Vertrieb und Wartung, ist der Anteil der Direktinvestitionen bei Dienstleistungen tatsächlich deutlich höher als die Statistik ausweist.

Dienstleistungen werden primär als binnenmarktorientierte Tätigkeiten angesehen, weil sich bei einer Reihe von Dienstleistungen Leistungserstellung und Leistungsinanspruchnahme nicht oder nur schwer trennen lassen und ein direkter persönlicher Kontakt zwischen Produzent und Konsument notwendig ist (uno actu), wie z. B. bei einem Friseur. Diese Dienstleistungen sind nicht lagerfähig und immateriell und können nicht gehandelt werden. Bei den übrigen Dienstleistungen ist physische Nähe nicht erforderlich, z. B. bei einem Konzert auf einer CD, bei Radiosendungen und Internetdiensten. Produktion und Konsum können räumlich und zeitlich getrennt werden. Heute können fast alle Dienstleistungen international gehandelt werden, nicht nur Software, Transporte und Versicherungen der Transporte, auch z. B. Finanzdienstleistungen und technische Beratungen. Durch neue Informations- und Kommunikationstechnologien (IT-Netze) wurde die Handelbarkeit informationsintensiver Dienstleistungen stark verbessert (vgl. Kap. 2.2.2). Dienstleistungen können nicht nur dort erstellt werden, wo sie gebraucht werden, sondern auch dort, wo sie günstig erstellt werden können, z. B. Software in Indien. Der Trend zur Spezialisierung und zur Konzentration auf Kernkompetenzen beschleunigt die Standardisierung und Auslagerung der Dienstleistungen. Hochwertige Dienstleistungen in Verbindung mit Waren und Innovationen entziehen sich der Standardisierung und Auslagerung wesentlich stärker als andere Dienstleistungen.

Die binnenwirtschaftliche Bedeutung der Dienstleistungen ist stärker bei „gebundenen" als bei „ungebundenen" Dienstleistungen, eine Unterscheidung von *Bhaghwati* (1984). Zu den gebundenen Dienstleistungen, bei denen die räumliche und zeitliche Nähe zwischen Produzent und Konsument wichtig ist, gehören Handel, Verkehrs-, Gesundheits-, kulturelle und Bildungsdienste, zu den ungebundenen Dienstleistungen Kredite, Versicherungen und Nachrichtenübermittlung. Bei den gebundenen Dienstleistungen sucht entweder der Produzent den Konsumenten auf, z. B. der Fensterputzer den Kunden, oder der Konsument den Produzenten, z. B. der Patient den Arzt. Gebundene Dienstleistungen sind überwiegend auf lokale Märkte orientiert. Bei den ungebundenen Dienstleistungen ist der unmittelbare persönliche Kontakt zwischen Produzent und Konsument nicht notwendig. Zunahme und Internationalisierung der Dienstleistungen beruhen vor allem auf ungebundenen Dienstleistungen. Immer mehr gebundene Dienstleistungen werden zu ungebundenen Dienstleistungen. Arbeitsproduktivität, Kapitalintensität und Wertschöpfung sind bei ungebundenen Dienstleistungen deutlich höher als bei gebundenen Dienstleistungen (*Klodt/Maurer/Schimmelpfennig* 1996, S.32f.).

Die Zunahme des internationalen Dienstleistungshandels beruht auch auf der zunehmenden Bedeutung der unternehmensorientierten Dienstleistungen, die in erheblichem Umfang Vorleistungen für Industrie und

---

Gründe für die Zunahme des internationalen Handels mit Dienstleistungen
– neue Informations- und Kommunikationstechnologien und Infrastrukturen (u. a. Satelliten und Glasfasernetze)
– Zunahme der internationalen Transaktionen (u. a. des Handels mit Devisen und Wertpapieren, Kredite, Versicherungen und Flugreisen)
– Zunahme der Dienstleistungen in Verbindung mit Warenexporten (Finanzierung, Logistik, Ingenieurdienste, Wartung, Instandhaltung, Rücknahme, Entsorgung)
– Zunahme der informations- und wissensintensiven Dienstleistungen
– Deregulierung (u. a. im öffentlichen Verkehr, in der Energieversorgung und in der Telekommunikation, WTO)
– Internationalisierung der Dienstleistungsunternehmen, u. a. der Banken und Versicherungen

hochwertige Dienstleistungen erbringen (siehe Kasten). In immer stärkerem Maße verschwimmen die Grenzen zwischen Produktion und Dienstleistungen. Für Industrieunternehmen wird es immer wichtiger, nicht nur Waren anzubieten, sondern auch ergänzende und produktbegleitende Dienstleistungen, wie Finanzierung, Logistik, Ingenieurdienste, Wartung und Instandhaltung.

Zölle und andere staatliche Interventionen wie Zulassungen, Quoten und Regulierungen, z. B. des Bahn-, Straßen und Luftverkehrs, behindern auch den internationalen Handel mit Dienstleistungen, u. a. der Banken, Versicherungen, Ausbildungseinrichtungen, Touristik- und Transportunternehmen, Post- und Kurierdienste und der Energieversorgung. Die Dienstleistungsmärkte sind stark fragmentiert. Im Unterschied zur Liberalisierung des Warenverkehrs wurde mit der Liberalisierung des Dienstleistungsverkehrs erst in den 1990er Jahren begonnen. Durch das General Agreement on Trade in Services (GATS), das am 1.1.2005 in Kraft getreten ist, soll dieser Handel weltweit liberalisiert werden.

2.3.2 Tourismus und globale Verflechtungen: Determinanten, Entwicklungs- und Raummuster
(Karl Vorlaufer)

2.3.2.1 Grundlagen und Muster der Expansion des internationalen Tourismus

Der internationale Tourismus ist eine wesentliche Komponente und zugleich Triebfeder zunehmender globaler Verflechtung. Der Fremdenverkehr entfaltete sich trotz zahlreicher kurzzeitiger Einbrüche aufgrund von Terroranschlägen, Naturkatastrophen etc. in den letzten Jahrzehnten zu einem der wichtigsten und dynamischsten Zweige des Weltwirtschaftssystems; die internationalen Touristenankünfte verzeichneten spektakuläre Zuwächse (Abb. 2.3.2/1). Noch schneller nahmen die Reisedeviseneinnahmen zu, die stärker stiegen als der Wert der gesamten Weltproduktion und der Weltexporte an Gütern. Der World Travel & Tourism Council (WTTC) bezeichnet die Reisebranche als „The World's Largest Industry and Generator of Jobs", auf die 2007 weltweit 8,3 % aller Arbeitsplätze, 10,4 % des BIP, 9,5 % aller Investitionen und 6,4 % des Wertes aller Waren- und Dienstleistungsexporte entfielen (Tab. 2.3.2/1). In einigen Regionen ist die Bedeutung dieses Wirtschaftszweiges einschließlich vor- und nachgelagerte Branchen noch größer.

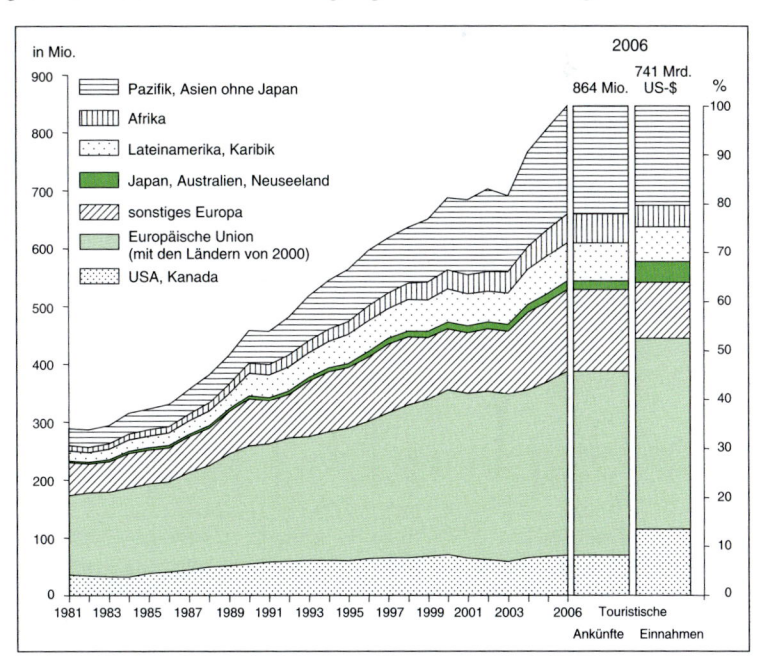

Abb. 2.3.2/1
Die Entwicklung internationaler Touristenankünfte von 1981 bis 2006 sowie die prozentuale Verteilung von Ankünften und Reisedeviseneinnahmen im Jahr 2006 nach Ländergruppen
Quelle: *Vorlaufer* nach WTO 1985 ff.

105

Tab. 2.3.2/1: Indikatoren der wirtschaftlichen Bedeutung (1) des Tourismus in den Weltregionen im Jahr 2007
Quelle: http://www.wttc.travel/bin/original_pdf_file/world.pdf

Region	Beschäftigte (B)			Reisedeviseneinnahmen (DE = Exporte)			Touristische BIP		
	Mio.	% aller B	R % (2)	Mrd. US $	% aller DE	R % (2)	Mrd. US $	% am G. BIP (3)	R % (2)
EU-27	25,7	11,8	11,1	414,1	7,5	42,8	1767,7	10,9	32,3
Nordamerika	21,1	11,1	9,1	167,1	7,2	19,3	1673,5	10,5	31,0
Lateinamerika	13,0	6,9	5,6	25,5	5,4	2,6	143,0	7,3	2,7
Karibik	2,4	14,8	1,0	26,2	17,9	2,7	40,3	16,5	0,7
Nordafrika	5,7	12,8	2,5	20,0	11,8	2,1	51,9	13,6	0,9
Nordostasien	83,2	3,0	36,0	103,2	3,2	10,7	974,1	10,6	18,1
Südostasien	21,4	8,4	9,3	53,3	5,3	5,5	128,9	10,6	2,4
Südasien	31,5	5,2	13,6	11,6	3,9	1,2	62,4	5,5	1,2
Mittlerer Osten	5,4	10,0	2,3	28,5	4,3	2,9	117,5	9,6	2,2
Welt	194,6	7,6	100	686	9,6	100	3.526,90	10,2	100

(1) Bei den Beschäftigten und dem touristischen Bruttoinlandsprodukt (BIP) einschließlich der indirekten Effekte auf vor- und nachgelagerte Branchen, des Binnentourismus und des internationalen Personentransports, (2) R % = Anteil der Region an der Welt; (3) %-Anteil am gesamten BIP der Region

Das Reisedevisen-Geschäft ist eine zentrale Komponente der globalen Finanzmärkte. In der Zahlungsbilanz vieler Länder nehmen Reisedeviseneinnahmen und -ausgaben eine prominente Position ein. Selbst in Ländern mit hohen Einkommen, in Industrieländern (IL), erreichen die Reisedeviseneinnahmen im Vergleich mit dem Warenexport hohe Werte. Dies trifft noch ausgeprägter auf touristisch wichtige Entwicklungsländer (EL) sowie insbesondere auf insulare Mikrostaaten mit nur eingeschränkten Ressourcen für Exportgü-

Tab. 2.3.2/2: Die Reisedevisen-Einnahmen (E), -Ausgaben (A) und -Salden (S) ausgewählter Länder und Indikatoren ihrer Reiseverkehrsbilanz 2003
Quelle: www.wto.org (Abruf 18.06.03), www.wttc.org (Abruf 18.06.03)

	E in % der Exporte	E/abs. (Mio. US$)	A/abs. (Mio. US$)	E/Einw.	A/Einw.	S/Einw.
USA	23	179.349	262.945	644,6	945,1	–300,5
Deutschland	13,5	71.149	84.649	866,6	1.031,00	–164,4
Frankreich	22,4	66.858	47.491	1.141,00	810,6	330,4
Italien	18,8	43.216	37.162	750	645	105
Spanien	41,8	47.537	26.871	1.206,50	1.194,70	11,8
Marokko	34,9	2.570	840	90,6	29,3	61,3
Mauritius	55,7	866	418	740,2	358,6	381,6
Kenya	30,4	538	445	18,3	15,1	3,2
Südafrika	14,6	4.370	4.126	103,8	104,7	–0,9
Mexiko	14,1	23.542	14.459	243,8	149,8	94
Bahamas	203,1	1.848	467	6.201,30	1.567,10	4.634,20
Barbados	269,9	734	212	2.759,40	497	1.962,40
Brasilien	11,7	6.460	7.425	38,5	44,3	–5,8
China	14,4	28.132	21.472	22,4	17,1	5,3
Malaysia	10,1	8.504	5.799	374,5	255,4	119,1
Thailand	19,3	11.274	5.823	187,1	96,7	90,4
Malediven	532,8	341	145	1.267,70	539,1	728,6
Australien	24,5	14.202	14.275	749	752,9	–3,9

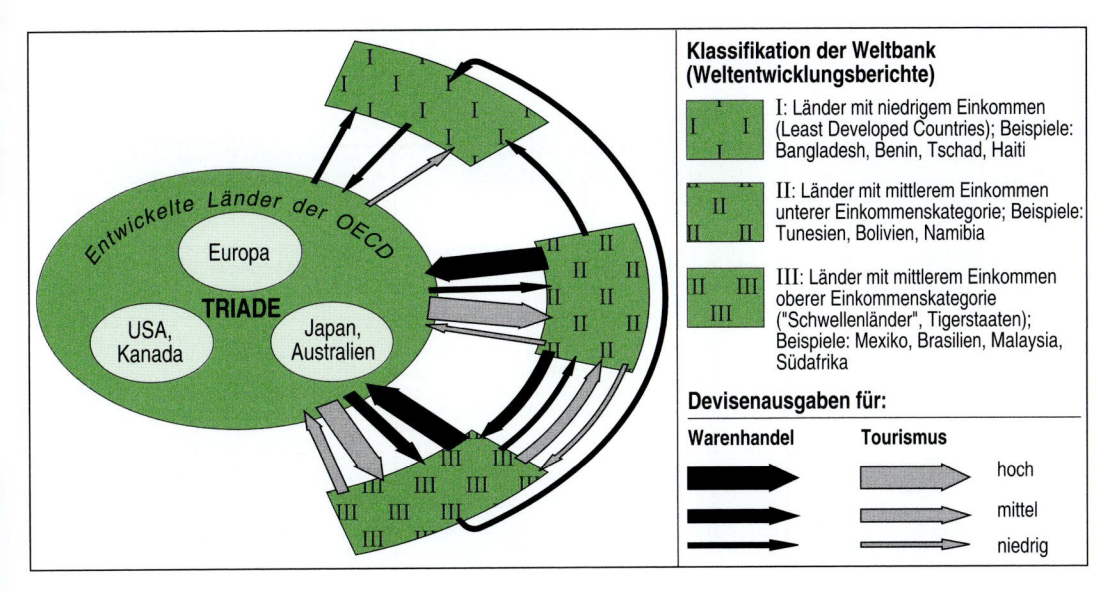

Abb. 2.3.2/2:
Modell der globalen Devisenströme aus Tourismus und Warenhandel

ter zu. Hier übertreffen die touristischen Einnahmen oft den Wert der Warenexporte um das Vielfache. Viele entwickelte Länder erzielen absolut, aber auch pro Einwohner, hohe Reisedeviseneinnahmen, die in einigen Staaten die Ausgaben jedoch nicht kompensieren können (z. B. USA, Deutschland). Negative Reiseverkehrsbilanzen sind für diese Länder typisch (Tab. 2.3.2/2). Die für den Welthandel charakteristischen Austauschbeziehungen sind einerseits auch kennzeichnend für den internationalen Tourismus. Warenhandel und Tourismus vollziehen sich z. B. für die EU im hohen Maße intraregional. So entfielen im Jahr 2000 63 % aller Warenexporte sowie sogar 73,2 % (1999, WTO) aller grenzüberschreitenden Touristenankünfte der EU auf den Austausch mit Mitgliedsstaaten. Andererseits stellt sich jedoch das Muster dieser Beziehungen zwischen entwickelten und unterentwickelten Ländern partiell konträr dar. Während viele EL im Warenhandel mit IL negative Salden aufweisen, erreichen sie im Reiseverkehr oft positive Bilanzen (Abb. 2.3.2/2).

Die am wenigsten entwickelten Länder der Erde, die Least Developed Countries (LDCs), sind jedoch überwiegend in beiden Austauschbeziehungen schwach eingebunden (*Vorlaufer* 2003.1). Viele EL höherer Einkommen oder volkreiche Staaten (z. B. China) sind heute bereits wichtige Quellgebiete; die Devisenausgaben sind absolut und pro Einwohner schon hoch (Tab. 2.3.2/2). Einige EL weisen sogar eine negative Reisedevisenbilanz auf, wie u. a. Argentinien, Brasilien, Taiwan, Nicaragua, Nigeria oder Uruguay (2000). Selbst einige der ärmsten Länder mit zudem sehr geringen Reisedeviseneinnahmen haben oft eine negative Bilanz, weil zum Beispiel die kleine Oberschicht häufig exzessive Auslandsreisen unternimmt oder auch Händler oder Pilger relativ zahlreich in Nachbarländer reisen (Beispiele: Burkina Faso, Burundi, beide Kongo-Staaten, Elfenbeinküste, Haiti, Malawi, Ruanda, Jemen). Zwischen dem Volkseinkommen und den Reisedeviseneinnahmen besteht generell ein hoher statistischer Zusammenhang (*Vorlaufer* 2003.1).

Die Leistungen der Tourismuswirtschaft in den Zielgebieten sind außenwirtschaftlich Exporte der Destination, obwohl der Konsum dieser Leistungen – im Unterschied zu den Gütern des Warenexports – im Land der Leistungserstellung, d.h. im touristischen Zielgebiet, und nicht am Wohnort der Konsumenten, d.h. im Herkunftsland der Touristen, erfolgt. Die für den Warenhandel typische Raumstruktur ist zwar partiell auch kennzeichnend für die globalen Devisenströme des Tourismus. Beim Warenexport ist jedoch z. B. für die EU die Ausfuhr in außereuropäische Länder deutlich wichtiger als bei den entsprechenden touristischen Ankünften bzw. Deviseneinnahmen. Die Verflechtungen zwischen den Erdregionen sind trotz starken Wachstums des Ferntourismus weniger intensiv als beim Warenexport.

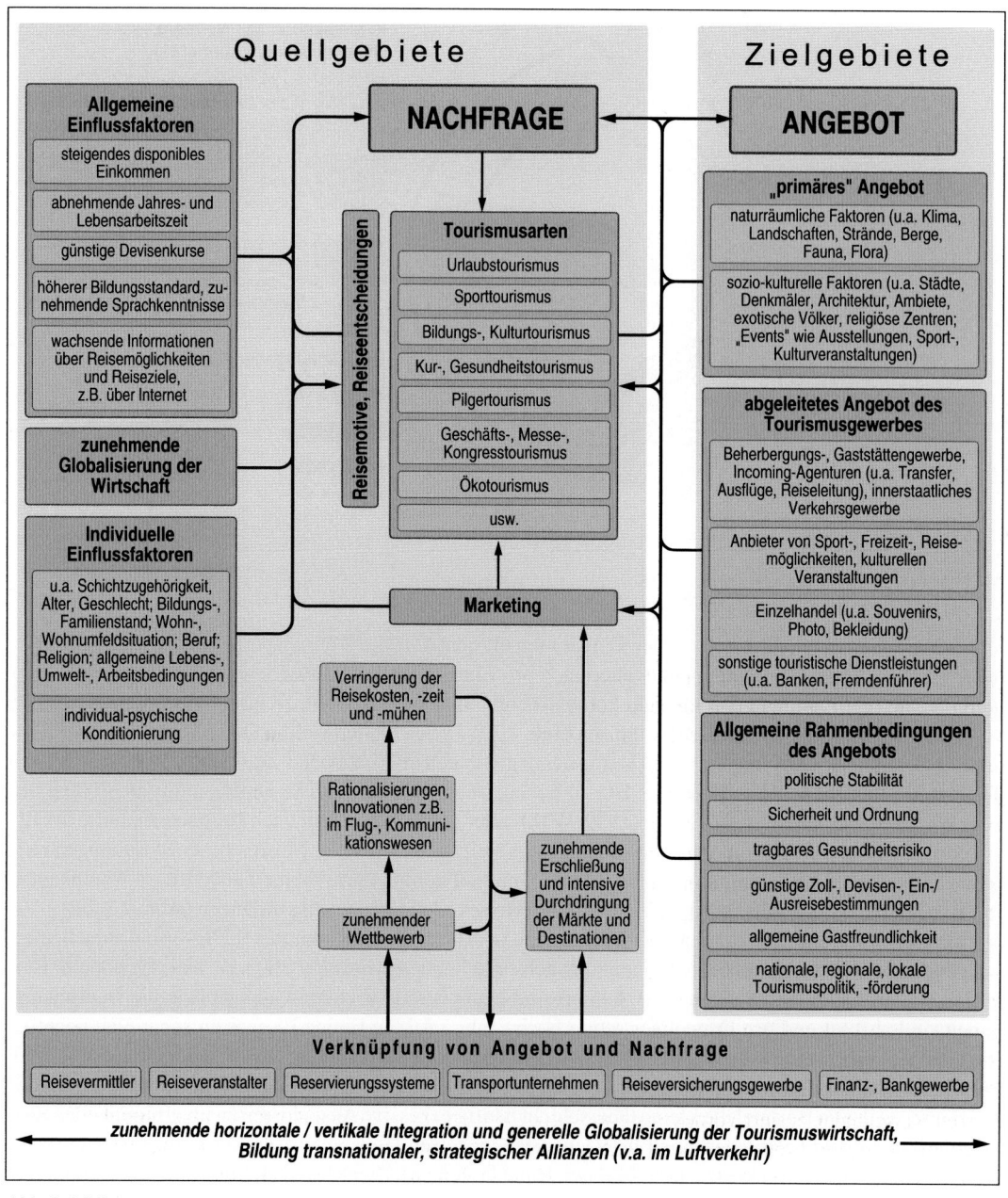

Abb. 2.3.2/3:
Modell der Angebots- und Nachfragedeterminanten sowie der Struktur- und Verflechtungsmuster des internationalen Tourismus

Die Expansion des Welttourismus wurde durch Faktoren sowohl auf der Angebots- und Nachfrageseite als auch durch technologische und politische Entwicklungen gefördert (Abb. 2.3.2/3). Die rasante technologische und organisatorische Entwicklung im Flugverkehr sowie globaler Kommunikationstechnologien (u. a. Computerreservierungssysteme, Internet) sind besonders herauszustellen. Der Einsatz stetig leistungsfähigerer Flugzeuge in Verbindung mit der starken Konkurrenz auf dem Flugmarkt hat den Zeit- und Kos-

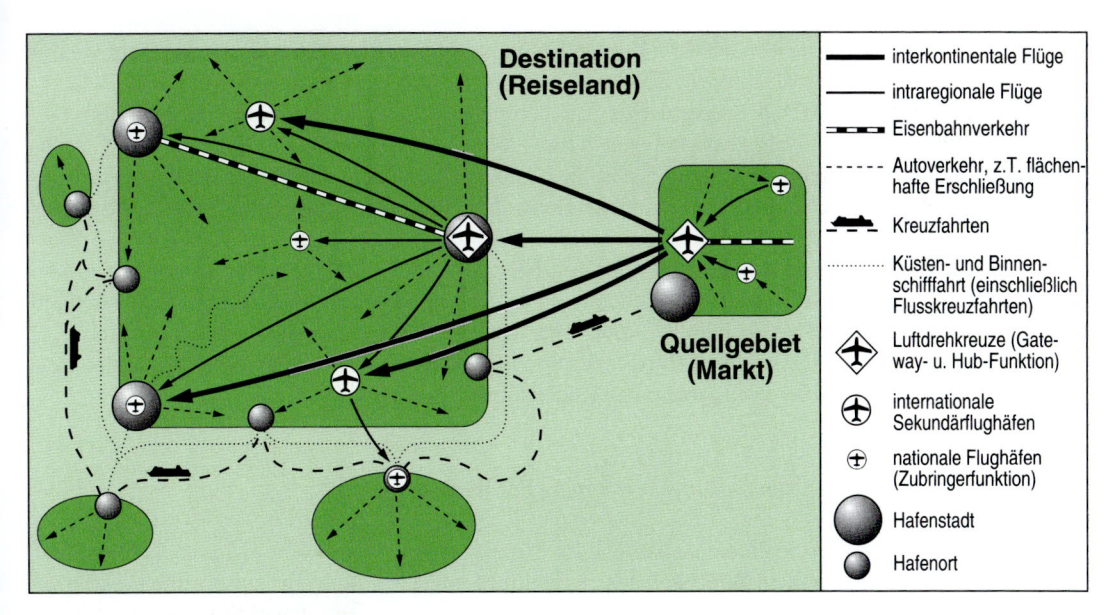

Abb. 2.3.2/4:
Modell der verkehrsmäßigen Verflechtung touristischer Märkte mit den Destinationen im interkontinentalen Reiseverkehr

tenaufwand in den letzten Jahrzehnten drastisch reduziert und dadurch große Entfernungen überwindbar gemacht. Im interkontinentalen Reiseverkehr ist das Flugzeug der dominante Träger des Massenverkehrs. Von den Luftdrehkreuzen aus erfolgt die intraregionale Ausbreitung des Tourismus auch auf dem Land- und Wasserwege (Abb.2.3.2/4). Trotz großer Konkurrenz von Auto und Bahn ist der Flugverkehr auch für den innereuropäischen Tourismus zu den an der Peripherie des Kontinents gelegenen Urlaubsländern Spanien, Portugal und in die Türkei wichtig.

Der Schiffsverkehr ist für den Welttourismus nur von nachgeordneter Bedeutung, wenngleich der Kreuzfahrttourismus für die Einbindung einzelner Regionen in den internationalen Reiseverkehr wichtig ist (*Vorlaufer* 1996, *Schäfer* 1998). Insbesondere in der Karibik stellen Kreuzfahrtbesucher einen hohen Anteil aller einreisenden Touristen: Sie machten z. B. im Jahr 2006 für Grenada 64,9 %, für die Cayman Islands 87,8 %, die Bahamas 67,7 % und Barbados 48,9 % aller Touristen aus (www.onecaribbaen.org). Aber auch hier hat das Flugzeug eine wichtige Zubringerfunktion. Die meisten europäischen Kreuzfahrtbesucher der Karibik z. B. beginnen oder beenden ihre Schiffsreise in den auf dem Luftwege mit Europa verflochtenen Häfen Floridas oder karibischer Inseln.

Die starke Expansion des Tourismus seit 1960 z. B. von Europa aus in die mehr als fünf Flugstunden entfernten Reiseländer basiert vornehmlich auf dem Luftverkehr – nur die Antarktis wird über den Kreuzfahrttourismus jüngst touristisch verstärkt vermarktet. Zudem werden über die Kreuzschifffahrt auf dem Land- und häufig auf dem Luftweg gar nicht oder nur schwer erreichbare Peripherieräume, wie die Uferregionen des Amazonas oder des Sepik auf Neuguinea sowie periphere kleine Inseln und Festlandküsten, in den internationalen Tourismus eingebunden. Der Yangste, der Nil und andere große Wasserstraßen sind von erheblicher Bedeutung für die Flusskreuzfahrt.

Zumindest für die Besuche angrenzender Länder, d.h. für den intraregionalen internationalen Tourismus, kommt dem Auto auf allen Kontinenten die größte Bedeutung als Verkehrsmittel zu. Seit dem Anschlag in New York (11. September 2001) und infolge zunehmender Furcht vor Terroranschlägen haben insbesondere in Mitteleuropa Bahn und Auto auf Kosten des Flugzeugs und damit auch europäische Reiseländer auf Kosten der Fernreiseziele (vorübergehend) stark an Bedeutung gewonnen.

Die Tourismuswirtschaft verzeichnete insbesondere im interkontinentalen Verkehr kurzfristig drastische

Einbrüche infolge einer Kette von abschreckenden Ereignissen: Terroristische Angriffe auf Touristen in Luxor/Ägypten (1997), Djerba/Tunesien, Bali und Kenia (2002), die Entführung von Touristen in Malaysia (2001) und Algerien (2002), der Ausbruch der Lungenseuche SARS (2003), der Irak-Krieg (2003) und Bombenanschläge auf touristische Einrichtungen in Bali (2005) und Ägypten (2005, 2006) haben die Nachfrage weiter gedrosselt. Auch große Naturkatastrophen haben oft zu einem drastischen Rückgang der Besucherzahlen geführt. Durch den Tsunami vom 24. Dezember 2004 wurde auch touristische Infrastruktur an den von der Flutwelle verwüsteten Küsten weithin zerstört: In Sri Lanka und an der Westküste Thailands, u. a. mit der jährlich von Hunderttausenden Touristen besuchten Insel Phuket, brach die touristische Nachfrage vollkommen zusammen. Eine Wiederbelebung des Fremdenverkehrs erfolgt erst nach einigen Jahren. Bis 2008 wurden jedoch auch im Ferntourismus wieder Rekordwerte erreicht. Auch die in der Karibik und im Golf von Mexiko häufigen Hurrikans lösen nach den oft massiven Zerstörungen in den Reiseländern zumindest für ein bis zwei Jahre einen Rückgang der Besucherzahlen aus.

2.3.2.2 Die raumzeitliche Entfaltung und Verbreitung des Welttourismus

Zwar gab es (in Europa) bereits in der Antike und im Mittelalter einen religiös motivierten Reiseverkehr etwa zu den Tempeln und Orakeln Griechenlands, ins Heilige Land, nach Rom oder zum Wallfahrtsort Santiago de Compostella/Spanien. Der „moderne", auf Erholung und Bildung basierende Tourismus setzte jedoch erst Ende des 18. Jahrhunderts ein.

Der frühe Tourismus beschränkte sich wesentlich auf den Adel (Grand Tour nach Italien, Goethe in Italien). Seit der frühen Industrialisierung beteiligten sich auch zunehmend Schichten des Bürgertums am Tourismus (*Spode* 1988). Namentlich wohlhabende Engländer reisen im Sommer in die Schweizer Alpen und im Winter nach Ägypten und Indien. Das 1841 von Thomas Cook in London gegründete Reisebüro organisierte schon 1855 Reisen ins Ausland; in Deutschland bot das 1863 eröffnete Reisebüro Stangen (seit

Abb. 2.3.2/5:
Schema der raumzeitlichen Entfaltung des von Deutschland ausgehenden internationalen Tourismus seit ca. 1800

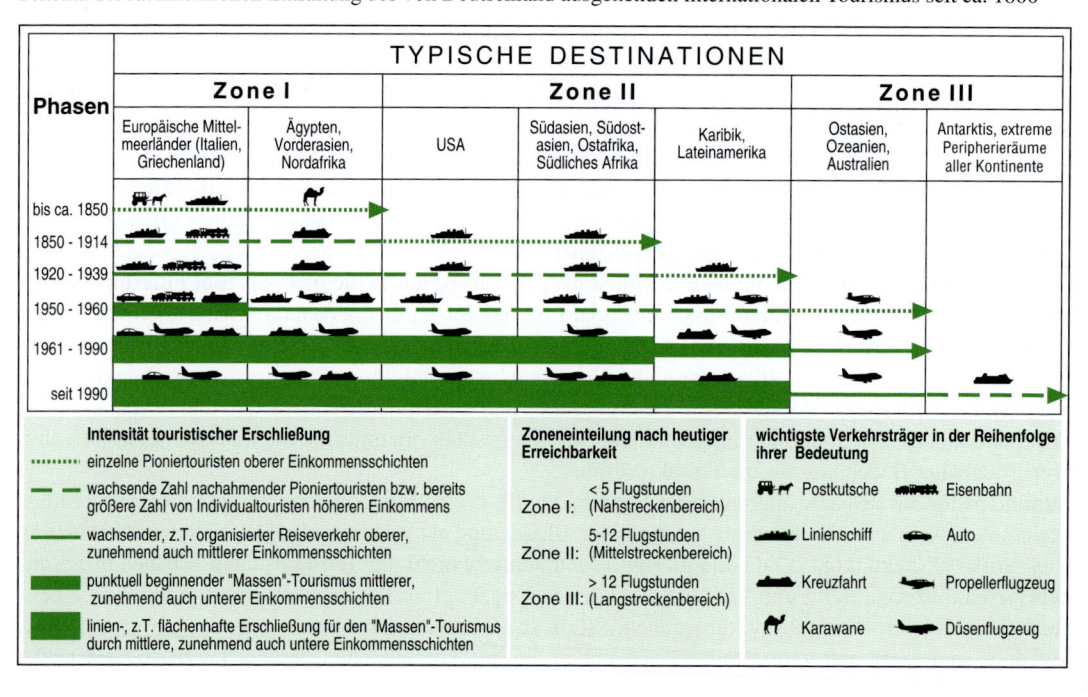

1905 Hapag, heute Hapag-Lloyd) bereits im 19. Jahrhundert teure Auslands- und sogar Weltreisen an (u. a. zur Jagd in Kenia, Uganda; Bootsfahrten auf dem Amazonas). Einzelne Pioniertouristen reisten zu pazifischen Inseln – der Maler Gauguin prägte durch seine auf Tahiti entstandenen Werke das idealisierte Bild der Europäer vom „Paradies in der Südsee" mit. Im Zuge weiterer technologischer (Flugzeug) und gesellschaftlicher Entwicklungen (u. a. garantierter Jahresurlaub, steigende Einkommen) konnten sich mittlere und schließlich auch untere Einkommensschichten in steigender Zahl an Reisen über zunehmend größere Distanzen beteiligen (*Gormsen* 1996). Die Expansionsdynamik des Tourismus der letzten Phasen (Abb. 2.3.2/5) ist zudem dadurch gekennzeichnet, dass z. B. von Europa aus vormals kaum bereiste Destinationen mit ihrem Markteintritt in kürzester Zeit flächenhaft und intensiv durch den Massentourismus erschlossen wurden. Im Unterschied zu früheren Phasen erfolgte keine allmähliche, sondern eine oft abrupte, schnelle Ausrichtung von Gesellschaft und Wirtschaft dieser Länder auf eine hohe europäische touristische Nachfrage. Ein Beispiel ist die Dominikanische Republik, die sich – auf der Grundlage massiver ausländischer Investitionen in die touristische Infrastruktur – in wenigen Jahren zu einem der wichtigsten Ziele des Ferntourismus u. a. der Deutschen entfaltete und deren Küsten von einer Kette großer Badezentren überzogen wurden (*Vorlaufer* 1996).

Einige dieser Destinationen waren schon vor Einsetzen des europäischen Massentourismus von nähergelegenen Quellgebieten aus intensiv erschlossen worden (*Vorlaufer* 1996). Von den USA aus erfolgte so bereits bis 1939 und von 1945 bis 1960 eine enge Einbindung der karibischen, mexikanischen, zentralamerikanischen sowie z. T. der pazifischen Destinationen in den Tourismus und damit Jahrzehnte vor Beginn intensiver Nachfrage europäischer Touristen: Neben Europa war bereits vor 1939 Nordamerika ein für den internationalen Reiseverkehr wichtiger Markt. Auch in Lateinamerika beteiligten sich wohlhabende Personen bereits stärker am internationalen Tourismus. Nach 1950 entwickelte sich zunächst Japan zu einem weiteren wichtigen Quellgebiet des Welttourismus, der so auch mehr und mehr die für den Welthandel typische triadische Struktur aufweist. Viele Destinationen des pazifischen Raumes verzeichnen eine hohe japanische Nachfrage (z. B. Hongkong, Philippinen, Thailand, Marianen, Hawaii, Australien). Auch die Langstreckenziele der Japaner, besonders in Europa und den USA, weisen eine hohe Intensität ihrer Verflechtung mit Japan auf.

Mit dem (zunächst bis 1997) starken Wirtschaftswachstum in Ost- und Südostasien seit etwa 1980 war die Entfaltung eines weiteren wichtigen touristischen Marktes verbunden. Namentlich der intraregionale Reiseverkehr zwischen den ASEAN-Staaten verzeichnete ein stürmisches Wachstum (*Uthoff* 1996, *Vorlaufer* 2003.1). Neben dem wachsenden Erholungs- und Bildungstourismus ist hier der im Zuge der Globalisierung stark expandierende Geschäfts-, Messe- und Kongresstourismus ein wichtiges Segment. In allen Industrie- und in sehr vielen Entwicklungsländern stellen Geschäftsreisende sowie Kongress- und Messebesucher einen bedeutenden Anteil aller Touristen: Die Globalisierung der Wirtschaft ist direkte Triebfeder auch des Welttourismus. Auch das vor 1989 nur randlich in den Welttourismus eingebundene Osteuropa hat sich in den letzten Jahren zu einem wichtigen Reisemarkt entfaltet. Die prozentual kleine, in absoluten Zahlen aber beachtliche russische Bevölkerung mit höherem Einkommen beteiligt sich zunehmend am globalen Reiseverkehr mit relativ hohen Ausgaben: Schon 1995, wenige Jahre nach dem Zusammenbruch der Sowjetunion, lag Russland nach der Höhe der Reisedevisenausgaben unter den Ländern der Erde auf Rang 7 (WTO 1985/1997).

Ein riesiges Marktpotenzial stellt auch China, das schon heute nicht nur ein wichtiges Reiseziel, sondern ein bedeutendes Quellgebiet ist. 2007 wurden in China (einschließlich Hongkong) bereits 40,9 Mio. (2004: 21,6 Mio!) Übernachtungsreisen ins Ausland registriert. Chinesen besuchen nicht nur in großer Zahl die nahegelegenen Länder Südostasiens. Im März 2003 reiste die erste Gruppe chinesischer Pauschaltouristen nach Deutschland, 2004 war die Bundesrepublik mit schon 322.000 Besuchern aus der Volksrepublik vor Frankreich das beliebteste Reiseziel in Europa (ohne Russland). Die mit einer Niederlassung in China vertretene Deutsche Zentrale für Tourismus (2006) prognostiziert für 2015 2,46 Mio. chinesische Touristen in Deutschland.

Trotz zunehmender Einbindung von mehr und mehr Destinationen in den Tourismus ist der globale Reiseverkehr durch starke Disparitäten gekennzeichnet. Von 1981 bis 2006 konnten zwar vornehmlich der pa-

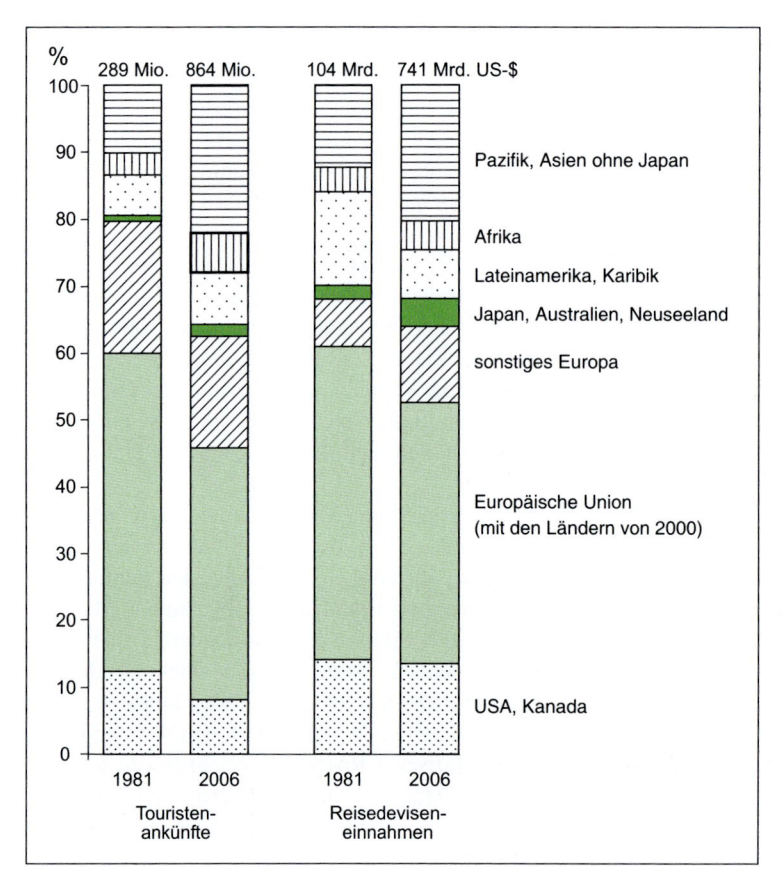

Abb. 2.3.2/6:
Der Anteil der Weltregionen am Welttourismus 1981 und 2006
Quelle: *Vorlaufer* nach WTO 2002, WTO 2008

zifische Raum und Asien ihre Anteile an dem globalen Touristenankünften und Reisedeviseneinnahmen deutlich erhöhen (Abb. 2.3.2/6). Doch entfielen im Jahr 2006 immer noch auf die jeweils 10 wichtigsten Länder über 50 % aller Touristenankünfte und Reisedeviseneinnahmen (aber auch der -ausgaben, vgl. auch Tab. 2.3.2/3). Der Anteil aller restlichen Länder der Welt hat sich seit 1980 nur gering erhöht. Die Zuwächse konzentrieren sich überproportional auf Ost-/Südostasien, das aber noch spektakulärere Steigerungen bei den Reisedevisenausgaben verzeichnete. Trotz starker Relativierung des Zeit- und Kostenaufwandes ist die räumliche Nähe einer Destination immer noch eine wichtige Determinante der Nachfrage. Abb. 2.3.2/7 belegt diese unterschiedliche Bedeutung einzelner Märkte für Reiseländer in ganz differenzierter Raumlage rund um den Globus.

2.3.2.3 Tourismuspolitik und -förderung als Determinante des Welttourismus

Die Faktoren, die die Entfaltung des Welttourismus auf der Angebots- und Nachfrageseite begünstigen (Abb. 2.3.2/3), werden in ihrer Wirksamkeit verstärkt durch die Tourismuspolitik und -förderung vieler Staaten und parastaatlicher Organisationen. In zahlreichen Ländern rund um den Globus kommt dem Fremdenverkehr eine große binnen- und außenwirtschaftliche Bedeutung zu. Auch Länder mit oft nur relativ bescheidenem touristischen Potenzial und einem vergleichsweise geringen Reiseverkehr sehen im Tourismus ein Instrument zur Verbesserung ihrer wirtschaftlichen Lage (*Vorlaufer* 1996, 2003.1). Tourismusplanung und -förderung auf nationaler, regionaler und lokaler Ebene haben daher in vielen Ländern einen hohen Stellenwert. Über staatliche Entwicklungs- und Förderungsmaßnahmen wird das touristische An-

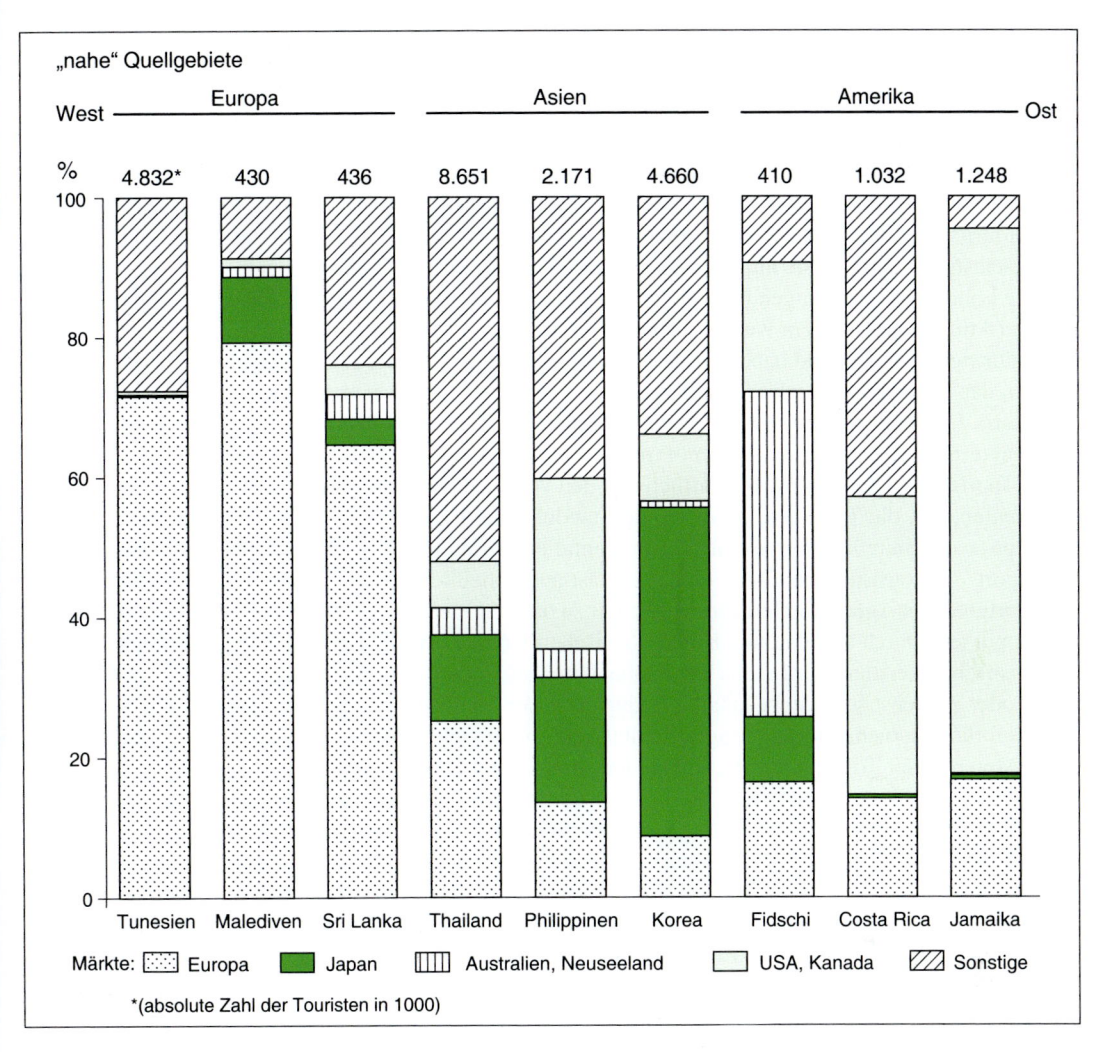

Abb. 2.3.2/7:
Die Distanz als ein Faktor der Reiseströme, veranschaulicht durch die Herkunftsregionen der Touristen (Grenzankünfte) in Zielgebieten unterschiedlicher globaler Lage zu den Hauptquellgebieten 1999
Quelle: *Vorlaufer* nach WTO 2002

gebot erschlossen, ausgebaut und gesichert. Über Auslandsvertretungen – so gab es 2003 in Deutschland z. B. 198 staatliche oder halbstaatliche Tourismusbüros (TourCon 2003) –, auf Tourismusmessen wie auf der Internationalen Tourismusbörse Berlin oder auch in Kooperation mit nationalen Fluggesellschaften wird mit diesem Angebot auf Reisemärkten geworben. Die wesentlichen, mit dieser Politik verbundenen ökonomischen Ziele sind die Steigerung der Deviseneinnahmen, die Schaffung von Arbeitsplätzen und damit die Erhöhung von Einkommen. Zunehmend wird mit der Tourismusförderung das Ziel verknüpft, über eine touristische Erschließung peripherer, wirtschaftlich marginalisierter und oft mit geringen oder fehlenden Ressourcen für eine agrar- oder industriewirtschaftliche Entwicklung ausgestatteter Räume die für viele Länder charakteristische disparitäre Raumentwicklung abzuschwächen. Mehr und mehr Länder propagieren zudem das Ziel einer nachhaltigen ökologischen Entwicklung durch den Tourismus, die eine Sicherung der für diesen Wirtschaftszweig wesentlichen Ressourcen auch für zukünftige Generationen anstrebt.

Für viele Länder bietet sich der Ausbau des Tourismus als günstige Entwicklungsoption aus folgenden Gründen an:
- Die touristische Nachfrage verzeichnete in den letzten Jahrzehnten im Vergleich zu anderen Wirtschaftsbereichen sehr hohe Zuwachsraten; auch die Prognosen zukünftigen Wachstums sind positiv (WTO 1998, WTTC 2003.1, 2003.2), auch wenn diese in Anbetracht der Rückgänge der touristischen Nachfrage in den Jahren 2003/2004 vorsichtiger zu bewerten sind.
- Die touristische Nachfrage weist im Vergleich zu vielen anderen Welthandelsgütern eine hohe Einkommenselastizität auf, d.h. sie nimmt (bisher noch) schneller zu als das Einkommen.
- Viele Länder sind mit einigen ihrer nicht substituier- und transportierbaren naturräumlichen und kulturellen Attraktionen auf dem Welttourismusmarkt häufig konkurrenzlos, d.h. sie verfügen über ein absolut günstiges Angebot und haben oft eine Monopolstellung: z. B. die Einzigartigkeit des Petersdoms in Rom, der Tempel von Angkor/Kambodscha, das islamische Pilgerzentrum Mekka/Saudi-Arabien, die Victoria-Fälle/Zimbabwe/Zambia. Demgegenüber stehen viele Länder mit ihren Agrar- und Industriegütern auf dem Weltmarkt unter oft massiverem Wettbewerbsdruck.
- Der Tourismus bietet außenwirtschaftlich u. a. den Vorteil, dass – standorttheoretisch gesehen – die Konsumenten, d.h. die Touristen, selbst an die Standorte der touristischen Leistungserstellung und Konsumption, die räumlich weitgehend zusammenfallen, reisen müssen. Die Kosten und Risiken für den „Export" der touristischen Güter werden so fast ausschließlich auf die Touristen übertragen, während Exportgüter der Agrar- und Industriewirtschaft zu den Märkten, zu den Konsumenten transportiert werden müssen. Durch den direkten Kontakt zwischen Konsumenten/Touristen und den Produzenten der touristischen Leistung wird es der Tourismuswirtschaft zudem erleichtert, flexibel auf die sich ändernden oder zunächst sogar unbekannten Bedürfnisse der Touristen zu reagieren. Dies ist ein besonderer Vorteil für Unternehmer mit geringer Kapitalkraft, die in vielen Entwicklungsländern die Mehrheit der Investoren in der Tourismuswirtschaft stellen. Industrielle Klein- und Mittelbetriebe, die sich auf dem Weltmarkt positionieren möchten, produzieren demgegenüber in der Regel für einen weitgehend unbekannten, anonymen Markt, der nur von Großunternehmen unter hohem Aufwand analysiert werden kann.
- Zahlreiche Branchen der Tourismuswirtschaft zählen zu den arbeits- statt kapitalintensiven Dienstleistungsbereichen, d.h. es ist z. B. auch Kleinunternehmern eher als in der exportorientierten Industrie möglich, mit verhältnismäßig geringem Kapitalaufwand viele Arbeitsplätze zu schaffen und einen vergleichsweise hohen Beitrag zur Erhöhung der Deviseneinnahmen zu leisten.
- Viele touristische Branchen basieren auf der Produktion und dem Vertrieb von Gütern, die mit heimischen Materialien und heimischem Know-how erstellt werden (u. a. Souvenirs, lokale Speisen). Somit wird der Nettodeviseneffekt touristischer Einnahmen erhöht.
- Der Tourismus gilt als ein wirkungsvolles Instrument zur Erschließung peripherer Räume, die häufig große touristische Attraktionen (z. B. „unberührte" Landschaften abseits der Verdichtungsräume), aber oft nur geringe Ressourcen für eine agrar- oder industriewirtschaftliche Produktion aufweisen (u. a. schlechte Böden an den für den Tourismus attraktiven Küsten, Wüsten, obere Höhenstufen der Gebirge). Diese oft nur für den Tourismus nutzbaren Ressourcen der Peripherie sind so meist nicht nur Potenziale zur Milderung räumlicher Disparitäten, sondern können häufig auch einen großen Beitrag zum volkswirtschaftlichen Wachstum leisten (*Vorlaufer* 2001). Der insbesondere für die Industrie relevante Nachteil einer peripheren Lage wird für den Tourismus relativiert oder kann sogar ein Standortvorteil sein, da für Touristen die Reise an den peripheren Standort häufig Zweck und nicht Mittel der kostenrelevanten Raumüberwindung, ja oft sogar ein eigenständiges Element des touristischen Leistungsangebots ist und gezielt von Touristen nachgefragt wird (Rundreisetourismus). Mit der Entfaltung des Tourismus in der Peripherie entstehen hier häufig bedeutende neue Wirtschafts- und Zuwanderungszentren. Das starke Wachstum großer Verdichtungsräume in den Kernregionen wird gedrosselt; die mit einer exzessiven Verstädterung verbundene rasante Zunahme sozialer Kosten wird verlangsamt.

2.3.2.4 Reisedevisenbilanzen – ihre außenwirtschaftliche Bedeutung

Das für die internationale Verflechtung durch den Reiseverkehr ausgelöste wichtigste Element sind die Devisenströme. Die Reisedevisenbilanz ist für viele Länder eine wichtige positive oder negative Komponente der Zahlungsbilanz. In Ländern mit hohen positiven Salden der Reisedevisenbilanz leistet der Tourismus einen oft wichtigen Außenbeitrag zum Sozialprodukt; er kompensiert in vielen Ländern die negativen Salden der Handelsbilanz. Der Tourismus trägt so zur Milderung globaler Leistungsbilanzstörungen bei. Es ist nämlich kennzeichnend, dass Länder mit hohen Handelsüberschüssen häufig mehr Reisedevisen ausgeben als einnehmen (Tab. 2.3.2/2), während Länder mit negativer Handelsbilanz oft Überschüsse in der Reisedevisenbilanz aufweisen.

Die Intensität der internationalen Verflechtungen wird wesentlich über das Volumen der Reisedevisenströme bestimmt. Der Grad der Einbindung einzelner Länder in den Welttourismus und in den dadurch induzierten globalen Zahlungsverkehr muss jedoch durch weitere Indikatoren belegt werden, wie die Zahl der Ankünfte bzw. der Übernachtungen ausländischer Besucher, die Reisedeviseneinnahmen oder -ausgaben pro Kopf der Bevölkerung oder die Höhe der touristischen Deviseneinnahmen und -ausgaben in Relation zu den Exporterlösen bzw. zum BIP. Der unterschiedliche Abhängigkeitsgrad einzelner Länder oder Erdregionen vom internationalen Tourismus wird dann sichtbar (Tab. 2.3.2/3). Länder mit hoher Abhängigkeit weisen eine große Verwundbarkeit auf – auch im Vergleich zu sehr exportabhängigen Volkswirtschaften. Ein Nachteil des Tourismus ist es nämlich, dass im Falle realer oder von Touristen nur vermuteter bzw. antizipierter politischer Krisen, fehlender Sicherheit (Kriminalität, Terrorismus) oder Seuchengefahr der Reiseverkehr oft drastisch zurückgeht, während unter gleichen Bedingungen eine exportorientierte Agrar- und Industriewirtschaft weiterarbeitet. Länder mit einer großen Zahl von Besuchern in Relation zur Einwohnerzahl, d.h. mit hoher Tourismusintensität, unterliegen darüber hinaus einer Gefährdung ihrer sozio-kulturellen und ökologischen Tragfähigkeit.

Tab. 2.3.2/3: Die 10 wichtigsten Länder in der Reihenfolge ihrer Reisedevisen-Einnahmen und -Ausgaben 2006
Quelle: UNWTO (2007): Tourism Highlights 2007 (auch: www.unwto/facts/eng/pdf/highlights/highlights_07_eng_hr.pdf)

Land	Einahmen Mrd. US $ 2006	Rang 2006	1980		Ausgaben Mrd. US $ 2006	Rang 2006	1980
USA	85,7	1	1	Deutschland	74,8	1	1
Spanien	51,5	2	4	USA	72,0	2	2
Frankreich	42,9	3	2	Großbritannien	63,1	3	3
Italien	38,1	4	3	Frankreich	32,2	4	4
China	33,9	5	34	Japan	26,9	5	6
Großbritannien	33,7	6	5	China	24,3	6	k. A.
Deutschland	32,8	7	6	Italien	23,1	7	13
Australien	17,8	8	24	Kanada	20,5	8	9
Türkei	16,9	9	k. A.	Russland	18,8	9	k. A.
Österreich	16,0	10	7	Südkorea	18,2	10	k. A.
Welt gesamt	733,0			Welt gesamt	733,0		

2.3.2.5 Tourismus und globale Umweltbelastungen

Mit der rasanten Expansion des Welttourismus und des Luftverkehrs ist eine extreme Zunahme der globalen Umweltbelastungen infolge hoher Immissionen von Kohlendioxyd und anderer Spurengase verbunden. Die Auswirkungen auf den Treibhauseffekt sowie der Verbrauch fossiler und damit „endlicher" Energieträger sind beträchtlich (*Bach/Gößling* 1996). Aus globaler Sicht besteht so zwischen der Entfaltung des Welttourismus und einer nachhaltigen Entwicklung ein unaufhebbarer Widerspruch – zumindest solange, wie bisher einerseits bei einem wachsenden Teil der Weltbevölkerung eine Urlaubsreise auch über große Distanzen als fast unverzichtbares Konsumgut verstanden wird und andererseits die Tourismuswirtschaft und insbesondere Fluggesellschaften unter wachsendem Wettbewerbsdruck auch infolge der Globalisierung preislich günstige Reisen anbieten, deren reale Kosten aber zu einem großen Teil externalisiert, auf nachfolgende Generationen (Klimawandel) und auf Länder und Gesellschaften, die keinen oder nur geringen Nutzen aus dem Tourismus erzielen, abgewälzt werden. Auch in den vom Massentourismus überformten und ökologisch oft extrem belasteten Räumen ist das Massentourismussyndrom (WBBGU 1998), die Zerstörung der generellen Lebensbedingungen der Bevölkerung, oft weithin schon heute von größter Tragweite.

Einerseits hat der Tourismus so in vielen Regionen der Erde zu einer spürbaren Verbesserung der wirtschaftlichen Lage der Bevölkerung, oft zur Revitalisierung der traditionellen Kultur (Beispiel Bali, vgl. *Vorlaufer* 1999) und sogar zur Sicherung oder Wiederherstellung ökologischer Stabilität und Biodiversität (z. B. Ausweisung von Schutzgebieten, Sicherung der Artenvielfalt, vgl. u. a. *Vorlaufer* 2002, 2003.2, *Müller* 1996) beigetragen. Andererseits kann er durch die oben genannten negativen Effekte nicht oder nur sehr eingeschränkt das am Leitbild der Nachhaltigkeit ausgerichtete Ziel der Gewährleistung einer intergenerativen und interregionalen Gerechtigkeit realisieren.

2.4 Ökonomische Erklärungsansätze

2.4.1 Globalisierung: Wachstumsmotor oder Wachstumshemmnis? Die Globalisierungsdiskussion im Spiegel der reinen und der monetären Außenwirtschaftstheorie (*Malcolm Dunn*)

2.4.1.1 Einleitung

Der Ausdruck „Globalisierung" ist sicherlich eine der beliebtesten Wortschöpfungen der letzten Jahre. Die unterschiedlichen, ja bisweilen gegensätzlichen Auffassungen darüber, welche Wirkungen die Globalisierung auf die Lebensverhältnisse der Menschen hat und zukünftig haben wird, sind nicht allein der Tatsache geschuldet, dass sich Modeworte vortrefflich dazu eignen, politische und ökonomische Interessen zu kaschieren, indem ihnen der Anschein einer überparteilichen Sachnotwendigkeit verliehen wird. Unklarheiten entstehen auch deswegen, weil ein substantiviertes Adjektiv eben nur dann Sinn macht, wenn klar ist, worauf, d.h. auf welches Substantiv, welchen Gegenstand, sich das „Beigefügte" (lat. adiectivum) bezieht. Was verdient da eigentlich „global" genannt zu werden?

Als Wirtschaftswissenschaftler ist man geneigt, diese Frage mit dem Hinweis auf die weltweite, daher „globale" Vernetzung ökonomischer Transaktionen zu beantworten. Gedacht wird dabei in erster Linie an den Welthandel, ganz so als ob es sich dabei um ein neuzeitliches Phänomen handeln würde. Tatsache ist jedoch, dass schon das Imperium Romanum Handelsbeziehungen nach Indien und China unterhielt und die Entdeckung Asiens durch portugiesische Seefahrer, 1500 Jahre später, in der wenig theoretischen Absicht erfolgte, die schon Jahrhunderte vor Ankunft der Portugiesen währenden Handelsrouten Innerasiens gewaltsam zu monopolisieren (vgl. dazu *Dunn* 1984, 1987).

Der Welthandel ist also ein historisches, kein neuzeitliches Phänomen! Dennoch sind wir berechtigt, die weltwirtschaftlichen Vernetzungen der Gegenwart als ein Novum zu bezeichnen. Das Geflecht der wechselseitigen wirtschaftlichen Abhängigkeiten, das wir heute „Weltmarkt" nennen, unterscheidet sich jedoch von den Welthandelsbeziehungen vergangener Epochen in mehrerlei Hinsicht:
– Erstens richtete sich der Handel vergangener Epochen meist auf den Austausch von Waren, die nur in einer bestimmten Region hergestellt wurden bzw. werden konnten. Der Monopolcharakter dieser Han-

delsartikel schloss einen intensiven Preis- und Qualitätswettbewerb der importierten Güter untereinander oder mit heimischen Erzeugnissen aus.
– Zweitens war der Anteil der gehandelten Güter gemessen an der gesamten volkswirtschaftlichen Produktionsleistung eher gering – ein Umstand der Tatsache, dass die Geldwirtschaft noch nicht sämtliche Produktionssphären erfasst hatte. Folglich blieben die Lebensverhältnisse großer Bevölkerungsteile, insbesondere deren Einkommens- und Beschäftigungsverhältnisse, von den Fährnissen internationaler Geschäftstätigkeit unberührt.
– Drittens waren die internationalen Wirtschaftsbeziehungen auf den Handel von Konsum- und Luxusgütern beschränkt. Internationale Geld- und Kapitalmärkte im eigentlichen Sinne gab es nicht, und wenn es sie gab, dann nur rudimentär und regional, wie etwa in Norditalien. Der Wert des allgemeinen Tauschmittels und seine Konvertibilität waren durch seinen (Gold)Gehalt weitgehend garantiert. Zumindest waren dem Geldhandel jene Wechselkursrisiken noch erspart, wie sie erst durch die Emanzipation des Geldes von seiner stofflichen Materie durch das Kreditgeld entstehen.

Es ist also nicht allein der Umfang der Transaktionen, sondern auch deren ökonomische Qualität, die sich gewandelt hat: An die Stelle des bloßen Austauschs von temporär auftretenden Warenüberschüssen zwischen Regionen, deren Wirtschaftsweise größtenteils naturalwirtschaftlich ausgerichtet war, ist die Produktion für den Weltmarkt, die weltweite Konkurrenz der Unternehmen (und Länder) um internationale Zahlungsfähigkeit, getreten. Die Eigentümlichkeit des modernen Weltmarktes besteht darin, dass die Gesamtheit der materiellen Lebensverhältnisse der modernen Gesellschaften von dem Verlauf des internationalen Wettbewerbs um den Besitz und um die Vermehrung des Geldvermögens abhängig geworden ist.

2.4.1.2 Unternehmen und Staaten als Akteure der Globalisierung

Die Tendenz zur Globalisierung ist erst aus diesem Leitmotiv des Kapitalismus, dem Erwerbsstreben (*Weber* 1905), heraus begreiflich. Denn das Gewinnmotiv ist seiner Natur nach grenzenlos, global. Zwar ist es auch heute noch üblich, von „deutschen", „britischen" oder „japanischen" Unternehmen zu sprechen; der Sache nach sind derartige Qualifizierungen gleichwohl verfehlt: Der Zielsetzung der erwerbswirtschaftlichen Unternehmung, einen Wertzuwachs zu realisieren, widerspricht es, sich auf einen nationalen oder regionalen Markt zu beschränken. Der ökonomische Zweck gebietet es vielmehr umgekehrt, dort zu kaufen, dort zu produzieren, dort zu verkaufen, wo „es" am günstigsten ist. So nimmt es nicht wunder, wenn Unternehmen an einem bestimmten Punkt ihres Wachstums ihren Nationalcharakter abstreifen und ihrer ökonomischen Zielsetzung dadurch entsprechen, indem sie ihren Aktionsraum erweitern und „international" werden, sich zu multinationalen Unternehmen entwickeln. Die vom OECD Industry Committee genannten Schlüsselfaktoren der Globalisierung reflektieren diesen Universalismus der erwerbswirtschaftlichen Zielsetzung eines Unternehmens. Globalisierung schliesse ein „(i) the organisation of production on an international scale, enabling firms to establish a presence in major foreign markets ... ; (ii) the acquisition of inputs and supporting services from around the world, enabling firms to exploit the specialisation of many countries and minimise costs...; (iii) the formation of cross-border alliances and joint ventures with other companies, enabling firms to combine assets, share costs and enter new markets" (OECD 1994, S. 191). Globalisierung bedeutet für diese Unternehmen dann Chance und Risiko zugleich. Chance deshalb, weil es den erwerbswirtschaftlichen Unternehmen möglich ist, den Weltmarkt gleichermaßen als Bezugsquelle, Produktionsstandort und Absatzmarkt zu nutzen. Aus dem gleichen Grund sehen sich die Unternehmen aber auch höheren Risiken ausgesetzt als zuvor. In dem Maße wie der Weltmarkt zum „relevanten Markt" avanciert, sind Unternehmen auch auf ihren „heimischen" Märkten der verschärften Konkurrenz anderer, ebenfalls international agierender Unternehmen ausgesetzt. Fusionen und die weltweit beobachtbare Tendenz zur Bildung sogenannter „strategischer Allianzen" legen davon ebenso Zeugnis ab wie die hohe Zahl von Unternehmensinsolvenzen. Beide Phänomene resultieren aus der wachsenden Wettbewerbsintensität auf den internationalen Güter- und Faktormärkten, mit denen weltweit agierende Unternehmen konfrontiert sind.

Man betrachtet es heute mehr denn je als selbstverständlich, dass es Unternehmen möglich ist, weltweit Produktionsstätten zu errichten, auch wenn dadurch den tradierten Unternehmen eine neue Konkurrenz erwächst. Selbst die Übernahme heimischer Unternehmen durch ausländische Konzerne gehört heute zum wirtschaftlichen Alltag. Darüber wird allerdings meist vergessen, dass die Globalisierung des unternehmerischen Wettbewerbs politisch konzessioniert ist. Die Herausbildung des Weltmarktes basiert auf der Einwilligung der Nationalstaaten, ihre Grenzen nicht nur für den Export und Import von Waren zu öffnen, sondern – mehr noch – ihre Volkswirtschaft prinzipiell als Standort internationaler Geschäftstätigkeit zu definieren. Die Grundlage des internationalen Wettbewerbs der Unternehmen liefern nationalstaatliche Kalküle und Entscheidungen. Ein Blick in die Geschichte der ökonomischen Doktrinen belegt das.

Schon die ersten Theoretiker der Außenwirtschaftslehre beschäftigten sich mit der Frage, warum sich Länder überhaupt dazu bereit erklären sollten, den Export heimischen Warenreichtums ins Ausland zuzulassen bzw. es den Ausländern zu erlauben, den Inländern durch den Import von Waren Konkurrenz zu machen? In der Beantwortung dieser Fragen wird kenntlich, dass es neben den Unternehmen die Nationalstaaten sind, die den Welthandel ins Werk gesetzt haben. Auch darüber, warum dies geschah, besteht kein Zweifel: Der englische Merkantilist *Thomas Mun* (1571–1641) schreibt im zweiten Kapitel seiner Schrift „England's Treasure by Forraign Trade": „Ein Königreich kann zwar Reichtum gewinnen durch Geschenke, die es von anderen Nationen erhält, oder Beute, die es ihnen wegnimmt, aber solche Ereignisse sind unsicher und, wenn sie eintreten, von geringer Bedeutung. Die ordentlichen Mittel, unseren Wohlstand und Schatz zu mehren, bestehen deshalb im Außenhandel, worin wir stets die Regel beobachten müssen, den Fremden jährlich mehr zu verkaufen als wir wertmäßig von ihnen kaufen" (*Mun* 1949, S. 5–6 [1664]). Der Außenhandel wird konzediert, so das Fazit dieses Zitats, weil damit der Reichtum des Königreichs – in der Sprache der modernen Ökonomie: die Wohlfahrt einer Volkswirtschaft – gemehrt werde. Der dogmengeschichtliche Hinweis auf den Merkantilismus ist aber auch in ganz anderer Hinsicht nützlich. Das Zitat verweist nämlich auf die beiden großen Themenbereiche der Außenwirtschaftstheorie.

Welchen Grund haben Länder, in Außenhandelsbeziehungen einzuwilligen, und welche Wirkungen hat der Außenhandel auf die Wohlfahrt eines Landes? Diese Frage berührt das Thema der reinen oder der realen Außenwirtschaftstheorie, in der – in Absehung vom Einfluss des Geldes – eine Erklärung der relativen Preise der gehandelten Güter gesucht wird. Demgegenüber berührt die von *Thomas Mun* angesprochene Wirkung des Außenhandels auf die Handelsbilanz als Teil der Zahlungsbilanz den Gegenstand der monetären Außenwirtschaftstheorie, der es um den Zahlungsbilanzausgleich, also um den Zusammenhang zwischen der Zahlungsbilanz einerseits und dem Wechselkurs, dem Volkseinkommen und den Preisen andererseits zu tun ist. Im Fortgang geht es darum, das Globalisierungsthema vor dem Hintergrund dieser beiden theoretischen Disziplinen näher zu beleuchten.

2.4.1.3 Globale Verflechtungen aus der Perspektive der reinen Außenwirtschaftstheorie

Der Merkantilismus war eine Wirtschaftsdoktrin des Interventionismus gewesen. Die Produktion, der Handel und der Verbrauch sollten durch staatliche Gebote und Verbote reguliert werden. Durch Kartelle und die Verleihung von Privilegien wurde der freie Marktzugang unterbunden (vgl. *Niehans* 1995, S. 24). Der Außenhandel erschien den Merkantilisten als ein globales Nullsummenspiel, in dem es zwangsläufig Gewinner und Verlierer gibt, so dass sich Länder unter Umständen genötigt sehen, ihren Handel einzuschränken. „Der Handel", so *Jean-Baptiste Colbert* (1619–1683), der Finanzminister Ludwigs XIV, „führt zu einem beständigen Kampf, sowohl in Friedens- wie in Kriegszeiten, zwischen den Nationen Europas". Und von *Francois de Forbonnais* (1722–1800) stammt der Ausspruch: „Die Handelsbilanz sei die Machtbilanz eines Landes" (zitiert nach *Niehans* 1995, S. 3).

Eine Gegenbewegung entstand im Laufe des 18. Jahrhunderts parallel in verschiedenen europäischen Ländern, insbesondere in Frankreich und Großbritannien. Kennzeichen der neuen wirtschaftspolitischen Leitidee war die Maxime des *Marquis d'Argenson* (1694–1757) „pour gouverner mieux, il faudrait gouverner moins!". Statt staatlicher Beschränkungen sei es für ein Land vorteilhaft, vollständige Handelsfreiheit zu gewähren. Das allerdings galt es theoretisch erst noch zu beweisen. Zwar erschien es evident, dass ein Land durch den Außenhandel gewinnen würde, wenn es sich auf jene Güter spezialisiert, die es günstiger als das Ausland herstellen kann und dafür die Güter einführt, die im Ausland günstiger hergestellt werden können. Was aber, wenn ein Land alle Handelswaren kostengünstiger herzustellen vermochte als das Ausland? Dem Prinzip der absoluten Kostenvorteile folgend dürfte es unter dieser Voraussetzung keinen Außenhandel geben. Eine Antwort auf dieses Problem lieferten zwei britische Ökonomen. *Robert Torrens* (1780–1864) und *David Ricardo* (1772–1823) gelang der Nachweis, dass entscheidend für die Vorteilhaftigkeit des Außenhandels gegenüber dem Zustand der Autarkie nicht die absoluten, sondern die relativen Kostenunterschiede sind. Zur Illustration seines Gedankens wählt *Ricardo* in seiner Schrift „On the Principles of Political Economy and Taxation" (1817) ein einfaches Zahlenbeispiel:

Nehmen wir an, England sei in der Lage, eine Einheit Tuch in 100 Arbeitsstunden und eine Einheit Wein in 120 Arbeitsstunden herzustellen. Um eine Einheit Wein mehr herzustellen, muss dann auf 120/100 = 11/5 Einheiten Tuch verzichtet werden. Demgegenüber ist Portugal in der Lage, beide Güter mit weniger Arbeitsaufwand herzustellen, nämlich Tuch mit 90 und Wein mit 80 Arbeitsstunden. Das bedeutet, dass Portugal statt einer Einheit Wein 80/90 = 8/9 Einheiten Tuch mit dem gleichen Arbeitsaufwand produzieren kann. Nun sei ferner angenommen, dass nach Öffnung der Grenzen ein internationales Austauschverhältnis zwischen Tuch und Wein von 1=1 herrsche. Wenn sich England auf die Produktion von Tuch spezialisierte, würde es statt 11/5 Einheiten Tuch lediglich 1 Einheit Tuch aufwenden müssen, um 1 Einheit Wein zu importieren. Für Portugal scheint es ratsam, sich auf die Produktion von Wein zu spezialisieren, weil es im Inland statt 1 Einheit Wein lediglich 8/9 Einheiten Tuch herstellen kann, während es auf dem Weltmarkt im Tausch für eine Einheit Wein eine ganze Einheit Tuch erhalten würde.

Die Pointe dieses Zahlenbeispiels liegt darin, dass der Außenhandel selbst dann für beide Länder vorteilhaft ist, wenn die Produktionskosten eines Handelpartners höher sind als in einem anderen Land. Immer dann, wenn das internationale Austauschverhältnis zwischen den nationalen Austauschverhältnissen im Autarkiezustand liegt, ist es vorteilhaft, Außenhandel zu treiben (im Zahlenbeispiel: 11/5 > 1 > 8/9). Entscheidend sind daher nicht die absoluten Kosten, sondern das Niveau der Weinkosten im Vergleich zu den Tuchkosten in beiden Ländern. Daher wird dieses Effizienzkriterium auch als das „Prinzip der komparativen Kostenvorteile" bezeichnet: Das in allen Sektoren produktivere Land hat einen komparativen Kostenvorteil in der Produktion desjenigen Gutes, das es relativ günstiger herstellen kann. Denn obwohl Portugal beide Güter mit geringerem Arbeitsaufwand produzieren kann, ist der Produktivitätsvorsprung zu England in Bezug auf die Herstellung von Wein größer als bei der Tuchproduktion. England seinerseits erzielt einen Handelsgewinn, wenn es sich auf die Produktion desjenigen Gutes spezialisiert, bei dem der Produktivitätsrückstand zu Portugal relativ gering ist, das gilt für Tuch. Wir sagen daher, dass England einen komparativen Kostenvorteil in Bezug auf Tuch hat.

Mit der Formulierung des Prinzips der komparativen Kostenvorteile ist der Nachweis erbracht worden, dass der Außenhandel kein Nullsummenspiel darstellt, wie die Anhänger der merkantilistischen Außenhandelsdoktrin behaupteten. Allerdings wies dieser Nachweis Schwächen auf. Einerseits beruht die Argumentation Ricardos auf zahlreichen unrealistischen Annahmen, zum anderen widersprach sie dem empirischen Befund: Nur ausnahmsweise spezialisieren sich Länder auf die Herstellung eines Erzeugnisses und, wenn sie das tun, sehen sie darin eher eine Gefährdung ihrer Wohlfahrt als einen Segen für ihre Volkswirtschaft.

Der Fortschritt der reinen Außenhandelstheorie bestand darin, diese Einschränkungen nacheinander analysiert und durch realistischere Annahmen ersetzt zu haben. So haben *Ricardo* und *Torrens* die Produktionskosten ausschließlich in Arbeitseinheiten gemessen, von dem Einsatz anderer Faktoren, etwa Kapitalgüter und Boden, wurde abstrahiert. Außerdem wurde angenommen, dass die Kosten mit steigender Produktion konstant bleiben, während sie doch in der Realität sowohl zu- als auch abnehmen können. Beide Mängel wurden erst durch den österreichischen Nationalökonomen *Gottfried Haberler* (1900–1995) behoben.

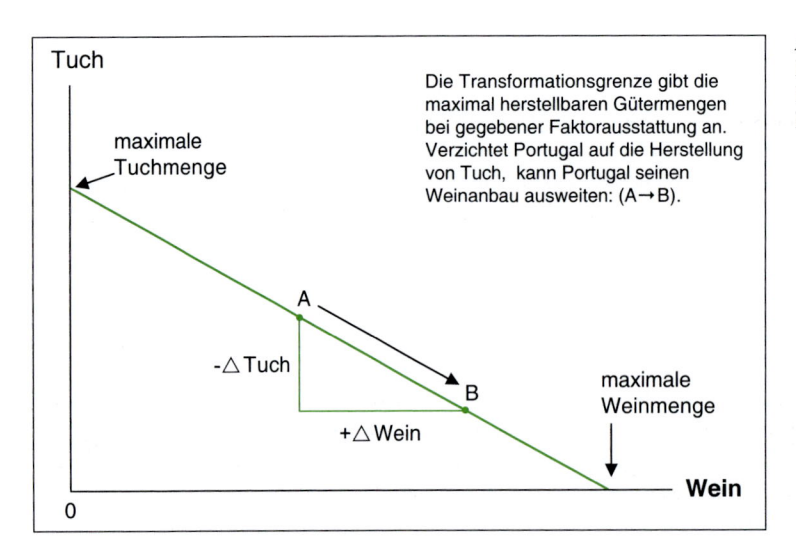

Abb. 2.4.1/1:
Die Transformationsgrenze Portugals nach dem Prinzip der komparativen Kostenvorteile

Die Transformationsgrenze gibt die maximal herstellbaren Gütermengen bei gegebener Faktorausstattung an. Verzichtet Portugal auf die Herstellung von Tuch, kann Portugal seinen Weinanbau ausweiten: (A→B).

Haberler (1930, 1933) erkannte, dass es für den Nachweis nicht wichtig sei, die Produktionskosten durch den Faktoraufwand zu messen. Stattdessen genügt es, die Kosten einer Gütereinheit in dem Verzicht auf eine andere zu messen. Die Kosten einer zusätzlichen Menge Wein drücken sich dann in den Opportunitätskosten, d.h. dem Nutzenentgang einer bestimmten Menge Tuch aus, weil Produktionsfaktoren von der Tuch- in die Weinproduktion umgeleitet werden müssen. Graphisch lässt sich dies durch eine Transformationskurve ausdrücken, auf deren beiden Achsen die Gütermengen (Wein/Tuch) abgetragen werden (Abb. 2.4.1/1). Sofern es sich um konstante Kostenverläufe handelt, ist die Transformationskurve eine Gerade, deren Schnittpunkte mit der x-, und y-Achse die maximal erreichbare Menge eines Gutes unter der Annahme einer vollständigen Spezialisierung darstellt. Alle Punkte zwischen den Schnittpunkten repräsentieren die maximal erreichbaren Güterbündel. Werden dagegen abnehmende Grenzerträge angenommen, verläuft die Transformationskurve vom Ursprung her gesehen konkav.

Als ebenso folgenreich für die Erklärung des internationalen Handels erwies sich die Annahme ertragsgesetzlicher Kostenverläufe. Dies impliziert nämlich, dass sich beide Länder nur unvollständig auf die Herstellung eines Gutes spezialisieren werden.

Eine andere Einschränkung erfuhr die ricardianische Erklärung des Außenhandels durch die Voraussetzung unterschiedlicher Arbeitsproduktivitäten in beiden Ländern. Bedeutet dies, dass Länder miteinander keinen Handel treiben werden, wenn sich ihre Technologien und Faktorproduktivitäten entsprechen? Der Schlüssel zur Lösung dieser Frage wurde von zwei schwedischen Ökonomen gefunden. *Eli Heckscher* (1879–1952) und *Bertil Ohlin* (1899–1979) fanden heraus, dass komparative Kostenvorteile auch aus der relativ unterschiedlichen Ausstattung mit Produktionsfaktoren resultieren. Selbst dann, wenn beide Länder über identische Technologien verfügen, ist es für sie vorteilhaft, Handel zu treiben. Dabei gilt die Regel, dass ein Land jene Güter exportiert, zu deren Herstellung die relativ reichlich vorhandenen Faktoren intensiv eingesetzt werden, während es jene Güter importiert, in deren Produktion die relativ knappen Produktionsfaktoren intensiv eingesetzt werden (*Ohlin* 1933). Ein Beispiel zur Erläuterung: Die USA sind zwar absolut reichlicher mit Boden und Arbeitskräften ausgestattet als Großbritannien. Relativ reichlich sind die USA (gegenüber Großbritannien) mit Boden ausgestattet, während Großbritannien im Verhältnis zu den USA relativ reichlich über Arbeitskräfte verfügt. Die USA (Großbritannien) hätten daher – nach dem *Heckscher-Ohlin*-Theorem – einen komparativen Kostenvorteil in der Produktion von bodenintensiven (arbeitsintensiven) Gütern.

Mit dem *Heckscher-Ohlin*-Theorem konnte der empirische Befund theoretisch untermauert werden, dass Entwicklungsländer, die unter Kapitalmangel leiden, aber über relativ viele Arbeitskräfte verfügen, komparative Kostenvorteile in der Herstellung arbeitsintensiver Güter besitzen, während Industrieländer komparative Kostenvorteile in der Herstellung kapital- bzw. humankapitalintensiver Güter haben. Auf diese Weise lieferte das *Heckscher-Ohlin*-Theorem einen Beitrag zur Erklärung des Welthandels zwischen den Industrie- und Entwicklungsländern. Nun beobachten wir aber, dass die globalen Verflechtungen zwischen den Industrieländern ein weit größeres Gewicht besitzen als der Nord-Süd-Handel. Die relative Faktorknappheit Deutschlands und Großbritanniens unterscheidet sich nicht gravierend, und selbst die Produktivität beider Volkswirtschaften ist vergleichbar. Dennoch findet zwischen diesen Ländern ein reger Außenhandel statt. Mehr noch, wir beobachten, dass sich die gehandelten Güter qualitativ ähneln: Deutschland exportiert Automobile nach England, ebenso wie es umgekehrt aus England Automobile importiert. Wie sind diese Phänomene des intra-industriellen Handels zu erklären?

Ganz offensichtlich können sie weder durch das Prinzip der komparativen Kostenvorteile noch durch das *Hecker-Ohlin*-Theorem erklärt werden. Eine mögliche Lösung kann von den unterschiedlichen Nachfragestrukturen in beiden Ländern herrühren. Insbesondere der in die Vereinigten Staaten emigrierte russische Wirtschaftswissenschaftler *Wassily Leontief* (1906–1999) hat darauf hingewiesen, dass der internationale Handel selbst dann vorteilhaft sein kann, wenn die Transformationskurven der Handel treibenden Länder völlig identisch sind, weil sich die Nachfragefunktionen stark unterscheiden (*Leontief* 1933). Eine relativ starke Binnennachfrage wirkt bei unveränderten Angebotsbedingungen preissteigernd, im umgekehrten Fall preissenkend. Im Extremfall kann der Einfluss der Nachfrage sogar dazu führen, dass ein Land Güter importiert, für die es komparative Kostenvorteile besitzt, anstatt diese zu exportieren, weil die starke Binnennachfrage den relativen Preis dieses Gutes in eine Höhe treibt, die über den internationalen Austauschpreisen liegt. Die Außenhandelstheorie spricht dann vom Fall des inversen Handels.

Eine weitere Möglichkeit, den intra-industriellen Handel zwischen Industrienationen zu erklären, rührt wieder von der Angebotsseite her. Vergegenwärtigen wir uns dazu erneut die produktionstheoretischen Annahmen der klassischen und neoklassischen Theorie. Diese gehen entweder von linearen (*Ricardo*) oder konkaven (*Heckscher/Ohlin*) Transformationskurven aus. Sie unterstellen ferner vollkommene Märkte, in denen die einzelnen Unternehmen faktisch keinen Einfluss auf das Marktgeschehen nehmen können. In der Realität beobachten wir dagegen, dass viele Märkte „unvollkommen" sind. Die Unternehmen erzielen Gewinne und gestalten aktiv den Markt. Viele Märkte sind oligopolistisch strukturiert. Darüber hinaus sinken die Stückkosten der Produktion mit zunehmender Ausbringung. In der Sprache der Wirtschaftswissenschaften: Es herrschen Zustände, in denen steigende Skalenerträge („economies of scale") auftreten. In zahlreichen Beiträgen der Neueren Außenhandelstheorie, die vor allem von amerikanischen Autoren vorangetrieben wurde, wird diesen empirischen Phänomenen theoretisch Rechnung getragen. Im Fortgang soll kurz erläutert werden, welche Konsequenzen sich aus der Existenz steigender Skalenerträge für die Erklärung globaler Verflechtungen ergeben. Zu nennen sind hier die Arbeiten von *Paul Krugman, James Brander* und *Barbara Spencer, Avinash Dixit, Elhanan Helpman* und *Gene M. Grossman*; einen guten Überblick gibt der von *Gene M. Grossman* (1992) herausgegebene Sammelband „Imperfect Competition and International Trade".

Die Berücksichtigung steigender Skalenerträge verleiht großen Unternehmen in der Regel einen Kostenvorteil gegenüber kleineren Unternehmen. Industrien, die durch steigende Skalenerträge charakterisiert sind, zeichnen sich daher durch eine Tendenz zur Monopolisierung aus. Es wird für ein Unternehmen wichtig, vor den Konkurrenten auf dem Markt zu sein, um durch sinkende Stückkosten einen Wettbewerbsvorteil zu erlangen, der diesem Unternehmen eine monopolartige Stellung verleiht. Beschränkt werden die steigenden Skalenerträge ausschließlich durch die Größe des Marktes. Je größer der Markt ist, desto größer kann die Ausbringung (bei gegebener Zahl der Anbieter) erhöht werden, desto stärker kommen Unternehmen in den Genuss sinkender Stückkosten.

Welchen Effekt hat die Berücksichtigung von economies of scale auf die internationalen Handelsbeziehungen? Das kann an einem Beispiel leicht erläutert werden. Nehmen wir an, die Welt bestünde aus zwei Ländern, den USA und Europa, die beide über identische Technologien verfügen und zwei Güter herstellen, Flugzeuge und Schiffe. Jedes Land produziere zehn Flugzeuge und zehn Schiffe, wozu jeweils fünfzehn Einheiten eines Produktionsfaktors, zum Beispiel Arbeitsstunden, eingesetzt werden müssen. Insgesamt werden dann weltweit mit 30 Arbeitsstunden 20 Flugzeuge und mit weiteren 30 Arbeitsstunden 20 Schiffe hergestellt.

Wenn sich die USA dazu entschließt, nur noch Flugzeuge herzustellen, d. h. statt 15 doppelt so viel, nämlich 30 Arbeitsstunden, für die Produktion von Flugzeugen aufzuwenden, erhöht sich – bedingt durch die steigenden Skalenerträge – die Zahl der Flugzeuge auf – sagen wir – 25 Stück. Die Konzentration der Flugzeugproduktion auf einen Standort bewirkt eine 25 %ige Steigerung der Ausbringung. In der gleichen Weise kann die Effektivität im Weltschiffbau dadurch gesteigert werden, wenn Europa auf die Produktion von Flugzeugen verzichtet und sich stattdessen auf den Schiffbau konzentriert.

Die Spezialisierung beider Länder auf die Herstellung eines Gutes führt – so das Fazit – dazu, dass mit den vorhandenen Faktormengen und Technologien weltweit mehr Güter hergestellt werden können, wenn sich die Länder auf die Produktion bestimmter Güter spezialisieren. Aber auch das Gütersortiment wird durch die Berücksichtigung steigender Skalenerträge reichhaltiger. Denn es ist denkbar, dass die Herstellung bestimmter Güter erst unter Weltmarktbedingungen rentabel wird, d.h. unter den Bedingungen eines abgeschotteten Binnenmarktes unterbleiben würde.

Aus all dem folgt, dass es zwei Gründe gibt, die volkswirtschaftlich für den politischen Entschluss sprechen, die Grenzen für den freien Warenaustausch zu öffnen. Erstens profitieren Länder von ihren Unterschieden. Diese können sich auf die verwendeten Technologien, auf die jeweilige Ausstattung mit Produktionsfaktoren, aber auch auf die Nachfragestrukturen und Konsumentenpräferenzen beziehen. „Nations, like individuals, can benefit from their differences by reaching an arrangement in which each does the things it does relatively well" (*Krugman/Obstfeld* 1994, S. 11).

Die zweite Erklärung für den Wohlfahrtsgewinn, der durch den Freihandel erzielt werden kann, resultiert aus dem Auftreten steigender Skalenerträge. Selbst wenn sich die Länder nicht voneinander unterscheiden würden, ist es volkswirtschaftlich vorteilhaft, die Grenzen des nationalen Marktes zu öffnen. Denn erst auf Grundlage des Weltmarktes ist es den eigentlichen Akteuren der Weltwirtschaft möglich, Größenproduktionsvorteile, nichts anderes sind economies of scale, abzuschöpfen. Wenn sich jedes Land auf die Produktion bestimmter Güter konzentriert, können diese Güter in größerer Stückzahl und damit kostengünstiger hergestellt werden, als wenn jedes Land sämtliche Güter selbst produzieren würde.

2.4.1.4 Die Globalisierung aus der Perspektive der monetären Außenwirtschaftstheorie

Die Kritiker des Merkantilismus bemühten sich nicht nur um den Nachweis der Vorteilhaftigkeit des Freihandels, sondern auch um die Widerlegung der Praktikabilität der merkantilistischen Zielsetzung, dauerhaft Zahlungsbilanzüberschüsse zu erzielen, indem Exporte gefördert und Importe behindert werden. Der Begriff des Zahlungsbilanzüberschusses verdient eine kurze Erläuterung, weil die Summe der tatsächlichen oder fingierten Zahlungseingänge (linke Seite der ZB) definitionsgemäß der Summe der Verwendungen dieser Mittel (rechte Seite der Bilanz) entspricht. In diesem Sinne ist die Zahlungsbilanz stets ausgeglichen. Wenn daher von Zahlungsbilanzüberschüssen die Rede ist, dann bezieht sich dies auf Teilbilanzen der Zahlungsbilanz. Häufig wird von einem Zahlungsbilanzüberschuss dann gesprochen, wenn der Gold- und Devisenbestand der Zentralbank zunimmt, d.h. wenn die mit Zahlungseingängen verbundenen Transaktionen der Leistungs- und Kapitalbilanz größer sind als die zu Zahlungsausgängen führenden Transaktionen (vgl. dazu ausführlicher *Rose/Sauernheimer* 1999, S. 3–22).

Darüber hinaus stand in Zweifel, ob Importe und Kapitalexporte volkswirtschaftlich negativ zu bewerten sind, weil sie zu einem Geldabfluss führten. Den Schauplatz dieser Kontroversen lieferte das Feld der monetären Außenwirtschaftstheorie.

Der historisch gesehen erste Einwand richtete sich gegen die Praktikabilität der merkantilistischen Handelspolitik. *David Hume* (1711–1776) und *David Ricardo* vertraten den Standpunkt, dass es einen Mechanismus gibt, der dauerhafte Zahlungsbilanzüberschüsse verhindert: der sogenannte Geldmengenpreismechanismus, der die Zahlungsbilanz in ein Gleichgewicht zurückführt: „So müssen bei starker Wareneinfuhr aus dem einführenden Lande Edelmetalle abfließen, und diese Verminderung der Geldmenge hat dort ein sinkendes Preisniveau zur Folge, was wiederum die Einfuhr erschwert und die Ausfuhr erleichtert. Im exportierenden Lande bewirkt die Warenausfuhr das Einströmen von Gold und dadurch eine Preissteigerung, die wiederum eine erhöhte Einfuhr mit erneutem Ausströmen des Goldes und Rückgang der Preise hervorruft. Dieser selbsttätige Mechanismus hält auf die Dauer die Zahlungsbilanz jedes Landes im Gleichgewicht...; deshalb muss auch jeder Versuch, die Handelsbilanz willkürlich zu regeln, auf die Dauer illusorisch bleiben" (*Stavenhagen* 1969, S. 514).

Charakteristisch für diese Überlegungen ist der Stellenwert, den *Hume* dem Zusammenhang zwischen der Geldmenge und dem Preisniveau zumaß. Dies setzt allerdings voraus, dass eine Kontraktion des Geldvolumens tatsächlich zu einer Senkung des Preisniveaus führt. Tatsächlich ist auch denkbar, dass sich nicht das Preisniveau, sondern das Realeinkommen verändert. „Gleichwohl mag das Defizit auch jetzt verringert werden, da die Inländer bei sinkendem Volkseinkommen nicht nur ihre Nachfrage nach Inlandsgütern, sondern normalerweise auch ihre Importnachfrage einschränken" (*Rose/Sauernheimer* 1999, S. 106). Unberücksichtigt bleiben in dieser Argumentation auch Effekte, die von der Geldmengenveränderung auf den Kapitalmarkt und das inländische Zinsniveau ausgehen können. Außerdem stellte sich die Frage, ob der behauptete Ausgleichsmechanismus auch unter der Annahme flexibler Wechselkurse gelten würde, denn *Hume* und *Ricardo* argumentierten auf der Basis eines Goldstandards.

Der Fortschritt der monetären Außenwirtschaftstheorie bestand darin, diese vielfältigen makroökonomischen Effekte näher untersucht zu haben. Das Ergebnis fiel indes recht zwiespältig aus. Einerseits stellte sich heraus, dass es mehrere Mechanismen gibt, die einen Zahlungsbilanzausgleich bewirken (und dauerhafte Zahlungsbilanzüberschüsse verhindern); dies unterstützte die klassische Position *David Humes* und *David Ricardos*. Andererseits sind diese Mechanismen an spezifische Voraussetzungen geknüpft, die empirisch nicht in jedem Fall gegeben sein müssen. Als zentral erwies sich dabei die Frage, welche Elastizitätsbedingungen gegeben sein mussten, um einen Ausgleich der Zahlungsbilanz zu ermöglichen. Mit dem Elastizitätsbegriff erfassen Wirtschaftswissenschaftler das Verhältnis der relativen Veränderung einer ökonomischen Variablen zu der relativen Veränderung einer sie verursachenden anderen Variablen. Diese Frage wurde von *Alfred Marshall* (1842–1924) und später von *Abba Lerner* (1903–1982) dahingehend beantwortet, dass die Leistungsbilanz nur dann normal reagiert, wenn die Summe der Nachfrageelastizitäten für Importe im In- und Ausland absolut größer als 1 ist. Wie sich später herausstellte, sind diese Bedingungen eher langfristig als kurzfristig gegeben.

Aufgrund empirischer Untersuchungen tendierte man in den 1930er Jahren eher dazu, niedrige Elastizitäten anzunehmen, so dass eine anormale Reaktion der Leistungsbilanz als wahrscheinlich galt. Begründet werden konnte dies damit, dass sich die Konsumgewohnheiten der Konsumenten und Investoren durch abwertungsbedingte Preisveränderungen nicht schlagartig ändern, teilweise auch deswegen, weil der Warenim- und -export kontraktlich fixiert ist. Langfristig sei mit höheren Nachfrageelastizitäten zu rechnen, die einen Zahlungsbilanzausgleich herbeiführen (eine exzellente kritische Beleuchtung des Geltungsbereichs der *Marshall-Lerner*-Bedingung findet sich in *Rose/Sauernheimer* 1999, S. 67–98).

Eine ganz andere Frage betraf die volkswirtschaftliche Bewertung von Warenimporten und Kapitalexporten. Aus merkantilistischer Sicht wurden Importe, insbesondere der Import von Fertigwaren, die im Inland keinerlei Bearbeitung mehr erforderten, negativ bewertet, weil sie zu einem Goldabfluss führten und kontraktiv auf den Wirtschaftskreislauf wirkten (vgl. *Blaich* 1984, S. 37). Eine ähnlich negative Bewertung erfuhr der Kapitalexport. Allein die Vorstellung, dass Inländer im Ausland (ausgenommen die eigenen Kolonien) Produktionsstätten errichteten, widersprach in nuce der merkantilistischen Doktrin, wäre doch damit die Konkurrenzposition des ‚feindlichen' Auslands gestärkt worden.

Die Anhänger der Freihandelsdoktrin traten auch dieser Bewertung entschieden entgegen. Der schottische Ökonom und Moralphilosoph *Adam Smith* (1723–1790) etwa konstatierte, dass es nicht schwer falle zu erkennen, „wer letztlich die Urheber dieses ganzen Handels- oder Merkantilsystems gewesen sind. Ganz sicher können es nicht die Konsumenten gewesen sein" (*Smith* 1978, S. 559). Eine verständliche Feststellung, wenn man sich in Erinnerung ruft, dass die Importe aus dem Ausland der Konsumentenwohlfahrt zugute kommen, die inländischen Produzenten jedoch einem intensiven Wettbewerb mit günstigen Importwaren ausgesetzt werden.

An die Stelle der Handelsbilanz als Indikator der Wohlfahrt eines Landes setzte *Smith* das Sozialprodukt. „Der Zuwachs an Volksvermögen äußert sich dementsprechend nicht mehr allein in der Akkumulation von Edelmetall (und vielleicht Auslandsforderungen), sondern auch in der Akkumulation von Kapitalgütern" (*Niehans* 1995, S. 25). Damit ging eine grundlegend andere Bewertung der internationalen Kapitalbewegungen einher (vgl. die dogmengeschichtliche Darstellung der Außenhandelstheorien von *Niehans* 1995, S. 104ff.): Anstatt im Kapitalexport eine Schädigung der Volkswirtschaft zu vermuten, bewerteten die Vertreter der Freihandelsdoktrin den Kapitalimport und -export grundsätzlich positiv. Der englische Ökonom *John Stuart Mill* (1806-1873) sah im Kapitalexport ein wichtiges Instrument eines Landes, dem progressiven Fall der Profitraten entgegenzuwirken. Ebenso positiv bewerteten *Robert Torrens* und *Alfred Marshall* den Kapitalexport in Regionen, in denen günstigere Investitionsbedingungen herrschen. Das hinderte diese Autoren jedoch nicht daran, darauf hinzuweisen, dass der Kapitalexport und -import von Verteilungswirkungen begleitet wird, und zwar in der Weise, dass die Profite (Löhne) im Kapitalexportland steigen (sinken), während es sich im Kapitalimportland umgekehrt verhält.

Ausgangspunkt der Argumentation ist dabei die Feststellung, dass das Grenzprodukt des Kapitals mit zunehmendem Kapitaleinsatz abnimmt, denn die Wirksamkeit des vermehrt eingesetzten Kapitals lässt nach, wenn der Arbeitskräfteeinsatz nicht ebenfalls vermehrt wird. Dieser Zusammenhang gilt auch für den Faktor Arbeit: Wird lediglich der Arbeitskräfteeinsatz erhöht, ohne dass mehr Kapital zur Verfügung steht, sinkt die Wirksamkeit der Arbeitskräfte mit ihrem vermehrtem Einsatz. Wird nun Kapital vom Land A in das Land B exportiert, weil dort höhere Profite zu erzielen sind, steht dem Faktor Arbeit im Empfängerland B mehr und im Land A weniger Kapital zur Verfügung. Die reichlichere Versorgung mit Kapital erhöht die Grenzproduktivität der Arbeit und die Lohneinkommen im Kapitalimportland, während die Kapitalverknappung im Land A die Arbeitsproduktivität und die Lohneinkommen mindert. Umgekehrt verhält es sich mit dem Kapitaleinkommen in beiden Ländern: Im Kapitalexportland steigen die Kapitaleinkommen bedingt durch die fallenden Löhne im eigenen Land und die Gewinne, die im Ausland erzielt werden. Im Kapitalimportland dagegen sinken die Kapitaleinkommen, bedingt durch die gestiegenen Lohneinkommen und weil die Grenzproduktivität des Kapitals durch den vermehrten Kapitaleinsatz ausländischer Investoren bei gleichem Arbeitskräftebestand sinkt.

Ein Einwand gegen den freien Kapitalverkehr sei dies jedoch nicht, da die Kapitalgeber im Kapitalexportland mehr gewinnen als die Lohnempfänger verlieren und die Lohnempfänger im Kapitalimportland mehr gewinnen als die ‚heimischen' Kapitalbesitzer verlieren. Man erkennt erneut, dass der Wohlfahrtsbegriff der Freihandelsbefürworter nicht nur die Produzentenrente, sondern die Entwicklung der Gesamteinkommen eines Landes ins Auge fasst. Alles in allem erfahren die „globalen Verflechtungen" der Weltwirtschaft daher auch aus der Sicht der monetären Außenwirtschaftstheorie eine positive Wertung, insofern sie dazu beitragen, das Sozialprodukt einer Volkswirtschaft zu erhöhen.

2.4.1.5 Schlussbetrachtung und Ausblick

Der positive Tenor, der sich wie ein roter Faden durch die reine und monetäre Theorie der Außenwirtschaft durchzieht, steht im auffälligen Kontrast zur tagespolitischen Diskussion, die eher die Gefahren globaler Verflechtungen der Weltwirtschaft betont. Darüber darf nicht vergessen werden, dass es auch innerhalb der Außenwirtschaftheorie warnende Stimmen gegeben hat. Diese richteten sich zwar nicht gegen den Freihandel an sich, sehr wohl aber gegen die Verabsolutierung des Freihandels, und das durchaus mit guten Gründen.

Schließlich hatten die Freihandelstheoretiker das Schwergewicht ihrer Argumentation auf den Vorteil des Freihandels gegenüber dem Autarkiezustand gelegt. Damit war aber nicht bewiesen, dass der Freihandel auch gegenüber dem nicht-freien Handel vorzuziehen ist. Tatsächlich konnte der amerikanische Ökonom und spätere Nobelpreisträger *Paul Samuelson* (1915–) den Nachweis führen (*Samuelson* 1938, 1939), dass es zwar keine Gestaltung des Handels gibt, die für beide Länder günstiger ist als der Freihandel, sehr wohl aber Konstellationen eines nicht-freien Handels denkbar sind, die für das eine Land günstiger und für das andere Land ungünstiger sind (ausführlicher *Niehans* 1995, S. 65). In der Sprache der modernen Ökonomie formuliert: Der unvollkommene Freihandel gehorcht der Logik eines globalen Gefangenen-Dilemmas. Der außenwirtschaftspolitischen Beratung erwuchs daraus eine fast unlösbare Schwierigkeit: Selbst wenn in einer Welt der vollkommenen Weltmärkte Handelshemmnisse nachteilig sind, folgt daraus nicht zwingend, dass die Abschaffung von Handelshemmnissen in einer Welt mit zahlreichen Handelshemmnissen vorteilhaft ist. Die Forschungsergebnisse der Neueren Außenhandelstheorie bestätigten dieses Ergebnis in gewisser Weise, in dem gezeigt wurde, dass die Wohlfahrt einer Volkswirtschaft dadurch befördert werden kann, dass Schlüsselindustrien, die sich durch economies of scale und Synergieeffekte auszeichnen, staatlich gefördert (z. B. durch Exportsubventionen) oder geschützt (z. B. durch Importrestriktionen) werden. Damit war gleichwohl nicht behauptet, dass eine Strategische Handelspolitik einem Freihandelsregime vorzuziehen sei: Nicht nur setzt der theoretisch postulierte Erfolg dieser Strategie die Identifizierung der ‚richtigen' Industrien voraus, was ein nicht geringes, wenn nicht gar unlösbares Informationsproblem aufwirft; darüber hinaus unterstellt der Erfolg protektiver Maßnahmen, dass protektive Gegenmaßnahmen der so geschädigten Handelspartner unterbleiben. Das aber erscheint dann unwahrscheinlich, wenn das Sanktionspotential dieser Staaten, wie etwa zwischen der Europäischen Union, Japan und den Vereinigten Staaten, relativ vergleichbar ist.

So erscheinen letztlich auch für die Nationalstaaten die globalen Verflechtungen der Weltwirtschaft nicht einfach als ein Positivum. Zu offenkundig sind die volkswirtschaftlichen Risiken, denen auch die politischen „global players" ausgesetzt sind. Die Öffnung der Grenzen und die mit dieser einhergehende praktische Herrichtung der Volkswirtschaft als Standort internationaler Geschäftstätigkeit schließt eben den Fall ein, dass sich global agierende Unternehmen tendenziell gegen den heimischen Standort entscheiden. Und selbst, wenn der Wirtschaftspolitik eines Landes im Standortwettbewerb Erfolg beschieden ist, garantiert dies nicht den Fortbestand erfolgreicher Handelsbeziehungen mit denjenigen Ländern, die an ihrem stagnierenden Sozialprodukt, der wachsenden Auslandsverschuldung oder am Wertverfall ihrer Währung der Tatsache ihres Scheiterns gewahr werden und auf rasche Abhilfe drängen. Die Gefahr protektionistischer Eingriffe in den Freihandel ist dem Freihandel selbst immanent. Sie abzuwenden ist und bleibt auch künftig eine genuine Gestaltungsaufgabe der (Welt)Ordnungspolitik.

2.4.2 Auslandstätigkeiten von Transnationalen Unternehmen (*Wolf Gaebe*)

2.4.2.1 Von der Internationalisierung zur Globalisierung

Internationale, multinationale oder transnationale Unternehmen unterscheiden sich von nationalen Unternehmen dadurch, dass sie Tätigkeiten (Import, Export, Direktinvestitionen, Vergabe von Lizenzen an und Franchising durch rechtlich selbstständige, wirtschaftlich abhängige Unternehmen) in mindestens zwei Ländern ausüben. Obwohl die Abgrenzungen internationaler von multi- und transnationalen Unternehmen in der Literatur sehr unterschiedlich sind, werden sie hier trotz erheblicher Unterschiede im Umfang und in der Reichweite der Auslandstätigkeiten und in der Bindung an das Herkunfts- oder „Heimat-"land in Anlehnung an den angelsächsischen Sprachgebrauch gleichgesetzt und verallgemeinernd als transnationale Unternehmen bezeichnet (vgl. *Dicken* 2003, *Bathelt/Glückler* 2002, S. 175–177). Auch die Bewertungsmaßstäbe der transnationalen Unternehmen sind sehr unterschiedlich, u. a. nach Marktwert, Relation von Eigenkapital und Vermögen, Direktinvestitionen, Umsatz, Beschäftigung Wertschöpfung und Managementfunktionen wie Produktion und Absatz (*Barlett/Ghoshal* 1998, S.16ff., *Ruigrok/van Tulder* 1995, S. 153ff.). Von einem globalen Unternehmen wird zum einen dann gesprochen, wenn die Auslandstätigkeiten im Unternehmen funktional integriert und global koordiniert werden, zum anderen aber auch, wenn die

Wertschöpfung des Unternehmens in den einzelnen Weltwirtschaftsräumen etwa dem Anteil der Wertschöpfung dieser Räume an der Wertschöpfung auf der Erde entspricht.

Besser als Umsatz, Beschäftigte und Wertschöpfung im Ausland lässt die Organisation der Unternehmen den Grad der Globalisierung erkennen, z. B. durch globale Funktionen, durch globale Strategien und Technologien und durch eine globale Unternehmenskultur, d. h. durch Zentralisierung statt Dezentralisierung sowie durch eine regionale und multinationale Organisation (*Jones* 2005).

Transnationale Unternehmen sind die wichtigsten Akteure des Welthandels und der Kapitalanlage im Ausland. Sie integrieren die nationalen Ökonomien in die Weltwirtschaft. Sie weisen mehrere Merkmale auf, u. a.

- die Fähigkeit, Tätigkeiten in verschiedenen Ländern zu koordinieren und zu kontrollieren,
- die Fähigkeit, Vorteile aus räumlichen Unterschieden der Rahmenbedingungen zu ziehen, u. a. aus Unterschieden der Marktchancen, des Wettbewerbs, des Wissens, der Regelungen und unterschiedlichen Währungsparitäten, und
- die Flexibilität, Tätigkeiten und Standorte an veränderte Rahmenbedingungen anzupassen (vgl. *Dicken* 2003, S. 198).

Hier werden nur die Auslandstätigkeiten angesprochen, die die eigentliche Geschäftstätigkeit betreffen, d. h. Außenhandel, Direktinvestitionen, Steuerungs- und Kontrollfunktionen, nicht Lizenzen und Franchising.

Die ersten transnationalen Unternehmen entstanden im 19. Jahrhundert. Bis Mitte des 20. Jahrhunderts blieb ihre Zahl gering. Auch blieben sie auf wenige Herkunftsräume beschränkt, fast ausschließlich auf Nordamerika und Europa. In den letzten drei Jahrzehnten haben Direktinvestitionen und transnationale Unternehmen stark zugenommen. Nach UNCTAD (2004) gab es 2002/2003 mehr als 60.000 „transnationale" Unternehmen, davon mehr als die Hälfte aus Europa, mit mehr als 900.000 Tochtergesellschaften („affiliates"). Trotz großer Unterschiede zwischen den Wirtschaftssektoren und zwischen den Ländern gibt es kaum einen Teil der Erde, in dem transnationale Unternehmen keine starke wirtschaftliche und politische Bedeutung haben. Immer mehr große Unternehmen aus Schwellenländern, aber auch gering entwickelten Ländern, vor allem in Asien, drängen auf die Weltmärkte. Grundlage ihrer stark gewachsenen Wettbewerbsfähigkeit sind sehr niedrige Arbeitskosten und schnell erworbenes Know-how. Der südkoreanische Konzern Samsung z. B. ist in weniger als zehn Jahren vom namenlosen Zulieferer zu einem der wettbewerbstärksten Elektronikunternehmen gewachsen.

Als Direktinvestition wird die Kapitalanlage eines Unternehmens im Ausland zur Gründung, Erweiterung oder zum Erwerb eines anderen Unternehmens oder Betriebes (M&A, „merger and acquisition") mit dem Ziel der Kontrolle über das Unternehmen oder den Betrieb bezeichnet. Für viele Länder sind Direktinvestitionen eine wichtige Kapitalquelle, die zugleich Verbesserungen der Produktivität durch neue Technologien, neues Wissen und neue Arbeitsplätze bringt. Daten zu Direktinvestitionen lassen jedoch die Art der Tätigkeiten, die Auswirkungen z. B. auf den Export, die Formen der Zusammenarbeit mit anderen Unternehmen und die Bedeutung für die Binnenwirtschaft nicht erkennen. Direktinvestitionen sind nicht immer reale Investitionen. Auch Kredite, z. B. an ausländische Tochtergesellschaften, werden dazu gezählt. Sie unterscheiden sich von Portfolio-Investitionen, die primär aus finanziellen Gründen (Kapitalrendite) erfolgen, durch das Kontrollmotiv.

Abb. 2.3.1/1 (vgl. Kap. 2.3.1) lässt eine positive Korrelation zwischen Direktinvestitionen und Export vermuten. Weniger deutlich ist dieser Zusammenhang auf der Unternehmensebene, da Direktinvestitionen Exporte ergänzen, fördern, sichern oder substituieren können und je nach Funktion eine Abnahme oder eine Zunahme der Exporte zur Folge haben. Substitution oder Komplementarität sind abhängig von der unternehmensspezifischen Organisation der Standorte und Tätigkeiten.

Die Entwicklung von einem nationalen zu einem transnationalen Unternehmen erfolgt, bezogen auf Forschung, Entwicklung, Produktion und Absatz, meist in vielen Schritten durch Handel (Export, Import), Direktinvestitionen und Zusammenarbeit mit anderen Unternehmen im Ausland. So bestehen verschiedene Formen der Auslandstätigkeiten, die miteinander kombiniert werden können (vgl. Kasten):

Schritte der Internationalisierung und Globalisierung von Unternehmen
− Forschung, Entwicklung, Produktion und Absatz ausschließlich im Inland
− Auslandstätigkeiten
  (1) Außenhandel (Export, Import)
  (2) Direktinvestitionen (Investitionen im Ausland in den Vertrieb, in die Produktion und/oder in Forschung und Entwicklung, Erwerb und Beteiligungen (M&A, Reinvestition von Gewinnen)
  (3) Zusammenarbeit mit anderen Unternehmen im Ausland (strategische Allianzen)
    − ohne Kapitalbeteiligung
    − mit Kapitalbeteiligung (joint venture)
  (4) Lizenzen und Franchising
  (5) virtuelle Unternehmen

Mitte bis Ende der 1990er Jahre waren die Wachstumsraten der Direktinvestitionen höher als die Wachstumsraten von Produktion und Export (vgl. Abb. 2.3.1/1). Direktinvestitionen verbinden stärker als Handel die Länder der Erde. Vor dem Zweiten Weltkrieg hatten sie nur geringe Bedeutung und erfolgten vor allem in der Rohstoffgewinnung. In den 1950er Jahren nahmen sie stark zu, zunächst vor allem durch US-amerikanische Unternehmen. 1960 erreichte deren Anteil an allen Direktinvestitionen weltweit etwa drei Fünftel, der Anteil britischer Unternehmen etwa ein Sechstel. Seither hat der Anteil der US-amerikanischen und britischen Unternehmen auf etwas mehr als ein Viertel abgenommen, der Anteil der deutschen Unternehmen zugenommen, von einem auf 8 % (Tab. 2.4.2/1). Nach einer Erhebung des Deutschen Industrie- und Handelskammertages (DIHK) wurden 2004 von deutschen Unternehmen im Ausland etwa 2,6 Mio. Menschen beschäftigt. Ein großer Teil dieser Arbeitsplätze entstand mit der Erschließung neuer Märkte. Die übrigen erwuchsen aus der Verlagerung von Tätigkeiten ins Ausland; zunächst Anfang der 1980er Jahre von einfachen Tätigkeiten in lohnintensiven Branchen, wie z. B. der Textil- und Schuhindustrie, dann von komplexeren Tätigkeiten wie z. B. in der Auto- und Elektroindustrie, in den 1990er Jahren auch von Dienstleistungen und heute von Tätigkeiten mit hoher Wertschöpfung. Sehr stark zugenommen hat der An-

Tab. 2.4.2/1: Kumulierte ausländische Direktinvestitionen
Quelle: UNCTAD 2004, S. 376–386, *Dicken* 2003, S. 57

	Investitionen im Ausland in % (aus Herkunftsländern)		Investitionen aus dem Ausland in % (in Zielländern)	
	1960	2003	1980	2003
Entwickelte Länder	99	69	89	89
Nordamerika	51	22	43	29
Darunter USA	−47	−19	−38	−25
Westeuropa	44	43	42	54
Darunter Großbritannien	−18	−8	−14	−14
Deutschland	−1	−7	−8	−8
Frankreich	−6	−5	−4	−8
Niederlande	−10	−4	−8	−5
übrige entwickelte Länder (1)	2	4	.	6
Darunter Japan	−1	−1	−3	−4
Entwicklungsländer	1	28	11	10
Afrika	0	2	1	0
Lateinamerika	0	8	9	2
Asien und pazifischer Raum	1	18	1	8
Darunter China	0	−6	(.)	0
Hongkong	0	−5	0	−4
Osteuropa	0	3	0	1
Welt	100	100	100	100

(1) Israel, Japan, Australien, Neuseeland

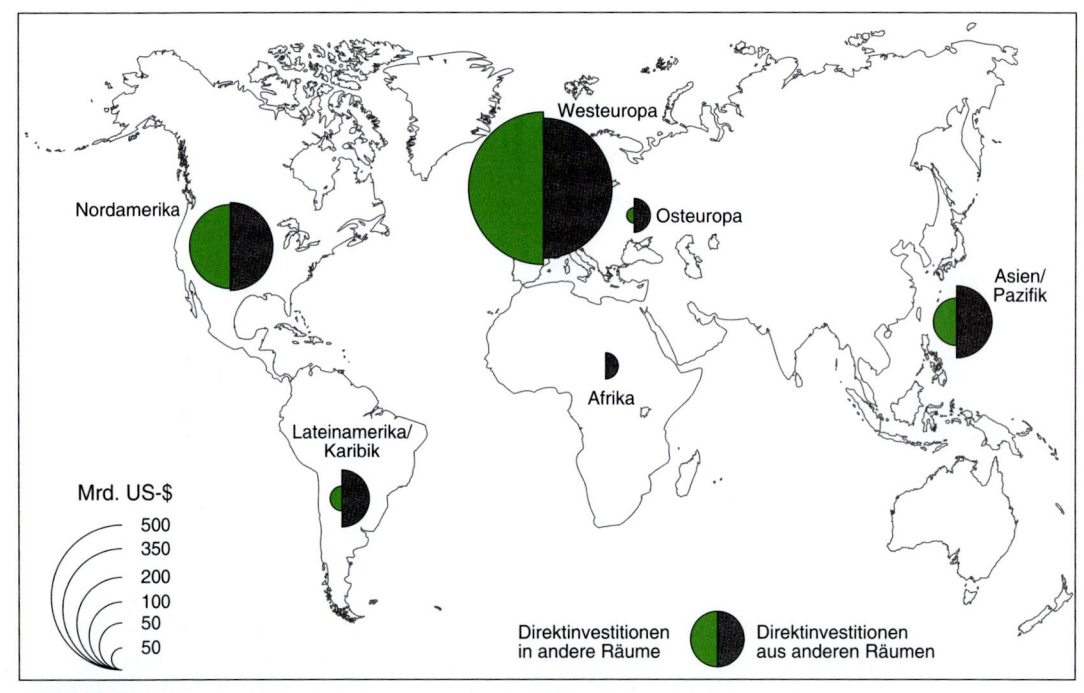

Abb. 2.4.2/1:
Ausländische Direktinvestitionen im Durchschnitt der Jahre 2000–2003
Quelle: UNCTAD 2004, S. 367–375

teil der Investitionen aus Entwicklungsländern, zu denen UNCTAD auch Schwellenländer wie Hongkong, Südkorea und Brasilien zählt, aber auch Singapur, ein hoch entwickeltes Land. Der Anteil der Investitionen aus diesen Ländern ist erheblich höher (28 % im Jahr 2003) als der Anteil der Direktinvestitionen in diesen Ländern (10 %). Der Anteil Lateinamerikas an den Direktinvestitionen hat stark abgenommen, der Anteil Asiens zugenommen. Abb. 2.4.2/1 zeigt die Konzentration auf die Triade (Nordamerika, Westeuropa und Japan). Die ärmsten Länder der Erde, vor allem in Afrika, erhalten nahezu keine Direktinvestitionen, deshalb und aufgrund der geringen Partizipation am Welthandel auch kaum externes Wissen.

Hoch entwickelte Länder investieren zwar viel im Ausland und erhalten auch die meisten Direktinvestitionen, die räumliche Streuung der Herkunfts- und Zielländer nimmt jedoch zu. US-amerikanische Unternehmen z. B. investierten in den 1950er Jahren überwiegend in Kanada und Lateinamerika, seit den 1970er Jahren investieren sie dagegen vor allem in Europa.

Die Unternehmensstrategien haben sich in den letzten Jahrzehnten stark verändert: Exportstrategien wurden von Multidomestikstrategien, Montagestrategien und Globalisierungsstrategien ohne und mit starker Herkunftsbasis („Glokalisierung") abgelöst oder ergänzt (vgl. *Ruigrok/van Tulder* 1995, S. 178ff.).

Bis in die 1980er Jahre investierten transnationale Unternehmen überwiegend in neue und vorhandene Auslandsstandorte. Seither nehmen grenzüberschreitende Fusionen, Übernahmen und Beteiligungen („cross-border merger and acquisition") und Kooperationen mit Unternehmen im Ausland stark zu. Nach einem Jahrzehnt sehr starken Wachstums (Abb. 2.3.1/1, Abb. 2.4.2/2) haben die Käufe seit dem Jahr 2000 deutlich abgenommen, 2004 aber wieder zugenommen. Unternehmenskäufe und Beteiligungen erfolgen vor allem in entwickelten Ländern. Hier sind die Hauptverwaltungen und die Steuerungs- und Kontrollzentren. Fast 90 der 100 größten Unternehmen haben in der Triade (USA, EU, Japan) ihren Unternehmenssitz oder ihre Hauptverwaltung.

Bezogen auf das Bruttoinlandsprodukt und auf das Bruttoanlagevermögen gibt es große Unterschiede in der Bedeutung der Direktinvestitionen für die Empfängerländer. Mit Ausnahme von Hongkong, ein Stan-

Abb. 2.4.2/2:
Unternehmenskäufe und -beteiligungen im Ausland
1988–2003
Quelle: UNCTAD 2004, S. 411–415

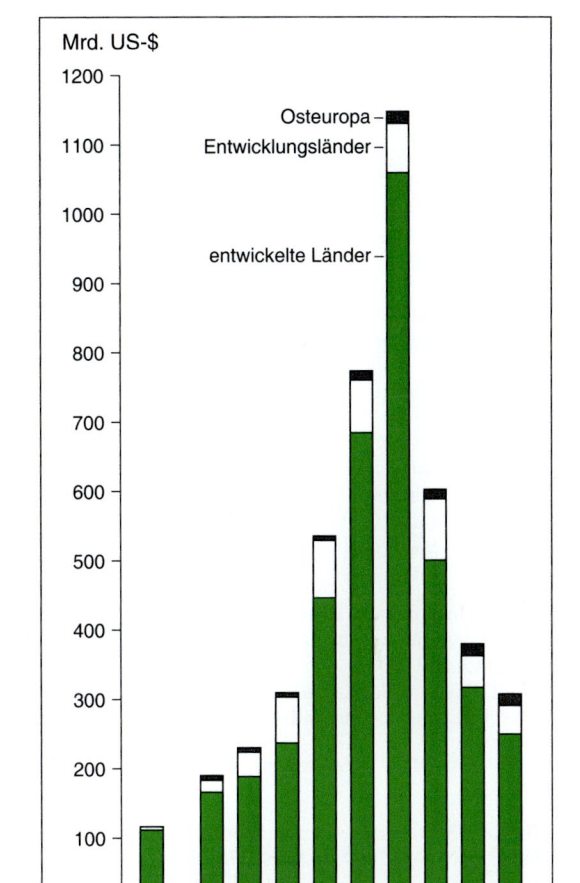

dort, der nach der Wiedereingliederung nach China neu bewertet wird, steigt allgemein der Anteil der Direktinvestitionen am BIP. Er ist sehr hoch in Singapur, in Irland, in den Niederlanden und in Chile, sehr niedrig in Japan. 2003 und 2004 erhielt China die meisten Direktinvestitionen. Attraktiv sind die Größe des Marktes, die niedrigen Arbeitskosten und die hohe internationale Wettbewerbsfähigkeit der Produkte. Direktinvestitionen erfolgen hier überwiegend in der Industrie, nicht in Dienstleistungen. Von der wirtschaftlichen Stärke Chinas profitieren vor allem Zulieferer in Asien.

Ein differenzierter Indikator der Direktinvestitionen ist der Transnationalitätsindex, der sich auf vier Indizes bezieht (Erläuterung in Tab. 2.4.2/2). Er ist herausragend hoch in Hongkong, sehr hoch in Singapur und Irland.

Ein etwas anderes Bild ergibt sich, wenn nicht Länder, sondern Unternehmen betrachtet werden. Nach UNCTAD-Statistiken weisen NTC, Thompson und Holcim die höchste Transnationalität auf (Tab. 2.4.2/3). Da Angaben zu den Standorten der Unternehmen fehlen, lassen sich aus dem Transnationalitätsindex keine Aussagen zur Globalisierung ableiten. Die Denationalisierung der größten transnationalen Unternehmen nimmt jedoch zu, erkennbar am steigenden Anteil des Anlagevermögens, der Umsätze und der Beschäftigung im Ausland.

Die Einschätzung der Entwicklungstrends und der Bedeutung der unterschiedlichen Unternehmensstrategien, wie Investitionen in eigene Standorte, M&A und die Zusammenarbeit mit Konkurrenten, ist ange-

Tab. 2.4.2/2: Die Bedeutung der Direktinvestitionen in ausgewählten Ländern
Quelle: UNCTAD 2004, S. 10, 19, 387-388, 399-410

		Direktinvestitionen in % des Bruttoinlandsproduktes		Transnationalitätsindex *	Direktinvestitionen in % des Bruttoanlagevermögens
		1990	2003	2001	2001 – 2003
Entwickelte Länder					
darunter	Irland	72	130	77	11
	Niederlande	23	66	38	44
	Schweden	5	48	36	27
	Großbritannien	21	37	20	19
	Deutschland	7	23	18	4
	USA	7	14	9	7
	Japan	0	2	2	3
Entwicklungsländer					
darunter	Hongkong	270	237	102	28
	Singapur	83	161	60	36
	Chile	33	65	31	7
	Malaysia	23	57	28	5
	China	6	36	16	1

* Durchschnitt der vier Indizes:
1. Direktinvestitionen in % des Bruttoanlagevermögens 1999–2001 und
2. in % des BIP 2001
3. Wertschöpfung der Auslandsstandorte in % des BIP 2001 und
4. Beschäftigung der Auslandsstandorte in % der Beschäftigung insges. 2001

Tab. 2.4.2/3: Die größten transnationalen Unternehmen 2002
Quelle: UNCTAD 2004, S. 11, S. 276–278

	Hauptverwaltung		Anlagevermögen im Ausland in %	Umsätze	Beschäftigung	Transnationalitätsindex
1. NTC	USA	Telekommunikation	99	100	99	99
2. Thompson	Kanada	Medien	98	98	98	98
3. Holcim	Schweiz	Baustoffe	95	94	97	96
4. CRH	Irland	Baustoffe	96	93	95	95
5. Roche	Schweiz	Pharmazeutika	87	98	87	91
6. Interbrew	Belgien	Getränke	91	91	90	91
7. Publicis Goupe	Frankreich	Unternehmensdienste	96	87	89	91
8. News	Australien	Medien	89	92	89	90
9. Philips	Niederlande	Elektronik	82	95	83	87
10. Vodafone	Großbritannien	Telekommunikation	89	79	85	85
11. Nortel	Kanada	Maschinenbau	84	94	73	83
12. Astrazeneca	Großbritannien	Pharmazeutika	69	95	81	82
41. Bertelsmann	Deutschland	Medien	61	95	61	63
44. Siemens	Deutschland	Elektronik	62	66	59	62
Durchschnitt der 100 größten transnationalen Unternehmen			48	58	49	57

sichts der schnellen weltwirtschaftlichen Veränderungen und der kurzen Beobachtungszeiträume nicht eindeutig. Große Fusionsvorhaben wie BMW und Rover, General Motors und Fiat haben sich als weniger vorteilhaft erwiesen als projektbezogene Formen der Zusammenarbeit, z. B. von PSA (Peugeot und Citroën) und Toyota bei Kleinwagen (Peugeot 107, Citroën C1 und Toyota Aygo), von PSA und Ford bei Dieselmotoren und PSA und BMW bei Benzinmotoren. Gemeinsame Plattformen wie in der Autoindustrie von Volkswagen und Porsche für den VW Touareg und den Porsche Cayenne gefährden nicht die Markenidentität. Fusionen sind besonders schwierig, wenn die Partner unterschiedliche Unternehmenskulturen einbringen. Deshalb arbeitet z. B. Toyota nur projektbezogen mit anderen Unternehmen zusammen: 1980 in elf Fabriken in neun Ländern, 1990 in 20 Fabriken in 14 Ländern, 2005 in 46 Fabriken in 26 Ländern. Die Zusammenarbeit mit einem Konkurrenten ermöglicht niedrigere Entwicklungskosten und niedrige Produktionskosten durch Größenvorteile bei geringerem Kapitaleinsatz.

2.4.2.2 *Erklärungsansätze für Auslandstätigkeiten*

Erklärungen des internationalen Handels mit Waren und Dienstleistungen erfolgen auf der Makro- (Aggregat)ebene, Erklärungen der Auslandstätigkeiten der Unternehmen auf der Mikroebene mit Bezug auf die Makroebene (Rahmenbedingungen) (vgl. Abb. 2.4.2/3). Die verschiedenen Erklärungsansätze werden u. a. im Lehrbuch von *Schoppe* (1998, S. 35f.) erläutert. Die klassischen Theorien des internationalen Handels und auch die Grundversion des *Heckscher-Ohlin*-Modells können Direktinvestitionen nicht erklären, da sie Immobilität der Produktionsfaktoren unterstellen. Wird diese Annahme aufgegeben, dann verändern sich die Faktorpreise durch Handel und Direktinvestitionen, d.h. durch Mobilität der Produktionsfaktoren Arbeit oder Kapital. Ähnlich unrealistisch wie die Annahme der Immobilität der Produktionsfaktoren sind die Annahme vollständiger Konkurrenz und die Abstraktion von Zöllen und Transportkosten. Aus dem modifizierten Heckscher-Ohlin-Modell kann jedoch abgeleitet werden, dass Unternehmen Kapital aus Ländern mit viel Kapital in Länder mit kostengünstiger Arbeitskraft bringen werden. Zinsunterschiede wurden früher als Grund für Direktinvestitionen angenommen.

Erklärungen der Außenhandelstheorien und der Theorie der internationalen Kapitalströme werden auf der Unternehmens- oder Akteursebene durch Theorien der internationalen Unternehmung ergänzt, darunter das Produktlebenszyklusmodell, die eklektische Theorie von Dunning und der Transaktionskostenansatz. Das von *Vernon* (1966, 1979) entwickelte Produktlebenszyklusmodell erklärt Außenhandel und Direktinvestitionen durch Veränderungen der Bedeutung wichtiger Standortfaktoren in den einzelnen Phasen des Produktlebenszyklus, z. B. durch Abnahme der Bedeutung hoch qualifizierter Arbeitskräfte in der Reife- und Standardisierungsphase. Da die Zahl der berücksichtigten Faktoren gering und die Erklärung vor allem auf Investitionen US-amerikanischer Unternehmen bezogen ist, erklärt das Produktlebenszyklusmodell nicht die Standorte der transnationalen Unternehmen. Markteintrittsbarrieren werden z. B. nicht berücksichtigt. Unterschiedliche Investitionsmotive in hoch und in gering entwickelten Ländern können durch dieses Modell nicht erklärt werden.

Ein umfassender Erklärungsversuch der Standortentscheidungen transnationaler Unternehmen in Industrie und Einzelhandel stammt von *Dunning* (1977, 2000). Er nimmt in seiner sog. eklektischen Theorie unterschiedliche Erklärungsansätze auf, u. a. die Theorie der Unternehmung sowie Organisations-, Standort- und Handelstheorien, und vermutet, dass für Direktinvestitionen drei Bedingungen (OLI) erfüllt sein müssen:
– unternehmensspezifische Wettbewerbsvorteile („ownership advantages" = O) gegenüber Konkurrenten im Ausland, z. B. bei Wissen und Technologie,
– Standortvorteile („location advantages" = L), z. B. niedrige Produktionskosten im Ausland, Subventionen, Marktpotenzial, und
– Internalisierungsvorteile („internalization advantages" = I) der Direktinvestitionen gegenüber einer Lizenzvergabe oder Franchisingverträgen, z. B. aufgrund von Größenvorteilen und Vorteilen der weltweiten Koordination und Optimierung.

Durch in- und ausländische, branchen- und unternehmensspezifische Unterschiede der Wettbewerbs-, Standort- und Internalisierungsvorteile erklärt Dunning Unterschiede der Direktinvestitionen und Veränderungen der Vorteile und der Auslandstätigkeiten. Die eklektische Theorie wird zwar kritisiert, weil sie die Vorteile selbst und Wachstum durch Fusionen (M&A) nicht erklärt (*Schoppe* 1998, S. 148), sie bildet jedoch einen weiterführenden Analyserahmen der Auslandstätigkeiten transnationaler Unternehmen.

Der Transaktionskostenansatz ergänzt die eklektische Theorie von Dunning. Er geht auf den Amerikaner *Coase* (1937) zurück. Der Forschungsansatz erklärt Direktinvestitionen durch Transaktionskostenvorteile eines eigenen Standorts im Ausland verglichen mit einer Marktbearbeitung (Markterschließung oder -ausweitung) durch andere Unternehmen auf der Grundlage von Verträgen (Lizenz- oder Franchiseverträgen). Als Transaktionskosten werden alle Kosten bezeichnet, die mit der Informationssuche und -beschaffung, mit einer Vertragsvereinbarung und einem Vertragsabschluss und mit der Kontrolle und Koordinierung der Transaktion (Direktinvestition bzw. Vertrag) verbunden sind. Direktinvestitionen werden Verträgen vorgezogen, wenn die Transaktionskosten der eigenen Tätigkeiten im Ausland geringer sind als die Kosten der externen Leistung.

Das ist bei wissensintensiven, komplexen Leistungen wahrscheinlicher als bei standardisierbaren Leistungen. Die Kosten werden beeinflusst durch Vertrauen, durch formelle und informelle Institutionen, durch Netzwerke und durch Handlungsstrategien wie opportunistisches Verhalten, bestimmt durch Eigeninteressen. Als Netzwerke werden hier Beziehungen zwischen Unternehmen verstanden, nicht Beziehungen in Unternehmen (vgl. *Dicken/Malmberg* 2001, S. 352).

Ist ein Marktzugang oder eine Sicherung oder Ausweitung der Märkte durch Export, Lizenzen und Franchising nicht möglich, schwierig oder nicht lohnend, dann bleibt nur eine Direktinvestition. Wertschöpfung folgt dann dem Export. Für Direktinvestitionen gibt es bisher keinen völkerrechtlichen Rahmen vergleichbar der WTO für den Handel. Seit 1995 wird über ein multilaterales Investitionsabkommen (MAI) diskutiert, das langfristig die weltweit etwa 1.600 bilateralen Investitionsabkommen ablösen und zur allgemeinen Liberalisierung der Investitionen beitragen soll, durch die auch die Rechtssicherheit für Unternehmen im Ausland erhöht werden würde. Notwendig sind u. a. verbindliche soziale und ökologische Mindeststandards, z. B. ein Verbot von Kinderarbeit.

Wechselkursrelationen haben erheblichen Einfluss auf Standortentscheidungen. Wird z. B. der Dollar gegenüber dem Euro aufgewertet (Dollarstärke), dann steigen die Gewinne der Exporteure in die USA, sie erhalten sog. „wind falls"; wird der Dollar dagegen abgewertet, dann sinken die Gewinne, jedoch nicht der ausländischen Unternehmen, die in den USA investiert haben ("natural hedging"). Gegen Währungsrisiken sind meist nur große Unternehmen, z. B. durch Termingeschäfte, abgesichert (Hedging).

Weltweit bestimmen unterschiedliche Tätigkeits- und Rahmenbedingungen, unterschiedliche politische, wirtschaftliche und soziale Strukturen und unterschiedliche Regelungen und Normen die Unternehmens- und Betriebsstandorte (vgl. Abb. 2.4.2/3). Vor allem Gewinnerwartungen, orientiert an Kosten und Märkten, bestimmen die Standortwahl, beeinflusst u. a. durch Arbeitskosten, Lohnnebenkosten, Arbeitsproduktivität, Zuverlässigkeit der Lieferungen, Energie- und Transportkosten, Größenvorteile und Subventionen. Allein die Arbeitskosten weisen große Unterschiede auf. In Westdeutschland lagen die Arbeitskosten für Industriearbeiter 2004 bei 27 € pro Stunde, in Japan bei 18 €, in Südkorea bei 10 €, im Durchschnitt der zehn neuen EU-Länder jedoch unter 4 € und in China bei nur etwa 1 €. Hohe Arbeitskosten zwingen zur Spezialisierung auf kapitalintensive Güter zu Lasten arbeitsintensiver Güter. Hohe Kosten der Qualitätssicherung und hohe kulturelle „Crashkosten" können Kostenvorteile z. T. kompensieren. Aufgrund unterschiedlicher Wachstumsraten verändern sich die Rahmenbedingungen ständig. Ungarn z. B. ist heute weniger attraktiv als vor zehn Jahren, da hier die Arbeitskosten gestiegen und Anbieter aus kostengünstigeren Ländern wie Rumänien und Bulgarien hinzugekommen sind. Da in Ungarn im Jahr 2004 mehr als 70 % des Exports und etwa die Hälfte des Bruttoinlandproduktes auf ausländische Unternehmen entfielen, ist die Furcht vor Arbeitsplatzverlusten durch Aufgabe der Standorte nicht unbegründet.

Transnationale Unternehmen verbinden Globalisierungsvorteile in der Produktion und im Absatz mit Regionalisierungsvorteilen in der Produktentwicklung und im Vertrieb (Innovationen, Marktnischen). Je mehr

Rahmenbedingungen der Tätigkeiten im Ausland

supranationale Ebene

- multilaterale Regelungen,
  z.B. WTO
- Regionalisierung, z.B. EU, Nafta

nationale Ebene

- nationale Regelungen
  (Regierungs- und Steuerungssystem,
  Markteintrittsbarrieren, Eigentumsrechte,
  Institutionen)
  • staatliche Politik
  • Infrastruktur
    (Transportmittel, -wege,
    Informationsübertragung)
- Wissen
  (Qualifikation der Erwerbstätigen,
  Kompetenzen, Innovationen)
- Wechselkursrelation

- Wirtschaftsstruktur
  (Marktpotential, Rentabilität, Produktivität,
  Kosten, Risiken)
- Sozialstruktur
- soziokulturelle Bedingungen

⬇

Einflussfaktoren auf Auslandstätigkeiten

Unternehmensebene
- Größen- und Verbundvorteile
- Organisationsformen
- Technologien
  (Produkt-, Prozesstechnologien)
- Wissen
- Netzwerke, lokale und
  regionale Einbettung

Motive für Direktinvestitionen, z.B.
- Kosten
  (u.a. Nähe zu Großkunden)
- Marktpotential und Wettbewerb
  (Erschließung, Sicherung,
  Ausweitung des Marktes)

Abb. 2.4.2/3:
Einflussfaktoren auf Auslandstätigkeiten

Standorte sie in den Tätigkeitsverbund integrieren, umso schneller und effizienter können sie auf Kosten- und Nachfrageunterschiede und -veränderungen reagieren und dadurch Wettbewerbsfähigkeit und Beschäftigung sichern. BMW ist ein Beispiel für einen globalen Tätigkeitsverbund, der im Jahr 2005 24 Produktionsstandorte in dreizehn Ländern und vier Kontinenten umfasste: acht Fahrzeugwerke für BMW Automobile und Motorräder (Deutschland, USA, Südafrika) und den MINI (Großbritannien), drei Motorenwerke (Deutschland, Österreich, Großbritannien), ein Motorenwerk in Kooperation mit DaimlerChrysler in Brasilien, vier Produktionsstandorte für Teile (Komponenten) und acht Montagewerke (CKD = „Completely Knocked Down") in Ägypten, Indonesien, Malaysia, Mexiko, Philippinen, Russland, Thailand und Vietnam. Trotz Liberalisierung gibt es noch Markteintrittsbarrieren, z. B. hohe Importzölle in den Asean-Staaten.

Ein sehr wichtiger Standortfaktor und Investitionsgrund ist regional gebundenes und nur sehr schwer erhältliches Wissen (in der englischsprachigen Literatur „tacit knowledge"). Im Unterschied zu kodifiziertem Wissen ist implizites Wissen nicht frei zugänglich. *Zeller* (2004) begründet am Beispiel großer Pharmaunternehmen und der Innovationsräume weltweit die Standorte der Forschungszentren der Pharmaindustrie. Direktinvestitionen haben mit der Verbesserung der Transportwege und -mittel sowie der neuen Informations- und Kommunikationstechnologien stark zugenommen.

Hohe wirtschaftliche Wachstumsraten in vielen Ländern der Erde zeigen die doppelte Wirkung der Globalisierung: die räumliche Ausweitung der Auslandstätigkeiten und die Stärkung der Inlandsstandorte erfolgreicher Industrieunternehmen durch Zulieferungen aus dem Ausland. Importierte Teile (Komponenten) und Dienstleistungen sind in der Regel billiger als Eigenleistungen und Zukäufe sowie Dienstleistungen im Inland. Die Zunahme der Exporte und der Arbeitsplätze, z. B. von BMW in Deutschland, bestätigt die These, dass die Verringerung der Fertigungstiefe und die Verlagerung von Wertschöpfung ins Ausland Arbeitsplätze im Inland sichern, nicht hingegen die Gegenthese, Arbeitsplätze und Wertschöpfung gingen durch Verlagerungen ins Ausland verloren. Trifft die erste These zu, dann sind Exporte keine Scheinerfolge, abhängig von importierten Vorprodukten, wie vom Präsidenten des Ifo-Instituts in München, *Hans-Werner Sinn*, behauptet und als „Bazarökonomie" bezeichnet, sondern Ausdruck hoher Wettbewerbsfähigkeit, zu der die Verlagerung einfacher Arbeit bzw. der steigende Importanteil an den Exporten und der steigende Anteil der Vorleistungen am Produktionswert beitragen. Im Unterschied zur Produktion, wo die Wirkungen einer Verlagerung sehr unterschiedlich sind, gehen bei Dienstleistungen durch Verlagerung aufgrund des höheren Lohnanteils meist auch im Inland Arbeitsplätze verloren.

2.4.2.3 Globale Wertketten

Auffällige Merkmale der gegenwärtigen weltwirtschaftlichen Umstrukturierung sind
– die Globalisierung in Produktion, Handel und Dienstleistungen,
– die vertikale Desintegration in großen und transnationalen Unternehmen,
– die funktionale und räumliche Trennung der Tätigkeiten in transnationalen und intersektoralen Wertketten,
– die Steuerung und Koordinierung dieser Ketten durch große Unternehmen.

Die Tätigkeitsketten in der Industrie lassen sich nach Funktionen wie Forschung und Entwicklung, Produktentwicklung, Produktion von Teilen und Modulen und Vertrieb (Großhandel, Einzelhandel) trennen. Auch die Erstellung von Dienstleistungen kann nach Funktionen differenziert werden. Wie bei einem technischen Produkt lassen sich z. B. bei der Kontoführung für Privatkunden mehrere Tätigkeiten unterscheiden, die an andere Unternehmen, Zulieferer, ausgelagert werden können. Diese können sie kostengünstiger erstellen, da sie die Tätigkeit besser beherrschen oder Größenvorteile erzielen können. Beispiele sind die Übertragung der Kontoführung der Deutschen Bank und der Dresdner Bank an die Postbank. Da die Postbank, die deutsche Bank mit dem weitaus größten Bestand an Privat-Girokonten, die Buchungsprozesse viel früher als andere Banken optimieren musste, gehört rationale Kontoführung zu ihren Kernkompetenzen.

Gereffi (1994) hat die Tätigkeitsketten zunächst als Warenketten („commodity chains") bezeichnet, später in einem Aufsatz mit *Humphrey* und *Sturgeon* (2005) als globale Wertketten, da sich der Wert eines Produktes mit jeder weiteren Tätigkeit erhöht. *Peter Dicken* (2004, S. 15) nennt sie „globale Produktionsnetzwerke".

Da sich Wertketten in der Regel nicht allein über Marktbeziehungen koordinieren und steuern lassen, weil z. B. in der Industrie Zulieferern Kenntnisse der Rohstoff- und Produktmärkte fehlen, Produzenten Kenntnisse der Absatzmärkte, werden die Wertketten meist durch große wirtschaftlich dominante Unternehmen, Leitunternehmen, koordiniert und gesteuert. Leitunternehmen sind u. a. Produzenten von Endprodukten, große Einzelhandelsunternehmen und Eigentümer von Markenprodukten, die die von ihnen entwickelten

und vermarkteten Produkte nicht oder nicht mehr selbst herstellen („Original Brand Name Manufacturing", OBM). Die einzelnen Produktions-, Handels- und Dienstleistungstätigkeiten in der Wertkette erfolgen durch rechtlich unabhängige, wirtschaftlich häufig abhängige Unternehmen.
Angesichts des immer härteren Wettbewerbs definieren die Leitunternehmen ihre Kernkompetenzen neu und verringern das Eigentum an Unternehmensfunktionen. Ist eine funktionale und räumliche Trennung der Tätigkeiten möglich, dann konzentrieren sie sich zunehmend auf wertschöpfungsintensive Segmente der Wertkette, d.h. sie stoßen die Tätigkeiten ab, die sie nicht als ihre Kernkompetenzen ansehen, z. B. die Produktion. Wertschöpfung geht dann von Herstellern (Produzenten) zu Zulieferern – nicht nur Fertigung (Produktion), sondern auch Forschung und Entwicklung, Logistik und Montage – oder zum Handel, z. B. Design, Produktentwicklung und Marketing. Eine Folge der Desintegration in den Unternehmen ist die Integration der Unternehmen durch den Handel, durch Export und Import von Teilen, Zwischen- und Fertigprodukten. Die Auslagerung hat eine Reihe von Vorteilen, u. a. geringere Investitionen und abnehmende Kapitalbindung und die Möglichkeit, flexibel auf Nachfrageschwankungen reagieren zu können. Wird weniger verkauft, dann können bei verbliebener Produktion zunächst die eigenen Werke ausgelastet und weniger Aufträge an Auftragsfertiger vergeben werden.
Es sind keine linearen Ketten, sondern sehr komplexe, vertikal und horizontal organisierte Netzwerke, die sich ständig verändern und nur schwer erfassen lassen (vgl. *Henderson* u. a. 2003), da Betriebe neu hinzukommen, andere die Netzwerke verlassen, Lieferanten Funktionen übernehmen oder abgeben. Selbst in derselben Branche gibt es erhebliche Unterschiede in der Organisation und Steuerung. Durch Kapital, Handel, Dienstleistungen, wie u. a. Transporte, technische und Finanzdienstleistungen, Lizenzen und Aufträge werden Unternehmen und Betriebe (Forschung, Entwicklung und Produktion) sowie Räume (Regionen) eingebunden. Netzwerke verbinden Unternehmen unterschiedlicher Organisationsstrukturen und Eigentumsverhältnisse in Ländern mit unterschiedlichen Rahmenbedingungen.
Durch die Veränderungen an Schnittstellen zwischen Produktion, Handel und Dienstleistungen in den Wertketten verändern sich die Unternehmensstrukturen in den Wertketten. In großen Unternehmen verschwimmen durch Auslagerung und neue Funktionen die Unternehmensgrenzen, da sich Grenzen zwischen den Funktionen in den Unternehmen und außerhalb der Unternehmen ständig verändern.
Eine „filière" (vgl. *Lenz* 2005), z. B. eine auf Agrarprodukte bezogene Tätigkeitskette zwischen Getreideanbau und Brot und Backwaren, unterscheidet sich von einer Wertkette. Sie bildet Tätigkeiten, Handelsströme und Akteure ab (*Raikes/Jensen/Ponte* 2000, S. 405). Wertketten wie „filiére" beschreiben Zusammenhänge, können sie jedoch nicht erklären. Offen ist u. a. die Rolle der Akteure in der „filière".
Von Porters Konzept der Wertschöpfungskette unterscheiden sich Wertketten erstens durch die transnationale Organisation und Steuerung, zweitens durch die Dominanz eines Leitunternehmens sowie drittens durch die Bedeutung der Organisation und Steuerung der Wertkette und der Netzwerke für Wettbewerbsvorteile. Netzwerke verbinden in den Wertketten Unternehmen unterschiedlicher Organisationsstrukturen und Eigentumsverhältnisse in Ländern mit unterschiedlichen Rahmenbedingungen.
Entwicklungs- und produktionsgesteuerte Wertketten sind typisch für die Automobil-, Luftfahrt- und Elektronikindustrie, wo wenige Produzenten großen Einfluss auf Beschaffung und Absatz haben. Absatzgesteuerte Wertketten überwiegen in der Bekleidungsindustrie, in der viele Produzenten und wenige Großkunden (Abnehmer) mit großem Einfluss auf die Entwicklung existieren. Entwicklungs- und absatzgesteuerte Wertketten herrschen in der Sportartikelindustrie vor. Die Eigentümer bekannter Marken z. B. in der Sportartikelindustrie bestimmen Beschaffung und Produktion. Großkunden wie Eigentümer bekannter Marken geben Produkte den Modullieferanten und Komplettherstellern vor (sog. „full-package supplier" oder „Original Equipment Manufacturers", OEM).
Aber auch Dienstleistungsunternehmen steuern Wertketten, z. B. große Speditions- und Logistikunternehmen, die eigene Transporte aufgeben und sie an kostengünstigere Unternehmen im Ausland abgeben und sich auf die Steuerung der Transporte zwischen Produzenten und Kunden (Handel) konzentrieren.
Offene Forschungsfragen beziehen sich auf die Steuerungs- und Koordinierungsformen der Wertketten, die Verknüpfung der Schnittstellen, die Netzwerkstrukturen (Güterströme, Kapital-, Informations- und Wis-

senstransfer), die räumliche Organisation der Wertketten und Netzwerke (Konzentration oder Streuung der Tätigkeiten) und die politischen, wirtschaftlichen, sozialen und räumlichen Rahmenbedingungen der Tätigkeiten.

Steuerungsformen
Gereffi/Humphrey/Sturgeon (2005) unterscheiden fünf Steuerungsformen: Marktsteuerung, modulare Steuerung, relationale Steuerung, „captive" Wertketten und hierarchische Steuerung (Abb. 2.4.2/4), – d. h. die Steuerung über den Markt (Standardprodukte), die Steuerung in einer vertikal integrierten Organisation (internalisierte Transaktionen in einem Unternehmen) und die Steuerung oder Koordinierung über drei unterschiedlich organisierte Netzwerke. Bei einem relationalen Netzwerk ist die Zusammenarbeit zwischen den Unternehmen enger als bei einem modularen Netzwerk. Modullieferanten haben meist mehrere große Kunden und eine hohe Autonomie (vgl. *Sturgeon* 2003). Bei modularer wie bei relationaler Steuerung arbeitet das Leitunternehmen mit hoch kompetenten Lieferanten von Teilen zusammen, die sie kapitalintensiv mit hoch moderner Technologie und Sublieferanten herstellen. Modullieferanten oder Komplettersteller oder OEMs entwickeln und produzieren Module bzw. komplette Teile eigenständig oder nach Vorgabe von Kunden. Vertrauen aufgrund guter Erfahrungen wird bei einem relationalen Netzwerk als noch wichtiger angesehen als bei einem modularen Netzwerk.

Bei OEMs ist der Sprachgebrauch nicht einheitlich. Es werden sowohl Produzenten von Komponenten und wertschöpfungsintensiven Teilen als auch von Endprodukten und Leitunternehmen als OEM bezeichnet, z. B. Daimler (vgl. *Ernst & Young* 2004). Die Abstimmung der Leitunternehmen mit Komplettherstellern

Abb. 2.4.2/4:
Steuerung von Wertketten
Quelle: *Gereffi/Humphrey/Sturgeon* 2005

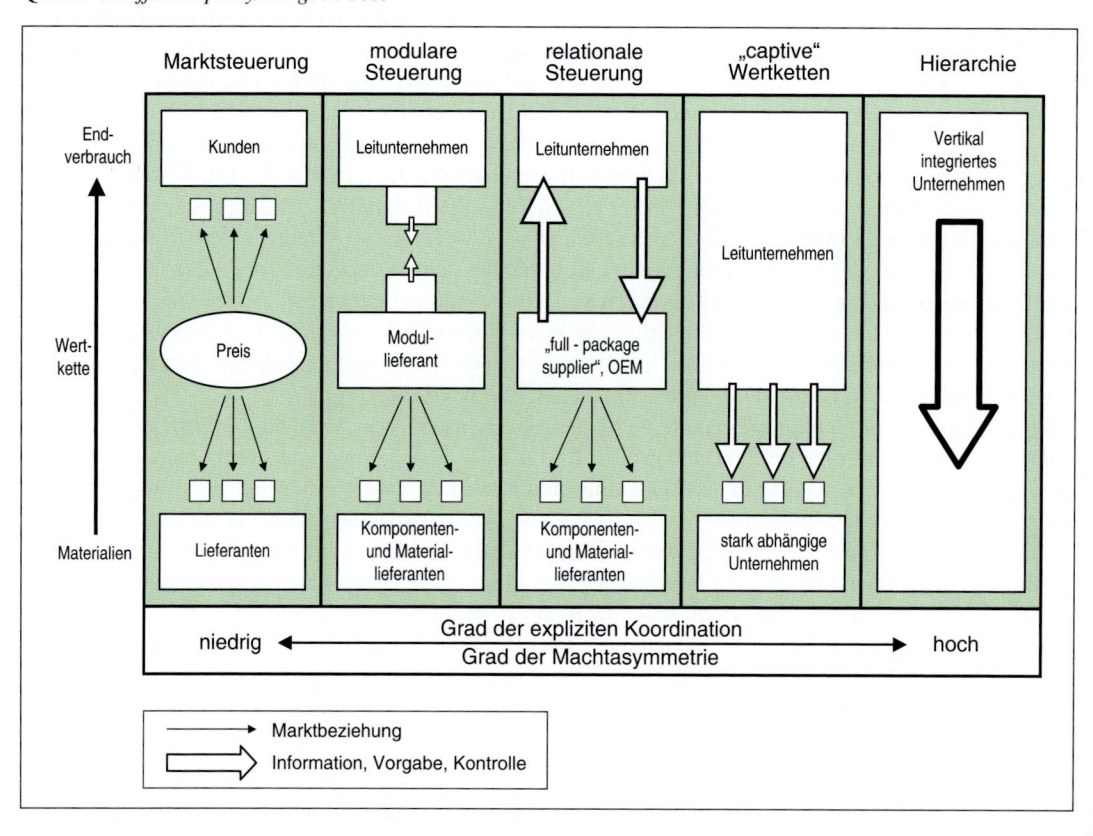

ist enger als mit Modullieferanten, da hier mehr oder weniger gleiche Partner geheimes Wissen austauschen. Technisch hoch flexibel und den Kundenanforderungen entsprechend fertigen auch Modullieferanten Produkte für unterschiedliche Kunden. Von Leitunternehmen stark abhängig (deshalb „gefangen", „captive") sind kleine, wenig flexible Sublieferanten.

Modulare und relationale Wertketten werden vor allem durch große Unternehmen in kapital- und technologieintensiven Branchen organisiert und kontrolliert, z. B. in der Automobilindustrie. Modullieferanten und Lieferanten sperriger und empfindlicher Teile, wie z. B. Treibstofftanks und Windschutzscheiben, müssen den Montagebetrieben der Leitunternehmen nahe sein, ebenso Hersteller, die just in time und sequenzgenau anliefern. Arbeitsintensive Teile mit geringen Materialkosten werden dagegen von Sublieferanten in Ländern mit niedrigen Lohnkosten hergestellt, arbeitsintensive und technisch anspruchsvolle Teile von leistungsfähigen Lieferanten dieser Länder, technisch anspruchsvolle Teile mit geringem Lohnkostenanteil von Sublieferanten in Ländern mit höherem Entwicklungsstand.

Abb. 2.4.2/5:
Lieferungen für den A380 nach Toulouse
Quelle: Airbus

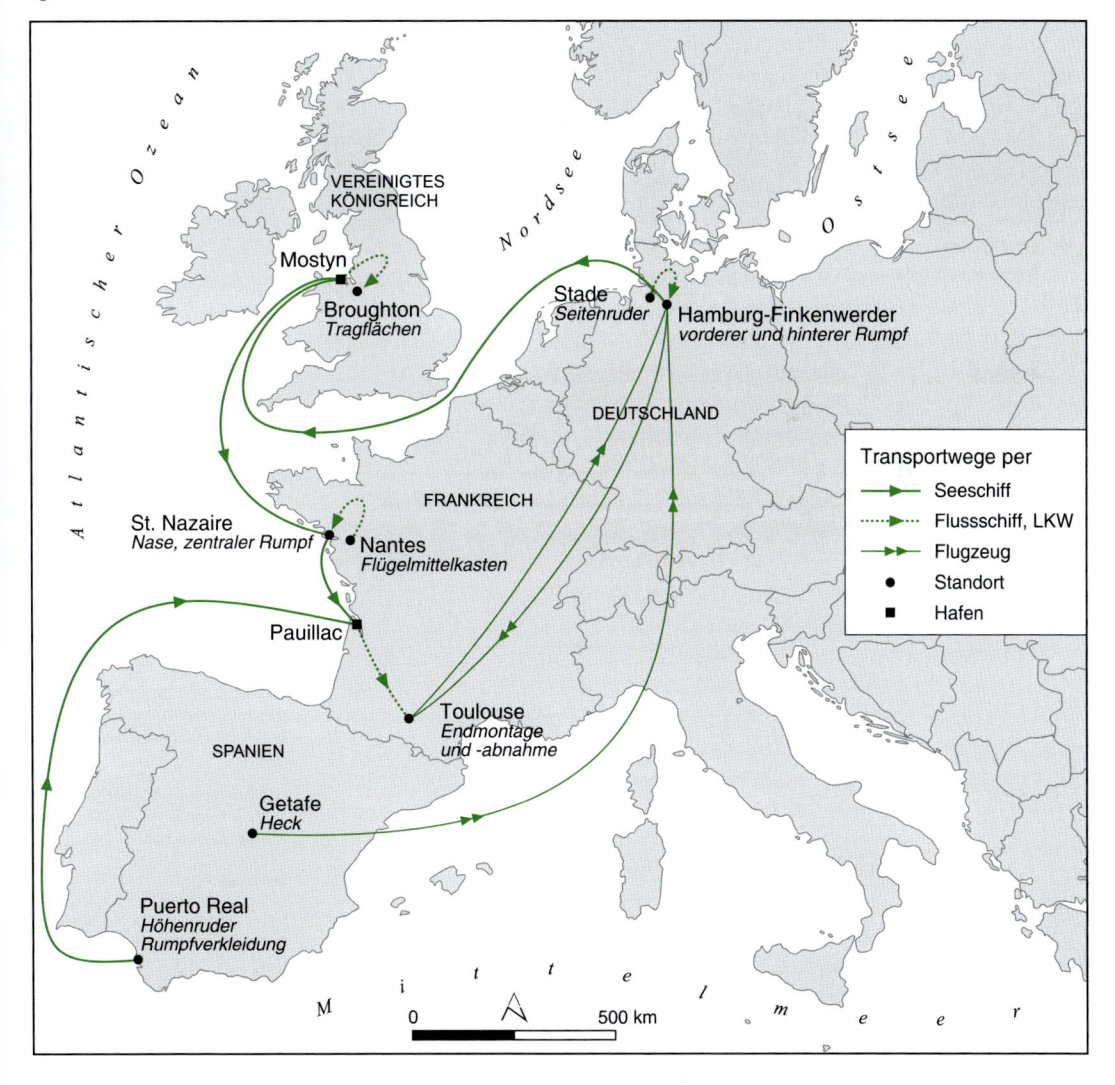

Beispiele für modulare und relationale Tätigkeitsketten sind durch Daimler und Airbus organisierte und gesteuerte Wertketten (Abb. 2.4.2/5). In Sindelfingen bzw. Toulouse erfolgt der Zusammenbau der Teile, die die beiden Unternehmen selbst und eine sehr große Zahl von Zulieferern herstellen. Beide Unternehmen integrieren Produktion, Handel und Dienstleistungen von der Produktentwicklung bis zur Wartung, Daimler in mehrstufigen Netzwerken in Deutschland, Nordamerika, Lateinamerika, Südafrika und Asien mit jeweils einer sehr großen Zahl an Zulieferern und Dienstleistungsunternehmen, Airbus in Europa, verbunden durch Schiffe, Schwerlastwagen und Frachtflugzeuge.

Es gibt Belege für sehr unterschiedliche Wertketten, z. B. für Bananen, Schnittblumen (u. a. Hughes 2001), Schuhe (*Schmitz* 1998) und Kleidung.

Gereffi/Humphrey/Sturgeon (2005) beschreiben an vier Beispielen Veränderungen der Steuerungsformen (Abb. 2.4.2/6).

Der folgende Kasten nennt einige Funktionen und Organisationsformen der steuernden Unternehmen. Neben vertikal integrierten Einzelhandelsunternehmen (2a) und Anbietern von Markenprodukten (2b) importieren Beschaffungsagenten, Groß- und Einzelhandel, Produzenten und Intermediäre Konsumgüter. Intermediäre sind Handelsunternehmen der Export- oder Importländer mit Niederlassungen in den Produktions- bzw. Konsumländern und häufig engen Beziehungen zu den steuernden Unternehmen.

Die höchsten Gewinne werden durch eigene Produkte mit hoher Wertschöpfung und Tätigkeiten, für die hohe Markteintrittsbarrieren gelten, erreicht, in produzentengesteuerten Wertketten durch technologisch hoch komplexe Produkte, in abnehmergesteuerten Tätigkeitsketten durch Markenprodukte und Vermarktung. Da bei abnehmergesteuerten Wertketten die Markteintrittsbarrieren niedriger sind als bei produzentengesteuerten Wertketten, kontrollieren OBM-Unternehmen, wie z. B. Nike und Puma, die gesamte Wertkette: Produktentwicklung, Design, Produktion, Dienstleistungen, Marketing, Absatz und Werbung.

Abb. 2.4.2/6:
Beispiele für Veränderungen der Steuerungsformen in globalen Wertketten
Quelle: nach *Gereffi/Humphrey/Sturgeon* 2005

Produkte	Steuerungsformen in globalen Wertketten					Einflussfaktoren auf die Reorganisation
	Markt- steuerung	modulare Steuerung	relationale Steuerung	„captive" Wertketten	Hierarchie	
Fahrräder	←──					zunehmende Kompetenz der Zulieferer, große leistungsfähige Unternehmen in jedem Produktsegment (Größenvorteile)
Bekleidung			←────────			zunehmende Kompetenz der Zulieferer, Exportquoten im Rahmen des Multifaserabkommens und Liberalisierung der Märkte
Gemüse	────→					leistungsstarke Importeure und Lieferanten (Organisation der Wertkette, Produktentwicklung)
Elektronik		←────────────────────→				hohe Bedeutung geheimen Wissens und der Informationstechnologie, Entwicklung der Handelsmarken und der Industriestandards

Funktionen der steuernden Unternehmen
1. durch Produzenten gesteuerte Wertketten
   – Konzentration auf wissens- und wertschöpfungsintensive und markenprägende Tätigkeiten (abnehmende Eigenleistung bzw. Fertigungstiefe) und Steuerung der Tätigkeitskette
   – Vergabe der Produktion der nicht selbst erstellten Teile und Module an Zulieferer, u. a. OEM-Unternehmen, sowie von durch das Steuerungsunternehmen koordinierte Dienstleistungen
2. durch Abnehmer gesteuerte Wertketten
   a) Großkunden (Einzelhandelsunternehmen)
      – Konzentration auf Marketing und Absatz und Steuerung der Tätigkeitskette, z. B. durch Import der Ware
      – Vergabe der Produktion nicht selbst entwickelter Produkte (Eigenmarken) u. a. an OEM-Unternehmen („full-package supplier") und von Dienstleistungen u. a. an „full-service intermediaries"
   b) Anbieter von Markenprodukten (Eigentümer der Marken)
      – Konzentration auf wissens- und wertschöpfungsintensive Tätigkeiten, u. a. Produktentwicklung, Beschaffung, Logistik, Marketing und Vertrieb, und Steuerung der Tätigkeitskette
      – Vergabe der Produktion der Markenprodukte an Produzenten, Lizenz- und Franchisingnehmer
3. durch Dienstleistungsunternehmen gesteuerte Wertketten
   – Konzentration auf wissens- und wertschöpfungsintensive Tätigkeiten, u. a. Produktentwicklung, und Steuerung der Tätigkeitskette
   – Vergabe von Tätigkeiten an Unternehmen im In- und Ausland

Veränderungen der Tätigkeiten in der Wertkette

Verlässt der Handel (Großkunde) die Rolle des Absatzvermittlers und übernimmt Aufgaben von Produzenten wie Entwicklung, Marketing und Organisation der Produktion, dann verändert sich die Arbeitsteilung zwischen Handel und Produktion. Frühere Großkunden werden Konkurrenten der Industrie. Die Arbeitsteilung verändert sich auch, wenn Produzenten von Markenprodukten die eigene Produktion aufgeben und sich auf wissens- und wertschöpfungsintensive Tätigkeiten konzentrieren, vor allem auf die Entwicklung der Produkte, da für Markenprodukte weit höhere Preise erzielt werden als für „no name"-Produkte, und auf die Steuerung und Koordinierung der Produktions- und Handelsnetzwerke.

Die in den Hochlohnländern verbleibenden Tätigkeiten der Wertkette werden immer dienstleistungsintensiver. Der Trend geht zur vertikalen Desintegration und zur Konzentration auf wettbewerbsstarke, leistungsfähige Zulieferer (Modullieferanten und OEMs), zur Verlagerung von Wertschöpfung von der Endfertigung zu Modullieferanten und zu OEMs und zu Marktbeziehungen (bei Standardprodukten). In der Automobilindustrie z. B. wird der Anteil der Zulieferer an der Modulfertigung weiter steigen, gleichzeitig die Zahl der Zulieferer abnehmen, weltweit von etwa 30.000 in 1988 und 5.600 im Jahr 2000 auf etwa 2.800 bis 2015 (Mercer Management Consulting/Fraunhofer Gesellschaft 2003), da viele Zulieferer die Leistungsanforderungen (neue Produkte, Kompetenzen und Ressourcen) nicht erreichen.

Die Entwicklung vom Sublieferanten zu einem Modullieferanten und zum OEM ist schwierig, da
– die Eintrittsbarrieren von Tätigkeitsstufe zu Tätigkeitsstufe steigen, u. a. die erforderlichen Kenntnisse und Fähigkeiten, und
– zumeist das soziale Kapital fehlt, insbesondere eine Beziehung zu einem Leitunternehmen der Wertkette.
In China und Taiwan produzieren weitgehend unbekannte Konzerne wie TCL (33.000 Beschäftigte 2005, weltgrößter Hersteller von Fernsehern), Galanz (24.000 Beschäftigte, zweitgrößter Hersteller von Mikrowellen), Jenovo (19.000 Beschäftige, drittgrößter Hersteller von PCs) und BenQ (14.500 Beschäftigte, viertgrößter Hersteller von Scannern) für bekannte Konzerne in Nordamerika und Europa (Deckstein et al. 2005). Diese OEMs (vgl. Kap. 2.4.2.3) verkauften nur einen kleinen Teil der Produktion im eigenen Land, den größten Teil weltweit unter Markennamen der ausländischen Konzerne. Der taiwanesische Elektrokonzern BenQ (neben Scanner u. a. Flachbildmonitore und Mobiltelefone) mit Produktionsbetrieben in Taiwan, Malaysia und China ist Beispiel für die Weiterentwicklung von einem OEM zu einem Markenhersteller (OBM).

Erklärungen von Wertketten
Wertketten sind ein deskriptives analytisches Instrument zur Darstellung der Organisationsformen der durch Aufträge verbundenen Unternehmen. *Gereffi/Humphrey/Sturgeon* (2005) erklären durch drei Variablen die unterschiedliche Steuerung und Veränderung der Wertketten: erstens durch die Komplexität der Transaktionen, bestimmt durch Branche, Produkte und die Art der Anlieferung, z. B. just in time; zweitens durch die Fähigkeit, Wissen geheim zu halten; und drittens durch die spezifischen Fähigkeiten der Lieferanten.

Die Stellung der einzelnen Unternehmen in der Wertkette, der Leitunternehmen, der Zulieferer und der Handels- und Dienstleistungsunternehmen beruht auf wirtschaftlicher Macht bzw. auf der Wettbewerbsfähigkeit und der Fähigkeit, neue Technologien, neues Wissen und Größen- und Verbundvorteile nutzen zu können (Kasten): Die Organisation der Wertketten wird bestimmt durch unternehmensspezifische strategische Ziele wie Produktqualität, Lieferzeit, Flexibilität und Kostenreduktion. Die ressourcen- oder kompetenzbegründete Sicht im strategischen Management erklärt die strategische Position der Unternehmen durch die einzigartige, unternehmensspezifische Kombination der Kompetenzen, die im Laufe der Zeit gebildet wurden. Die Steuerung und Kontrolle der Wertketten durch ein Produktionsunternehmen, ein Handelsunternehmen oder einen Eigentümer von Markenprodukten ist umso wahrscheinlicher, je notwendiger der Wissens- und Technologietransfer und Qualitätskontrollen sind, je spezifischer die Produktvorgabe ist und je größer das Risiko, dass Sublieferanten diese Vorgaben nicht erfüllen.

Einflussfaktoren auf Wertketten
– Komplexität der Wertschöpfungspotentiale
– wirtschaftliche Macht der Unternehmen in der Wertkette (Wettbewerbsfähigkeit, Hersteller- und Handelsmarken)
– neue Technologien
– neues Wissen und Fähigkeit der Geheimhaltung
– Größen- und Verbundvorteile(bezogen auf Forschung, Entwicklung, Produktion und Absatz)

Die Autonomie der Unternehmen in der Wertkette ist unterschiedlich. Die größte Autonomie haben Leitunternehmen, hoch spezialisierte Zulieferer (Modullieferanten, OEMs) und Dienstleistungsunternehmen. Die Eigentümer von Markenprodukten entscheiden darüber, wo, wer und wie die von ihnen entwickelten Produkte hergestellt werden. Sie haben eine starke Stellung, da es wesentlich schwieriger ist, Markenprodukte als „no name"-Produkte zu entwickeln, und besitzen gegenüber Konkurrenten einen Autonomievorsprung in Produktentwicklung, Preisgestaltung, Produktionsplanung und Absatz. Sie suchen weltweit die günstigsten Produzenten, Handels- und Dienstleistungsunternehmen, bezogen auf Qualität, Preis, Liefermenge, Lieferzeit und Zuverlässigkeit, da die Produktions- und Transaktionskosten niedriger als bei eigener Leistungserstellung sein müssen.

Relativ ungünstig ist allgemein die Marktstellung der kleinen Sublieferanten. Sie können ihre Stellung nur verbessern, wenn sie in neue Produktionstechnologien und in Weiterbildung (Wissen) investieren. In Betrieben der gering entwickelten Länder sind die Arbeitsbedingungen häufig sehr schlecht. Der Zugang der Unternehmen dieser Länder zu den Märkten der hoch entwickelten Länder erfolgt heute vor allem über Wertketten. Weil nationale Institutionen sie nicht schützen, werden hier viele Arbeitskräfte ausgebeutet. Leitunternehmen überprüfen meist nur soziale Standards der direkten Lieferanten, nicht jedoch der Sublieferanten, u. a. Entlohnung und Arbeitsschutz durch sog. Audits.

2.5 Global City und Globalizing Cities (Stefan Krätke)

Globalisierung beinhaltet einen Prozess der Intensivierung weltweiter sozialer und ökonomischer Beziehungen (*Giddens* 1995). Dazu gehört eine zunehmende Ausdehnung der räumlichen Distanzierung sozialer Akteure und wirtschaftlicher Aktionszentren unter Aufrechterhaltung der Kommunikationsmöglichkeit (*Werlen* 1997). Globalisierung ist jedoch nicht als Prozess der Auflösung konkreter Raumbindungen denkbar, sondern eher als Neustrukturierung von räumlichen Beziehungsgefügen. Kurz: die Globalisierung hat konkrete Schauplätze, sie wird an bestimmten Orten „gemacht" – und hier spielen die sog. Global Cities oder Weltstädte eine besondere Rolle. Die wirtschaftliche Entwicklung der meisten Städte wird heute von erheblich ausgeweiteten Aktionsräumen der Produktion, der Finanzwirtschaft und der Dienstleistungen bestimmt. Diese Entwicklung verstärkt die Konkurrenz zwischen den städtischen Standortzentren, die sich als „Motoren" der regionalen Entwicklung darstellen. Der in der Stadtforschung prominente „Global City"-Ansatz (*Sassen* 1996.1) geht davon aus, dass die Art und Weise der Integration einer Stadt in die internationale Ökonomie (bzw. die Weltwirtschaft) ihre ökonomisch-soziale Entwicklung bestimmt. Eine herausragende Position erreichen dabei Weltstädte wie New York, Tokio, London, Paris, die die räumlichen Knotenpunkte der Finanz- und Kontrollbeziehungen des internationalisierten Kapitals bilden.

Seitdem „Globalisierung" zu einem Schlüsselbegriff der Debatte um den wirtschaftlichen und gesellschaftlichen Strukturwandel der Gegenwart avancierte, wird in der Stadtforschung der Zusammenhang von Globalisierung und Stadtentwicklung thematisiert. Dabei werden „neue" Rangordnungen, Hierarchien oder auch Netze von Städten im globalen Maßstab ermittelt und auf Prozesse der Globalisierung bezogen. Viele Stadtforscher nehmen an, dass einerseits Globalisierung vor allem von städtischen sozio-ökonomischen Aktionszentren ausgeht und dass auf der anderen Seite immer mehr Städte aktiv oder passiv in Prozesse der Globalisierung einbezogen sind („Globalizing Cities"). In diesem Abschnitt wird der Zusammenhang von Globalisierung und Stadtentwicklung in vier Punkten behandelt: Der erste Punkt gibt einen Überblick über die verschiedenen Ansätze der Analyse und Klassifizierung von Weltstädten oder Global Cities; der zweite Punkt behandelt die Positionierung von Global Cities in ökonomisch-funktionalen Rangordnungen des internationalen Städtesystems; der dritte Punkt thematisiert Global Cities als Knotenpunkte in den Organisationsnetzen der Anbieter von globalen Unternehmensdiensten; der vierte Punkt skizziert sozialräumliche und kulturelle Aspekte der internen Entwicklung von „globalizing cities", in denen global integrierte Stadt-Fragmente neben lokal desintegrierten Stadt-Fragmenten existieren.

2.5.1 Ansätze zur Analyse der Global City im internationalen Städtesystem

Das Phänomen der Weltstädte im Sinne von urbanen Wirtschafts- und Bevölkerungszentren mit internationaler Bedeutung wurde in der Stadtforschung seit langer Zeit thematisiert und hat die Konstruktion von Hierarchien des internationalen Städtesystems maßgeblich beeinflusst. Dabei sind zunächst die demographische und die funktionale Tradition der Klassifizierung von Städten zu unterscheiden (*Beaverstock* et al. 1999): Die demographische Tradition konzentriert sich auf Größenklassen und Bevölkerungswachstum von Städten im internationalen Rahmen und stellt dabei insbesondere die soziale und ökologische Problematik sogenannter Mega-Cities heraus. Die funktionale Tradition klassifiziert Städte als Elemente eines komplexen sozio-ökonomischen Systems, die aufgrund ihrer wirtschaftlichen, politischen und sozio-kulturellen Funktionen sowie der geographischen Reichweite ihres Einflusses und ihrer Verbindungen eine unterschiedliche „Rangstellung" im internationalen Städtesystem erreichen. Beide Traditionen kommen meist zu unterschiedlichen Klassifizierungen: Zürich ist z. B. keine Mega-City, wird aber häufig als Global City eingestuft; Kalkutta ist eine Mega-City, ohne in die Kategorie der Global Cities zu fallen; New York wird zugleich als Mega-City und als Global City klassifiziert. Für die Global City-Thematik sind primär funktionale Ansätze relevant.

2.5.1.1 Funktionale Klassifikation und Hierarchie

Ein bedeutender Beitrag zur funktionalen Klassifizierung einer internationalen Städtehierarchie der hochentwickelten Industrieländer war die Analyse von London, Paris, New York, Tokio, Moskau, der Randstadt Niederlande und der Metropolregion Rhein-Ruhr durch *Hall* (1966). Diese Städte wurden aufgrund der globalen Reichweite ihres Einflusses in Wirtschaft, Finanzwesen, Kommunikation, Politik und Kultur als Spitzengruppe der weltweiten Städtehierarchie betrachtet. Während *Hall* (1966) vor allem den „kosmopolitischen" Charakter solcher Weltstädte herausstellte, haben nachfolgende Ansätze eher die ökonomisch-funktionale Hierarchie des internationalen Städtesystems in den Mittelpunkt der Analyse gestellt. Globalisierungsprozesse in der wirtschaftlichen Sphäre, als deren wichtigster Ausdruck in den 1980er Jahren die Herausbildung einer von multinationalen Unternehmen geschaffenen „neuen internationalen Arbeitsteilung" galt, wurden mit einer veränderten Rolle von großen Städten in Verbindung gebracht. Die Art und Weise der Einbindung einer Stadt in die Weltwirtschaft wurde zum maßgebenden Kriterium der Klassifizierung. In den „Weltstädten" konzentrieren sich aus dieser Perspektive die Entscheidungszentralen großer multinationaler Unternehmen, von denen aus weltweit verteilte Produktionsstandorte gesteuert und kontrolliert werden, so dass sich eine Hierarchie von Headquarter-Cities mit einem internationalen Netz von abhängigen Produktionsstandorten ausbildet, die auch viele Städte mit industriellen „Ausführungsfunktionen" umfasst (*Krätke* 1995, 1997).
Der wichtigste Beitrag zu dieser Sichtweise einer Hierarchiebildung im globalen Städtesystem stammt von *Friedmann* (*Friedmann/Wolff* 1982, *Friedmann* 1986, 1995), der die führenden Städte der Weltwirtschaft als Kommando- und Kontrollzentren im System der neuen internationalen Arbeitsteilung charakterisierte. *Friedmann* (1986) hat gleichwohl mehrere Kriterien für die Positionierung von Städten in der internationalen Städtehierarchie aufgestellt: Weltstädte sind internationale Finanzzentren, Standort von Hauptquartieren und „regionalen" Zentralen multinationaler Unternehmen, Sitz von großen internationalen Institutionen, bedeutende Industriezentren, Zentren eines expandierenden Sektors von Unternehmens-Dienstleistungen, Städte mit hoher Einwohnerzahl und bedeutende Knotenpunkte internationaler Transportnetze. Dieses Konzept einer multi-dimensionalen Klassifizierung wurde jedoch nicht in ein systematisches Forschungsprogramm übersetzt, so dass die von Friedmann identifizierte globale Städtehierarchie auf eine schwache empirische Basis gegründet war.
Der heute einflussreichste Ansatz der Analyse von Weltstädten ist das „Global City"-Konzept von *Sassen* (1991, 1996.1), das vor allem die Funktion bestimmter Städte als Produktionsort bzw. „Anbieter" von globalen Finanz- und Unternehmens-Dienstleistungen herausstellt. Nach *Sassen* hat die Globalisierung in der wirtschaftlichen Sphäre neben der Ausbildung eines weltweiten Netzes von industriellen Produktionsstandorten vor allem ein beschleunigtes Wachstum der globalen „Finanzindustrie" und des internationalen Angebots von spezialisierten Unternehmensdienstleistungen (im Bereich der Wirtschafts- und Rechtsberatung, Werbung usw.) mit sich gebracht. Diese „advanced producer services" realisieren Agglomerationsvorteile, wenn sie sich an bestimmten Orten zusammenballen und evtl. vernetzen. Wichtige Kunden und Auftraggeber sind wiederum die Hauptquartiere von großen Industrie- und Dienstleistungsunternehmen sowie Verbände und Regierungsinstitutionen, die sich ebenfalls in ausgewählten Städten konzentrieren. Gleichwohl können auch Städte, die keine herausragenden Headquarter Cities sind, zum bedeutenden Anbieter von internationalen Finanz- und Unternehmensdiensten werden, während sie als Industriestandorte einen Bedeutungsverlust erfahren mögen. Nach *Sassen* (1991, 1996.1) sind ausgewählte Städte auf Basis der Internationalisierung von Finanz- und Unternehmensdiensten zu Zentren der Koordination einer globalisierten Wirtschaft aufgestiegen: London, New York und Tokio werden als die führenden Global Cities der Weltwirtschaft charakterisiert. Nach diesem Konzept artikuliert sich das mit der Globalisierung umschriebene weltweite System von Produktion und Märkten räumlich in Form eines globalen Netzwerks von Städten: „Global cities" sind die greifbaren räumlichen Verankerungspunkte von globalen Kontrollkapazitäten. Dies wird von *Sassen* (1991, 1996.1) als zentrale Begründung für den Bedeutungszuwachs der Global Cities in der gegenwärtigen Weltwirtschaft herausgestellt. Strategische Unternehmensaktivitäten wer-

den zunehmend an metropolitanen Standorten konzentriert, die weit entfernt von den ausführenden Produktionseinheiten liegen können. Dies war zugleich mit einer Ausdifferenzierung von unternehmensbezogenen Dienstleistungsfunktionen in den Metropolen und einer fortschreitenden räumlichen Dezentralisierung von Ausführungsfunktionen auf der Suche nach einem Zugang zu billigeren Ressourcen und Arbeitskräften sowie neuen Märkten verbunden.

Basis des Global-City Konzepts ist weithin das klassische Modell einer funktional-räumlichen Arbeitsteilung im internationalen Städtesystem. Dabei hat *Sassen* allerdings die Formierung eines Komplexes globaler Dienstleistungsanbieter in ausgewählten Städten und die vielschichtigen Funktionszusammenhänge der Produktion von globaler Kontrollkapazität herausgearbeitet und damit die Brücke zu den Fragen der Arbeitsmarktentwicklung und -spaltung in den großen Zentren des internationalen Städtesystems geschlagen. Die Global City ist intern von ausgeprägten Arbeitsmarktspaltungen auch innerhalb des Sektors der Unternehmensdienstleistungen geprägt. Produktionsaktivitäten ebenso wie Dienstleistungen der Global City werden nicht nur von hochqualifizierten Fachkräften bestimmt, sondern gründen sich in hohem Maße auf Niedriglohnjobs, prekäre Beschäftigungsverhältnisse und „informelle Arbeitssektoren".

Die zentrale Argumentationslinie des Global City-Konzepts liegt aber in der Aussage, dass die fortgeschrittene Internationalisierung und weltweite Organisation von Wirtschaftsaktivitäten „Knotenpunkte" der Koordination und Kontrolle dieser global ausgedehnten Wirtschaftsprozesse benötigt, und Global Cities mit ihrer Konzentration von internationalen Finanz- und Unternehmensdiensten als die Orte der Produktion von globaler Kontroll-Kapazität fungieren. In der Praxis sind die sogenannten „global players" bei der Koordination und Kontrolle ihrer weltweit verteilten Wirtschaftsaktivitäten mit erheblichen Schwierigkeiten konfrontiert, die häufig nicht firmen-intern bewältigt werden können: Global players operieren in verschiedenen Währungsräumen ebenso wie in unterschiedlichen Rechtssystemen, sie müssen ihre Vermarktungsaktivitäten in unterschiedlichen kulturellen Kontexten betreiben usw.. Mit zunehmender Komplexität dieser Problemstellungen werden globale Unternehmen veranlasst, entsprechende Aufgaben an externe Spezialisten zu übertragen – d.h. an international operierende Firmen für Finanz- und Unternehmensdienstleistungen. Soweit diese spezialisierten Firmen in einer überschaubaren Reihe von Metropolen konzentriert sind, kann man sagen, dass eben diese metropolitanen Zentren den multinationalen Unternehmen die Kapazität zur Koordination und Kontrolle internationaler Unternehmensaktivitäten verschaffen oder bereitstellen.

2.5.1.2 Saskia Sassens Konzept und seine Begrenzungen

Im Unterschied zu *Friedmanns* Hierarchie der World Cities hat Sassen nur wenige Kriterien der Klassifizierung zugrundegelegt und vor allem die drei „führenden" Global Cities London, New York und Tokio untersucht, die in der Spitzengruppe aller funktionalen Rangordnungen einer globalen Städtehierarchie erscheinen. Globalisierungsprozesse betreffen jedoch im Prinzip alle Städte und führen zur aktiven oder passiven Einbindung einer Vielzahl von Städten in globale wirtschaftliche Verflechtungen. Zum Thema der „globalizing cities" findet sich in *Sassens* Konzept die Aussage, dass heute mehr und mehr Städte einzelne Global City-Funktionen auf sich ziehen (z. B. durch Ansiedlung der Zentrale eines multinationalen Unternehmens oder Internationalisierung einer bereits ansässigen Dienstleistungsfirma).

Wenn aber Global Cities im engeren Sinne als die Gruppe der führenden Zentren der Koordination und Kontrolle von internationalisierten Wirtschaftsaktivitäten charakterisiert werden, ist die Relevanz des Global City-Konzepts auch davon abhängig, ob die Globalisierung der Wirtschaft faktisch so weit vorangeschritten ist, wie von *Sassen* (1996.1) behauptet wird. Ein differenzierterer Blick auf die Prozesse weltweiter Wirtschaftsverflechtungen lässt erkennen, dass das Ausmaß faktischer Globalisierung häufig überschätzt wird. Globalisierung vollzieht sich ungleichmäßig auf verschiedenen Märkten: Die Globalisierung des Warenhandels hat stark zugenommen, wobei das Volumen des Welthandels schneller wächst als die weltweite Warenproduktion. Die Globalisierung des in Produktionsstätten angelegten Realkapitals ist im

Vergleich zu den Finanz- und Warenmärkten wesentlich schwächer ausgeprägt. Die transnationalen Unternehmen, denen meist eine maßgebende Rolle im Globalisierungsprozeß zugeschrieben wird (*Dicken* 2003), haben weltweit an Bedeutung gewonnen, sind aber weiterhin jeweils in einem bestimmten Land „national verankert" – von den 100 größten multinationalen Konzernen der Welt haben nur weniger als 20 mehr als die Hälfte ihrer Produktionsanlagen und/oder Beschäftigten im Ausland lokalisiert und ihre Auslandsstandorte dort konzentriert, wo sich ihre wichtigsten ausländischen Absatzmärkte befinden. Die Globalisierung der Arbeitsmärkte ist trotz eines Stromes von arbeitsuchenden Migranten keineswegs grenzenlos, sondern durch restriktive Vergabe von Arbeitserlaubnissen und gesetzliche Einwanderungsregeln weitaus stärker begrenzt als die Globalisierung von Kapital- und Warenmärkten.

2.5.1.3 Die Rolle des Finanzsektors

Im Kontext der Debatte um Global Cities wird meist unterstellt, dass die Globalisierung des Finanzsektors im Vergleich zu anderen Wirtschaftsbereichen am weitesten fortgeschritten sei (*Sassen* 1991, *O'Brien* 1992, *Sassen* 1996.1). *O'Brien* (1992) postuliert sogar das „Ende der Geographie" als einem Erklärungsprinzip für die Struktur der globalen Finanzmärkte, die seiner Arbeit nach zunehmend ortsunabhängig funktionieren. Tatsächlich hat das Volumen der Transaktionen auf den internationalen Finanzmärkten sprunghaft zugenommen, darunter insbesondere die spekulativen Finanztransaktionen (vgl. Kap. 2.2.3). Strenggenommen sind aber vor allem die Devisenmärkte wirklich globalisiert, im Unterschied zum Geschäft mit Wertpapieren – auf den amerikanischen, japanischen und europäischen Finanzmärkten haben ausländische Wertpapiere und ihre Derivate jeweils nur einen relativ geringen Anteil (Ausnahme: London). Nach *O'Brien* (1992) könnte sich die globale Finanzindustrie an jedem beliebigen Ort und möglicherweise auch an einem einzigen Punkt der Weltwirtschaft lokalisieren. *Clark/O'Connor* (1997) stellen die Gegenthese einer globalen Regionalisierung der Finanzmärkte auf und begründen dies mit dem unterschiedlichen Informationsgehalt und den spezifischen Herstellungsbedingungen von „Finanzprodukten". Demnach würden geographische Bedingungen weiterhin die Produktionsprozesse und Organisationsformen der weltweiten Finanzindustrie bestimmen. *Short* et al. (1996) haben z. B. gezeigt, dass der Internationalisierungsgrad der Londoner Börse (als dem bedeutendsten Finanzmarkt des nationalstaatlich fragmentierten EU-Raumes) wesentlich höher ist als jener der Börsen von New York und Tokio. Die Finanzzentren der Global Cities (wie London, New York und Tokio) sind weniger global als vielmehr auf die jeweiligen regionalen Finanzmärkte der sogenannten Triade orientiert. Dazu tragen die unterschiedliche Zeitstruktur und „regulativen Umfelder" der europäischen, amerikanischen und asiatischen Finanzmärkte bei. Darüberhinaus sind für das „Design" vieler Finanzprodukte transaktions-spezifische Informationen erforderlich, die keineswegs überall verfügbar sind, sondern an einen regionalen Kontext und die dort agierenden Spezialisten gebunden bleiben (*Clark/O'Connor* 1997). Innerhalb der großen urbanen Finanzzentren formieren sich integrierte „Cluster" aus Großunternehmen und zahlreichen Spezialfirmen bzw. Dienstleistern des Finanzsektors. Die Global Cities fungieren also streng genommen nicht als globale, sondern als regionale Finanzzentren im Kontext der verschiedenen Triaden-Räume.
Auf diesem Hintergrund ist die These gerechtfertigt, dass Globalisierung ein räumlich und sektoral ungleichmäßiger Prozess ist und bislang eher Teilsektoren der Wirtschaft erfasst. Für die Debatte um das internationale Städtesystem hat dies zur Konsequenz, dass *Sassens* Global City-Konzept nur einen bestimmten Ausschnitt der Wirtschaft bedeutender Metropolen thematisiert, nämlich den Kreis der global integrierten Wirtschaftsaktivitäten, die z. B. in Form von weltweit ausgedehnten Organisationsnetzen spezialisierter Dienstleistungsfirmen existieren (*Taylor/Walker* 2001). Auch in sogenannten Global Cities ist dann der größte Teil der Stadtökonomie in wirtschaftliche Beziehungsnetze eingebunden, die sich auf den regionalen Bereich, auf das nationalstaatliche Territorium und seine Nachbarländer erstrecken.

2.5.2 Global Cities in ökonomisch-funktionalen Rangordnungen des Städtesystems

Unter Stadt- und Regionalforschern besteht heute weithin Konsens, dass Städte unter den Bedingungen der Globalisierung als Teil eines weltweiten Städtesystems analysiert werden müssten, also nicht mehr allein in regionalen oder nationalstaatlichen Bezugsräumen. Strukturanalysen des internationalen Städtesystems sind in vielen Fällen auf die ökonomisch-funktionalen Rangordnungen des internationalen Städtesystems gerichtet, welche als Städte-Hierarchie interpretiert werden. Sie stützen sich auf eine Auswahl relevanter Kriterien wie z. B. die Anzahl von Unternehmenszentralen (großer nationaler oder internationaler Firmen), die Anzahl internationaler Banken, die Größe des unternehmensbezogenen Dienstleistungssektors, usw.. Eine Studie dieser Traditionslinie (*Short* et al. 1996) stellt eine weltweite Rangliste von Finanzzentren und Headquarter Cities auf und behandelt auch die längerfristigen Positionsverschiebungen besonderer Städte mit Bezug auf die genannten Kriterien.

Um eine Rangliste der internationalen Finanzzentren zu gewinnen, haben *Short* et al. (1996) die Standorte der Zentralen der 100 weltweit größten Banken von 1969 bis 1995 ermittelt. Diese Daten zeigen die Konzentration der führenden Banken in einer Handvoll Städte: Tokio, Paris, New York, London, Frankfurt/Main und Osaka sind die Standorte von nahezu 50 % dieser Bankenzentralen. Im Zeitverlauf ist nach dem zugrundegelegten Kriterium die Bedeutung von Tokio, Paris und Frankfurt/Main als internationales Finanzzentrum gewachsen, während für London und New York ein Bedeutungsverlust zu verzeichnen ist. Als ein weiteres Kriterium für den internationalen Rang von städtischen Finanzzentren haben *Short* et al. (1996) die Anzahl und Zusammensetzung der an den jeweiligen Börsenstandorten geführten Firmen ermittelt. Danach steht New York an erster Stelle, gefolgt von London und Tokio. Die Rangfolge ändert sich, wenn speziell die Anzahl der an den Börsenstandorten notierten ausländischen Firmen betrachtet wird, die ja ein besserer Indikator für die internationale Bedeutung eines Börsenstandortes sind: Nach diesem Kriterium sind New York und Tokio überwiegend in ihre jeweiligen nationalen Märkte eingebunden, während London das führende internationale Zentrum für den Finanzmarkt börsennotierter Unternehmen darstellt, gefolgt von Frankfurt/Main, Paris, Amsterdam und Zürich. Diese Ranglisten belegen die starke Konzentration von „Finanzmacht" in Tokio, New York und London und zeigen zugleich die Eingliederung von Paris und Frankfurt/Main in den Kreis der bedeutenden Knotenpunkte globaler Finanztransaktionen.

Um eine Rangliste der international bedeutenden Headquarter Cities zu generieren, haben *Short* et al. (1996) die Standorte der Zentralen der 100 weltweit größten Industrieunternehmen ermittelt. Die weltweit größten Industrieunternehmen sind meist transnationale Unternehmen und können als zentrale Akteure im Globalisierungsprozess der Wirtschaft betrachtet werden (*Dicken* 2003). Viele Stadtforscher gehen von einer zunehmenden Konzentration der „Kommandofunktionen" solcher Weltkonzerne in ausgewählten Global Cities aus (*Cohen* 1981, *Feagin/Smith* 1987, *Sassen* 1991). Jene Städte, in denen sich die Zentralen von großen transnationalen Unternehmen angesiedelt haben, werden dann als globale Kommandozentren eines internationalisierten Unternehmenssektors betrachtet. Die internationale Rangliste der Headquarter Cities (*Short* et al. 1996) zeigt im Vergleich zu den Konzentrationen der führenden Unternehmen des Finanzsektors (vgl. oben) insgesamt eine wesentlich stärkere Streuung über das internationale Städtesystem. Im Jahre 1993 konnte Tokio die größte Zahl der Hauptverwaltungen aus der Gruppe der 100 umsatzstärksten Industrieunternehmen auf sich vereinen, gefolgt von New York und London. Weitere bedeutende Headquarter Cities waren nach diesem Kriterium auf den ersten 15 Rangplätzen u. a. Paris, Chikago und Los Angeles, in Deutschland München, Düsseldorf und Frankfurt/Main. Im Zeitverlauf haben *Short* et al. (1996) erhebliche Positionsverschiebungen unter den Headquarter Cities ermittelt: Tokio verzeichnet zwischen 1965 und 1993 eine starke Zunahme an Unternehmenszentralen (aus den 100 größten Industriefirmen), wohingegen New York einen überaus starken Rückgang (von 29 auf 6) und London ebenfalls eine Reduzierung (von 10 auf 5) erkennen lassen. Die rückläufigen Zahlen müssen nicht durch Verlagerung von Unternehmenszentralen bedingt sein, sondern können auch darauf beruhen, dass ein z. B. in New York angesiedeltes Unternehmen, das in den 1960er Jahren zu den 100 weltweit größten Firmen zählte, im Jahre 1995 aufgrund der zwischenzeitlichen Konzentrationsprozesse und Fusionen im Unternehmenssektor nicht mehr in der Rangliste der 100 größten Firmen erscheint. Die Rangordnung international bedeutender Headquarter Cities der Industriewirtschaft zeigt eine ausgeprägte Instabilität auf den vorderen Rängen. Dies mag ein Grund dafür sein, dass Beiträge zur Global-City-Debatte seit den 1990er Jahren das Kriterium der Anzahl bedeutender Unternehmenszentralen tendenziell in den Hintergrund rücken und stattdessen die Konzentration von Anbietern internationaler Unternehmensdienste mehr und mehr in den Vordergrund stellen (siehe Kap. 2.5.3).

Eine problematische Interpretation von ökonomisch-funktionalen Rangordnungen des internationalen Städtesystems besteht darin, solche Ranglisten als Repräsentationen einer globalen Städte-Hierarchie zu betrachten. Ganz ähnlich wird auch in der klassischen Theorie der zentralen Orte die Existenz eines hierarchischen Städtesystems auf nationaler oder regionaler Maßstabsebene postuliert. In neuerer Zeit hat *Taylor* (2000) dagegen eingewandt, dass man Hierarchien nicht einfach durch Aufzählung von Attributen der Städte wie Bevölkerungszahlen oder Funktionen (wie Finanzzentrum, Headquarter City u.ä.) identifizieren könne. Die Existenz einer Hierarchie setzt strenggenommen die Vorstellung und den Nachweis einer Kontrollbeziehung zwischen unterschiedlichen Hierarchie-Ebenen voraus. „Hierarchie" ist ein relationales Konzept, das Erkenntnisse über faktische Direktions- und Kontrollpotentiale voraussetzt. Die Entscheidungszentralen großer transnationaler Unternehmen verfügen zweifellos über ein Direktions- und Kontrollpotential gegenüber ihren auswärtigen Tochtergesellschaften oder Zweigwerken – obgleich dies im Rahmen neuer Organisationskonzepte, die einen Verbund aus relativ selbständig agierenden Unternehmenseinheiten unter dem gemeinsamen Dach eines Großkonzerns schaffen, freiwillig eingeschränkt wird. Die gedankliche Übertragung von internen Hierarchiebeziehungen internationaler Unternehmen auf die Orte ihrer Ansiedlung ist jedoch eine problematische Operation: Es sind ja nicht die Headquarter-Cities, welche Direktion und Kontrolle ausüben, z. B. Paris gegenüber Berlin, sondern Einheiten eines Unternehmensverbundes. Gleichwohl ist das externe Kontrollpotential des Unternehmenssektors einer Stadt für ihre wirtschaftliche Entwicklung von Bedeutung. Empirisch ist die räumliche Struktur derartiger Kontrollbeziehungen nur selten untersucht worden (*Krätke/Borst* 2000). Nach *Taylor* (2000) mangelt es darüberhinaus an Analysen, welche die Beziehungen zwischen Global Cities erfassen oder die Strukturen eines internationalen Netzwerks von Städten thematisieren.

Die meisten Beiträge zur Global City und den ökonomisch-funktionalen Strukturen des internationalen Städtesystems zeigen eine Tendenz, zumindest die „hochrangigen" Städte auf ihre Funktion als Finanzzentren und Zentren spezialisierter Unternehmensdienstleistungen zu reduzieren, d.h. ihre Rolle als industrielle Produktionsstandorte auszublenden. Allein *Friedmann* (1986) hat diese Funktion in seine Kriterien für Weltstädte aufgenommen. Ansonsten taucht die industrielle Sphäre in den Global-City-Debatten nur vermittelt über Standorte der Unternehmenszentralen großer Industriefirmen auf oder in höchst unklaren Hinweisen auf die Rolle von Weltstädten als Zentren für Wissensgenerierung und wirtschaftliche Innovationen (vgl. *Sassen* 1991). Die relevanten Beiträge zur spezifischen Funktion der Weltstädte und der „globalizing cities" im Entwicklungsprozeß von Industrien kommen eher aus der Regionalwissenschaft. Insbesondere die Debatte um „neue Industrieräume" und Technologiedistrikte oder die Formierung von urbanen Produktionsclustern der Kulturindustrie gibt zahlreiche Hinweise darauf, welch bedeutende Funktion Weltstädte und Metropolregionen nach wie vor für die industrielle Entwicklung haben (*Scott* 1988, *Storper* 1997, *Krätke* 2000, *Krätke/Borst* 2000, *Schamp* 2000): Sie sind vielfach Standortzentren für neue „wissensbasierte" Produktionsketten, für innovationsstarke Produktionscluster im Bereich der Informations- und Kommunikationstechnologie, der Medizintechnik und Biotechnologie, der Medienwirtschaft usw.. Diese urbanen Innovationszentren für „neue" ebenso wie für „alte" Industrien sind häufig nicht nur durch intensive Vernetzungen innerhalb von Metropolräumen gekennzeichnet, sondern auch durch starke überregionale Verbindungen zu den Innovationszentren anderer Metropolregionen, und zwar auch im internationalen Maßstab. So tragen z. B. die Beziehungen zwischen innovativen Firmen der Hochtechnologie-Cluster von München und San Francisko (Silicon Valley) zur weltweiten Vernetzung industrieller Innovationsprozesse bei. Diese transnationalen Beziehungen zwischen städtischen Produktions- und Innovationsstandorten könnten sogar als ein wesentlicher inhaltlicher Kern des Phänomens der „globalizing cities" begriffen werden – das heißt der Globalisierung von Städten, die nicht zum engen Kreis der sogenannten Global Cities zählen.

Positionsverschiebungen der Städte in ökonomisch-funktionalen Rangordnungen des internationalen Städtesystems erfolgen in einem mehr-dimensionalen Bewegungsraum, der unterschiedliche Entwicklungspfade von Globalizing Cities ebenso wie „Aufstiegs"- und „Abstiegs"-Pfade anderer Städte im System der konkurrierenden Standortzentren einschließt (*Krätke* 1995, 1997). Dies lässt sich anhand eines Schemas verdeutlichen (Abb. 2.5/1).

Die ökonomisch-funktionalen Positionsveränderungen der Weltstädte sind heute von Prozessen der selektiven räumlichen Konzentration bestimmt, die sich vor allem auf zwei Aspekte beziehen: (a) die selektive Konzentration von globalen Dienstleistungskapazitäten und wirtschaftlichen Kontrollkapazitäten, und (b) die selektive Konzentration von „innovativen" Produktionsclustern bzw. Industriekapazitäten. In den Welt-

Abb. 2.5/1:
Entwicklungs-Pfade von „Globalizing Cities" in der internationalen Städtekonkurrenz

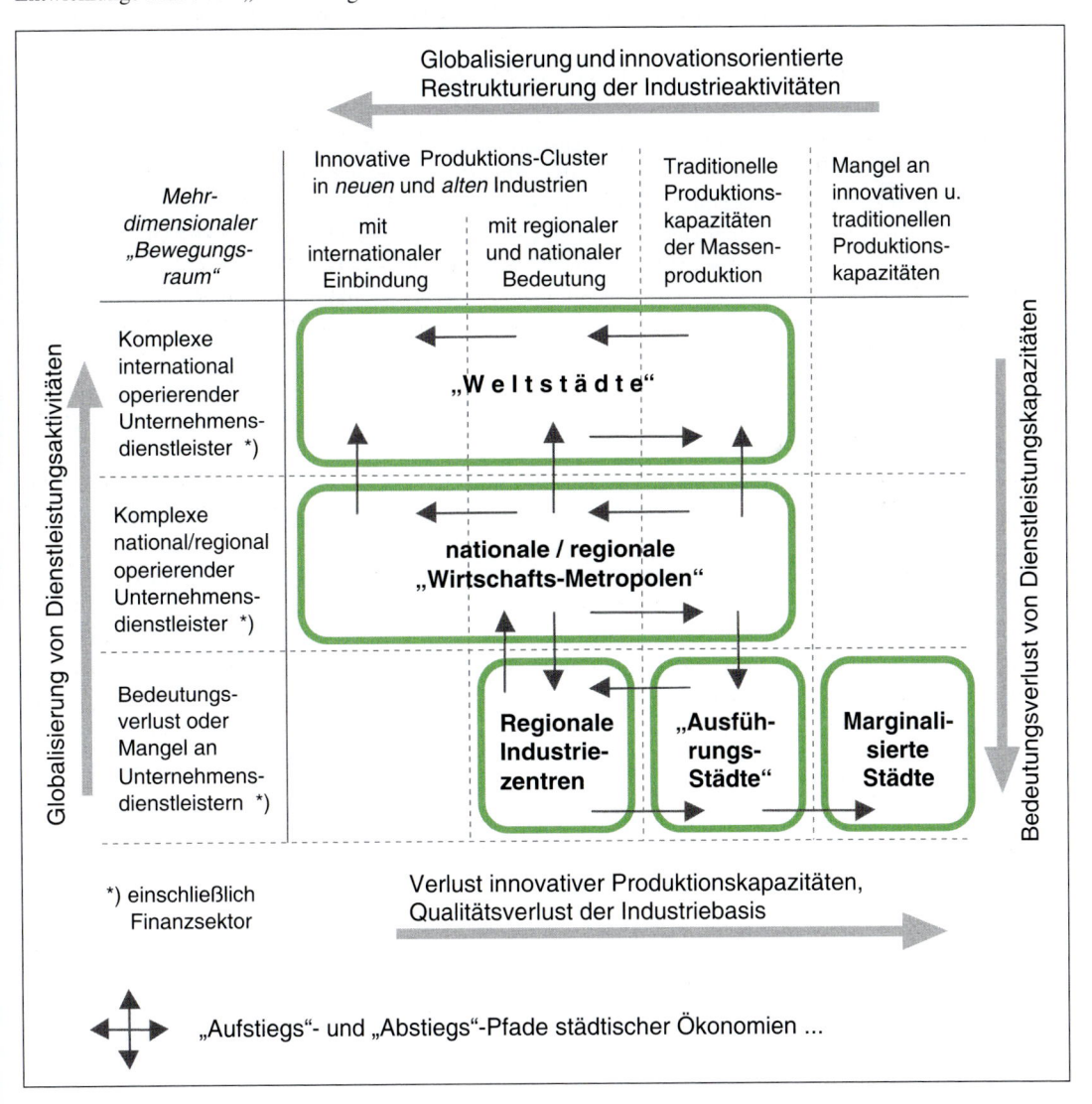

städten und Metropolregionen sind stets beide Aspekte überlagert, so dass wirtschaftliche Prosperität hier sowohl auf den Kapazitäten im Bereich spezialisierter Unternehmensdienste als auch auf innovationsstarken regionalen Industriestrukturen basieren kann – und beide Aspekte können auch gegenläufig ausgeprägt sein. So wäre es irreführend, Städte einseitig in ihrer Rolle nur als „Dienstleistungszentren" oder nur als „Industriezentren" zu betrachten. Die Regionalwirtschaft der Weltstädte und Metropolen besteht aus verschiedenen Teilökonomien, die jeweils besondere Branchen/Aktivitätsfelder umfassen und sehr unterschiedliche Organisationsformen aufweisen: So können z. B. die exportorientierten Teilökonomien einer Stadt auf dem einen Extrem standardisierte Produktionsfunktionen im Rahmen globaler Produktionsnetze auf sich konzentrieren („Ausführungs-Städte") oder auf dem anderen Extrem funktional integrierte netzwerkartige Produktions-Cluster mit regionaler und zugleich internationaler Einbindung formieren. Die internationale Konkurrenz betrifft die Teilökonomien der Städte in unterschiedlicher Weise: Hier gibt es sowohl Globalisierungs-Gewinner als auch Globalisierungs-Verlierer.

2.5.3 Global Cities als Standortzentren der Anbieter von globalen Dienstleistungen

Ein zentraler Aspekt der Formierung von Global Cities ist der Bedeutungszuwachs „globaler Dienstleistungszentren" im Sinne von Städten, in denen sich die spezialisierten Anbieter von globalen Dienstleistungen für die Koordination und Kontrolle von transnational ausgedehnten Unternehmensaktivitäten konzentrieren. Während die traditionelle Vorstellung der „Dienstleistungsmetropole" die Bedeutung der spezialisierten Unternehmensdienste einer Stadt für die regionale Wirtschaft und den jeweiligen nationalen Wirtschaftsraum herausstellt, richtet sich die Global City-Forschung speziell auf die globale Reichweite der Dienstleistungskapazitäten einer Stadt. Für die Global City ebenso wie für globalizing cities ist charakteristisch, dass sie jene Firmen aus dem Bereich spezialisierter Unternehmensdienste auf sich konzentrieren, die mit ihrem Expertenwissen und transnationalen Organisationsnetz über eine „globale Kompetenz" verfügen (*Beaverstock* et al. 1999). Bei dieser Betrachtungsweise wird von den vielfältigen Kriterien zur Analyse von Weltstädten der eine Aspekt in den Mittelpunkt gestellt, dass Global Cities als Knotenpunkte des Angebots von globalen Dienstleistungen aus dem Bereich der „advanced producer services" fungieren (*Sassen* 1991).

Empirisch ist diese „globale Kompetenz" der Dienstleistungskomplexe im internationalen Städtesystem in jüngster Zeit von der Globalization and World Cities Study Group (GaWC) untersucht worden. Während *Sassen* (1991) nur die „großen Drei" analysierte, suchen die Forscher der GaWC eine große Anzahl von Städten aus allen Weltregionen nach dem Kriterium der globalen Kompetenz ihrer Dienstleistungsanbieter zu klassifizieren und nach bestimmten Schwellenwerten in die Gruppen der Alpha-, Beta- und Gamma- World Cities einzuteilen (*Beaverstock* et al. 1999, *Taylor/Walker* 2001, *Taylor/Hoyler* 2000). Die Klassifizierung erfolgt nach dem Ausmaß der Präsenz von international tätigen Dienstleistungsfirmen mit einem transnationalen Netz von Niederlassungen aus vier Bereichen/Teilsektoren in 122 Städten: Finanzsektor, Unternehmens- und Steuerberatung, Rechtsberatung, Werbung. Für jeden Bereich werden die führenden, die erstrangigen und die nachrangigen Zentren identifiziert. Eine konkrete Stadt kann z. B. zu den „führenden" Zentren des Finanzsektors gehören und zugleich nur ein „nachrangiges" Zentrum für internationale Rechtsberatungsfirmen sein, d.h. die Städte zeigen unterschiedliche sektorale Profile ihrer globalen Dienstleistungskapazität (*Beaverstock* et al. 1999). Die verschiedenen sektoralen Klassifizierungen der Städte werden sodann zu einer Gesamtbewertung zusammengeführt: „Alpha World Cities" werden jene Städte genannt, die in mindestens zwei Teilsektoren „führende" und in den anderen Teilsektoren „erstrangige" Zentren darstellen. Als „Beta World Cities" werden jene Städte klassifiziert, die in mindestens zwei Teilsektoren entweder als „führend" oder als „erstrangig" eingestuft worden sind. „Gamma World Cities" umfassen jene Städte, die in mindestens einem Teilsektor ein „erstrangiges" Zentrum darstellen. Von den 122 analysierten Städten qualifizieren sich nach dem Kriterium der Präsenz von globalen Dienstleistungsanbietern insgesamt 55 als World Cities. Davon werden 10 in die Gruppe der Alpha World Cities, weitere 10 in die Gruppe der Beta World Cities, und 35 in die Gruppe der Gamma World Cities eingereiht (siehe Tab. 2.5/1). Das Resultat dieser systematischen mehr-sektoralen Bewertung von Städten ist die Identifizierung und Klassifizierung von globalen Dienstleistungszentren, die über die großen Weltregionen der sogenannten Triade verteilt sind: 13 in Nord-Amerika, 21 in Europa, 14 im asiatisch-pazifischen Raum. Dabei betonen *Beaverstock* et al. (1999) abschließend, dass ihre Aufstellung und Rangordnung der Weltstädte an einer Funktion festgemacht wurde, man aber nicht vergessen dürfe, dass Weltstädte mehr sind als nur Standortzentren der Anbieter von globalen Unternehmensdiensten.

Tab. 2.5/1: Klassifizierung von Weltstädten als globale Dienstleistungs-Zentren
Quelle: *Beaverstock* et al. 1999

Klassifizierungs-Kategorie und zugeordnete Städte:	Punkte in der mehrsektoralen Zentren-Bewertung *)
A. Alpha World Cities	
London, Paris, New York, Tokio	12
Chicago, Frankfurt-Main, Hong Kong, Los Angeles, Mailand, Singapur	10
B. Beta World Cities	
San Franzisco, Sydney, Toronto, Zürich	9
Brüssel, Madrid, Mexico City, Sao Paulo	8
Moskau, Seoul	7
C. Gamma World Cities	
Amsterdam, Boston, Caracas, Dallas, Düsseldorf, Genf, Houston, Jakarta, Johannesburg, Melbourne, Osaka, Prag, Santiago, Taipei, Washington	6
Bangkok, Peking, Montreal, Rom, Stockholm, Warschau	5
Atlanta, Barcelona, Berlin, Buenos Aires, Budapest, Kopenhagen, Hamburg, Istanbul, Kuala Lumpur, Manila, Miami, Minneapolis, München, Shanghai	4

*) je Teilsektor: „prime centre" 3 Pkte., „major centre" 2 Pkte., „minor centre" 1 Pkt.; London z.B. ist in allen 4 Teilsektoren (Unternehmens- u. Steuerberatung, Werbung, Finanzierung, Rechtsberatung) als „prime centre" qualifiziert und erzielt damit insgesamt 12 Bewertungspunkte.

Die Forscher der GaWC haben die transnationalen Standortnetze von 46 bedeutenden globalen Dienstleistungsfirmen – definiert als solche, die Niederlassungen in mindestens 15 verschiedenen Städten haben – in den 55 Weltstädten der zuvor dargestellten Klassifizierung analysiert (*Taylor/Walker* 2001). Sie interpretieren diese Standortnetze von Firmen als eine greifbare Verbindung zwischen Städten, als Ausdruck eines Weltstadt-Netzwerks, das auf den Organisationsnetzen globaler Dienstleistungsfirmen basiert. Die Struktur dieser Firmen- und Städtenetze wurde mittels einer Hauptkomponenten-Analyse untersucht. Dabei konnten mehrere unterschiedliche städte-übergreifende Firmenprofile ermittelt werden, die eine beträchtliche Variabilität von räumlichen Strukturen der Globalisierung deutlich machen: Die vier Teilsektoren globaler Dienstleistungsanbieter haben deutlich unterscheidbare Standortnetze („different office geographies"), so dass z. B. Erkenntnisse über internationale Finanzzentren keine Voraussage über die Standortzentren von globalen Firmen der Werbewirtschaft zulassen. So gibt es „viele Raumstrukturen der Globalisierung" (*Taylor/Walker* 2001).
Über die Analyse der spezifischen Kombinationen von globalen Dienstleistungsfirmen in den 55 Weltstädten konnten neun verschiedene Gruppen von Städten mit jeweils ähnlichen Kombinationen globaler Dienstleistungskapazität ermittelt werden, die auf eine ausgeprägt regionale Spezifik der globalen Dienstleistungskapazitäten hindeuten. Zu den hier unterscheidbaren regionalen Gruppen von Städten gehören u. a. die Gruppe der US-amerikanischen Weltstädte (ohne New York), die Gruppen der osteuropäischen (Prag, Warschau, Budapest) und der westeuropäischen Weltstädte, sowie die spezielle Gruppierung der Global Cities London, New York und Los Angeles, welche sich von den anderen Städtegruppen nach ihrem „Mix" globaler Dienstleistungskapazität deutlich abhebt. Hervorzuheben ist, dass die identifizierten regionalen

Gruppierungen der Städte meist nicht die jeweils „führende" Weltstadt einschließen – London und Frankfurt/Main sind z. B. nicht in der Gruppe der nordeuropäischen Weltstädte, Paris und Mailand nicht unter den westeuropäischen Weltstädten, New York nicht unter den US-amerikanischen Weltstädten eingeordnet. So sind vor allem die „Alpha World Cities" keiner regionalen Gruppierung von Weltstädten zuzuordnen, was ihre Stellung als supra-regionale bzw. transnationale Zentren von globalen Dienstleistungskapazitäten unterstreicht. Insgesamt zeigen die Ergebnisse dieser neueren empirischen Analyse (*Taylor/Walker* 2001) die geographische Komplexität der Globalisierung, welche nicht auf eine simple Hierarchie von Global Cities mit globalen Dienstleistungsanbietern reduziert werden kann.

Die Untersuchung des internationalen Städtesystems kann auch für Teilregionen der Weltwirtschaft wie Europa durchgeführt werden. *Taylor/Hoyler* (2000) haben die in der Weltstadt-Systematik enthaltenen Städte Europas sowie weitere 31 europäische Städte mit „Ansätzen" von Globalisierungsprozessen einer gesonderten Hauptkomponentenanalyse unterzogen, in der die Städte Europas nach dem von 46 global agierenden Dienstleistungsfirmen bestimmten „Mix" ihrer globalen Dienstleistungskapazität in fünf verschiedene Typen (Gruppierungen) von Städten unterteilt werden. Dabei bilden viele der einbezogenen Städte Großbritanniens eine eigene Gruppierung (der jedoch London nicht zugehört), ebenso wie die Städte Ostmittel- und Osteuropas; ferner wird ein „äußeres Dreieck" von Städten Europas identifiziert, das insbesondere Kopenhagen, Lissabon und Istanbul einschließt. Daneben lassen sich die Gruppierungen der 19 „erstrangigen Weltstädte im Kernraum Europas" (mit London, Paris, Frankfurt/Main, Mailand, Brüssel, Zürich u. a.) identifizieren, deren globale Dienstleistungskapazität vor allem von Firmen des Finanzsektors und der Rechtsberatung bestimmt wird, und die Gruppierung der 28 „nachrangigen Zentren globaler Dienste im Kernraum Europas" (mit Städten wie Bologna, Köln, Genf, Rotterdam, Hamburg, München u. a.), deren globale Dienstleistungskapazität von Firmen der Unternehmens- und Steuerberatung bestimmt wird. Auf Basis der Hauptkomponentenanalyse konnten auch die besonders „un-europäischen" Städte des europäischen Raumes im Kontext gegenwärtiger Globalisierung identifiziert werden: insbesondere London, Paris und Zürich zeigen erhebliche Abweichungen vom Profil der anderen Städte Europas, wobei speziell London nicht nur als „un-europäische", sondern auch als höchst „un-britische" Stadt zu charakterisieren ist, insofern als das Londoner Profil vom Durchschnitt der europäischen wie auch der britischen Städte ganz erheblich abweicht. Die führenden Global Cities sind von ihrem jeweiligen nationalen Städtesystem deutlich abgehoben oder verselbständigt, so dass London z. B. eine größere „Nähe" zu New York als zu anderen Städten des europäischen Wirtschaftsraumes aufweist, ebenso wie New York sich in empirischen Klassifizierungen als höchst „un-amerikanische" Stadt darstellt. Die Botschaft der Analyse von Global City-Qualitäten der Städte Europas lautet, dass die wirtschaftlichen Aktionsräume dieser Städte immer weniger in den Rahmen begrenzter Regionen der Weltwirtschaft eingeschlossen sind, so dass selbst in einem großen Wirtschaftsraum wie Europa immer weniger von einer „europäischen" Stadt gesprochen werden kann.

Die Global Cities der Weltwirtschaft bilden nach *Taylor* (2000) nicht die Spitzengruppe einer globalen Städte-Hierarchie, sondern ein Netzwerk von Weltstädten, das über die transnationalen Organisationsnetze globaler Firmen der „advanced producer services" verbunden ist. Nicht nur innerhalb der Weltstädte bilden die spezialisierten Anbieter von höherwertigen Unternehmensdiensten vernetzte Komplexe oder Cluster (*Daniels* 1993, *Bryson/Daniels* 1998); vielmehr bestehen auch Verbindungen zwischen den Dienstleistungskomplexen der verschiedenen Weltstädte. Die Anbieter von Unternehmensdiensten können ihre „globalen Dienste" kaum von einer einzelnen Stadt aus leisten: Ihre konkreten Aufträge und Geschäftsbeziehungen sind in ganz verschiedenen regulativen Umfeldern – wirtschaftlicher und rechtlicher Art – zu bearbeiten bzw. zu pflegen, so dass globale Firmen sich in mehreren Städten mit jeweils spezifischen regionalen Informations- und Wissensressourcen (bezüglich des regionalen Umfelds) ansiedeln (vgl. *Boyle* et al. 1996). Daher haben die globalen Dienstleistungsanbieter ein Netz von Niederlassungen über eine Reihe von Weltstädten verteilt (siehe Abb. 2.5/2). Die Weltstädte fungieren dann als Knotenpunkte für die Organisationsnetze globaler Dienstleistungsfirmen, und sie schaffen eine Verbindung der verschiedenen städtischen „knowledge clusters", um qualifizierte Dienste für globale Auftraggeber erbringen zu können (*Taylor* 2000). Gleichwohl ist diese Konzeption eines „Netzwerks der Weltstädte" zu problematisieren, weil

Abb. 2.5/2:
Netzwerk der Niederlassungen von zwei globalen Dienstleistungsanbietern in ausgewählten Weltstädten („Alpha World Cities")

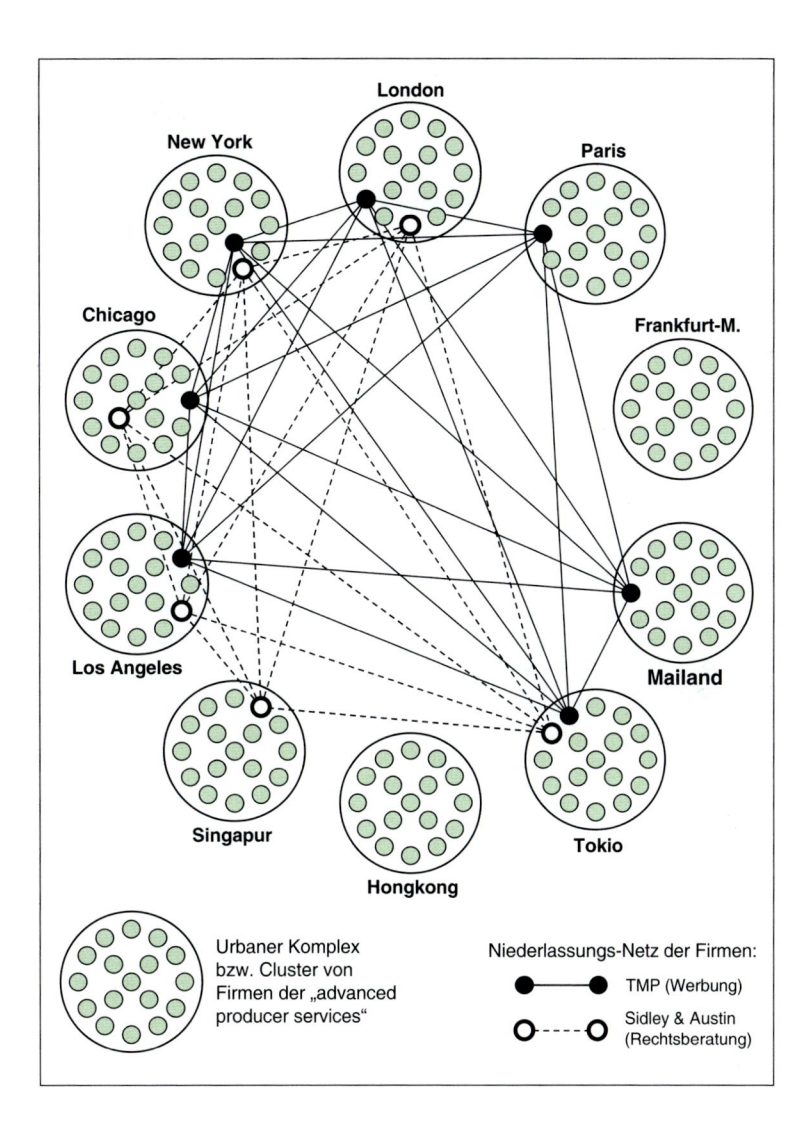

die Städte hier nur als Knoten von inner-organisatorischen „Ego-Netzen" globaler Dienstleistungsfirmen erscheinen, aber nicht die Beziehungsnetze zwischen verschiedenen Firmen erfasst werden.
Insgesamt ist die Klassifizierung von Weltstädten nach der Präsenz von Niederlassungen globaler Firmen (mit einem transnationalen „office location network") von begrenzter Aussagekraft: Der Anteil von nicht-globalen Funktionen in den untersuchten Städten bleibt unberücksichtigt. Es wird nur die Teilökonomie der Niederlassungen globaler Firmen analysiert, aber der Anteil dieser Teilökonomien an der Gesamtwirtschaft der jeweiligen Stadt nicht als Kriterium für einen Global City-Status herangezogen. So können konkrete Orte als Weltstadt eingestuft werden, in denen eine Handvoll Niederlassungen global agierender Firmen existieren (vgl. *Sassen* 1996.1, *Beaverstock* et al. 1999). Faktisch werden hier nicht die Städte, sondern die von globalen Standortnetzen einzelner Firmen (bzw. Firmen-Gruppen) konstituierten Teilökonomien der Städte klassifiziert. In gleicher Weise könnten die „Weltstädte" aber auch auf Basis der städtischen Ankerpunkte von globalen Standortnetzen bestimmter Industrie-Unternehmen klassifiziert werden. Problematisch bleibt also die Klassifizierung ganzer Städte bzw. Stadtökonomien über Teilökonomien von eventuell geringem Anteil an der gesamtstädtischen Wirtschaft, ein Einwand, der auch gegenüber eindi-

mensionalen Studien über Headquarter-Cities vorzubringen wäre. Das „Gewicht" der globalen Firmen in den jeweiligen Stadtökonomien sollte auch ein Kriterium für die „Weltstadt"-Klassifizierung sein.

2.5.4 Sozialräumliche und kulturelle Aspekte von „Globalizing Cities"

Das Phänomen der Weltstädte und Globalizing Cities ist nicht auf die wirtschaftliche Sphäre zu beschränken, denn Globalisierungsprozesse betreffen auch die kulturellen und demographischen Dimensionen der Stadtentwicklung, und wirtschaftliche Globalisierung ist, zumindest indirekt, auch für die sozialräumliche Entwicklung der Weltstädte bedeutsam.

Die Global City ist eine sozial und kulturell fragmentierte Stadt. *Friedmann* (1982, 1986) hat dies mit der Metapher von „Zitadelle" und „Ghetto" als den beiden Extremen der sozialräumlichen Spaltungen im Innern der Weltstädte umschrieben – die „Zitadelle" bezeichnet die urbanen Central Business Districts ebensowie wie die zugangskontrollierten Konsumparadiese und abgeschotteten Wohnquartiere der Führungsschichten einer globalisierten Ökonomie. Allerdings ist die interne Ausdifferenzierung des Sozialgefüges von großen Städten in eine Vielzahl „sozialer Welten", die stadträumlich mehr oder weniger stark voneinander abgegrenzt sind, keine neue Erscheinung. Der Global City und den Globalizing Cities wird eine Tendenz zur schärferen Ausprägung oder Akzentuierung sozialräumlicher Spaltungen zugeschrieben (*Fainstein* et al. 1992, *Krätke* 1995, *Sassen* 1996.2, *Marcuse/Van Kempen* 2000). *Sassen* (1996.2) hat diese Tendenz vor allem mit zunehmenden Arbeitsmarktspaltungen in den urbanen Kontrollzentren der Weltwirtschaft in Verbindung gebracht und herausgestellt, dass gerade auch in den Dienstleistungs-Komplexen der Weltstädte nicht nur die Zahl der Fach- und Führungskräfte wächst, sondern in noch stärkerem Maße die prekären Niedriglohnjobs für eine Armee von geringqualifizierten Dienstleistungsbeschäftigten, die in den ärmeren Quartieren der Weltstädte leben. So entstehen auf der einen Seite hochrangige und hochbezahlte Arbeitsplätze in den Bereichen Unternehmensführung, Marketing, Finanzen, Immobilienhandel, Rechts- und Unternehmensberatung, EDV-Dienste, Forschung; doch auf der anderen Seite wächst auch der Sektor der „niederen" Dienstleistungsjobs, entstehen massenhaft gering entlohnte, wenig qualifizierte und meist ungeschützte Arbeitsplätze im Bereich von Bürohilfstätigkeiten, Reinigungs- und Botendiensten, der Gastronomie usw. Durch internationale Migration wächst in den Weltstädten zugleich eine Reservearmee von Billig-Arbeitskräften, welche die Armutsinseln und die ethnischen Enklaven der globalizing cities bevölkern (*Marcuse* 1998).

Die sozialräumliche Polarisierung im Innern der Weltstädte wird häufig noch verstärkt durch den Druck einer aktiven städtischen Globalisierungs-Politik, die bestrebt ist, die städtischen „Zonen der Herrschaft und des Luxus" räumlich auszuweiten und von unerwünschten Personengruppen freizuhalten: z. B. neue Bürokomplexe und Konsumzentren, „Gentrifizierung" von Innenstadtquartieren. Arme, Arbeitslose und anderweitig sozial Ausgegrenzte werden dabei zunehmend auf randstädtische Container-Siedlungen verwiesen oder in den verbliebenen innerstädtischen Armutsinseln zusammengedrängt. So zerfällt der Sozialraum der Global City in global integrierte Stadt-Fragmente auf dem einen Extrem und die global wie auch lokal des-integrierten Stadt-Fragmente der Armutsquartiere auf dem anderen Extrem.

Die kulturelle und demographische Dimension des Globalisierungsprozesses ist von globalen Migrationsprozessen bestimmt, die sich in erheblichem Ausmaß auf die großen Zentren des Städtesystems der Industrieländer richten (vgl. Kap. 2.1.2.6). „Globalizing Cities" können auch als die Zielorte von internationalen Zuwanderern betrachtet werden, wobei sich die große Masse der globalen Migranten, die nicht zu den weltweit zirkulierenden Spezialisten der Informationstechnik gehört, in den ethnischen Enklaven und benachteiligten Quartieren ansiedelt. Jenseits der weltweiten formellen Beschränkungen der Arbeitskräftemobilität entwickelt sich in den metropolitanen Zentren der Weltwirtschaft eine Globalisierung des Arbeitsmarktes, wobei „illegale" Immigranten das Reservoir für die Ausbreitung informeller Beschäftigungssektoren im Produktions- und Dienstleistungsbereich mit Niedrigstlöhnen und ungeschützten Beschäftigungsverhältnissen bilden (*Sassen* 1996.2).

Die Weltstädte zeigen insgesamt eine zunehmende Internationalisierung ihrer Bevölkerungsstruktur und eine Vielfaltszunahme oder Ausdifferenzierung von Kulturen in der Stadt (*Zukin* 1995, *Biswas* 2000). Zur Globalisierung des städtischen Sozialgefüges tragen aber nicht nur die Zuwanderer aus „benachteiligten Gruppen" bei – die global integrierten Teilökonomien der Stadt bzw. die urbanen Kontroll- und Dienstleistungszentren der globalisierten Wirtschaft beschäftigen international rekrutierte Führungskräfte und Spezialisten. Zu den soziokulturellen Milieus der Weltstadt gehören auch die transnational zirkulierenden Eliten, die sich mit den „lokalen" international orientierten Eliten verbinden. Diese speziellen Gruppen könnten sich zu einer global vereinheitlichten Lebensstilgruppe entwickeln (*Noller* 1999). Für die kulturelle Dimension der Stadtentwicklung bedeuten die skizzierten Prozesse der Internationalisierung und sozialen Fragmentierung, dass in den „globalizing cities" die Vielfalt der Kulturen und Lebensstile in besonderem Maße zunimmt und in einem häufig spannungsgeladenen Nebeneinander existiert. So äußert sich Globalisierung auf städtischer Ebene in einer lokalen Repräsentation von globalen sozio-kulturellen Differenzen, und in den „globalizing cities" wird die vertraute, auf den großen geopolitischen Maßstab von „Norden" und „Süden" bezogene Geographie von Armut und Reichtum widergespiegelt.

3 Regionalgeogaphischer Teil

3.1 Prozesse der Arbeitsmigration zwischen Mexiko und den USA
(Hans-Joachim Bürkner)

3.1.1 Die Arbeitsmigration Mexiko – USA als Beispiel für Verflechtungsprozesse innerhalb von großräumigen Migrationssystemen

Großräumige Migrationssysteme sind von jeher Ausdruck und Symbole internationaler und transnationaler Verflechtungen gewesen. Ökonomien und Gesellschaften in den Herkunfts- und Zielregionen von Migranten treten dabei dauerhaft zueinander in Verbindung. Dies gilt in besonderem Maße für die Systeme der Arbeitsmigration im 20. und beginnenden 21. Jahrhundert. Diese Systeme sind nicht als bloße Formalisierungen und Institutionalisierungen unidirektionaler Wanderungsbewegungen zu begreifen, beispielsweise als Emigrationen, die nur gelegentlich und in bestimmten Ausnahmesituationen mit Gegenbewegungen, wie vor allem mit Rückwanderungen, konfrontiert werden. Vielmehr sind zirkuläre Bewegungen, periodische Hin- und Rückwanderungen derselben Individuen und Gruppen, intensive Rückbindungen der Migranten an ihre Herkunftsregionen und Strategien des Sich-Einrichtens in prekären Lebensverhältnissen elementare Bestandteile dieser Migrationssysteme.

Am Beispiel des Migrationssystems Mexiko-USA werden im Folgenden zentrale Elemente von Verflechtungen diskutiert, die im Rahmen von Prozessen der Arbeitsmigration regelhaft auftreten. Die Verflechtungsintensität ist hier aus folgenden Gründen besonders hoch:

– In dieser Region laufen Migrationsprozesse schon seit relativ langer Zeit ab. Die institutionelle Ausgestaltung der Migrationspfade ist deshalb vielfältig und intensiv.
– Die räumliche Nähe zwischen den Herkunfts- und Zielgebieten der Migranten hat transnationale Vernetzungen bereits zu einer Zeit erleichtert, als die heutigen, verbesserten Bedingungen dafür im Zusammenhang mit der Entwicklung neuer und effektiverer Kommunikations- und Transportmedien noch nicht gegeben waren.
– Im Zuge der arbeitsmarktpolitischen Definition der US-amerikanisch-mexikanischen Grenze sind besondere Räume des kulturellen Übergangs entstanden. Die Ansiedlung von Zweigbetrieben amerikanischer Unternehmen (der sog. maquiladora) im nordmexikanischen Grenzgebiet hat seit den 1950er Jahren Binnenmigranten angezogen und zugleich Abwanderungen in Richtung USA erleichtert.
– Temporäre und permanente Wanderungsprozesse zeigen vielfältige Überlagerungen. Hierdurch sind heterogene, gleichwohl stabile Interaktionsstrukturen zwischen Herkunfts- und Zielregionen entstanden, die es den Migranten ermöglicht haben, flexibel auf sich verändernde Rahmenbedingungen zu reagieren und den Fortbestand des Migrationssystems abzusichern (*Massey* et al. 1987, S. 214).
– Die Doppelrolle von sozialen Netzwerken und ethnischen Institutionen als Verflechtungsfaktoren und -medien zugleich ist hier besonders klar ausgeprägt.

Ausgehend von einem kurzen Abriss der Entwicklung des makroregionalen Migrationssystems werden die folgenden Verflechtungsaspekte diskutiert: regionenübergreifende ökonomische Konstituenten, die Entwicklung sozialer Netzwerke und Communities, Prozesse der binationalen politischen Repräsentation der Migranten und räumliche Implikationen der Ausdifferenzierung der migrationsbedingten Verflechtungen.

3.1.2 Entwicklung der Arbeitsmigration Lateinamerika – USA

3.1.2.1 Allgemeine Entwicklungstendenzen

Die Migration von Arbeitskräften aus den Ländern Lateinamerikas – in der angloamerikanischen Migrationsliteratur als „Latinos" oder auch „Hispanics" bezeichnet (*Del Castillo/De León* 1997, S. 148) – lässt sich bis in die Mitte des 19. Jahrhunderts zurückverfolgen. Historisch gesehen folgt die „latin journey" (*Portes/Bach* 1985) dem klassischen Muster internationaler Arbeitsmigration: Sie erfolgt entlang den internationalen Entwicklungs- und Wohlstandsgefällen. Diese aus dem Kolonialismus des 19. Jahrhunderts überkommenen und in der jüngeren Weltmarktintegration der Dritten Welt perpetuierten Gefälle sind nach wie vor als Auslöser der weitgehend in Süd-Nord-Richtung verlaufenden Migrationen wirksam. Die Wanderungen verlaufen somit von relativ armen Regionen in die einkommensstarken Agglomerationen der USA. Über weite Phasen trägt die Abwanderung aus Lateinamerika, insbesondere aus dem ländlichen Raum, den Charakter von Armutswanderungen. Sie dienen dem Überleben von Populationen, die über keine anderweitigen Existenzgrundlagen verfügen.

Analog zum internationalen Entwicklungsgefälle haben die Migranten in der aufnehmenden US-amerikanischen Gesellschaft weitgehend untere gesellschaftliche Positionen eingenommen. Sie sind diejenige Bevölkerung, die nur wenig besser gestellt ist als die am stärksten benachteiligte Gruppe der Schwarzen. Als ungelernte Arbeitskräfte in Landwirtschaft, Industrie und Dienstleistungen haben sie sich vom Beginn des 20. Jahrhunderts an in ein System ethnisch segmentierter Arbeits- und Wohnungsmärkte einfügen müssen, das ihnen nicht nur untere soziale Rangpositionen zugewiesen, sondern auch nur wenige Aufstiegsmöglichkeiten eröffnet hat. Dieser Sachverhalt, der in der Migrationsliteratur auch als sozialstrukturelle Unterschichtung bezeichnet wird, ist während der vergangenen Jahrzehnte bestehen geblieben, hauptsächlich aufgrund ethnischer Diskriminierungen, die die Latinos im US-Bildungssystem und auf dem Arbeitsmarkt erfahren haben (*DeFreitas* 1991, S. 10). Armut, Arbeitslosigkeit, niedrige Bildungs- und Qualifikationsniveaus sowie schlechte Wohnverhältnisse innerhalb von segregierten Wohnquartieren, den sog. „barrios" (span. barrio = Stadtviertel, Stadtteil), charakterisieren die Lebensverhältnisse der Mehrheit der Latino-Bevölkerung in den US-amerikanischen Großstädten.

Vom Beginn des 20. Jahrhunderts bis zum Zweiten Weltkrieg wanderten Latinos hauptsächlich aus ländlichen Regionen Mittelamerikas in die USA. Bis zur Weltwirtschaftskrise geschah dies hauptsächlich als Reaktion auf die günstigen ökonomischen Bedingungen in den USA. Seit ungefähr 1950 verlagerten sich die Herkunftsregionen vom ländlichen Raum in die Städte bzw. in urbanisierte Regionen. Der beschleunigte Urbanisierungsprozess in Lateinamerika ging mit umfangreichen Land-Stadt-Migrationen einher, die als Sicherheitsventil für die sich zuspitzende ökonomische Krise des ländlichen Raums fungierten. Für die rurale Bevölkerung war der Zugang zu Boden und anderen Ressourcen der Existenzsicherung immer schwieriger geworden (*Salas* 1995, S. 149).

Seit dem Beginn der 1980er Jahre bildeten die wachsende Überbevölkerung der Städte, verschärfte ökonomische Krisen – vor allem die Schuldenkrise der lateinamerikanischen Staaten und die davon ausgelöste Hyper-Inflation –, wachsende Arbeitslosigkeit, auch für Akademiker, sinkende Lebensqualität und politische Instabilität die Hauptantriebskräfte der Emigration in die USA (*Salas* 1995, S. 150). Die Migrationsursachen sind dabei nicht lediglich in einzelnen ökonomischen und politischen push/pull-Faktoren – verstanden als Migranten anziehende bzw. abstoßende Ausstattungsmerkmale von Herkunfts- und Zielregionen – zu suchen. Wesentliche Antriebsmomente entziehen sich solchen Erklärungsversuchen, die sich einfacher physikalischer Analogien bedienen. Vielmehr müssen empirisch schwer fassbare Faktoren wie Familienbindungen, wachsende Erwartungen der potenziellen Migranten an die Verbesserung ihrer Lebensverhältnisse, die Ausbreitung globaler Konsummuster, Zugang zu billigen und effektiveren Verkehrsmitteln, soziale Netzwerke in der sog. Illegalität usw. an zentraler Stelle berücksichtigt werden. Sie addieren sich dann zu komplexen Ursachenbündeln der Emigration. In ihrer Gesamtheit spiegeln sie die Folgen einer erheblichen Intensivierung der ökonomischen, sozialen und kulturellen „linkages" zwischen den USA und Lateinamerika wider, deren Medien sie zugleich sind. Die Migrationsprozesse verdeutlichen, dass die ökonomische Verflechtung der USA mit den Ländern Lateinamerikas – insbesondere Mittelamerikas – in den 1980er und 1990er Jahren deutlich fortgeschritten ist, dass neue Massenkommunikationsmittel weite Verbreitung gefunden haben sowie institutionelle und personale Netzwerke zwischen den beteiligten Regionen gestärkt worden sind (*Salas* 1995, S. 151).

3.1.2.2 Struktur der Migrantengruppen

Die Zusammensetzung der Bevölkerung lateinamerikanischen Ursprungs in den USA zeigt eine quantitative Dominanz der Mexikaner (1990: 66 %), gefolgt von Mittel- und Südamerikanern (15 %), Puertorikanern (9 %), Latinos anderen Ursprungs (6 %) sowie Kubanern (4 %) (*Therrien/Ramirez* 2001, S. 1). Seit 1999 hat sich der Anteil der Mexikaner und der Mittel- und Südamerikaner um drei bzw. vier Prozentpunkte erhöht, während die Anteile der Puertorikaner und Kubaner zurückgegangen sind (vgl. *DeFreitas* 1991, S. 10). Dies ist einerseits eine Folge der verstärkten Zuwanderung von Arbeitsmigranten aus Mexiko, andererseits auch der Immigration von Flüchtlingen aus den politischen Krisengebieten Mittelamerikas (Honduras, Nicaragua, El Salvador). Die in den 1990er Jahren weltweit zu beobachtende Diversifizierung der Merkmale der internationalen Migrantengruppen (*Ghosh* 2001, S. 9) hat auch das Wanderungsgeschehen auf dem amerikanischen Kontinent geprägt und schlägt sich in den Bevölkerungsstatistiken der USA unmittelbar nieder.

Entsprechend dem Unterschichtungsstatus der großen Mehrzahl der Hispanics spiegeln die Arbeitsmarktindikatoren die relative Benachteiligung gegenüber der weißen Mehrheitsbevölkerung deutlich wider. Die Entwicklung der gruppenspezifischen Arbeitslosenquoten seit 1991 zeigt die Lateinamerikaner in deutlicher Distanz zu den Weißen, allerdings auch in einer geringfügig besseren Lage als die schwarze Bevölkerung (Abb. 3.1/1).

Die beiden größten Latino-Gruppen sind zugleich auch die am meisten benachteiligten: Mexikaner und Puertorikaner weisen zu Beginn der 1990er Jahre nicht nur die niedrigsten Durchschnittseinkommen auf, sondern auch die niedrigsten Erwerbsquoten und höchsten Arbeitslosenquoten. Sie befinden sich damit nur knapp über der in der sozialen Schichtungshierarchie noch tiefer angesiedelten schwarzen Bevölkerung (*DeFreitas* 1991, S. 114 ff.). Dieser empirische Befund lässt sich auch für das Jahr 2000 bestätigen. Beide Gruppen erzielen jeweils die niedrigsten Haushaltseinkommen und stellen die jeweils höchsten Anteile mit Haushalten, die unter der Armutsgrenze leben (Tab. 3.1/1).

Die Hauptzuwanderungsregionen differieren je nach Herkunftsgruppen und den von ihnen entwickelten historischen Migrationsrouten. Generell sind die städtischen Agglomerationen zu allen Zeiten der Zuwanderung von Latinos bevorzugt worden, da sie die jeweils besten Beschäftigungsmöglichkeiten versprachen. In den 1990er Jahren verzeichnen die Bundesstaaten im Südwesten der USA die größten Latino-Minderheiten; beispielsweise kommen Kalifornien und Texas auf einen Anteil der Latino-Bevölkerung von jeweils 32 %. Mexikaner sind vor allem im Ballungsraum Los Angeles, in Südtexas entlang der mexikanischen

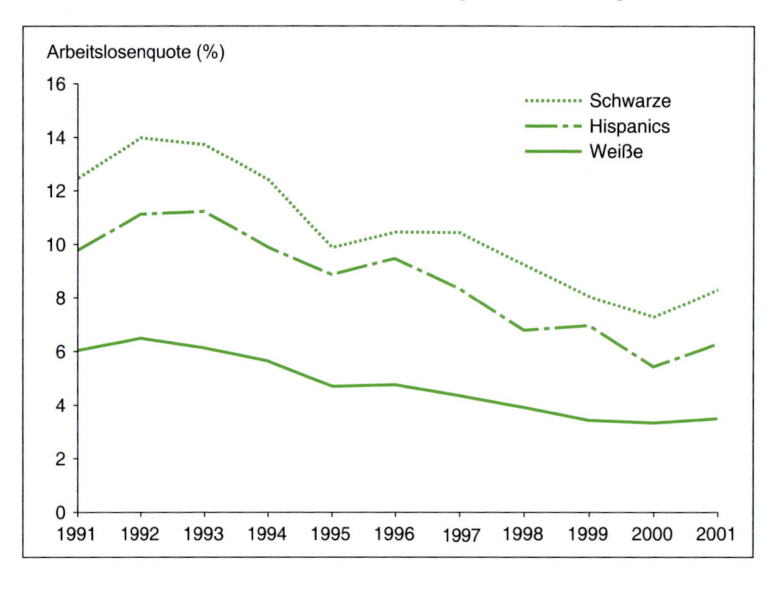

Abb. 3.1/1:
Ethnienspezifische Arbeitslosenquoten in den USA, 1991–2001 (jew. März, saisonbereinigt)
Quelle: US Bureau of Labor Statistics 2001

Tab. 3.1/1: Ausgewählte sozioökonomische Basisdaten der US-Bevölkerung im Jahr 2000, differenziert nach Ethnien
Quelle: U.S. Census Bureau 2001.1

Bevölkerungsgruppe	Wohnbevölkerung		mittleres jährliches Haushaltseinkommen in US $	Haushalte unter der Armutsgrenze in %
	abs. (in Tsd.)	%		
Weiße	193.334	70,7	44.366	7,7
Schwarze	47.000	17,2	k. A.	20,9
Hispanics, darunter:	32.669	11,9	30.735	22,8
Mexikaner	21.609	7,9	30.400	24,1
Puertoricaner	2.945	1,1	28.233	25,8
Kubaner	1.300	0,5	38.312	17,3
Mittel-/ Südamerikaner	4.726	1,7	33.105	16,7
andere Hispanics	2.089	0,8	34.935	21,6
Gesamtbevölkerung	273.493	100	40.816	11,8

Grenze sowie in Chicago konzentriert. Kubaner sind schwerpunktmäßig in Florida angesiedelt, Puertoricaner und Migranten aus der Dominikanischen Republik in New York, andere Gruppen mit lateinamerikanischer Herkunft in Washington D.C. und New York (*Portes/Rumbaut* 1996, S. 34 ff.). Innerhalb der Ballungsräume finden sich die ärmeren Populationen der Mexikaner und Puertoricaner – ähnlich wie die schwarze Bevölkerung – vor allem in den Kernstädten mit ihren größtenteils unterdurchschnittlich ausgestatteten Wohnquartieren, während besser Gestellte (z. B. Kubaner) sich in den suburbanen Räumen in Nachbarschaft „weißer" Wohngebiete angesiedelt haben (Abb. 3.1/2).

Die Zunahme der Latino-Bevölkerung vor allem in Kalifornien hat in jüngerer Zeit Spekulationen Auftrieb gegeben, denen zufolge die Latinos im Verlauf des 21. Jahrhunderts zur größten Minderheitengruppe werden und damit die Schwarzen „überrunden" (*Valle/Torres* 2000, S. 4). Für das „latino county" Los Angeles wird dies bereits in der ersten Dekade erwartet (*Thieme/Laux* 1996).

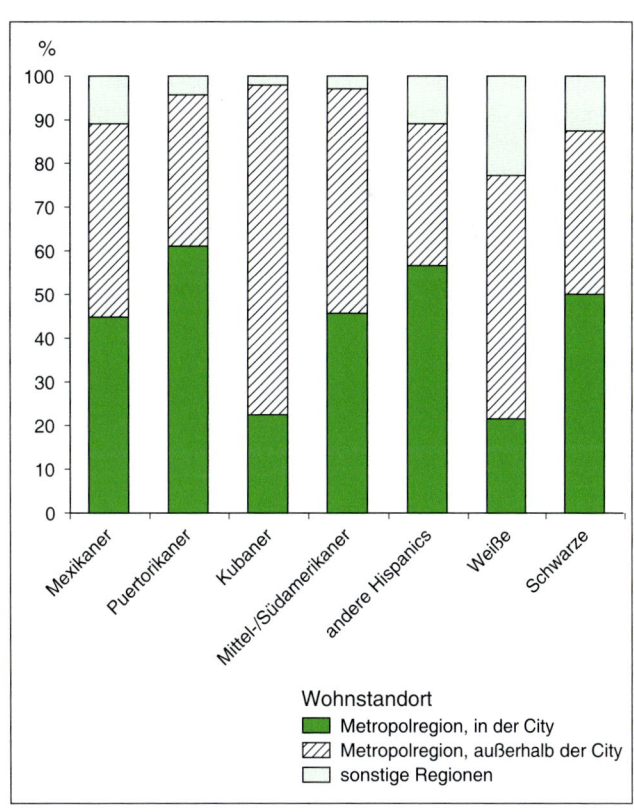

Abb. 3.1/2:
Wohnstandorte von Latinos, Weißen und Schwarzen in den USA (März 2000)
Quelle: US Census Bureau 2001.1

3.1.3 Verflechtungsaspekte der Arbeitsmigration Mexiko – USA

3.1.3.1 Beschäftigung, Arbeitsmärkte und Migrantenökonomien

Seit den 1970er Jahren haben vor allem zwei Beschäftigungsbereiche in den USA eine wachsende Anziehungskraft auf mexikanische Migranten ausgeübt: zum einen die expandierende Dienstleistungswirtschaft Kaliforniens und zum anderen die relativ stabile spätfordistische Konsumgüterindustrie im Südwesten der USA. Neben den klassischen Beschäftigungsfeldern für kostengünstige Arbeitsmigranten (Landwirtschaft und arbeitsintensive Industrien) ist in jüngerer Zeit vor allem der untere Dienstleistungssektor in den Global Cities mit seiner stark gestiegenen Nachfrage nach unqualifizierter, niedrig entlohnter Arbeitskraft ein ausgesprochener Magnet für Zuwanderer geworden (*Sassen* 1991, S. 316 ff.). Obwohl die mexikanischen Migranten auf den für sie zugänglichen Arbeitsmärkten massive ethnische Diskriminierungen erfahren, ist das Wohlstandsgefälle zwischen den USA und Mexiko ausreichend, um das Attraktionspotenzial aufrecht zu erhalten: Auch bei schlechter Bezahlung erzielen die Migranten wesentlich mehr Einkommen als im Herkunftsland. Als Faktoren der Attraktivität des US-amerikanischen Südwestens sind anzusehen: die räumliche Nähe der Herkunftsregionen der Migranten zum Ballungsraum Los Angeles, die über längere Perioden hinweg bestehende große Durchlässigkeit der Grenze Mexiko-USA und bereits bestehende lokale bzw. regionale Traditionen der Beschäftigung von mexikanischen Arbeitskräften in Kalifornien und Texas. Auch Globalisierungsprozesse, z. B. die seit den 1980er Jahren vermehrt zu beobachtenden Aktivitäten ausländischer Direktinvestoren in der mexikanisch-US-amerikanischen Grenzregion und insbesondere der von den USA durch spezielle politische Programme geförderte Ausbau von sog. Verlängerten Werkbänken durch US-Konzerne im Norden Mexikos, förderten die transnationalen Verbindungen beider Länder (*Sassen* 1996).

In den Herkunftsregionen der Migranten besteht ein anhaltend hoher Emigrationsdruck. Im ländlichen Raum haben sich die materiellen Lebensgrundlagen der Bevölkerung in den vergangenen Jahrzehnten durch hohe Arbeitslosigkeit in Folge der weltmarktorientierten Industrialisierung der landwirtschaftlichen Produktion verschlechtert. Aber auch in den verstädterten Regionen hat sich eine hohe strukturelle Arbeitslosigkeit herausgebildet, z. T. massiv verstärkt durch die Zuwanderung erwerbsloser Landbevölkerung. Diese Situation hat sich auch nach der Aufnahme Mexikos in die nordamerikanische Freihandelszone NAFTA (North American Free Trade Agreement) im Jahr 1994 und der darauf folgenden, von neo-liberaler Steuerung begleiteten wirtschaftlichen Konsolidierungsphase nicht entscheidend geändert (*Acevedo/Espenshade* 1996). Mit der Aufgabe der seit Mitte des Jahrhunderts betriebenen Importsubstituierungspolitik und der Öffnung der mexikanischen Wirtschaft für den globalen Wettbewerb fanden in der Industrie Modernisierungsanpassungen statt, die mit der Entlassung von Arbeitskräften bei gleichzeitigem Produktivitätszuwachs einhergingen (*Massey/Espinosa* 1997, S. 990, *Heath* 1998, S. 186). Die negativen Folgen dieser Entwicklung für den Arbeitsmarkt konnten auch durch die vermehrte Verlagerung von Billiglohnarbeitsplätzen aus den USA nach Nord- und Zentralmexiko (Gereffi 2000) nicht kompensiert werden. In der Landwirtschaft kam es zu Desintegrationsprozessen und schweren Konkurrenzkrisen, die in der Marginalisierung großer Zahlen klein- und mittelbäuerlicher Produzenten resultierten (*Parnreiter* 1999, S. 132).

Die Entwurzelungswelle im ländlichen Raum führte zum sprunghaften Anstieg der Binnenmigrationszahlen und der Abwanderungsziffern in die USA (*Parnreiter* 1999, S. 134). Dennoch blieb die Abwanderung auf wenige Regionen konzentriert, die bereits auf eine längere Geschichte der Migration zurückblicken konnten (z. B. Jalisco, Michoacán, Zacatecas). Lediglich in jüngerer Zeit ist eine leichte Verlagerung der Schwerpunkte auf die stärker peripherisierten ländlichen Regionen Südmexikos zu beobachten (*Salas* 1995, S. 152). Die klassischen Etappenwanderungen – Migration von Individuen zunächst vom Land in die nationalen städtischen Zentren und von dort aus weiter ins Ausland – sind auch in Mexiko deutlich ausgeprägt, vor allem im Zusammenhang mit der Hyperurbanisierung der Metropole Mexico City (Gormsen 1994). Jedoch erfolgt die Emigration zunehmend auch als direkte Wanderung aus ländlichen Räumen und Stadtregionen Mexikos in die USA (*Pries* 1999).

Dieser Umstand ist auf die Existenz von Migrationspfaden zurückzuführen, die bereits frühzeitig angelegt worden sind und von den Migranten unter den nunmehr veränderten Bedingungen gezielt genutzt werden. Mit „Pfaden" sind institutionell abgesicherte Wanderungsroutinen und Verbindungen zwischen Herkunfts- und Zielgesellschaften gemeint. Dazu zählen dauerhafte soziale Strukturen und Beziehungen, die es den Migranten ermöglichen, problemlos zwischen mehreren Orten zu wechseln und dort jeweils Zugang zu denjenigen Ressourcen zu erhalten, die sie zur Bewältigung ihres Alltags benötigen. Impliziert sind aber auch bestimmte räumliche Korridore, die durch häufig genutzte Verbindungen zwischen Herkunfts- und Zielorten entstehen. Pfade stellen somit sozialräumliche Konstrukte dar, die jeweils die Existenz von Migrantengemeinschaften – in der angloamerikanischen Literatur als Communities bezeichnet – an den Herkunfts- und Zielorten voraussetzen. Diese Communities helfen bei der Migrationsentscheidung und der Vorbereitung der wichtigsten Wanderungsschritte, indem sie Informationen über Arbeitsmärkte und Zugänge zu diesen Märkten gruppenintern zirkulieren lassen, häufig Arbeitsplätze direkt vermitteln und für die Erstaufnahme und Unterbringung von neu Zuwandernden am Zielort sorgen.

Als wichtigste Pfade der Arbeitsmigration sind zu nennen:

– Erstens Wanderungen von Saisonarbeiterinnen und -arbeitern, die in der Landwirtschaft der US-amerikanischen Süd- und Südweststaaten, hauptsächlich Kalifornien und Texas, Beschäftigung finden. Hierbei handelt es sich, historisch gesehen, um den ältesten Migrationspfad, der sich bereits Ende des 19. Jahrhunderts herausgebildet hat. Unter dem Eindruck des Arbeitskräftemangels während des Zweiten Weltkrieges wurde er mit dem sog. Bracero-Programm der damaligen US-Regierung stark ausgebaut. In den 1950er und 1960er Jahren wurde das Programm wegen seiner wirtschaftlichen Vorteile für die USA mehrfach verlängert. Im Zeitraum zwischen 1942 und 1964 arbeiteten ca. 1 bis 1,5 Mio. mexikanische Kontrakt-Arbeiter hauptsächlich in der Landwirtschaft des Südwestens der USA auf temporärer Basis (*Klaver* 1997, S. 59). Diese Migrantengruppe rekrutierte sich überwiegend aus Landarbeitern und Kleinbauern aus den peripheren Regionen Mexikos, die zyklisch wanderten, d.h. meist nach Beendigung ihrer Kontrakte in die Herkunftsorte zurückkehrten und bei der nächsten Gelegenheit erneut eine Arbeit in den USA aufnahmen (*Portes/Bach* 1985, S. 80). Nach Auslaufen des Bracero-Programms blieb dieser Migrationspfad in reduziertem Umfang erhalten.

– Zweitens Migration von Arbeitskräften, die als ungelernte Arbeiter zunächst in fordistischen, ab den 1980er Jahren vermehrt in spätfordistischen, flexibilisierten Bereichen der amerikanischen Industrie über mittlere und längerfristige Zeiträume hinweg tätig gewesen sind. Besonders die stark diversifizierte Wirtschaftsstruktur des Ballungsraums Los Angeles sorgte für umfangreiche Beschäftigungsmöglichkeiten, wobei vor allem die Nachfrage nach kostengünstiger Arbeitskraft auf ethnisch segmentierten Arbeitsmärkten ausschlaggebend gewesen ist (*Parnreiter* 1999, S. 137). Mexikaner bilden auf den regionalen Arbeitsmärkten zusammen mit Schwarzen häufig die untersten Segmente mit den niedrigsten gezahlten Löhnen und überwiegend prekären Arbeitsverhältnissen. In den Global Cities haben sich in bestimmten Branchen die Arbeitsbedingungen der Migranten an Verhältnisse angenähert, wie sie für periphere Industrien der Dritten Welt kennzeichnend sind (z. B. in den sweat shops der Textilindustrie; vgl. *Sassen* 1991, S. 293, *Sassen* 1997, *Pries* 1999, S. 385). Trotz unsicherer Beschäftigungsverhältnisse und niedriger Löhne tendieren die Migranten mittel- bis langfristig zur Niederlassung in den Zielgebieten, wenn auch wiederholte Hin- und Rückwanderungen weit verbreitet sind.

– Drittens Zuwanderung von Arbeitskräften, die seit den 1980er Jahren in den expandierenden unteren Dienstleistungsbereichen der amerikanischen Großstädte beschäftigt werden, vor allem in Los Angeles und Chicago. Auch hier sind Niedriglöhne und weitgehend prekäre Arbeitsverhältnisse die Regel. Als Folge ist eine kontinuierliche Abnahme der durchschnittlichen Realeinkommen der Migrantenhaushalte zu verzeichnen (*Rochín* 1996, S. 71). Für die Frage der Zyklizität der Wanderungen gilt dasselbe wie für den zweiten Pfad.

– Viertens ist als jüngster Pfad mit expandierender Tendenz die Migration von autochthonen städtischen Mittelklasse- und Eliten-Angehörigen zu nennen. Sie hatten aufgrund der Verschlechterung der ökonomischen Bedingungen in Mexiko in den 1980er und 1990er Jahren durch Inflation, Abwertungen der

Nationalwährung und hohe Arbeitslosigkeit unter Akademikern in ihren Herkunftsregionen keine adäquate Beschäftigung mehr finden können und reagierten auf die neue Situation mit vermehrter Migration in die USA. Der neue „brain drain" der 1980er und 1990er Jahre höhlt einerseits regionale Entwicklungspotenziale in den Herkunftsregionen aus, geht aber andererseits konform mit der neuen US-Immigrationspolitik, die vor allem hochqualifizierten Migranten Zugang zum nordamerikanischen Arbeitsmarkt verschaffen möchte (siehe Kap. 3.1.3.2); dieses Ziel ist in der jüngsten Zeit im Zuge politischer Debatten in den USA über vermehrte Zuwanderungskontrollen immer stärker akzentuiert worden. In den Zielgebieten ist es seit den 1980er Jahren zu einer zahlenmäßigen Verstärkung der mexikanischen Communities gekommen. Zugleich ist deren Sozialstruktur aufgewertet worden und die internen sozialen Disparitäten haben zugenommen.

Die Existenz von Communities impliziert, dass innerhalb der Migrationspfade jeweils zirkuläre Wanderungen, d.h. wiederholte Hin- und Rückwanderungen zwischen denselben oder auch wechselnden Regionen, stattfinden können. In der Tat sind die Pfade 1 bis 3 stark von zirkulären Bewegungen geprägt, vor allem dann, wenn die Herkunftsgemeinden der Migranten im ländlichen Raum Mexikos gelegen sind. In diesem Fall setzen marginalisierte Bevölkerungsgruppen die Migration gezielt als Teil von temporären Überlebensstrategien ein (*Hülshof* 1991, S. 85).

Die für die internationale Arbeitsmigration typische Entwicklung ethnischer Ökonomien in den Zuwanderungsregionen hat sich auch innerhalb des Migrationssystems Mexiko-USA bereits früh gezeigt (*DeFreitas* 1991, S. 167 ff.). Nach erheblichen Zuwächsen der Unternehmenszahlen in den 1990er Jahren wurden im Jahr 1997 16 % der rund 3 Mio. Unternehmen, deren Eigentümer Minderheitenangehörige waren, von Mexikanern geführt (U.S. Census Bureau 2001.2). Sie stellten damit die bei weitem aktivste nationale Migrantengruppe dar, gefolgt von der chinesischen Minderheit (8 %). Der Schwerpunkt ihrer Aktivitäten lag dabei auf dem Dienstleistungssektor. Neben den klassischen formellen Bereichen der Gastronomie, des Dienstleistungsgewerbes und des internationalen Handels haben sich – im Unterschied etwa zur europäischen Arbeitsmigration – hier jedoch in größerem Umfang informelle Tätigkeiten etabliert. Die Ursachen dafür liegen einerseits in Prozessen des downgrading, d. h. der Entwertung der unteren Dienstleistungsbereiche aufgrund von Globalisierungsprozessen, verbunden mit neuen Formen der Scheinselbstständigkeit, der Flexibilisierung und Prekarisierung von Erwerbstätigkeiten (*Sassen* 1998, S. 137–172). Sie liegen andererseits aber auch im Transfer von Tätigkeiten aus der informellen Ökonomie Mexikos in die USA; hier kann von einer mitgebrachten und weiter entwickelten Kultur der marginalen Selbstständigkeit gesprochen werden.

3.1.3.2 Einwanderungspolitik, „illegale" Migration und variable Grenzregime

Mit Ausnahme der Elitenmigration sind alle Wanderungsbewegungen von Mexikanern in die USA mit beträchtlichen Anteilen undokumentierter bzw. illegaler Migration einhergegangen. Schätzungen zufolge sind in den 1980er und 1990er Jahren 95 % aller illegalen Migranten aus Mexiko zugewandert (*Portes/Rumbaut* 1996, S. 10). Dies ist eine Folge der zunehmend restriktiven Einwanderungspolitik der USA, die mit mehr oder weniger willkürlichen Akten der Illegalisierung von Migranten einhergeht. So wurde ab Mitte der 1980er Jahre eine Reihe von Einwanderungsrestriktionen eingeführt, die sich speziell gegen die Zuwanderung aus Lateinamerika richteten. Der Schwerpunkt dieser Politik lag auf Familienzusammenführungen und Zugangserleichterungen für Hochqualifizierte. Gleichzeitig wurde die Zuwanderung von gering Qualifizierten erschwert (*Klaver* 1997, S. 83) – trotz des hohen Bedarfs an unqualifizierten Arbeitskräften für low-wage jobs in den Global Cities. In den 1990er Jahren wurde die Politik der Bevorzugung von Hochqualifizierten noch verstärkt (*Klaver* 1997, S. 85). Dennoch hielt die Zuwanderung von gering qualifizierten Arbeitskräften an. Bei tatsächlich steigenden Zuwanderungszahlen nahm allein aufgrund der vermehrten Zugangsrestriktionen die Zahl der unter die Kategorie „illegal" fallenden Migranten, die auch als „indocumentados", d.h. als Migranten ohne gültige Einreisepapiere, bezeichnet werden (vgl. *Pries* 1999, S. 282), überproportional zu. Mexikanische Migranten waren aufgrund der hohen Zuwanderungszahlen im Vergleich zu anderen Migrantengruppen aus Lateinamerika stark von der Abdrängung in die Illegalität betroffen.

Abgesehen von ihrer faktischen Wirkungslosigkeit förderten die Zuwanderungsrestriktionen vor allem die Ausweitung prekärer Beschäftigungsverhältnisse. Vielen Arbeitgebern, besonders in Kalifornien, war die Zunahme der Zahl von Illegalen nicht ganz unwillkommen, da sich nun ein vergrößertes Reservoir an Arbeitskräften vor Ort nutzen ließ, die sich mit noch geringeren Löhnen als die „legalen" Migranten zufrieden gaben und ungesicherte Arbeitsverhältnisse sowie schlechte Arbeitsbedingungen unwidersprochen hinnahmen. Der Versuch der Politik, aus populistischen Gründen eine qualifikationsbezogene Auslese von Zuwanderern zu betreiben, stand hier ganz offensichtlich im Widerspruch zu den realen regionalen Beschäftigungsinteressen.

Die restriktive Immigrationspolitik wurde durch ein spezifisches Grenzregime an der US-mexikanischen Grenze abgesichert. Letzteres stellt nicht nur eine exekutive Ebene der Einwanderungspolitik unter anderen dar, sondern muss zugleich als Bestandteil struktureller Verflechtungen zwischen den Herkunfts- und Zielregionen der Migranten verstanden werden (vgl. *Klaver* 1997, S. 81 f.). Grundsätzlich handelt es sich im US-mexikanischen Fall um den gezielten Versuch, eine semi-permeable Grenze zu schaffen, deren Durchlässigkeitsgrad den konjunkturbedingten Regulierungsbedürfnissen des Ziellandes flexibel angepasst werden kann.

In den 1990er Jahren sind diejenigen wenig kontrollierten Grenzabschnitte, die für illegale Grenzübertritte bekannt waren, von den US-amerikanischen Grenzbehörden besonders abgeriegelt worden (*Montejano* 1999, S. 249). Dies konnte jedoch die illegale Einwanderung nicht verhindern, zumal die Grenze mit ca. 3.300 km Länge kaum lückenlos kontrolliert werden konnte. Auch weiterhin werden im Grenzverlauf Abschottungsstreifen mit Zäunen und restriktiver Kontrolle von relativ durchlässigen Zonen abgelöst. Die Migranten sind seitdem entweder auf andere Grenzabschnitte ausgewichen oder haben andere Wege in die USA gewählt, z. B. den direkten Flug in die Großstädte des Nordens. Erleichternd wirkt sich dabei der Umstand aus, dass viele Migranten im abschnittsweise dicht besiedelten Grenzgebiet Verwandte und Bekannte haben, die ihnen beim Grenzübertritt behilflich sind (*Pries* 1999, S. 384). Der ausgeprägt transnationale Charakter der US-mexikanischen Grenzregion mit ihren historisch gewachsenen ökonomischen, sozialen und politischen Verbindungen über die Grenze hinweg – nicht zu vergessen eine Reihe von geteilten Grenzstädten (Twin Cities) – hat eine Eigendynamik des alltäglichen Austausches entwickelt, die sich politischen Eingriffen „von oben" weitgehend entzogen hat. Die formelle Regulierung der Verflechtung auf struktureller Ebene wurde somit informell unterlaufen, mit dem Ergebnis, dass statt der erwünschten qualifikationsbezogenen Selektivität der Zuwanderung weiterhin eine Mehrheit von gering Qualifizierten sowie eine breite Streuung von Migrationsmotiven und -zielen unter den mexikanischen Migranten anzutreffen sind.

3.1.3.3   Monetäre Aspekte der Arbeitsmigration: Rimessen und Investitionen

Hervorstechendes Merkmal aller angesprochenen Migrationspfade ist die starke ökonomische und soziale Rückbindung der Migranten, die sich von bekannten Prozessen der Arbeitsmigration hinsichtlich ihrer Intensität deutlich abhebt. Es sind nicht nur die für Arbeitsmigrationen normalen Rimessen (Rücküberweisungen) an Familienangehörige in der Herkunftsregion, sondern auch in beträchtlichem Umfang Investitionen der Migranten in ihren Herkunftsgemeinden zu verzeichnen (*Pries* 1999, S. 384).

Diese Investitionen sind zwar einerseits konsumtiv orientiert, d. h. sie beziehen sich auf den Erwerb von Grundstücken, den Bau von Häusern und den Kauf von langfristigen Konsumgütern; sie erfolgen andererseits aber auch als produktiv wirksame Direktinvestitionen sowie als Investitionen, die auf die Infrastrukturen und das soziale Leben der Herkunftsgemeinden gerichtet sind. In den USA lebende Migranten sind in zunehmendem Maße als Sponsoren für den Bau und die Unterhaltung von kommunalen Einrichtungen, die Ausrichtung von Festen und Jubiläen sowie andere Anlässe des lokalen Lebens tätig geworden. Dies ist vor allem in ländlichen Regionen zum erheblichen Teil auf den Fortbestand traditioneller Werte- und Normensysteme zurückzuführen, die auch von den Migranten respektiert werden. Die Verpflichtung zur gegenseitigen Hilfe – in der angloamerikanischen Literatur als „Mutualismus" (mutualism) bezeichnet (*Weber* 1998, S. 217) – hat in Mexiko eine lange Tradition, die u. a. im frühen 20. Jahrhundert durch die sog. „sindicatos", institutionelle Verbindungen von Nothilfegemeinschaften und Gewerkschaften, lebendig gehalten und weitergegeben wurde (*Hart* 1998, S. 4). In vielen ländlichen Herkunftsgemeinden der Migranten hat der Mutualismus ausgefeilte Systeme der gemeinschaftlichen Selbsthilfe entstehen lassen, die auch die abwesenden Gemeindemitglieder einbeziehen. So ist es keine Seltenheit, dass soziale Verpflichtungen, die die Anwesenheit der Mitglieder der lokalen Community erfordern – z. B. gemeinschaftliche Arbeiten –, von den abwesenden Migranten mit finanziellen Zuwendungen an die Gemeinde oder der Bezahlung von Ersatzarbeitskräften abgegolten werden (*Hülshof* 1991, S. 55, *Klaver* 1997, S. 188 ff.).

Durch ökonomische Leistungen der beschriebenen Art sind die Migranten im Verlauf der 1980er und 1990er Jahre zu den Hauptpfeilern der Entwicklung der Nationalökonomie Mexikos avanciert. Entscheidend für die Verflechtungswirkungen dieser Entwicklungen ist der Umstand, dass sich die ökonomischen Tätigkeiten häufig auf eine starke informelle Basis stützen: Spanischsprachige Fernsehsender in den USA bringen täglich Berichte über Währungsschwankungen in Lateinamerika. Geldkuriere in Los Angeles erbringen Dienstleistungen für Mexikaner und Zentralamerikaner, beispielsweise indem sie Schecks an Verwandte im Herkunftsland übermitteln. Die Zunahme dieser informellen ökonomischen Tätigkeiten stärkt Familienbande und soziale Netzwerke, die sich zwischen den USA und Lateinamerika entwickelt haben. Dadurch werden die Migrationspfade so eingerichtet, dass sie für künftige Immigranten immer leichter begehbar sind (*Salas* 1995, S. 156).

3.1.3.4 Migrantennetzwerke und transnationale soziale Räume

Die beschriebene Praxis der finanziellen Beteiligung an den Herkunfts-Communities ist in der Migrationsliteratur in den vergangenen Jahren vermehrt als Element eines neuen Transnationalismus interpretiert worden. Gemäß dieser Lesart haben die Rückbindungen der Migranten an ihre Herkunftsorte ihre Wurzeln zunächst in ökonomischen Notwendigkeiten und der traditionellen sozialen Organisation von Überlebensstrategien. Sie verselbstständigen sich aber im Verlauf des Migrationsprozesses weit über den ökonomischen Bereich hinaus, und zwar in dem Maße, wie die Migranten in den USA in die dortigen Immigranten-Communities integriert werden. Die dort stattfindende Ausbildung von hybriden „sowohl-als-auch"-Identitäten, z. B. im Zusammenhang mit dem Durchlaufen von Prozessen der Selbstethnisierung, wird als Beitrag zur Verstärkung der Bindungen an die eigene Herkunft in ideeller, soziokultureller und materieller Hinsicht angesehen (*Vélez-Ibáñez* 1996, S. 137 ff.).

Entscheidenden Anteil an der engen sozialen Verknüpfung von Herkunfts- und Zielgesellschaften bzw. -Communities haben soziale Netzwerke, die in der sozialwissenschaftlichen Migrationsdebatte unter der Bezeichnung „transnationale soziale Räume" diskutiert worden sind. Es wird angenommen, dass durch diese Netzwerke eine Ebene sozialer Interaktion hergestellt wird, die zwischen Herkunfts- und Zielregionen angesiedelt ist und zugleich beide umfasst, somit nicht eindeutig als eine Leistung einer einzelnen (Ziel- oder Herkunfts-) Community verortet werden kann (*Glick Schiller* et al. 1992, S. X). Während die ältere Literatur zur „latin journey" in die USA den Netzwerken noch getrennte, entweder auf die Herkunfts- oder auf die Zielkontexte der Migranten begrenzte Funktionen zugeschrieben hatte (vgl. *Boyd* 1989, *Gurak/Caces* 1992, S. 152), wird nun davon gesprochen, dass es in der Globalisierung die primäre Aufgabe von Netzwerken sei, flexible Verknüpfungen von sozialem Herkunfts- und Zielkontext zuwege zu bringen. Dadurch würden die Migranten in die Lage versetzt, ökonomische Gelegenheiten sowohl in den Herkunfts- als auch in den Zielkontexten besser zu nutzen (*Rouse* 1996, *Goldring* 1997, *Pries* 1997). Im Falle des migration circuit Mexiko-USA würden auf diese Weise nicht nur bifokale Orientierungen, sondern zugleich – durch die beständige Zirkulation von Geld, Waren und Dienstleistungen – binationale, ortsübergreifende Communities mit mehreren lokalen Ablegern entwickelt (*Smith* 1999, S. 189, *Pries* 1998.1).

Auch die vermehrte, intensive Teilhabe der Migranten in den USA an den Geschehnissen am Herkunftsort wird als eine besondere Leistung transnationaler Netzwerke interpretiert (*Salas* 1995, S. 159), obwohl Rückbindungen an den Herkunftskontext auch im Fall von unidirektionalen Migrationen schon immer die Regel gewesen sind (*Bürkner* 2000). Ermöglicht wird die gesteigerte Intensität der kommunikativen Verflechtungen durch die Verfügbarkeit technologisch fortgeschrittener Kommunikationsmittel und gesunkene Kosten für die Überwindung von Reisedistanzen (*Smith* 1999, S. 195). Das ältere Medium des Telefons hat seine tragende Rolle als Kommunikationsmedium mittlerweile abgegeben an das Internet, d.h. die Nutzung von E-mail und Online-Chat-Plattformen. Lokale und regionale Ereignisse im Herkunftsgebiet werden per Zeitschriftenabonnements, Satellitenfernsehen und elektronische Medien direkt in die Communities der Mexikaner in den USA transportiert und dort kommentiert bzw. diskutiert.

3.1.3.5   *Probleme der politischen Repräsentation der Zuwanderer in den USA unter dem Vorzeichen transnationaler Verflechtungen*

Nicht zuletzt durch die oben diskutierte Tätigkeit der Migrantennetzwerke findet in der sozialen Praxis eine Verflüssigung von vormals fest definierten sozialen Räumen statt. Erleichterte Kommunikation und intensivierte wechselseitige Teilhabe am sozialen Leben leiten ein Verschwimmen alter Trennlinien zwischen Herkunfts- und Ziel-Communities ein. Dies zeigt sich vor allem in Bezug auf die politischen Wirkungen, die von den veränderten Kommunikationspraxen ausgehen. So nehmen politische Kampagnen in Mexiko mittlerweile auf politische Orientierungen und Wählerschaften unter den Migranten in den USA Rücksicht. Bereits gegen Ende der 1980er Jahre waren nationale Politiker in Mexiko bei den Wahlen zum Bundesparlament (Congreso de la Union) gezwungen, transnationale Kampagnen zu führen, um die als einflussreich begriffene mexikanische Wählerschaft in den USA zu mobilisieren (*Salas* 1995, S. 156). Wahlkomitees in US-amerikanischen Städten, Besuche von mexikanischen politischen Führern in den USA und andere Maßnahmen verdeutlichen, dass den Immigranten in den USA eine wachsende Aufmerksamkeit geschenkt wird; denn diese nehmen trotz ihrer physischen Abwesenheit direkt auf die mexikanische Gesellschaft Einfluss.
Umgekehrt werden auch Prozesse der politischen Repräsentation der Mexikaner in den USA in neuerer Zeit von transnationalen Entwicklungen beeinflusst. So haben die mexikanischen Regierungen seit den 1980er Jahren vermehrt versucht, auf diplomatischem Wege auf den Schutz der Bürgerrechte und die ungehinderte Entfaltung mexikanischer Kultur in den USA hinzuwirken (*García-Acevedo* 1996, S. 132 f.). Es handelt sich dabei um eine Politik, die das frühere Ziel, die Migranten zur endgültigen Rückwanderung zu veranlassen, aufgegeben und sich statt dessen einer „global nations policy" verschrieben hat. Angestrebt wird dabei die dauerhafte Eingliederung der Migranten in den Zielkontext bei Aufrechterhaltung von Verbindungen in die Herkunftskontexte (*Smith* 1999, S. 201).
Darüber hinaus sind aber auch eher informelle, zivilgesellschaftliche Wege des politischen Handelns wichtig geworden. Ein prominentes Beispiel dafür sind die politischen Aktionen des „Superbarrio", eines im Stil der Superman-Comic-Figur kostümierten mexikanischen Aktivisten, der mit spektakulären öffentlichen Auftritten seit Mitte der 1990er Jahre auf schlechte Lebensverhältnisse, soziale Benachteiligung und Diskriminierung der Mexikaner in den USA, aber auch auf Armut und Slums in Mexico City aufmerksam macht (*Weber* 1998, S. 210). Er wird nicht nur von politischen Strömungen in den mexikanischen Communities der USA gefördert, sondern erhält auch Unterstützung aus Mexiko selbst. Als „transnational working class hero" bringt er symbolisch eine Interessenkoalition sowie auch konkrete Interaktionszusammenhänge zwischen Unterschicht-Mexikanern beiderseits der Grenze zum Ausdruck.
Auf der Ebene formeller politischer Repräsentation haben die Mexikaner in den USA während der vergangenen Dekaden trotz allgemein bestehender Defizite erhebliche Erfolge erzielt (vgl. *Acuña* 1996, S. 43–64, 94–108). So sind „Mexican-Americans" in den 1970er Jahren erstmals ins Repräsentantenhaus der USA gewählt worden, und die Wahlbeteiligung der mexikanischen Minderheit bei Kongresswahlen ist seitdem im Vergleich zu anderen Wählergruppen überdurchschnittlich hoch (*Portes/Rumbaut* 1996, S. 129).

Hinsichtlich ihres politischen Mobilisierungsgrades nehmen sie eine wichtige Mittlerposition zwischen älteren und neueren Immigrantengruppen ein. Da ihre Migrationsgeschichte weit zurückreicht und sie umfangreiche Erfahrungen mit Prozessen der politischen Selbstbehauptung sammeln konnten, haben sie für nachfolgende Migrantengenerationen jeweils eine gewisse Orientierungsfunktion ausgeübt. Darüber hinaus hat auch der Einfluss von Chicano pressure groups auf die US-amerikanische Politik seit den 1980er Jahren stark zugenommen (*González* 1999).

3.1.4 Resümee

Internationale Verflechtungen auf der Basis von Migrationen haben nicht lediglich ökonomische und politische, sondern auch stark ausgeprägte soziale und soziokulturelle Komponenten. Unter den Bedingungen der Globalisierung bildet die enge ökonomische Integration der beteiligten Regionen den strukturellen Hintergrund, vor dem vielfältige Rückbindungen der Migranten an ihre Herkunftsregionen bei gleichzeitiger Integration in die Handlungskontexte der Zielregionen möglich werden. Bestehende Migrationspfade werden kontinuierlich entsprechend der Entwicklung dieser Rückbindungen modernisiert. Entgegen der landläufigen Annahme, dass internationale Arbeitsmigrationen von der bloßen Existenz von Einkommensgefällen zwischen zwei Raumeinheiten ausgelöst würden, führt der Fall Mexiko-USA vor Augen, dass erst ein gewisses Ausmaß der im Globalisierungsprozess hergestellten ökonomischen und soziokulturellen Verflechtungen der beteiligten Regionen jeweils Migrationen auf breiter Basis ermöglicht (vgl. *Parnreiter* 1999, S. 138 f.). Insbesondere die Integration der beteiligten Staaten in supranationale Verbünde (hier: die NAFTA) definiert einen Mobilitätsrahmen, der durch das faktische transnationale Migrationsgeschehen konsequent ausgefüllt wird. Letztlich wird durch die Praxis der migrationsgestützten Verflechtung ein „amerikanischer" Raum ausgestaltet, der sich mit dem Begriff „Nation" nicht mehr fassen lässt.

In der sozialen Praxis kommt es im Rahmen der wachsenden Verflechtungen zur Umdefinition von sozialen Räumen, und zwar sowohl aus der Sicht der Migranten-Communities als auch aus der Sicht der US-Aufnahmegesellschaft. Während die US-Immigrationspolitik trotz anderweitiger Auflösung des Konstrukts des nationalstaatlichen Raumes an der Verstärkung nationalstaatlicher Symbole – wie z. B. der nationalen Grenze – arbeitet, werden eben diese Bemühungen von den mexikanischen Migranten zunehmend ignoriert und konterkariert. Die Praxis der Rekonstruktion von sozialen Räumen, die durch das kurzfristige Pendeln zwischen den beteiligten Gesellschaften und Communities entstanden ist, stellt die staatlich vorgenommene Trennung von nationalen Räumen und Einflusssphären zunehmend in Frage.

3.2 Das globale Netzwerk syrischer Familien in der Karibik (*Anton Escher*)

Menschen gleicher Herkunft, Menschen, die aus dem gleichen Dorf oder der gleichen Stadt stammen, und Menschen, die sich auf identische Herkunft sowie auf gemeinsame Zugehörigkeit berufen, leben heute oftmals an unterschiedlichen Orten der Erde. In der Neuen Welt trifft man Ende des 20. Jahrhunderts auf einen nicht unerheblichen Anteil arabischstämmiger Bevölkerung (siehe Abb. 3.2/1), der inzwischen in zahlreichen Studien thematisiert wird (vgl. *Hourani/Shehadi* 1992 und *Nancy/Picard* 1998). Darunter befinden sich auch arabische Familien, die aus der heutigen Arabischen Republik Syrien stammen. Die politischen und technischen Rahmenbedingungen zu Beginn des 21. Jahrhundert ermöglichen es diesen Personengruppen, sich nahezu so zu verhalten und zu handeln, als ob sie in einem Dorf wohnen würden. Die globalen Verflechtungen und weltumspannenden Netzwerke der Familien gibt es nicht schon immer; ihre Anfänge datieren Ende des 19. Jahrhunderts. Im Laufe des 20. Jahrhunderts werden durch Formen der Migration wie Flucht, Vertreibung und Arbeitswanderung die Grundsteine zur Ausbildung der Netze gelegt (vgl. *Loimeier* 2000). Doch Wanderungsbewegungen, die Menschen über den Globus verteilen, schaf-

Abb. 3.2/1:
Arabischstämmige Bevölkerung
in der Neuen Welt
Quelle: *Nabti* 1992, S. 61

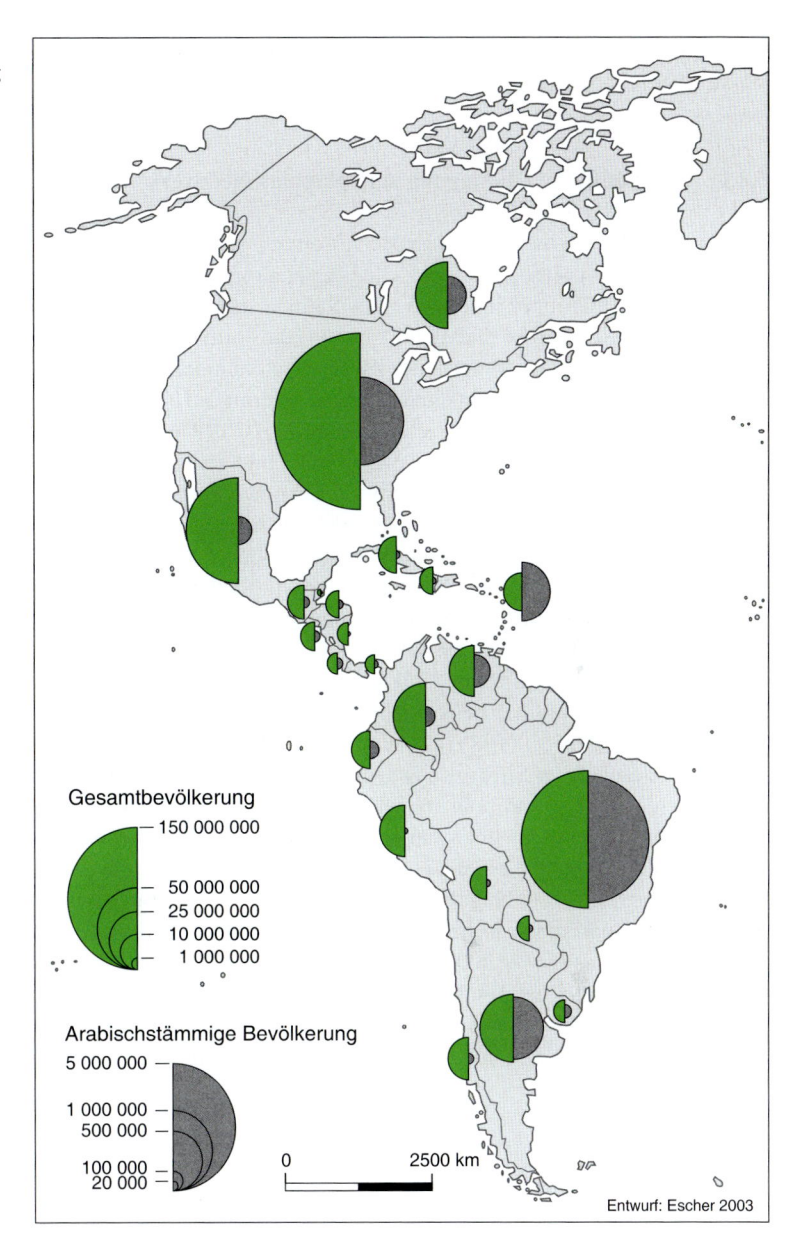

Gesamtbevölkerung
— 150 000 000
— 50 000 000
— 25 000 000
— 10 000 000
— 1 000 000

Arabischstämmige Bevölkerung
5 000 000
1 000 000
500 000
100 000
20 000

0   2500 km

Entwurf: Escher 2003

fen noch keine dynamischen Netzwerke, die sich über Länder, Inseln und Kontinente erstrecken, sondern stellen lediglich die Voraussetzungen für Raum übergreifende Netzwerke dar.

Das vorliegende Kapitel will Aspekte des globalen Netzwerkes einer Großfamilie aus den christlichen Regionen des küstennahen Syriens analysieren. Die Ausführungen schildern vor dem Hintergrund theoretischer Überlegungen die historische Entwicklung und die normative Organisation der syrischen Familien in der Welt. Im Mittelpunkt der Analyse steht eine christliche Großfamilie, welche nahezu über die gesamte Neue Welt verteilt lebt und deren ökonomisch und politisch erfolgreichsten Mitglieder einen Hauptwohnsitz auf der Karibikinsel Antigua haben. Das „Networking" der Großfamilie lässt sich, wie die empirischen Befunde zeigen, als Globalisierung von unten, als fragmentarische Organisation von Segmenten in einer funktional differenzierten Welt und als Gestaltung eines globalen Dorfes interpretieren. Diese Thematik kann sinnvoll mit Hilfe der theoretischen Konzepte Segmentäre Gesellschaft, Diaspora-Gemeinschaft sowie Autochthone Ressourcen dargestellt und verstanden werden.

3.2.1 Theoretische Überlegung zum globalen Netzwerk von Familien

Das Konzept der Segmentären Gesellschaft bezieht sich auf die ethnische Organisationsstruktur von Gesellschaften im Vorderen Orient in Zeiten der Nationalstaaten. Dieser ethnologische Ansatz geht von der Existenz sozialer Gruppen innerhalb eines Nationalstaates aus, die eine separate Identität pflegen, eine politische und wirtschaftliche Einheit bilden sowie die normativen Ansprüche des Staates in Frage stellen bzw. den staatlichen Ansprüchen nur unter Zwang nachkommen (*Gellner* 1968, *Kraus* 1995). Es handelt sich dabei um Verwandtschaftsgruppen, welche gewissermaßen einen eigenen Staat im Nationalstaat bilden und somit politische Herrschaft nicht akzeptieren (*Sigrist* 1994). Das Konzept der Diaspora-Gemeinschaft ist eine Modifikation des Ansatzes von *Shils* (1982) und geht auf Überlegungen von *Clifford* (1994) zurück: Eine Gemeinschaft wird als ein System von Personen mit Merkmalen und Relationen interpretiert, deren Mitglieder – unabhängig von ihren jeweiligen Wohnstandorten – in ein widerstandsfähiges und dehnbares Interaktionsnetz sozialer Kommunikation eingebunden sind. Weiterhin existieren als „heilig" geltende Phänomene, die symbolische Interaktionen für die Mitglieder der Gemeinschaft ermöglichen und dem Erhalt der Gemeinschaft dienen. Sie fügt sich reibungslos in die nationale Gesellschaft und in die Weltgesellschaft ein (vgl. *Butler* 2001, *Schnapper* 1999). Die Diaspora-Gemeinschaft gestaltet für ihre Bedürfnisse einen „transnationalen sozialen Raum" (*Pries* 1998.2), der im vorliegenden Kontext als „globales Dorf" bezeichnet wird. Die räumlich getrennten Gruppen bedienen sich ihrer Fähigkeiten, die in Modifikation von *Light* (1984) und *Marger* (1989) als Autochthone Ressourcen bezeichnet werden können. Sie ermöglichen es der Gemeinschaft der Einwanderer gegenüber den Einheimischen und gegenüber anderen Gruppen, ökonomisch zu gewinnen und politisch zu bestehen. Diese Ressourcen finden sich bei den syrischen Gruppierungen auf kultureller, ethnischer und im Laufe des 20. Jahrhunderts auch auf klassenspezifischer Ebene. Empirische Studien, die sich der skizzierten theoretischen Figur des „globalen Dorfes" nähern und arabischsprachige Gruppen thematisieren, sind Arbeiten über libanesische Siedlungen (*Nabti* 1992, *Peleikis* 2003), über die palästinensische Bevölkerung in Honduras (*Gonzalez* 1992) sowie über syrische Auswanderer in Venezuela (*Escher* 2000).

Das folgende Kapitel beschreibt exemplarisch das Phänomen segmentärer Netzwerke in der globalisierten Welt am Beispiel einer syrischen Familie und zeigt daran Entwicklung, Struktur, Organisation und Funktionsweise des Netzwerkes sowie die Bedeutung von Herkunft und Ort für die Menschen im Netzwerk auf.

3.2.2 Die syrische Familie Fares Hadeed auf der karibischen Insel Antigua

Die ehemalige westindische Zucker- und Tabakinsel Antigua lebt heute nahezu ausschließlich vom Segeltourismus und von Kreuzfahrtbesuchern. Die offizielle Internetseite der Tourismusbehörde von Antigua und Barbuda bezeichnet die Kultur ihrer Gesellschaft als „mixture of African, European, American and Middle Eastern culture". Unter den ungefähr 69.000 Einwohnern befinden sich lediglich 0,6 % Syrer und Libanesen. Trotz des geringen Bevölkerungsanteils haben die Syrer eine überragende Bedeutung für die Insel. Die syrische Einwanderung in Antigua ist sehr jung und beginnt erst in den 1950er Jahren. Bis in die 1970er Jahre lebten lediglich mehrere Dutzend Syrer auf Antigua. Die Zahl nahm danach stetig zu. Heute bevölkern dauerhaft zwischen 475 und 500 Menschen syrischer Herkunft die Insel. Die Syrer engagieren sich vor allem im Importhandel und konnten sich in akademischen Berufen etablieren. Sie grenzen sich durch ihre arabische Muttersprache, die sie neben der englischen Amtssprache benutzen, durch Kleidung und durch viele andere kulturelle Praktiken von den übrigen Bewohnern der Insel ab. Insbesondere beim

Heirats- und Reiseverhalten wird dies deutlich, wie der syrische Konsul ausführt: „99 % of the young generation, they marry Syrians. ... I have three nephews, who get married and they, they go to Syria abroad two, three, maybe four times from their childhood, and every time they go there, they make friends. ... Well, two of them, they find girls that they can get married to and they get married Syrian girls and they have the wedding in Syria." Noch wichtiger für die Vernetzung der Standorte als die Reisetätigkeit ist das Telefon und inzwischen das Internet.

Die erfolgreichste syrische Familie Fares Hadeed, deren Gründervater bereits verstorben ist, nimmt mit inzwischen zwanzig Personen in drei Generationen eine Sonderstellung auf der Insel ein. „The Hadeed story is a success story!" berichtet jeder, der sich mit der Familie beschäftigt. Der Familiengründer Fares Elias Hadeed wird 1911 in Amar al-Hosn in Syrien geboren, heiratet mit 28 Jahren und zieht im Februar 1952 in die Fremde; er lässt seine Frau und sechs Kinder im Alter von sechs Monaten bis elf Jahren zurück. Zuerst wandert er wie viele der syrischen Christen aus den Dörfern der Region al-Hosn nach Venezuela aus. Von 1952 bis 1954 handelt er dort mit Lebensmitteln. Dann geht er für ein Jahr nach Jamaika, sechs Monate nach Guyana, zwei Jahre nach Barbados, und sechs Monate lebt er auf Trinidad und Grenada. Überall trifft er auf Verwandte und Bekannte aus seinem Dorf, aus der Region al-Hosn oder aus Groß-Syrien. Sie gewähren ihm Hilfe und Unterstützung sowie einen ersten Einstieg in die Neue Welt. Er ist jedoch überall mit den Verdienstmöglichkeiten unzufrieden und sucht weiter nach einem Ort mit für ihn besseren Erfolgsaussichten. Im Jahr 1958 trifft er zum ersten Mal mit seinem ältesten Sohn in Antigua ein und nimmt dort die damals bei syrischen Migranten übliche Tätigkeit als Hausierer auf (vgl. *Nicholls* 1981, *Plummer* 1981). „Mr. Hadeed, with his valise of goods travelling through the countryside, became a familiar figure and he became well known in all the villages. He took the merchandise which the people needed to their door" (*Barnes* 1998, S. 25). Der fahrende Händler wird als gütiger Kaufmann beschrieben, der nicht nur auf die Wünsche und Bedürfnisse seiner Kunden eingeht, sondern auch die Probleme seiner Kunden kennt und ihnen immer wieder Kredite einräumt, die damals der farbigen Bevölkerung, die über 90 % der Einwohner ausmacht, nicht gewährt werden. Bereits 1960 errichtet er eine „Furniture Factory". Das ist der erste Schritt zum späteren Familienkonzern. Mit den Jahren kommen Investitionen in andere Branchen hinzu: Man organisiert eine eigene Bank „Finance & Developement Co. Ltd." zur Finanzierung von Krediten für die potentiellen Kunden des eigenen Autohauses „Hadeed Motors Ltd.". Man investiert in Immobilien „Marble Villas Development Co. Ltd." und engagiert sich im Tourismus in Form von Beteiligungen an Hotelanlagen sowie in der regionalen Luftfahrt. Der wirtschaftliche Erfolg der Familie lässt sich auf viele Faktoren zurückführen, aber an erster Stelle nennen alle Akteure die Bedeutung der Familie. Die Familie steht für alle ihre Mitglieder über allen anderen Werten und über den Bedürfnissen einzelner Personen: „One of the hallmarks of our family´s success has been our togetherness over the years. That family bond is precious to us all and it is something we do not take lightly", erläutert eine Hadeed-Tochter. „United we stand, divided we fall", formuliert ein Familienmitglied den wichtigsten Imperativ der Gemeinschaft.

Damit die Beziehungen zwischen den Familienmitgliedern erhalten bleiben, werden Rituale und Traditionen etabliert. Hinzu kommen Publikationen über Familientreffen und über Jubiläen. In den Heften werden die Familien abgebildet, Biographien beschrieben und Stammbäume der Familien gezeichnet (*Barnes* 1998, *Hadeed* 2001). Einige Mitglieder der Großfamilie weiten ihre Selbstdarstellung zu wirtschaftlichen Zwecken auf das Internet aus. Feiern sind immer ein gemeinschaftliches und kein individuelles Anliegen. Alle Tätigkeiten, wie Ausbildung der Kinder, Wahl der Berufe der Älteren und Aufbau von Unternehmen, werden in der Familie und unter Beachtung der Gesamtinteressen entschieden.

Einer der wichtigsten strategisch-ökonomischen Grundsätze der Familie Hadeed wurde bereits vom Gründervater praktiziert: „As a businessperson, if you can´t live with the people, you can´t make it. From the very beginning, we socialised with the people. We lived their lives; we lived with them. We had no flair" (*Barnes* 1998, S. 4). Dies bedeutet, dass die Hadeeds von der einheimischen Bevölkerung akzeptiert werden, da sie nicht als „koloniale" Herren auftreten, sondern als Menschen, die ihnen gleich sind. Ein weiterer Punkt ist, dass die Einwanderer sich nicht in Branchen oder Tätigkeiten einmischen, in denen sie mit der einheimischen Bevölkerung in Konkurrenz stünden. In der Festschrift zum 25jährigen Firmenjubiläum äußern sich die Manager der Familie: „It is a family policy that we do not touch whatever the locals can do. We never went into supermarkets or food trade because we consider that is for locals. We focus mainly on what is not available on the island in terms of businesses" (*Barnes* 1998, S. 7). Es kommt hinzu, dass die Leiter des Familienkonzerns – aus der Perspektive ihres eigenen Urteils gesehen – es verstanden, den Einheimischen das Gefühl zu geben, dass sie die Menschen mit ihrer Tätigkeit unterstützen. „We do not interfere and we do not compete (in areas) we consider to be for the local or small man attempting to raise himself up in business. We assist them, but we do not compete with them" (*Barnes* 1998, S. 14). Der differenzierte Umgang mit der Bevölkerung erweist sich als Gewinnstrategie. Auch die Arbeitsteilung zwischen den Generationen innerhalb der Hadeed-Familie scheint vorzüglich zu funktionieren. Beim Sammeln von politischen Posten zeigt sich die Familie Hadeed als sehr erfolgreich: Sie stellt den „Botschafter von Antigua und Barbuda für die Arabischen Länder", einen „Senator im Parlament von Antigua und Barbuda", den „Honorarkonsul für die Arabischen Länder in Antigua und Barbuda" sowie den „Honorarkonsul für die Arabischen Länder in Trinidad und Tobago". Damit kann die Familie die Migration zwischen den arabischen Staaten und den Inseln der Karibik in hohem Maße kontrollieren. Und die Basis der Gemeinschaft der Syrer auf der Insel und ihr Selbstverständnis vergisst der Konsul nicht zu erwähnen: „And all, in Antigua they live like one family!"

Die syrische Familie Fares Hadeed auf Antigua ist sehr eng mit allen ihren sozialen, ökonomischen und politischen Kontakten in den großen Clan der Hadeeds eingebunden. Der Clan führt seine Abstammung auf Hanna Hadeed aus Ramallah, das im heutigen Palästina liegt, zurück. In der kollektiven Erinnerung der Familie und in der Dokumentation der Familiengeschichte, die zum Anlass des letzten Familientreffens am 14. Juli 2001 publiziert wurde, wanderten ihre Vorfahren über mehrere Stationen in das heute syrische Dorf Amar al-Hosn. „The Hadeed's", wie sich der Clan selbst bezeichnet, leben heute vorzugsweise auf karibischen Inseln und in den Vereinigten Staaten von Amerika. Die meisten Mitglieder des Clans findet man auf Trinidad, wo viele Syrer und Libanesen ihren Start in die Neue Welt beginnen und dann an andere Orte weiterwandern. Zahlreiche Hadeed-Familien wohnen auf der kleinen Insel Antigua und einige auf den Inseln Grenada und Jamaika. Der US-amerikanische Ort Allentown/Pennsylvania, ein wichtiger Standort für die globale Dorfgemeinschaft der Auswanderer aus dem syrischen Ort Amar al-Hosn, beherbergt ebenfalls Hadeed-Familien. Die restlichen Familienangehörigen leben in den US-Staaten Oregon, Pennsylvania, Kalifornien, Arizona, Illinois sowie Texas (siehe Abb. 3.2/2). Die Hadeed-Verwandten auf Trinidad und auf Jamaika sowie in den Vereinigten Staaten können ebenfalls auf beachtliche ökonomische Erfolge hinweisen. Der Clan stellt für die Familie in Antigua die übergeordnete Kommunikationseinheit in der Neuen Welt. Dabei berufen sie sich auf die gemeinsame Sprache und insbesondere auf die gemeinsame Herkunft aus dem Dorf, aus der Region al-Hosn bzw. aus dem ehemaligen Groß-Syrien (Bilad es-Scham), welches die heutigen Staaten Syrien, Libanon und Palästina sowie Israel umfasst.

3.2.3 Amar al-Hosn, das Zentrum des Netzes, ein Dorf in der Arabischen Republik Syrien

Das gesamte Netzwerk der Familie Fares Hadeed besteht – aus ihrer Sicht – aus den Mitgliedern des Hadeed Clans, aus den weiteren Familien des Dorfes Amar al-Hosn, aus allen Syrern des Wadi Nasara sowie aus weiteren arabisch sprechenden Personen, die aus unterschiedlichen, oftmals ökonomischen Gründen in das Netz der Beziehungen „integriert" werden. Im Laufe des 20. Jahrhunderts entwickelt sich das Herkunftsdorf der syrischen Familien zum faktischen und imaginären Zentrum des weltweiten Netzes, das teilweise über das Zentrum der Auswanderer im US-amerikanischen Allentown/Pennsylvania gesteuert wird. Das Dorf spielt als realer Bezugspunkt und virtueller Netzknoten eine überragende Rolle für die Diaspora-Gemeinschaft.

Die Siedlung Amar al-Hosn liegt in typisch mediterraner Landschaft mit den bekannten kleinwüchsigen Baum- und Buschformationen. Außerhalb des kleinen Dorfkernes mit verwinkelten Sträßchen und kleinen Häusern dominieren heute zwei große Hotelanlagen und ein Hotelrohbau das Dorf. Die großen, weitläufigen Hotelanlagen mit Restaurants und Swimming-Pools verfügen ausschließlich über Appartements mit

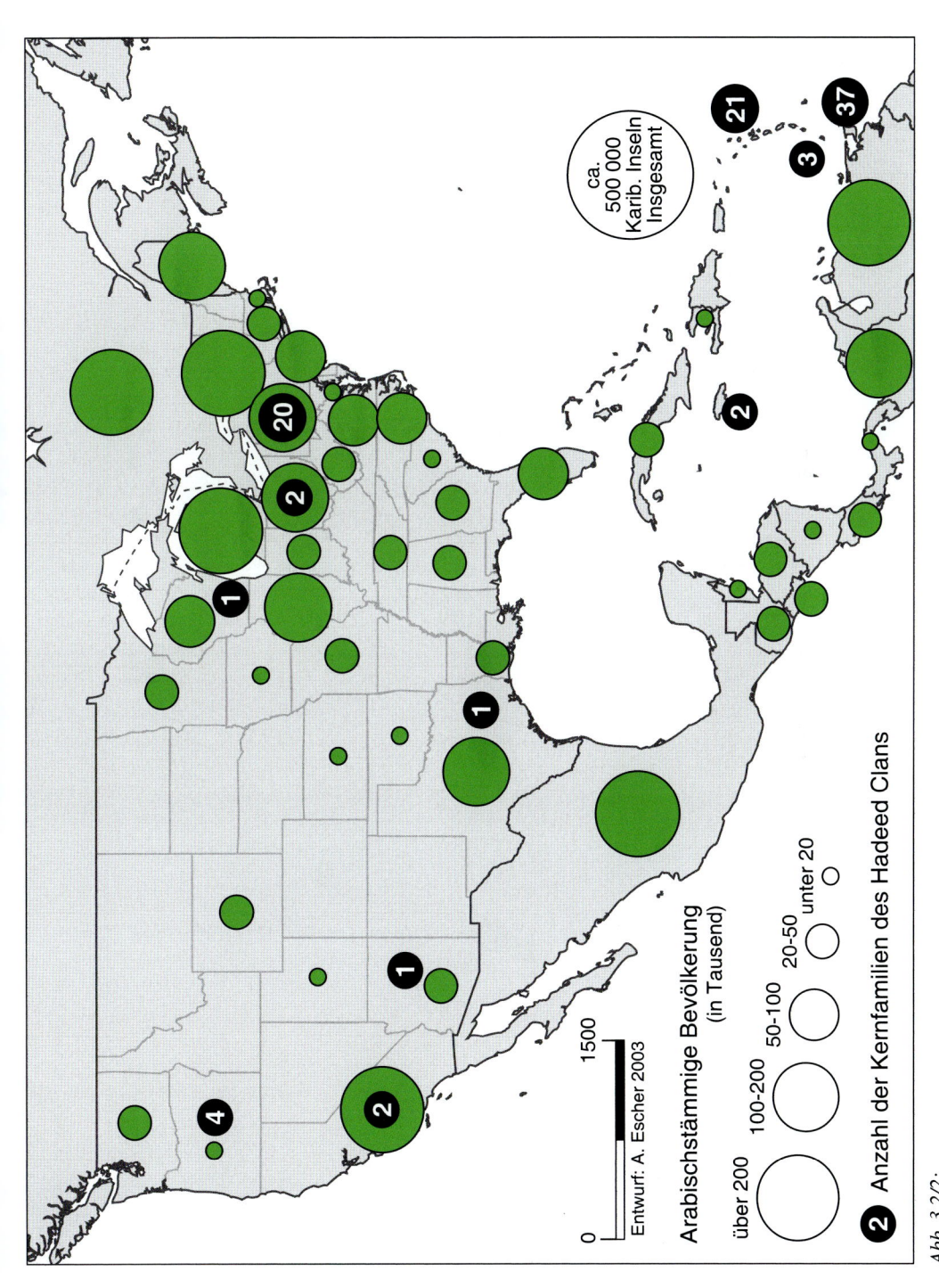

Abb. 3.2/2:
Der Hadeed Clan in den Vereinigten Staaten und in der Karibik. Quelle: Hadeed (2001)

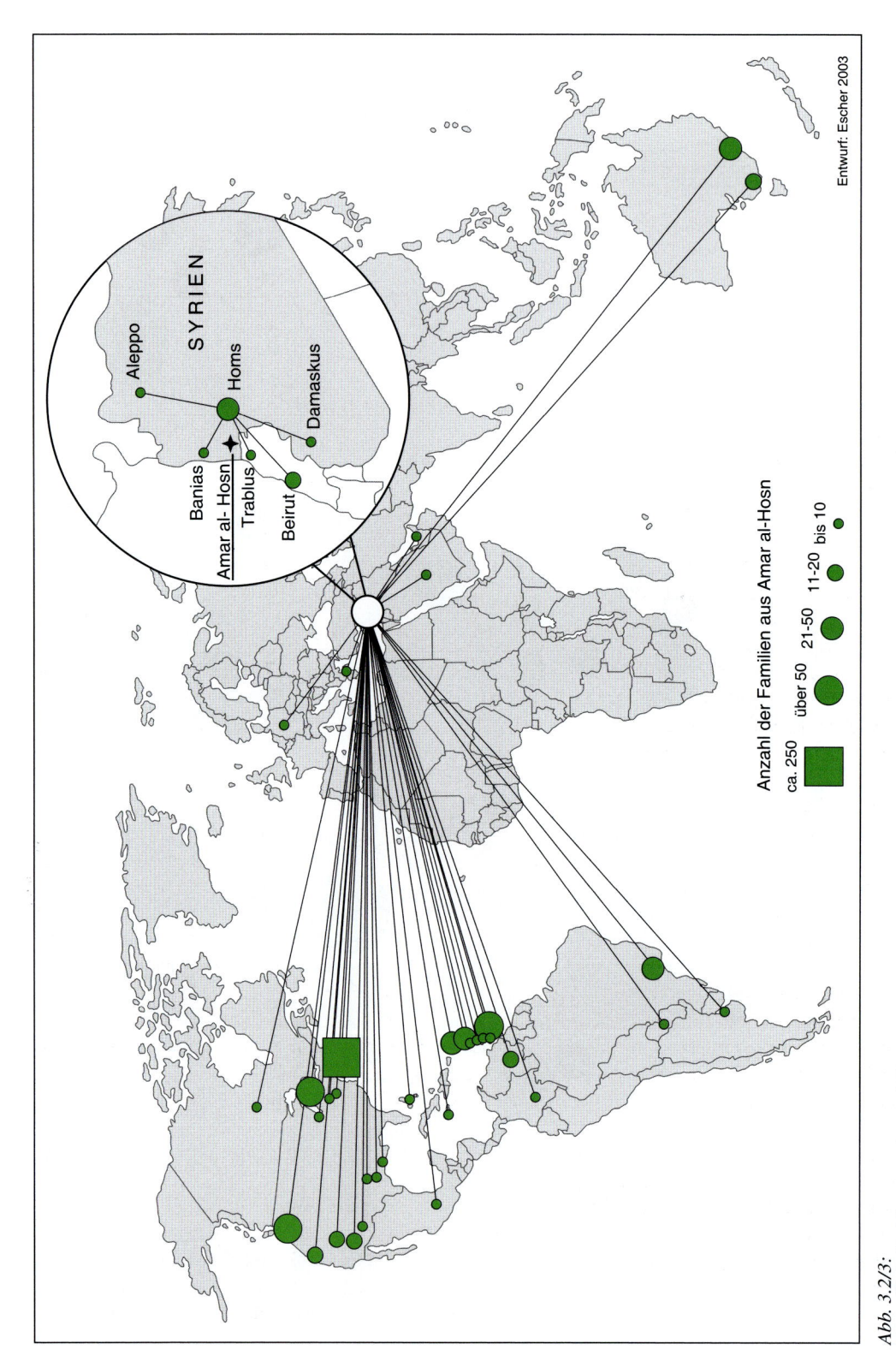

Abb. 3.2/3:
Das weltweite Netz von Amar al-Hosn
Quellen: Yacoub 1994, *Social Welfare Society of Amar Village* o. Jahr

mehreren Schlafzimmern für Familien. Einige alte Häuser im Dorfkern sind umfassend ausgebaut, an den Abhängen des Berges entstanden großzügig gestaltete Villen.

Im Dorfkern trifft man auf eine griechisch-orthodoxe und eine griechisch-katholische Kirche sowie den Kirchenbau der Presbyterianer. Um 1950 verfügte das Dorf noch dauerhaft über 2.000 Einwohner, im ersten Jahrzehnt des 21. Jahrhunderts sind es in den langen Wintermonaten weit unter 400 Personen. In den Monaten Juni bis August wächst die Zahl der Menschen im Dorf oftmals auf über 2.500 Personen an. Die regionalen Abwanderer und die überseeischen Auswanderer kommen zu Besuch in das Dorf. Man trifft Menschen in westlicher europäischer und vertrauter amerikanischer Kleidung auf den Straßen, in den Wohnhäusern sowie in den Hotels an. Die Bewohner, die sich selbst als „Amarians" bezeichnen, teilen sich in drei Kategorien ein: erstens in die „dauerhaften Bewohner", Rückwanderer und Pensionisten, die regelmäßig ihre Verwandten in Übersee besuchen; darunter befinden sich 73 Personen, welche die amerikanische „Green Card" besitzen, und lediglich drei der dauerhaften Bewohner haben das Dorf während ihres Lebens noch nie zum Zweck der Arbeit verlassen; zweitens in die „Besucher des Dorfes", die in der Regel jährlich ihren Urlaub im Sommer im Dorf verbringen, und drittens in die „Reisenden", die unregelmäßig im Dorf oder an einem anderen Ort der Welt leben.

Die Rahmenbedingungen für die Landwirtschaft sind im Dorf schon immer schlecht, denn die marginalen Böden bringen bei einem hohen Bearbeitungsaufwand nur einen geringen Ertrag. Man ist auf Zuerwerb, der außerhalb des Dorfes durch Wanderwirtschaft und Dienstleistungen oder Kleinhandel erzielt werden muss, angewiesen. Die Bewohner des Dorfes Amar al-Hosn wandern bei ihrer Flucht vor der staatlichen Obrigkeit und bei der Suche nach Einkommen bereits im 19. Jahrhundert zunächst in die größeren Städte der Umgebung, nach Trablus und Beirut, sowie in die nahen Provinzstädte Homs und Banias. Später werden auch die beiden Industriestädte Damaskus und Aleppo zum Ziel der Abwanderer. Eine neue Epoche kündigt sich an, als viele Bewohner des Dorfes Amar al-Hosn den evangelischen Glauben annehmen, nachdem die Gesandtschaft der amerikanisch-evangelischen Mission im Jahre 1879 eine Schule im Dorf einrichtet. Die ersten überseeischen Migranten wandern noch vor der Jahrhundertwende um 1880 in die Neue Welt aus. Allerdings assimilieren sich die meisten der Auswanderer in der neuen Gesellschaft und gehen der Dorfgemeinschaft verloren (vgl. *Younis* 1995, *Kayal/Kayal* 1975).

Der erste Dorfbewohner, der zur Entstehung der heutigen Gemeinschaft beiträgt, war Aziz Atiyeh, der in der Amerikanischen Universität von Beirut unterrichtet. Er emigriert um 1888 in die Vereinigten Staaten und kehrt 1903 nach Amar al-Hosn zurück, um seinen Bruder nachzuholen. Damit stellt er die Verbindung zwischen dem Auswandererort und dem Zielort in Übersee her. Ihm tun es die meisten Bewohner des Dorfes gleich und erschließen im Stile der verwandtschaftlichen Kettenwanderung die Welt. Eine größere Gruppe aus Amar al-Hosn lässt sich zu Beginn des 20. Jahrhunderts in Allentown/Pennsylvania nieder, wo die Neuankömmlinge von der auch im Dorf präsenten presbyterianischen Kirche umsorgt werden. Schon bald ist jede Familie des Dorfes mit einem Zweig in Allentown vertreten. Heute findet man die größten Gemeinden der Auswanderer und Nachfahren aus der Region al-Hosn in der Umgebung von New York und in Pennsylvania (vgl. *Benson/Kayal* 2002).

Nur wenige Männer verschlägt es in die südamerikanischen Staaten Venezuela, Brasilien und Mexiko. Erst die zweite internationale Auswanderungswelle nach dem Zweiten Weltkrieg bringt wieder Bewohner aus Amar al-Hosn nach Lateinamerika und in die Karibik. In dieser Zeit suchen die Bewohner des Dorfes, auf den karibischen Inseln Grenada, Trinidad, Guadeloupe, Jamaika und Antigua sowie auf den Bahamas ihr Glück zu machen (vgl. *Lafleur* 1999). In der Zwischenzeit wandern Dorfmitglieder auch in andere Länder der Welt. Junge Amarians brechen Ende der 1950er Jahre zum Studium in die Bundesrepublik Deutschland, nach Griechenland oder Kanada auf und bleiben dann in diesen Ländern wohnen. Die permanenten kriegerischen Auseinandersetzungen in der Region begünstigen die Wanderung Mitte der 1970er Jahre nach Australien. Amarians migrieren nach Melbourne und Sydney. Andere Dorfbewohner finden Arbeit in den Ländern am Golf, in Saudi Arabien und in den Emiraten. Die Aus- und Weiterwanderung bringt die Dorfbewohner und deren Nachkommen in zahlreiche Länder der Welt und schafft damit die Basis für die Organisation eines globalen Netzwerkes in vier Kontinenten (siehe Abb. 3.2/3).

3.2.4 Amar al-Hosn, das globale Clan-Dorf

Die Dorfbewohner und diejenigen, die von Familien aus dem Dorf abstammen, konzeptionalisieren heute ihre weltweit verteilte Gemeinschaft als ein „neugeborenes" und erweitertes Dorf: „We believe that our village, Amar Hosn, comprises two villages: the mother village and the newborn overseas village", schreibt der Vorsteher der „Social Welfare Society of Amar Village" im Vorwort des Telefonbuches, in dem die Telefonnummern der Bewohner von Amar in aller Welt aufgelistet sind. Das Vorwort des Verzeichnisses wird nahezu zum Glaubensbekenntnis der Dorfgemeinschaft, wenn er formuliert: „We believe in the fact of communication and its efficiency. We believe that human relations may not ripe and become fruitful without interconnection. We believe that the higher value: Love, fidelity, honesty, truthfulness, devotion, and sacrifice will not flourish without communication." Damit ist die Basis genannt, die unabdingbare Voraussetzung für die Existenz der globalen Gemeinschaft Amar. Allerdings scheinen sich die Normen der Bewohner von Amar al-Hosn insbesondere auf die Mitglieder der eigenen globalen Gemeinschaft zu beziehen. Der Ort Amar al-Hosn in Syrien als Stammort, als mother village, bekommt einen außerordentlichen Status und wird zum „heiligen Ort". Die Symbole des Dorfes sind die Natur und die Ästhetik des Wadi Nasara. Der Olivenbaum wird zur Ikone und zum Wahrzeichen des Dorfes und der Gemeinschaft. Das Dorf wird als Braut verherrlicht, und in allen Teilgemeinschaften der Welt wird der Ort und das Dorf in Liedern und Gedichten gepriesen:

> „O, Amar, cradle of my love
> I cannot bear being away from you
> Awake or asleep, I dream of you,
> Your memories buoy me up on
> Wings of ecstasy and love"
> (*Yacoub* 1994, S. 22).

Alle Mitglieder sollen danach streben, und die meisten streben auch danach, sich entweder in Wirklichkeit oder in Gedanken in Amar al-Hosn aufzuhalten. Ein Teil des Jahresurlaubs wird in Amar al-Hosn verbracht, insbesondere die Kinder bringt man nach Amar al-Hosn und macht sie mit der Umgebung vertraut. Die Zeit im Dorf Amar al-Hosn ist für die Kinder eine Zeit (fast) ohne Zwang; man versucht, die Nachkommen der dritten und vierten Generation über den Ort Amar al-Hosn an die Gemeinschaft Amar zu binden. Die alte Generation remigriert, um den Ruhestand im Dorf zu verbringen, und die dritte Generation will in den Gastländern, die keine Gastländer mehr sind, zumindest für das Wirtschaftsleben verbleiben. Die Problematik des geteilten Ortes wird mit Kommunikation und Reisen überwunden, wie Joseph Hadeed berichtet: „As you can see, I live in both. Almost every year I go to Syria. And every year I go, not just for one month or so, sometimes I go three or four months. I have house in Syria, I have house in Antigua. Oh we have lot of people like me. .... But there are two things that keep me comfortable about retirement. My grand children, they are here in Antigua, and when I go for instance, I can not really spend the rest of my life in Syria, because I have my family here, my wife, my daughter, my grand children. And I can not really live here all the time, so I share between both."

Die Wahl des Standortes und die Häufigkeit der Besuche hängen von der ökonomischen Potenz der Familie und von der Position des Individuums im generativen Zyklus ab.

Der Club im Herkunftsdorf wirbt unermüdlich um die ausgewanderten Dorfbewohner und versucht, sie an das Dorf, an die gemeinsam geteilte Lokalität zu binden: „My dear emigrant: Your mother village calls you: its beautiful nature, flowering greens versants of its mountains, lofty summits, immoral forests, enchanting dream spring that always grants and contributes" (Social Welfare Society of Amar Village, o. Jahr, S. 6). Der Verein gestaltet das Telefonbuch der Gemeinschaft mit einem Verzeichnis aller Familien in aller Welt, die aus Amar al Hosn stammen. Diese Art von Publikationen hat eine lange Tradition, die unter anderem mit dem 1908 in New York veröffentlichten ersten arabischen „Business-Directory" beginnt und viele Nachahmer hat, wie der arabische Sozialführer von Chile (*Mattar* 1941). Der Sozialverein veranstaltet jährlich im August das beliebte „Fest der Auswanderer" im größten Hotel des Dorfes, zu dem sich viele Amarians aus aller Welt im Dorf treffen.

3.2.5 Die Zugehörigkeit zu Organisationen und Institutionen

Alle Menschen brauchen zur Bewältigung ihrer individuellen und gesellschaftlichen Existenz eine Identität in Raum und Zeit. Die Identität der Amarians wird durch die Zugehörigkeit zur Familie und über die Herkunft zum Ort Amar al-Hosn erzeugt. Die Gemeinschaft ist zwar durch Heirat und Adoption anschlussfähig, aber „Familie" und „Ortung" sind nicht verhandelbar. Anders sieht es mit der Mitgliedschaft von gestalteten Organisationen und veränderbaren Institutionen wie Nation bzw. Staat, Kirche bzw. Religion und Club bzw. Verein aus. Der Umgang mit „Nationalität" und mit „Zugehörigkeit zu einem Staat" wird von den Bewohnern aus Amar al-Hosn völlig pragmatisch gesehen. Ein Geschäftsmann aus Amar al-Hosn in Kingston/Jamaika erläutert: „Yes, I am Jamaican. I have Syrian passport, too. Also I have British passport, too". Es ist nur die Frage, wie man einen Pass bekommt, der Vorteile beim Reisen ermöglicht. Mit einem Pass der Europäischen Gemeinschaft benötigt man in den meisten Ländern der Welt kein Visum bzw. bekommt ein Visum sehr einfach, deshalb zieht man einen britischen Pass vor. Völlig identisch argumentiert der syrische Konsul von Antigua: „At the time when I came to Antigua, of course I have a Syrian passport. Now, I'm naturalized Antiguan and I still maintain my original Syrian nationality. I'm holding both nationalities. At the same time I'm the Syrian counsellor in Antigua." Im globalen Dorf Amar wird angestrebt, Kinder in den Vereinigten Staaten auf die Welt zu bringen, und dies nicht nur aufgrund der besseren ärztlichen Versorgung, sondern weil der neue Erdenbürger dann amerikanischer Staatsbürger ist. Trifft man die Bewohner des Dorfes in Amar al-Hosn mother village, dann sind sie ungefragt Syrer und loben ihren Staat und ihren Präsidenten, der ihnen im Dorf Sicherheit, Schutz und Reisefreiheit gewährt. Mit allen politischen Posten, welche die Bewohner des globalen Dorfes Amar inzwischen in der Welt angehäuft haben, verfügt die Dorfgemeinschaft faktisch über eigene politische Vertreter. Man könnte deshalb die Gemeinschaft von Amar al-Hosn als eigene, wenn auch imaginäre politische Einheit bezeichnen, die sich im Rahmen der Globalisierung zwischen den Nationen und Staaten gebildet hat.

Auf die Frage, welche Religionszugehörigkeit die Menschen im Dorf haben, antwortet ein alter Mann mit einem verschmitzten Lächeln: „Wir haben immer die Religion, welche die Menschen haben, die in den Dörfern leben, auf die wir bei unseren Wanderungen treffen!" Dies bedeutet nicht, dass die Dorfbewohner ihre Religion verleugnen, aber sie stellen ihre Akzeptanz bei anderen Gruppen, auf die sie als Individuen treffen, in den Vordergrund. Damit wird die Flexibilität deutlich, die die Bewohner zumindest temporär bei Selbstzuschreibungen zulassen. Bei vielen Familien haben die Angehörigen unterschiedliche Denominationen: Der Sohn des Ältesten der Presbyterianer ist Maronit, und ein anderer Sohn gehört der griechisch-orthodoxen Gemeinde an. Die Frau eines Presbyterianers im Dorf ist sogar Anhängerin der in Syrien verbotenen „Zeugen Jehovas". Diese Mischung macht deutlich, dass die Dorfbewohner die Zugehörigkeit zu einer Religionsgemeinschaft als strategisches Element betrachten, um sich dadurch den Zugang zu möglichen Ressourcen außerhalb des Dorfes zu erschließen. Innerhalb des Dorfes trifft man beim Service der Presbyterianer nicht nur evangelische Christen und beim Gottesdienst der griechisch-orthodoxen Christen auch Angehörige anderer christlicher Religionsgruppen.

Die Kirche der Presbyterianer spielt für die frühzeitige Auswanderung aus dem Dorf eine wichtige Rolle. Diese amerikanische Kirche ermöglicht eine bessere Integration der Einwanderer im Alltag in den Vereinigten Staaten, als dies bei anderen arabischen Einwanderern der Fall ist. In der Neuen Welt bietet die „First Presbyterian Church of Allentown" heute noch Dienstleistungen wie „Sacraments of Babtism" und „Lords Supper" in arabischer Sprache an. Die Christen fallen weder in ihrer Lebensgestaltung noch mit ihrem Lebensstil auf. Sie pflegen eine methodische Lebensführung und richten ihren Alltag auf ökonomischen Erfolg aus. Außerdem gibt die presbyterianische Kirche durch die stärkere Betonung des Individuums und den Imperativ zum Handeln im Diesseits der Lebensverwirklichung neben der Missionierung einen klaren Auftrag, der sich auf der Rückseite der Dokumentation des Familientreffens des Clans der Hadeed-Familie findet und als Motto der Familie gelesen werden kann: „Oh, that You would bless me indeed, and enlarge my territory, that Your hand would be with me, and that You would keep me from evil, that I may not cause pain!" (I Chronicles 4, 10, zitiert nach Hadeed 2001, Heftrückseite). Die anderen christlichen Kir-

chen spielen ebenfalls eine konstruktive Rolle bei der Migration ihrer Mitglieder und tragen zum Zusammenhalt der Amarians in der Welt bei (vgl. *Kayal/Kayal* 1975).
Schon bald entstehen in den Auswanderergemeinden, abhängig von der Anzahl der Familien am Zielort, soziale Organisationen. Der Club oder Verein dient immer dazu, Familienverbände zu erhalten und zu verstärken sowie neue Familienkontakte unter der arabischsprachigen Community zu schaffen. Der Club organisiert das syrische gesellschaftliche Leben und unterhält den Kontakt zum Mutterland. Der Club schafft im kulturell fremden Land einen syrischen Ort, der in vielfacher Hinsicht die räumliche Differenz und die räumliche Isolation zum Herkunftsort aufhebt. Der wichtigste Club für das Dorf Amar al-Hosn ist der im Jahr 1926 gegründete „Amarian Club" in Allentown oder, wie er später genannt wird, die „American Amarian Syrian Society". Beim Bau eines Hospitals in der syrischen Region al-Hosn ist er maßgeblich beteiligt. In der Zeit von 1966 bis 1974 existiert im Dorf Amar al-Hosn ein Sportverein, der sich auch um kulturelle Belange kümmert. Heute versucht die „Social Welfare Society of Amar Village", die Gemeinschaft aus der Perspektive der Rückwanderer zu erhalten. „The Syrian Lebanese Women's Association of Trinidad and Tobago" ist der Club der syrischen und libanesischen Frauen in Trinidad (vgl. *Besson* 1992, *Besson/Besson* 2001). Er wurde im Jahr 1950 gegründet und organisiert das gesamte soziale Leben der syrisch-libanesischen Gemeinschaft auf Trinidad und Tobago, das er in wiederkehrenden Publikationen dokumentiert. Die Gründung des Clubs wurde maßgeblich von einer Presbyterianerin aus Allentown vorangetrieben, obwohl sich die meisten der Einwanderer auf Trinidad aus pragmatischen Gründen der römisch-katholischen Kirche anschlossen, weil die Schulen auf der Insel von dieser Kirche organisiert werden. Der Club ist heute noch ein wichtiger Focus für die syrischen und libanesischen Frauen auf der Insel, da für sie außerhalb des Hauses und des Clubs kein soziales und gesellschaftliches Leben existiert. Die Menschen aus Amar al-Hosn sind, wie das Beispiel zeigt, auch in Clubs und Vereinen anderer syrisch-libanesischer Auswanderer eingebunden.

3.2.6 Die Verdichtung der Identität im Netz der Diaspora

Netzwerke ausgewanderter arabischsprachiger Gruppen existieren mit der Etablierung von Kolonien und mit dem Auftreten von Rückwanderern. Sobald mehrere Gruppen in mehrere Länder aus- und weiterwandern sowie die kommunikativen Verflechtungen weiter existieren, kann eine Diaspora entstehen. Alle empirischen Forschungen zu syrisch-libanesischen Migranten stellen bei diesem Prozess die Rolle der Familie in den Vordergrund: „The concept of family life as something sacred has not yet been divorced from the Syrian mind", formuliert *Hitti* (1924, S. 80) in einer der ersten umfassenden qualitativen Analysen über die syrisch-libanesischen Einwanderer in die Vereinigten Staaten. In vergleichbarer Weise treffen diese Feststellung auch ein halbes Jahrhundert später *Kayal/Kayal* (1975, S. 116): „All cooperation between individuals, therefore, is limited to their traditional groups – family, village, ...". Damit kann das Konzept der segmentären Gesellschaft auf den heutigen Zustand der Weltgesellschaft partiell übertragen werden. Eine Dorfgemeinschaft, die sich in Familien strukturiert, organisiert sich global auf viele Orte dieser Erde verteilt. Aufgrund der vorliegenden qualitativen Analyse kann man die These vertreten, dass die Identität der globalen Gemeinschaft über den Herkunftsort, über das Dorf Amar al-Hosn gestiftet wird. Ein Netzwerk in Form einer Diaspora ist entstanden. Nationalstaatliche Positionen, religiöse Institutionen und soziale Vereinigungen werden zum Wohle und zur Generierung der Welt-Dorfgemeinschaft in Wert gesetzt und sind strategisch verhandelbar. Die geteilte Lokalität, der Herkunftsort oder die „mother village", ist der fixe Punkt, der heilige Ort, der symbolische Handlungen ermöglicht und der die Mitglieder der Gemeinschaft definiert. Der Herkunfts- und Ursprungsort der globalen Gemeinschaft wird zum Ferienort, zum Ort der Ruhe, zum Ort der Kommunikation, zum Ort zukünftiger Geschäfte, zum Ort neuer Allianzen sowie zum Ort der Ruheständler und Pensionisten. Der Ort wird zum mentalen Zentrum der Gemeinschaft, die ihre „Niederlassungen" in aller Welt hat. Eine Diaspora-Gemeinschaft ist entstanden, welche, wie aus segmentären Gesellschaften bekannt, quer zur nationalen Organisation und religiösen Institutionen verläuft.

Die technischen und politischen Rahmenbedingungen zu Beginn des 21. Jahrhundert begünstigen die Entwicklung und die Strategien der globalen Dorfgemeinschaft und fördern den sozialen, ökonomischen und politischen Zusammenhalt der Migranten und Bewohner sowie der Nachkommen des Dorfes. Im Rahmen dieser Struktur verwirklichen die Mitglieder Strategien, die zum Erhalt und zur Funktion der Gemeinschaft beitragen. Dabei hat die Diaspora-Identität der Amarians eine übergeordnete Bedeutung. Sie ermöglicht den Mitgliedern der Gemeinschaft ein kontext-bezogenes Handeln und pragmatische Strategien zum eigenen ökonomischen Vorteil in einer durch Konkurrenz geprägten dynamischen Welt. Für die Menschen aus Amar al-Hosn findet Entwurzelung und Marginalisierung sowie Deterritorialisierung und Entgrenzung nicht statt, sondern sie erweitern ihr Territorium und vervielfachen ihre Strategien für ökonomischen Erfolg. Die kleinen Kolonien, die Teile ihrer Familien an unterschiedlichen Orten der Welt und die Diaspora bilden eine flexible kommunizierende und handelnde Einheit. Die Bedingungen der Globalisierung geben den Menschen aus Amar al-Hosn die Möglichkeit, ihre Dorfgemeinschaft neu zu schaffen, und ermöglichen es, ihre Spielräume zu vervielfältigen, da sie auf zahlreiche Orte mit jeweils unterschiedlichen politischen und ökonomischen Bedingungen zurückgreifen können. Zentraler Ankerpunkt, gemeinsamer Knoten und geteilte Sehnsucht bleibt für alle Zeit Amar al-Hosn.

Das globale Netzwerk der syrischen Familien in der Karibik und in den anderen Teilen der Welt ist auf die Identität von Familie, Dorf und Region gebaut. Verwandtschaftliche Bindungen und gruppeninterne Solidarität, individuelle Bildung und kollektive Erfahrung sowie sozialisierter Geschäftssinn tragen zur Funktion des globalen Netzwerks bei. Die Organisation Kirche in ihrer translokalen Form und die neu gegründeten Clubs an nahezu allen Wohnstandorten der Welt werden für die Gestaltung des globalen Dorfes instrumentalisiert. Sie dienen dazu, die familiären Zusammenhänge formal zu verstärken. Konfession und Nationalität hingegen sind vom Kontext abhängig und somit verhandelbar. Die lokal bzw. regional begründete – und in der Diaspora verdichtete – Identität der syrischen Familien trägt nicht nur zum Erhalt, sondern auch zur sozialen Effektivität und zum ökonomischen Erfolg der globalisierten Dorfgemeinschaft bei.

3.3 Die Globalisierung der Tourismuswirtschaft: Muster, Strategien, Netzwerke *(Karl Vorlaufer)*

Sowohl Determinante als auch Resultat der rasanten Expansion des internationalen Tourismus ist die zunehmende Globalisierung zentraler Branchen der Tourismuswirtschaft (*Vorlaufer* 1993.1, 1993.2, 1998, 2000, *Freyer* 2000), die Entfaltung transnationaler, erdumfassend operierender Unternehmen. Wesentliche Merkmale dieses Prozesses sind die zunehmende Durchdringung und Erschließung der touristischen Märkte auf der Nachfrageseite sowie die rasche Zunahme und enge Einbindung touristischer Destinationen rund um den Globus in den Reiseverkehr auf der Angebotsseite. Über erdumfassende, durch funktionale und Kapitalverflechtungen vernetzte touristische Infrastrukturen wird die Verknüpfung der touristischen Quell- mit den Zielgebieten gesichert und stetig ausgebaut. Wesentliche Träger dieser globalen Vernetzung sind folgende, auf verschiedenen Stufen der touristischen Wertschöpfungskette agierende, weithin durch eine wachsende horizontale und vertikale Integration charakterisierte Branchen der Reiseverkehrswirtschaft (Abb. 3.3/1):

– Reiseveranstalter und Reisemittler (-büros) als Akteure der Erschließung touristischer Märkte und der Vermarktung touristischer Ziele, als Glieder zur Verknüpfung der touristischen Nachfrage mit dem touristischen Angebot;
– das Luftverkehrswesen als wichtigster Träger der globalen Reiseströme;
– die Hotellerie als zentrale Komponente des sekundären touristischen Angebots;
– die globalen Telekommunikations- und Computerreservierungssysteme als Medien der Vernetzung der Leistungen der Tourismuswirtschaft untereinander und mit der Nachfrage.

```
┌─────────────────────────────────────────────────────────────────────────────┐
│          Globalisierung von Umweltbelastungen (z.B. durch Flugverkehr)       │
│                                                                              │
│   globale Erschließung      globale Expansion und      globale u. intensive │
│   und Durchdringung         Intensivierung der         Erschließung neuer   │
│   touristischer Märkte      Reiseströme                Destinationen        │
│                                                                              │
│                          Allgemeine Globalisierung                          │
│   wachsende Nachfrage     Globalisierung der      wachsende Informationen   │
│   nach Geschäfts-,        Tourismuswirtschaft     über und Nachfrage nach   │
│   Kongreß- und            der Wirtschaft          "Ferien"-Reisen           │
│   Messereisen                                                                │
│                                                                              │
│   Expansion    Expansion    globale Expansion   globale Computer-  Expansion│
│   transnat.    transnat.    und Allianzen von   reservierungs-    transnat. │
│   Reisebüro-   Reiseveran-  Fluggesellschaften  systeme           Hotel-    │
│   ketten       stalter                                            ketten    │
│                                                                              │
│   Basis und "Motor" der Globalisierung: Deregulierte, internationalisierte  │
│                              Finanzmärkte                                    │
│                                                                              │
│      ·····▶ häufige Kapitalverflechtungen    ───▶ typische funktionale       │
│                                                   Verflechtungen            │
└─────────────────────────────────────────────────────────────────────────────┘
```

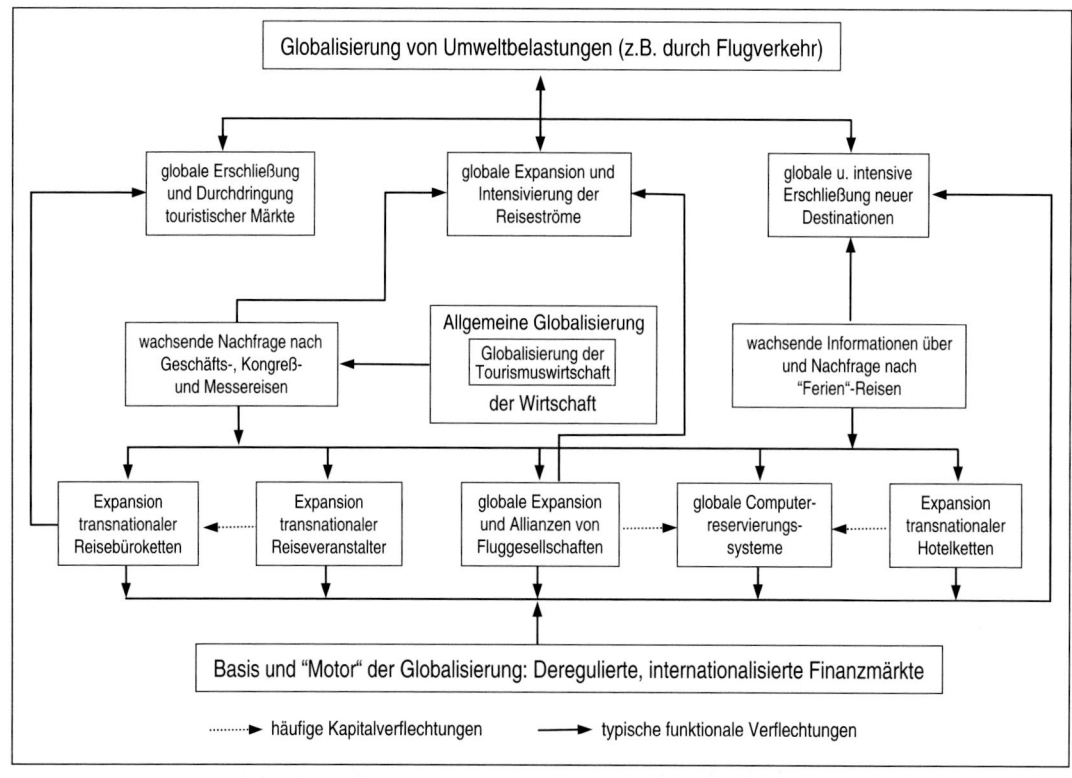

Abb. 3.3/1:
Akteure, Ebenen und Verflechtungen im Globalisierungsprozess der Tourismuswirtschaft

Zudem sind deregulierte und internationalisierte Finanzmärkte Basis und „Motor" der Globalisierung. Der ungehinderte Erwerb und bargeldlose Transfer von Reisedevisen über Reisechecks und Kreditkarten sowie die Möglichkeiten der Tourismuswirtschaft zur Kapitalbeschaffung auf dem globalen Finanzmarkt sind wesentliche Bedingungen der Globalisierung. Namentlich mit den Fusionen und Übernahmen touristischer Unternehmen untereinander im Zuge der horizontalen und vertikalen Integration der Tourismuswirtschaft, der Entstehung immer größerer und auf verschiedenen Stufen der touristischen Wertschöpfungskette engagierter, weltweit tätiger Reisekonzerne ist ein riesiger Kapitalbedarf verbunden, der im wachsenden Maße z. B. nur von Aktiengesellschaften aufgebracht werden kann, die an internationalen Börsen notiert sind. Typisch ist zudem der Einstieg branchenfremder kapitalstarker Investoren in die Reisebranche. Der Stahlkonzern Preussag übernahm 1997 den Reisekonzern TUI: Tourismus wurde das Kerngeschäft des vormaligen Stahlriesen, der nun Teil der TUI AG ist. Die Touristikgruppe des Lebensmittelkonzerns REWE erwarb u. a. die LTU-Touristik mit ihren Veranstaltern LTU, Jahn-Reisen und Meiers Weltreisen, mit Hotels, Nilkreuzfahrtschiffen und der Luftflotte, dem vormaligen Kerngeschäft des LTU-Konzerns. Anteilseigner der Thomas Cook AG waren bis 2007 mit je 50 % die Lufthansa (LH) und der Handelskonzern KarstadtQuelle (seit 2007 Arcandor, alleiniger Eigner von Thomas Cook). Großbanken und Versicherungen besitzen zudem oft einen hohen Anteil an den „Müttern" der Reisekonzerne: Die West LB hält z. B. 30 % der TUI-Aktien (2003) und hat wesentlich den Aufstieg des Konzerns zu einem globalen Akteur beeinflusst.

Ausländische Direktinvestitionen in das Hotel- und Gaststättengewerbe sind wesentliche Komponenten der durch den Tourismus ausgelösten globalen Finanzströme (Tab. 3.3/1), wenngleich ihre Anteile an den gesamten ausländischen Direktinvestitionen mit rund 1 % bescheiden sind. Auch die Kapitaleinsätze bei den transnationalen Fusionen und Erwerbungen im Hotelgewerbe sind im Vergleich mit den entsprechenden gesamten Kapitaleinsätzen gering und haben sich relativ seit 1987 stetig verringert (Tab. 3.3/2).

Tab. 3.3/1: Die ausländischen Direktinvestitionen im Hotel- und Restaurationsgewerbe (in Mio. US$) und deren Anteile an allen Investitionen in der jeweiligen Region [1,2]
Quelle: UNCTAD 2002

	Investorland				Investitionsland			
	1988		1999		1988		1999	
	abs.	%	abs.	%	abs.	%	abs.	%
Entwickelte Länder[3]	1.360	0,1	19.623	0,6	6.302	?	28.344	1,1
Asien	–	–	1	0	2.822	4,3	9.542	1,2
Lateinamerika	–	–	5	0,1	14	?	528	0,3
Welt gesamt	1.360	0,1	19.660	0,6	9.149	0,9	39.241	1,1

[1] Afrika erhielt 1988 u. 1999 keine Investitionen

[2] Die Diskrepanzen zwischen den Investitionen der Investor- und der Investitionsländer dürften sich dadurch erklären, dass v. a. die entwickelten Länder nicht vollständig erfasst sind. Fehlende Daten, insbesondere für die USA erlauben bei der Interpretation der Daten den Schluss, dass US-Investoren eine bedeutende Rolle bei Investitionen insbesondere in entwickelten Ländern einnehmen.

[3] Australien, Österreich, Kanada, Dänemark, Finnland, Frankreich, Deutschland, Island, Italien, Niederlande, Norwegen, Schweden, Schweiz, Großbritannien

Tab. 3.3/2: Der Kapitaleinsatz bei den transnationalen Fusionen und Erwerbungen im Hotel- und Restaurationsgewerbe im Vergleich mit dem entsprechenden Kapitaleinsatz insgesamt (in Mio. US$)
Quelle: UNCTAD 2002

	1987–1991		1992–1996		1997–2001	
	abs.	%	abs.	%	abs.	%
Hotels, Restaurants	8.832	1,57	7.004	1,0	13.889	0,42
alle Wirtschaftssektoren	561.810	100	703.070	100	3.340.316	100

3.3.1 Die horizontale und vertikale Integration der Tourismuswirtschaft

Infolge harten Wettbewerbs auf einem in einigen Jahren stagnierenden oder sogar rückläufigen Markt – unter anderem veranlasst durch weltwirtschaftliche Rezession, politische Krisen (u. a. Irak-Krieg 2003), gesundheitliche Risiken (SARS-Gefahr 2003) oder durch Terroranschläge (11. September 2001 in New York, auf Touristenziele in Luxor/Ägypten 1997, in Kenya, Djerba, Bali 2002) – sind die durchschnittlichen Renditen der meisten Tourismusbranchen sehr gering. Tourismus-Unternehmen strebten daher zunächst auf nationaler und dann auf transnationaler Ebene über eine horizontale und vertikale Integration eine Verbesserung ihrer Wettbewerbs- und Ertragslage an. Um optimale economies of scale und Synergieeffekte zu realisieren, stehen die meisten Touristik-Unternehmen unter dem Zwang, durch Expansionen, Fusionen, Übernahmen und Allianzen ein brancheninternes Größenwachstum zu realisieren. Prägnante Beispiele für diese horizontale Konzentration sind
– das schnelle Wachstum globaler Hotelketten (Tab. 3.3/3; *Vorlaufer* 1993.1, 1998, 2000);
– das Wachstum global engagierter Fluggesellschaften auch durch strategische Allianzen mit Partnergesellschaften. Die größte Allianz von Fluglinien ist die 1997 gegründete Star Alliance, in der die Air Canada, Air New Zealand, ANA, Asiana Airlines, Austrian Airlines, bmi, Lauda Air, LH, Mexicana Airways, Scandinavien Airlines, Singapore Airlines, Spanair, Thai Airways, Tyrolan Airways, United Airlines, Varig Brasilian Airlines, die Lot Polish Airlines und US Airways zusammenarbeiten. Dieses weltgrößte Luftfahrtbündnis bediente im Jahr 2003 709 Flughäfen in 128 Ländern rund um den Globus. Zudem unterhält die LH bilaterale Partnerschaften – u. a. mit Air China, den „Italienern" Aire One , Air Dolimiti oder Eurowing mit der „Tochter" Germancity;

– der Zusammenschluss von vormals selbständigen kleineren Reiseveranstaltern zunächst in Deutschland zum Großveranstalter Touristik Union International (TUI) 1968 (Vorlaufer 1993.1). Nachfolgend wurden in zahlreichen europäischen Ländern etablierte Veranstalter übernommen oder Tochtergesellschaften gegründet. TUI erwarb u. a. 2000 für rd. 2,9 Mrd. den führenden britischen Reiseveranstalter Thomson Travel. Ebenfalls im Jahr 2000 beteiligte sich TUI zunächst mit 30,3 % an dem größten französischen Veranstalter, Nouvelle Frontières; 2002 erfolgte die vollständige Übernahme für rd. 100 Mio. €. Gleichzeitig wurde damit die Fluggesellschaft Corsair mit 11 Flugzeugen und die Hotelkette Paladien mit 24 Häusern übernommen. Ähnlich verlief die Expansion von Neckermann-Reisen. Dieses Unternehmen wurde 1977 zum Kern der in vielen Ländern Europas sowie in Indien, Ägypten, Sri Lanka, Mauritius und Kanada als Reiseveranstalter tätigen Thomas Cook AG, die seit 2007 im Alleinbesitz des Kaufhauskonzerns Arcandor (bis 2007 KarstadtQuelle) ist und 2007 mit dem britischen Reisekonzern MyTravel zur Thomas Cook Group fusionierte (Sitz London, Anteil 52 %).

Tab. 3.3/3: Die Entwicklung der zehn größten Hotelgesellschaften der Welt nach der Zahl der Gästezimmer zwischen 1970 und 2007 (jeweils zum 31.12. des Jahres)
Quelle: Hotels & Restaurants International, Juli 1989; HOTELS, Juli 2007

1970	Zimmer	Hotels	1987	Zimmer	Hotels	2006	Zimmer	Hotels
1. Holiday Inn, USA	182.613	1.293	Holiday Inn, USA	352.893	1.832	InterContinental Hotels Group, England	556.246	3.741
2. ITT Sheraton, USA	59.600	225	ITT Sheraton, USA	136.495	479	Wyndham Hotel Group, USA	543.234	6.473
3. Hilton Hotels Corp., USA	46.500	88	Ramada Inc., USA	128.916	742	Marriott Intern., USA	513.832	2.832
4. Howard Johnson Corp., USA	39.500	425	Marriott Int., USA	103.000	361	Hilton Hotels Corp., USA	501.478	2.935
5. Best Western, USA	37.000	1.300	Quality Int., USA	102.428	878	Accor, Frankreich	486.512	4.121
6. Ramada Inc., USA	35.625	352	Hilton Hotels Corp., USA	97.000	272	Choice Hotels Intern., USA	435.000	5.376
7. Quality Courts Motel, USA	30.670	397	Days Inns, USA	84.832	590	Best Western, USA	315.401	4.164
8. Master Hosts Int., USA	25.000	230	Accor, Frankreich	84.800	713	Starwood Hotels & Resorts Worldwide, USA	265.600	871
9. Travelodge Int., USA	26.000	452	Trusthouse Forte, Großbritannien	84.371	809	Carlson Hospitality Worldwide, USA	145.331	945
10. Trusthouse Forte, Großbritannien	20.000	225	Club Mediterranee, Frankreich	55.152	212	Global Hyat Corp., USA	140.416	749
Gesamt	502.508	4.987		1.229.887	6.888		3.903.050	32.207

Die horizontale Integration verläuft in sehr unterschiedlichen Ausprägungen: Übernahme und Fusionen mit konkurrierenden Unternehmen, Partnerschaften, Kooperationen oder Allianzen mit unterschiedlichem Bindungsgrad. Die Thomas Cook AG z. B. hat in Deutschland ein vierstufiges Vertriebskonzept entwickelt. Unter der Verteilermarke Thomas Cook werden 186 Eigenbetriebe geführt; 456 Reisebüros sind über die Franchisekette Holidayland mit dem Konzern relativ eng verbunden. Die geringste Bindung weisen die im Thomas Cookpartner-Programm kooperierenden freien und ungebundenen Reisebüros auf, die sich jedoch mittelfristig an den Konzern binden wollen und so von der Konzernkompetenz im Marketing, Verkauf, in Beratung sowie von der Stärke der Marke Thomas Cook profitieren. Eine engere Bindung weisen die jedoch ihrerseits weitgehend ungebundenen Reisebüros des Team-Konzepts auf; sie profitieren von der Allianz des Konzerns mit einer der größten Vertriebskooperationen „Reisebüro Central Einkauf". Zudem ist der Onlinevertrieb von stark wachsender Bedeutung, zumal mit dem Kauf der „Gesellschaft für Reise-Vertriebssysteme" der Konzern seit 2002 über ein eigenes touristisches Call-Center mit großen Potenzialen im Direktverkauf verfügt. Dieses Vertriebssystem ist auch mehr oder weniger typisch für die anderen Märkte mit einer starken Präsenz des Konzerns. In Großbritannien verfügt Thomas Cook zudem über einen eigenen Reise-TV-Sender; auch andere Veranstalter rund um den Globus binden sich zunehmend in das Fernsehen als Informations- und Vertriebsmedium ein.

Zudem engagieren sich alle großen Touristik-Unternehmen in mehreren Gliedern der touristischen Wertschöpfungskette. So fließt den Konzernen ein höherer Anteil aller touristischen Ausgaben zu, und es werden höhere Renditen erzielt. Eine Lenkung der touristischen Nachfrage in jene Branchen und Destinationen wird somit erleichtert, in denen das Unternehmen tätig ist, wodurch es über eine bessere Kapazitätsauslastung höhere Gewinne erzielen kann. Die Reiseströme werden so in Umfang, Richtung und Distanz wesentlich von vertikal hochintegrierten Reisekonzernen gesteuert, die typischerweise von Reisemittlern in den Quellgebieten über die Reiseveranstalter bis zu den Incoming-Agenturen und der Hotellerie in den Zielländern wesentliche Stufen der Wertschöpfungskette besitzen. Zudem engagieren sich die Reisekonzerne im Transportwesen (Luftverkehr, Kreuzschifffahrt). Das Veranstaltergeschäft erwirtschaftet jedoch i.d.R. den höchsten Anteil der Konzernerlöse, wie das Beispiel Thomas Cook AG zeigt (Tab. 3.3/4).

Im Zuge der Stagnation und sogar des Rückgangs der Umsatzerlöse und Gewinne infolge insbesondere zunehmender Buchungen von Individualreisen und einzelnen „Reisebausteinen" über das Internet direkt bei den Anbietern touristischer Leistungen auf den verschiedenen Wertschöpfungsstufen wurde ab 2002 das Konzept des integrierten Tourismuskonzerns zunehmend kritischer bewertet. Die Thomas Cook AG z. B. hat deshalb Teile ihres Unternehmensportfolios verkauft, um die Konzentration auf das Kerngeschäft, auf das Veranstaltersegment, zu verstärken.

Tab. 3.3/4: Die Brutto-Umsatzerlöse der Thomas Cook AG nach Wertschöpfungsstufen in den Geschäftsjahren 2000/2001[1)] und 2005/2006[1)] in Mio. €
Quelle: Thomas Cook AG

	2000/2001[1)]		2005/2006[1)]	
	abs.	%	abs.	%
Veranstalter	6.502,5	82,3	6.566,2	83,8
Flug	671,4	8,5	847,1	10,0
Vertrieb	688,7	8,7	242,4	3,1
Unterkunft	32,0	0,4	21,7	0,2
Übrige[2)]	6,7	0,1	157,6	2,1
Gesamt	7.901,5	100,0	7.835,0	100,0

[1] Geschäftsjahr 01.11.-31.10. d. J.,   [2)] vor allem Finanzdienst (Kreditkarten etc.)

Tab. 3.3/5: Die Luftfahrtunternehmen der Thomas Cook AG nach verschiedenen Kennziffern (zum 31.10.2002)
Quelle: Thomas Cook AG

	Condor[1]	JMC Airlines[1] Großbritannien	Sun Express[2]	Thomas Cook Airlines Belgien	Gesamt
Flugzeuge	49	24	8	5	86
Abflughäfen	21	10	23	4	50 (8 Länder)
Zielflughäfen	64	74	5	48	90 (30 Länder)
Passagiere (in Mio.)[3]	7,3	5,3	1,1	0,7	14,4
Mitarbeiter	3.200	1.700	410	220	5.530

[1] ab Sommer 2003 bis 2004 Thomas Cook
[2] Partnerkonzept von Thomas Cook (Anteil 40%) und Turkish Airlines (Anteil 40%)
[3] 01.11.2001 bis 31.10.2002

Eine eigene Luftflotte ist ein wichtiger Bereich großer Konzerne. Zur TUI AG zählen die Fluglinien Hapag Lloyd (D), Corsair (F) und White Eagle (Polen), Britannia Airways Ltd. (GB), Britannia Airways AB (S) und Neos (I). Die Thomas Cook AG hat von der LH die Charterfluggesellschaft Condor übernommen und besitzt Fluglinien in Großbritannien, Belgien und der Türkei (Tab. 3.3/5). Die LTU Fluglinie ist ein wesentliches Segment des Reise- und Lebensmittelkonzerns REWE.

Die ursprünglichen Kerne heute vertikal integrierter Reisekonzerne können in sehr unterschiedlichen Touristikbranchen tätig gewesen sein:

– Der TUI-Konzern gruppiert sich um den TUI-Reiseveranstalter;
– Die LTU/LTI-Gruppe wurde vom Ferienflugunternehmen LTU aufgebaut, zunächst mit dem Ziel, über eigene Reiseveranstalter (Jahn-Reisen, Meiers Weltreisen, Transair, Tjaereborg, THR Tours) eine bessere Auslastung der Flugkapazitäten zu erreichen. 2003 gehören zu den inzwischen dem REWE-Konzern eingegliederten Reiseunternehmen 27 Hotels, u. a. in Spanien, Tunesien, Sri Lanka, Kenya, Thailand, auf den Malediven und in der Karibik, sechs Nil-Kreuzfahrtschiffe sowie Incoming-Agenturen in Mexiko, Thailand, in den USA und der Karibik. An der Hotelgruppe Prinsotel mit 3.400 Betten in Spanien besitzt der Konzern die Mehrheit der Anteile.
– Der französische Touristikkonzern Accor entfaltet sich seit 1967 (bis 1983: Novotel S.I.E.H.) als Hotelgruppe, erwirtschaftet aber bereits seit Jahren nur noch zwischen 40 % und 50 % des konsolidierten Umsatzes durch die Hotellerie. Dennoch ist Accor die viertgrößte Hotelgesellschaft der Welt (Tab. 3.3/3), betreibt im Jahr 2003 in 110 Ländern 3.858 Hotels mit 445.043 Gästezimmern, entweder als Eigen- (22 % aller Zimmer), Pacht- (42 %) oder Management-/Franchise-Betriebe (36 %), und expandiert auch in den letzten Jahren stark (Abb. 3.3/2). Insbesondere die Reisebüro-Sparte wurde mit der Übernahme von Wagon Lit (1990) und nach der Allianz mit der US-amerikanischen Carlson Travel Network ausgeweitet. Die so entstandene Wagonlit Travel, die zweitgrößte Reisebürokette der Welt, war schon 1995 mit mehr als 4.000 Agenturen in 130 Ländern tätig. Über Joint Ventures, Übernahmen oder Minderheitsbeteiligungen war Accor schon 1995 in 126 Ländern mit mehreren 100 Unternehmen in fast allen Sparten der Tourismuswirtschaft engagiert.

Der europäische Reisemarkt ist zwar durch eine wachsende Dominanz und räumliche Ausbreitung deutscher Konzerne geprägt, doch auch gegenläufige Expansionsmuster sind typisch. Der britische Reisekonzern Airtours International übernahm z. B. 1998 den deutschen Veranstalter FTI und stieg so unter dem Namen MyTravel zum drittgrößten Touristikkonzern Europas auf (Tab. 3.3/6). 1994 erwarb Airtours u. a. die großen skandinavischen Veranstalter SAS Leisure, Spieß und Tjaereborg. 1995 erfolgte die Expansion auf den nordamerikanischen Markt mit der Übernahme von drei Veranstaltern. Zwischen 1994 und 1998

Tab. 3.3/6: Das Ausmaß der Internationalisierung großer Reiseveranstalter (1994) bzw. Reisekonzerne (2002) Europas
Quelle: fvw 1996, 2003a

| | Umsatz in Mio. (€) | | | | %-Anteil im Ausland | |
| | im Heimatland | | im Ausland | | | |
	2002	1994[1]	2002	1994[1]	2002	1994[1]
TUI (D)	4.800,0	2.482,1	7.616,2	3.355,9	61,3	57,5
Thomas Cook (D)	3.982,7	1.578,3	3.084,4	478,03	44,0	17,8
MyTravel Group (GB)	3.728,8	890,4	4.333,8	192,22	53,8	23,2
REWE (D)5	2.226,3	1.517,94	1.245,1	0	35,9	0
First Choice (GB)	3.404,0	717,3	1.256,0	0	27,0	0
Kuoni (CH)	688,4	392,8	1.854,0	327,3	72,9	45,5

[1] Umgerechnet in €;
[2] 1994: Airtours;
[3] 1994: Neckermann und Reisen;
[4] LTU Touristik (LTT);
[5] einschl. 40% am LTU-Umsatz

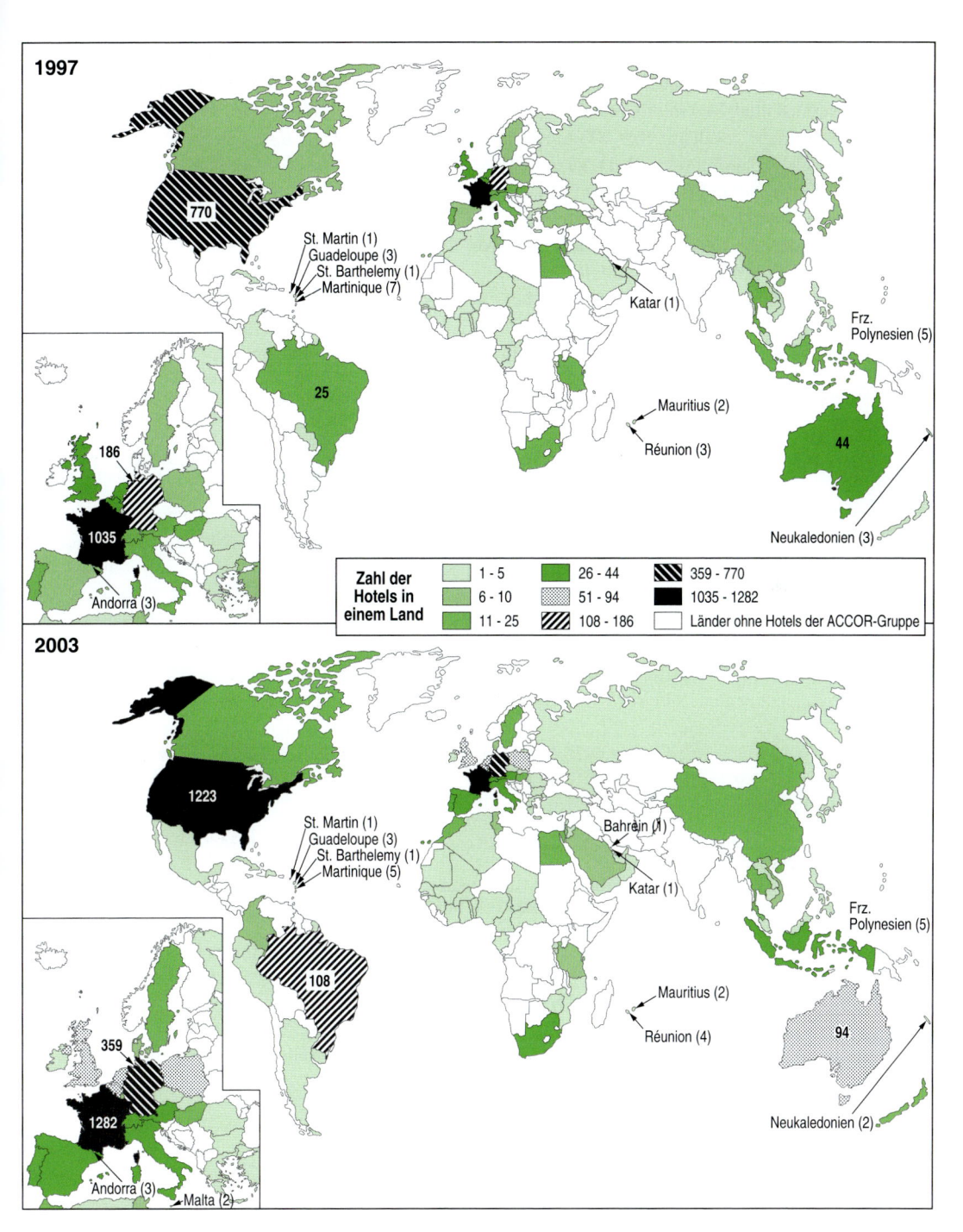

Abb. 3.3/2:
Die weltweite Verteilung der Hotels der Accor-Gruppe 1997 und 2003
Quelle: eigener Entwurf nach Accor 1997 und 2003

stieg Airtours mit einem Anteil von 39,6 % bei der weltgrößten Kreuzschifffahrtsgesellschaft, der Carnival, ein. 1998 erfolgte die Expansion auf die west- und mitteleuropäischen Märkte mit der Übernahme des belgischen Veranstalters Sun Intern. und der deutschen FTI Touristik sowie der Gründung einer polnischen Tochter. Cruises Intern. zählt mit über 400 Agenturen, die 10 % aller Kreuzfahrten weltweit und ca. 400.000 Kabinen pro Jahr verkaufen (um 2001), zu einem wichtigen Segment des Konzerns, das allerdings durch die Entwicklung nach dem 11. September 2001 starke Nachfrage-Rückgänge namentlich im wichtigen US-Markt zu verzeichnen hatte. MyTravel Group ist mit 12,7 Mio. Kunden, über 25.000 Beschäftigten, über 100 wichtigen Marken, rd. 1.900 eigenen Reisebüros, 49 Flugzeugen, 118 Ferienhotels und vier Kreuzfahrtschiffen (2002) ein wichtiger globaler Akteur.

Über die vertikale Integration werden auch bisher noch vorrangig nur in einzelnen Ländern oder Ländergruppen tätige Unternehmen, wie z. B. die vornehmlich nur in wichtigen touristischen Märkten verbreiteten Reisebüroketten oder nationale Hotelketten, in die Globalisierung einbezogen. In Deutschland, einem

Tab. 3.3/7: Die größten Reisebüroketten und Franchise-Systeme in Deutschland im Vergleich zu den Vertriebssystemen deutscher Reisekonzerne
Quelle: fvw 2001, 2002, 2003b

	Umsatz in Mio. € 2002	2001	Vertriebsstellen 2002	2001	Terminals 2002	2001
(a) Reisebürokette/Franchise						
BTI Euro Lloyd (Ch)[1]	763,8	22,5	167,0	165,0	876,0	830,0
Carlson Wagonlit Travel (F)[2]	595,0	571,0	67,0	67,0	595,0	610,0
TVG (GB)[3]	453,0	k.A.	476,0	531,0	k.A.	k.A.
Reisecenter Alltours (GB)[4]	156,0	159,0	171,0	161,0	345,0	327,0
Travel Overland (D/USA)[5]	109,7	100,8	16,0	15,0	260,0	248,0
UniGlobe Travel (CA)	76,0	65,3	52,0	35,0	126,0	108,0
(b) Reisekonzern						
TUI	4.347,2	4.724,1	1.667,0	1.672,0	7.395,0	7.427,0
REWE[6]	3.476,3	3.669,9	1.319,0	1.300,0	4.764,0	4.757,0
Thomas Cook	1.630,0	1.711,5	540,0	528,0	k.A.	k.A.
Lufthansa City Center	927,5	969,9	691,0	656,0	1.682,0	1.743,0

[1] Zum Kuoni-Konzern, Joint Venture mit H. Robinson (GB) und World Travel Partner (USA);
[2] zum Accor-Konzern;
[3] „Tochter" der MyTravel-Tochter (GB) Frosch Tourismus International (ohne FTI Ferienprofi) mit den Ketten bzw. Franchisesystemen Megatours, Flugbörse, FTI Ferienwelt, Fünf vor Flug, Allkauf;
[4] zum MyTravel-Konzern; der RSG geführten Kooperationen; k. A. = keine Angaben
[5] Joint Venture zwischen Otto Freizeit & Touristik (Otto Versand) und Travelocity.com (Sabre)
[6] nur konzerneigene Reisebüros, ohne die REWE angeschlossenen Vertriebsstellen wie u. a. Atlas Reisen, Derpart, DER Reisebüros

Tab. 3.3/8: Anzahl der Reisebüros der Thomas Cook AG 2002 nach Ländern
Quelle: Thomas Cook AG

Länder	Eigenbetriebe	Franchise
Deutschland	186	456
Großbritannien	759	724
Belgien	108	28
Niederlande	158	24
Frankreich	340	115
Österreich	k. A.	k. A.
Polen	21	rd. 350
Ungarn	45	–
Ägypten	25	–
Kanada	84	145

k. A. = keine Angaben

der wichtigsten Märkte des Welttourismus, haben große ausländische Reiseketten einen bedeutenden Marktanteil (Tab. 3.3/7), und deutsche Reisekonzerne etablieren sich mit Eigen- oder Franchise-Betrieben im Ausland stark im Vertrieb – so zum Beispiel Thomas Cook (Tab. 3.3/8).

Selbst die größten Reiseveranstalter weisen hinsichtlich der Marktdurchdringung jedoch noch nicht die Merkmale von Global Players auf, da der Vertrieb ihrer Reisen sich überwiegend nur auf ihr Heimatland und europäische Länder konzentriert. Allerdings: Die TUI AG ist seit 2003 auf dem riesigen Markt der VR China, und Thomas Cook AG ist in Indien als Veranstalter tätig. Diese größten europäischen Reisekonzerne (Tab. 3.3/6) haben jedoch in allen großen Quellmärkten Europas – insbesondere durch Übernahmen – starke Veranstaltermarken (Beispiel TUI, Abb. 3.3/3). Erst durch die Vermarktung von Reisezielen rund um den Globus entfalten sie sich zu Global Players. Alle großen Reisekonzerne Europas erwirtschaften mit steigender Tendenz einen hohen Anteil ihrer Umsatzerlöse außerhalb des Heimatlandes (Tab. 3.3/6) mit einer überragenden Konzentration auf Europa. Thomas Cook steht hier wiederum als Beispiel (Abb. 3.3/4, Tab. 3.3/9). Insofern weisen einige wichtige Branchen der Tourismuswirtschaft im Vergleich mit anderen Wirtschaftszweigen ein zumindest partiell unterschiedliches Globalisierungsmuster auf. Im Unterschied etwa zum produzierenden Gewerbe ergeben sich durch die spezifischen Standortbedingungen der touristischen Nachfrage und des touristischen Angebots verstärkt Zwänge zur Globalisierung der Aktivitäten der Tourismuswirtschaft. Infolge der Standortfixierung des größten Teils des primären touristischen Angebots (z. B. naturräumliche, kulturelle Attraktionen) können die meisten Leistungen der Tourismuswirtschaft nicht in die Länder der Nachfrage, in die touristischen Märkte, transportiert werden. Ein wesentliches Merkmal der generellen Globalisierung der Wirtschaft, die weltweite Durchdringung der Märkte, erfährt so im Tourismus eine spezifische räumliche Konfiguration. Die Nachfrager, die Touristen, müssen selbst die Standorte der Leistungserstellung der Tourismuswirtschaft aufsuchen und so auch – zumindest bei Fernreisen – die Dienste transnationaler Unternehmen des Kommunikations- und Verkehrswesens beanspruchen. Hinsichtlich der touristischen Markterschließung weist die Tourismuswirtschaft trotz weltweiter Zunahme des Reiseverkehrs nur eingeschränkt Globalisierungsmerkmale auf. Trotz zunehmender Einbeziehung etwa Ost- und Südost-Asiens als Märkte in den internationalen Tourismus sind viele Entwicklungsländer und damit große Erdregionen gar nicht oder kaum als Quellgebiete – wohl aber häufiger als Destinationen – touristisch erschlossen.

Um in den Quellgebieten verschiedene Marktsegmente abzudecken, verfolgen die Reisekonzerne mit ihren Veranstaltern ein striktes Mehrmarkenkonzept. Bei der Thomas Cook z. B. bedient die neue Veranstalter-

Tab. 3.3/9: Brutto-Umsatzerlöse der Thomas Cook AG nach Zielgebieten in den Geschäftsjahren 2000/2001[1)] und 2005/2006[1)] in Mio. €
Quelle: Thomas Cook AG

	2000/2001[1)]		2005/2006[1)]	
	abs.	%	abs.	%
Spanien	2.997,8	37,9	2.643,3	33,7
Griechenland	866,6	11,0	701,4	9,0
Türkei	662,6	8,4	612,9	7,8
Italien	233,7	3,0	230,1	2,9
Frankreich	201,2	2,5	206,5	2,6
Portugal	251,8	3,2	233,6	3,0
übriges Europa	1.089,0	13,7	826,4	10,5
Amerika	638,3	8,1	1.000,9	12,8
Afrika	637,8	8,1	845,4	10,8
Asien, Pazifik	188,0	2,4	331,4	4,2
Sonstiges	134,7	1,7	203,0	2,6
Gesamt	7.901,5	100,0	7.835,0	100,0

[1] Geschäftsjahr 01.11.–31.10. d. J.

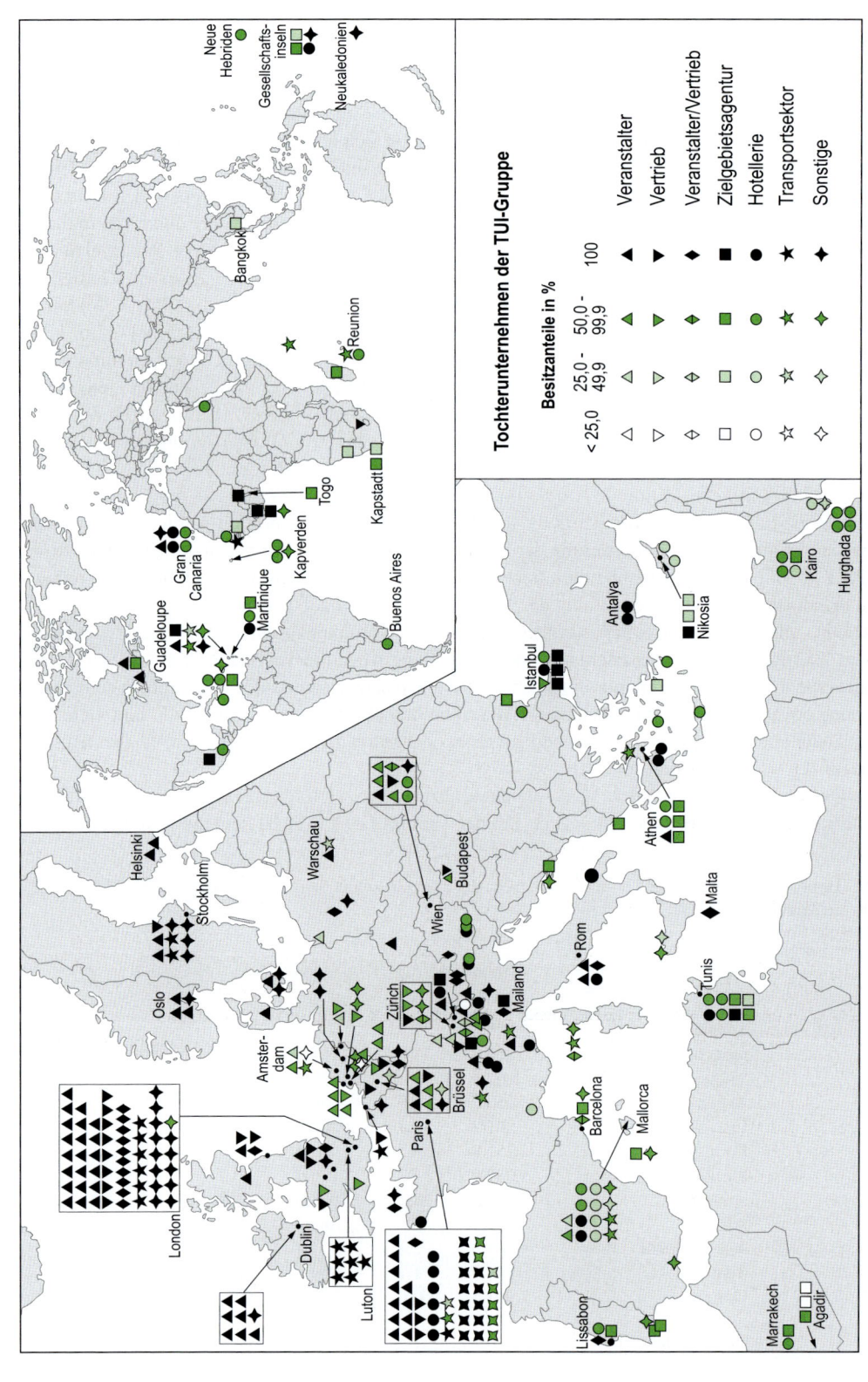

Abb. 3.3/3:
Die Tochterunternehmen der TUI-Gruppe 2003
Quelle: eigener Entwurf nach TUI 2003

Abb. 3.3/4 :
Brutto-Umsatzerlöse der Thomas Cook AG in
Deutschland im Vergleich zur Welt
Quelle: eigener Entwurf nach Geschäftsberichten
der Thomas Cook AG

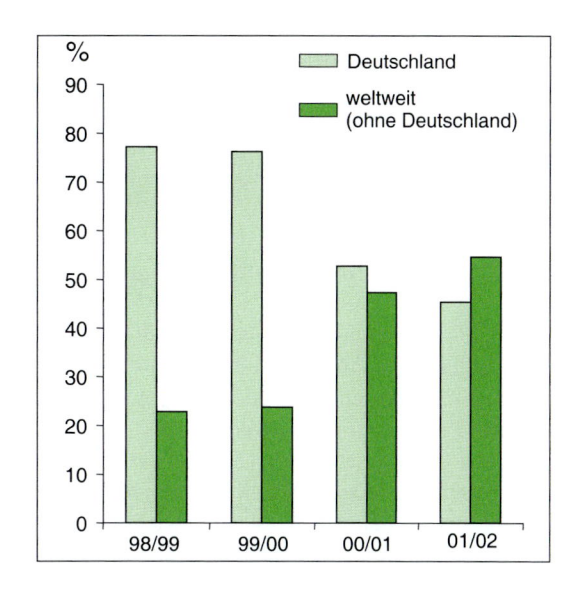

marke Thomas Cook Reisen (Zusammenschluss von Kreutzer, Condor Individuell, Terramar) die gehobene Klientel; Air Marin und Bucher konzentrieren sich auf das Low-Budget- und Last-Minute-Geschäft; das v. a. durch Familien geprägte Segment „Values for Money" wird von Neckermann-Reisen bedient; Aldiana spricht die Cluburlauber an.

Alle großen Reisekonzerne verdeutlichen zunehmend auch optisch ihre vertikale Integrationsstruktur. Die Tochtergesellschaften aller Wertschöpfungsstufen treten z. B. bei Thomas Cook seit 2003 unter diesem werbeträchtigen Namen auf. Die Veranstaltermarken Terramar, Kreutzer und Condor Individuell, die Carrier des Konzerns, wie JMC Airlines und selbst die deutsche Traditionsmarke Condor (von 2003–2004), die Reisebüros sowie alle Serviceschalter auf den Flughäfen treten unter diesem gemeinsamen Namen auf. Dies trifft auch auf die Reisebüros in den Niederlanden (vormals Holidayland) und in Frankreich (vormals Havas Voyages) zu.

Die TUI AG fasst alle Töchter und Beteiligungen unter dem Logo TUI-SMILEY in der „World of TUI" zusammen. Selbst Busse und Agenturen in den Zielgebieten agieren unter dem gemeinsamen Namen. Auch der britische, v. a. in den USA stark vertretene Reisekonzern MyTravel (2007 zur Thomas Cook Group) führte die 51 Flugzeuge seiner Carrier Premair und Airtours Internat. sowie alle 730 Reisebüros seiner Ketten (vormals Going Places und Travelworld) jetzt unter dem Konzern-Namen mit gemeinsamem Logo. Diese optisch sichtbare Integration markiert den Weg zu einer homogenen operativen Plattform. Controlling, Marketing, Verkauf, Beschaffung, Instandhaltung und Einsatz werden zunächst auf den einzelnen Wertschöpfungsstufen und dann vertikal aufeinander abgestimmt. Ein oft massiver Arbeitsplatzabbau ist hiermit verbunden. Während TUI, Thomas Cook und REWE ihren Anteilsbesitz weiter ausbauen, verfolgt MyTravel einen strikt kapitalschonenden Kurs. Hiermit ist zumindest partiell auch eine Abschwächung der vertikalen Integration verbunden. Der Konzern hat sich so z. B. von seinen Hotelbeteiligungen in Spanien getrennt und die Kapazitäten zurückgeleast (Sale-and-Lease-Back-Konzept). In Anbetracht sinkender oder stagnierender Nachfrage und fallender Renditen auch infolge steigender Energiekosten dürfte dieses Konzept auch für andere Reisekonzerne interessant werden.

Eine weitere horizontale und vertikale Integration wird zunehmend durch die EU-Wettbewerbsbehörde erschwert. Die Fusion von MyTravel mit First Choice scheiterte so 1999 am Einspruch der zuständigen EU-Kommission. Der Integrationsdruck wird zudem durch das Internet abgeschwächt. Touristen können jetzt die einzelnen Bausteine ihrer Reise selbst und bei verschiedenen Anbietern mit den günstigsten Preisen buchen. Die Buchung von Pauschalreisen als Triebfeder des wachsenden Integrationsdrucks wird so bedeutungsloser. Auf fast allen Stufen der Wertschöpfungskette bestehen nämlich zur Zeit Überkapazitäten, so dass neue Konkurrenten der integrierten Reisekonzerne günstigere Angebote machen können. Ähnlich wie im Automobilbau kann es für die großen (noch) integrierten Reisekonzerne günstiger sein, mit den vor- und nachgelagerten Anbietern touristischer Leistungen Einzelverträge zu schließen und diese so stärker unter Wettbewerbsdruck zu setzen. Auf Marktein- oder -umbrüche (z. B. Tendenz zu Billig-, Last-Minute-Angeboten) kann der Veranstalter dann flexibler reagieren.

3.3.2 Globale Computer-Reservierungs-Systeme (CRS)

Eine Schlüsselstellung im Globalisierungsprozess nehmen die Fluggesellschaften nicht nur aufgrund ihrer Verkehrsleistungen für den Welttourismus ein, sondern auch durch die von ihnen als Tochterunternehmen gegründeten globalen CRS (oder „Global Distribution Systems", GDS). Diese Informations-, Kommunikations-, Reservierungs- und Vertriebssysteme verknüpfen über die Reisemittler die Nachfrage mit den touristischen Leistungsanbietern (*Echtermeyer* 1997). Sie ermöglichen den Nutzern den direkten Zugriff auf Leistungen der Fluggesellschaften, Reiseveranstalter, Hotelketten, Autovermietungen, Reedereien, Bahn- und Busgesellschaften. CRS sind die wichtigste technologische Grundlage für die schnelle Entfaltung des Welttourismus und die Globalisierung der Tourismuswirtschaft. Die größten Systeme sind Amadeus (Gründer und Teilhaber 2003: LH, Iberia, Air France), Sabre (100 % AMR Corp., d. h. die Mutter der American Airlines), Galileo (United Airlines, British Airways, Swissair, KLM, US Air, Aliltalia, Air Canada, Olympic Airways) und Worldspan (Northwest Airlines, Delta, Trans World Airlines). Weltweiter Marktführer mit den Schwerpunkten Europa, Südamerika und Afrika sowie – über die Fusion mit dem CRS-System One 1995 – auch USA ist Amadeus.

Die Netzwerkstruktur von Amadeus verdeutlicht beispielhaft auch für andere GDS die globale Ausrichtung dieses Unternehmens (*Steinbach* 2003):
– Entsprechend den drei Anteilseignern Iberia, LH und Air France verteilen sich die zentralen Konzernelemente auf Spanien (zentrale Verwaltung in Madrid), Deutschland (Hauptrechenzentrum in Erding/München) und Frankreich (Produktverwaltung und Marketing bei Nizza); 70 nationale Servicestellen arbeiten als National Marketing Companies in etwa 200 Ländern und Territorien rund um den Globus; sie sind außerhalb Europas koordinierenden Zentralbüros in Bangkok für die asiatisch-pazifische Region, Miami für Nord- und Zentralamerika sowie in Buenos Aires für Südamerika zugeordnet.
– In London und Sydney bestehen zwei IT-Entwicklungszentren, unter anderem zur Unterstützung von Fluggesellschaften zur Lösung ihrer IT-Probleme und -Aufgaben.
– In Boston/USA unterhält Amadeus ein Produktentwicklungszentrum.
– In Massachusetts/USA hat die 100 %ige Tochter e-Travel die Aufgabe, die Möglichkeiten des elektronischen Reisebüros weiter auszubauen.
– Über Joint Ventures betreibt Amadeus in Spanien, Portugal und Lateinamerika Vertriebssysteme.
– In Europa ist Amadeus mit dem Internet Portal Opodo, in den USA mit One Travel Com. und im asiatisch-pazifischen Raum mit Travel Com. im Onlinegeschäft engagiert.
– Die Nachfrageseite wird u. a. repräsentiert durch rund 63.940 Reisebüros und 9.900 Verkaufsstellen von 470 Fluglinien (etwa 95 % aller Weltflugkapazitäten).
– Auf der Angebotsseite sind Buchungen mit 491 Fluglinien, etwa 59.000 Hotels von 322 Hotelketten, 48 Autovermieter-Unternehmen mit 24.000 Filialen sowie mit nationalen und lokalen Anbieter unterschiedlicher Branchen (z. B. Bahn, Fähren, Kartenservice für Veranstaltungen) möglich.
– 15 über die Erde verbreitete Großrechner verknüpfen Angebot und Nachfrage.

In den USA sind die ebenfalls von Fluggesellschaften gegründeten Systeme Sabre und Wordspan marktbeherrschend. Circa 70 % der Endgeräte dieser CRS entfallen auf das Heimatland. Sabre ist Kern einer zahlreiche Reisevertriebsunternehmen umfassenden Holding (wie Travelocity, Getthere) und arbeitet in enger Partnerschaft mit dem führenden Reisevertriebsunternehmen Südostasiens, Abacus/Singapur, zusammen. Das ebenfalls in den USA beheimatete und in 116 Ländern (2003) vertretende Galileo Int. (verknüpft mit etwa 46.000 Reisebüros, 683 Fluglinien, 52.000 Hotels, 431 Reiseveranstaltern, allen großen Kreuzfahrtreedereien) wurde demgegenüber von US-Hotelgiganten Cendant 2001 für rund 2,5 Mrd. US$ aufgekauft und zusammen mit dem ebenfalls weltweit operierenden deutschen CRS Trust Int. dem hochintegrierten Konzern eingegliedert: Die CRS sind in die globalisierte Tourismuswirtschaft auch kapitalmäßig eng eingebunden.

Die traditionellen CRS unterliegen zunehmend der Konkurrenz des Internet bzw. des e-commerce. Leistungsanbieter sprechen mehr und mehr mit eigenen Internetportalen die Nachfrager direkt an; der Vertrieb über Reisebüros und CRS verliert gegenüber diesem einstufigen Betriebssystem tendenziell an Bedeutung. Auch Fluglinien, Gründer und bis heute Anteilseigner der CRS, umgehen zunehmend mit ihren Online-Reservierungssystemen die relativ unflexiblen und für Kunden auch relativ teuren CRS. Elektronische Reisebüros, namentlich der globalen Marktführer Travelocity (Sabre-Tochter) und Expedia (Microsoft), sind insbesondere in den USA starke Konkurrenten traditioneller Reisebüros und sie expandieren weltweit. Travelocity dringt z. B. in Kooperation mit dem Otto-Versand massiv auf den deutschen und europäischen Markt.

In Deutschland betreibt die (seit 2003) 100 %ige Amadeus-Tochter START AMADEUS GmbH das größte europäische Reisevertriebssystem. In Deutschland waren dem System 2003 16.342, im Ausland 3.063 Reisebüros angeschlossen, über die 33 Fährreedereien, 442 Flug-, 48 Mietwagen-, neun Versicherungs- und 322 Hotelgesellschaften (mit 59.640 Häusern) buchbar sind.

Leistungsanbieter sowie Städte, Regionen und Länder können ihre Angebote und touristischen Attraktionen weltweit über alle verfügbaren elektronischen Vertriebskanäle – vom Telefax bis hin zum interaktiven, multimedialen Endverbrauchersystem – anbieten und vermarkten sowie ein eigenes Informations- und Vertriebssystem aufbauen, dessen Reichweite durch Anbindungen an neue Systeme beliebig und individuell erweitert werden kann. Die so möglichen globalen und tagesaktuellen Informationen über touristische Angebote, Infrastrukturen, Attraktionen und Rahmenbedingungen (z. B. über Schneeberichte, Windverhältnisse, Flohmärkte, Kulturveranstaltungen, Skilifte, Fahrpläne, Spezialangebote für Familienhotels usw. usw.) verdeutlichen die Bedeutung dieser Informationstechnologien für die Entstehung eines globalen Dorfes auch und vor allem über den Tourismus.

3.3.3 Fluggesellschaften

Zentrale Größen und Motoren der mit der Globalisierung des Tourismus verbundenen horizontalen und vertikalen Konzentration sind vor allem die Fluggesellschaften. Ein prägnantes Beispiel ist der LH-Konzern, der an 103 Gesellschaften rund um den Globus beteiligt ist, die selbst wiederum oft zahlreiche „Töchter" haben.

Der im Luftverkehr massive Wettbewerbsdruck zwang zumindest bis zur Krise des Welttourismus 2001 Fluggesellschaften zur Ausweitung und Verdichtung ihres globalen Streckennetzes und zur Erhöhung der Flugfrequenzen bei gleichzeitiger Optimierung der economies of scale. Die damit verknüpfte horizontale Integration dokumentiert sich beispielhaft an der Beteiligung der LH an kleineren Gesellschaften wie der British Midlands (30 %), der Air Dolomiti (20,69 %) oder der Gründung von Töchtern für spezifische Märkte bzw. Regionen, wie die mehrheitlich zum Reisekonzern Thomas Cook AG gehörende Ferienfluggesellschaft Condor (Thomas Cook 75,1 %, LH 24,9 %) und die LH CityLine (100 %). Wichtige Instrumente zur Ausweitung der weltweiten Präsenz sind zudem Partnerschaften oder Allianzen mit anderen Fluggesellschaften. Über die Star Alliance realisiert die LH eine enge Bündelung der Aktivitäten: Gemeinschaftsflüge, Code Sharing, Abstimmung der Flugpläne, Vorratshaltung bei Ersatzteile für Partner auf allen Kontinenten, Verzahnung der Vielflieger-Programme, geschlossenes Auftreten der Partner bei der Vergabe von Landerechten, Zusammenarbeit bei der Ausrüstung, den CRS, beim Flug- und Bodenpersonal, bei Sicherheitssystemen, der Aus- und Weiterbildung des Personals.

Die vertikale Integration dokumentierte sich hauptsächlich in der 50 %igen Beteiligung an der Thomas Cook AG (bis 2007), aber auch an den auf der touristischen Wertschöpfungskette vorgelagerten Reisemittlern wie der LH City Center Reisebüro Partner GmbH (2003: 300 Büros) und der LH City Centre Int. (2003: 210 Büros in 48 Ländern). Über den heute der Thomas Cook AG eingegliederten Ferienflieger Condor war die LH an vier Reiseveranstaltern beteiligt (Fischer Reisen, Air Marin, Kreutzer, Öger Tours). Ein weiterer Globalisierungs-Akteur ist die „Tochter" LSG Lufthansa Service Holding AG, die mit einem Anteil von gut 30 % Marktführer im Catering-Geschäft für den Weltflugverkehr ist und mit ca. 200 Catering-Betrieben in 49 Ländern (2007) rund um den Globus rd. 300 Fluggesellschaften beliefert.

Unter dem Motto „going global" hat sich die LH vor allem seit 1995 im internationalen Wettbewerb neu positioniert und deshalb ihre Organisationsstruktur verändert, indem eigene Konzerngesellschaften (u. a. LH Technik, LH Cargo, LH Systeme, LSG LH Service) etabliert wurden, die weltweit Kooperationen und Beteiligungen unterhalten und so zur weiteren Internationalisierung des Konzerns beitragen. Hiermit ist auch das Ziel verbunden, eine Verlagerung des Aufwands (Arbeitsplätze) von Hochlohnländern, wie Deutschland, in Niedriglohnländer zu realisieren. Insofern weist diese Sparte der Tourismuswirtschaft das für andere Wirtschaftsbereiche typische Globalisierungsmuster auf: Eine partielle Umschichtung der Investitionen und der Beschäftigung vom Heimatland des Konzerns auf Länder mit geringeren Arbeitskosten. Die dezentrale Konzernstruktur vereint die sich für einen global player ergebenden Vorteile wie weltweite Marktpräsenz, economies of scale, Synergieeffekte und Kapitalkraft mit den Vorteilen kleiner Unternehmen wie Flexibilität, Marktnähe und Kooperationsfähigkeit.

3.3.4 Die transnationale Hotellerie

Die schnelle Ausbreitung von Hotelketten ist eines der augenfälligsten Merkmale der Globalisierung der Tourismuswirtschaft. Bereits Anfang des 20. Jahrhunderts entstanden die ersten, jedoch nur national verbreiteten Hotelketten in den USA. Nach 1945 setzte eine zunächst verhaltene, in den 1980er Jahren schließlich eine schnelle internationale Expansion von Ketten ein. Diese transnationale Entfaltung begann von den USA aus und wurde von Fluggesellschaften initiiert. Ein Beispiel ist die Kette InterContinental. Ab 1946 eröffnete die Pan American World Airlines (PANAM) in den von ihr angeflogenen Städten Südamerikas Luxushotels mit dem programmatischen Namen InterContinental, um ihren Fluggästen in der Fremde Unterkunft in einer vertrauten Umgebung und mit garantiertem Standard zu bieten (*Go/Pine* 1995). Ab 1961 expandierte InterContinental in Europa, Afrika sowie in den Nahen Osten, und die Bindungen zwischen den von PANAM angeflogenen Städten und den Standorten neuer Hotels wurde stetig abgeschwächt. Wie andere Hotelkonzerne, zunächst vornehmlich aus den USA, entwickelte sich InterContinental zu einem globalen Akteur (Abb. 3.3/5). Die räumliche Diffusion der Kette erfolgte dominant nach dem Hierarchie-Prinzip, indem in einzelnen Ländern das größte Wirtschaftszentrum zunächst in das Standortnetz einbezogen wurde.

Die Ausbreitung einer typischen, ursprünglich US-amerikanischen, heute globalen Kette wie Hilton, Hyatt, Marriott, Sheraton oder Holiday Inn, lässt sich auf innovations- und diffusionstheoretischer Basis vereinfacht veranschaulichen (Abb. 3.3/6). In Phase I ist die Kette nur auf dem US-Markt mit Standorten in großen Wirtschaftszentren, aber auch schon in Sekundärstädten vertreten. In Phase II, der Initialphase der Globalisierung, erfolgt die Diffusion der Innovation des Kettenkonzeptes zunächst nach Südamerika und Europa über den Hierarchie-Effekt: Hotels werden zunächst in großen Wirtschaftszentren und Primatstädten großer Länder errichtet. Nachbarschaftseffekte sind aber auch in dieser Initialphase wirksam, da viele Ketten zunächst in räumlich, sprachlich oder sozio-kulturell nahegelegene Länder expandieren, die dann über den Hierarchie-Effekt erschlossen werden. So wuchs die französische Accor-Gruppe in Phase II vorrangig in frankophonen Staaten oder der spanische Hotelkonzern Sol Meliá zunächst in Lateinamerika, bevor dann eine Expansion auch in andere Regionen rund um den Globus erfolgte.

In Phase III, der Wachstumsphase der Globalisierung, entfaltete sich ein globales Standortnetz. Die Hauptstädte fast aller großen bis mittleren Staaten sind Standorte zumindest eines Luxushotels einer globalen Kette. Europa, E- und SE-Asien weisen eine zunehmende Verdichtung von Hotelstandorten auf. In den Län-

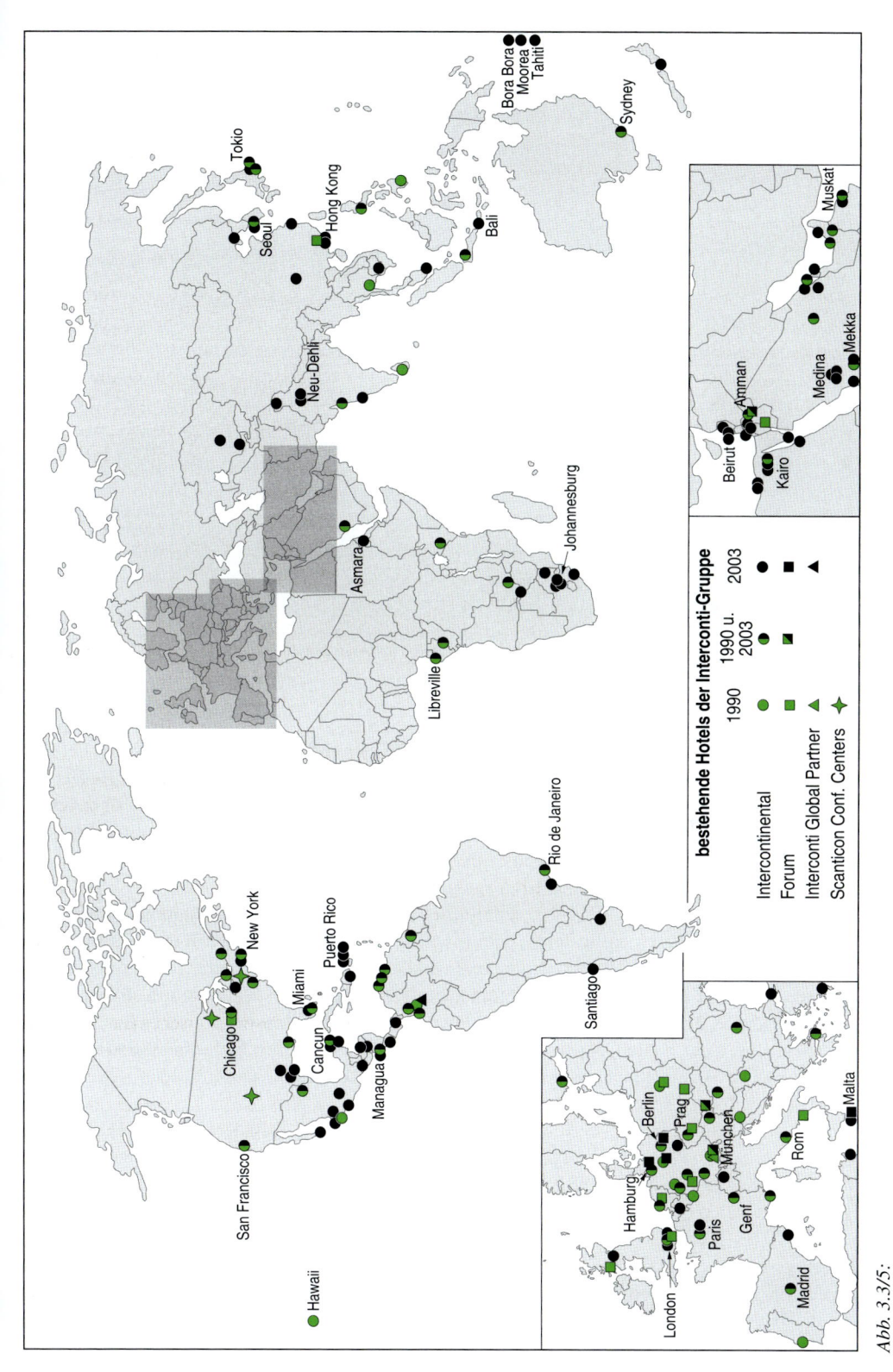

Abb. 3.3/5:
Die Standorte der ältesten internationalen Hotelkette, der Interkontinental, 1990 und 2003
Quelle: eigener Entwurf nach Hotelgruppe Intercontinental 1990 und 2003

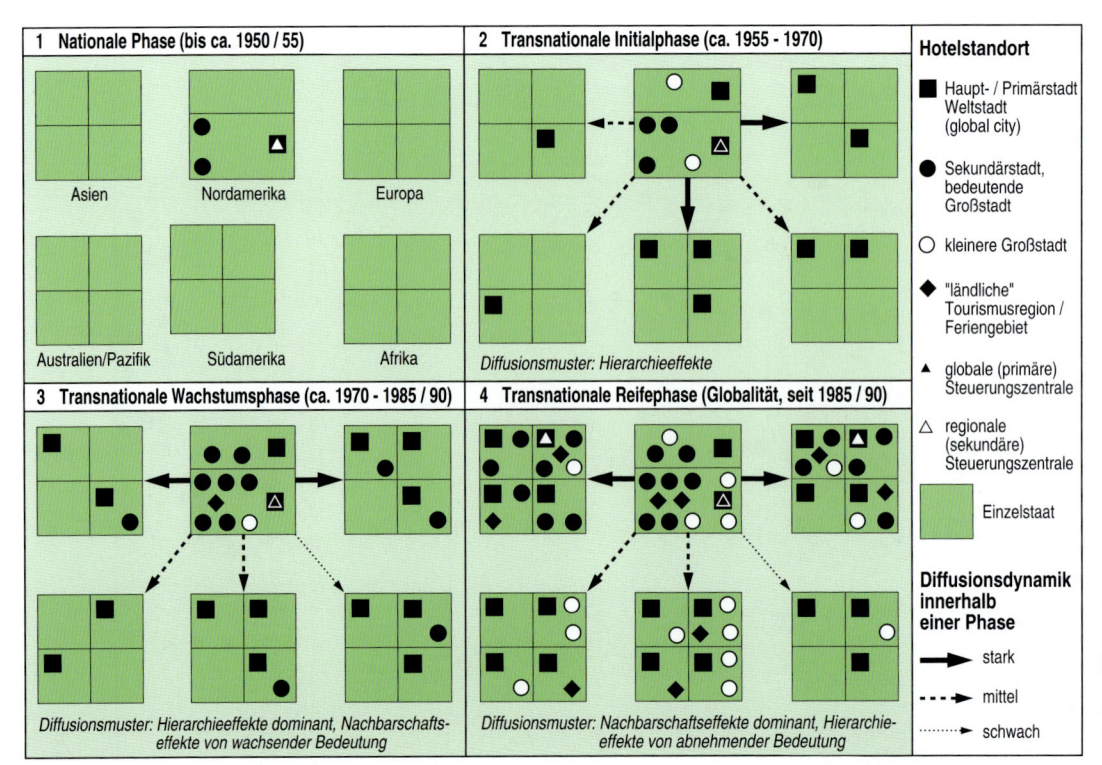

Abb. 3.3/6:
Modell der Diffusion globaler (US-)Hotelketten

dern der Triade, in Nordamerika, Europa und Japan, verstärken sich die Nachbarschaftseffekte. Die Diffusion erfasst zunehmend Sekundärstädte – heimisches Kapital wird im wachsenden Maße in die Häuser globaler Ketten auch deshalb investiert, weil der sichtbare Erfolg des in der Primatstadt zunächst errichteten Hotels ausländischer Ketten Hotelinvestitionen attraktiv erscheinen lässt. Die Filialisierungsstrategie der Ketten beginnt sich zu verändern; nicht mehr vorrangig Eigentumsbetriebe, sondern Franchise- und Managementverträge mit kettenverbundenen Hotels tragen die Expansion.

In der etwa 1985 einsetzenden, noch nicht abgeschlossenen Phase IV, der Reifephase, dominieren in den Ländern der Triade jetzt Nachbarschaftseffekte, bei weiterhin starker Expansion der Ketten. Zunehmend werden kleinere Großstädte in das Standortnetz von mehr und mehr Ketten einbezogen. Die bereits in Phase III einsetzende Diffusion von Ketten an Standorten außerhalb großer Wirtschaftszentren, in touristisch genutzte Peripherieräume, beschleunigt sich. Hotels globaler Ketten entstehen in Ferienregionen rund um den Globus. Mehr und mehr Ketten dezentralisieren in dieser Phase IV ihre Steuerungsfunktionen. In wachstumsdynamischen Weltregionen, namentlich im asiatisch-pazifischen Raum, werden – neben den USA und Europa – regionale Steuerungszentralen etabliert.

Begleitet wird dieser Diffusionsprozess von einem rasanten Wachstum der Zahl der Hotels und Gästezimmer der Ketten (Tab. 3.3/3). Den zehn weltgrößten Ketten waren schon 1990 mehr Hotels angeschlossen als den 100 größten Ketten des Jahres 1987 insgesamt. Seit Ende der 1980er Jahre erreichte die Globalisierungsdynamik eine neue Qualität, wuchs doch die Zahl der Hotels der zehn weltgrößten Ketten in den 17 Jahren von 1970 bis 1987 um 38 %, in den nur 15 Jahren von 1987 bis 2002 – bei zudem wesentlich höheren Ausgangswerten – um 321 %. Die zehn größten Hotelkonzerne umfassen (2006) rund 70 % der Kapazitäten der 100 größten Ketten (Abb. 3.3/7) und etwa 50 % der Kapazitäten der Welthotellerie insgesamt. Kettenunabhängige Hotels haben zunehmend schlechtere Wettbewerbschancen und verlieren quantitativ an Bedeutung.

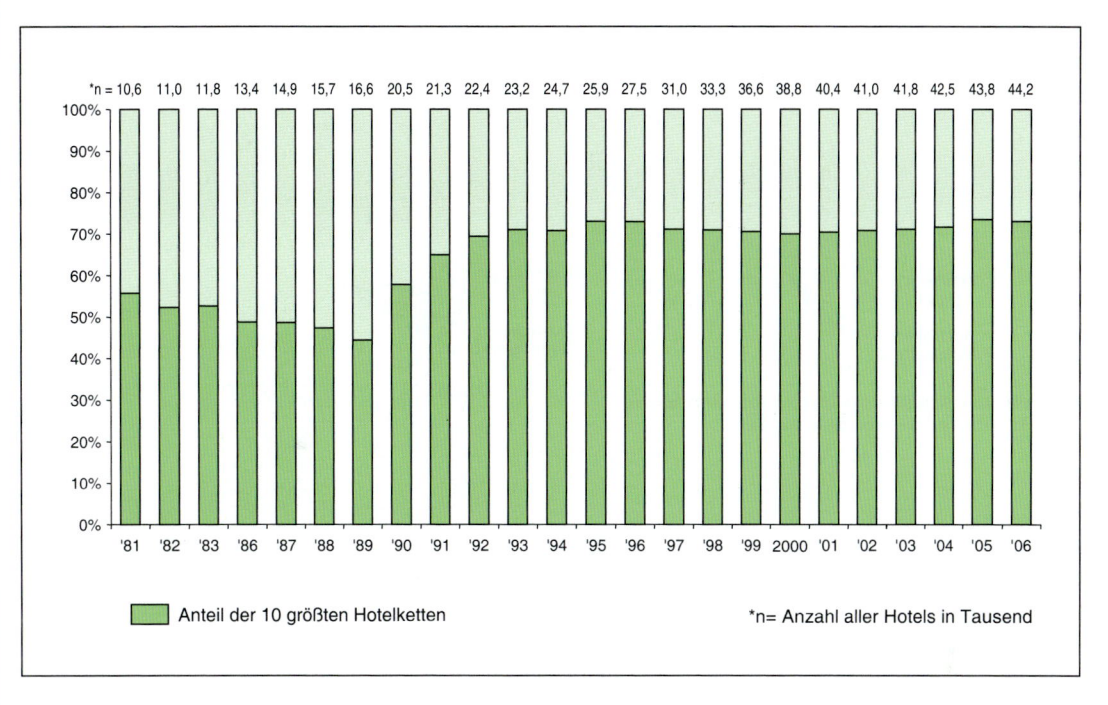

Abb. 3.3/7:
Anteil der Hotels der 10 größten Hotelketten an den 100 größten Weltketten 1981–2006
Quelle: eigener Entwurf nach Hotels and Restaurants International; Hotels, beide versch. Jahrgänge

Im Zuge der Expansion wurden die Ursprungsländer der jeweiligen Ketten als Hotelstandorte stark relativiert. Viele global players unterhalten bereits im Ausland mehr Häuser als in ihrer Heimat. Zudem entwickeln sich Länder außerhalb der USA, zunächst in Europa und Japan, jüngst vor allem die boomenden Regionen SE-Asiens, zu Standorten von Steuerungszentralen transnationaler Ketten. Singapur, Hongkong und Bangkok sind so wichtige Standorte der globalen Hotellerie. Auch andere Entwicklungsländer, z. B. Indien mit der Oberoi-Kette oder Südafrika mit dem Sun Hotels-Konzern (Vorlaufer 2003), werden in dieser Hinsicht immer bedeutender. Trotz Dezentralisierung sind die USA jedoch noch das überragende Steuerungszentrum der transnationalen Hotellerie (Abb. 3.3/8).
Die Entstehung immer größerer Ketten, v. a. durch Übernahmen und Fusionen (Vorlaufer 1998, 2000), resultiert – unter wachsendem Wettbewerbsdruck – aus dem Zwang, optimal economies of scale zu realisieren, die sich für ein globales Mehrbetriebsunternehmen ergeben:
– Die Wahl eines günstigen Makro-Standortes wird aufgrund der globalen Kenntnisse der Nachfragemuster erleichtert.
– Ein weltweit garantierter Standard hinsichtlich u. a. des Dienstleistungsgebotes, der Effizienz, der Ausstattung und Gästebetreuung mit zudem oft auf einzelne Marktsegmente zugeschnittenen Hotelmarken ist ein wesentlicher Buchungsgrund für Gäste, die in einer häufig fremden Umwelt ein vertrautes und zuverlässiges Angebot erwarten.
– Hotels einer Kette mit ihrem Hauptsitz in einem wichtigen Markt, wie z. B. zunächst in den USA und in Westeuropa, dann in Japan und jüngst u. a. in den als touristische Quellgebiete zunehmend wichtigeren Newly Industrialized Countries SE-Asiens (Hongkong, Singapur, Thailand), haben in den Reiseländern gegenüber konkurrierenden Einzelhotels einen Vorteil, da sie den heimischen Markt, das Stammland ihrer Kette, besser kennen, daher optimaler erschließen und den Wünschen der Gäste besser entsprechen können.
– Im Vergleich zum Einzelhotel verfügt die Kette über größere Finanzressourcen aufgrund eines eigenen

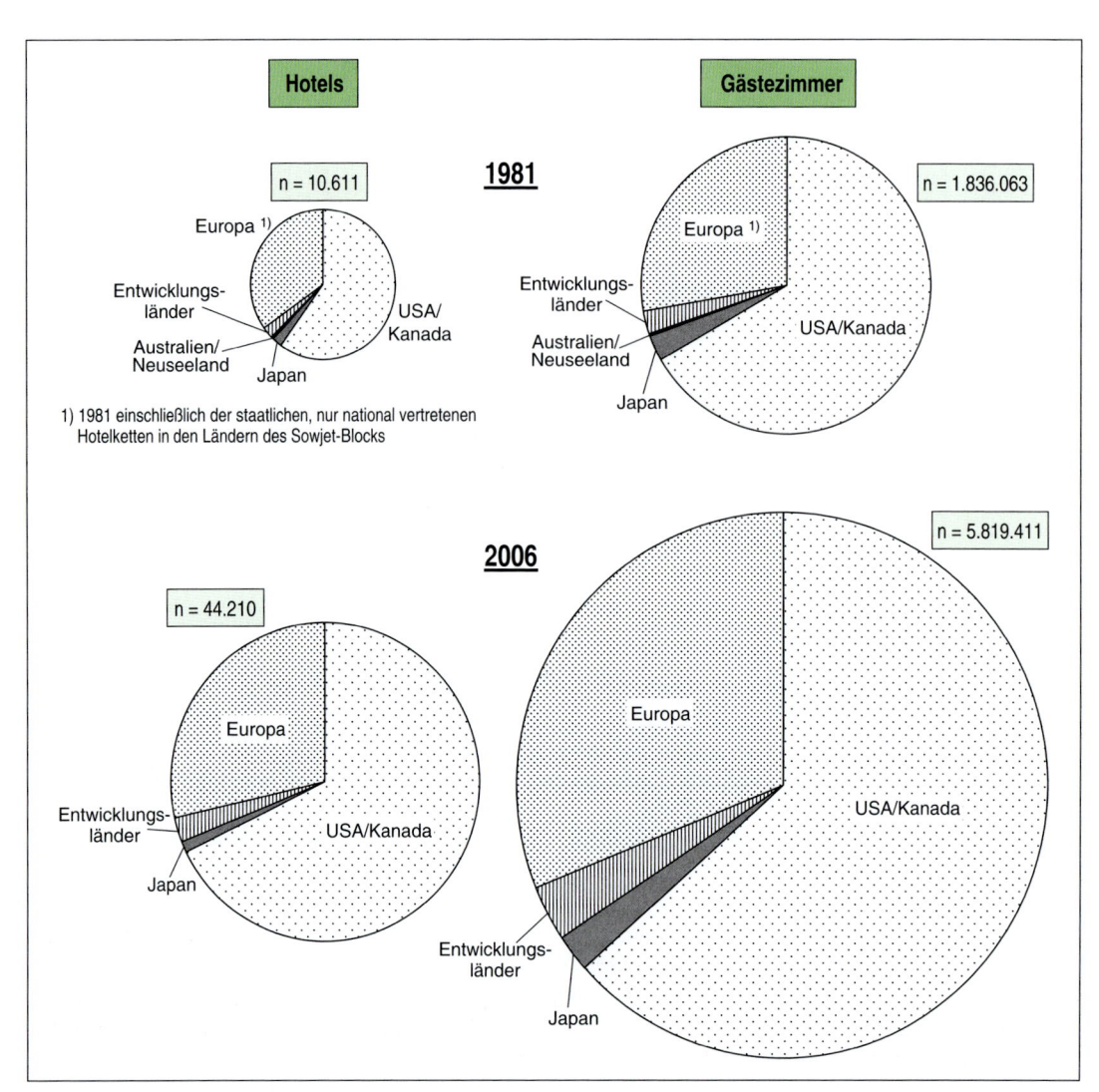

Abb. 3.3/8:
Die Standorte der Steuerungszentralen der jeweils 100 größten Hotelunternehmen mit der Zahl der global angeschlossenen Hotels und Gästezimmer 1981 und 2006 (jeweils zum 31.12. des Jahres)
Quelle: eigener Entwurf nach Hotels and Restaurants International 1982, Hotels 2003

hohen cash flow und besserer Finanzierungsmöglichkeiten, da sie Banken größere Sicherheiten bieten und so günstiger Kredite erhalten können; dies trifft auch auf Hotels zu, die nur als Franchise-Nehmer einer Kette angeschlossen sind.
– Werbung, Verkaufsförderung und public relations können von der Kette massiver und erfolgreicher als von einem Einzelhotel durchgeführt werden. Landes- oder sogar weltweite Anzeigekampagnen können realisiert werden, da sich die Kosten auf alle Betriebe umlegen lassen. Neue Instrumente der Verkaufsförderung wie frequent-guest-Programme mit der Ausgabe von VIP- oder „Club"-Karten sind nur Ketten möglich. Eine starke Kundenbindung wird so erreicht.
– Auf der Basis oft ketteneigener Reservierungssysteme haben Ketten verbesserte und direkte Absatzmöglichkeiten.

Abb. 3.3/9:
Portfolio großer Hotelkonzerne in Deutschland 2003
Quelle: eigener Entwurf nach Unterlagen der Hotelgesellschaften

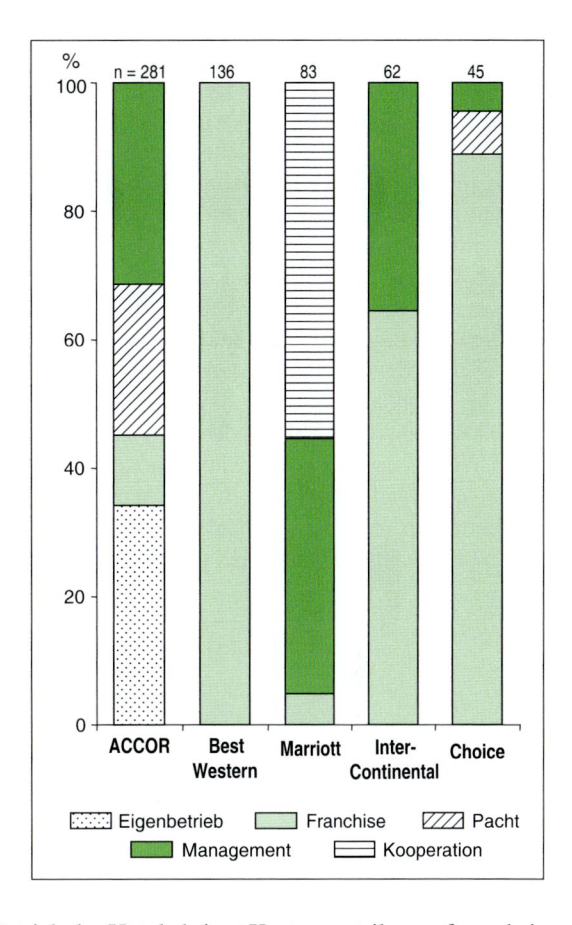

- Der zentrale Einkauf zur Ausstattung und zum Betrieb der Hotels bringt Kostenvorteile – aufgrund einer stärkeren Verhandlungsposition gegenüber Zulieferern.
- Rationalisierungsmöglichkeiten werden z. B. beim Bau oder der Ausstattung der Kettenhotels optimaler genutzt, z. B. durch die Standardisierung von Bau und Einrichtungen oder durch die in anderen Hotels gemachten Erfahrungen hinsichtlich von Innovationen in der Betriebsführung.
- Die Rekrutierung qualifizierten Personals wird erleichtert z. B. aufgrund der in einer Kette günstigeren Karrierechancen; Einzelbetrieben bietet sich in der Regel nur der lokale, höchstens noch nationale, Ketten auch der globale Arbeitsmarkt als Rekrutierungsfeld.

Die durch zunehmende Größe einer Kette entstehenden Nachteile, wie z. B. erhöhte Kosten durch die Steuerung, Verwaltung und Kontrolle der über den Globus verteilten Betriebe, haben die Vorteile weiteren Größenwachstums bisher nicht aufgehoben.

3.3.4.1 Filialisierungsstrategien

Im Zuge der schnellen Expansion der Ketten haben sich verschiedene Filialisierungsstrategien entwickelt. Generell gilt, dass sich mit zunehmender Globalisierung einer Kette das Franchising als Strategie durchsetzt, während Anteil und Zahl der von den Ketten gehaltenen eigenen Hotel-Immobilien zurückgehen. Das Franchising prägt zunehmend das Portfolio der großen global players (Beispiel Deutschland, Abb. 3.3/9), wenngleich einige der größten US-Ketten schon seit ihrer Gründung dominant (z. B. Holiday Inn seit 1952) oder ausschließlich (Best Western) auf dieser Strategie basieren. Hierbei schließt sich ein rechtlich weiter selbstständiges, auf eigene Rechnung geführtes Hotel gegen Zahlung einer in der Regel umsatzabhängigen Gebühr einer Kette (Franchise-Geber) an, die dem Hotelier (Franchise-Nehmer) unter ihrem werbewirksamen Namen unter anderem Vermarktungsvorteile, Beratung bei der Betriebsführung und Ausbildungshilfen bietet. Mehr und mehr Ketten verzichten auf den Bau oder Erwerb einer eigenen Hotelimmobilie an einem zunächst nicht vertrauten und risikobeladenen Standort. So werden etwa durch das Franchising die Risiken für die Ketten minimiert und auf den selbständigen Hotelier übertragen. Die bereits vor Betriebseröffnung anfallenden Kosten bei der Standortwahl und dem Bau entfallen auf den Investor. Bei der Betriebsführung können die endogenen Potentiale durch einen heimischen Hotelier zudem optimaler genutzt werden. Auch Ketten mit noch überwiegend anderen Hoteltypen in ihrem Portfolio basieren in ihrer jüngeren Expansion verstärkt auf Franchising, wie z. B. die Accor-Gruppe. Auch bei den nicht im Franchising engagierten Ketten verstärkt sich die Tendenz, zumindest außerhalb ihres Stammlandes Hotels nicht mehr als Eigentums-, sondern als Pacht- oder Managementbetriebe zu übernehmen. Als These kann formuliert werden: Mit zunehmender räumlicher, sozio-kultureller und sprachlicher Distanz neuer Standorte zum Ursprungsland einer Kette korrespondieren tendenziell eine abnehmende Bereitschaft und Möglichkeit, eigene Hotel-Immobilien zu erwerben. Die weniger risikobeladenen sowie weniger kapital- und standortbindenden Franchise-, zumindest aber Pacht- oder Management-Betriebe erscheinen als günstigere Option zur Erschließung neuer Märkte und touristischer Destinationen.

3.3.4.2 Produktstrategien und Marktsegmentierung

Ein weiteres Merkmal der Globalisierung ist eine Änderung der Produktstrategien fast aller Ketten. Markenbildung und Marktsegmentierung sind die Instrumente zur optimalen Erschließung globaler Märkte.

Abb. 3.3/10:
Die Hotelmarken ausgewählter Hotelkonzerne 2003
Quelle: eigener Entwurf nach Unterlagen der Hotelgesellschaften

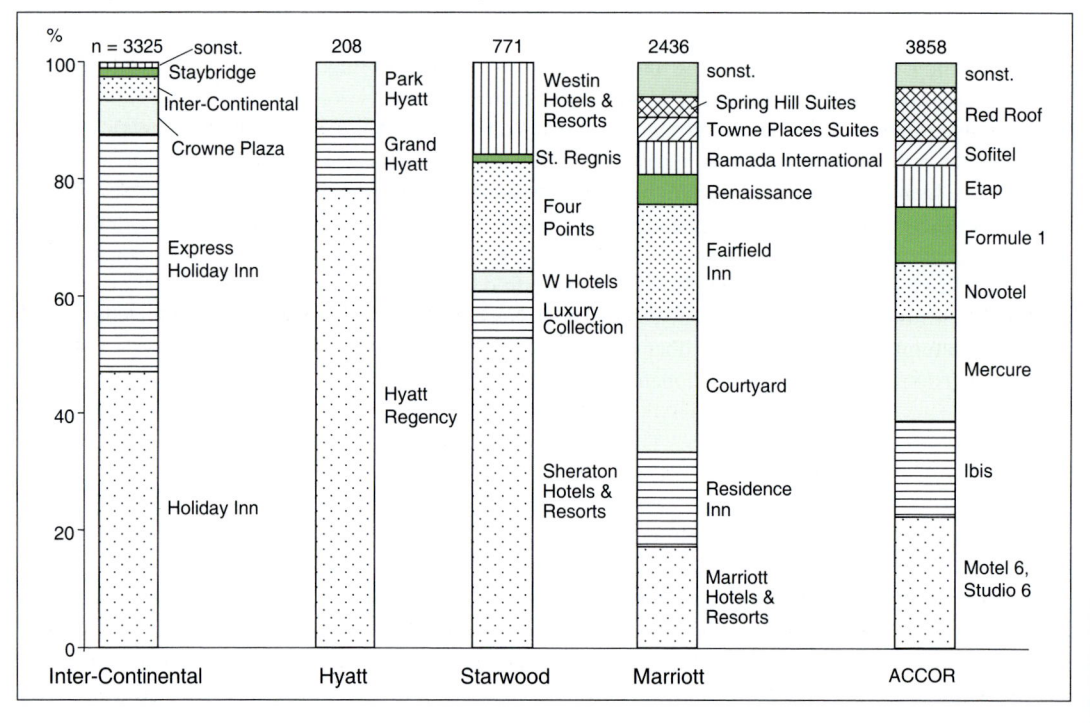

Die ältesten und bekanntesten Ketten waren mit ihrem Angebot, mit den Luxushotels, zunächst ausschließlich auf das obere Nachfragesegment ausgerichtet. Heute ist die Entwicklung zu einem globalen Akteur nur möglich über eine Ausweitung des Angebots. Die Platzierung von Hotels unterschiedlichen Standards mit jeweils eigenen Markennamen für jeweils unterschiedliche Marktsegmente ist typisch für fast alle Ketten (Abb. 3.3/10).

Im Zuge dieser Strategie erschließen sich viele Ketten mit relativ kleinen Hotels das mittlere und untere Marktsegment und an Standorten mit häufig relativ geringem Nachfragepotential. Kleinere Häuser sind effiziente Instrumente der optimalen Marktdurchdringung auch peripherer Räume.

Mit der Markenbildung ist so häufig eine hierarchisch strukturierte Ausbreitungsstrategie der Ketten verknüpft, indem Hotels oberer Kategorie vornehmlich in größeren Zentren, die Marken für das untere Segment häufiger auch in mittleren Städten lokalisiert werden, da sie hier im Gegensatz zu großen Luxushäusern ein ausreichendes Marktpotential besitzen.

3.3.5 Globalisierungs- und Unternehmenskultur

Die räumlichen Ausbreitungsstrategien eines globalen Unternehmens lassen sich neben den bereits angedeuteten Merkmalen auch aus der Intensität und den Mustern seiner Einbindung in die Kultur sowohl des Heimat- als auch des Gastlandes, aus seiner Unternehmenskultur, ableiten (*Chakravarthy/Perlmutter* 1985, *Go* 1996, *Freyer/Pompl* 1996). So lassen sich vier Grundorientierungen unterscheiden:

(1) Der Ethnozentrismus basiert auf der Annahme, dass die zunächst im Heimatland entwickelte Unternehmenskultur mit ihren heimischen Grundwerten und Managementprinzipien auch im Ausland erfolgreich sein wird. Eine uniforme Unternehmenskultur und Standardisierung des Angebots werden angestrebt; die Anpassung an die jeweilige Landeskultur ist unbedeutend. Im Extremfall richtet sich das Angebot im Ausland vollständig nach der aus der Heimat vertrauten Nachfrage. Prägnante Beispiele sind in der Initialphase ihrer Expansion die US-Ketten, wie etwa Holiday Inn oder der Club Med mit seinen fast ausschließlich französisch geprägten Anlagen (*Vorlaufer* 1994). Die gegenwärtig deutlichste ethnozentrische Orientierung transnationaler Touristikunternehmen weisen japanische Hotelketten auf, die nicht nur mit ihren ausländischen Häusern dominant auf einen einzigen Markt, auf Japan, ausgerichtet sind, sondern zudem auch nicht – wie andere global player – die gesamte transnationale Hotellerie als Rekrutierungsfeld für qualifizierte Arbeitskräfte betrachten (*Weiermeier* 1996), sondern bis ins mittlere Management Positionen vorrangig mit Japanern besetzen.

(2) Der Polyzentrismus erlaubt die Entwicklung jeweils landesspezifischer Unternehmenskulturen, die fast ausschließlich von Einheimischen geprägt werden. Prägnantes Beispiel hierfür ist die global präsente, aber in zahlreiche, weitgehend autonome Ländereinheiten gegliederte Franchise-Kette Best Western. Die insgesamt 136 Hotels dieser Kette in Deutschland und Luxemburg (2003) z. B. sind in der relativ selbständigen, von der US-Zentrale weitgehend unabhängigen Best Western Deutschland GmbH zusammengeschlossen, an der die Franchise-Nehmer, die rechtlich selbständigen Hoteliers, kapitalmäßig beteiligt sind.

(3) Für den Regiozentrismus ist eine dominante Ausrichtung der transnationalen Expansion auf eine Welt-, Sprach- oder Kulturregion typisch. Viele US-Ketten erschlossen z. B. zunächst Nord- und dann Südamerika; die französische Accor-Gruppe expandierte zunächst vorrangig in die frankophonen Staaten (*Vorlaufer* 1993.2); der spanische Hotelkonzern SOL Melía leitete seine transnationale Entfaltung mit Häusern in Lateinamerika ein; die Ketten mit Steuerungszentralen in Hongkong oder Singapur expandieren vornehmlich in die von Chinesen dominierten Ökonomien SE-Asiens: Die geringe räumliche, sprachliche oder sozio-kulturelle Distanz bestimmt die Ausrichtung.

(4) Der Geozentrismus strebt eine inter- oder multikulturelle Ausrichtung des weltweit operierenden Konzerns an und basiert auf der Annahme homogener Bedürfnisse und der davon abgeleiteten Strategie der weltweiten Durchsetzung eines möglichst standardisierten Angebotes.

Für die meisten global vertretenen Hotelkonzerne ist die Balance zwischen einer poly- und einer geozentrischen, für die meisten Fluggesellschaften zunehmend eine geozentrische Unternehmenskultur typisch.

3.3.6 Globalisierung und Regionalisierung

Wie kein anderer Wirtschaftszweig steht die Tourismuswirtschaft in einem besonders ausgeprägten Spannungsverhältnis zwischen Globalisierung und Regionalisierung (Abb. 3.3/11). Für die meisten touristischen Branchen gilt es, eine Balance zu finden zwischen einer exzessiven globalen Homogenisierung aller Angebote einerseits sowie der einseitigen Betonung regionaler, lokaler oder betrieblicher Besonderheiten unter Vernachlässigung des von Touristen erwarteten Standards etwa hinsichtlich Hygiene in den Hotels oder der Flugsicherheit andererseits. Insbesondere Reiseveranstalter stehen unter dem Zwang, ihrer Klientel einerseits die mehr oder weniger weltweit standardisierten Leistungen der Tourismuswirtschaft, andererseits aber auch das Spezifische einer Destination anzubieten. Auch die Reiseziele selbst müssen, um nicht generell austauschbar zu erscheinen, bemüht sein, ihre spezifischen naturräumlichen und sozio-kulturellen Attraktionen zu sichern, evtl. zu revitalisieren und schließlich zu vermarkten, da zumindest ein großer Teil der Touristen zwar auf einen gewissen gewohnten, weltweit verbreiteten Standard etwa bei der Unterkunft und Verpflegung nicht verzichten will, aber das Reisen mit dem Wunsch verknüpft, etwas Neues, Andersartiges, Fremdes, Exotisches und Einzigartiges kennen zu lernen. Gleichzeitig sind Touristen potentiell und

Abb. 3.3/11:
Die Tourismuswirtschaft im Spannungsverhältnis zwischen Globalisierung und räumlicher Differenzierung

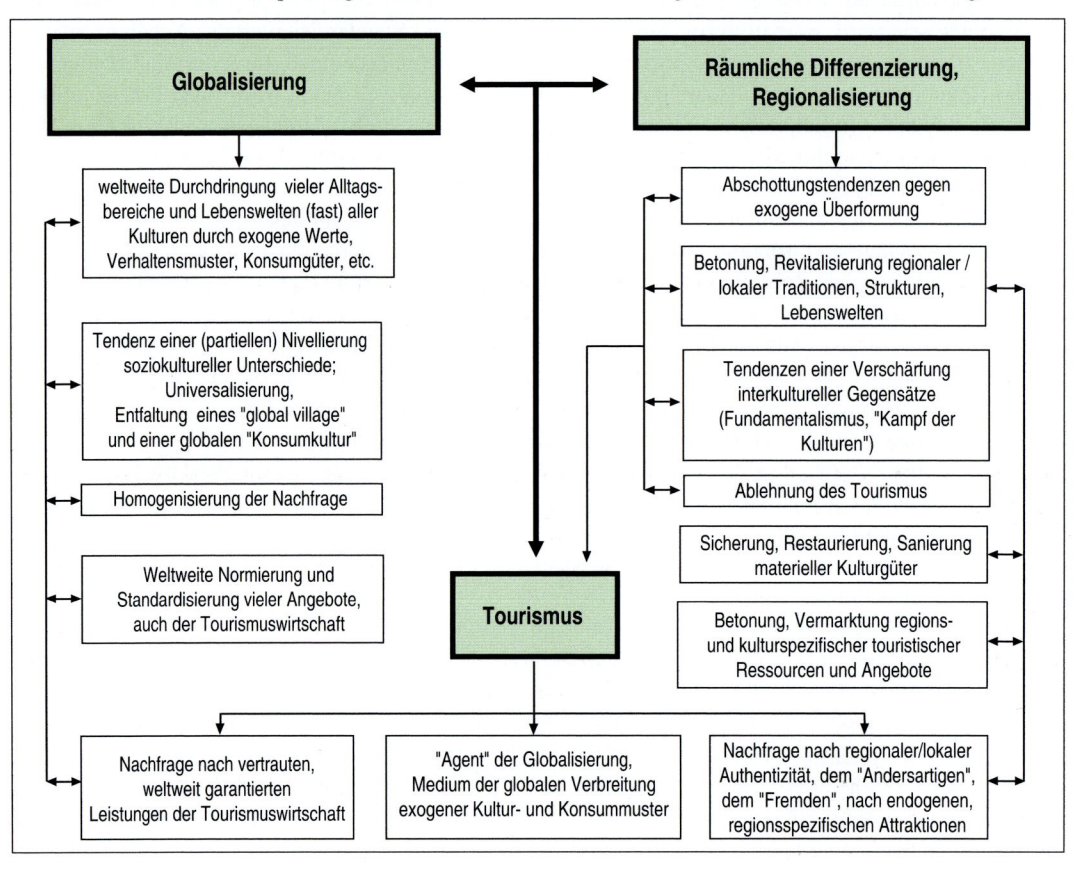

objektiv Agenten der Globalisierung, da sie mit ihrer Reise zu den Destinationen mit noch ausgeprägter sozio-kultureller Identität und Authentizität zu Medien der Verbreitung exogener Werte, Lebensstile und Konsumbedürfnisse werden. Sie können so – neben anderen Medien – auch zur tendenziellen Nivellierung sozio-kultureller Unterschiede und damit schließlich zur Zerstörung der touristischen Attraktivität einer Region mit beitragen. Auch durch den Tourismus wird eine zumindest partielle Durchdringung der Alltagskultur vieler Gesellschaften mit globalen Konsummustern gefördert. Dem steht jedoch entgegen, dass zahlreiche Gesellschaften touristischer Destinationen gerade im Zuge dieser Konfrontation mit dem Tourismus eine Stärkung, ja Wiederbelebung tradierter materieller und inmaterieller Kulturelemente anstreben – sei es, um die touristische Attraktion ihrer Region zu sichern und auszubauen, oder sei es, um dem Globalisierungsdruck zu widerstehen, um ihre sozio-kulturelle Identität nicht zu verlieren. Ein prägnantes Beispiel hierfür ist Bali (*Vorlaufer* 1999). Nicht auszuschließen ist, dass sich aus diesem Grunde im Zuge wachsender Globalisierung zumindest einige Bevölkerungsgruppen einiger Reiseziele fundamentalistischen Bewegungen anschließen und eine Abkopplung ihrer Region von den globalen Reiseströmen anstreben. Die für die Globalisierung weithin relevante Antinomie, die Interdependenz und evtl. der Antagonismus zwischen Globalisierung und Regionalisierung, zwischen globaler Homogenisierung und räumlicher Differenzierung und Vielfalt kann dann evtl. gerade in der Tourismuswirtschaft ihre schärfste Ausprägung erfahren.

3.4 Die exportorientierte Bekleidungsindustrie Indonesiens in globalen Produktionsnetzwerken (*Markus Hassler*)

Für Entwicklungsländer stellt die Herstellung von Bekleidung nach wie vor einen der wichtigsten Einstiege zur Industrialisierung dar (vgl. *Dicken* 2003). Dies liegt vor allem an den grundsätzlichen Anforderungen an die industrielle Fertigung von Bekleidung, durch die die Barrieren zum Einstieg in diesen Industriezweig relativ gering sind. Das ist sowohl für das benötigte Finanzkapital der eingesetzten Produktionstechnologien als auch hinsichtlich der erforderlichen Fertigungsfähigkeiten der Arbeiter der Fall. Die Produktion ist technisch sehr einfach. Sie erfordert nur einfache und schnell zu erlernende Fertigungsfähigkeiten, wobei sich die eingesetzten Maschinen im Verlauf der Zeit nur unwesentlich geändert haben. Obwohl inzwischen auch modernste computergesteuerte Technologien eingesetzt werden können, vor allem in den Produktionsstufen, die der Näherei vor- und nachgelagert sind – zum Beispiel beim Zuschnitt und der Lagerhaltung (*Hoffmann/Rush* 1988) –, besteht die industrielle Bekleidungsfertigung vor allem aus einer Reihe manueller Tätigkeiten. Dadurch wird die Fertigung vor allem durch ihre arbeitsintensiven Produktionsprozesse bestimmt. Durch diese Voraussetzungen ist es für Unternehmer möglich, mit relativ geringem Kapitaleinsatz einen industriellen Fertigungsbetrieb aufzubauen. Was jedoch wesentlich schwieriger ist für Unternehmer aus Entwicklungsländern, sind der Marktzugang und der Kontakt zu Einkäufern aus den wichtigsten Zielmärkten der entwickelten Welt (*Hassler* 2003.1, 2003.2). In der Tat ist die globale Bekleidungsindustrie durch Strukturen gekennzeichnet, die vor allem durch international operierende Käufer-Unternehmen dominiert sind.

In diesem Kontext steht die folgende Darstellung der globalen Produktionsnetzwerke der indonesischen Bekleidungsindustrie. Ihre exportorientierten Teile haben in den letzten zwanzig Jahren eine sehr dynamische Entwicklung erfahren. Die industrielle Herstellung von Bekleidung war ein wichtiger Faktor für die Industrialisierung Indonesiens. Sie stellt heute die bedeutendste Branche im verarbeitenden Gewerbe dieses Landes dar. Dies spiegelt sich auch in der weltwirtschaftlichen Bedeutung der indonesischen Bekleidungsindustrie; sie steht an neunter Stelle der wichtigsten Exporteure (WTO 2002).

Ziel dieses Kapitels ist es, die Einbettung der exportorientierten indonesischen Bekleidungsindustrie in globale Produktionsnetzwerke zu untersuchen und darzustellen. Im ersten Teil wird das politische und institutionelle Rahmenwerk auf nationaler und globaler Ebene betrachtet, in dem die indonesischen Exporthersteller operieren. Zudem wird die Entwicklung der räumlichen Verteilung der Bekleidungsindustrie innerhalb Indonesiens anhand der Anzahl der Unternehmen und ihrer Beschäftigten dargestellt. Im zweiten Teil werden die spezifischen Produktionsnetzwerke verschiedener unternehmensspezifischer Prozesse untersucht: Dies sind zum einen die Käufer-Produzenten-Beziehungen, die Organisation der Produktion innerhalb der Unternehmen und die Herkunft der Beschäftigten auf den verschiedenen Hierarchiestufen der Produktion.

3.4.1 Exporte und räumliche Strukturen der indonesischen Bekleidungsindustrie

Die zunehmende Bedeutung der indonesischen Bekleidungsindustrie in der Weltwirtschaft ist durch die starken Zuwächse ihrer Exportaktivitäten gekennzeichnet (Abb. 3.4/1). Sowohl die Menge als auch der Wert der exportierten Bekleidung aus Indonesien haben seit 1985 enorm zugenommen. Der Wert der exportierten Bekleidung stieg im Verlauf der letzten zwei Dekaden von zunächst 0,3 Mrd. US$ im Jahr 1985 auf 1,5 Mrd. US$ in 1990. Dieses Wachstum setzte sich fort und erreichte im Jahr 2000 ein Niveau von 4,5 Mrd. US$. Ähnlich erfolgte auch das Wachstum der exportierten Menge. Sie stieg von 40.000 Tonnen im Jahr 1985 auf 120.000 Tonnen in 1990 und erreichte 2000 ein Volumen von 360.000 Tonnen. Dies stellt ein vierzehnfaches Wachstum des exportierten Warenwertes dar, während die exportierte Menge im Jahr 2000 ein achtfach höheres Volumen ausmachte als 1985. Die Unterschiede der Wachstumsraten zwischen Warenwert und Warenmenge der exportierten Bekleidung sind das Ergebnis der gestiegenen Produktpreise.

Abb. 3.4/1:
Indonesische Bekleidungsexporte, 1985–2000
Quelle: BPS 2002

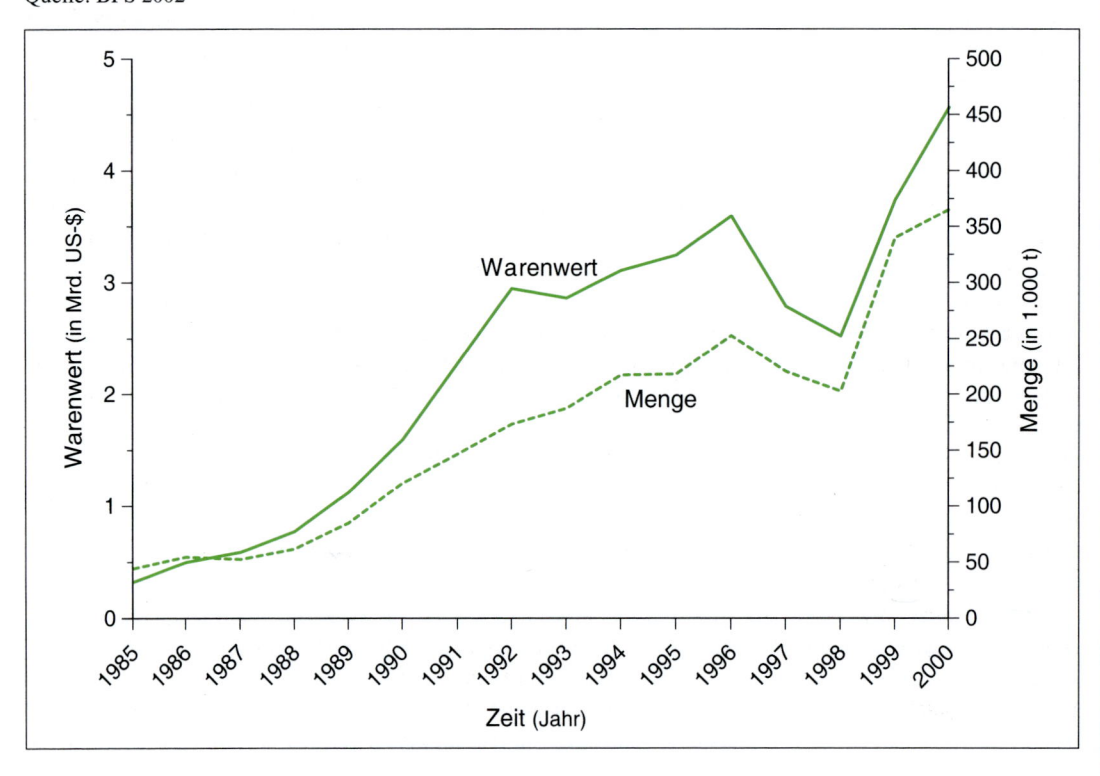

Obwohl die verhältnismäßig geringen Lohnkosten eine bedeutende Rolle beim Wachstum der indonesischen Bekleidungsexporte spielen, ist diese Entwicklung vor allem im Kontext der nationalen Industrialisierungspolitik und der globalen Handelsrestriktionen für Bekleidung zu sehen. In der nationalen Industrialisierungspolitik wurden seit Mitte der 1980er Jahre Maßnahmen getroffen, die explizit die Integration der Bekleidungsindustrie in die globalen Produktionsnetzwerke dieses Industriezweiges fördern sollten. Dazu zählt vor allem ein Gesetz von 1986, das der export-orientierten Bekleidungsindustrie ermöglicht, Rohmaterialien zu importieren, ohne dafür Zölle zu bezahlen (*Hill* 1992, S. 67, *Pangestu* 1997, S. 37). Bei nachweislichem Export der Endprodukte wurde den Bekleidungsherstellern der administrative Vorteil eingeräumt, die Rohwaren zollfrei zu importieren. Dies hatte den Vorteil, dass wesentlich weniger Arbeitskapital in den Produktionsprozess eingesetzt werden mußte, da der kosten- und zeitintensive Vorgang der Rückforderung der vorab bezahlten Zölle bei den indonesischen Zollbehörden entfiel. Den export-orientierten Bekleidungsherstellern war es nun gestattet, in einem Regime zu operieren, das einer Freihandelszone glich (*Hill* 1992, S. 67).

Neben nationalen Maßnahmen zur Exportförderung und der allgemein gestiegenen globalen Nachfrage nach Bekleidung spielte auch das regulierende Rahmenwerk für den globalen Bekleidungshandel eine bedeutende Rolle bei der Integration indonesischer Unternehmen in die Weltwirtschaft. Dies betrifft vor allem das Multi Fibre Arrangement (MFA), das den Textil- und Bekleidungshandel mit den wichtigsten Konsummärkten für Bekleidung, wie der EU und den USA, mittels Handelsquoten regulierte (vgl. *Cline* 1987, *Dickerson* 1995, *Hoekmann/Kostecki* 1995, *Dicken* 2003). Obwohl das MFA ursprünglich zum Schutze der nationalen Bekleidungsindustrien in diesen „alten" Industrieländern eingeführt wurde, konnte es deren Niedergang nicht verhindern. Stattdessen konnten Bekleidungsunternehmen in Entwicklungsländern wegen ihrer geringeren Lohnkosten sukzessive ihren Anteil am Weltmarkt vergrößern. Um die wachsende globale Nachfrage zu befriedigen und um die vom MFA gesetzten Handelsquoten je Produktionsland auszugleichen, wurden zunehmend neue Produktionsstandorte in die globalen Beschaffungsnetzwerke der Käufer aus Nordamerika und Westeuropa integriert. Dies führte zu ständigen Produktionsverlagerungen im Falle von ausgeschöpften Handelsquoten und zu hohen Produktionskosten, wenn die Lohnkosten stiegen. Das waren auch der Beginn und der Grund des Wachstums der indonesischen Exportproduktion. So waren vor allem gestiegene Lohnkosten und ausgeschöpfte Handelsquoten in ostasiatischen Ländern wie Taiwan und Südkorea zum Ende der 1980er und zu Beginn der 1990er Jahre eine Hauptursache für Produktionsverlagerungen nach Indonesien. Neben diesen Ausgangsbedingungen für den Anstieg der indonesischen Exportproduktion wurden aber auch die Handelsquoten sukzessive je Produktionsland erhöht. Dies ist vor allem das Ergebnis des GATT-Abkommens. Teil des Abkommens war auch die vollständige Abschaffung dieses regulierenden Rahmenwerkes im Jahr 2005. Durch diese Maßnahmen konnte das Handelsvolumen in die Hauptmärkte der entwickelten Welt sukzessive gesteigert werden. Bereits vor der Abschaffung des MFA wurden mehr als zwei Drittel der gesamten indonesischen Exporte für Länder produziert, deren Marktzugang durch diese Handelshemmnisse reguliert war (*Hassler* 2004.1).

Die industrielle Bekleidungsproduktion in Indonesien ist jedoch nicht gleichmäßig über den gesamten Archipel verteilt, sondern hochgradig auf Java konzentriert (vgl. *Hassler* 2004.2). Java, das ökonomische Zentrum Indonesiens, ist die Insel, auf der die überwiegende Anzahl der indonesischen Bekleidungsunternehmen ihre Produktionsaktivitäten ausübt (vgl. Abb. 3.4/2). Diese ausgeprägte Konzentration hat sich seit 1980 entwickelt; im Jahr 2000 hatten insgesamt 2.900 der 3.200 registrierten indonesischen Bekleidungsunternehmen, also über 90 %, ihren Produktionsstandort auf Java. Auf Java hatten 800 Unternehmen ihren Sitz in Jakarta, 1.000 produzierten in der Provinz West Java, 500 in Zentral Java und 600 in Ost Java.

Die räumliche Verteilung der Unternehmen spiegelt sich auch in der räumlichen Verteilung der Beschäftigten in der indonesischen Bekleidungsindustrie wider (vgl. Abb. 3.4/3). Von 840.000 registrierten Beschäftigten in der indonesischen Bekleidungsindustrie im Jahr 2000 arbeiteten 810.000 in der javanischen Bekleidungsindustrie, d. h. mehr als 96 % aller Beschäftigten in der indonesischen Bekleidungsindustrie haben ihren Arbeitsplatz auf Java. Obwohl zugleich 60 % der Bevölkerung Indonesiens auf dieser Insel leben, stellt dies eine ausgesprochen hohe Konzentration dar. Von den Beschäftigten in der javanischen Be-

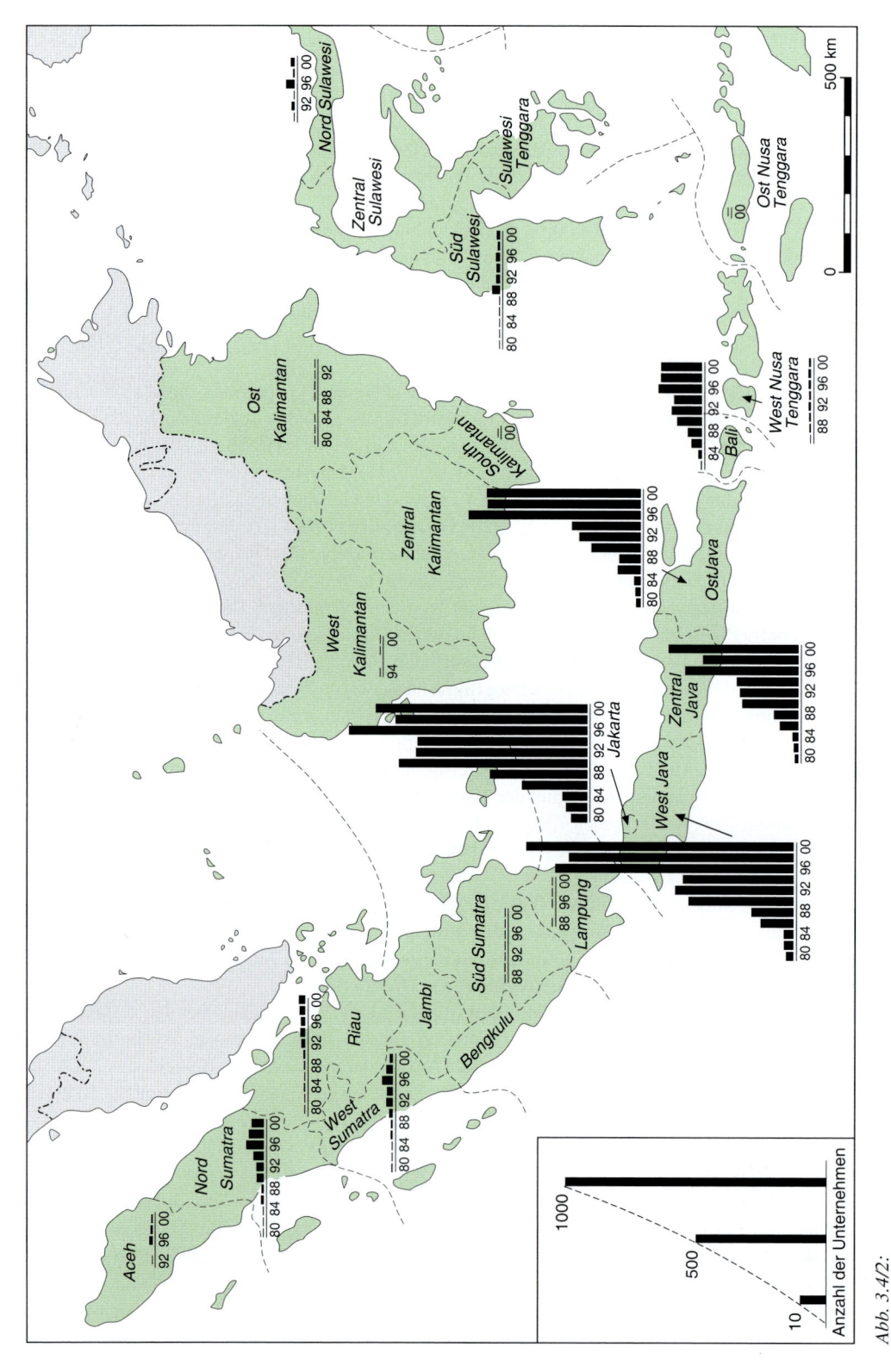

Abb. 3.4/2:
Die räumliche Verteilung der Unternehmen in der indonesischen Bekleidungsindustrie, 1980–2000
Quelle: BPS 2002

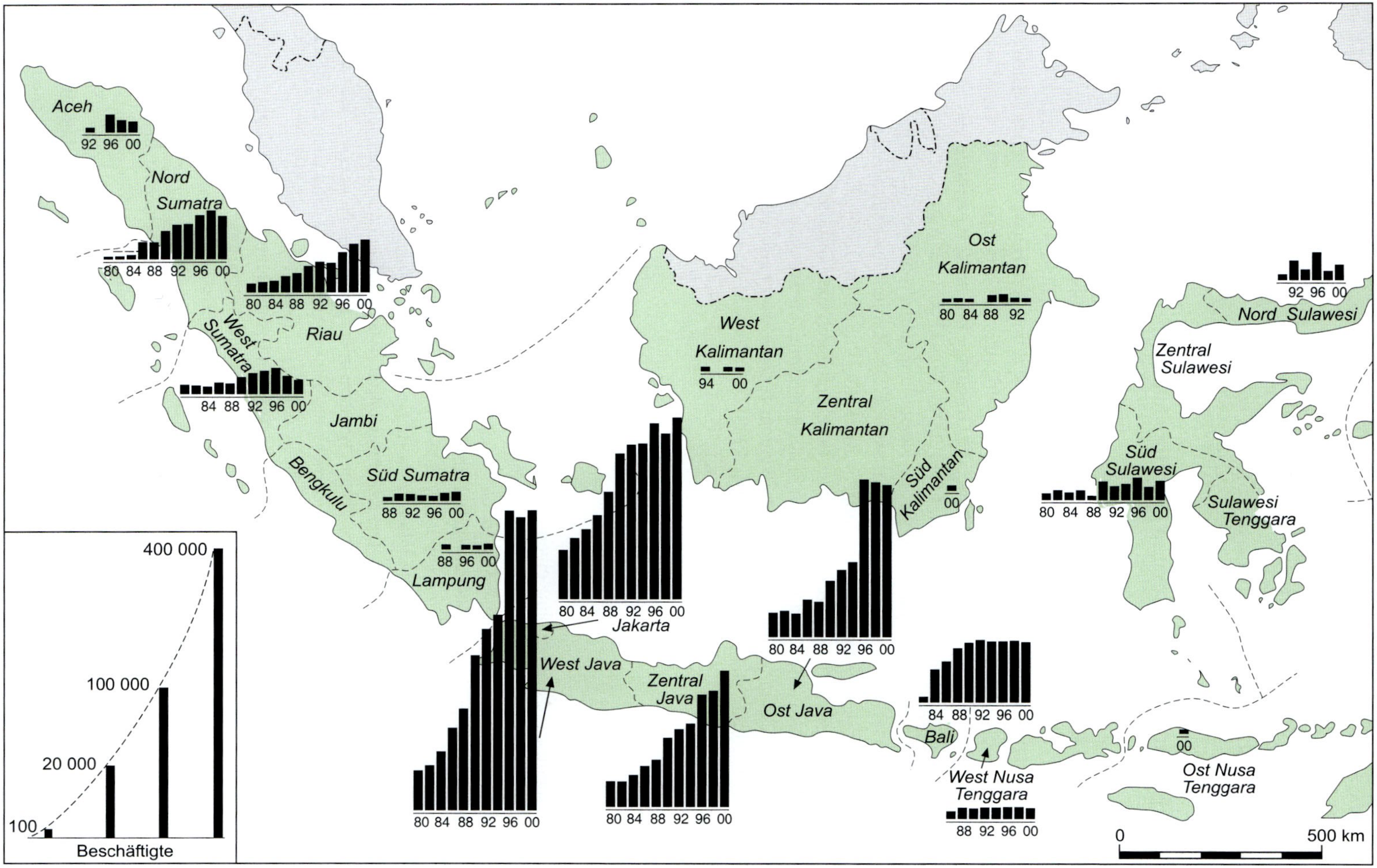

Abb. 3.4/3:
Die räumliche Verteilung der Beschäftigten in der indonesischen Bekleidungsindustrie, 1980–2000
Quelle: BPS 2002

kleidungsindustrie arbeiteten im Jahr 2000 insgesamt 150.000 in Jakarta, 480.000 in West Java, 80.000 in Zentral Java und 100.000 in Ost Java. Mit durchschnittlich 480 Mitarbeitern sind die Bekleidungsunternehmen in West Java am größten. In Jakarta lag diese Zahl bei 187 Mitarbeitern, in Zentral Java bei 160 und in Ost Java bei 166. Angesichts dieser räumlichen Struktur basieren die folgenden Darlegungen auf Untersuchungen, die in Jakarta und West Java durchgeführt wurden.

3.4.2 Die Organisation der indonesischen Exportproduktion

Die Organisation der indonesischen Bekleidungsindustrie in die Weltwirtschaft und vor allem in Bezug zu den Hauptmärkten in Westeuropa und Nordamerika zeichnet sich durch Produktionsnetzwerke mit spezifischen Strukturen aus. Dabei spielen vor allem das Geschäftsverhältnis und die Machtstrukturen zwischen den internationalen Käufer-Unternehmen aus der entwickelten Welt und dem Hersteller in Indonesien eine Rolle. Das Machtgefüge innerhalb globaler Produktionsnetzwerke der Bekleidungsindustrie wurde vor allem im Konzept der Warenketten analysiert und bildet die Grundlage für die Beschreibung von käufer-gesteuerten Produktionssystemen (vgl. *Gereffi* 1994, 1999, 2001). Diese Form der Warenkette ist dadurch gekennzeichnet, dass Vertrieb und Marketing sowie die Herstellung und Produktion der Güter von unterschiedlichen, spezialisierten Unternehmen durchgeführt werden. Das Käufer-Unternehmen zeichnet sich vor allem durch die Expertise in der Produktentwicklung, im Marketing und in der Distribution der Endprodukte aus, während sämtliche Produktionsprozesse ausgelagert sind und durch spezialisierte Unternehmen vor allem in Entwicklungsländern ausgeführt werden. Ein Schlüsselargument bei diesen Netzwerkstrukturen ist, dass diese von den Käufern kontrolliert und gesteuert werden, da die Käufer entscheiden, wie, wo und wann die Herstellung der Produkte stattfindet (*Gereffi* 1994, 1999). Als Käufer-Unternehmen gelten große Einzelhandelsorganisationen wie C&A, Marks&Spencer und The GAP oder Markenunternehmen wie Adidas, Nike oder Esprit.

Die Käufer-Unternehmen operieren ohne eigene Produktionsstätten und konzentrieren sich ausschließlich auf die Entwicklung neuer Produkte sowie das Marketing und den Vertrieb dieser Produkte (vgl. Abb. 3.4/4). Das Hersteller-Unternehmen in Indonesien ist im Gegensatz dazu für die Beschaffung der Rohmaterialien und sämtliche Produktionsprozesse verantwortlich. Dabei müssen sämtliche Prozesse beim Hersteller-Unternehmen nach den genauen Spezifikationen des Käufer-Unternehmens ausgeführt werden. Weitere Auslagerungen der Produktionsprozesse sind möglich, zum Beispiel durch die Integration von spezialisierten Lohnunternehmen in die Netzwerkstrukturen. Die Kommunikation zwischen Käufer und Hersteller ist durch Intermediäre gewährleistet. Dazu gehören ostasiatische Agenten, in der Regel aus Hongkong, Taiwan oder Südkorea, und eigene Vertretungen der Käufer-Unternehmen. Diese Intermediäre sind auch für die Qualitätskontrolle der Endprodukte vor der Verschiffung der Kleidungsstücke verantwortlich.
Während in *Gereffis* (1996) Modell nur die ostasiatischen Agenten berücksichtigt werden, kann man feststellen, dass im indonesischen Kontext auch eigene Unternehmensvertretungen eine wesentliche Rolle spielen. Der jeweils gewählte Intermediär hat dabei einen signifikanten Einfluss auf die spezifischen Interaktionen zwischen Käufer und Hersteller. Beide Intermediäre stellen eine physische Vertretung des Käufers in der Nähe des Produktionsstandortes dar. Das Hauptziel beider Organisationsformen ist die direkte Kontrolle der Produktqualität und der pünktlichen Lieferung der Endprodukte. Beide werden durch das Hauptunternehmen aus dem Industrieland mit allen Produktspezifikationen versorgt, inklusive aller Spezifikationen für Design und Rohwarenstandards, die diese dann an den lokalen Produzenten weiterleiten (Abb. 3.4/4). Keine der beiden Organisationen ist finanziell in die Rohwarenbeschaffung involviert. Stattdessen werden alle ökonomischen Risiken und Verantwortlichkeiten der Kostenkalkulation dem Produzenten

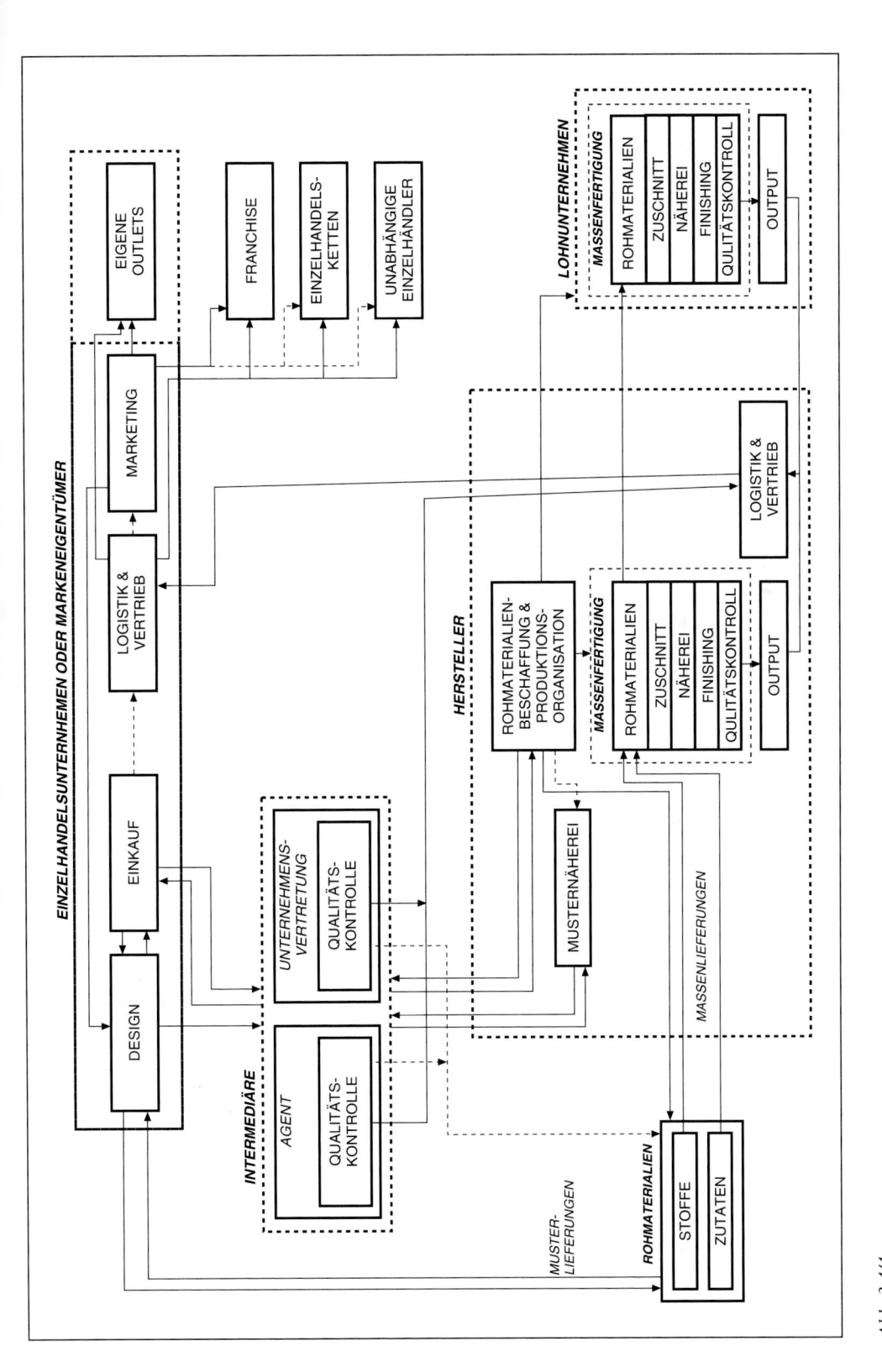

Abb. 3.4/4:
Das indonesische Export-Produktionssystem für Bekleidung

übertragen. Es gibt jedoch zwischen beiden Organisationsformen einen bedeutenden Unterschied in der Kostenstruktur für das Käufer-Unternehmen. Eigene Vertretungen sind internalisierte Operationen und verursachen dadurch Fixkosten, also ‚indirekte' Kosten, die nicht im unmittelbaren Zusammenhang mit Menge oder Wert der Ware stehen. Im Gegensatz dazu sind Agenten unabhängige Unternehmen, deren Kosten direkt und proportional zum Wert der produzierten Kleidungsstücke stehen. Empirische Erhebungen belegen, dass die Kosten für eine eigene Vertretung wesentlich höher sind als die, welche durch die Integration eines unabhängigen Agenten entstehen.

Die Art der eingesetzten Intermediäre ist ein wesentliches Unterscheidungsmerkmal zwischen den Produktionsnetzwerken westeuropäischer und nordamerikanischer Käufer-Unternehmen. Westeuropäische Unternehmen operieren primär mit eigenen Vertretungen mit Sitz in Jakarta. Diese Vertretungen sind mit Entscheidungsbefugnis ausgestattet und bevorzugen lokal hergestellte Rohmaterialien. Dadurch kann die Kontrollfunktion dieser Vertretungen auch in vorgelagerte Stufen der Produktionskette wirken. Die Kontrolle über die Rohwarenproduktion erhöht dabei auch den Nutzen aus den Fixkosten der direkten Unternehmensvertretung. Die Nähe zu den Stoffwebereien wird als Hauptvorteil in dieser Form der Koordination gesehen. Sie erlaubt einen direkten Zugriff auf den gesamten Produktionsprozess für die Kleidungstücke und eröffnet die Möglichkeit, im Fall von fehlerhaften Erzeugnissen oder bei Terminproblemen Druck auf die Textilhersteller auszuüben.

Im Gegensatz zu den westeuropäischen Käufer-Unternehmen operieren die meisten nordamerikanischen Käufer-Unternehmen in der Regel mit ostasiatischen Agenten, mit der Ausnahme der sehr großen Organisationen wie Nike und Levi's; sie haben keine eigenen Vertretungen in Indonesien. Die Kommunikation zwischen nordamerikanischen Unternehmen und Agenten findet dabei primär über deren Hauptsitz in Seoul, Taipeh oder Hongkong statt. Dies drückt sich auch in der Organisation der Rohwarenbeschaffung aus. Da die Agenten mit verschiedenen Käufer-Unternehmen zusammenarbeiten und auch in verschiedenen ost- und südostasiatischen Ländern Produktionskooperationen unterhalten, konzentrieren sie ihre Beschaffungsaktivitäten auf eine kleine Anzahl von geprüften und vertrauten Rohstofflieferanten in ihrem Herkunftsland. Diese ausgesuchten Textilunternehmen werden als exklusive Warenquelle bestimmt. Das bedeutet, dass der indonesische Bekleidungshersteller die eingesetzten Rohwaren für eine bestimmte Order von diesem Hersteller beziehen muß. Da nahezu alle Agenten ihren Hauptsitz in Taiwan, Südkorea oder Hongkong (China) haben, ist somit auch das Ursprungsland der Textilien meistens identisch mit der Herkunft des jeweiligen Agenten. Der Vorteil dieser Netzwerkstruktur ist, dass sämtliche Rohwaren, die im Produktionsnetzwerk des Agenten eingesetzt werden, zentral mittels entsprechender Kapazitäten im Hauptsitz kontrolliert werden können. Diese Struktur ist eine Folge der Tatsache, dass Länder wie Taiwan oder Südkorea ihre Industrialisierung ebenfalls mit der Bekleidungsindustrie begonnen haben. Im Zuge der steigenden Lohnkosten bei zunehmender Industrialisierung wurden die Produktionskapazitäten in andere asiatische Länder mit billigeren Lohnkosten ausgelagert. Da die Textilindustrie im Gegensatz zur Bekleidungsindustrie primär kapitalintensiv ist, war diese Branche nicht im gleichen Masse von Standortverlagerungen ins Ausland betroffen. Die Textilindustrie in diesen ostasiatischen Ländern ist nach wie vor sehr wettbewerbsfähig.

Die Bestimmung der Rohstofflieferanten durch die Agenten hat auch negative Auswirkungen für das indonesische Bekleidungsunternehmen: Zum Beispiel wird die Kostenkalkulation des Bekleidungsherstellers sehr transparent. Der Hersteller ist somit in einer sehr schwachen Verhandlungsposition beim Aushandeln der Produktpreise, da nur sehr wenige Kostenpunkte für den Käufer unbekannt bleiben. Zudem müssen die Bekleidungshersteller die gesamten Kosten der Rohwarenbeschaffung und der Produktionsprozesse vorfinanzieren. Letzteres ist sowohl bei Produktionsnetzwerken mit Agenten als auch bei solchen der Fall, bei denen Unternehmensvertretungen involviert sind. Das gesamte Produktionsrisiko liegt beim indonesischen Hersteller. Da die Rohwarenkosten durchschnittlich 65 % bis 75 % des gesamten Warenwertes der Bekleidung ausmachen und Zinsen von 20 % bis 25 % in Indonesien durchaus üblich sind, ist diese Risikoverteilung enorm kostenintensiv und ungünstig für die Bekleidungshersteller.

Neben diesen Aspekten haben Rohwarenimporte einen weiteren, bedeutenden Nachteil für die indonesische Volkswirtschaft. Der Mehrwert, der im verarbeitenden Gewerbe generiert wird, bleibt dadurch gering und die möglichen Multiplikatoreffekte, die sich aus einem erfolgreichen Industriezweig für die gesamte Volkswirtschaft ergeben könnten, bleiben begrenzt. Ein weiteres Problem stellen die zeitintensiven Zollmodalitäten in den großen Seehäfen bei der Importabwicklung der Rohwaren dar. Die Verzögerung bei Löschung und Verzollung der Container kann bis zu zehn Tage dauern. Da die Fertigstellung der Bekleidung zu festgelegten Terminen erfolgen muss, kann dies einen enormen Zeitdruck in der Produktionsabwicklung bedeuten. Korruption und Bestechung der Zollbeamten sind gängige Methoden, den Verzollungsprozess zu beschleunigen. Dadurch entstehen jedoch wieder Zusatzkosten, die nicht in der Kalkulation berücksichtigt werden können.

Neben den Stoffen sind weitere Rohwaren für die Bekleidungsherstellung von Bedeutung. Dazu gehören Materialien wie Nähfaden, Knöpfe und Reißverschlüsse, die in der Bekleidungsindustrie Zutaten genannt werden. Sie unterliegen einem unterschiedlichen Beschaffungsmuster. Diese Materialien stellen die letzte Stufe der Rohwarenbeschaffung dar, da das Einfärben, vor allem der Nähfaden, mit der Farbgebung der Stoffe abgestimmt werden muss. Schneller Kundenservice und Lieferung sind daher von großer Bedeutung in dieser Stufe der Produktionskette. Dies kann nur gewährleistet werden, wenn der Hersteller eine starke Marktpräsenz besitzt im Sinne von kompetentem Verkaufspersonal und lokaler Produktionsstätte. In einer Strategie marktorientierter, ausländischer Direktinvestitionen haben spezialisierte transnationale Unternehmen in Ländern mit bedeutenden Bekleidungsindustrien Produktionsstätten aufgebaut. Dies hat zu einer dispersen globalen Standortstruktur der Zutatenproduktion geführt.

Im Fall von Indonesien würde eine Beschaffung aus dem Ausland die Endproduktion stark verlangsamen, da die Lieferzeiten aufgrund der Seewege wesentlich länger dauern würden. Daher operieren der britische Fadenhersteller Coats und der japanische Reißverschlusshersteller YKK bereits seit den 1980er Jahren mit eigenen Produktionsstätten in Indonesien. Coats unterhält sogar zwei Produktionsstätten auf Java, als Folge der Übernahme des Konkurrenten Tootal (vgl. *Peck/Dicken* 1996). Je eine Produktionsstätte in Ost- und Westjava garantiert dabei eine noch größere Marktnähe und erlaubt sehr schnelle Lieferzeiten für die gesamte javanische Bekleidungsindustrie. Die Bedeutung von Produktmarken in dieser Stufe der industriellen Produktion verdeutlicht die Tatsache, dass Coats den Namen ‚Astra' der übernommenen Firma Tootal weiterführt, anstatt den eigenen Markennamen zu benutzten. Dies liegt vor allem am höheren Image und dem höheren Bekanntheitsgrad der Marke ‚Astra'. Ein weiterer internationaler Fadenhersteller mit eigener Produktionsstätte in Indonesien ist Gunze aus Japan, welcher ein Joint Venture mit Great River, dem größten Bekleidungshersteller Indonesiens, etabliert hat. Es garantiert Gunze einen großen Kunden und Great River hat den Vorteil der internalisierten Produktion für eine noch schnellere Lieferung. Die beiden Fadenhersteller arbeiten ausschließlich für den indonesischen Markt, während YKK auch internationale Märkte von Indonesien aus bedient.

Obwohl diese oligopolistische Zulieferstruktur bei Nähfaden und Reißverschlüssen eine auf den ersten Blick eher negative Marktsituation für die internationalen Käufer und Bekleidungshersteller darstellt, hat die globale Präsenz dieser Hersteller signifikante Vorteile. Die Zulieferer sind in der Lage, eine gleichbleibende Qualität zu liefern, die dem internationalen Standard für Kundendienst und Produktqualität entspricht. Zum Beispiel hat Coats eine einheitliche Farbpalette für alle globalen Märkte eingeführt, womit die Käufer die gleiche Farbe des Nähfadens an jedem Produktionsstandort der Welt erhalten können. Dies erlaubt den Käufer-Unternehmen, verschiedene Artikel aus dem gleichen Stoff an verschiedenen globalen Produktionsstandorten herzustellen, um sie letztlich im Einzelhandel als einheitliche Kollektion ohne Farbvariationen zu präsentieren.

3.4.3   Makro-regionale Produktionsnetzwerke

Die Exportproduktion der indonesischen Bekleidungsindustrie wird also nahezu ausschließlich von ausländischen Unternehmen kontrolliert und koordiniert. Sie ist zudem durch die beiden Intermediäre, Agenten und eigene Unternehmensvertretungen, stark in globale Produktionsnetzwerke integriert. Während die Unternehmensvertretungen direkt aus dem Stammsitz des Käufer-Unternehmens mit den Auftragsdetails versorgt werden, stellen die Agenten eine organisatorische und räumliche Ausdehnung der Produktionsnetzwerke dar. Vor allem die Warenexporte in die USA sind in diese Form der Produktionsnetzwerke eingebettet. Durch die dominante Rolle von ostasiatischen Agenten in diesen Netzwerkstrukturen wird die indonesische Bekleidungsindustrie in makro-regionale asiatische Produktionsnetzwerke eingebettet, die verschiedene Formen und Geographien aufweisen. Asiatische Unternehmen sind die dominanten Direktinvestoren in der Bekleidungsindustrie Indonesiens. Mehr als 85 % der durch ausländische Direktinvestitionen entstandenen Bekleidungsbetriebe in Indonesien sind mit ostasiatischem Kapital entstanden. Mehr als 90 % des ausländischen Kapitals, das in die indonesische Bekleidungsindustrie geflossen ist, ist ostasiatischer Herkunft (*Dicken/Hassler* 2000). Die zentralisierten Verkaufsaktivitäten der Agenten in ihren Heimatländern sind ein bedeutendes Merkmal dieser Organisations- und Produktionsstrukturen. Die zentralen Verkaufsorganisationen verhandeln direkt mit den bedeutenden Markenunternehmen und Einzelhandelsunternehmen der USA. Dadurch bietet diese Form der Netzwerkstruktur für bestimmte indonesische Hersteller ein großes Potential, Aufträge zu generieren, das anderweitig kaum ausgeschöpft werden könnte. So erhält ein Hersteller in Indonesien, der durch eine taiwanesische Direktinvestition entstanden ist, bis zu 90 % seiner Aufträge durch seinen Hauptsitz in Taipeh. Nur zehn Prozent der Aufträge werden durch andere Agenten oder durch Unternehmensvertretungen abgewickelt.

Diese Organisationsstrukturen bieten für die Agenten den Vorteil, dass sie den gesamten Prozess der Bekleidungsfertigung von einer zentralen Stelle aus kontrollieren können. Ein zentral gesteuertes Produktionsnetzwerk hat den Vorteil, dass ein weitreichendes Geflecht von Produktionsbetrieben in verschiedenen asiatischen Ländern ausreichend mit Aufträgen versorgt werden kann. Die Käufer-Unternehmen bestellen ihre gewünschten Produkte im organisatorischen Zentrum des Netzwerkes, welches der Hauptsitz des Agenten darstellt, und die Produktion wird dann innerhalb des makro-regionalen Netzwerkes organisiert und arrangiert. Dieses System erlaubt zudem, dass die Herstellung der bestellten Kleidungsstücke nach deren Komplexität und den Fertigungsfähigkeiten der Mitarbeiter den verschiedenen Betrieben im Produktionsnetzwerk zugeteilt werden kann.

Somit können auch Betriebe an neuen Produktionsstandorten, die in zunehmendem Maße in Ländern mit geringeren Lohnkosten wie zum Beispiel Kambodscha oder Myanmar eröffnet werden, ausreichend mit Aufträgen versorgt werden, wenn die Mitarbeiter noch relativ unerfahren sind. Dadurch erlangen diese Mitarbeiter Erfahrung und Fähigkeiten, um später komplexere Produkte zu fertigen.

Da Produktionsbetriebe der Bekleidungsindustrie in der Regel auch hochgradig auf ein bestimmtes Bekleidungsprodukt spezialisiert sind, zum Beispiel Hosen, Jacken oder Hemden, kann eine zentralisierte Verkaufsorganisation in den makro-regionalen Produktionsnetzwerken den Käufer-Unternehmen eine größere Palette von verschiedenen Bekleidungsprodukten anbieten. Dies liegt an der Integration einer großen Anzahl spezialisierter Fertigungsbetriebe in das Produktionsnetzwerk der jeweiligen Agenten.

3.4.4 Die Organisation der Produktion und des Wissenstransfers

Neben diesen standortspezifischen Einflüssen auf die Bekleidungsproduktion durch die organisatorische Struktur der Produktionsnetzwerke haben auch der eingesetzte Intermediär und der Zielmarkt für die fertigen Bekleidungsstücke einen starken Einfluss auf die Struktur der Produktionsorganisation in den indonesischen Betrieben. Die Form, in der die globalen Produktionsnetzwerke organisiert sind, spiegelt sich ebenso stark in der internen Organisation der Produktionsprozesse der indonesischen Hersteller wider. Während die Intermediäre bisher primär als Bindeglied zwischen Produktion und Konsum dargestellt wurden, beeinflussen Agenten und Unternehmensvertretungen Faktoren wie die Produktivität, Flexibilität und Qualität der Produktion in besonderer Weise. Dies ist ein bedeutender Aspekt, da vor allem die Produktivität und die Leistungsfähigkeit der Produktion die internationale Wettbewerbsfähigkeit des indonesischen

Herstellers definieren. Zudem beeinflusst die Produktivität der Herstellungsprozesse direkt die Profitabilität des Herstellers. In diesem Kontext konnten vor allem Käufer, die mit asiatischen Produktionsnetzwerken operieren, Unterschiede feststellen zwischen indonesischen Produzenten und solchen, die in anderen asiatischen Ländern beheimatet sind. Länder mit einer relativ langen Tradition der Bekleidungsherstellung, wie Südkorea und Taiwan, werden als Länder mit der höchsten Produktivität beschrieben (vgl. *Hassler* 2004.3). Diesen beiden Ländern folgen Thailand, Malaysia, Indonesien, China und die Länder mit einem relativ geringen wirtschaftlichen Entwicklungsstandard, wie Vietnam, Myanmar und Kambodscha. Obwohl Indonesien schon relativ lange in die industrielle Exportfertigung für Bekleidung involviert ist, wird die Produktivität der Hersteller aus diesem Land als relativ gering bezeichnet.

Die relativ geringe Produktivität erhöht die Gesamtkosten der Produktion. Obwohl die Währungskrise der 1990er Jahre den proportionalen Anteil der in Rupiah berechneten Arbeitskosten an den in Dollar kalkulierten Gesamtkosten reduziert hat, bleiben dennoch die Gesamtkosten durch eine geringe Produktivität je Mitarbeiter direkt beeinflusst. Diese führt immer zu einem erhöhten Aufwand der Produktionsfaktoren Arbeit und technische Ausrüstung, um ein bestimmtes Gut in einer festgelegten Zeit zu produzieren. Neben den erhöhten direkten Lohnkosten machen zusätzlich eingesetzte Mitarbeiter eine Erweiterung der eingesetzten technischen Ausrüstung notwendig. Dies liegt an der organisatorischen Struktur der industriellen Bekleidungsfertigung, bei der in der Näherei jede Arbeitskraft in der Regel direkt eine individuelle Nähmaschine bedient. Somit erhöht sich auch bei einer geringen Arbeitsproduktivität der Mitarbeiter der Bedarf für Investitionsmittel, um die zusätzlich benötigten Nähmaschinen zu beschaffen.

Daher wurden unterschiedliche Strategien eingesetzt, um eine erhöhte Leistungsfähigkeit der Produktionseinheiten zu erzielen, und vor allem, um diese auf die Bedürfnisse der Käufer zuzuschneiden. So haben Bekleidungsunternehmen, die in taiwanesische oder südkoreanische Produktionsnetzwerke integriert sind, vor allem die Fertigungslinien im Produktionsprozess verlängert, um die geringere Produktivität auszugleichen. Diese Ausrichtung der Fertigungsorganisation beeinflusst jedoch die Flexibilität der Produktion. Neben der verlängerten zeitlichen Verweildauer der Halbfertigerzeugnisse innerhalb der Fertigungslinie ist die Umstellung der Produktion auf neue Artikel durch die große Anzahl der in der Fertigungslinie eingesetzten Mitarbeiter und Maschinen relativ zeitintensiv. Zudem erfordert diese Ausrichtung der Fertigungsorganisation hohe Mindestmengen an Aufträgen, um die gewünschten Skalenerträge zu erzielen, was zu einer expliziten Ausrichtung auf die Bedürfnisse der Käufer aus den USA führte, die mit großen Stückzahlen für ihren Zielmarkt operieren.

Im Vergleich dazu haben Bekleidungshersteller, die vor allem mit europäischen Käufern zusammenarbeiten, eine sehr unterschiedliche Produktionsstrategie eingesetzt. Flexibilität und eine hohe Produktqualität sind von sehr hoher Bedeutung für die europäischen Käufer-Unternehmen. Da die Märkte, die diese Käufer bedienen, wesentlich kleiner sind als der riesige Konsumgütermarkt der USA, werden kleinere Stückzahlen und Fertigungsmengen benötigt. Somit wird eine ausgesprochen flexible Ausrichtung der Produktion verlangt. Um dies zu erreichen, werden bei Herstellern, die für diese Märkte produzieren, wesentlich kürzere Fertigungslinien eingesetzt. Dies erlaubt mit wesentlich kleineren Stückzahlen bestimmte Skalenerträge zu erzielen, was sich konsequenterweise auch in den benötigten Mindestbestellungen je Artikel ausdrückt. Einzelne Fertigungslinien können sich dabei auf die Produktion eines bestimmten Artikels spezialisieren. Zudem wird die für den Produktionswechsel für neue Artikel benötigte Zeit wesentlich kürzer. Die Halbfertigerzeugnisse verbleiben nicht so lange in der Fertigungslinie, was sich auch auf die Höhe des benötigten Arbeitskapitals auswirkt. Die gesamte Produktionsdauer bis zur Fertigstellung eines ganzen Auftrags verringert sich insgesamt, womit sich auch die Zeit verkürzt, in der die beschafften Stoffe vorfinanziert werden müssen. Zudem ist es einfacher, diese Ausrichtung der Fertigungsorganisation zu kontrollieren, da weniger Arbeiter mit dem gleichen Produktionsprozess beschäftigt sind. Dies verlangt jedoch eine größere Anzahl von Vorarbeitern, um die größere Anzahl an Produktionsprozessen und eine größere Anzahl verschiedener Artikel zu kontrollieren. Die Anzahl der eingesetzten Arbeiter erhöht sich aber kaum, da die Länge der Fertigungslinie nur das Ergebnis einer Umgestaltung von existierenden Produktionsressourcen bedeutet.

Der Intermediär der Unternehmensvertretungen zwischen Käufer und Hersteller hat das Potenzial, die Produktivitätsleistung des betroffenen Herstellers zu erhöhen. Die Käufer, die mit eigenen Unternehmensvertretungen arbeiten, sind gewöhnlich stärker mit ihren Produzenten verbunden und daher oft bereit, produktionsspezifisches Wissen weiterzugeben. Dies liegt vor allem am erhöhten Finanzeinsatz, den der Käufer selbst getätigt hat, um die Vertretung in Indonesien aufzubauen. Daher ist das Interesse an einer langen und erfolgreichen Kooperation mit dem Hersteller ausgeprägter. Somit entwickelt sich eine enge Kooperation durch die kontinuierliche Anwesenheit von technischen Mitarbeitern des Käufer-Unternehmens, welche primär für die Qualitätskontrolle der Endprodukte verantwortlich sind. Die Hersteller werden durch die Techniker regelmäßig besucht, wodurch erhebliche Wissenstransfers stattfinden. Ein besseres Produktionsergebnis ist in beiderseitigem Interesse. Dabei sind vor allem eine erhöhte Produktqualität, schnellere Durchlaufzeiten der Halbfertigerzeugnisse im Produktionsprozess und eine erhöhte Flexibilität von großem Interesse für den Käufer. Der Hersteller hat den Vorteil, dass die Wissenstransfers oft zu einer erhöhten Produktivität, weniger fehlerhaften Teilen und konsequenterweise zu geringeren Produktionskosten führen.

3.4.5 Herkunft und regionale Zusammensetzung der Arbeitskräfte

Der Bedarf an erfahrenen Mitarbeitern mit dem Ziel, gewisse Wissenstransfers zu generieren, zeigt sich auch im Einsatz vieler ausländischer Mitarbeiter mit technischen Kenntnissen in der Bekleidungsfertigung. Neben den technischen Mitarbeitern, die bei Agenten und Unternehmensvertretungen arbeiten, sind viele Techniker aus Südkorea und Taiwan direkt bei indonesischen Bekleidungsunternehmen beschäftigt (*Dicken/Hassler* 2000, *Hassler* 2004.3). Im Zuge der Verlagerung der Produktionsaktivitäten von Unternehmen aus diesen beiden Ländern in andere Länder Asiens wurden viele Techniker arbeitslos; sie waren bereit, eine temporäre Auslandstätigkeit anzunehmen. Die neue Beschäftigung für diese qualifizierten Arbeitnehmer wurde in der Regel durch das unternehmensspezifische Netzwerk des Agenten organisiert oder durch spezielle Arbeitsvermittlungen arrangiert.

Der Einsatz ausländischer Fachkräfte in Arbeitsbereichen wie dem Produktionsmanagement hat jedoch eine besondere Abhängigkeit von indonesischen Unternehmen gegenüber internationalen Arbeitsmärkten zur Folge. Die Verfügbarkeit von qualifizierten Arbeitskräften ist dabei kein ausgeprägtes Problem, während jedoch die Lohnkosten, die durch die ausländischen Arbeitnehmer entstehen, beträchtlich sind. Diese Mitarbeiter haben Arbeitsverträge, die auf Dollar-Basis vergütet werden. Somit belasten diese Gehaltsstrukturen die Produktionskosten der indonesischen Unternehmer stark, vor allem in Zeiten der Wirtschafts- und Währungskrise. Neben den direkten Kosten, die durch die bezahlten Gehälter entstehen, werden auch Kosten durch die regelmäßigen, vertraglich festgelegten Heimreisen dieser Mitarbeiter verursacht. Die Heimreisen sind eine Folge der Tatsache, dass die meisten ausländischen Mitarbeiter, die bei indonesischen Bekleidungsunternehmen beschäftigt sind, nicht über das entsprechende Arbeitsvisum verfügen. Viele Mitarbeiter halten sich wegen der Schwierigkeit, eine Arbeitserlaubnis in Indonesien zu erhalten, mit Visen in Indonesien auf, die ein regelmäßiges Verlassen des Landes verlangen. Ein kurzzeitiger Aufenthalt im Ausland ist Voraussetzung, um eine neue Aufenthaltserlaubnis zu erhalten. Wegen dieser Kosten für ausländische Mitarbeiter versuchen viele indonesische Bekleidungsunternehmen, erfahrene Techniker aus Indonesien zu rekrutieren. Die begrenzte Anzahl verfügbarer indonesischer Bekleidungstechniker mit Erfahrung im Produktionsmanagement ist jedoch ein bedeutendes Hindernis, ausländische Techniker durch lokale Arbeitskräfte zu ersetzten. An dieser Situation wird auch den ausländischen Fachkräften eine Mitschuld zugeschoben. Ihnen wird unterstellt, den tatsächlichen Wissenstransfer stark zu kontrollieren und zu begrenzen, um die eigene Weiterbeschäftigung zu garantieren. Indonesische Unternehmen sind deshalb untereinander sehr aktiv beim Abwerben von indonesischen technischen Fachkräften, die bei anderen Unternehmen beschäftigt sind. Dabei wirkt vor allem der Anreiz, dass die höheren Löhne auf Rupiah-Basis immer noch geringer sind als die Löhne auf Dollar-Basis für die ausländischen Mitarbeiter. Zudem entfallen die regelmäßigen Reisekosten.

Die Rolle von Netzwerken ist nicht nur bedeutend bei der Anwerbung neuer qualifizierter Mitarbeiter, sondern auch beim Anwerben von ungelernten Arbeitern, die in der Fertigung eingesetzt werden. Diese Netzwerke haben jedoch eine andere geographische Ausdehnung und sind auf einer subnationalen, intra-regionalen Maßstabsebene organisiert. Lokales industrielles Wachstum hat für die arbeitsintensiven Fertigungsprozesse in der Bekleidungsindustrie zu einem Mangel an ungelernten Arbeitskräften geführt. Daher hat sich das Einzugsgebiet für die Rekrutierung von Arbeitskräften für die Betriebe mit Standorten in Jakarta und West Java vergrößert. Ausgehend von den ökonomischen Disparitäten innerhalb Indonesiens gibt es eine sehr dynamische intra-regionale Arbeitsmigration zwischen den ländlichen Gebieten und den stärker industrialisierten Gebieten. Diese Migrationsflüsse haben in der Regel ihren Ursprung in Zentral Java, wobei sich die Richtung der Migration sowohl nach Osten als auch Westen orientiert. Die Hauptziele der Migranten sind sowohl Jakarta und Bandung im Westen als auch Surabaya im Osten der Insel Java (vgl. *Hugo* 1997), wobei die Anwerbungspraktiken ein charakteristisches Muster aufweisen.

Zwischenmenschliche Beziehungen innerhalb von Familien und Bewohnern von Dörfern haben eine große Bedeutung bei der Rekrutierung von ungelernten Arbeitern. Die Hauptkanäle für die Informationsflüsse, um potentielle Arbeitsmöglichkeiten zu übermitteln, sind Mitarbeiter, die bereits in Bekleidungsunternehmen beschäftigt sind. Der Zeitraum, in dem die stärkste Fluktuation der Beschäftigen stattfindet und in dem die meisten neuen Mitarbeiter angeworben werden, ist dabei stark auf die jährlichen Lebaran Ferien konzentriert. In diesen Ferien, die nach dem Ende des islamischen Fastenmonats Ramadan stattfinden, ist es Tradition, die Heimatdörfer zu besuchen, um die Feierlichkeiten mit der Familie zu begehen. Dabei werden auch andere Bewohner des Dorfes getroffen, die aus gleichem Anlaß zu Hause sind. Dies schafft eine Art Jobbörse, an der Informationen über potentielle industrielle Arbeitgeber ausgetauscht werden. Interessierte folgen dem Reiz der industriellen Arbeit, um bei einem bestimmten Arbeitgeber über mögliche Beschäftigungsmöglichkeiten anzufragen, oder Unternehmen beauftragen explizit ihre Beschäftigten, in ihrem Heimatdorf nach interessierten neuen Mitarbeitern zu suchen. Dies kann dazu führen, dass erfahrene Mitarbeiter der Anziehung anderer Unternehmen folgen, wenn diese durch die Ausführungen bereits dort Beschäftigter besonders attraktiv dargestellt werden. Die Erfahrung auf Java hat gezeigt, dass die Beschäftigten in einzelnen Bekleidungsunternehmen aus ausgesprochen lokalen Herkunftsgebieten stammen. Dies kann soweit führen, dass die Beschäftigten aus zwei benachbarten Unternehmen eine geographische Herkunft von zwei sehr unterschiedlichen Regionen oder sogar Dörfern Zentral Javas aufweisen. Dies ist besonders bei ungelernten Arbeitern der Fall, die in der Produktion eingesetzt werden. Dagegen haben Mitarbeiter der unteren Managementebene, wie die Vorarbeiter, eine geographische Herkunft, die weitgehend dem Standort der Fertigungsstätte entspricht. Dies liegt daran, dass die Bekleidungsunternehmen ursprünglich ihre Beschäftigten aus der näheren Umgebung rekrutiert haben. Erst im Verlauf der Industrialisierung wurde auf Mitarbeiter anderer Regionen zurückgegriffen. Daher sind die Mitarbeiter mit der längsten Firmenzugehörigkeit und somit auch die Mitarbeiter mit der größten Erfahrung und den größten Fertigungsfähigkeiten diejenigen, die aus der Umgebung des Unternehmens kommen. Diese Mitarbeiter hatten somit die Möglichkeit, sich in der Firmenhierarchie nach oben zu arbeiten.

3.4.6   Fazit

In diesem Kapitel wurde dargestellt, wie stark die Einbindung der indonesischen Bekleidungshersteller in die Weltwirtschaft von der geographischen Herkunft der Hauptakteure in den Produktionsnetzwerken abhängt. Während die Käufer aus den USA vor allem mit Agenten operieren, arbeiten europäische Käufer vor allem mit eigenen Firmenvertretungen in Indonesien. Es gibt also bedeutende Variationen bei der Koordination von käufer-gesteuerten Warenketten. Es wurde gezeigt, dass die Hersteller von Bekleidung in einer relativ schwachen Position sind, während die Käufer über alle strategischen Entscheidungsbefugnisse verfügen. Der indonesische Hersteller kann jederzeit ersetzt werden, sobald sich in einem anderen Land eine vorteilhaftere Produktionsbasis für die internationalen Käufer bietet. Prozesse dieser Art gab es schon in der Vergangenheit bei den Produktionsverlagerungen von Taiwan oder Südkorea nach Indonesien. Somit ist es wahrscheinlich nur eine Frage der Zeit, bis anderen Standorten im asiatischen Kontext, die durch geringere Lohnkosten gekennzeichnet sind, verstärkt innerhalb der Produktionsnetzwerke der Vorzug gegeben wird. Davon könnten Länder wie Kambodscha oder Myanmar profitieren. Obwohl die Exportfertigung für Bekleidung eine große Rolle bei der Industrialisierung Indonesiens spielte, macht dies deutlich, dass dieser Industriezweig eine sehr fragile Basis für eine dauerhafte industrielle Weiterentwicklung dieses Landes ist.

3.5 International vernetzte Hochschulen als Ausgangspunkt technologischer Innovationsprozesse in Entwicklungsländern – Fallbeispiel Costa Rica (Andreas Stamm)

Von der zunehmend internationalen Technologieentwicklung bleiben die meisten Entwicklungsländer ausgeschlossen. Dies verhindert, dass sie im Rahmen der globalen Arbeitsteilung wertschöpfungsintensive Produktionsschritte übernehmen und die besonders wachstumsträchtigen Segmente des Weltmarktes bedienen können. Die fehlende Einbindung in wissensbasierte Unternehmensnetzwerke erschwert gleichzeitig die Teilhabe der Entwicklungsländer an den internationalen technologischen Lernprozessen. Jedoch ist die weitere Marginalisierung der Entwicklungsländer in der Weltwirtschaft und in den internationalen Innovationssystemen nicht zwingend. Beobachtungen aus Lateinamerika zeigen, dass sich dort unter insgesamt wenig innovationsförderlichen Rahmenbedingungen kleinere Technologieregionen herausbilden, die in der Lage sind, wissensintensive Produkte und Dienstleistungen zu erzeugen und damit auch international wettbewerbsfähig zu werden.

Am Beispiel der costaricanischen Softwareindustrie wird im folgenden Kapitel die Genese und Entwicklung einer derartigen „technologischen Insel" dargestellt. Dabei wird deutlich, dass der technischen Hochschule des Landes eine Schlüsselrolle zukommt. Sie ist in vielfältige internationale Kooperationsbeziehungen mit anderen Universitäten eingebunden und erhält so Zugang zu dem global vorhandenen Know-how und zu neuen Forschungsergebnissen. Über Ausgründungen und projektbezogene Kooperationen mit lokalen Firmen wird dieses technologische Wissen in Produkte und Dienstleistungen umgesetzt, die auf einheimischen, regionalen und teilweise globalen Märkten vertrieben werden. Zusätzliche Impulse gehen von den lokalen Aktivitäten des Halbleiterkonzerns Intel aus, der seit 1998 mit Test- und Fertigungsstätten am Standort Costa Rica tätig ist.

Im Schlussteil des Kapitels wird überprüft, inwieweit die Erfahrungen aus Costa Rica auf andere Entwicklungsländer übertragbar sind. Dabei wird auf das Konzept der „Triple Helix" Bezug genommen. Dieses wird seit Ende der neunziger Jahre zur Analyse von technologischen Neuerungen herangezogen und betont die Bedeutung begrenzter und flexibler Netzwerke von Akteuren aus Wissenschaft, Wirtschaft und Staat. Das Beispiel Costa Rica zeigt, dass auch an peripheren Standorten Innovationen durch derartige Akteursverflechtungen ausgelöst werden können. Voraussetzungen sind hierfür jedoch funktionsfähige „Wissenspipelines", die den lokalen Akteuren den Zugriff auf das internationale Know-how ermöglichen.

3.5.1 Globalisierung von Technologie und Innovation unter Ausschluss der Entwicklungsländer?

Seit den neunziger Jahren nehmen internationale Verflechtungen bei der Generierung und der Diffusion neuer Technologien rapide zu. Dabei lassen sich drei Teilprozesse unterscheiden (*Archibugi/Iammarino* 2000, S. 113):
– Produkte und Verfahren, die im Rahmen nationaler Innovationssysteme erzeugt wurden, werden international gehandelt und verwertet.

– Produkte der Hochtechnologie werden in grenzüberschreitenden Kooperationen entwickelt und auf den Markt gebracht (UNCTAD 2002, S. 5f).
– Technologiekonzerne betreiben Forschung und Entwicklung (FuE) an mehreren international verteilten Standorten.

Von dem rasch zunehmenden internationalen Technologiehandel profitieren auch die Entwicklungsländer, da ihnen der Zugang zu wissensintensiven Gütern zu günstigeren Konditionen als in der Vergangenheit möglich wird. Allerdings belegen alle verfügbaren Indikatoren den weitgehenden Ausschluss der Entwicklungsländer als Akteure der sich herausbildenden internationalen Innovationsnetzwerke. Dies betrifft sowohl ihren Anteil an grenzüberschreitenden Technologiekooperationen (UNCTAD 2002, S. 12) als auch die Bedeutung von FuE-Niederlassungen internationaler Konzerne in Entwicklungsländern (*Pavitt/Patel* 1999, S. 97).

Der These von der technologischen Marginalisierung widerspricht auch nicht, dass die internationalen Handelsstatistiken seit einigen Jahren einen raschen Anstieg beim Export von High-Tech-Gütern aus Entwicklungsländern ausweisen. Denn die dabei erfassten Ausfuhren basieren überwiegend auf Montagetätigkeiten, die aus den Industrieländern an lohnkostengünstigere Standorte ausgelagert werden. Beispiele sind die Endfertigung von Produkten der Unterhaltungselektronik oder von Computerhardware auf Basis importierter Bauteile. Der innovative und wissensintensive Anteil an den ausgeführten Endgeräten ist dabei in den importierten Vorprodukten inkorporiert, während die Montage selbst wenig technologisches Know-how voraussetzt.

Die Tatsache, dass die Entwicklungsländer in den sich entwickelnden grenzüberschreitenden Innovationsnetzwerken keine nennenswerte Rolle spielen, ist darauf zurückzuführen, dass sie als Standort für strategische Funktionen internationaler Konzerne weitgehend uninteressant sind und auch wenige Ansatzpunkte für Kooperationen zwischen Unternehmen bieten:

– Internationale Konzerne orientieren sich bei der Standortwahl für strategische Unternehmensfunktionen (FuE, Design) oft an dem Ziel, Zugang zu Märkten zu erhalten, die aufgrund ihrer Größe oder als Pioniermärkte für Innovationen besonders interessant sind. Die Märkte der meisten Entwicklungsländer sind jedoch klein, wenig differenziert und durch geringe qualitative Ansprüche gekennzeichnet.
– Große Unternehmen bauen FuE-Einrichtungen an ausländischen Standorten auch auf, um Know-how aus unterschiedlichen Regionen aufzunehmen und für ihren internen technologischen Lernprozess zu nutzen. In diesem Fall werden Forschungslabors in räumlicher Nähe vorhandener Innovationszentren angesiedelt, wo bereits eine kritische Masse öffentlicher oder privater FuE-Einrichtungen besteht (*Niosi* 1999, S. 113–115). Die im internationalen Kontext bedeutenden technologischen Cluster liegen mit wenigen Ausnahmen (z. B. Bangalore in Indien) in den Industrieländern.
– Entwicklungsländer beherbergen nur wenige Firmen, die nahe der technologischen Pionierfront arbeiten. Die Innovationsorientierung der lokalen Industrie ist in der Regel gering, die Ausgaben für FuE, sofern solche stattfindet, meist sehr niedrig. Unter solchen Bedingungen finden Technologiekonzerne kaum Partner für internationale Lizenzverträge oder kooperative Entwicklungsvorhaben.

Die Gründe, die zum weitgehenden Ausschluss der Entwicklungsländer aus den internationalen Innovationssystemen führen, sind also tief in ihren wirtschaftlichen und institutionellen Strukturen verwurzelt. Eine grundlegende Änderung ist mittelfristig nicht zu erwarten. Die defizitären Unternehmensstrukturen können nur sehr langsam verändert werden, beispielsweise über die vermehrte Gründung technologieorientierter Unternehmen. Der Aufbau öffentlicher Technologiezentren von internationalem Rang überfordert die Leistungsfähigkeit der staatlichen Haushalte in den meisten Entwicklungsländern.

3.5.2   Technologische „Protocluster" in Lateinamerika

Auch auf die meisten Länder Lateinamerikas trifft die im vorigen Abschnitt geschilderte Situation der weitgehenden Abkoppelung aus den internationalen Innovationsnetzwerken zu. Eine partielle Ausnahme stellt dabei Brasilien dar:

- Brasilien beherbergt mit der Firma Embraer (Empresa Brasileira de Aeronáutica S.A.) einen der weltweit führenden Anbieter für Regional-, Militär- und Unternehmensflugzeuge. Embraer wurde Ende der sechziger Jahre unter militärisch-industrieller Zielsetzung gegründet. Es gelang dem ehemals staatseigenen Konzern, in den zivilen Flugzeugbau zu diversifizieren und die Wettbewerbsfähigkeit des Unternehmens auch unter weltmarktoffenen Bedingungen zu erhalten.
- Brasilien zieht aufgrund der Bedeutung seiner Volkswirtschaft, der strategischen Lage im MERCOSUR und der relativen ökonomischen Stabilität umfangreiche ausländische Direktinvestitionen an. Diese umfassen auch hochwertige Unternehmensfunktionen in technologieorientierten Sektoren, beispielsweise der Automobilindustrie und der Telekommunikation.

Während also Brasilien zumindest in einzelnen Wirtschaftszweigen an der Entwicklung und frühen Diffusion neuer Technologien teilhat, besteht für die meisten anderen Länder die Gefahr, dauerhaft von den internationalen wissensbasierten Unternehmensnetzwerken ausgeschlossen zu bleiben. Der private Unternehmenssektor ist wenig innovationsorientiert und die gesellschaftlichen Aufwendungen für FuE auch im Entwicklungsländervergleich niedrig (*Stamm* 2002).

Dennoch zeigen empirische Beobachtungen, dass es auch außerhalb Brasiliens und unter wenig innovationsförderlichen Bedingungen Regionen gibt, die in der Lage sind, wissensbasierte Güter und Dienstleistungen zu weltmarktfähigen Bedingungen zu erstellen. Tab. 3.5/1 skizziert sieben Regionen, die sich aufgrund vorliegender Studien (*Bortagaray/Tiffin* 2000, *Sutz* 2001) im lateinamerikanischen Kontext als „Technologieregionen" einordnen lassen. Über ihre Genese und bisherige Entwicklung liegen bislang nur wenige und eher kursorische Studien vor (*Quandt* 1997 zu Campinas, *Villa* 1997 zu Monterrey, *Sutz* 2001 zu Montevideo). Sie zeigen, dass die technologische Dynamik von Netzwerken aus einer begrenzten Zahl von Akteuren getragen wird, in deren Mittelpunkt Universitäten stehen, die einen Schwerpunkt in technikbezogenen Disziplinen und enge Beziehungen zum Privatsektor haben sowie international orientiert sind. Dies belegen beispielhaft das Tecnológico de Monterrey in Mexiko und die Universidad ORT in Uruguay:

- Das Tecnológico de Monterrey wurde 1942 von einer Gruppe mexikanischer Unternehmer als Zentrum für die technikbezogene Ausbildung in der Region und später in ganz Mexiko gegründet. Bereits seit den frühen fünfziger Jahren bestanden enge und institutionalisierte Kontakte zu höheren Ausbildungseinrichtungen im Süden der Vereinigten Staaten.
- In Uruguay hat die private Universidad ORT große Bedeutung für den Innovationsprozess. Ort ist eine private, nicht profitorientierte Einrichtung der internationalen jüdischen Gemeinschaft und als solche in über 100 Ländern tätig. Die Universidad ORT forscht und unterrichtet in anwendungsorientierten technischen Disziplinen.

Tab. 3.5/1: Technologieregionen in Lateinamerika
Quelle: *Bortagaray/Tiffin* 2000, *Sutz* 2001

Standort / Region	Hochschule / Forschungszentrum	sektorale Spezialisierung
Porto Alegre (Brasilien)	Universidad Federal de Rio Grande do Sul	Informatik, Biotechnologie, Medizintechnik
San José (Costa Rica)	Instituto Tecnológico de Costa Rica / Universidad de Costa Rica	Software / Mikroelektronik
Monterrey / Nuevo León (Mexiko)	Instituto Tecnológico de Monterrey	diversifiziert (u.a. Automobilzulieferindustrie)
Campinas (Brasilien)	UNICAMP, CPqD (FuE-Zentrum für Telekommunikation)	Mikroelektronik, Informatik, Telekommunikation
Curitiba (Brasilien)	Pontifícia Universidade Católica do Paraná	Telekommunikation, Umwelttechnologien, Software
Medellín (Kolumbien)	sieben regionale Universitäten, drei (poly-) technische Institute	Informatik, Telekommunikation, Ingenieurwissenschaft
Montevideo (Uruguay)	ORT (private jüdische Hochschule)	Mikroelektronik, Software

Wie die folgende Fallstudie verdeutlicht, spielte auch in Costa Rica die technische Hochschule eine zentrale Rolle bei der Herausbildung der dortigen auf Softwareproduktion spezialisierten Technologieregion „San José South".

3.5.3 International ausgerichtete Softwareproduktion an einem peripheren Standort: Fallstudie Costa Rica

In vielen Entwicklungs- und Schwellenländern entwickelte sich im Zuge des globalen Aufschwungs der Informations- und Kommunikations- (IKT-) Industrie der neunziger Jahre eine eigenständige Softwarebranche. Einigen asiatischen Ländern gelang es, sich als leistungsfähiger Partner in der arbeitsteiligen Programmentwicklung mit Unternehmen in den USA und Europa zu positionieren. Auf diesem Weg entstand vor allem in Indien ein sehr dynamischer und beschäftigungsintensiver Wirtschaftszweig.

In den meisten anderen Ländern entwickelte sich, weniger spektakulär, eine auf den lokalen Markt ausgerichtete IKT-Branche, bestehend aus kundenorientierter Programmierung, technischer Unterstützung, Beratung und Schulung im Bereich von Hard- und Software. Unter dem zunehmendem Wettbewerbsdruck begannen auch Unternehmen und öffentliche Einrichtungen in Entwicklungsländern, ihre internen Abläufe mit Hilfe der IKT zu modernisieren. Mit dem starken Rückgang der Hardwarepreise ab Mitte der neunziger Jahre wurde dies zunehmend auch weniger finanzstarken Firmen und Einrichtungen möglich. Diese Kunden sind auf ein lokales und kostengünstiges Angebot an Software und verbundenen Dienstleistungen angewiesen. Die sich so entwickelnde Nachfrage wurde durch neu entstehende IKT-Firmen oder durch bestehende Beratungsfirmen bedient, die ihr Leistungsportfolio um Softwareentwicklung und verbundene Dienste erweiterten (siehe für das Beispiel Argentinien *Stamm* et al. 2000).

In Costa Rica existieren nach Angaben der Branchenkammer CAPROSOFT, Cámara Costarricense de Productores de Software, etwa 140 Firmen, die standardisierte Software entwickeln oder kundenspezifische Programmierdienste anbieten. Sie beschäftigen zwischen 3.500 und 4.000 überwiegend hochqualifizierte Personen (*Hoffmann* 2002, S. 72). Der überwiegende Teil der meist jungen und kleinen Firmen hat sich gemäß dem beschriebenen Muster zur Befriedigung des lokalen und regionalen Softwarebedarfs, speziell des Unternehmenssektors, herausgebildet. Die Leistungspalette umfasst meist Lösungen zur Verwaltung von Daten, zur Automatisierung von Unternehmensfunktionen und zum IKT-gestützten Management (Enterprise Resource Planning ERP, Customer Relationship Management CRM).

Unter dem Gesichtspunkt, wie Akteure aus Entwicklungsländern Anschluss an die globale Technologieentwicklung halten können, sind zwei Charakteristika der costaricanischen Softwareindustrie von speziellem Interesse:
– Sie ist stark exportorientiert. Etwa die Hälfte der Firmen führt zumindest einen Teil ihrer Produkte und Dienstleistungen aus (*Mata/Jofré* 2001). Der Umfang der costaricanischen Softwareexporte betrug 2001 ca. 70 Mio. US$.
– Eine kleine Gruppe von Firmen entwickelt spezialisierte und innovative Produkte, die keinen Bezug zur regionalen Nachfrage haben, sondern direkt mit Angeboten aus Industrieländern im Wettbewerb stehen.

Angesichts des Entwicklungsvorsprungs Costa Ricas gegenüber den Nachbarländern überrascht nicht, dass costaricanische Anbieter eine starke Stellung auf dem zentralamerikanischen Markt für Unternehmenssoftware einnehmen. Sie bieten relativ preisgünstige Lösungen, die an die regionalen Besonderheiten angepasst sind, und ermöglichen dem Kunden, mit den Entwicklern und Beratern in der eigenen Sprache zu kommunizieren. Ein großer Teil der costaricanischen Softwareexporte geht daher nach Zentral- und Südamerika. Einigen Unternehmen gelingt es, mit spezialisierten Produkten und auf Basis der Erfahrungen auf dem regionalen Markt auch außerhalb des spanischsprachigen Raums kommerzielle Erfolge zu erzielen (siehe Kasten 1). Das Beispiel der Firma Artinsoft (siehe Kasten 2) zeigt aber, dass es auch an einem peripheren Standort ohne Einbettung in ein fortgeschrittenes technologisches Cluster möglich ist, Software zu entwickeln, die unmittelbar zur Technologieentwicklung beiträgt und von globaler Relevanz ist.

Kasten 1
Sysda wurde 1991 gegründet und entwickelt Software zur Automatisierung von Finanztransaktionen im Banken- und Nichtbankensektor (Rentenfonds, Mikrofinanzdienstleister). Nach einer raschen Expansion in Lateinamerika ist es Sysda gelungen, auch außerhalb der spanischsprachigen Welt erste kommerzielle Erfolge zu erzielen. Nach Mexiko, Ecuador und El Salvador verfügt das Unternehmen mittlerweile über eine eigene Vertretung in Polen. 2001 gewann es eine internationale Ausschreibung durch die kanadische Organisation Développement International Des-jardins (DID), die sich auf die finanzielle und technische Zusammenarbeit mit dem Finanzsektor in Entwicklungsländern spezialisiert hat. In einem langfristig angelegten Projekt wird Sysda-Software zur Modernisierung des Finanzsektors in vier afrikanischen Ländern eingesetzt werden. Die Firma beschäftigte im November 2002 110 Personen.
World Magic Software hat sich auf die Entwicklung von Programmen spezialisiert, die der computergestützten Übersetzung zwischen der englischen und der spanischen Sprache dienen. In den USA wurden mittlerweile über 2.000 Lizenzen des Hauptprodukts verkauft, u. a. an die Kommunalverwaltung von Los Angeles.

Kasten 2
Artinsoft ist auf die Entwicklung von Software spezialisiert, die der automatischen Migration von Datenbanken und Programmen zwischen Programmiersprachen dient. Damit war das 1993 gegründete Unternehmen im internationalen Raum ausgesprochen erfolgreich. 2001 kaufte sich zunächst der Konzern INTEL in das Unternehmen ein. Im Juli desselben Jahres ging auch Microsoft eine Allianz mit Artinsoft ein. Diese beinhaltet ebenfalls eine Minderheitsbeteiligung und gleichzeitig den globalen Einsatz von Artinsoft-Software zur Migration von Software auf die internetbasierte Programmierumgebung .NET von Microsoft. Artinsoft beschäftigte 2001 bei stark steigender Tendenz rund 200 Softwareentwickler.

3.5.4 Akteure bei der Herausbildung der costaricanischen Softwareindustrie

Im regionalen Vergleich weist Costa Rica günstige strukturelle Voraussetzungen dafür auf, technologischen Anschluss an die Industrieländer zu halten. Es gehört zu den vier lateinamerikanischen Ländern, denen die Vereinten Nationen einen „hohen Stand der menschlichen Entwicklung" bescheinigen. Bei dieser Bewertung spielt die Leistungsfähigkeit des Bildungswesens eine besondere Rolle (UNDP 2001, S. 141 und 174). Das Qualifizierungssystem stellt technische Grundausbildung für breite Bevölkerungsschichten sicher und macht spezialisierte Ausbildungsangebote im Bereich der beruflichen Bildung und der universitären Ausbildung. Costa Rica hat sich verhältnismäßig früh von dem Entwicklungsmodell der importsubstituierenden Industrialisierung gelöst und Erfahrungen mit einer weltmarktorientierten Entwicklung und bei der Bedienung anspruchsvoller internationaler Märkte gesammelt (*Stamm* 1996).
Die Wachstumsmotoren der achtziger und der frühen neunziger Jahre (nicht-traditionelle Agrarexporte, Lohnveredelungsindustrie, Ökotourismus) basieren jedoch weitgehend auf der systematischen Nutzung natürlicher Produktionsvorteile und im internationalen Vergleich niedriger Faktorkosten. Daher bleibt die Frage nach den Erfolgsfaktoren in der wissensbasierten Softwareindustrie und nach den Trägern dieser Entwicklung offen. Nachfolgend wird dargelegt, dass die Universitäten, darunter insbesondere die technische Hochschule Costa Ricas, zentrale Akteure sind. Sie ermöglichen den Zugang zum international vorhandenen Know-how und als spin-off-Geber und Partner der lokalen Industrie die Umsetzung technologischen Wissens in innovative Produkte und Dienstleistungen. Zusätzliche Impulse erhält die Dynamik infolge der 1997 erfolgten Investition des globalen Technologiekonzerns Intel am Standort Costa Rica. Der Staat unterstützt die sich entwickelnden Beziehungen zwischen Hochschule und Unternehmen, ohne jedoch eine langfristig angelegte Förderpolitik zu verfolgen.

3.5.4.1 Die zentrale Rolle der technischen Hochschule

Costa Rica verfügt über vier öffentliche Universitäten. Zwei von ihnen sind als Träger gesellschaftlichen Wandels und technologiebezogener Lernprozesse in dem Kleinstaat bedeutsam:
- Die 1940 gegründete und mit 35.000 Studierenden größte Universität Universidad de Costa Rica (UCR) spielte für die Herausbildung einer breiten Mittelschicht und die soziale Mobilität in der costaricanischen Gesellschaft eine wichtige Rolle. Im Rahmen ihres Auftrags als Volluniversität qualifiziert sie auch eine größere Zahl von Personen in technikbezogenen Disziplinen. Die UCR verfügt über den zentralen Campus in der Hauptstadt San José und über Zweigstellen in mehreren Provinzstädten.
- Als zweite staatliche Hochschule wurde 1971 das Instituto Tecnológico de Costa Rica (ITCR) gegründet. Mit ihrer Gründung wurde die Erwartung verbunden, die Leistungsfähigkeit der nationalen Industrie zu stärken. Auch ein räumlicher Dekonzentrationseffekt wurde angestrebt, weshalb das ITCR in Cartago, der drittgrößten Stadt des Landes und außerhalb des metropolitanen Agglomerationsraums gelegen, angesiedelt wurde.

Für die Herausbildung der Softwareindustrie spielt das ITCR eine zentrale Rolle. Einige kommerziell sehr erfolgreiche Produkte wurden zunächst durch Mitarbeiter der Universität entwickelt. Für ihre Weiterentwicklung und die Anpassung an unterschiedliche Nutzergruppen haben sich enge Kooperationsbeziehungen zwischen dem ITCR und den vermarktenden Unternehmen herausgebildet. Viele der erfolgreichen Firmen entstanden als spin-offs aus dem ITCR. Dies betrifft auch das besonders innovative und international operierende Unternehmen Artinsoft (siehe Kasten 2). Der Gründer und Leiter von „Artinsoft" ist bis heute als Dozent an der ITCR tätig.

Die besonders engen Beziehungen, die sich zwischen der jungen Softwarebranche und dem ITCR ergeben haben, sind auf eine Reihe von Gründen zurückzuführen:
- Das ITCR wurde mit einer eindeutig industriepolitischen Ausrichtung gegründet. Daraus ergab sich von Beginn an eine Nähe zu anwendungsorientierten Problemstellungen und zu den Bedürfnissen der Privatwirtschaft. Diese klare Praxisorientierung stellt eine Ausnahme innerhalb der stark von der kontinentaleuropäischen Tradition beeinflussten lateinamerikanischen Hochschullandschaft dar.
- Das ITCR arbeitet intensiv mit einer Vielzahl von anderen akademischen Einrichtungen in unterschiedlichen Weltregionen zusammen. Allein der Fachbereich Computerwissenschaften hat Kooperationsvereinbarungen mit insgesamt über 20 Hochschulen in Nordamerika, Europa und Lateinamerika unterzeichnet. Enge Beziehungen bestehen z. B. zum Massachusetts Institute of Technology (MIT) zur gemeinsamen Arbeit an Lösungen zum netzunabhängigen Internetzugang und an IKT-Anwendungen in den Bereichen Bildung, Gesundheit und Umweltüberwachung.
- Ein großer Teil der Lehrkräfte des Fachbereichs ist international aus- bzw. weitergebildet worden. Elf von 21 Dozenten verfügen über weiterführende Abschlüsse (Master of Science, Ph.D.) nordamerikanischer oder europäischer Universitäten. Diese Lehrkräfte sind bis heute über formalisierte (z. B. Alumni-Programme) oder informelle Beziehungen in internationale Wissensnetzwerke eingebunden.

3.5.4.2 Die Investition von Intel als Katalysator der innovativen Dynamik

Der Strukturwandel Costa Ricas wurde ab 1997 durch die Entscheidung des Technologiekonzerns Intel beschleunigt, sich mit massiven Investitionen in dem zentralamerikanischen Kleinstaat zu engagieren. Im Wettbewerb um diese Ansiedlung setzte sich das Land gegenüber einer Reihe von bedeutenden Entwicklungs- und Schwellenländern durch (u. a. Indonesien, Brasilien, Chile und Mexiko). Die Intel-Investitionen in Costa Rica hatten umfassende Auswirkungen auf das wirtschaftliche Wachstum, den Außenhandel und den Arbeitsmarkt des Landes (*Stamm* 2002, S. 77, *Hoffmann* 2002, S. 63-66).

In den costaricanischen Betriebsstätten von Intel werden Mikroprozessoren der jeweils neuesten Generation montiert und getestet. Diese Arbeiten beruhen auf den Vorgaben aus dem Mutterkonzern. Intel unterhält keine eigene FuE-Abteilung am Standort. Dennoch hat die Ansiedlung die technologische Leistungsfähigkeit Costa Ricas deutlich gestärkt.

Die umfangreichen Investitionen in Costa Rica führten zu einer sprunghaften Nachfrage nach qualifiziertem Personal. Anfang 2003 waren 1.750 Beschäftigte bei Intel am Standort Heredia tätig, darunter viele Techniker und Ingenieure. Hinzu kam die Nachfrage von Zulieferern, die Intel nach Costa Rica gefolgt sind, beispielsweise des Leiterplattenherstellers Photocircuits, mit 2003 rund 210 Beschäftigten. Kurzfristig führte die Intel-Ansiedlung dazu, dass es für Firmen außerhalb des Intel-Verbundes schwierig wurde, technisch ausgebildetes Personal unter Vertrag zu nehmen. Die mittelfristigen Wirkungen auf die lokal verfügbaren Qualifikationen sind jedoch positiv:

– Intel hat unmittelbar nach der Ansiedlungsentscheidung Kooperationsvereinbarungen mit dem ITCR und der UCR getroffen, um die Qualität der technischen Ausbildung in den für den Konzern relevanten Disziplinen zu erhöhen. Das Engagement von Intel umfasst die Schenkung von Ausrüstungsgütern und Geräten, die Fortbildung von Dozenten und die Bereitstellung von Stipendien für begabte Studienanwärter.

– Die schlagartig steigenden Beschäftigungsmöglichkeiten und Karrieremöglichkeiten für Absolventen technischer Studiengänge haben dazu geführt, dass sich die Präferenzen der Fächerwahl beim Eintritt in die Hochschulen des Landes rapide verändert haben. Alle einschlägigen Disziplinen verzeichnen steil ansteigende Bewerberzahlen. Eine unflexible Allokation der Hochschulmittel verhinderte allerdings zunächst, dass die Universitäten auf diese steigende Nachfrage angemessen reagieren konnten.

– Intel greift für die Personalrekrutierung überwiegend auf lokal ausgebildete Personen zurück. Deren Verfügbarkeit war einer der wesentlichen Gründe von Intel, sich in Costa Rica niederzulassen (Spar 1998). Um benötigte Zusatzqualifikationen zu vermitteln, werden viele der angeworbenen Personen in der Konzernzentrale oder an anderen Intel-Standorten weltweit weitergebildet. Dies beschleunigt die internationale Orientierung der costaricanischen Arbeitskräfte und kann zur Diffusion von Spezialwissen in andere Sektoren der Wirtschaft führen, beispielsweise durch das Überwechseln entsprechend qualifizierter Fachkräfte zu anderen Unternehmen.

Auch auf andere Weise hat die Intel-Ansiedlung die internationale Ausrichtung des IKT-Protoclusters gestärkt. Die engen Beziehungen zwischen dem Konzern und dem ITCR führten dazu, dass die Technische Hochschule den Status eines „Intel-Associates" erhielt. Im Rahmen dieses Programms fördert Intel die Kommunikation und Kooperation des ITCR mit technischen Kompetenzzentren anderer Länder, die denselben Status haben. Dies ermöglicht es beispielsweise, Curricula und didaktische Konzepte in den einschlägigen Disziplinen international abzugleichen und entsprechend anzupassen.

Intel schreibt unter seinen assoziierten Hochschulen regelmäßig Wettbewerbe um finanzielle Mittel für die technologische Forschung aus, an denen sich nun auch das ITCR beteiligen kann. Jährlich kanalisiert Intel auf diese Weise etwa 300 Mio. US$ an die Partneruniversitäten (*Larrain/López-Calva/Rodriguez-Clare* 2000, S. 23).

In den ersten Jahren nach der Ansiedlungsentscheidung konzentrierte sich Intel vor allem darauf, diejenigen Disziplinen des ITCR und der UCR zu stärken, die Kernkompetenzen für die Prozesssteuerung in der Hardwaremontage sowie für die Eingliederung der lokalen Niederlassung in den globalen Konzernverbund besonders wichtig sind (Mikroelektronik, englische Sprache). Mittlerweile umfassen die Kooperationsbereiche auch die Computerwissenschaften (www.intel.com). Dies ist u. a. darauf zurückzuführen, dass Intel seit dem Jahr 2000 in Costa Rica auch über ein eigenes Softwarelabor verfügt, in dem ein großer Teil der im Konzernverbund verwendeten Programme entwickelt werden.

Die Ansiedlung von Intel in Costa Rica hat schließlich auch dazu geführt, dass den lokalen technologieorientierten Unternehmen der Zugang zu Beteiligungskapital erleichtert wurde. Die Firma Artinsoft (siehe Kasten 2) war das erste Unternehmen in Lateinamerika, an dem das konzerneigene Beteiligungsunternehmen „Intel Capital" eine Minderheitsbeteiligung übernahm. Seit 2003 ist Intel Capital auch an Exactus beteiligt, einer Firma, die auf dem lateinamerikanischen Kontinent die Position des Marktführers bei betriebswirtschaftlichen Software für KMU anstrebt.

3.5.4.3 Genese und Selbstorganisation eines technologischen Protoclusters an einem peripheren Standort

In der bereits erwähnten Studie zu Technologieregionen in Lateinamerika stufen *Bortagaray/Tiffin* (2000) die costaricanische IKT-Industrie als einen am weitesten fortgeschrittenen innovationsorientierten Protocluster des Subkontinents ein. Den Begriff des Protoclusters verwenden sie dabei, um die von ihnen beschriebenen Räume von voll entwickelten Innovationsclustern abzugrenzen. Sie implizieren dabei, dass die Dynamik in Lateinamerika grundsätzlich den in Industrieländern beobachteten Prozessen der Clusterbildung entsprechen und die Technologieregionen lediglich noch kleiner sind und die lokalen Interaktionen noch nicht die Dichte und Tiefe erreicht haben (*Feser* 2002, S. 4).

Untersuchungen zur Clusterbildung in Industrieländern betonen die Leistungsfähigkeit lokaler Interaktionen zwischen unterschiedlichen Akteuren des Innovationssystems sowie zwischen den Erzeugern und Anwendern neuer Technologien, vor allem zur Übertragung von nicht kodierbarem Wissen. Auch die ungeplante Wissensübertragung an dritte Akteure, zunächst in der Standortregion, wird als Faktor betont, der zur geographischen Konzentration von Unternehmen und öffentlichen Einrichtungen führt (*Glaeser* 2000). Die Entstehung und bisherige Dynamik der IKT-Industrie von Costa Rica kann mit diesen Variablen jedoch nur teilweise erklärt werden. Lokale Interaktionen spielten bei der Herausbildung derjenigen Firmen eine bedeutende Rolle, die betriebswirtschaftliche Software entwickeln. Für die Spezifizierung der Kundenanforderungen und die Anpassung der Programme an die jeweiligen betrieblichen Voraussetzungen sind häufige und intensive Kontakte zwischen Entwicklern und Anwendern unverzichtbar. Das Potenzial von IKT-Fachkräften und die relativ diversifizierte und wirtschaftlich leistungsfähige lokale Kundenbasis haben dazu geführt, dass sich die Industrie einen Entwicklungsvorsprung gegenüber regionalen Mitbewerbern verschafft hat und auf den zentral- und einigen südamerikanischen Märkten eine Stellung einnimmt. Für die spezialisierten und auch im globalen Markt wettbewerbsfähigen Betriebe spielen dagegen internationale Interaktionen offensichtlich eine wesentlich bedeutendere Rolle als lokale. Der Zugang zu internationalem Know-how erfolgt dabei sowohl personen- als auch organisationsgebunden.

– Viele der Entrepreneure in den innovativen Segmenten der Softwareindustrie sind international aus- bzw. fortgebildete Fachkräfte. Dadurch haben sie Zugang zu den globalen Wissensnetzwerken erhalten. Sie verfügen über persönliche Kontakte zu einer Vielzahl von Personen in anderen Ländern, mit denen sie über eine Zahl von Jahren hinweg gemeinsame Codes und Kommunikationsroutinen eingeübt haben. Dies erleichtert ihnen nun, den Wissensfluss (über technische Neuerungen, Anwendungen und Anforderungen der internationalen Märkte) weitgehend distanz-unabhängig und im Wesentlichen gestützt auf die neuen Kommunikationstechnologien (E-Mail, Newsgroups, Chat) aufrecht zu erhalten.
– Diese personengebundenen Wissenstransaktionen werden durch Know-how-Flüsse entlang organisatorischer und teilweise institutionalisierter Verflechtungen ergänzt. Hier spielen die Hochschulen und insbesondere das ITCR eine herausragende Rolle. Dieses verfügt, wie erwähnt, über ein Netz von Kooperationsbeziehungen mit einer Vielzahl vergleichbarer Einrichtungen in verschiedenen Teilen der Welt. Der Besuch auf Tagungen und Symposien, zusammen abgehaltene Veranstaltungen und gemeinsame Forschungsprojekte sind wichtige Fokuspunkte für technologisches Lernen und für die Erneuerung und Stärkung der Netzwerkstrukturen durch persönliche Kontakte.

Eine weitere Brücke für den Zugang zum internationalen Wissen über Technologien, Nachfragepräferenzen und Märkte stellt Intel dar. Über formalisierte Beziehungen, z. B. zwischen den „Intel-Associates", und auf informellem Wege -lokaler Transfer personengebundenen Wissens der international fortgebildeten Mitarbeiter – erfüllt das Intel-Netzwerk eine wichtige Brückenfunktion für den Transfer von Know-how von der globalen auf die lokale Ebene. Damit verfügt die costaricanische IKT-Industrie über zwei funktionsfähige globale „Wissenspipelines" (*Bathelt/Malmberg/Maskell* 2002).

Demgegenüber sind die regionalen und lokalen Verflechtungen eher begrenzt. Sie bestehen überwiegend aus den geschilderten Beziehungen zwischen dem ITCR und den innovativen Unternehmen. Diese sind zwar funktional von hoher Bedeutung, jedoch ist die Interaktionsfrequenz nicht hoch genug, um eine Clusterung der Unternehmen im Mikromaßstab zu induzieren. Das Standortmuster der Softwarebetriebe in

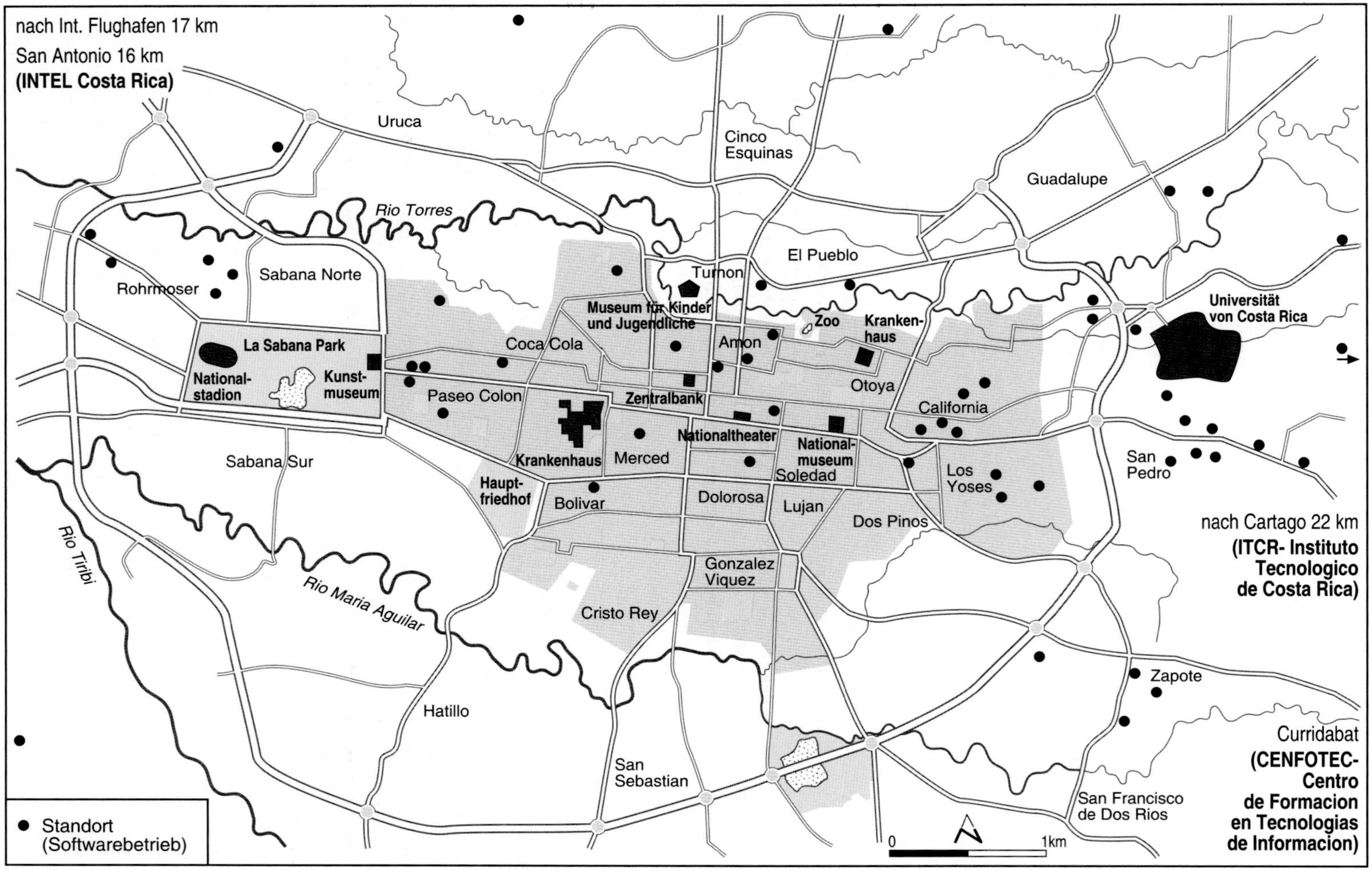

Abb. 3.5/1:
Standortmuster der Software-Unternehmen in San José, Costa Rica

„San José South" orientiert sich an der allgemeinen Verteilung hochwertiger Bürolagen im Großraum der Hauptstadt und nicht an der Verortung der Hochschulen. Insbesondere in der räumlichen Nachbarschaft um das ITCR, das ca. 20 km außerhalb von San José liegt, befindet sich kein einziger Softwarebetrieb, spinoff Gründungen sind nach kurzer Zeit in die Hauptstadt umgesiedelt (Abb. 3.5/1).

Die horizontalen Verflechtungen zwischen den Unternehmen sind bislang noch eng begrenzt, Hinweise für Kooperationsbeziehungen in wettbewerbsnahen Bereichen gibt es nicht. Im vor-wettbewerblichen Bereich beginnt sich allmählich und hauptsächlich über die Selbstorganisation des Sektors ein institutionelles Unternehmensumfeld zu entwickeln:

- 1998 wurde die Kammer der Softwareproduzenten CAPROSOFT gegründet. Sie fördert beispielsweise die Verbreitung von Qualitätsstandards nach ISO 9000 und CMM (Capability Maturity Model), was die Wettbewerbsfähigkeit der Branche erhöhen soll. Auch der verbesserte Zugang zu Risikokapital und das systematische Sichten internationaler Marktchancen gehört zu den selbstgesetzten Aufgabenfeldern der Kammer.
- Auf Initiative von drei besonders erfolgreichen lokalen Softwarefirmen wurde ein privates Ausbildungszentrum für Softwareingenieure und -techniker gegründet (Centro de Formación en Tecnologías de Información cenfotec). Damit wird das Ziel verfolgt, die Versorgung der Unternehmen mit qualifizierten Fachkräften auf Dauer sicherzustellen. Kürzere Ausbildungsgänge sollen technische Qualifikationen unterhalb der Ingenieursebene hervorbringen.

Die Maßnahmen des costaricanischen Staates, um den sich entwickelnden IKT-Sektor im Land zu unterstützen, sind bislang begrenzt und reagieren meist auf erkannte Engpässe. So hat das Technologieministerium aus Mitteln der Interamerikanischen Entwicklungsbank BID mittlerweile ein Stipendienprogramm zur internationalen Fortbildung von IKT-Fachkräften aufgelegt, nachdem die Privatwirtschaft eine Verknappung von qualifizierten Humanressourcen beklagt hatte. Eine Vision oder langfristig angelegte Strategie der Regierung zur weiteren Profilierung Costa Ricas als Produktionsstandort für Hochtechnologie liegt bislang nicht vor.

3.5.5 Ansatzpunkte für nachholende Technologieentwicklung in Entwicklungsländern

Die Erfolge der costaricanischen Softwareindustrie belegen, dass auch Akteure in Ländern ohne entwickelte Innovationssysteme an der internationalen Technologieentwicklung teilhaben können. Voraussetzung hierfür ist, dass sie in entsprechende internationale Wissensnetzwerke eingebunden sind, Zugang zu dem global vorhandenen Know-how erhalten und in der Lage sind, dieses in kommerziell erfolgreiche Innovationen umzusetzen.

In Costa Rica und in allen eingangs erwähnten Beispielen aus Lateinamerika spielen Universitäten eine zentrale Rolle, die, entgegen der lateinamerikanischen Tradition, als technische und auf den Privatsektor orientierte Kompetenzzentren gegründet wurden und denen es gelungen ist, sich international auszurichten. Um diese Universitäten herum entwickelten sich begrenzte Protocluster, die mit Nischenprodukten weltmarktfähig werden konnten.

Diese Dynamik entspricht weitgehend den in der neueren Innovationsforschung unter dem Stichwort der „Triple-Helix" diskutierten Prozessen. Ähnlich wie beim Konzept des Nationalen Innovationssystems (z. B. *Lundvall* 1992) werden bei diesem Ansatz technologische Neuerungen als Ergebnis einer intensiven Interaktion zwischen Privatsektor, Hochschulen und staatlichen Akteuren interpretiert (z. B. *Etzkowitz/Leydesdorff* 2000,; *Leydesdorff* 2000, *Etzkowitz* 2002). Allerdings wird dabei von flexibleren und dynamischeren Kooperationsformen ausgegangen und den Hochschulen eine zentrale Rolle zugewiesen. Deren Bedeutung steige in dem Maße, wie das Wissen zum zentralen Produktionsfaktor wird. Gleichzeitig verändere sich ihr Aufgabenspektrum, wirtschaftsnahe Funktionen gewinnen an Bedeutung. Dieses entrepreneurial paradigm (*Etzkowitz* et al. 2000, S. 315-325) findet sein Korrelat in einer zunehmenden Offenheit der privaten Unternehmen zur Kooperation mit den Hochschulen. Diese Prozesse führen zu häufigeren Interaktionen und zur Herausbildung von flexiblen Akteursverbünden, die in hohem Maße innovativ sind. Auch in einer Reihe von Entwicklungsländern orientieren sich Hochschulen zunehmend an den Bedürfnissen des lokalen Privatsektors. Teilweise erfolgt dies aus dem Zwang heraus, durch den Verkauf von Dienstleistungen Drittmittel zu erwirtschaften und damit den Rückgang staatlicher Mittel zu kompensieren. Angesichts der Krise in den staatlichen Haushalten vieler Entwicklungsländer wächst auch der politische Druck, die nach wie vor beträchtlichen öffentlichen Aufwendungen für die staatlichen Hochschulen zu legitimieren (für Lateinamerika siehe *Arocena/Sutz* 2001).

Die Reform des Hochschulwesens und die Stärkung technisch ausgerichteter und international vernetzter Universitäten stellt für die Entwicklungsländer in zweifacher Hinsicht eine wichtige Rolle im Rahmen der nachholenden Technologieentwicklung dar:
– Sie ermöglichen den Zugang zu dem international vorhandenen technologischen Know-how und zu neuen wissenschaftlichen Erkenntnissen.
– Als Inkubatoren für die Gründung wissensbasierter Firmen können sie einen wichtigen Beitrag zur Verbesserung der Unternehmensstrukturen leisten.

Internationale wissenschaftlich-technische Kooperationen stellen globale „Wissenspipelines" bereit, mit dem Know-how von der internationalen auf die nationale bzw. lokale Sphäre auch von Entwicklungsländern übertragen wird. Während die meisten Entwicklungsländer, wie eingangs gezeigt, als Partner in wissensbasierten Netzwerken des Privatsektors kaum eine Rolle spielen, ist ihre Anschlussfähigkeit im wissenschaftlichen Bereich deutlich höher (*David/Foray* 2002, S. 17). Publikationen internationaler Autorenteams unter Beteiligung von Wissenschaftlern aus Entwicklungsländern nehmen seit einigen Jahren rasch zu (*Archibugi/Iammarino* 2000).

Die Absorptionsfähigkeit des Privatsektors für technologische Neuerungen ist in den meisten Entwicklungsländern begrenzt. Die Zahl der Unternehmen, die versuchen, ihre Wettbewerbsfähigkeit über Produkt- oder Prozessinnovationen zu erhalten, ist in der Regel klein. Für die langfristige wirtschaftliche Dynamik ist daher die Gründung neuer Firmen in zukunftsträchtigen Branchen von entscheidender Bedeutung. Hier spielen die Universitäten als potentielle spin-off-Geber eine wichtige Rolle.

Chancen auf technologischen Anschluss haben Entwicklungsländer vor allem in Technologiefeldern, die jung und unmittelbar wissenschaftsbasiert sind und bei denen die zugrunde liegenden Basistechnologien noch im Fluss sind. Anders sieht dies in Technikfeldern aus, bei denen Wettbewerbsvorteile über kumulative Lernprozesse und das Zusammenführen von unterschiedlichen Kompetenzfeldern erzielt werden. Die Herausbildung wettbewerbsfähiger Protocluster in Entwicklungsländern ist daher eher in der Informations- und der Biotechnologie zu erwarten als bei komplexeren ingenieurtechnischen Produktionen.

3.6 Transnationale NGOs im *War in the Woods* in British Columbia, Kanada (*Dietrich Soyez*)

3.6.1 Ressourcenperipherien

Ressourcenperipherien im Sinne von *Hayter* (2000) stehen nur selten im Mittelpunkt wissenschaftlicher Aufmerksamkeit. Das Interesse der internationalen Wirtschaftsgeographie ist traditionell aus konzeptioneller und inhaltlicher Sicht fast ausschließlich auf die Zentren und Kerne ökonomischer Aktivitäten gerichtet, in der Regel also auf Metropolen und hoch verdichtete Industrielandschaften. Die gegenseitigen funktionalen Abhängigkeiten zwischen Zentren und Rohstoffregionen werden kaum systematisch thematisiert, obwohl hier bestehende Beziehungsgeflechte und ihr gegenwärtiger Wandel im Globalisierungskontext aus geographischer Sicht aufschlussreiche Problemfelder darstellen (*Hayter* 2000, *Hayter/Barnes/Bradshaw* 2003, *Flitner/Soyez/Venzke* 2007). Dies gilt nicht nur hinsichtlich der hohen sozio-ökonomischen Verwundbarkeit dieser Regionen angesichts der Entwicklungen auf den Märkten der Welt. Ebenso aufschlussreich ist, wie sich zur Zeit das Ressourcendargebot der Peripherie unter dem Einfluss von

Prozessen gesellschaftlichen Wertewandels, etwa hinsichtlich der Umweltproblematik, verändert und dadurch stark veränderte Rahmenbedingungen für industrielle Inwertsetzungen entstehen. Auch dies geschieht wieder in einem glokalen Spannungsfeld, in das zur gleichen Zeit ein Douglasienbestand an der Pazifikküste Kanadas ebenso eingebunden ist wie eine kalifornische Umweltgruppe, ein britischer Baumarkt oder ein deutsches Papierindustrieunternehmen.

Das Ziel der folgenden Erläuterungen ist es, Hintergründe, Abläufe und Folgen der Konflikte um die angemessene Nutzung der temperierten Regenwälder im Westen Kanadas aufzuzeigen. Im Mittelpunkt steht dabei der Einfluss transnationaler NGOs auf das Umweltverhalten von Akteuren vor allem aus Wirtschaft und Politik sowie das dadurch bewirkte ‚Ergrünen' holzwirtschaftlicher Produktionssysteme und ihrer Märkte. Dabei wird zugleich problematisiert, wie die ohne Zweifel erzielten Fortschritte in der Umweltsicherung – etwa die Verringerung schädlicher Emissionen der Holzindustrie, schonenderer Umgang mit den Waldressourcen – mit Formen transnationaler Einflussnahme einhergingen, die von vielen Betroffenen in British Columbia als neokolonialistische Ökodiktate empfunden werden mussten (zur generellen Problematik vgl. *Soyez* 1996, *Hayter/Soyez* 1996).

3.6.1.1 *Ressourcenperipherien als umstrittene Räume*

Neben den traditionellen Zugriff der Kernregionen auf ihre Ressourcenperipherien mit dem Ziel der Rohstoffausbeutung sind gegen Ende des 20. Jahrhunderts zusätzliche und zugleich höchst konfliktgeladene Ansprüche getreten. Sie hängen mit veränderten Lebensbedingungen und Wertehaltungen der Bevölkerungen in den Zentren zusammen: Ressourcenperipherien sind aufgrund einer wahrgenommenen Natürlichkeit sowie ihrer damit verbundenen Potenziale für Freizeit und Erholung nicht nur zu attraktiven Destinationen der Tourismuswirtschaft geworden; sie gelten zugleich als letzte Wildnis-Areale und damit dringend benötigte Refugien für bedrohte Pflanzen- und Tierwelten. Sie zu retten und formal unter Schutz zu stellen ist eine aus der Sicht hier engagierter Akteure eine ethisch-moralisch legitimierte Aufgabe von globaler Bedeutung. Die in den Peripherregionen lebende indigene Bevölkerung („First Nations") wurde in diesem Wildnis- und Naturdiskurs zunächst entweder nicht thematisiert oder als Teil der ‚Natur' angesehen. Diese ‚Naturalisierung' ging nicht nur bei vielen Kanadiern, sondern auch bei europäischen Aktivisten mit der Erwartungshaltung einher, die indigene Bevölkerung habe – um authentisch zu bleiben – auf eine Teilhabe an moderner wirtschaftlicher und sozialer Entwicklung zu verzichten, also etwa auf das Recht, eine moderne Waldwirtschaft zu praktizieren (zur Dekonstruktion solcher Vorstellungen aus postkolonialer Sicht vgl. *Willems-Braun* 1997, *Braun* 2002). Für die Bewohner der Peripherien sind diese von außen kommenden Ansprüche ärgerliche, vielfach erniedrigende Zumutungen, die mit gegebenen Lebensstilen, Zukunftsentwürfen und Arbeitswelten unvereinbar sind. Hieraus entstehen Gegensätze und dann auch offen ausgetragene Konflikte, die von der lokalen bis auf die globale Ebene ausgetragen werden.

3.6.1.2 *Das Beispiel der kanadischen Provinz British Columbia (B.C.)*

Die Holzwirtschaft British Columbias war im ausgehenden 20. Jahrhundert der zentrale Industriezweig, auf den nahezu 50 % der industriellen Wertschöpfung entfielen. Auch im nationalen Kontext war sie ein gewichtiger Produzent. So stammten z. B. fast 50 % der kanadischen Produktion an Kraftpapier aus den Fabriken in British Columbia, und schließlich ist die Provinz selbst auf globaler Ebene mit nahezu 10 % des Weltmarktangebots einer der einflussreichsten Exporteure von Holzprodukten. Genau hier liegt aber auch die Abhängigkeit von Ereignissen auf ausländischen Märkten und damit die spezifische Verwundbarkeit nicht nur für rein ökonomische Einflüsse, sondern ebenso auch für Werteentwicklungen, die in anderen Ländern der Erde an Bedeutung gewinnen, z. B. im Hinblick auf die Umweltproblematik. Hier ist das Beispiel der skandinavischen Holzwirtschaft anzuführen, in der über viele Jahre hinweg deutlich zupackendere Lösungsstrategien hinsichtlich von Umweltproblemen als in Kanada die Regel waren, wodurch sich bei vielen Endkunden in Europa die Wahrnehmung einstellte, Zellstoff oder Papier etwa aus Schweden seien deutlich ‚umweltfreundlicher' als entsprechende Produkte aus British Columbia.

Wie *Hayter* (2000) detailliert belegt hat, nahm British Columbias Holzwirtschaft zum Höhepunkt des Fordismus eine deutliche Sonderstellung ein. Einmal beruhte sie auf einem als schier unerschöpflich angesehenen Rohstoff – dem Holz aus den sog. crown forests. Diese Wälder, zu 96 % im Eigentum der Provinz, wurden über die unterschiedlichsten Konzessionsformen den einheimischen wie auch ausländischen Unternehmen zur Nutzung überlassen. Zum anderen basierte sie auf einer fest gefügten und lange nicht in Frage gestellten Verquickung von Provinz-, Unternehmens- und Gewerkschaftsinteressen, nämlich einer „(wood) exploitation alliance" (*Hayter* 2003, S. 713). Solche Verflechtungen waren z. B. auch durch eine – sehr geringe – Kapitalbeteiligung der Provinz an dem Unternehmen MacMillan Bloedel belegt (offen angesprochen etwa in MacMillan Bloedel Limited 1993, Fußnote S. 3), dem lange wichtigsten Holzwirtschaftsunternehmen in British Columbia. Ab den 1970er Jahren bestand in dieser Allianz Einigkeit über die Politik einer forcierten ‚Liquidation' der küstennahen Urwälder. Diese versprach aufgrund eines extrem hohen Holzvorrats pro Hektar und geringer Transportdistanzen zu den verarbeitenden Anlagen auch weit überdurchschnittliche Gewinne. Die traditionell ohnehin sehr lax aufgefassten Regulierungs- und Aufsichtspflichten der Provinz wurden in einer nochmals gelockerten Politik der sog. ‚sympathetic administration' auf ein Minimum zurückgesetzt. So wurden seitens der Konzessionäre Ernte- und Wiederbegründungsmethoden zur Routine – insbesondere eine radikale Kahlschlagwirtschaft -, die in den Augen von Nachhaltigkeitsbefürwortern ebenso unannehmbar wie unprofessionell waren. Sie lösten zudem bei unbefangenen Beobachtern pures Entsetzen aus, so etwa bei solchen Touristen, die mit dem offiziellen Slogan des Supernatural British Columbia in die Provinz gelockt worden waren. „Kahlschlag im Paradies" titelte denn auch der Stern in einem Beitrag im Herbst 1993 (*Schuster* 1993) und heizte damit die schon den ganzen Sommer laufende kritische Diskussion in den deutschen Medien über die Forstwirtschaftsmethoden an der Westküste Kanadas weiter an. Erst jetzt begannen die wirtschaftlichen und politischen Eliten Kanadas, in Deutschland vor allem vertreten durch die Botschaft Kanadas in Bonn, zu begreifen, dass die zunächst für marginal und unbedeutend gehaltene Diskussion nicht nur für das Image des Landes insgesamt, sondern vor allem auch für wichtige Auslandsmärkte (Holzprodukte; Tourismus) höchst unerwünschte Folgen haben könnte. Eine ähnliche Berichterstattung erfolgte auch in den Medien von Provinz und Bundesstaat, was umfassend bei *Stanbury* (2000) dokumentiert ist. Vor diesem Hintergrund wird die politische und ökonomische Relevanz der sich entwickelnden Konfliktkonstellation deutlich. Sie sei im Folgenden zunächst in ihren generellen Zügen, dann aber speziell am Beispiel des Clayoquot Sound auf Vancouver Island dargestellt.

3.6.1.3 Die Küstenwälder British Columbias: Naturressourcen oder Natur als Ressource?

In kaum einer anderen Region der Erde konzentrierten sich die miteinander kollidierenden Ansprüche auf ‚Ressourcen als Rohstoff', ‚Ressourcen als Grundlage des Tourismus' und ‚Ressourcen als Weltnaturerbe' in einer solchen Weise wie in den temperierten Regenwäldern der Küsten von British Columbia. Für die hier über Jahre laufenden Auseinandersetzungen wurde der auch von *Hayter* (2003) benutzte Ausdruck „war in the woods" ein akzeptierter Bestandteil der Alltagssprache. Waren in den 1980er Jahren Orts- und zugleich Konfliktbegriffe wie Meares Island oder Carmanah Valley vielleicht gerade noch im nationalen Rahmen bekannt, so wurde Clayoquot Sound in den 1990er Jahren in kürzester Zeit weltweit zu einem Symbol für den grundsätzlichen Konflikt zwischen Wirtschafts- und Schutzinteressen (zu Einzelheiten der Konfliktentwicklung *Stanbury* 2000, Kap. 2 und 3).

Diese an der pazifischen Küste von Vancouver Island gelegene Bucht stellt nicht nur einen durch besondere Naturschönheit ausgezeichneten Landschaftsausschnitt dar; sie ist durch ein beeindruckendes Mosaik und ebenso aufschlussreiche Gradienten von marinen und terrestrischen Ökotopen geprägt. Es waren

aber vor allem die völlig unberührt erscheinenden Bestände von Jahrhunderte altem „old growth", also seit der Kolonisation nie von der modernen Holzwirtschaft genutzten temperierten Regenwäldern, die die besondere Aufmerksamkeit der Öffentlichkeit erregten. Die Wälder waren schon seit vielen Jahren Bestandteile der von der Provinzregierung verliehenen Waldkonzessionen an die B.C.-basierten Holzindustrieunternehmen MacMillan Bloedel Ltd./MB und B.C. Forest Products (später Fletcher Challenge). Der lange latente Konflikt – schon im September 1979 hatte sich eine Bürgerinitiative zum Schutz dieser Landschaft gebildet (Friends of Clayoquot Sound/FOCS, vgl. *Ingram* 1994) – entwickelte sich während der 1980er Jahre durch erste Ernteplände seitens der Konzessionsnehmer. Es gab erste Protestaktionen, vor allem in Form von tree spiking (Vernageln von für die Ernte vorgesehenen Bäumen) und Straßenblockaden, auch unter Mitwirkung hier ansässiger indigener Bevölkerung der Nuu-chah-nulth. Die 1980er und frühen 1990er Jahre sind durch immer neue Runden von Protesten, Verhandlungen, Kommissionstreffen, einstweiligen Verfügungen und Schutzmaßnahmen (z. B. Ausweisung von Provinzparks) geprägt, eine Periode der sog. valley-by-valley-Konflikte und individueller Lösungsansätze ohne klare politische Strategie. Im wesentlichen waren in dieser Phase Akteure aus der Provinz beteiligt, wenn für diese auch vereinzelt schon erste, aber kaum sichtbare und in ihrer Wirkung auch nicht einschätzbare Kontakte zu U.S.-amerikanischen oder auch europäischen Umweltgruppen nachgewiesen werden können; man kann dies deshalb in der folgenden Synopse als Krypto-Transnationalisierung bezeichnen (Abb. 3.6/1).
Der offene Konflikt um Clayoquot Sound wurde dann durch eine Ankündigung des Premierministers M. Harcourt im April 1993 ausgelöst, die aus der Sicht der Politik eigentlich die abschließende Lösung darstellen sollte: Ein Drittel der ca. 260.000 ha umfassenden Wälder dieses Bereichs sollte endgültig unter Schutz gestellt, der Rest aber zum Einschlag frei gegeben werden, wenngleich mit deutlich schärferen Auflagen als gewohnt, etwa hinsichtlich von Großkahlschlägen. Dies war der sog. Clayoquot-Kompromiss, erreicht nach jahrelangen Verhandlungen mit einer Vielzahl von Anspruchsgruppen. Aus der Sicht der meisten Umweltgruppen war dies aber zu wenig, und so begann eine neue, sehr intensive Konfliktphase in der zweiten Hälfte des Jahres 1993, die zunehmend alle Maßstabsebenen von lokal bis global erfasste.
Dieser Binnen- und Außendruck, letzterer vor allem durch transnationale NGOs, haben dann bis heute zu einem weitgehenden Wandel in der Forstwirtschaft und Holzindustrie British Columbias geführt, zugleich zu teilweise höchst problematischen Visionen hinsichtlich zukünftiger Muster von regionaler Arbeitsteilung und Ressourcennutzung. Überlagert werden diese Prozesse von tiefgreifenden juristischen und politischen Kontroversen hinsichtlich der indigenen Rechte an Land- und Ressourcennutzung (land claims). Diese Entwicklungen, von *Hayter* (2003) als ‚Neuvermessungen' (remapping) konzeptionalisiert, lassen in dieser Provinz neue Muster von räumlicher Aneignung und Inwertsetzung entstehen. Sie sind nicht nur aus der Sicht einer regionalen Geographie von großem Interesse. Sie erlauben aufschlussreiche Erkenntnisse auch in Bezug auf neue konflikthafte räumliche Prozesse unter Globalisierungsbedingungen, wie sie beispielsweise für Kanada ganz allgemein in einer Synopse von *Wallace/Shields* (1997) festgehalten wurden.
In der Folge wird der Blick im wesentlichen auf die Konflikte um den Clayoquot Sound gerichtet bleiben, nicht zuletzt aus Gründen der Zugänglichkeit relevanter Informationen. Es ist aber zu unterstreichen, dass die Problematik in ganz ähnlichen Prozessen nicht nur große Bereiche der Westküstenwälder betrifft, bis in die U.S.-amerikanischen Bundesstaaten Washington, Oregon und das nördliche Kalifornien. Sie wird sich aller Voraussicht nach auf weitere Bereiche des Waldlandes von B. C. bis hinauf in die nördlicheren borealen Abschnitte und nach Yukon ausdehnen (vgl. die Problematik des Yellowstone to Yukon-Korridors/Y2Y, *Hayter* 2003, Fig. 6, S. 720).
Für einen angemessenen Zugang zu diesen ebenso komplexen wie unübersichtlichen Entwicklungen in mehreren Arenen in Nordamerika, Europa und – wenn auch weniger relevant – Asien wird im Folgenden in zwei Schritten vorgegangen: Zunächst wird der transnationale Rahmen in ausgewählten Elementen, Ereignissen und Entwicklungen ausgeleuchtet, vor allem im Hinblick auf NGOs. Danach werden diese Sachverhalte aus einer im engeren Sinne geographischen Perspektive verknüpft und interpretiert (vgl. Kap. 2.2.4).

3.6.2 Zur Transnationalisierung des Clayoquot-Konflikts unter Einfluss und Mitwirkung transnationaler NGOs

3.6.2.1 Phasen

Waldbezogener Umweltaktivismus an der kanadischen Westküste, eingeleitet durch lokale Akteure in den späten 1970er Jahren (z. B. Friends of Clayoquot Sound/FOCS), ist aus heutiger Sicht ein erster Indikator für den zunächst langsamen, dann aber immer dramatischeren Bedeutungsverlust der traditionellen (Wood) Exploitation Alliance in British Columbia (Abb. 3.6/1). Er wurde ausgelöst durch ständig zunehmende Diskrepanzen zwischen der von der Provinzregierung zugelassenen raubbauähnlichen Ausbeutung der Ressource Wald durch die Holzwirtschaft auf der einen und massiven gesellschaftlichen Werteveränderungen auf der anderen Seite. Ein noch früheres Zeichen für Prozesse eines post-materiellen Wertewandels im gleichen Großraum – in Nordamerika auch als Ecotopia bezeichnet (s. hierzu *Garreau* 1981) – ist die Gründung von Greenpeace in Vancouver, heute ein weltweit einflussreiches ‚Umweltunternehmen' und dann später auch zentral in der Entwicklung des Clayoquot-Konflikts – wie weiter unten ausgeführt.

Im Rückblick ist deutlich, dass der Transnationalisierungsprozess einem Muster folgte, das auch anderen Orts typisch war: Die relative Erfolglosigkeit lokaler Akteure beim Versuch, das Verhalten traditioneller Machteliten im einheimischen Rahmen zu verändern, löst die Suche nach Partnern im Ausland aus (hierzu auch *Stanbury* 2000, S. 60). Ausgestattet mit völlig anderen Ressourcen von Beziehungs- und Definitionsmacht, sind solche Allianzen dann in der Lage, einheimische Politikblockaden aufzubrechen: Der hierdurch erzeugte Boomerang-Effekt (nach *Keck/Sikkink* 1998) setzt die sich einem Wandel widersetzenden Akteure einem solchen Druck aus, dass sie schließlich in vielen ursprünglich für nicht verhandelbar angesehenen Punkten nachgeben (vgl. Kap. 2.2.4, Abb. 2.2.4/1). Ähnliche Prozesse prägen auch die Transnationalisierung der Konflikte um die hydroelektrische Inwertsetzung der Flüsse an der James Bay/Québec (*Soyez/Barker* 1998).

In der Entwicklung des Konflikts an der kanadischen Westküste sind hierbei die folgenden Phasen deutlich (vgl. hierzu die detaillierte Dokumentation bei *Stanbury* 2000):

– Prozesse einer Art von Krypto-Transnationalisierung verdichteten sich Ende der 1980er, Anfang der 1990er Jahre, ausgelöst vor allem durch kanadische, aber teilweise schon grenzübergreifend vernetzte Gruppen wie Canadian Environmental Network, Sierra Club of Western Canada und Greenpeace Canada. Aber auch einzelne einflussreiche Wissenschaftler, Medienproduzenten oder Umweltaktivisten begannen grenzüberschreitende Kontakte zu nutzen. Persönliche oder institutionelle Verbindungen (etwa mit Vertretern der Grünen in Europa) führten zu Einladungen und Studienreisen nach Kanada wie auch nach Europa. In ersten Medienberichten wurde die Problematik als Thema von internationalem Interesse diskutiert (typisch das kanadische politische Wochenmagazin Maclean's 1991).

– Der entscheidende Transnationalisierungsschub allerdings setzte erst im Sommer 1993 mit dem schon genannten Clayoquot-Kompromiss ein. Die Reaktion zahlreicher Umweltorganisationen war sehr kritisch, und es wurde dazu aufgerufen, den 1. Juli als ‚International Day of Protest' für den Clayoquot Sound zu begehen, u. a. mit Demonstrationen vor kanadischen Botschaften im Ausland. Die Proteste waren aber wenig sichtbar. Auch als im Juli ein Protestcamp mitten im Waldland eingerichtet wurde, änderte sich die Situation zunächst wenig. Innerhalb weniger Wochen kam es dann allerdings zu mehr als 100 Festnahmen, darunter eines Mitglieds des Europa-Parlaments, schnell gefolgt von einigen Gerichtsverfahren. Erst mit der Berichterstattung über Straßenblockaden auf Vancouver Island, gefolgt von einer dann schier nicht enden wollenden Zahl von Festnahmen (bis zum Ende des Jahres etwa 1.000), unter anderen mehrerer Leiter nationaler Greenpeace-Organisationen, wurde der Konflikt national und international immer stärker beachtet (eindrucksvolle persönliche Zeugnisse etwa in *MacIsaac/Champagne* 1994, *Berman* et al. 1994). Zugleich engagierten sich jetzt auch Greenpeace International und seine Verbündeten ab November/Dezember 1993 mit dem ausdrücklichen Ziel, den Konflikt zu transnationalisieren. Greenpeace verlagerte sogar sein Waldkampagnen-Hauptquartier von Amsterdam nach Vancouver: Clayoquot Sound wurde zum Emblem („poster child" nach *Stanbury* 2000) für den Kampf

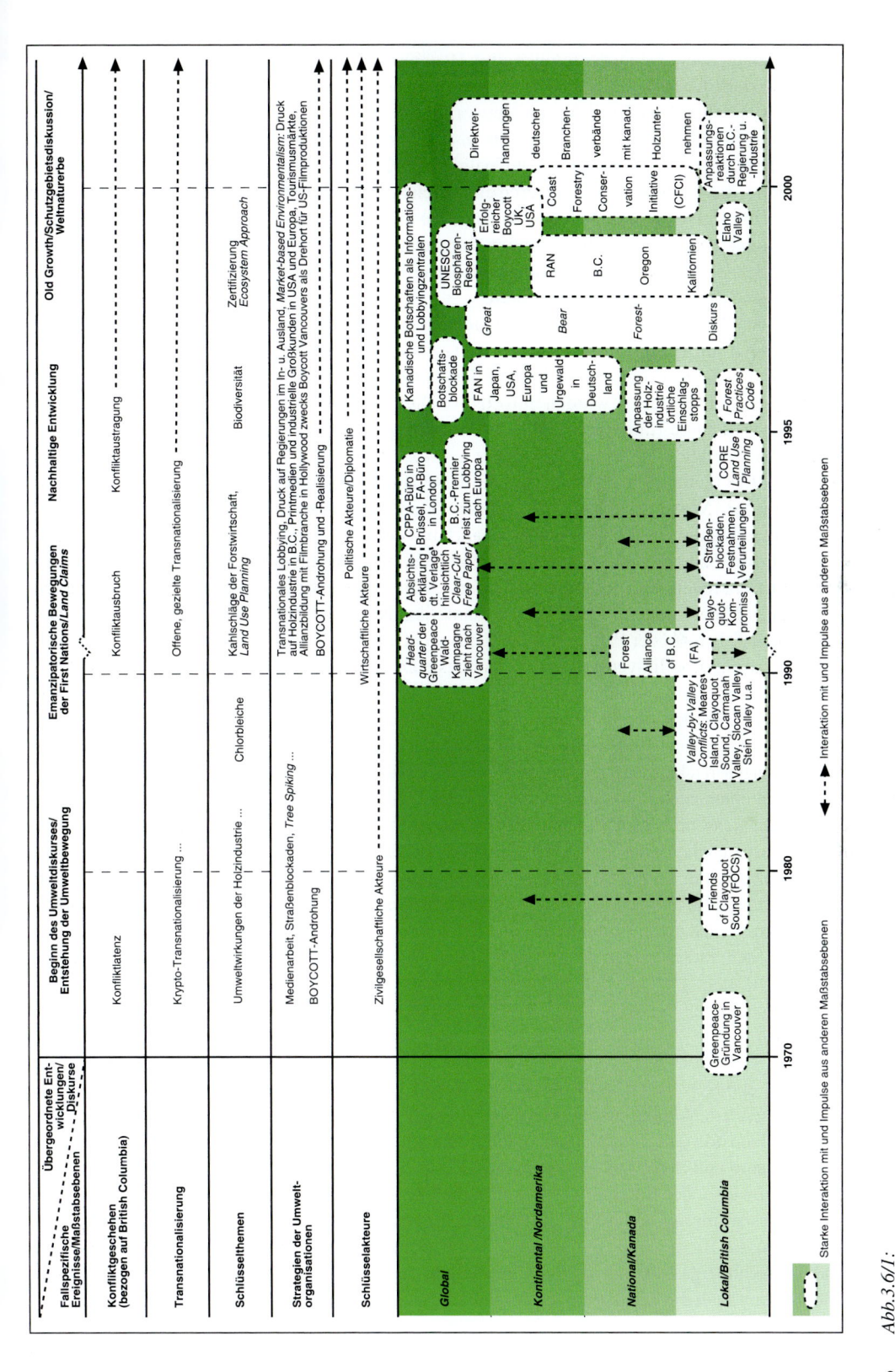

Abb. 3.6/1:
„The War in the Woods" an der kanadischen Westküste 1970–2000 (eigener Entwurf)

um einen verstärkten Schutz auch der temperierten Regenwälder. Hier ist symptomatisch, dass eine der international am stärksten in den Auseinandersetzungen um die Bewahrung tropischer Regenwälder engagierten NGOs, nämlich Rainforest Action Network/RAN (San Francisco), sich ab Herbst 1994 auch in den Clayoquot-Konflikt einschaltete und eine in den Vereinigten Staaten fortan sehr einflussreiche Koalition anführte, die Clayoquot Rainforest Coalition/CRC. Diese Entwicklungen belegen zwei zentrale Sachverhalte, die vielfach auch in anderen entsprechenden Konflikten nachzuweisen sind: Einmal die relative Machtlosigkeit lokaler Akteure, so lange sie nicht Allianzen mit einflussreichen Organisationen transnationaler Reichweite bilden können, zum anderen aber auch die für genau diese Organisationen bestehenden Gelegenheiten wie Zwänge, ursprünglich lokale Konflikte, aber mit hoher Medienwirkung, für eigene Ziele zu instrumentalisieren.

– Ab 1994 kann der Konflikt dann endgültig als hochgradig transnationalisiert betrachtet werden, gekennzeichnet durch teilweise synchrone, und auch synchronisierte, Einzelaktionen und andauernde Kampagnen auf drei Kontinenten. Sie hielten für den ganzen Rest des Jahrzehnts in wechselnder Intensität an. Räumliche Schwerpunkte wurden Europa (vor allem Großbritannien und Deutschland), die Vereinigten Staaten (vor allem Kalifornien) und – wenn auch sporadischer und mit deutlich geringerer Intensität – Japan.

Aus deutscher Sicht ist hier aufschlussreich, dass die Unternehmen Gruner + Jahr, Mohndruck, Otto Versand und Axel Springer Verlag sich dem entstandenen Druck der Umweltaktivisten im September 1993 durch eine Absichtserklärung zu entziehen suchten, auch mit dem Ziel, empörte Endkunden zu beruhigen: Sie gaben verklausuliert zu erkennen, ihre Papierlieferanten anhalten zu wollen, keinen Zellstoff aus unangemessen bewirtschafteten Wäldern mehr zu kaufen (Schlüsselbegriff: clearcut free paper) – ein leicht zu durchschauendes Manöver, denn weder aus nordamerikanischen noch skandinavischen Produktionsgebieten ließen sich Zellstoff oder Papier beziehen, das nicht aus Kahlschlagwirtschaften stammt.

Aus dem Auf und Ab des Konfliktverlaufs bis in die jüngste Zeit hinein seien hier nur zwei deutliche Höhepunkte mit Entscheidungen angesprochen, die noch in der ersten Konfliktphase für unmöglich gehalten worden wären und zentrale Forderungen der Umweltaktivisten zu befriedigen schienen (vgl. *Stanbury* 2000 für eine Fülle von Details): Einmal 1995 die Verabschiedung einer detaillierten Vorschriftensammlung für eine umweltgerechte Forstwirtschaft, des sog. Forest Practices Code, durch die Regierung von British Columbia, der rein formal einen auch im internationalen Vergleich höchst beeindruckenden Paradigmenwechsel im Umgang mit der Ressource Wald dokumentierte; zum anderen 1999 die Einrichtung eines UNESCO-Biosphärenreservats am Clayoquot Sound mit einer Gesamtfläche von 360.000 ha, davon etwa ein Drittel mit starkem Schutzstatus in Form von Parks und Naturschutzgebieten. Dennoch führten diese und viele andere Maßnahmen und Reformschritte nicht zu einer allgemeinen Befriedung, da immer neue Konfliktregionen und Themen entstanden sind oder konstruiert wurden. Sie haben heute aber nicht mehr die gleiche internationale Sichtbarkeit wie in der entscheidenden Phase zwischen 1993/94 und 2000.

3.6.2.2 Themen

Der Rückblick auf den Konfliktverlauf während der 1990er Jahre macht deutlich, dass der Themenfokus mehrfach gewechselt hat. Vor diesem Hintergrund wird auch verständlich, warum Regierungen, Spitzenverbände der Holzindustrie und Unternehmen mit ihren Reaktionen kaum mehr nachkamen: Schienen noch Ende der 1980er Jahre und in die 1990er hinein die Chlorbleiche von Zellstoff und, als Folge, die chemikalienbelasteten Abwässer der Holzindustrie der dringlichste Problembereich zu sein, schwenkte dann die Diskussion sehr rasch um auf Kahlschläge, dann auf die temperierten Regen(ur)wälder allgemein, die Schutzgebiets- und die Biodiversitätsproblematik, dann weiter auf die übergeordnete Flächennutzungsplanung und die nachhaltige Nutzung nicht nur der Küsten-, sondern auch der Inlandswälder, und problematisierte schließlich auch die Zertifizierung (eco-labeling) von Forstmanagementsystemen und Holzprodukten ganz allgemein.

Die Erklärung für die zunächst kontraproduktiv erscheinenden Themenwechsel liegt erstens in den ständig wechselnden Akteurskonstellationen, die jeweils räumlich oder auch temporär begrenzt sehr spezielle Agenden verfolgten, um ihre jeweiligen Zielgruppen zu bedienen bzw. den Strategieentscheidungen ihrer Beschlussorgane zu folgen. Hier muss die Rolle jeweiliger Finanzierungsmodi beachtet werden, denn es ist ein großer Unterschied, ob Kampagnengelder aus den Beiträgen bzw. finanziellen Zustiftungen von Mitgliedern stammen oder aus (beantragten) Zuwendungen etwa großer Umweltstiftungen (s.u.). Zweitens ist der Einfluss von Marketing- und Werbestrategien deutlich, etwa in der Beurteilung, welche Sachverhalte jeweils eine besonders hohe Aufmerksamkeit erregen könnten – ein im Hinblick auf die Berichterstattung der Medien und hier gegebene Einfluss- und Mobilisierungsmöglichkeiten besonders wichtiger Aspekt. Drittens ist die Identifizierung der Schwachpunkte der jeweiligen Antagonisten von zentraler strategischer Bedeutung für die Themenwahl. Viertens schließlich – nach Ansicht von *Stanbury* (2000) im Clayoquot-Konflikt besonders offensichtlich – liegt in der internen Dynamik derartiger Auseinandersetzungen begründet, dass Zugeständnisse durch die Konfliktpartner der jeweils eigenen Klientel zwar als Erfolg verdeutlicht werden müssen. Zugleich ist es aber von großer Bedeutung, weiter bestehende Defizite anzusprechen oder – falls diese nicht ‚vermarktbar' erscheinen – den Sprung in andere Themenbereiche zu wagen, um die Existenzberechtigung der eigenen Organisation nachzuweisen und zugleich ihre Finanzierung zu sichern.

3.6.2.3 Akteure

Neben den schon genannten Akteuren spielten im Konfliktverlauf weiter eine große Rolle:
– industrielle Spitzenverbände, wie die Canadian Pulp and Paper Association/CPPA, oder auch eigens gegründete industrienahe Gruppierungen, wie die 1991 ins Leben gerufene Forest Alliance of British Columbia/FA. Sie bezeichnete sich selbst als eine Vereinigung ‚unabhängiger Bürger', stellte aber im Wesentlichen eine von der Holzindustrie abhängige und auch finanzierte und für diese tätige Lobbyorganisation dar. Sie entwickelte in Absprache mit B.C.-Holzunternehmen in kürzester Zeit nicht nur eine Strategie für nachhaltige Forstwirtschaft. Sie sah ihre Aufgabe vor allem auch darin, den durch Umweltorganisationen verbreiteten ‚Unwahrheiten' und ‚medialen Manipulationsversuchen' entgegenzutreten. So reagierte die Forest Alliance etwa mit dem 1994 verteilten Faltblatt „What Greenpeace isn't telling Europeans – A response to Greenpeace's European campaign of misinformation about British Columbia's forests" – eine Gegenüberstellung von insgesamt 51 Behauptungen und Berichtigungen.
– die Bundesregierung in Ottawa, hier vor allem das Department of Foreign Affairs and International Trade und die ihm unterstehenden Auslandsbotschaften, die in den kritischen Perioden nach 1993 einen wesentlichen Teil ihrer Arbeit mit Informations- und Lobbytätigkeiten verbringen mussten (*Hayter/Soyez/Glon* 2001).
– intermediäre Institutionen und Kommissionen, meist im Regierungsauftrag gebildet, um bestehenden wissenschaftlichen und planerischen Sachverstand zur Lösung spezieller Problembereiche zu mobilisieren (so etwa das Scientific Panel for Sustainable Forest Practices in Clayoquot Sound 1993/94 oder Commission on Resources and Environment/CORE, s. z. B. Jahresbericht 1994/95, CORE 1995). Im eher technischen Bereich ist das Bemühen der Canadian Standardization Association/CSA anzusprechen, eine international anerkannte forstbezogene Öko-Zertifizierung zu schaffen, die zugleich aber den Interessen und Rahmenbedingungen der kanadischen Holzindustrie besser entsprach als die von ihren skandinavischen Konkurrenten bevorzugte – und stärker von den Ideen transnationaler NGOs dominierte – Zertifizierung nach dem Forest Stewardship Council/FSC.

3.6.3 Clayoquot und die Rolle transnationaler NGOs aus geographischer Sicht

3.6.3.1 *Raumüberwinder*

Transnationale NGOs überwinden nicht nur selbst Distanzen – dies ist angesichts der Entfernungen vor allem zwischen Europa und West-Kanada eindrucksvoll genug –, sondern provozieren gerade dadurch bei vielen anderen Akteuren völlig neue Muster raumüberwindender Aktivitäten. Sobald nämlich international ein ausreichendes Aufmerksamkeits- und Druckpotenzial erzeugt war, sahen sich als direkte Folge der NGO-Aktivitäten auch Dritte (Vertreter von Regierungen, Parlamenten, Unternehmen, Branchenorganisationen, Medien) veranlasst, zwecks Kontaktaufnahme, Beobachtung oder Informationssuche und -vermittlung eigene Reisen zu unternehmen oder ihre Kommunikationsroutinen den neuen Erfordernissen anzupassen. Angesichts der im Clayoquot-Konflikt gegebenen Distanzen (und Kosten der Distanzüberwindung) verließen sich alle Konfliktpartner aber hauptsächlich auf ihre jeweils vor Ort agierenden Stellvertreter, so etwa Greenpeace International (ebenso wie Greenpeace UK oder Deutschland) auf die Schwesterorganisation in Kanada sowie die mit dieser eng zusammenarbeitenden lokalen Organisationen oder die Regierung in Ottawa auf die Diplomaten der Botschaften in Europa.

Mit zunehmender Konfliktintensität war aber auch für alle Protagonisten die Anwesenheit jeweils vor Ort erforderlich, gut belegt durch die Verlagerung des Greenpeace-Kampagnenbüros von Amsterdam nach Vancouver oder die Einrichtung von Repräsentanzen wichtiger Unternehmensverbände und -lobbies in London und Brüssel. Nur in als besonders kritisch erachteten Phasen wurden von allen Beteiligten höchstrangige Vertreter nach Übersee entsandt. Besonders spektakulär war hier seitens der NGO 1993 die persönliche Teilnahme der Leiter von mehreren nationalen Greenpeace-Organisationen an den Blockaden auf Vancouver Island. Hier wurden dann – so die Sicht kanadischer Berichterstatter – Festnahmen provoziert und durch mitgebrachte Medienvertreter aufgezeichnet. Die Aktion wäre danach also kein spontaner Akt von zivilem Ungehorsam gewesen, sondern eine für die mediale Verwertung vorbereitete Inszenierung. Auch der Besuch 1994 des Premierministers von British Columbia, Michael Harcourt, in Europa (u. a. in Hamburg) fällt in diese Kategorie der große Aufmerksamkeit erregenden VIP-Reisen, während mehrere anschließende Besuche von Forstministern aus Ottawa oder der B.C.-Regierung in Victoria schon deutlich weniger Interesse erregten. Eine ähnliche Strategie wurde auch mit der Bildung von Allianzen verfolgt. So war in der Harcourt-Delegation mit George Watts auch ein prominenter Führer der First Nations vertreten, während die NGOs immer wieder Mitglieder von Parlamenten, bevorzugt der Grünen oder des Europaparlaments, und Medien aus Europa zu Informationsreisen einluden in der Hoffnung, auf diese Weise den politischen Druck erhöhen zu können (s. Boomerang-Effekt). Um der hier vermuteten Desinformation entgegen zu wirken, wurden von der Regierung von British Columbia und auch von MacMillan Bloedel zahlreiche Besuche ähnlicher Personengruppen vor allem aus Europa in Kanada organisiert. Es war eine wichtige Aufgabe der Botschaft in Bonn, hier wichtige Ansprechpartner aus Politik, Wirtschaft und Wissenschaft – und aus offizieller kanadischer Sicht geeignete Multiplikatoren – zu identifizieren und mit einzubinden.

Auch der Versand von Materialien jeder Art gehört zum Spektrum der Formen räumlicher Distanzüberwindung: Während die Verteilung von vermutlich Tonnen von Informationsmaterial zur Erzeugung des ‚richtigen' Bilds der Verhältnisse in Kanada den genannten Repräsentanzen von Regierungen, Unternehmen und Spitzenverbänden aufgetragen wurde, verließen sich die NGOs auf die Wirkung von Bildern in Zeitungen und Filmen (s. u.) oder, medial ähnlich wirksam, inszenierten sie im Frühjahr 1994 die Reise von Stumpy, dem Stumpf eines mehrere Hundert Jahre alten Baumriesen, durch Europa.

Schließlich ist auch Distanzüberwindung durch das Fließen von Geld anzusprechen, was hier allerdings nur kurz an zwei Beispielen aus dem NGO-Bereich erläutert werden kann. So ist es normalerweise die Aufgabe der nationalen Greenpeace-Organisationen, Anteile ihrer Einnahmen an die Dachorganisation Greenpeace International abzuführen. Im Clayoquot-Konflikt mussten die Gelder jedoch bald in die andere Richtung fließen, um die Kampagnen vor Ort weiter finanzieren zu können. Auch spielten weitere externe Gelder eine große Rolle, die einen Großteil nationaler und transnationaler NGO-Aktivitäten möglich machen, bisher aber weder in der öffentlichen Diskussion noch der wissenschaftlichen Analyse beachtet worden sind: Zuwendungen (auf Antrag) durch große internationale Stiftungen, so etwa Rockefeller Foundation, Stewart L. Mott Foundation und viele andere. Es ergibt sich dadurch die kuriose Situation, dass ein stark europäisch geprägter Umweltaktivismus in Kanada sehr wesentlich auch durch U.S.-amerikanische Stiftungen mitfinanziert worden ist – aus kanadischer Sicht eigentlich eine doppelte Kränkung.

3.6.3.2 Weltenverknüpfer

Die Informationen im vorangehenden Abschnitt belegen, wie sehr durch die zahlreichen Verknüpfungen zwischen den Konfliktpartnern von beiden Enden die unterschiedlichsten Flüsse von Informationen, Bildern, Geld etc. ausgelöst wurden. Dies wirft die Frage auf, welche Arten von Interaktionen oder gar Austauschprozessen sich daraus ergeben haben.
Im Hinblick auf die Art des Konfliktablaufs und die Typen seiner Wirkung ist im Clayoquot-Konflikt sicher von größter Bedeutung, dass im Bereich der Umweltproblematik allgemein und der Forstproblematik speziell in der Tat zwei verschiedene Welten und damit zusammenhängende Weltbilder miteinander verknüpft wurden. Dies führte zunächst an beiden Enden der Verbindung zu Schocks von Ungläubigkeit und Empörung in fast allen betroffenen Milieus:
In Kanada standen zunächst die Vertreter von Provinz-, aber auch Bundespolitik, Unternehmen, Gewerkschaften und Medien sowie einer breiten Öffentlichkeit recht fassungslos den Forderungen der transnationalen NGOs gegenüber. Zu sehr war man geprägt von den traditionellen Arten der Ressourcennutzung, zu sehr gewöhnt an die traditionellen Muster der Machtausübung der (Wood) Exploitation Alliance, zu uninformiert auch über deutlich umweltfreundlichere Herangehensweisen an die gleichen Problemfelder in anderen Ländern, in denen die Wirtschaft ähnlich stark von industriell betriebener Forstwirtschaft abhängt – also vor allem Schweden und Finnland. Den europäischen, vor allem den deutschen, Kritikern wurden zwar romantische Vorstellungen über den Wald und seine Nutzung zugeschrieben, und vielfach wurden die aus Europa erhobenen Forderungen auf die kurze Formel gebracht, dass man den Kanadiern den Schutz von Wildnis aufzwingen wolle, weil man selbst alle Formen von Wildnis zerstört habe. Damit übersah man, dass die Forderungen der transnationalen NGOs keineswegs aus isolierten nationalen oder gar regionalen Lebens- und Erfahrungswelten stammten, sondern sich in weitgehender Übereinstimmung mit internationalen Problemwahrnehmungen und Diskursen befanden, wenn diese auch oft aus taktischen Gründen etwas zugespitzt formuliert wurden.
In Europa dagegen, vor allem in Deutschland, war mit der Übermittlung vor allem von Bildern (Fotografien, Filmen) – oder mit der eigenen Anschauung als Tourist – ein weit vorherrschendes Image von Kanada beschädigt, wenn nicht zerstört worden: das des Landes der unendlich erscheinenden Wälder und Seen, mit fast unberührter, auf jeden Fall aber sehr ursprünglicher Natur. Wie sehr man selbst durch seine eigenen Konsummuster die Eingriffe in die Natur der holzproduzierenden Länder mit ausgelöst hatte, wurde nur von wenigen gesehen. Sehr unreflektiert konnte sich auf dieser Basis auch ein sicheres Gefühl der Legitimation dieses Engagements für eine Sache entwickeln, die aus der eigenen Perspektive nicht mehr nur Kanada betraf, sondern aus globaler Sicht von Bedeutung war. Getragen von dieser Grundstimmung – sie ist in den meisten Beiträgen der medialen Berichterstattung offensichtlich – und sie zugleich ausnutzend, fühlten sich auch die Vertreter der Umweltorganisationen – in Deutschland nicht etwa nur Greenpeace, sondern dann im Verlauf des Konflikts auch kleinere Organisationen wie z. B. Robin Wood oder Urgewald – berechtigt, mit allen nur denkbaren Mitteln und Strategien in Kanada aus ihrer Sicht akzeptablere Formen der Umweltsicherung zu erreichen.

3.6.3.3 Standortprofiteure

Eine außerordentliche Standortgunst für transnationale NGOs liegt vor allem dort, wie jüngst am Beispiel Washington, D.C. nachgewiesen werden konnte (*Bläser* 2005), wo sich besondere Verdichtungen und Knoten der unterschiedlichsten Ströme von Informationen, Wissen, Kapital etc. ergeben, und dazu die Vorteile der Nähe zur politischen Macht.

Im Clayoquot-Konflikt jedoch treffen diese Bedingungen auch nicht annähernd zu: Abgesehen von Greenpeace UK/London waren fast alle nicht-kanadischen Umweltakteure entweder in Städten ohne grenzübergreifend wirksame politische Machtkonzentrationen (z. B. Hamburg, Amsterdam, San Francisco) oder sogar in den Peripherien ihrer jeweiligen Großräume lokalisiert.

Wie vorgehend mehrfach angedeutet, konnten die Umweltorganisationen in Europa (vor allem in Großbritannien, Deutschland) und in den USA jedoch andere in diesem Zusammenhang zentrale Standortvorteile nutzen, wenn sie damit drohten, Boykott-Kampagnen gegen Holzprodukte aus B.C. zu organisieren: Sie befanden sich inmitten wichtiger Märkte der B.C.-Holzindustrie, hatten keine Schwierigkeiten, deren Großkunden zu identifizieren, und konnten dann hier – weit entfernt von den eigentlichen Orten des kritischen Ressourcengeschehens und zugleich eingebettet in vertraute wirtschaftliche, soziale und ideelle Umfelder – Pressionen ausüben, deren potenzielle ökonomische Relevanz den kanadischen Akteuren erst langsam klar wurde. Wenn somit die Umweltaktivisten in Deutschland den Hebel bei Großverbrauchern von Papier ansetzten (z. B. Axel Springer Verlag), in England bei den Papierherstellern Kimberley-Clark oder Scott (mit so bekannten Marken wie Kleenex) oder in Kalifornien bei IKEA und Baumärkten vom Typ Home Depot oder Menards, so waren damit gleich zwei Vorteile verbunden: Einmal konnte man auf diese Weise viel aufwendigere und auch kostentreibende, auf den Endverbraucher zielende Aktionen vermeiden, zum anderen waren alle diese Großverbraucher ihrerseits höchst besorgt um ihre Reputation bei diesen Endkunden und hätten auch leicht zu den Produkten anderer Wettbewerber wechseln können. Die Umweltgruppen konnten also bei relativ geringem Einsatz größte Wirkung erzielen.

Als zusätzliche Standortvorteile in den so bearbeiteten Auslandsmärkten der Kanadier müssen angesehen werden:
– eine hohe Aufmerksamkeit für Umweltthemen in einer breiteren Öffentlichkeit,
– selbst bei informierteren Bürgern geringe Kenntnisse der Fakten im entfernten British Columbia – „distance appears to lend enchantment" (*Stanbury* 2000, S. 20), also die Tendenz zur Romantisierung des Entfernten –,
– Kostenneutralität des Engagements beim Endkunden, und schließlich
– die geringe Vertrautheit der kanadischen Akteure mit den spezifischen sprachlichen, sozialen und kulturellen Bedingungen im Ausland.

Andere Verwundbarkeiten der Provinz British Columbia nutzten die in Kalifornien aktiven Umweltorganisationen aus, hier vor allem Rainforest Action Network/RAN und die von ihr koordinierten Partnerorganisationen, indem sie eine Sonderaktion bei Schauspielern, Filmregisseuren und -produzenten in Hollywood einleiteten: Ein großer Teil der amerikanischen Filmproduktion wird seit vielen Jahren aus Kostengründen an ‚amerikanisch' anmutenden Drehorten in Vancouver abgewickelt, und selbst die entfernte Möglichkeit eines Rückzugs von Hollywood aus der Pazifikmetropole war für die B.C.-Akteure bedrohlich.

Zusammenfassend ist jedoch deutlich, dass die Ankündigung von Boykott-Kampagnen bei vor allem europäischen Industriekunden und Großverbrauchern nicht nur der stärkste, sondern über die gesamten 1990er Jahre auch wirksamste Hebel der Umweltbewegung war, also das, was im Kampagnenjargon mit Begriffen bezeichnet wird wie „market-based/market-driven environmentalism" oder – wie *Stanbury* (2000, S. 221) sehr deutlich formuliert – „economic extortion", also Wirtschaftserpressung (auch greenmail, ein Wortspiel in Anlehnung an blackmail/Erpressung).

3.6.3.4 Raumproduzenten

Versteht man unter raumwirksamen Abläufen zunächst nur die konkrete Veränderung von räumlichen Strukturen, Prozessen und Potenzialen, so verdeutlichen die Ereignisse und Entwicklungen an der kanadischen Westküste während der 1990er Jahre, dass transnationale NGOs (allerdings in enger Kooperation mit lokalen Akteuren) unter bestimmten Rahmenbedingungen als wichtige räumliche Akteure anzusehen sind (auch im Sinne des Konzept alltäglicher Regionalisierungen von *Werlen* 2000, S. 337). Zwar treffen sie nicht selbst die raumverändernden Entscheidungen, und oft sind ihre Erfolge auch nur deshalb möglich, weil der jeweils gegebene räumliche, gesellschaftliche und unternehmerische Kontext es zulässt, die notwendigen Ereignisse und Prozesse auszulösen, zu verstärken oder zu beschleunigen, also so etwas wie eine Katalysatorrolle zu spielen. Auch ist eine genaue Trennung der Anteile von Einflussnahme etwa der inländischen und ausländischen Akteure nur selten möglich. Offensichtlich ist aber, dass transnationale NGOs in diesem Kontext auf wichtige Entscheidungsträger, vor allem in Politik und Unternehmen, einen solchen Druck auszuüben vermögen, dass diese in ihren jeweiligen Verantwortungsbereichen entsprechende Maßnahmen durchsetzen. In der Regel geschieht dies gegen deren eigene Überzeugung. Gerade in British Columbia aber gibt es auch zahlreiche Hinweise darauf, dass aufgeschlossenere Akteure in den unterschiedlichsten Bereichen, sogar bis in die Regierung, geradezu dankbar für den transnationalen Druck waren: Nur dieser konnte für notwendig erachtete Veränderungen bewirken, die sonst angesichts von Machtfülle und Reformunwilligkeit innerhalb der wood exploitation alliance kaum durchzusetzen gewesen wären (vgl. *Wilson* 1998).

Konkret sind nach übereinstimmender Ansicht kompetenter Beobachter deutliche Wirkungen des transnationalen Drucks in folgenden Bereichen festzustellen, wenn auch das langfristige Wirken – oder Funktionieren – erst in einigen Jahren zu beurteilen sein wird (vgl. die differenzierte Einschätzungen bei *Stanbury* 2000, S. 223–294):

– generelle Veränderungen in unterschiedlichen Politikbereichen, z. B. hinsichtlich wässriger Emissionen der Zellstoff- und Papierindustrie, Schutz wichtiger Regenwaldvorkommen (insbes. old growth), Forstmanagement – wie es vor allem im Zustandekommen des Forest Practices Code of British Columbia Act mit dem gestaffeltem Inkrafttreten ab 1995 dokumentiert ist (zu Details etwa *Stanbury* 2000, S. 229) –, Verstärkung partizipativer Entscheidungsprozesse vor allem in der großräumigen Landnutzungsplanung mit wesentlich erweiterten Möglichkeiten für die unterschiedlichsten Anspruchsgruppen (inkl. transnationalen NGOs), so etwa die Commission on Resources and Environment/CORE;

– spezifische Veränderungen nicht nur am Clayoquot Sound, sondern auch in ganz B.C., etwa hinsichtlich Schutzgebietsstrategien und -ausweisung, übergreifenden räumlichen Funktionszuordnungen, deutlich reduziertem Einschlagsvolumen, verbesserten Durchsetzungsmöglichkeiten für Auflagen im Forst, erweiterten Partizipationsmöglichkeiten, nicht zuletzt für die First Nations, strengere Forstmanagement-Regeln für private Waldbesitzer u. a. m.;

– ‚Ergrünen' der Holzindustrie, vielfach in Form ‚freiwilliger' Maßnahmen, oft weitergehend, als es den von der Provinz gesetzten Standards entspricht (beyond compliance); das spektakulärste, wenn auch ephemere Beispiel sind MacMillan Bloedels Verzicht auf Kahlschlagswirtschaft für fünf Jahre und der Übergang zu selektiven Erntemaßnahmen, eine Politik, die dann allerdings nach der Übernahme des Konzerns durch den U.S.-amerikanischen Holzindustrieriesen Weyerhaeuser nicht weitergeführt wurde.

Alle genannten Entwicklungen mit Folgen für den Raum schaffen ihrerseits auch neue materielle Voraussetzungen und Handlungskontexte für die in den nächsten Jahren bestehenden Optionen der wichtigsten Ressourcennutzer, seien es Konzerne der Holzindustrie oder Akteure der Tourismuswirtschaft.

Diese sehr konkreten Formen laufender und für die Zukunft bewirkter Raumwirksamkeit können jedoch nur dann richtig eingeschätzt werden, wenn ihre Voraussetzungen noch einmal deutlicher angesprochen werden, nämlich die vorangegangenen ‚immateriellen' Formen von Raumproduktion: Deutlicher als in vielen anderen Fällen ist bei den Konflikten an der Westküste Kanadas, dass anderen Orts entworfene räumliche Repräsentationen – also Bilder, Vorstellungen, Visionen etc. – hinsichtlich einer für angemessen gehaltenen Nutzung der natürlichen Ressourcen British Columbias in internationale und kanadische Diskurse eingespeist wurden. Sie wurden in den beschriebenen Auseinandersetzungen neu verhandelt, verworfen, verändert – oder schließlich in der einen oder anderen Variante akzeptiert und damit wirkungsmächtig. Ausgelöst werden diese Prozesse vielfach ihrerseits durch Bilder, vor allem Fotos und Filme. Sie können sich buchstäblich in unseren Köpfen festsetzen und beeinflussen unsere Wahrnehmung über das, was schon

‚ist' oder was noch ‚werden sollte'. So waren es Aktivisten aus dem Umfeld von Forest Action Network/FAN und Coastal Rainforest Network/CRN, die auf der Suche nach neuen Metaphern und mit dem Ziel, in weiteren Bereichen der Küstenzone ein völliges Einschlagverbot herbeizuführen, das Medienpotenzial eines sehr seltenen, nur in wenig mehr als 100 Exemplaren nachgewiesenen weißen Bären – des Kermode – erkannten. Sein Vorkommen ist begrenzt auf einen bis dahin als völlig unspektakulär wahrgenommenen – und namenlosen – zentralen Küstenabschnitt von British Columbia. Ab 1996 wurde für diesen Bereich die Bezeichnung Great Bear Rainforest systematischer verwendet, bald auch unterstützt und breiter bekannt gemacht durch die Herausgabe spektakulärer Fotobände (z. B., auch in Deutschland veröffentlicht, *McAllister/McAllister* 1999). Diese politics of naming, also das gezielte Aneignen von Raum mit gleichzeitiger intentionaler Bedeutungszuschreibung, wurde dann gegen Ende der 1990er Jahre von den transnationalen NGOs in England, Deutschland und den U.S.A. übernommen und systematisch genutzt, z. B. 1998 durch Greenpeace mit dem Anbringen einer aufblasbaren Bärenhülle auf dem Dach der Botschaft von Kanada in Deutschland. Wichtigstes Ergebnis dieser Kampagne war die Entscheidung des britischen Baumarkt-Riesen B & Q (280 Niederlassungen im Vereinigten Königreich), keine nicht FSC-zertifizierten Holzprodukte aus British Columbia mehr zu vertreiben.

Viele weitere Facetten von NGO-beeinflusster Naturpolitik, räumlichen Repräsentationen und daraus resultierender Raumproduktion sind somit auch im hier gegebenen Zusammenhang aufschlussreich, aber bisher wenig untersucht.

3.6.4 Ausblick

Die Konflikte um die angemessene Inwertsetzung der temperierten Regenwälder an der Westküste Kanadas belegen auf ebenso anschauliche wie paradigmatische Weise eine Reihe von typischen Facetten und Prozessen zeitgenössischer Globalisierungskontexte. Zentral ist die Möglichkeit der Verknüpfung weit auseinander liegender Weltgegenden durch die unterschiedlichsten Formen materieller, ideeller und bildhafter Austauschprozesse, vielfach in Echtzeit. Je nach Interessenlagen können gerade die bestehenden Unterschiede (etwa hinsichtlich natürlicher Ausstattung, Wertesystemen oder Wissenskompetenz) selbst über die Distanz hinweg zur Vergrößerung der eigenen Vorteilsnahme instrumentalisiert werden. Waren früher diese Möglichkeiten, wenn auch in geringerem Maße, vor allem den traditionellen Machteliten aus Politik und Wirtschaft vorbehalten, sind heute auch zivilgesellschaftliche Akteure in der Lage, zeitlich und örtlich begrenzt durch Ressourcenbündelung und Koalitionsbildung eine solche Gegenmacht aufzubauen, dass völlig neue Muster von über die Distanz erfolgenden Einflussnahmen und Aushandlungen entstehen können. Gerade die zwischen Zentren und Ressourcenperipherien bestehenden Abhängigkeitsbeziehungen lassen Schwachpunkte entstehen, die es einem Antagonisten im Konfliktfall ermöglichen, einen weitaus stärkeren Akteur zum Einlenken zu zwingen. Im hier vorgestellten Beispiel hat sich der Aufbau medial überhöhter Drohkulissen hinsichtlich wirtschaftlicher Boykottmaßnahmen als besonders wirksame Strategie erwiesen. Die dann tatsächlich erfolgten Abbestellungen von Holz-, Zellstoff- oder Papierlieferungen sind nämlich quantitativ nur von geringer wirtschaftlicher Bedeutung gewesen. Entscheidender für das Einlenken der eigentlich mächtigeren Antagonisten war der wahrgenommene, mehr noch der antizipierte internationale Reputationsverlust. Selbst von kritischen Beobachtern in Kanada wird aber zugestanden, dass ohne den Druck der transnationalen NGOs die meisten der inzwischen nachweislich erfolgten Verbesserungen im Umgang mit den einheimischen Waldressourcen nicht oder nur sehr viel später erfolgt wären.

4 Unterrichtspraktischer Teil

4.1 Globales Lernen im Geographieunterricht *(Eberhard Kroß)*

Globales Lernen als umfassendes Programm bietet dem Geographieunterricht eine Fülle unterschiedlicher thematischer wie methodischer Zugänge. Das zeigt dessen Entstehung aus dem umweltpolitischen (ökologischen) Lernen, dem entwicklungspolitischen Lernen und der interkulturellen Erziehung ebenso wie die Entwicklung des ökonomischen Lernens, die zu den globalen Verflechtungen und den Globalisierungsphänomenen hinführt. Der „Didaktische Würfel", der die Dimensionen globalen Lernens umfasst (vgl. Abb. 1.2/3), bietet für die Konzeptionierung und Strukturierung von Unterrichtseinheiten zum Globalen Lernen eine wesentliche Hilfestellung. Allerdings müssen dabei zwei grundlegende Prinzipien beachtet werden: erstens das Leitbild einer Bildung für eine nachhaltige Entwicklung und zweitens die immanenten Verflechtungen zwischen allen vier Dimensionen des Würfels.

Für einen Fachunterricht wie den Geographieunterricht kommt der Inhaltsdimension besondere Bedeutung zu. Zum Einstieg in Globalisierungsphänomene bieten sich zunächst die innovativen Themen an. Hiermit kann man Erfahrungen sammeln und sich in das Problemfeld einarbeiten. Dazu dienen die folgenden vier Unterrichtsbeispiele, die in sehr unterschiedlicher Form globale ökonomische Verflechtungen betrachten. Es handelt sich allerdings nicht um durchstrukturierte Unterrichtsmodelle, sondern um Unterrichtsanregungen mit breitem Materialangebot. Dementsprechend werden sie jeweils an die eigene Klassensituation, die übergreifenden didaktischen Intentionen und die methodischen Schwerpunktsetzungen anzupassen sein. Die Beispiele zeigen zugleich die Möglichkeiten auf, über das rein Ökonomische hinaus Aspekte des Sozialen, Ökologischen und Politischen einzubeziehen. Das Vier-Faktoren-Modell (vgl. Abb. 1.2/2) kann hierbei weitere Anregungen geben, um eine weltweite, ganzheitliche und zugleich weltweite Perspektive zu entwickeln.

Bei der Behandlung der Raumdimension dürften sich die wenigsten Schwierigkeiten ergeben. Allerdings sollte Abschied von dem psychologisch in keiner Weise zu rechtfertigenden Gang vom Nahen zum Fernen genommen werden, um die Chance zu nutzen, Nahes und Fernes, Eigenes und Fremdes in eine fruchtbare Beziehung zu stellen. Hinsichtlich der globalen Maßstabsebene muss nur vor einem Missverständnis gewarnt werden, das bei der Einführung des allgemeingeographischen Unterrichts Probleme bereitet hatte: Es geht bei der globalen Maßstabsebene nicht darum, die Themen ausschließlich im Weltmaßstab zu betrachten, es geht vielmehr darum, an gut ausgewählten Beispielen den Verflechtungen in einem weltweiten Bezugsfeld nachzugehen. Besonders geeignet erscheinen dafür Beispiele, die die Wirkung globaler Einflüsse im Nahraum und die Auswirkungen lokalen Handelns in Fernräumen zeigen. Die vier Unterrichtsbeispiele geben dafür ebenfalls Hinweise.

Die Zeitdimension ist im Geographieunterricht bislang weniger explizit und systematisch thematisiert worden. Wohl kamen nicht zuletzt im Zusammenhang mit der Inwertsetzung von Räumen Früher-heute-Vergleiche vor, nun aber soll der Rückblick stärker das Bewusstsein für die gewaltigen Veränderungen schärfen, die der Mensch in seiner Umwelt allein in den letzten hundert Jahren hervorgerufen hat. Ohne diese Erkenntnis wird das Konzept einer nachhaltigen Entwicklung nicht vermittelt werden können. Zugleich werden durch solche Rückblicke unsere großen Gestaltungsmöglichkeiten erkennbar – auch die jedes Einzelnen. So lässt sich die Zersiedelung unserer Landschaft damit erklären, dass Hunderttausende aus den Städten geflüchtet sind und sich als Pendler im Umland angesiedelt haben. Nur mit einer solchen historischen Perspektive im Hintergrund lässt sich der Blick in die Zukunft wagen, der im Rahmen der Bildung für eine nachhaltige Entwicklung unverzichtbar ist – sei es in Form von Projektionen, Prognosen oder Zukunftsszenarien.

Die Lernzieldimension ist bereits einleitend (vgl. Kap. 1.2) diskutiert und vor allem problematisiert worden. Natürlich wird auch im Globalen Lernen der Unterricht schwerpunktmäßig kognitive Ziele verfolgen und der Aufklärung dienen. Das konkrete Wissen über die Liberalisierung der Weltwirtschaft und die Verbesserung der Kommunikationsmöglichkeiten wird grundlegend bleiben für die ausgewogene Entwicklung von Werten und Einstellungen. Anderseits haben alle Forschungen zur Bewusstseinsbildung gezeigt, dass Wissen zwar eine Bedingung für Handeln darstellt, aber kein bestimmtes Handeln automatisch zur Folge hat. Dementsprechend wäre im Unterricht nicht nur theoretisch zu überlegen, welche Möglichkeiten es zur Gestaltung einer nachhaltigen Entwicklung gibt, sondern konkret zu erproben, welche davon sich für den Einzelnen besonders anbieten. Das wäre eine Hilfe bei der Identitätsfindung. Ohnehin ist die Schule längst auf dem Weg hin zu einer Lernwerkstatt, in der den Schülerinnen und Schülern die Möglichkeit geboten wird, auch handelnd ihre Identität zu prüfen und zu entwickeln. Schule von heute ist beides zugleich: Lernanstalt und Lernwerkstatt. Deshalb sollten die gestiegenen Unterrichtsanforderungen hinsichtlich der Komplexität der Fragestellungen, der multiplen Vernetzung der Inhalte und der Vorläufigkeit aller wissenschaftlichen Lösungsvorschläge nicht blind dafür machen, dass Schule Orientierungsmöglichkeiten in allen drei Lernzieldimensionen anbieten muss.

Der Blick in die Grundschule auf die Anfänge des Globalen Lernens und dessen Verzahnung mit der Bildung für eine nachhaltige Entwicklung zeigt, auf welchem Fundament der Fachunterricht der weiterführenden Schule aufbauen kann. Dort sind Themen geläufig wie „Der gedeckte Frühstückstisch", „Die Welt bei uns: Erkundungen im Supermarkt", „Woher kommt mein T-Shirt?" oder „Warum müssen Kinder in Indien arbeiten?" Ohne fachlich zu abstrahieren wird dabei eine globale Sichtweise angebahnt, werden grundlegende Werte gefestigt und Handlungsmöglichkeiten ausprobiert. Die Themen ermöglichen es bereits, den Blick für die weite Welt zu öffnen, das Wissen um die persönliche Einbindung in globale Zusammenhänge zu vertiefen und den Perspektivenwechsel einzuüben, um die eigene Position in der Welt von heute besser verorten zu können. Der Unterricht ist dabei noch stark personenbezogen, erlebnisorientiert, interdisziplinär und ganzheitlich.

Im Geographieunterricht der weiterführenden Schulen werden die fachlichen Konzepte und Methoden dann sachlich angemessen weiter entwickelt. Wenn in den bisherigen Ausführungen vor allem neue Themenstellungen vorgestellt wurden, so sollten dadurch die innovativen Aspekte betont werden. Globales Lernen wird jedoch die alt etablierten Themen nicht minder stark verändern. Bislang war die Bewässerungswirtschaft in Kalifornien beispielhaft für die Leistungsfähigkeit der amerikanischen Landwirtschaft, künftig kann sie exemplarisch dafür sein, dass sie durch ihren hohen Energie- und Wasserkonsum und den Einsatz billiger mexikanischer Wanderarbeiter im globalen Rahmen kaum nachahmenswert ist.

Vor allem in den Abschlussklassen der S I lässt sich beobachten, dass die globalen Themen dort gern konzentriert behandelt werden. Das ist wenig sinnvoll, da es kaum zu umgehen sein wird, die aus dem Globalisierungsprozess herrührenden Probleme und Gefahren anzusprechen. Durch ihre Massierung werden Schülerinnen und Schüler an einem problemüberladenen Unterricht schnell die Lust verlieren und sich abwenden. Angst als Lernmotivation ist wenig hilfreich. Sie behindert den nüchternen Blick und beeinträchtigt das überlegende Abwägen von Alternativen. Unsere Schülerinnen und Schüler sind es, die die Zukunft zu gestalten haben. Sie sollten darauf angemessen vorbereitet werden, indem ihre kreativen Fähigkeiten bei der Suche nach Lösungen herausgefordert werden und sie dementsprechend bereit sind, Verantwortung für Mitwelt, Umwelt und Nachwelt zu übernehmen.

4.2 Das Internet – Globale Kommunikation und ihre Wirkungen
(Rainer Klawik)

4.2.1 Didaktische Überlegungen zur Unterrichtsreihe

Beschäftigt man sich im Geographieunterricht mit dem für Schülerinnen und Schüler immer noch recht diffusen Begriff der „Globalisierung", kommt man an den modernen Kommunikations- und Informationsmedien nicht vorbei. Mehr als die sog. Massenmedien wie Rundfunk, Fernsehen oder Presse ist es das Internet, das den Globalisierungsprozess vorantreibt. Die durch das Internet vernetzte Welt, in der Raum und Zeit keine Rolle mehr zu spielen scheinen, berührt alle Lebenszusammenhänge des Einzelnen. Die breit gefächerte Palette des möglichen Informationsaustauschs per Internet reicht über den Datenfluss in Wirtschaft, Verkehr, Politik, Militär, Kultur und Wissenschaft bis hin zur Informationsbeschaffung der privaten Internetnutzer per „mouseclick", z. B. über touristische Zielgebiete, Kulturereignisse, das Wetter oder zu Gesundheitsthemen, sowie schließlich zum Meinungsaustausch mit Gleichgesinnten mit blogs, in chat corners usw.. Selbst im Kampf gegen politische Willkür leistet das Internet mittlerweile unschätzbare Dienste (siehe Kap. 4.2.6). Doch hat es auch eine andere Seite, auf der sich globale Drogenkartelle, Terroristengruppen etc. die Möglichkeiten des Netzes zunutze machen. So verbindet das Internet Menschen aufgrund seines immensen Kommunikationspotentials über politische, geographische, sprachliche und ideologische Grenzen hinweg schnell, leistungsfähig, zu geringen Kosten und unter geringer gesellschaftlicher Kontrolle zu guten wie zu schlechten Zwecken.

In der Produktion von Waren bestimmen schon seit langem einige Voraussetzungen für die Nutzung des Internet, nämlich der Computer und die modernen Telekommunikationswege, die Arbeitsteilung. Auf allen Ebenen wird vorausgesetzt, dass Mitarbeiter mit dem Computer, der nicht nur Produktionsabläufe in einem Unternehmen steuert, sondern auch Informationen sammelt und verteilt, umgehen und computergestützte Informationen selbstständig auswerten können. Diese Fähigkeiten gehören zu den Voraussetzungen globaler Verflechtungen von Firmen, die über gut ausgebaute Verkehrs- und Kommunikationsnetze und auch Kommunikationsmittel (Internet, E-Mail und Mobilfunk) verfügen müssen, um auf nationalen und internationalen Märkten wettbewerbsfähig zu bleiben.

Auch die Schülerinnen und Schüler nutzen wie selbstverständlich das Internet, z. B. wenn es um das Herunterladen von Musik geht. Ist ihnen dabei bewusst, welche globalen technischen, infrastrukturellen und gesellschaftlichen Voraussetzungen der „vernetzten Welt" zugrunde liegen und wie sehr das Internet ihr Leben in allen Bereichen bestimmen wird?

Schüler denken zum großen Teil bei der Herstellung von Waren noch an traditionelle Fertigungsweisen und Fertigungsorte. Sie müssen lernen, dass ein Produkt nicht mehr in einer 8-Stunden-Schicht unter einem Firmendach hergestellt wird, sondern rund um die Uhr auf der ganzen Welt. In verschiedenen Ländern planen, entscheiden, lagern, werben, vertreiben verschiedene miteinander vernetzte und selbstständige Teilgruppen eines Unternehmens, um zusammen flexibler, schneller und damit effizienter für den Markt arbeiten zu können. Das Internet ist dabei Träger einer neuen globalen Arbeitsteilung, die auch das zukünftige Arbeitsleben der Schülerinnen und Schüler prägen wird. Eine Unterrichtsreihe zum Internet vermag daher in besonderer Weise, Schülerinnen und Schülern die Bedeutung der modernen Vernetzung der Welt bewusst zu machen.

Die Unterrichtsreihe beabsichtigt, das Phänomen Internet als zentralen Treiber von Globalisierung und Mittel für globale Verflechtungen, als Motor zur Veränderung von Lebensweisen, politischen Systemen und wirtschaftlichen Tätigkeiten an vielen Orten auf der Welt vorzustellen und in seiner Tragweite bewusst zu machen. Die Unterrichtsreihe ist für die Sekundarstufe II gedacht.

4.2.2 Allgemeine Lernziele der Unterrichtsreihe

Die Schülerinnen und Schüler sollen
– erkennen, dass durch die Verknüpfung von Informationsverarbeitung am Computer mit der Übertragung von Daten gleichsam eine neue Produktivkraft entsteht,
– lernen, dass diese Produktivkraft alle gesellschaftlichen Lebensbereiche, besonders die wirtschaftlichen Zweige beeinflusst,
– die Zusammenhänge zwischen modernen Kommunikationsnetzen, der Produktionsweise und den Standortentscheidungen global ausgerichteter Unternehmen erkennen und bewerten können,
– als zukünftige „globale" Arbeitnehmer die Auswirkungen der globalen Vernetzung auf das Arbeitsleben und die Qualifikationsanforderungen einschätzen können,

– die politische Sprengkraft des Internet erkennen können,
– erkennen, dass das „globale" Internet so global nicht ist, sondern Menschen und Räume ausspart bzw. kaum berücksichtigt, wodurch es „globale" Gewinner und Verlierer gibt.

Im Folgenden werden die einzelnen Teilthemen skizzenhaft dargestellt, teils, weil die Fülle an Informationsangeboten im Internet hier nicht darstellbar ist, teils, weil es dennoch noch weitgehend an einer wissenschaftlichen Strukturierung des Themas, die für den Geographieunterricht genutzt werden könnte, fehlt. Die vier Teilthemen sind als Entwurf, als Angebot zu verstehen und lassen Raum für Aktualisierung und Ausgestaltung eigener Unterrichtsmodelle. Ihre Sequenz könnte die Grundlage für eine Unterrichtsreihe bieten.

4.2.3 Erstes Teilthema: Die Entstehung und globale Verbreitung des Internet

4.2.3.1 Didaktische Überlegungen

Es ist davon auszugehen, dass die Schüler kaum Kenntnisse über die in der Geschichte der Kommunikation unvergleichlich schnelle Entwicklung des Internet besitzen. Schon allein die Tatsache, dass sich die Zahl der Internetnutzer weltweit von 1991 bis 2001 mehr als verhundertfacht hat – von 4 Mio. auf 446 Mio. (*Hauchler* u. a. 2001, S. 193f.) – und seitdem weiterhin stark gewachsen ist, sollte bei den Schülern das Interesse an der Geschichte des Internet wecken, um seine Bedeutung im kommerziellen, wirtschaftlichen und persönlichen Bereich erfassen zu können.

4.2.3.2 Lernziele

Die Schülerinnen und Schüler sollen
– die rasante Entwicklung der Informations- und Kommunikationstechnologie anhand des Graphik- und Textmaterials erkennen und deren Folgen abschätzen können,
– die in den Texten dargestellten Gegebenheiten mit eigenen Erfahrungen vergleichen und daraus eventuelle Konsequenzen ziehen können,
– Möglichkeiten der Datenerhebung kennen lernen,
– kritisch mit den Diagramm- und Textaussagen umgehen lernen.

4.2.3.3 Stundenverlauf

Als Einstieg zum Thema „Globale Entwicklung der Internet-Nutzung" eignet sich – nach einem Einblick in die technologische und organisatorische Verknüpfung von Anbietern, die zusammen das Internet ausmachen (M 4.2/1) – die Beschreibung und Auswertung der Diagramme M 4.2/2, M 4.2/3 und M 4.2/4. Die schnelle und sozial unterschiedliche Ausbreitung des Internet kann, stellvertretend für viele Länder in Europa, am Beispiel Österreich dargelegt werden (M 4.2./5).
Es bietet sich an, die Bearbeitung der folgenden drei zur Vertiefung geeigneten Texte (M 4.2/6, M 4.2/7, M 4.2/8) gruppenweise vornehmen zu lassen. Jede Gruppe informiert die anderen.

M 4.2/1: Die globale Wertschöpfungskette des Internet
Quelle: *Gereffi* 2001, S. 1630

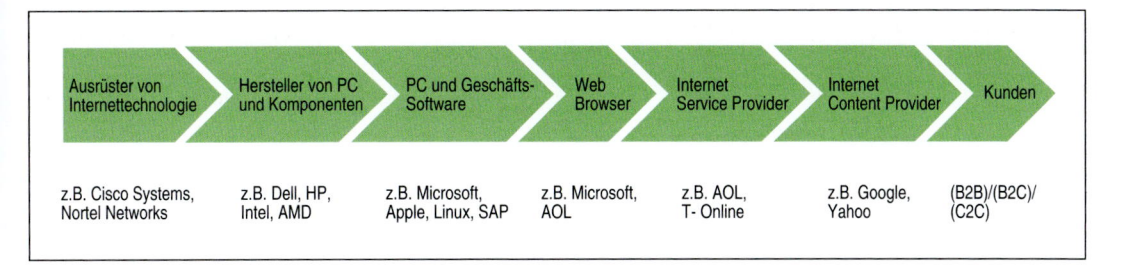

Ausrüster von Internettechnologie	Hersteller von PC und Komponenten	PC und Geschäfts-Software	Web Browser	Internet Service Provider	Internet Content Provider	Kunden
z.B. Cisco Systems, Nortel Networks	z.B. Dell, HP, Intel, AMD	z.B. Microsoft, Apple, Linux, SAP	z.B. Microsoft, AOL	z.B. AOL, T-Online	z.B. Google, Yahoo	(B2B)/(B2C)/(C2C)

M 4.2/2: Rasante Fortschritte in der Informations- und Kommunikationstechnologie
Quelle: *Löscher/Röder* 2002, S. 158

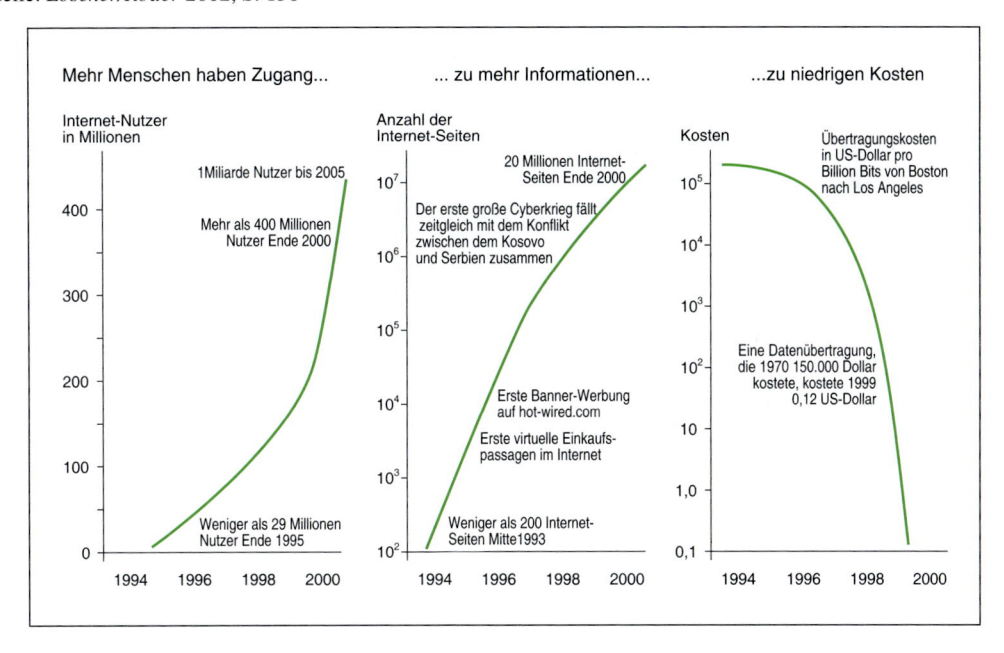

Mehr Menschen haben Zugang... (Internet-Nutzer in Millionen)
- 1 Milliarde Nutzer bis 2005
- Mehr als 400 Millionen Nutzer Ende 2000
- Weniger als 29 Millionen Nutzer Ende 1995

... zu mehr Informationen... (Anzahl der Internet-Seiten)
- 20 Millionen Internet-Seiten Ende 2000
- Der erste große Cyberkrieg fällt zeitgleich mit dem Konflikt zwischen dem Kosovo und Serbien zusammen
- Erste Banner-Werbung auf hot-wired.com
- Erste virtuelle Einkaufspassagen im Internet
- Weniger als 200 Internet-Seiten Mitte 1993

...zu niedrigen Kosten (Kosten; Übertragungskosten in US-Dollar pro Billion Bits von Boston nach Los Angeles)
- Eine Datenübertragung, die 1970 150.000 Dollar kostete, kostete 1999 0,12 US-Dollar

M 4.2/3: Anteil der Internet-Nutzer an der Bevölkerung in den Großregionen der Welt 1998 und 2000
Quelle: *Löscher/Röder* 2002, S. 158

	1998	2000
Vereinigte Staaten	26,3	54,3
OECD-Länder mit hohem Einkommen (ohne USA)	6,9	28,2
Lateinamerika	0,8	3,2
Ostasien und Pazifik	0,5	2,3
Osteuropa und GUS	0,8	3,9
Arabische Staaten	0,2	0,6
Afrika südlich der Sahara	0,1	0,4
Südasien	0,04	0,4
Welt	2,4	6,7

M 4.2/4: Kosten des Internet-Anschlusses: Monatliche Gebühren für den Internet-Zugang als prozentualer Anteil des durchschnittlichen Monatseinkommens in ausgewählten Ländern
Quelle: *Löscher/Röder* 2002, S. 158

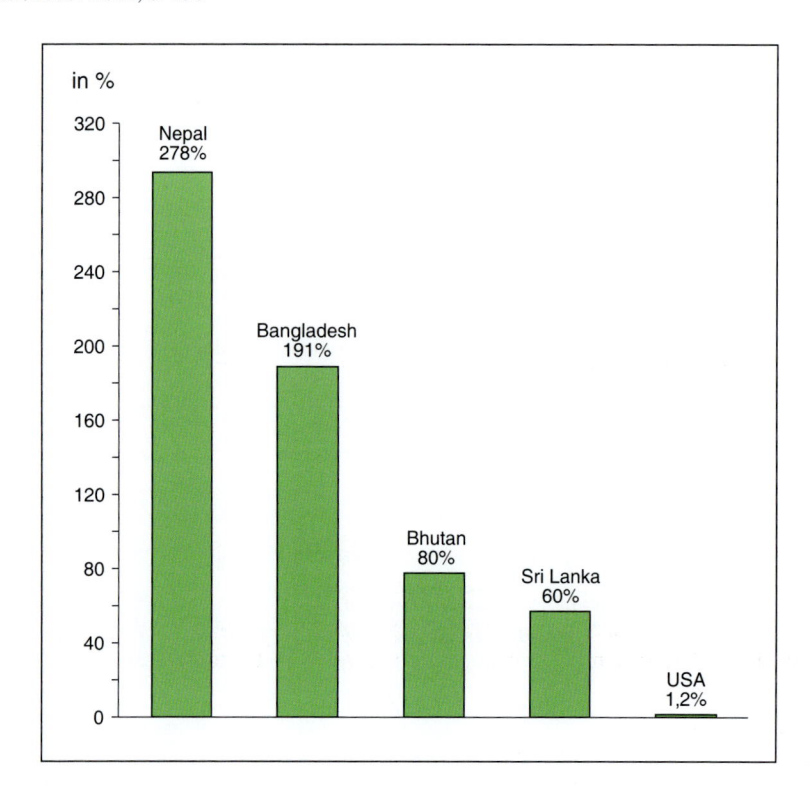

in %

- Nepal 278%
- Bangladesh 191%
- Bhutan 80%
- Sri Lanka 60%
- USA 1,2%

M 4.2/5: Internet-Nutzung in Österreich

Weltweit waren 2003 bereits 650 Mio. Menschen online. Im EU-Schnitt stieg die Internet-Nutzung zwischen 2000 und 2004 von 24 % auf 41 %. Österreich liegt im oberen Drittel unter 31 europäischen Staaten. Ende 2005 verfügten bereits 66 % (1999 31 %, 2000 43 %, 2001 50 %, 2003 59 %, 2004 62 %) der Österreicher über einen Internetzugang (beruflich, privat, Schule); davon 58 % zu Hause. 50 % der Österreicher (60 % der Internet-Nutzer) (2001 16 %, 2003 42 %) sind als Intensivnutzer anzusehen, die das Internet täglich oder mehrmals wöchentlich nutzen. Bereits jeder zweite Haushalt hat einen schnellen Internetzugang (Kabel, ADSL, ISDN); 2004 waren es noch 36 %.
Dass das Internet vorwiegend eine Männerdomäne sei, ist ein Vorurteil, das allenfalls für die Pionierphase galt. Der Anteil der Frauen stieg im Langzeitvergleich (1997 bis 2005) in Österreich von 27 % auf 44 %. Vorhersagen gehen sogar in die Richtung, dass das Internet zunehmend von den Frauen bevölkert werden wird, weil der dem Internet immanente Kommunikationsaspekt der weiblichen Psyche entgegenkommt. In Amerika liegt der Frauenanteil bereits über dem Männeranteil.
Quelle: www.mediaresearch.orf.at (Austrian Internet Monitor) und www.gfk.at (letzte Änderung 24.03.2006)

M 4.2/6: Zur Geschichte des Internet

Die Geschichte des Internets ist kurz, verblüffend kurz. Der erste technische Vorläufer des Kommunikationsmediums, das sich heute weltweit aus Alltag und Wissenschaft nicht mehr wegdenken lässt, wurde in den 60er Jahren des letzten Jahrhunderts für das Militär der USA entwickelt. Dieses anfangs nur wenige Rechner verknüpfende dezentrale Netz, das sog. ARPANET, verbreitete sich in den 70er Jahren schnell im ganzen Land. Eine Reihe weiterer und zunehmend miteinander verknüpfter Computernetze kamen in den 80er Jahren dazu. Ihre wachsende zivile Nutzung blieb jedoch noch weitgehend auf die US-amerikanischen Universitäten beschränkt. Die geradezu explosionsartige Verbreitung des uns heute bekannten Internets nahm erst vor 15 Jahren (2008) seinen Anfang.
Vor ca. 15 Jahren starteten drei Buchstaben ihren beeindruckenden Siegeszug: www – World Wide Web. Am 30. April 1993 gab das Direktorium des europäischen Kernforschungszentrums CERN (Conseil Européen pour la Recherche Nucléaire) das World Wide Web kostenlos für die Öffentlichkeit frei. Der britische Physiker Tim Berners-Lee hatte die Idee zu dem heute wichtigsten Internet-Dienst. Er wollte Wissenschaftlern des Genfer Instituts einen einfachen Austausch ihrer Daten unabhängig vom Computersystem oder Programm ermöglichen. Anfang der 90er Jahre entwickelte Berners-Lee das WWW sowie [die] html (hypertext markup language), eine Programmiersprache, die eine einheitliche Formatierung von Dokumenten erlaubte. Diese können mit Hilfe eines Browsers betrachtet werden. Damit die Dateien via Internet übertragen werden können, bedarf es eines Protokolls, das die Übertragung regelt, das http (hypertext transfer protocol). Im Gegensatz zum WWW wurde mit dem Begriff Internet ursprünglich nur der physische Teil des weltweiten Netzwerks bezeichnet, d. h. seine aus untereinander verbundenen Rechnern bestehende technische Infrastruktur. Heute werden die Begriffe Internet und World Wide Web oft synonym verwendet.
Seit der Einführung des WWW hat sich das Phänomen Internet rasant ausgebreitet. In wenigen Jahren expandierte es nicht nur in praktisch alle Länder der Erde, sondern auch in nahezu alle Lebensbereiche.

Quelle: *Budke* u. a. (2004), S. 9f.

Ergänzend kann folgende Graphik eingesetzt werden: http://mappa.mundi.net/maps/maps_008/arc_jan.html)
Weitere Statistiken und Graphiken findet man unter: http://www.lv1.ifkomhessen.de/statistik.htm

Arbeitsaufträge zu M 4.2/6:
– *Nennen Sie die wichtigsten Entwicklungsphasen des Internet!*
– *Vergleichen Sie die im Text angesprochenen Beobachtungen mit Ihren eigenen Erfahrungen!*
– *Fassen Sie die Ergebnisse zu einem Bericht zusammen!*

M 4.2/7: Internet und Gesellschaft

Den Einfluss, den das Internet auf die „Gesellschaft ausübt, kann man (noch) nicht vollständig überblicken und exakt messen. Aber die Vermutung ist nicht gewagt, dass er immens ist" [...]. Große Worte wie das von der „digitalen Revolution" nimmt zwar heute niemand mehr in den Mund, wenn vom Internet die Rede ist. Zu sehr ist die Nutzung des weltumspannenden Datennetzes Alltag geworden; als zu übertrieben haben sich viele Prophezeiungen erwiesen.
Trotzdem scheint gerade im Rückblick die Bezeichnung „Revolution" nicht ungerechtfertigt: Das Internet hat das Leben und Verhalten vieler Menschen im zurückliegenden Jahrzehnt wie kein anderes Medium seit der Erfindung des Fernsehens verändert. Die Art, wie sie sich informieren, wie sie miteinander kommunizieren und wie sie Geschäfte abwickeln, unterliegt im Zeitalter des Internets einem enormen Wandel.
In nur wenigen Jahren etwa hat sich das Internet vom neuen Informationsmedium zum komplexen Handelskanal entwickelt. Man kann heutzutage viele Bedarfsgüter per Internet kaufen. Umsatzstarke Märkte wie das Online-Auktionsgeschäft sind neu entstanden. Etablierte Anbieter in der Reisebranche, im Autohandel, im Musikgeschäft oder in den Banken haben sich auf neue Konkurrenten und Wettbewerbssituationen einstellen müssen. Billiganbieter haben sich eine starke Vertriebsplattform im Netz geschaffen und machen den alteingesessenen Akteuren Konkurrenz. Als Reaktion gründen diese Online-Ableger, um auf ihre bisherigen teuren, personal- und mietintensiven Vertriebsorganisationen verzichten zu können. Auch Arbeitsabläufe werden durch die Verwendung des Internets verändert. In den virtuellen Büros transnationaler Konzerne beginnen deutsche Mitarbeiter ein Projekt, geben es abends an die Kollegen in den USA weiter und übernehmen die dort überarbeitete Fassung am nächsten Morgen wieder.

M 4.2/7: Internet und Gesellschaft (Fortsetzung)

> Und in vielen Schulen und Universitäten gehört das internetbasierte oft auch überregional vernetzte Lernen und Forschen mittlerweile zur alltäglichen Routine.
> Die skizzierten Veränderungen zeigen, dass das Internet unter anderem die Globalisierung vorantreibt. Man kann im Internet gar eines der zentralen Medien der gegenwärtigen Globalisierungsprozesse sehen, das zwar neue soziale Ein- und Ausschlüsse hervorbringt, die Bedeutung der traditionellen nationalstaatlichen Ländergrenzen aber weiter verringert. Indem das Internet die Globalisierung von Wirtschaft, Wissenschaft, Kunst, Kultur, Medizin, Bildung oder Tourismus, aber auch von Terror-, Freundschafts- oder Migrationsnetzwerken oder neuen sozialen Protestbewegungen wie Attac stark befördert, trägt es entscheidend zur Entwicklung und Ausformung einer „Weltgesellschaft" [...] bei.
> Die alltägliche Nutzung und Bedeutung des Internets hat noch weitere soziale Folgen. Das spielerische Experimentieren mit verschiedenen Identitäten in den Kommunikationsforen des Internets stellt die tradierten Identitätskonzepte und ihre Persistenz in Frage. Die bisherigen Grenzen zwischen Öffentlichkeit und Privatheit werden noch durchlässiger und verschieben sich. Und schon heute werden Kinder in der Schule zu Außenseitern, wenn sie zugeben müssen, zu Hause keinen Zugang zum Internet zu haben. Fast alle Studierenden sowie drei Viertel aller leitenden Angestellten und höheren Beamten in Deutschland surfen im Internet. Dagegen sind Arbeiter und einfache Angestellte sowie Rentner vergleichsweise selten im Netz unterwegs. Die Preis-, Informations- und Dienstleistungsvorteile des Internets sind ihnen verwehrt, sie bleiben den Internet-Nutzern vorbehalten. Soziologen sprechen von der digitalen Spaltung der Gesellschaft.
> Nicht zuletzt verändert das Internet das Realitätsverständnis. Für diejenigen, die das Internet nutzen, treten neue Handlungs-, Erfahrungs- und Wirklichkeitsbereiche neben die bisher bekannten. Die sich online erschließende Welt des Internets, diese „virtuelle Realität" des Cyberspaces, ergänzt, überlagert und modifiziert die „reale Welt".
>
> Quelle: *Budke* u. a. (2004), S. 10ff.

Arbeitsaufträge zu M 4.2/7:
- *Legen Sie ein „Cluster" zu der Frage an, inwiefern das Internet das Leben und Verhalten vieler Menschen verändert hat!*
- *Nennen Sie weitere Beispiele, die zeigen sollen, wie das Internet die Globalisierung beschleunigt!*
- *Fassen Sie den Text zu einem Kurzbericht zusammen!*

M 4.2/8: Internet und Raum

> Das Internet [wird] doch häufig gerade als Raumüberwinder oder Entgrenzungsmedium verstanden. Im Internet scheinen die Kommunikation und der Aufbau sozialer Beziehungen völlig unabhängig von räumlichen Grenzen zu erfolgen; noch müheloser als ältere Kommunikationsmittel scheint das Internet erdräumliche Entfernungen zu überwinden [..]. Nicht nur die Netzpioniere und „Netzenthusiasten" (ebd.), sondern auch manche Sozialwissenschaftler erwarten deshalb vom Internet die weitere Enträumlichung bzw. Entterritorialisierung der Kommunikation, den endgültigen „death of distance" [...] und damit das Entstehen einer „atopischen Gesellschaft" [...] – worin im Übrigen auch ihre Hoffnung begründet liegt, das Internet helfe, bisherige soziale Ungleichheiten zu überwinden.
> An dieser Sichtweise wird allerdings auch deutliche Kritik geübt. Die soziale Bedeutung von Räumlichkeit, Lokalität und Körperlichkeit werde durch das Internet nicht aufgehoben, sondern allenfalls modifiziert. Der angeblich durch das Internet vorangetriebene Bedeutungsverlust räumlicher Kategorien und Verteilungen wird unter anderem mit der Beobachtung in Frage gestellt, dass das Internet die (Welt-)Gesellschaft hinsichtlich der Internet-Nutzer, -Produzenten und -Infrastruktur auch geographisch spalte – z. B. entlang der regionalen Unterscheidungen Industrie-/Entwicklungsländer und Stadt/Land [...].
> Insgesamt legen die genannten Beobachtungen die Vermutung nahe, dass das Internet das Verhältnis von Raum und Gesellschaft verändert. In welcher Weise dies jedoch geschieht, ist keineswegs klar.
>
> Quelle: *Budke* u. a. (2004), S. 12ff.

Arbeitsaufträge zu M 4.2/8:
- *Fassen Sie den Text thesenartig zusammen! Klären Sie die Fachbegriffe!*
- *Diskutieren Sie, inwiefern das Internet hilft, die bisherigen sozialen Ungleichheiten zu überwinden!*

4.2.3.4   Mögliche Hausaufgabe und Lösungen

Suchen Sie nach einer angemessenen Definition zu dem Begriff „Internet"! (Internetrecherche, z. B. bei www.wikipedia.de)

Die Schwierigkeiten einer Definition

Das Internet als Teil der Massenmedien
Was ist das Internet? Zunächst ist die Frage zu beantworten, ob es sich beim Internet überhaupt um ein Medium als solches handelt, oder ob das Internet aufgrund seiner Vielseitigkeit und der Vereinigung dessen, was wir allgemein als verschiedene Medien betrachten, also Print, Audio und Video, weit über diese Definition hinausgeht und eher eine Medienplattform ist. Eine explizit kommunikationswissenschaftliche Auseinandersetzung mit dem Internet findet erst seit kurzem statt und hat noch keine Ergebnisse im Hinblick auf die Auflösung der Grenzen zwischen Individual- und Massenkommunikation ergeben. Die Verwendung des Begriffs „neuer Medien" beschreibt qualitative Unterschiede nur unzureichend und wird oft nur in Zusammenhang neuer Formen der Distribution verwendet.

Ein Definitionsversuch
Das Internet ist die Gesamtheit aller weltweit zusammengeschlossenen Computer-Netzwerke, die nach einem standardisierten Verfahren miteinander kommunizieren. Dazu gehören einerseits die dauernd über Standleitungen verbundenen Knotenrechner und Server, von denen diejenigen, die die „Hauptverkehrsstrecken" und überregionalen Verbindungen darstellen, auch Backbone (Rückgrat) genannt werden. Andererseits sind auch die Computer der Internetnutzer, die nur zeitweise, meist über Telefonleitungen verbunden sind, Teil des Internet. Insgesamt waren es Ende 2000 94.265.900 ständig verbundener und mehr als 380 Mio. (2002 580 Mio.) zeitweise angeschlossene Computer (Internetzugänge); dies bei Zuwachsraten von über 30 % pro Jahr in den letzten Jahren.
Quelle: http://www.internet4jurists.at/glossar/n1a.htm#netzwerk
Für weitere Lehrerinformationen empfiehlt sich die Arbeit von *Kimmerle* (1997).

4.2.4   Zweites Teilthema – Der „Digitale Graben"

4.2.4.1   Didaktische Überlegungen

Die modernen Kommunikations- und Informationstechnologien werden, obwohl sie so viele Vorteile bieten, weltweit in unterschiedlichem Ausmaß verwendet. Das wäre kein wirklich neues Problem, wenn nicht – wie zuvor angesprochen – das Internet zu einer mächtigen neuen Produktionskraft geworden wäre, die über Entwicklungsmöglichkeiten von Gesellschaften und ihren Räumen mitbestimmt. Ungefähr 650 Mio. Online-Nutzer zählt man auf der Welt, dagegen sind es z. B. in Afrika nur ca. 6 Mio., die das Internet nutzen können. Dieses globale Ungleichgewicht, das viele Menschen und Organisationen eben nicht allein von der ‚privaten' Mediennutzung, sondern vor allem von der ökonomischen und gesellschaftspolitisch relevanten Nutzung ausschließt, war Thema des ersten Weltgipfels der Informationsgesellschaft der Vereinten Nationen im Dezember 2003 in Genf (vgl. auch Kap. 2.2.2 und Abb. 2.2.2/1).
Schülern dürfte das Gefälle im Internet-Zugang zwischen reichen und armen Ländern (Industrie-, Schwellen- und Entwicklungsländern) und zwischen sozialen Gruppen kaum bekannt sein, so dass es wichtig ist, auf die Ursachen und Folgen des derart bezeichneten „digitalen Grabens" im Unterricht einzugehen. *Van de Pol* (2004) gibt für den Lehrer viele Hinweise zum Problem. Desweiteren bieten sich die am Ende des Kapitels aufgeführten Internetadressen an, die eine Fülle an Informationen (aktuelle Diagramme und Texte) enthalten (entnommen und ausgewählt aus *Bauchhenß/Bornkessel* 2004).

4.2.4.2 Lernziele

Die Schülerinnen und Schüler sollen
- sich Informationen aus dem Internet und der Fachliteratur besorgen und diese in Hinblick auf das Thema auswerten können;
- sich bewusst werden, welche Auswirkungen der „digitale Graben" auf die Menschen und die Länder/Kontinente hat.

Denkbar wäre, die Schülerinnen und Schüler zuerst einmal selbstständig Material zu dem Thema finden zu lassen. Für den Oberstufenunterricht können weitere Texte (M 4.2/9 bis M 4.2/11) zum Thema „digitaler Graben" bearbeitet werden.

M 4.2/9: „Digitaler Graben"

Nur 10 % der Weltbevölkerung nutzen das Internet. In den Industrieländern sind es rund 44 %, wie aus dem [...] Jahresbericht der Internationalen Telekommunikationsunion (ITU) hervor geht. Diesen „digitalen Graben" zu schließen, ist die Aufgabe eines Weltinformationsgipfels der Vereinten Nationen [...]. Nur 650 Mio. Menschen auf der Welt haben einen Internetanschluss. Das Haupthindernis für den Internetzugang sei immer weniger die Infrastruktur, sondern der Preis und auch die Bildung, sagte Michael Minges, einer der Autoren des Berichts. So hätten beispielsweise in Südafrika 96 % der Bevölkerung theoretisch Zugang zu Handys. Wegen des hohen Preises verfüge aber nur ein Drittel der Bevölkerung über ein Mobiltelefon.
Etwa 95 % der Weltbevölkerung hätten von der Infrastruktur her Zugang zu Radio, 89 % zu Fernsehen und 81 % zu Festnetz- oder Mobiltelefon. Viele Menschen lebten zudem in der Nähe eines Internet-Cafés. In Mexiko sind das 70 % der Bevölkerung, aber nur zehn % nutzten auch das Internet.
Um den digitalen Graben zwischen reichen und armen Ländern zu überwinden, seien auch standardisierte Statistiken nötig, schreiben die Autoren. Es bestehe eine enge Verbindung zwischen dem digitalen und dem statistischen Graben, sagte Minges. 60 % aller Untersuchungen über Internetnutzer würden in Industrieländern gemacht.

Quelle: www.Verivox.de/News/ArticleDetails/asp?aid=5881 vom 05.12.2003, abgerufen am 21.07.2006

M 4.2/10: „Digitaler Graben" – Wer hat die Macht im Internet?

Der Streit um die Macht im Internet steht im Mittelpunkt des zweiten UN-Weltinformationsgipfels [...] (2005) [..]. Bislang kontrollieren die USA die Verwaltung des Internets. Das wollen die EU-Staaten und die Schwellen- und Entwicklungsländer ändern.
Kurz vor Auftakt des Weltgipfels zur Informationsgesellschaft in Tunis haben die Vertreter der 170 Teilnehmerländer jedoch einen Kompromiss im Streit um die Verwaltung und Steuerung des Internet gefunden. Wie Diplomaten [..] mitteilten, einigten sich die Unterhändler auf ein Papier, das die drohende Spaltung des Internet abwenden soll. Streitpunkt war bislang die Dominanz der US-Organisation ICANN (Internet Corporation for Assigned Names and Numbers), die die Oberaufsicht über das weltweite Netz innehat. Die EU und Vertreter der Entwicklungsländer forderten seit Jahren eine alternative internationale Internet-Verwaltung. Der Kompromiss von Tunis sieht nach Diplomatenangaben ein zweigleisiges Vorgehen vor: Zum einen soll ein regierungsübergreifendes Forum (Intergovernmental Forum) geschaffen werden, in dem alle Internet-Fragen erörtert werden sollen – so etwa Netzkriminalität, Computerviren und Spam. In einer zweiten zeitlich unbegrenzten Gesprächsrunde sollen Vertreter des privaten und des öffentlichen Sektors in Fragen des öffentlichen Interesses zusammenarbeiten. Die Non-Profit-Organisation ICANN soll den Angaben zufolge fortbestehen.
Bei den Beratungen soll es auch darum gehen, wie die so genannte „digitale Kluft" überbrückt werden kann: Der Begriff bezeichnet den Abstand, der zwischen der intensiven Internet-Nutzung in den Industriestaaten und der geringen Nutzung in weniger entwickelten Ländern klafft. Die UNO will bis 2015 jedes Dorf der Welt ans Internet anschließen.

Quelle: *Jörg Schieb* im WDR 2, Morgenmagazin am 28.07. 2006,
siehe http://www.wdr.de/radio/wdr2/moma/316800.phtml, abgerufen am 05.08.2006

M 4.2/11: Interkontinentale Internet-Verbindungen gemäß ihrem Umfang im Jahr 2001 (Jahresmitte)
Quelle: http://www.telegeography.com/resources/statistics/internet/pg02_intereg_internet_band.html, abgerufen am 21.07.2006

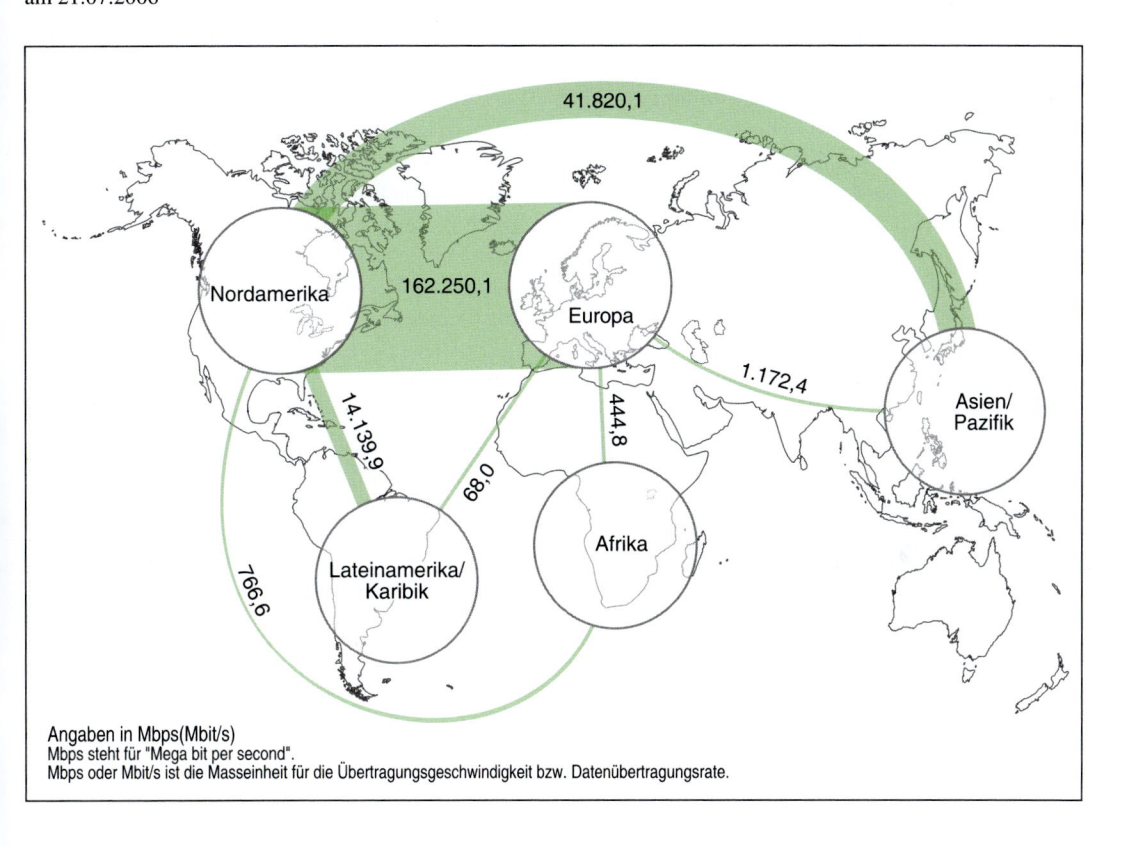

Angaben in Mbps(Mbit/s)
Mbps steht für "Mega bit per second".
Mbps oder Mbit/s ist die Masseinheit für die Übertragungsgeschwindigkeit bzw. Datenübertragungsrate.

4.2.5 Drittes Teilthema – Das Internet und die globale Arbeitsteilung

4.2.5.1 Didaktische Überlegungen

Das Internet hat viele Geschäftsprozesse revolutioniert. Es hat direkt Kommunikationsvorgänge und mittelbar Transportvorgänge so verändert und beschleunigt, dass Berufstätigkeiten, Arbeitsprozesse in und zwischen Unternehmen und schließlich auch die räumliche Arbeitsteilung im globalen Maßstab neu organisiert werden können. Zum Beispiel können heute in Sekundenschnelle Waren bestellt und Dienstleistungen elektronisch geliefert oder erbracht werden. Unabhängig von Ort und Zeit gelingt das Online-Ein- und Verkaufen für den, der Zugang zum Internet hat (M 4.2/12). Dies hat zu einer Neustrukturierung von Lager- und Transportvorgängen, einer neuen Verteilung entsprechender Standorte und zur Entwicklung einer neuen Branche mit neuen Berufsanforderungen geführt: der Logistik (M 4.2/13, M 4.2/14).
Die Wettbewerbsfähigkeit eines modernen Unternehmens hängt im Wesentlichen davon ab, wie schnell und preiswert Informationen zwischen den Zulieferern, den „Dienstleistern", den Produzenten und den Kunden ausgetauscht werden können. Unternehmen werden ‚virtuell', weil sie trotz Auslagerung von Tätigkeiten an andere Unternehmen und andere Standorte die Geschäftsprozesse dennoch zu ihrem Nutzen koordinieren und kontrollieren können (M 4.2/15, M 4.2/16; vgl. auch ‚Globale Wertketten' in Kap.

2.4.2.3). Diese Veränderungen finden überall statt, d.h. sowohl in Deutschland als auch Europa als auch im globalen Maßstab. Sie bieten neuen Schwellenländern wie China oder Indonesien die Möglichkeit der Industrialisierung durch Auslagerung von Arbeitsplätzen, die relativ gering qualifizierte Beschäftigung geben, erfordern aber am Hauptsitz des virtuellen Unternehmens die Ausweitung hochqualifizierter Tätigkeiten wie Strategieentwicklung, Marketing und Produktentwicklung (M 4.2/16), so dass diese Unternehmen eine neue internationale Arbeitsteilung ‚machen'.

Diese Veränderungen betreffen bislang vor allem den Bereich der warenproduzierenden Industrie. Mit der Vertiefung von Telearbeit (M 4.2/17) und der Ausweitung des virtuellen Unternehmens auf den Dienstleistungssektor macht das Internet auch in Dienstleistungsbranchen neue Rationalisierungsmaßnahmen, Outsourcing und Offshoring möglich (M 4.2/18, M 4.2/19). Doch florieren auch Branchen durch das Internet in den ‚alten' Industrieländern. Es gehört zum großen Sektor der wachsenden Informationswirtschaft, wozu man u. a. die Computer- und Softwaretechnik, die zugehörenden Dienstleistungen, den gesamten Telekommunikationssektor, die Unterhaltungselektronik und die Medien (z. B. Film, Funk, und Fernsehen, das Verlags- und Druckgewerbe, Buch und Musikhandel) rechnet. Diese Bereiche wachsen nicht nur, sondern entwickeln ständig neue Berufsfelder.

Für Schülerinnen und Schüler der Oberstufe dürften gerade die letzten Aspekte für ihre zukünftige Berufsorientierung von Bedeutung sein. Gleichzeitig sollten sie aber auch erkennen, wie das Internet als Kommunikations- und Informationsmittel in der Globalisierung der Wirtschaft so eingesetzt wird, dass sich die internationale Arbeitsteilung radikal verändert.

4.2.5.2 Lernziele

Die Schülerinnen und Schüler sollen
- begreifen, welche Rolle das Internet im Geschäftsverkehr spielt und welche Auswirkungen es insgesamt auf die Veränderung der Arbeitsteilung in der Weltwirtschaft hat;
- die Vor- und Nachteile der Internetnutzung für die Organisation von Geschäftsprozessen erkennen und Schlüsse u. a. auch für ihre persönliche Berufsorientierung daraus ziehen;
- an Hand eines Fallbeispiels (Firma oder Branche) erkennen können, wie das moderne Kommunikations- und Informationsmedium zu einem wichtigen Produktionsfaktor (neben Kapital, Boden und Arbeit) angewachsen ist, traditionelle Standorte in Frage stellt und neue Standorte ermöglicht.

M 4.2/12: Internet als Mittel zur Raumüberwindung

Für Unternehmen entstehen im Internet deutlich geringere Marketing- und Betriebskosten. Die Produkte können preisgünstiger angeboten werden als beim Verkauf über die traditionellen Vertriebswege, da keine Ladenflächen erforderlich und weniger Mitarbeiter nötig sind. Für Kunden liegt der Vorteil im bequemen, „Rund-um-die-Uhr-Einkaufen" von zu Hause oder vom Büro aus. Der Kunde ist unabhängig von Öffnungszeiten und muss keine Anfahrtswege in Kauf nehmen. [...] Nimmt man als Beispiel eine weiterverarbeitende Firma und einen Zulieferer, könnte sich zunächst die Firma die Produktpalette des Zulieferers auf dessen Internetseiten ansehen. [...] Will sie das Produkt kaufen, kann dies über ein elektronisches Auftragsformular oder über E-Mail geschehen. Der Zulieferer bestätigt dann elektronisch den Auftragseingang oder schickt die gewünschten Informationen zu. Nach Lieferung des Produkts kann die Firma die Rechnung elektronisch bezahlen.

Quelle: IwD 1998, 24/8

M 4.2/13: Das Beispiel eines Filialisten

Die Warenbeschaffung erfolgt auf unterschiedlichem Weg. Der eine Teil der Ware kommt von einem Zentrallager. Mit der Bundesbahn wird die Ware zum Hauptgüterbahnhof Hamburg transportiert und von dort mit der Bahnspedition per Lkw zur Filiale gebracht. Der andere Teil der Ware wird von verschiedenen Regionallägern [...] angeliefert. Nur ein ganz kleiner Teil (ca. 2 %) wird vom Hersteller/Lieferanten direkt zur Filiale transportiert. Bei Waren, die vom Zentrallager kommen, beträgt der Zeitraum zwischen der Anforderung der Artikel bis zum Eintreffen in der Filiale nicht mehr als 40 Stunden. Sämtliche Filialen im Bundesgebiet werden vom gleichen Zentrallager versorgt. Daneben gibt es unterschiedliche Regionalläger. Auch zwischen den Filialen findet Warentausch statt.

Quelle: *Glaser* 1993, S. 157f.

M 4.2/14: Warenbeschaffung bei einem Filialisten
Quelle: *Glaser* 1993, S. 159

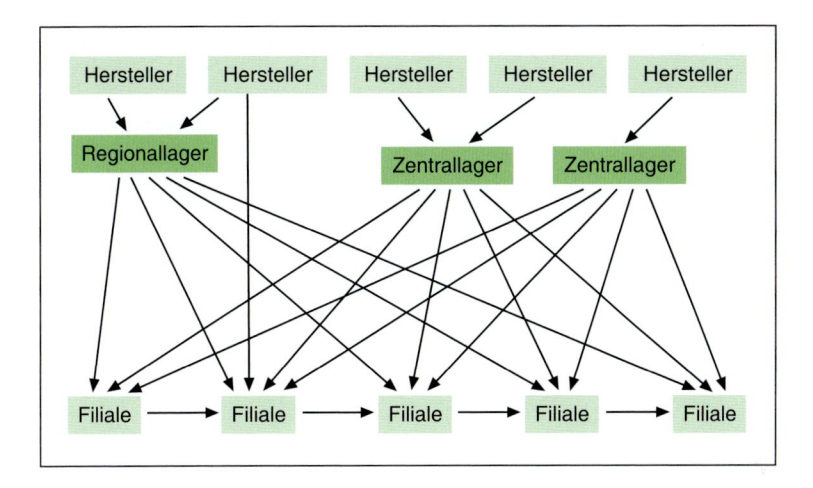

Die Rolle der Spedition hat sich in den letzten 40 Jahren stark gewandelt. Während die Spedition noch bis in die 70er-Jahre hinein primär für den reinen Transport von Gütern vom Absender zum Empfänger zuständig war („Transportnetz"), wird heute von einem Logistik-Dienstleister verlangt, bis in die innerbetrieblichen Abläufe hinein einzugreifen und zu steuern. Die Spedition des neuen Typs, also der Logistikdienstleister, ist in die Organisation innerhalb von Betrieben und in das Netzwerk zwischen Betrieben und deren Partnern verflochten.
Die Herausforderungen der Globalisierung und ihrer Folgen, wie zum Beispiel der hohe internationale Kostendruck, führen dazu, dass sich immer mehr Produktionsunternehmen auf ihr Kerngeschäft konzentrieren. Gesucht sind also in zunehmendem Maße Dienstleister, die umfassende Logistikleistungen [...] bieten.

Quelle: *Fuchs* 1998, S. 40

M 4.2/15: Die Produktionsweise der Zukunft?

Wenn die Industriestaaten ihren hohen Lebensstandard halten und ihre sozialen Probleme lösen wollen, dann müssen sie einen neuen Motor der Prosperität finden. Dieser Motor ist das virtuelle Unternehmen. Der Erfolg eines solchen virtuellen Unternehmens wird von seiner Fähigkeit abhängen, in all seinen Abteilungen einen ungeheuren Datenfluss zu sammeln und zu integrieren und auf dieser Basis intelligent zu entscheiden. [...] Das Management geht immer stärker dazu über, Entscheidungen und Kontrollfunktionen an die Mitarbeiter zu übertragen, die am nächsten an der Arbeit dran sind. Computer sammeln und verteilen heute die Informationen, die früher von den Managementhierarchien ausgingen. [...] Vom modernen Mitarbeiter erwartet man, dass er mit Computerinformationen umgehen kann und weiß, was er zu tun hat, statt auf Instruktionen zu warten.
Die Fertigung im virtuellen Unternehmen basiert auf der schlanken Produktion und dem ständigen Einfließen neuer Technik, die eine flexible, rechnerintegrierte Fertigung und preisgünstige Maschinenausstattung ermöglicht. Dadurch wird es oft praktikabel, Waren immer näher am Kunden zu produzieren. [...]
Es ist unschwer zu erkennen, dass Just-in-Time im virtuellen Unternehmen eine wichtige Rolle spielen wird. Die rentable Massenfertigung von Spezialprodukten erfordert eine strikte Kontrolle von Lagerhaltung und Produktion, um die Fertigung fast augenblicklich auf ein anderes Modell umzustellen, wenn es der Markt verlangt. Das kann nur geschehen, wenn sich der Hersteller nicht mit teuren und kurzlebigen Lagerbeständen belastet. [...]
Das Management im virtuellen Unternehmen sorgt für Schulungsprogramme, Entlohnungssysteme und die nötige Entscheidungskompetenz der Mitarbeiter. [...] Außerdem muss das Management eine vertrauensvolle Partnerschaft mit den Zulieferern aufbauen, damit Just-in-Time-Systeme wirksam eingesetzt werden können.

Quelle: *Davidow/Malone* 1993, S. 21 ff.

Aufgaben zu M 4.2/15:
– Nennen Sie die wesentlichen Grundlagen virtueller Unternehmen, um standortunabhängig zu sein! (Optimale Verkehrsnetze und modernste Kommunikationsmittel wie Internet, E-Mail und Mobilfunk)
– Erörtern Sie, welche Auswirkungen diese Entwicklungen auf das zukünftige Arbeitsleben und die Qualitätsansprüche der Beschäftigten haben könnten!

M 4.2/17: Telearbeit

Telearbeit ist ein bedeutender Aspekt des zunehmenden Einsatzes von Computern im Produktionsprozess und ein Schaufenster auf den Arbeitsplatz der Zukunft. Sie bedeutet einen Standortwechsel der Arbeitstätigkeit vom üblichen Arbeitsplatz an fast jeden anderen denkbaren Ort. Das Arbeitsangebot und das Produkt der Arbeit werden zwischen Arbeitgeber und Arbeitnehmer oder Arbeitnehmer und Kunden via Telekommunikation vermittelt. Damit entsteht künftig eine Teilung der Arbeitszeit zwischen dem traditionellen Büro und der Wohnung des Arbeitnehmers. Telearbeit wird neue Potenziale eröffnen, doch auch der Druck auf den einzelnen Arbeitnehmer wird wachsen, der zusätzlich zu seinem Fachwissen auch die Anforderungen der neuen Technik bewältigen muss. [...] Gleichzeitig wird die Bedeutung der sozialen Kontakte am Arbeitsplatz abnehmen, [...]. Die Arbeit wird zunehmend in den häuslichen Bereich vordringen. Als Konsequenz werden sich Privat- und Geschäftsleben immer stärker durchdringen. Gesellschaftliche Interessengruppen wie Gewerkschaften und Arbeitgeberorganisationen werden andere Verfahren finden müssen, um Konflikte zwischen ihren Mitgliedern zu vermeiden und zu regeln. Der höhere Freiheitsgrad der Telearbeit birgt auch ein höheres Risiko ausgebeutet zu werden, ob durch andere oder sich selbst. [...] Trotzdem kann man wohl mit einiger Sicherheit vorhersagen, dass die Gesellschaft lernen muss mit einer Wirtschaft umzugehen, die zukünftig noch stärker auf Telearbeit beruhen wird als heute. Manche Fachleute glauben sogar, sie sei die vorherrschende Arbeitsform der Zukunft."

Quelle: *Giarini/Liedtke* 1998, S. 168

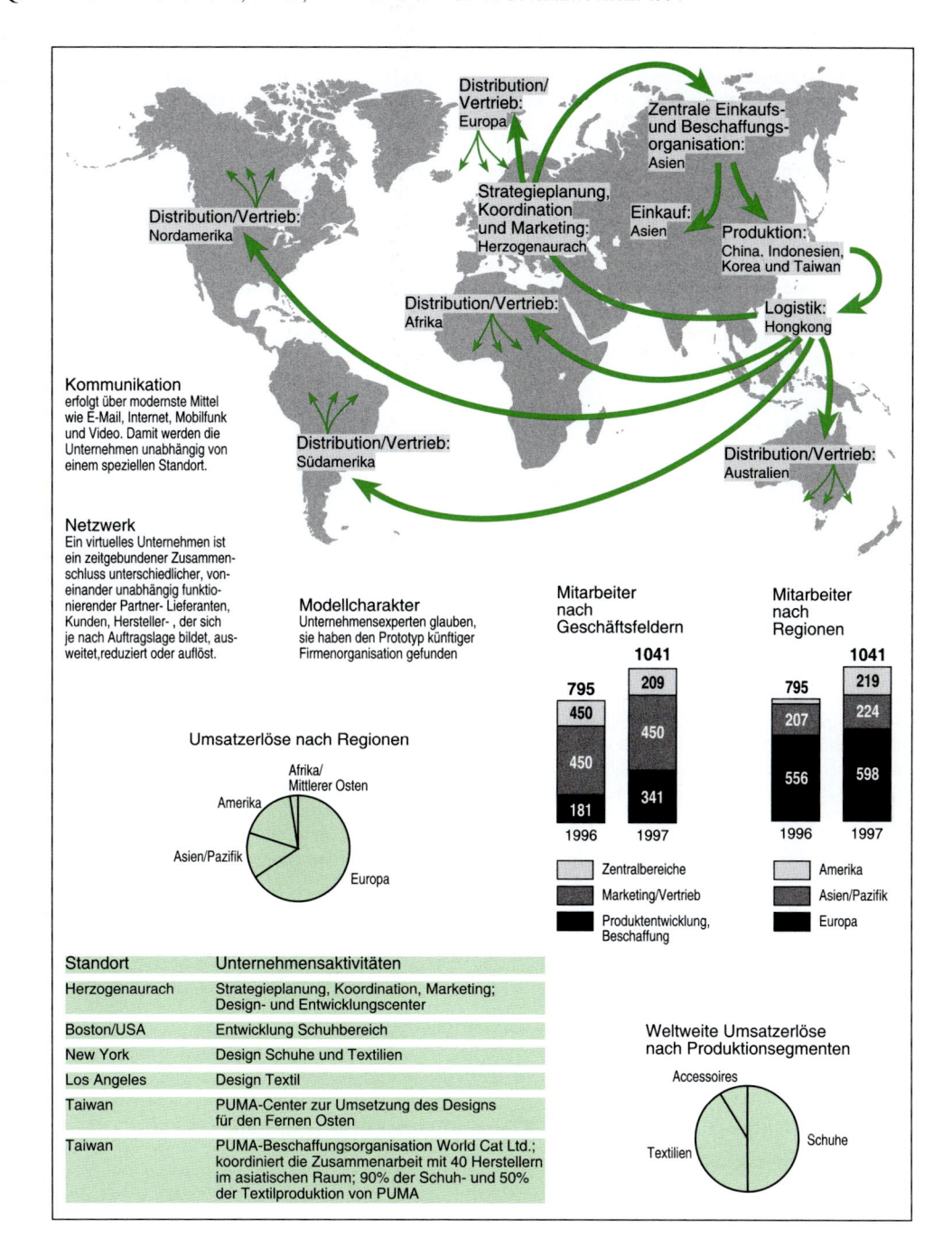

M 4.2/16: Ein virtuelles Unternehmen
Quelle: nach FOCUS 5/1996, S. 169, verändert nach PUMA Geschäftsbericht 1997

Distribution/Vertrieb: Europa
Zentrale Einkaufs- und Beschaffungsorganisation: Asien
Distribution/Vertrieb: Nordamerika
Strategieplanung, Koordination und Marketing: Herzogenaurach
Einkauf: Asien
Produktion: China, Indonesien, Korea und Taiwan
Distribution/Vertrieb: Afrika
Logistik: Hongkong
Distribution/Vertrieb: Südamerika
Distribution/Vertrieb: Australien

Kommunikation
erfolgt über modernste Mittel wie E-Mail, Internet, Mobilfunk und Video. Damit werden die Unternehmen unabhängig von einem speziellen Standort.

Netzwerk
Ein virtuelles Unternehmen ist ein zeitgebundener Zusammenschluss unterschiedlicher, voneinander unabhängig funktionierender Partner- Lieferanten, Kunden, Hersteller- , der sich je nach Auftragslage bildet, ausweitet, reduziert oder auflöst.

Modellcharakter
Unternehmensexperten glauben, sie haben den Prototyp künftiger Firmenorganisation gefunden

Umsatzerlöse nach Regionen: Afrika/Mittlerer Osten, Amerika, Asien/Pazifik, Europa

Mitarbeiter nach Geschäftsfeldern
1996: 795 (450 Zentralbereiche, 450 Marketing/Vertrieb, 181 Produktentwicklung, Beschaffung)
1997: 1041 (209, 450, 341)

Mitarbeiter nach Regionen
1996: 795 (207 Amerika, 556 Europa) — weitere 219/224/598 für 1997: 1041
1997: 1041 (219, 224, 598)

Legende: Zentralbereiche, Marketing/Vertrieb, Produktentwicklung, Beschaffung / Amerika, Asien/Pazifik, Europa

Standort	Unternehmensaktivitäten
Herzogenaurach	Strategieplanung, Koordination, Marketing; Design- und Entwicklungscenter
Boston/USA	Entwicklung Schuhbereich
New York	Design Schuhe und Textilien
Los Angeles	Design Textil
Taiwan	PUMA-Center zur Umsetzung des Designs für den Fernen Osten
Taiwan	PUMA-Beschaffungsorganisation World Cat Ltd.; koordiniert die Zusammenarbeit mit 40 Herstellern im asiatischen Raum; 90% der Schuh- und 50% der Textilproduktion von PUMA

Weltweite Umsatzerlöse nach Produktionssegmenten: Accessoires, Schuhe, Textilien

Aufgabe zu M 4.2/16:
Beschreiben Sie anhand der Graphik die Zusammenhänge zwischen den modernen Informations- und Kommunikationsnetzen und der Produktionsweise und Standortentscheidungen globaler Unternehmen!

M 4.2/18: Der nächste Coup der Inder

> Auch die Arbeit von Spezialisten lässt sich auslagern und offshore erledigen. Vom Knowledge Process Outsourcing (KPO) versprechen sich indische Dienstleister eine Verbesserung ihrer ohnehin schon üppigen Margen. [...] Die indischen IT-Dienstleister versuchen [..], entlang der Wertschöpfungskette aufzusteigen, und zwar vom IT-Outsourcing [einfacher Tätigkeiten wie Call-Center oder Standard-Programmierung, Verf.] über BPO (Business Process Outsourcing) zum KPO. [..] Tata Consultany Services, der beispielsweise Call-Center betreibt, bietet seit August 2005 auch KPO-Services an. Sie umfassen Untersuchungen und Analysen im Finanzsektor. Adressaten sind Anlageunternehmen, Aktienhändler und Finanzabteilungen großer Konzerne [in den USA und Europa, Verf.]. [..] Aktuelle KPO-Beispiele sind juristische Recherchen, Analysen und Erläuterungen, etwa für kleine US-amerikanische Anwaltskanzleien. Dabei durchforsten indische Juristen Online-Datenbanken; [oder die] Diagnose radiologischer Aufnahmen durch ausgebildete Mediziner. Indische Dienstleister liefern beispielsweise innerhalb von 30 Minuten Auswertungen via E-Mail. Rund 40 amerikanische Krankenhäuser nutzen diesen Dienst, um sich die teuren Bereitschaftsdienste der Spezialisten im eigenen Land zu ersparen; [oder die] redaktionelle Auswertung von Beiträgen für eine internationale Nachrichtenagentur; usw.
>
> Den Großteil der Ausgaben [für IT-gestützte KPO] dürften indische Anbieter auf ihren Konten verbuchen. Arbeiten [werden] auch in Länder wie Russland, China, Tschechien, Irland und Israel verlagert.
>
> Quelle: Computerwoche vom 3. Februar 2006

M 4.2/19: Nearshoring nach Mittel- und Osteuropa

> Mittel- und Osteuropa ist ein wichtiger Standort für Offshore-Dienstleistungen. Die Importe von IT-basierten Dienstleistungen aus Mittel- und Osteuropa (MOE) in die EU-15 sind zwischen 1992 und 2004 um durchschnittlich 13 % pro Jahr gestiegen. Zum Vergleich: Die Importe aus Indien sind im gleichen Zeitraum mit 14 % pro Jahr nur etwas stärker gewachsen. [...] Die kulturelle, geographische und z.T. sprachliche Nähe der Länder in MOE zu den wichtigen Märkten in Westeuropa, die niedrigen Löhne, das hohe Bildungsniveau sowie ein stabiles makroökonomisches und institutionelles Umfeld zählen zu den starken Standortfaktoren. [...] Der Anteil IT-basierter Dienstleistungen an den Gesamtexporten liegt in MOE unter 4 %, während er in Indien bei 17 % liegt. Auch der Anteil der Absolventen im Fach Informatik – eine Schlüsselqualifikation für IT-Offshoring – liegt in MOE unter dem westeuropäischen oder indischen Schnitt. [...] Der gemeinsame kulturelle Hintergrund der Anbieter in MOE mit ihren Kunden ist gerade bei komplexeren Geschäftsprozessen wichtig. Kunden außerhalb des englischsprachigen Raumes schätzen zudem die breiten Sprachkenntnisse in MOE. Außerdem fällt die fehlende IT-Spezialisierung in MOE bei typischen Back-Office-Prozessen – z. B. in der Buchhaltung – weniger ins Gewicht.
>
> Quelle: *Meyer* (2006)

Aufgaben zu M 4.2/12 und M 4.2/17 bis M 4.2/19:
- *Untersuchen Sie anhand der Stichworte: „Standortorientierung, Büroraumbedarf, Verkehr" mögliche räumliche Auswirkungen des Internets!*
- *Diskutieren Sie positive und negative Folgen a) der Telearbeit und b) der allgemeinen Informationsübermittlung durch das Internet im wirtschaftlichen Bereich!*

4.2.6 Viertes Teilthema: Das Internet als Kommunikationsweg transnationaler sozialer Bewegungen

4.2.6.1 Didaktische Überlegungen

Das Internet ist dezentral organisiert, hat eine globale Reichweite und lässt sich in seiner Gesamtheit schwer durch einzelne Organisationen, etwa durch den Nationalstaat, kontrollieren. Damit eignet es sich als das wichtigste Kommunikationsmedium einer sich weltweit formierenden „Zivilgesellschaft" (vgl. Kap. 2.2.4), aber auch von subversiven, Gesellschaften bedrohenden Kräften (s.u.). Nicht allein NGOs, sondern auch einzelne Menschen nutzen in sogenannten „transnational scapes of resistance" zur Formierung gesellschaftlichen Widerspruchs (vgl. *Soyez* 2000, auch Kap. 2.2.4) das Internet gegen herrschende Strukturen in einem Land mit Hilfe seiner weltweiten Reichweite, die (welt-)öffentliche Aufmerksamkeit und Meinungsdruck erzeugen soll (bes. deutlich in M 4.2/23). Das hat erhebliche Konsequenzen für politische und gesellschaftliche Prozesse, wie sie etwa in Kap. 2.2.4 mit „framing" und „agenda setting" aufgezeigt wurden. Das Internet kann dabei eine bedeutende „Waffe" im Kampf für Meinungsfreiheit und Menschenrechte in einem Land sein. Hier wird das aktuelle Beispiel China vorgeschlagen, das aus naheliegenden Gründen heute die Aufmerksamkeit von Lehrern, Schülerinnen und Schülern verdient (M 4.2/20 bis M 4.2/23). Aber das Internet verschafft auch Gruppierungen einen wenig kontrollierten weltweiten Kommunikationsraum, die die demokratische Gesellschaft gefährden, von Drogenkartellen bis zu Terroristengruppen (M 4.2/24). Mehr als jemals zuvor werden also viele gesellschaftliche Prozesse in einem Land von ‚globaler' Kommunikation mit Hilfe des Internet beeinflusst oder sogar gesteuert. Dies dürfte Schülern auch eine ganz andere, brisantere Dimension der inländischen bzw. weltweiten Kommunikationsvernetzung vor Augen führen und sollte sie dazu bringen, sich die Konsequenzen neuer Informationstechnologie im Guten wie im Bösen bewusster zu machen.

4.2.6.2 Lernziele

Die Schülerinnen und Schüler sollen
– die gesellschaftlichen Möglichkeiten des Internet in nicht-demokratischen Systemen am Beispiel China kennen lernen;
– begreifen, dass die modernen Kommunikations- und Informationsmedien auch eine wirksame „Waffe" zivilgesellschaftlicher Gruppen im Kampf gegen Ungleichheit und Unterdrückung sein können;
– verstehen, wie zugleich neue Gefährdungen für demokratische Gesellschaften mit Hilfe des Internet aufkommen.

M 4.2/20: Mehr als 100 Millionen Internetnutzer in China

> Mit mehr als 100 Mio. hat die Zahl der Internetnutzer in China eine Rekordmarke erreicht. Das berichtete die staatliche Nachrichtenagentur Xinhua [...] unter Berufung auf Angaben des Vizeministers für die Informationsindustrie Xi Guohua. China, das rund 1,3 Mrd. Einwohner hat, rangiert damit nach den USA weltweit an zweiter Stelle bei der Internetnutzung.
> Anfang vorigen Jahres war noch von einem starken Anstieg bei der Zahl der chinesischen Internetnutzer berichtet worden. Im Januar 2004 waren es demnach knapp 80 Mio.. Bis Ende 2005 sollen es laut Prognosen 120 Mio. sein, was ein abgeflachtes Wachstum gegenüber den Vorjahren bedeuten würde. Als eine Ursache für das nachlassende Wachstum sehen Beobachter eine rigidere Kontrolle von Internet-Zugängen und Web-Angeboten.
> In den letzten Monaten fiel China in Bezug auf seine Internet-Politik aber nicht nur durch rasanten Zuwachs bei den Usern auf. Vor allem verstärkte Zensur-Versuche und immer wieder stattfindende Verhaftungen von Dissidenten, die das Internet zur Veröffentlichung von Regime-Kritik nutzten, brachten das Land in die Kritik von Menschenrechtsorganisationen.
>
> Quelle: News, 28. 06. 2005, siehe http://www.heise.de/newsticker/result.xhtml?url=/newsticker/meldung/61173 &words=mehr%20als%20100%20Millionen%20Internetnutzer%20Als, abgerufen am 14. 08. 06

M 4.2/21: Die neuen Kulturrevolutionäre: Chinas Internet-Journalisten und private Medienunternehmer liefern sich einen dramatischen Kampf mit der Kommunistischen Partei um Meinungsfreiheit

Es ist Li Xinde bei der Arbeit. Li, 46 Jahre, [...] gilt als Chinas bekanntester Enthüllungsjournalist. Er ist Einzelgänger. Alle Medien in China werden von der Partei zensiert. Doch alles, was Li schreibt, steht unzensiert auf seinen Blogs im Internet.
Auf die Idee brachte ihn vor drei Jahren ein befreundeter Staatsanwalt. Statt den Zeitungsredaktionen hinterherzulaufen, die Rücksicht auf die Zensur nehmen müssten, solle er doch frei im Internet publizieren. Der Staatsanwalt schenkte ihm einen Laptop, und am 1. Oktober 2003 öffnete Li seine erste Webpage. Plötzlich befand er sich in einem virtuellen Netz mit Staatsanwälten, Richtern, Polizisten, die ihm bei seiner Arbeit halfen. Zugleich begann der Kampf gegen einen neuen Feind: die Internet-Zensur. Lis wechselnde Websites wurden in immer schnellerem Takt von den Behörden geschlossen. Doch dann ergaben sich mit den Blogs neue Möglichkeiten. [...]
Heute veröffentlicht Li seine Berichte auf bis zu 50 Blogs gleichzeitig. Einflussreiche Freunde übernehmen die Berichte auf ihre eigenen Blogs. Das reicht, um ihn bei Justiz und Medien bekannt zu machen wie einen bunten Hund. In 90 Prozent der Fälle, über die Li Xinde seit Oktober 2003 berichtete, reagierten die KP-Behörden positiv. Lis Enthüllungsgeschichten zwangen den Vizebürgermeister der Großstadt Jining zum Rücktritt, beförderten korrupte Geburtenkontrolleure ins Gefängnis und führten zu Revisionen von Gerichtsurteilen. Pulitzer-Preisträger Nicholas Kristof machte Li auch im Ausland bekannt. Er hat schon Recht, wenn er sich bei seinen Recherchen heute auf sicherer Seite sieht. Seine Festnahme würde im chinesischen Internet wie in der internationalen Presse einen Skandal auslösen, an dem Peking nicht gelegen sein kann. [...]
Politische Dissidenten werden bis heute festgesetzt und ins Exil vertrieben, religiöse Sekten wie Falun Gong verboten und verfolgt. Doch seit der Jahrhundertwende hat es das Regime mit einer rapide steigenden Zahl frei publizierender Netzbürger und einem boomenden kommerziellen Medienbetrieb zu tun. [...]
Heute entfaltet in China das Internet eine [...] revolutionäre Wirkung, indem es trotz Internet-Zensur das parteiliche Medienmonopol unterläuft. Unzählige chinesische Blogger, Journalisten, Schriftsteller und Medienunternehmer erkämpfen im Internet täglich ein neues Stück Meinungsfreiheit. [...]
Gleichwohl gibt es für Wang in Zensurfragen nichts zu beschönigen. Er weiß wohl, dass die Zahl der chinesischen Internet-Polizisten im Westen auf bis zu 50.000 geschätzt wird. Niemand kann ihre Zahl verifizieren. Ihre Aufgabe ist es, parteikritische Websites zu blockieren, Kommentare zu löschen und Internet-Nutzer festzusetzen, die Staatsgeheimnisse verraten oder zu Protesten aufrufen. Ununterbrochen macht sich ihre Präsenz im Netz bemerkbar. Jeder Eintrag in eines der zahlreichen Online-Foren, die sein Portal anbiete, werde heute zensiert, klagt Wang. [...]
„Jeder, der im Netz schreibt, muss genau aufpassen, dass er die Schriftzeichen für verbotene Wörter nicht nebeneinander schreibt, auch dann nicht, wenn die Zeichen in seinem Text eine ganz andere Bedeutung haben", erklärt Wang die Tücken der chinesischen Sprache unter den Bedingungen der Internet-Zensur. Lästig sei das schon. Aber einschüchternd? „Die Chinesen haben heute keine Angst mehr, ihre Meinung zu sagen", glaubt Wang.
Zwei Kräfte seien stärker als die Zensur. Erstens: Der wirtschaftliche Boom von Internet und Medien, der dafür sorge, dass auch diejenigen, die erwischt werden oder für ihre Meinung gar Haftstrafen verbüßen, hinterher wieder eine Stimme und einen Job bekämen. „Früher gab es ohne die kommunistische Einheit kein Überleben". Zweitens: Die Schnelligkeit des vernetzten Medien-, Blog-, Mail- und SMS-Betriebs. Die Zensur laufe den Ereignissen immer hinterher. Hier liegt für Wang auch die Macht seines Portals: Nachrichten an 20 Millionen weiterzugeben, bevor sie die Zensur erfassen kann. [...]
In China aber beginnt die Diskussion an diesem Punkt. Was ist gute, was schlechte Zensur? Wo beugt man sich ihr aus Einsicht in die politischen Zwänge des Riesenreichs, wo bekämpft man sie? Mit welchen Meinungseinschränkungen lässt sich leben, mit welchen nicht? Leute wie Li Xinde und Wang Xiaoshan geben heute jeden Tag neue Antworten auf diese Fragen. Und sie sind nur zwei von Millionen, die sich in China heute unter widrigsten Bedingungen im Internet freischreiben. [...]
Charles Zhang Chaoyang, der 41-jährige Gründer und CEO des führenden Internet-Portals Sohu, ist einer der mächtigsten Verleger in China. [...] Keinen anderen nennen sie in China „unseren Bill Gates". Kein anderer hat ein so professionelles und weitreichendes Nachrichten- und Informationsangebot in seinem Portal aufgebaut. Kein anderer besitzt so viele Aktienanteile und damit Macht in seinem Unternehmen. Jeder Machthabende in China sei heute gezwungen, die Gesetze zu respektieren – andernfalls werde man ihn bloßstellen, definiert Charles seine konfuzianische Verlegermoral. Wer das im korrupten KP-Staat als Drohung versteht, hat es wohl richtig verstanden.
Die Waffe, mit der Charles Zhang droht, ist das immer noch neue, in seinen Varianten unausgeschöpfte Medium: 111 Mio. Internet-Nutzer, weniger nur als die USA, zählt China heute. Von ihnen verfügt bereits die Hälfte über einen Breitbandanschluss. Chinesische Suchmaschinen registrieren 360 Millionen Anfragen pro Tag. Langsam beginnt das Internet in China jene demokratischen Versprechen einzulösen, die ihm seit seiner Erfindung nachgesagt werden.

M 4.2/21: (Fortsetzung)

„Je mehr wir uns miteinander vernetzen, desto mehr werden die Wertvorstellungen eines Staates oder einer Nation den Werten größerer und kleinerer elektronischer Gemeinschaften weichen", prophezeite Nicholas Negroponte schon Mitte der neunziger Jahre. Nirgendwo aber scheint sich seine Vorhersage heute so rasant zu verwirklichen wie in China. Die geballte nationalstaatliche Medienmacht der KP wird hier in immer schnellerem Tempo von größeren und kleineren elektronischen Gemeinschaften unterlaufen. Das zeitgemäße Mittel dafür sind die Blogs. [....] Ende 2005 erreichte die Zahl der Blogs in China 36,8 Mio.. Das entspricht einem Blog pro 35 Einwohner. Darunter die mit privaten Fotos und Abbildungen selbst ausgewählter Kunstwerke ansprechend aufgemachten Blogs von Li Xinde, Wang Xiaoshan und Charles Zhang.
Ende dieses Jahres soll die Zahl der Blogs in China 60 Mio., Ende 2007 sogar schon 100 Mio. erreichen, prophezeit das offizielle chinesische „Medien-Weißbuch". In Deutschland zählte man 2005 gerade einmal 300.000 Blogs, einen Blog pro 273 Einwohner. Wie ein Lauffeuer verbreitet sich mit dieser neuen Publikationsform die freie öffentliche Rede in der Volksrepublik. Gegen eine solche Textmasse aber ist die kommunistische Internet-Polizei machtlos. Nur die Überschriften der Blogs fallen bislang unregelmäßig unter die Zensur.

Quelle: *Blume* 2006 (erheblich gekürzter Text)

M 4.2/22: Online-Aktivitäten der Internet-Nutzer in China im Jahr 2004 in %
Quelle: http://www.tns-infratest.com/06_BI/bmwa/Faktenbericht_8/Abbildungen/Folie290.JPG, abgerufen am 14.08.2006

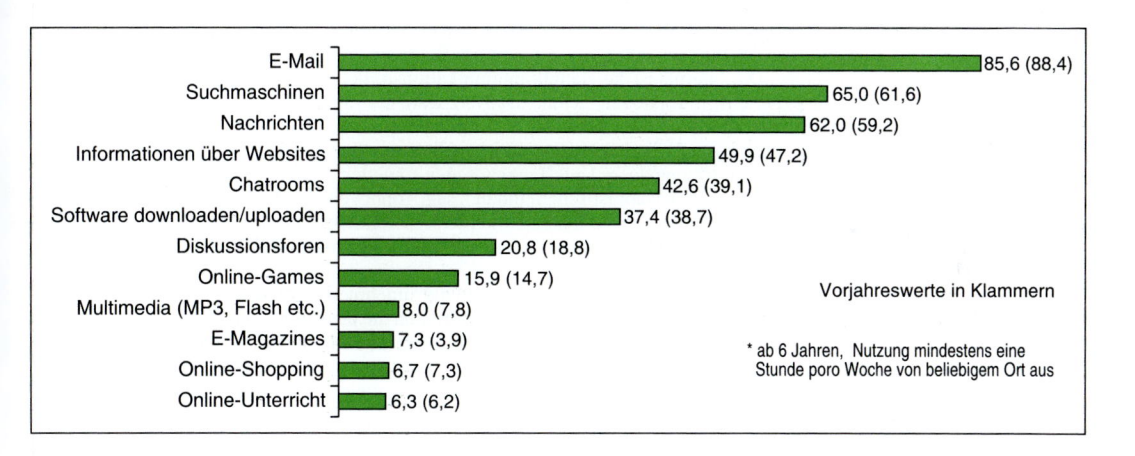

Aktivität	% (Vorjahr)
E-Mail	85,6 (88,4)
Suchmaschinen	65,0 (61,6)
Nachrichten	62,0 (59,2)
Informationen über Websites	49,9 (47,2)
Chatrooms	42,6 (39,1)
Software downloaden/uploaden	37,4 (38,7)
Diskussionsforen	20,8 (18,8)
Online-Games	15,9 (14,7)
Multimedia (MP3, Flash etc.)	8,0 (7,8)
E-Magazines	7,3 (3,9)
Online-Shopping	6,7 (7,3)
Online-Unterricht	6,3 (6,2)

Vorjahreswerte in Klammern

* ab 6 Jahren, Nutzung mindestens eine Stunde pro Woche von beliebigem Ort aus

Aufgabe zu M. 4.2/22:
– *Welche Aussage enthält das Diagramm?*
– *Begründen Sie die Diagrammaussage!*
– *Mit welchen Konsequenzen könnte die chinesische Regierung auf die Entwicklung und Nutzung des Internets in ihrem Land reagieren?*

M 4.2/23: China verurteilt „Times"-Journalisten zu drei Jahren Haft

Am Ende ging es nur noch darum, „das Gesicht zu wahren". Fast zwei Jahre lang wurde Zhao Yan schon wegen angeblichen Geheimnisverrats festgehalten, da musste der Mitarbeiter der „New York Times" auch verurteilt werden. Alles andere wäre eine Blamage der Staatssicherheit und des Justizsystems gewesen. Ein kurioser Betrugsvorwurf musste schließlich für einen Schuldspruch und die dreijährige Haftstrafe herhalten.
Die Anklage des Staatsverrats, für den bis zu zehn Jahre Haft drohten, stand von Anfang an auf tönernen Füßen und brach in sich zusammen: „Unzureichende Beweise." Dieser Urteilsspruch kam überraschend, weil das Zweite Volksgericht in Peking nicht wie sonst der Staatsanwaltschaft folgte. Es schien eher ein politisches Urteil zu sein, das den Weg zu einer baldigen Freilassung des 44-Jährigen öffnen könnte.
Immerhin sitzt er schon fast zwei Jahre im Gefängnis. Wegen guter Führung hätte er Anspruch auf vorzeitige Entlassung. Wegen eines Nierenleidens und einer Hautkrankheit könnte Zhao Yan auch aus „medizinischen Gründen" auf Bewährung freigelassen werden, meinte Frank Lu vom Informationszentrum für Menschenrechte und Demokratie in Hongkong.
Zwar wird der vage Vorwurf des Geheimnisverrats auch gerne gegen Bürgerrechtler oder Internetautoren erhoben, doch dem Gericht schien klar zu sein, dass die Beweise auch vor der amerikanischen Regierung und den Rechtsexperten der „New York Times" hätten Bestand haben müssen. Eine Kopie von ein paar gekritzelten Notizen über Gerüchte um die Neubesetzung von Posten in der mächtigen Militärkommission hätte dafür kaum ausgereicht.
Das Vorgehen übereifriger Agenten gegen den Journalisten hatte seinen Zweck aber schon längst erreicht: Es war eine Warnung an alle Kollegen in Chinas Zeitungen und an chinesische Mitarbeiter ausländischer Medien, die staatlich gezogenen Grenzen des Journalismus und der Meinungsfreiheit nicht weiter auszutesten.
Seit der Amtsübernahme des neuen Staats- und Parteichefs Hu Jintao klagen chinesische Journalisten, dass die Zügel angezogen wurden.

Quelle: *Andreas Landwehr*, Taunuszeitung vom 26.08.2006, S. 4

M 4.2/24: Tummelplatz für Islamisten

Das Terror-Netzwerk Al Kaida und das Internet haben viel gemeinsam: Beide sind dezentral organisiert, weltweit vernetzt – und kaum zu kontrollieren. „Das Internet ist das Hauptkommunikationsmittel des modernen islamistischen Terrorismus", sagt der Sicherheitsexperte Rolf Tophoven. „Ohne das Netz wäre der internationale Terrorismus in dieser Form kaum möglich."
Bundesinnenminister Wolfgang Schäuble will die Informationen im weltweiten Computernetz deshalb intensiver als bisher beobachten und auswerten. Ein hoffnungsloses Unterfangen, sagen Experten.
„Es gibt tausende Internetseiten mit militantem islamistischem Inhalt", sagt Tophoven, der das Essener Institut für Terrorismusforschung und Sicherheitspolitik leitet. „Wenn Sie eine Internetseite schließen, machen die eine andere auf." Eine effektive Kontrolle der vielen Milliarden Internetseiten sei deshalb nicht einmal annäherungsweise durchführbar, sagt Tophoven.
Doch nicht nur die schiere Größe des World Wide Web, sondern auch die zunehmende Verschlüsselung der im Netz übertragenen Informationen macht eine Überwachung schwierig. Zwar gingen die meisten Webseiten und E-Mails bislang im Klartext durchs Netz und seien deshalb für Ermittler leicht zu lesen, sagt Marit Hansen vom Unabhängigen Landeszentrum für Datenschutz in Schleswig-Holstein. Mit Hilfe frei verfügbarer Software [...] lassen sich Texte und Dateien jedoch so verschlüsseln, dass selbst Geheimdienste sie praktisch nicht mehr entziffern können. Mit Hilfe von Anonymisierungsdiensten, welche Hinweise auf den Standort des Computers beseitigen, könne auch der Zugriff auf illegale Webseiten leicht verschleiert werden, sagt Computer-Expertin Hansen. Zudem machen unkontrollierte Netzzugänge in Internet-Cafés anonymes Surfen zum Kinderspiel.
Für Terror-Organisationen ist das weltweite Computer-Netz deshalb die ideale Plattform: „Über das Internet wird kommuniziert, rekrutiert und finanziert", sagt Tophoven. „Das Netz ist der virtuelle Selbstbedienungsladen des Dschihad."
[...] Unverschlüsselte E-Mails seien wie mit Bleistift geschriebene Postkarten: Jeder Briefträger kann sie lesen – und sie sogar verfälschen. Wer einen Knotenpunkt im globalen Computer-Netz betreibe, könne die von ihm transportierten Informationen abfangen und verändern – auch El Kaida. Doch selbst ohne eigene Netzknoten könnten Terroristen die Kontrolle über fremde Computer erlangen und so die unverschlüsselte Kommunikation deutscher Internet-Nutzer beobachten. „Es ist völlig unklar, wer sonst noch mitliest", betont die Sicherheitsexpertin.
Das Bundesamt für Sicherheit in der Informationstechnik (BSI) lehnt ein Verschlüsselungsverbot im Internet ab. „Es ist wie beim Auto", sagt BSI-Sprecher Mathias Gärtner. „Man kann sich an die Verkehrsregeln halten oder damit Schaden anrichten." Deshalb jedoch Autos zu verbieten, mache keinen Sinn. Im Gegenteil: „Je mehr das Internet unsere Geschäfte durchdringt, desto wichtiger ist es, sensible Daten zu verschlüsseln." Hinzu kommt, dass nationale Verbote und Strafverfolgungsbehörden im globalen Computer-Netz ohnehin nur mit Einschränkungen umgesetzt werden können.

Quelle: *Nils Weisensee*, Taunuszeitung vom 26.08.2006, S. 5

Aufgaben zu M. 4.2/23 und M 4.2/24:
- *Diskutieren Sie die „Pressefreiheit" in China vor dem Hintergrund der Olympischen Spiele 2008!*
- *Diskutieren Sie die Haltung des Bundesamtes für Sicherheit in der Informationstechnik (BSI), ein Verschlüsselungsverbot im Internet abzulehnen!*

M 4.2/25: Internetadressen

Die folgende Liste der Internetadressen wurde der Publikation von Wolfgang Bauchhenß und Michael Bornkessel „lehrer-online - Unterricht mit neuen Medien" (http://www.lehrer-online.de/url/digitaler-graben) entnommen und überarbeitet, abgerufen 03.08.2006.

Informationstechnologie in der Schule
politik-digital: Internet-Nutzung in Deutschland http://www.politik-digital.de/edemocracy/wissensgesellschaft/internet03.shtml. Der Artikel fasst vier aktuelle Studien aus dem Jahr 2003 zusammen, abgerufen 04.08.2006.
(N)Onliner-Atlas 2003 http://www.nonliner-atlas.de. Die Studie des Meinungsforschungsinstituts EMNID und der Deutschen Telekom liefert Daten zur Nutzung des Internets in Deutschland (PDF-Datei), abgerufen 04.08.2006
Digitale Spaltung in den USA http://www.digitale-chancen.de/content/stories/index.cfm?key=1371&secid=9&se. Der Bericht analysiert die soziale Spaltung bei der Computernutzung unter Schülerinnen und Schülern in den USA, abgerufen 05.08.2006.

Die Vorteile der Informationstechnologien
Gipfelthemen.de http://www.gipfelthemen.de. Ausführliche Informationen zum Gipfel gibt es auf dieser Seite von der Deutschen Gesellschaft für die Vereinten Nationen und politik-digital, abgerufen 14.08.2006.
Neue Zürcher Zeitung (NZZ): Der Uno-Weltgipfel in Genf
politik-digital: UN-Weltinformationsgipfel in Genf http://www.politik-digital.de/edemocracy/wissensgesellschaft/index.shtml. Ausführliches Dossier zum Weltinformationsgipfel, zur allgemeinen Bedeutung des Internets und zur digitalen Spaltung, abgerufen 14.08.2006.

Afrika – Ein Musterbeispiel für den digitalen Graben
http://www.bpb.de/themen/OGZEWZ,,0,Aufbruch_im_Netz.html Torsten Arndt schreibt über Armut, Analphabetismus und die steigende Zahl der Computer und Internetzugänge auf dem afrikanischen Kontinent, abgerufen 14.08.2006.
Deutsche Welle: Handy-Boom in Afrika http://www.dw-world.com/german/0,3367,1606_A_1156258_1_A,00.html. Für viele Länder in der Dritten Welt, zum Beispiel in Afrika, ist das Mobiltelefon die einzige Alternative zum fehlenden Festnetz, abgerufen 14.08.2006.
International Telecommunication Union (ITU): Digital Access Index (DAI) http://www.itu.int/ITU-D/ict/dai/index.html. Die ITU misst die Verbreitung moderner Kommunikationstechnologien weltweit. Der Verband hat dazu einen Index erstellt, der neben anderen Statistiken auf der englischsprachigen Seite unter „DAI data - High, Upper, Medium, Low" abrufbar ist; abgerufen 14.08.2006.
politik-digital: Brücken über den digitalen Graben http://www.politik-digital.de/edemocracy/wissensgesellschaft/doss3ungi.shtml. Heidemarie Wieczorek-Zeul, Bundesministerin für Entwicklung und wirtschaftliche Zusammenarbeit, äußert sich zum Problem der „digitalen Spaltung; abgerufen 15.08.2006.
Radio France International: Société de l'Information http://www.rfi.fr/Fichiers/evenements/smsi/monde.asp. Auf der französischsprachigen Seite sticht eine Weltkarte ins Auge, auf der die Verbreitung neuer Technologien farbig dargestellt ist – mit Afrika als „weißem Fleck"; abgerufen 15.08.2006.

Die Grenzen der Informationsfreiheit
politik-digital: Ende gut, alles gut? http://www.politik-digital.de/edemocracy/wissensgesellschaft/ende.shtml. Ein Artikel über die Schwierigkeiten, sich weltweit auf eine Definition der Informationsfreiheit zu einigen; abgerufen 14.08.2006.
http://www.dw-world.de/german/0,3367,1606_A_1139656_1_A,00.html. So frei sich die Volksrepublik in wirtschaftlichen Fragen gibt, so restriktiv bleibt die Regierung in Peking beim Thema Meinungsfreiheit; abgerufen 14.08.2006.

4.3 Air Cargo – ein Baustein der Globalisierung (Ronald Lübbecke)

4.3.1 Begründung und Strukturierung

Globalisierung ist untrennbar verbunden mit einer Zunahme an weltweitem Transport von Personen, Informationen und Waren (Kap. 2.2), wie sie noch bis in die Mitte des 20. Jahrhunderts unvorstellbar war. Sinkende Transportkosten, steigende Transportkapazitäten, neue Verkehrstechnologien, neue Strategien von Staaten und Unternehmen etc. bewirken das Zusammenrücken der Welt und ein Schrumpfen von Zeit- und Raumdimensionen. Ein wesentlicher Faktor, sowohl im Bereich der Wirtschaft als auch im Freizeitbereich, ist dabei der zunehmende Luftverkehr. Die Bedeutung des Gütertransports auf dem Luftweg zeigt sich vor allem darin, dass zwar weniger als ein Prozent der Tonnage des Welthandels auf dem Luftweg transportiert wird, dieser geringe Tonnage-Anteil aber vom Warenwert her 30 % des weltweiten Gütertransports umfasst. Von allen Importen nach Deutschland im Jahr 1997 betrug der Anteil der Luftfracht an der Tonnage nur 0,1 %, am Warenwert jedoch 10,9 % (nach *Vahrenkamp* 2003). Allerdings unterliegt das Luftfrachtaufkommen auch einer großer Volatilität, d.h. es besteht ein direkter Zusammenhang zwischen der Wirtschaftsentwicklung und dem Luftfrachtaufkommen (siehe auch M 4.3/4). Die Boomjahre Ende der 1990er Jahre führten zu einer großen Nachfrage nach Transportvolumen, während der wirtschaftliche Abschwung ab 2000 bereits im Frühjahr 2001 ein deutlich geringeres Luftfrachtaufkommen bewirkte. Aber schon kurz darauf wuchs die weltweite Luftfracht bereits wieder um jährlich mehr als 5 % (M 4.3/34, M 4.3/35).

Nicht allein das bloße Wachstum der Weltwirtschaft in den 1990er Jahren verursachte die Zunahme der Luftfracht. Ein Grund liegt in der vertieften internationalen Arbeitsteilung moderner Wirtschaftssysteme, in der Teile der Produktion aus den Konsumgebieten – d. h. den Industrieländern – an „billigere" Produktionsstandorte wie z. B. China oder Thailand verlagert werden. Folglich entsteht eine Fragmentierung von Produktionsprozessen dergestalt, dass die Herstellung von Teilen in Drittländern mit der ‚kundengerechten' Endmontage in den Konsumgebieten verbunden werden kann, wie z. B. die Chip-Herstellung in Asien mit der Montage von Computern in den USA oder Europa. Ein weiterer Grund liegt im steigenden Wohlstand vieler Industrieländer, der den Konsum von „neuen", exotischen Produkten aus Entwicklungsländern – wie Früchten, Gemüse, Schnittblumen – beförderte. Express-Lieferungen, globale „just-in-time-Konzepte" und die Entwicklung regionaler Konzerne hin zu „Global Players" erforderten des Weiteren neue Luftfrachtziele und ein günstiges Preis-Leistungs-Verhältnis in der Luftfracht. Im 21. Jahrhundert wird sich dieser Trend fortsetzen und vor allem bei Produkten mit einem günstigen „Wert-Gewicht-Verhältnis" (z. B. Halbleiter) zu weiteren Verlagerungen der Produktionsstandorte führen. Entscheidend für diese Entwicklung ist, dass Waren immer schneller verfügbar sein müssen.

Auf Grund des hohen Anteils am Warenwert ist damit die Luftfracht (nach Verfügbarkeit, Preis, etc.) ein wesentlicher Faktor für die Wirtschaftsentwicklung. Die Entwicklung des Luftfrachtmarktes unterliegt dabei einer Vielzahl von fördernden und beschränkenden Faktoren, wie z. B. national bestimmten Landerechten oder Nachtflugverboten, steigenden Treibstoffpreisen, Wechselkursschwankungen, Handelsquoten oder der Deregulierung von Luftfahrt und der Privatisierung von Flughäfen.

Während im innereuropäischen Handel die gut ausgebauten Straßennetze und Hochgeschwindigkeitsbahnen auch in Zukunft den größten Anteil des Warentransports bewältigen werden, fällt diese Aufgabe im internationalen bzw. interregionalen Handel dem Luftverkehr zu. Über große Entfernungen und in Regionen, die aus geographischen Gründen auf den Flugverkehr angewiesen sind (z. B. Asien-Pazifik), ist der Lufttransport unter dem Zeitaspekt unschlagbar.

Anhand der in dieser Unterrichtseinheit vorgelegten Materialien werden die Schüler in die Thematik „Entwicklung und Bedeutung des Luftfrachtverkehrs" eingeführt und angeregt, mit Hilfe des Internets einzelne Fragestellungen zu vertiefen. Die für die Unterrichtseinheit vorgesehenen Themenbereiche enthalten Materialien zur Geschichte und Entwicklung des Luftfrachtverkehrs, zu Frachtfluggesellschaften und regionalen Beispielen. Dabei sind die Materialien so konzipiert, dass sie in ihrer Gesamtheit verwendet werden können, es aber auch möglich ist, nur Teilaspekte im Unterricht zu behandeln (z. B. Entwicklung der Luftfracht).

Im Einzelnen werden folgende Themenkomplexe angesprochen:

Themenkomplexe	Materialien
A. Entwicklung der Luftfracht: Grundlagen und Bedingungen	M 1 – M 11
B. Luftfrachtgesellschaften	M 12 – M 18
C. Entwicklung der Luftfracht: Beispiele	M 19 – M 25
D. Der pazifische Raum im internationalen Frachtflugverkehr	M 26 – M 30
E. Krisen und Perspektiven	M 31 – M 39

Die Themenkomplexe und die dazu gehörenden Materialien können
– 1. als eigenständige Unterrichtseinheit behandelt werden. In diesem Fall empfiehlt es sich, die aufbereiteten Materialien weitgehend linear nacheinander zu verwenden und durch Recherchen im Internet zu erweitern. Eine derartig umfassende Behandlung bietet sich auch auf Grund der Komplexität des Themas erst in der Sekundarstufe II der Gymnasien bzw. Gesamtschulen an. In diesem Zusammenhang könnte das Thema eines Halbjahreskurses lauten: „Die Globalisierung der Weltwirtschaft", wobei die Luftfracht einen Teilaspekt darstellen würde.
– 2. ist es möglich, einzelne Aspekte im Rahmen anderer Unterrichtseinheiten einzubeziehen. So könnte z. B. bei der Diskussion um Standortfragen die Bedeutung des Flughafens Frankfurt und hier insbesondere das Luftfrachtaufkommen für die Rhein-Main-Region thematisiert oder aber bei der regionalgeographischen Behandlung des asiatisch-pazifischen Raumes die Bedeutung der Luftfracht für die Arbeitsteilung in dieser Region angesprochen werden. Weiterhin ist es natürlich möglich, einen Teil der angebotenen Materialien in verkehrsgeographisch akzentuierte Unterrichtseinheiten einzubeziehen. Damit eignen sich viele der angebotenen Materialien auch für den Einsatz in den oberen Klassen der Sekundarstufe I.

Die nachfolgende Verlaufsplanung bietet eine mögliche Variante für die Erarbeitung dieses Themenkomplexes. Die einzelnen Materialien bauen aufeinander auf und bieten durch Quellenverweise die Möglichkeit der Vertiefung von Teilaspekten.

Im Einzelnen sollen die Schüler
– Grundlagen und Bedingungsgefüge für das schnelle Wachstum des Luftfrachtsektors kennen lernen;
– das Luftfrachtnetz mit besonderer Schwerpunktsetzung in Europa/Nordamerika/Asien-Pazifik kennen und beschreiben können;
– die Vielseitigkeit der transportierten Güter benennen und ihre Bedeutung diskutieren;
– Informationen über die Entwicklung bedeutender Luftfrachtgesellschaften sammeln und mögliche Logistikvarianten ermitteln;
– Luftfracht in ihrer Bedeutung als Standortfaktor für die regionale Wirtschaft erkennen (z. B. London, Frankfurt);
– die besondere Bedeutung des asiatisch-pazifischen Raumes im internationalen Luftfrachtnetz erarbeiten;
– Perspektiven und Prognosen für die Entwicklung des Luftfrachtverkehrs im 21. Jahrhundert diskutieren;
– die Bedeutung der Luftfracht als wichtigen Baustein der zunehmenden Globalisierung aufzeigen und mögliche Folgen für die Standortwahl von Unternehmen und die Verlagerung von Arbeitsplätzen diskutieren.

Mögliche Verlaufsstruktur siehe Tab. 4.3 nächste Seite.

Tab. 4.3 Mögliche Verlaufsstruktur

Inhalte	Arbeitsschritte / Materialien
A. Entwicklung der Luftfracht: Grundlagen und Bedingungen	
– Faktoren für das Wachstum des Luftfrachtaufkommens	– Brainstorming zur Ermittlung der Vorkenntnisse, anschließend Bearbeitung von M 4.3/1 (Stillarbeit). Im anschließenden Unterrichtsgespräch Zusammentragen der Ergebnisse
– Luftfracht fördernde und beschränkende Faktoren	– Schüler bearbeiten (Partner- oder arbeitsteilige Gruppenarbeit) M 4.3/2 und M 4.3/3 / M 4.3/4, anschließend Diskussion der Faktoren. Stillarbeit mit anschließendem Unterrichtsgespräch
– Transportvarianten	M 4.3/6. Vertiefung mit M 4.3/9, M 4.3/10.
– Das „Hub and Spoke"-System	– Kurzreferat, M 4.3/8.
– Frachtflughäfen weltweit	– Auswertung der Tabellen M 4.3/11. Lokalisierung der Städte mit Hilfe des Atlas und Eintragen der Orte in die stumme Karte. Zusätzlich könnte die Tabelle in Diagrammform in die Karte eingebracht werden.
– Frachtgüter: Was wird alles per Luftfracht transportiert?	– Lesen von M 4.3/12, weitere Beispiele überlegen. – Lokalisierung der Heimatflughäfen, Auswertung der Tabellen und Wiederholung der Transportvarianten M 4.3/13, M 4.3/6.
B. Luftfrachtgesellschaften	
– Die größten Frachtfluggesellschaften und ihre Flotten – Lufthansa Cargo, FedEX, TNT u.a.	– Erarbeitung von Daten über bekannte/große Luftfrachtgesellschaften M 4.3/15 bis M 4.3/19. Vertiefung durch Beschaffung zusätzlicher Informationen mit Hilfe des Internets
C. Entwicklung der Luftfracht: Beispiele	
– Entwicklung der Luftfracht in Frankfurt	– Auswertung der Tabellen M 4.3/20, M 4.3/21.
– Vereinigtes Königreich – Luftfracht 2002 nach Regionen und Transportvarianten – Vergleich: Passagierzahlen, Luftfracht, Flugbewegungen und Bevölkerung nach Großräumen.	– Still-/Partnerarbeit M 4.3/22 bis M 4.3/24, anschließend Unterrichtsgespräch. – schriftliche Bearbeitung/Auswertung der Karte M 4.3/25
D. Der pazifische Raum im internationalen Frachtflugverkehr	
– Der pazifische Raum und seine besondere Stellung im globalen Luftfrachtnetz (Luftfrachtrouten, Handelsbeziehungen)	– arbeitsteilige Gruppenarbeit M 4.3/26 bis M 4.3/30. Diskussion der Ergebnisse
– Wachstum des Luftfrachtaufkommens und die Bedeutung des asiatisch-pazifischen Raumes	– Auswertung von M 4.3/31 – Vertiefung durch Recherche im Internet (z. B. Flughäfen Hongkong, Singapur, Tokio, Subic Bay, verschiedene Airlines)
E. Krisen und Perspektiven	
– Entwicklung des Luftfrachtaufkommens großer Flughäfen 2000–2002 – Folgen des 11. September 2001	– Auswertung der Tabelle M 4.3/32, eventuell Erstellung eines Diagramms. – Partnerarbeit: Erarbeitung der Auswirkungen des Terroranschlags auf Flüge, Beschäftigte etc. M 4.3/33 bis M 4.3/36. – Recherche im Internet nach anderen Krisen und deren Einfluss auf den Flugverkehr (z. B. SARS).
– Die Zukunft des Lufttransportes	– Stillarbeit (arbeitsteilig): Perspektiven und Prognosen M 4.3/37 bis M 4.3/39.
– Luftfracht ein wichtiger Baustein der Globalisierung	– Abschlussdiskussion

4.3.2 Materialien

M 4.3/1: Faktoren für das Wachstum der Luftfracht

Das schnelle Wachstum des Luftfrachtaufkommens kann auf vier Ursachen zurückgeführt werden:
1. Das schnelle Wachstum der Weltwirtschaft hat zu einer großen Nachfrage im Bereich der Luftfracht geführt. Besondere Wachstumsimpulse werden in der Zukunft von der Zunahme des „e-commerce" erwartet.
2. Halbleiter und andere elektronische Bauteile mit einem günstigen Wert-Gewicht-Verhältnis, d.h. mit hohem Handelswert und geringem Gewicht, werden einen zunehmenden Anteil am Luftfrachtaufkommen haben. 2002 entfielen auf diesen Warenbereich bereits ca. 20 % der weltweiten Luftfracht.
3. Langfristig geht der Trend bei den Frachtraten zu niedrigeren Preisen. Preissenkungen von durchschnittlich 3 % pro Jahr sind nicht nur auf die Wettbewerbssituationen, sondern vor allem auch darauf zurückzuführen, dass neue Technologien entwickelt wurden und neue Entwicklungen im Bereich der Organisation und Koordination (Management) es ermöglichten, die Transportpreise radikal zu senken.
4. Ein Merkmal der Weltwirtschaft des 21. Jahrhunderts ist es, dass Waren immer schneller verfügbar sein müssen. Die Einhaltung der Transportzeiten ist dabei ein wesentlicher Faktor. Daher wird in Zukunft ein wachsender Anteil der Frachtflugzeuge nicht mehr aus umgebauten alten Passagierflugzeugen bestehen, sondern schrittweise durch moderne, für den Frachtverkehr konzipierte Maschinen ersetzt bzw. ergänzt werden. Diese zeichnen sich durch höhere Zuverlässigkeit und geringerem Treibstoffverbrauch aus. Mit der B 747-400F und dem ab 2008 zur Verfügung stehenden A 380 stehen den Fluggesellschaften moderne Maschinen zur Verfügung. Mit einer Reichweite von 10.400 km und einer Zuladung von 153 t wird der A 380 zur weiteren Senkung der Frachtkosten beitragen (B 747-400F: 8.190 km, 124 t).

Quelle: nach *Bowen* 2004 (Zusammenfassung und Übersetzung durch den Autor)

M 4.3/2: Luftfracht – Vorteile und Probleme

---

a) Vorteile der Luftfracht gegenüber anderen Verkehrsträgern
Mit einer durchschnittlichen Wachstumsrate von 9,4 % in den Jahren 1986 bis 2000 stellt die Luftfracht einen wesentlichen Faktor der zunehmenden Globalisierung dar. Das rapide Wachstum der Luftfracht (1986: 5,1 Mio. t, 2000: 17,9 Mio. t) ist nicht zuletzt auf die Vorteile zurückzuführen, die die Luftfracht gegenüber anderen Verkehrsträgern aufweist. Hierzu gehören:
– kurze Transportzeiten
– weitgehende Pünktlichkeit bei Luftfrachtsendungen
– niedrige Kosten für Transportverpackung auf Grund der schonenden Transportdurchführung und -beanspruchung
– niedrige Versicherungsprämien bei geringen Transportrisiken
– geringe Transportzeiten und daher geringe Kapitalbindungskosten
– kurzfristige Beschaffung von Gütern auf Grund der schnellen Lufttransporte

b) Probleme in der Transportkette
Die großen Vorteile der Luftfracht und die hohen Wachstumsraten lenken oft den Blick ab von den Problemen, die es trotz aller Fortschritte im Bereich der Luftfracht gibt und die immer wieder zu Verzögerungen bei der Warenlieferung führen.
Zu diesen Problemen, die v.a. an den Schnittstellen in der Transportkette auftreten können, gehören:
– kurzfristige Änderungen der Kundenwünsche, bedingt durch interne Terminverschiebungen;
– Änderung der Sendungsgröße, d.h. die Verpackungsausmaße entsprechen nicht den ursprünglich gemeldeten und gebuchten Maßen;
– durch saisonale Schwankungen bedingte Engpässe im Frachtraum;
– saisonal abweichende Flugpläne (Reduzierung der Flüge auf bestimmten Routen, saisonal bedingte Streichungen von Zielflughäfen etc.);
– Anlieferung von Luftfracht per Lkw auch über längere Distanzen, wenn die betreffenden Airlines keine Start- und Landerechte für bestimmte Flughäfen haben oder aus wirtschaftlichen Gründen den Landtransport wählen;
– kurzfristige Flugumbuchungen durch die Airline, so dass Sendungen mit dem gleichen Bestimmungsort über verschiedene Hubs der Airlines laufen. Dies führt bei gleichen Ausgangs- und Zielorten zu unterschiedlichen Laufzeiten;

M 4.3/2: Luftfracht – Vorteile und Probleme (Fortsetzung)

- lange Wartezeiten beim Zoll des Empfangsflughafens, insbesondere wenn protektionistische Strömungen in einem Land vorherrschen;
- mangelnde Organisation des Weitertransports und der Auslieferung, für welche die ausführende Airline auf Grund der strikten Arbeitsteilung zwischen Airline und Spedition kein primäres Interesse besitzt.

Durch diese Beeinträchtigungen kann sich die Transportzeit in der klassischen Luftfracht erhöhen.

Quelle: nach *Vahrenkamp* 2002, 2003

M. 4.3/3: Luftfrachtentwicklung – Förderung und Restriktionen
Quelle: www.boeing.com, abgerufen am 10.06.2006

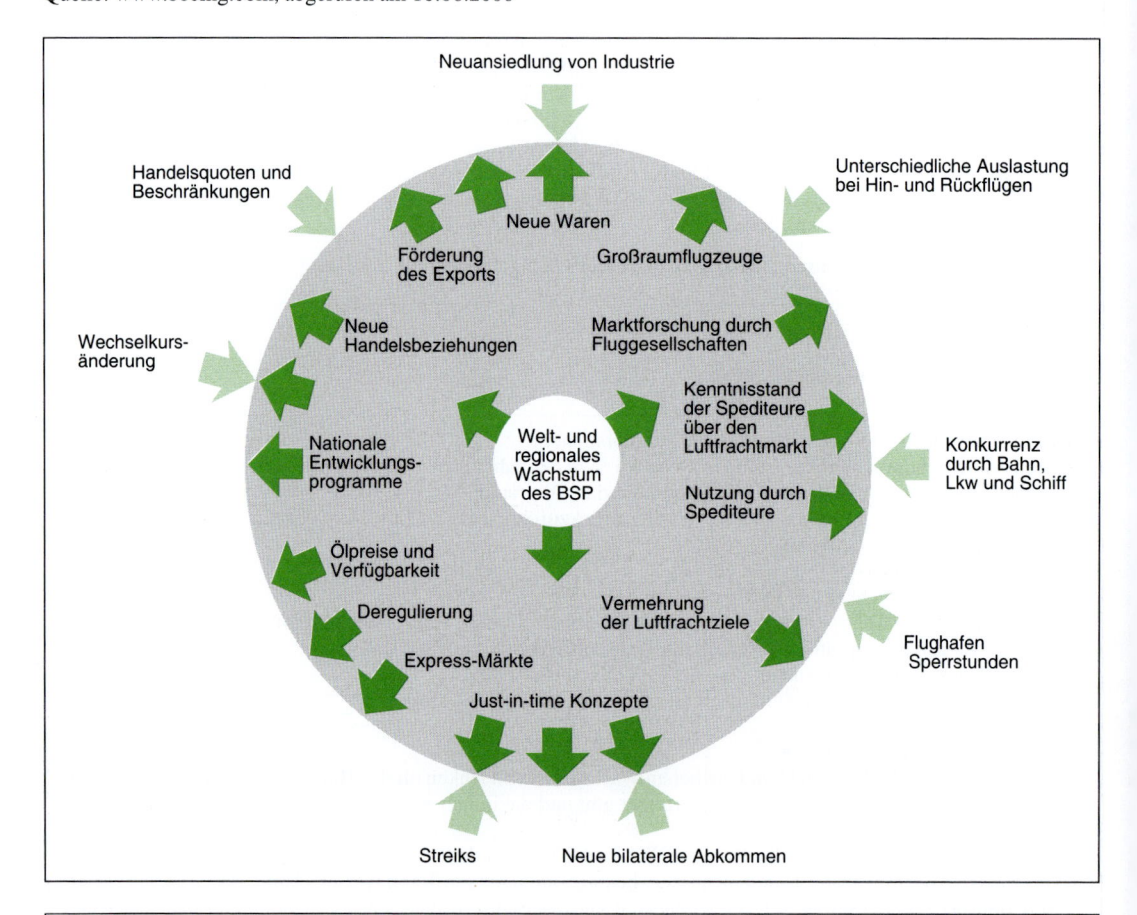

Fördernde Faktoren (im Uhrzeigersinn):
- Neuansiedlung von Industrie
- Neue Waren
- Großraumflugzeuge
- Marktforschung durch Fluggesellschaften
- Kenntnisstand der Spediteure über den Luftfrachtmarkt
- Nutzung durch Spediteure
- Vermehrung der Luftfrachtziele
- Just-in-time Konzepte
- Neue bilaterale Abkommen
- Express-Märkte
- Deregulierung
- Ölpreise und Verfügbarkeit
- Nationale Entwicklungsprogramme
- Neue Handelsbeziehungen
- Förderung des Exports

Zentrum: Welt- und regionales Wachstum des BSP

Hemmende Faktoren:
- Handelsquoten und Beschränkungen
- Unterschiedliche Auslastung bei Hin- und Rückflügen
- Wechselkursänderung
- Konkurrenz durch Bahn, Lkw und Schiff
- Flughafen Sperrstunden
- Streiks

Die Luftfrachtentwicklung ist vom weltweiten Wachstum des BSP abhängig. Inwieweit bei einem Wachstum des BSP auch die Luftfracht zunimmt, hängt jedoch von einer Vielzahl fördernder Faktoren (z. B. neuen Handelsbeziehungen, niedrigen Ölpreisen, neuen Großraumflugzeugen) sowie von Restriktionen (z. B. Handelsquoten, Nachtflugverboten) ab. M 4.3/4 zeigt fördernde und hemmende Faktoren der Entwicklung des Frachtflugverkehrs.

M 4.3/4: Welt-Luftfrachtaufkommen (in Ertrag/tkm) und Wachstum des Welt-Bruttosozialprodukts
Quelle: www.boeing.com, abgerufen am 10.06.2006

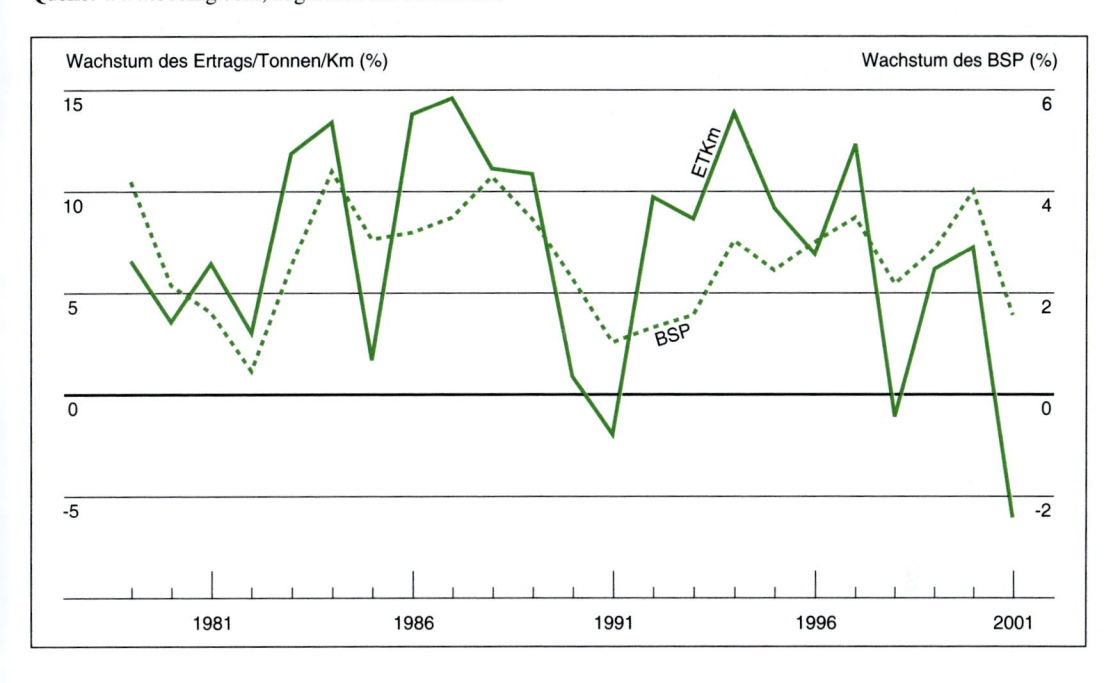

M 4.3/5: Wachstum des Welt-Luftfrachtaufkommens (in Ertrag/tkm) bis 2021 (ohne die Staaten der ehemaligen UdSSR)
Quelle: www.boeing.com, abgerufen am 10.06.2006

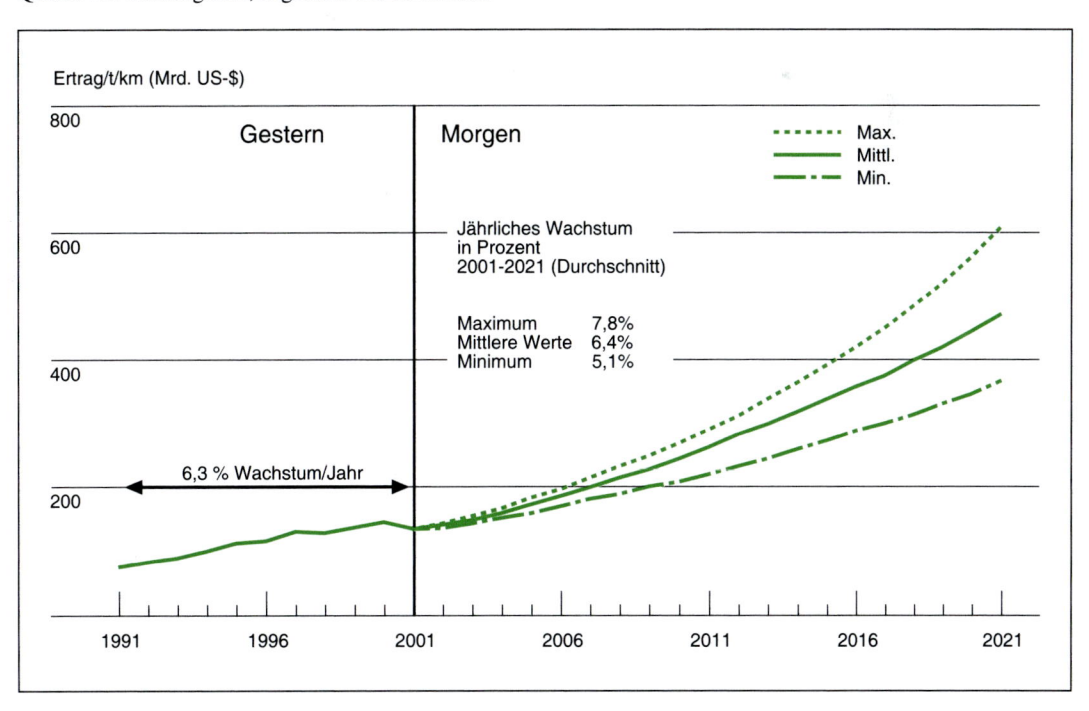

M 4.3/6: Luftfracht: Passagierflüge oder Frachtflüge?

Fluggesellschaften, die Luftfracht transportieren, können in drei Hauptkategorien eingestuft werden:

1. Nurfracht-Fluggesellschaft
Diese transportieren Luftfracht nur von Flughafen zu Flughafen und bevorzugen Fernverbindungen. Zu diesen gehören z. B. Cargolux und Nippon Cargo Airlines.
Im Unterschied zu kombinierten Gesellschaften und Integratoren bieten Frachtfluggesellschaften sowohl Linien- als auch Charterflüge an.

2. Kombinations-Fluggesellschaft
Diese Gesellschaften befördern im Linienverkehr zugleich Frachtgüter, Post (Nachtflüge) und Passagiere. In diese Kategorie fallen die meisten internationalen Gesellschaften. Viele dieser Gesellschaften haben keine oder nur wenige Maschinen, die ausschließlich als Frachtflugzeuge im Einsatz sind. Die Fracht wird im Rumpf der Passagiermaschinen transportiert. Bei ungünstigen Wettervorhersagen (Luftdruck, Winde etc.) kann es passieren, dass zugunsten der Passagiere Frachtgüter wieder entladen werden müssen, um die Treibstoffreserven nicht zu überdehnen. Eine pünktliche Lieferung ist dann nicht mehr garantiert. Daher haben ca. 20 große internationale Gesellschaften umfangreiche Frachtflugzeugflotten aufgebaut (z. B. Lufthansa).

3. Integrators
Diese verbinden Bodentransport und Luftfracht. Damit sind sie in der Lage, einen Tür-zu-Tür-Service (Door-to-Door) anzubieten. Die bedeutendsten unter ihnen sind: FedEx, UPS, TNT und DHL. Diese Gesellschaften sind schnell gewachsen, was nicht zuletzt auf ihrer technologischen Führung im Luftfrachtbereich beruht. Integratoren verfügen nicht nur über eine eigene, umfangreiche Fahrzeugflotte, sondern bieten standardisierte Luftfrachtprodukte und eine durchgehende IT-Basis an. Dadurch sind sie in der Lage, bei Auftragsannahme, Abholung, Weiterleitung, Sortierung, Verzollung und Auslieferung den gleichen Standard zu erreichen. Als Folge davon konnten sie die Kosten im Warentransport, im Warenumschlag und der Lagerhaltung senken.
FedEx ist, gemessen am Frachtaufkommen (t/km) und in Bezug auf die Größe der Luftflotte, die größte Frachtfluggesellschaft der Welt. Zu ihren 300 Flugzeugen werden ab 2008 zehn Airbus A 380F hinzukommen.
Während zurzeit noch ca. 60 % der Luftfracht in den Rümpfen der Passagiermaschinen transportiert werden, wird dieser Anteil weiter fallen. Zum einen reichen die Kapazitäten der Passagiermaschinen nicht aus, zum anderen ist eine Einhaltung der Transportzeiten nicht immer gegeben (s.o.). Hinzu kommt, dass Flugpläne der Passagierlinien sich so weit wie möglich nach den Wünschen der Passagiere richten, während es für Frachtverkehr oft günstiger ist, abends abzufliegen und morgens anzuliefern. So erfolgen nahezu alle Starts und Landungen von FedEX auf dem Frachtflughafen Subic Bay (Philippinen) in den vier Stunden nach Mitternacht.
Mit der wachsenden Zahl reiner Frachtflüge ist deren Attraktivität für Firmen gestiegen. Höhere Frachtflugfrequenzen sind notwendig, da nur dann für die Hersteller garantiert ist, dass die benötigten Teile in ihr engmaschiges Netz der „just-in-time"-Produktion eingeplant werden können. Die Globalisierung der Produktionsabläufe vieler Firmen hängt zunehmend davon ab, dass bei den Frachtflügen die Anzahl der Ziele und der Flüge ausgebaut wird.

Quellen: zusammengestellt nach *Bowen* 2004, *Vahrenkamp* 2003, Airbus Industrie 1995

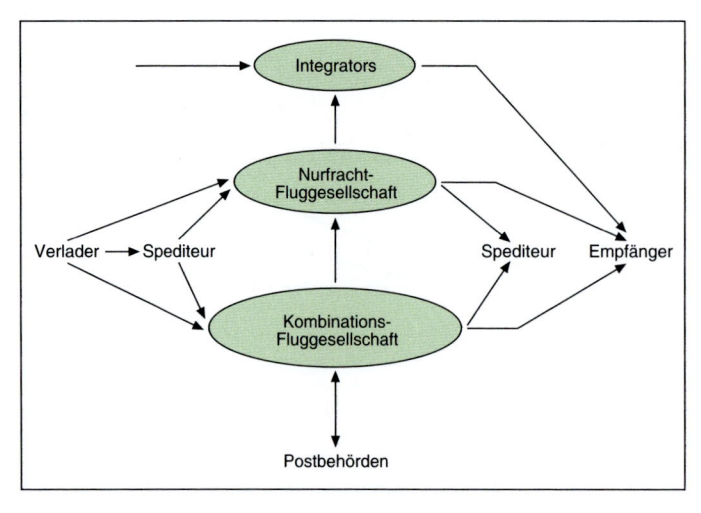

M 4.3/7: Luftfracht-Verladeketten
Quelle: *Vahrenkamp* 2003

M 4.3/8: Netzoptimierung durch die Einführung des „Hub and Spoke"-Systems

Direktverbindungen im Flugverkehr haben den Vorteil, dass Passagiere nicht umsteigen müssen und Luftfracht nicht umgeladen werden muss. Andererseits kann so nur eine geringere Flugdichte angeboten werden, bzw. können viele Ziele unter wirtschaftlichen Kriterien auf Grund mangelnder Auslastung nicht bedient werden. Als Alternative dazu entstand das „Hub and Spoke-System" (Nabe und Speichen), das vor allem im Frachtumschlag und der Frachtverteilung der Transportarbeit zu einer Industrialisierung geführt hat.

Schon bei der Verknüpfung von drei Direktverbindungen zwischen sechs Städten über ein „hub" können 21 Städtepaare entstehen. Ist ein Drehkreuz z. B. mit 100 Speichen (spokes) verbunden, entstehen 5.000 Kombinationsmöglichkeiten.

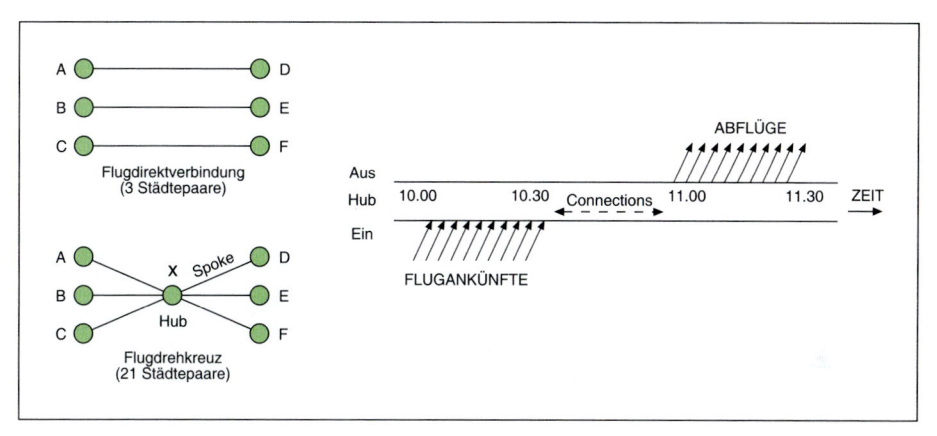

Die zugrunde liegende Idee ist dabei das Sammeln von Ladung der regionalen Flughäfen (spoke) an einem zentralen Ort (hub). Dort wird die Luftfracht auf Paletten verpackt und verladen. Bei kurzen Distanzen oder fehlenden Start- und Landerechten erfolgt dabei die Zulieferung bzw. beim Ziel-"hub" die Verteilung per Lkw. So wird z. B. die Luftfracht der Air France aus Deutschland und Österreich per Lkw nach Frankfurt-Hahn transportiert, gesammelt, auf Flugzeugpaletten verpackt und per Lkw zum Flughafen Charles de Gaulle transportiert. Erst von dort wird sie zu internationalen Zielen geflogen.

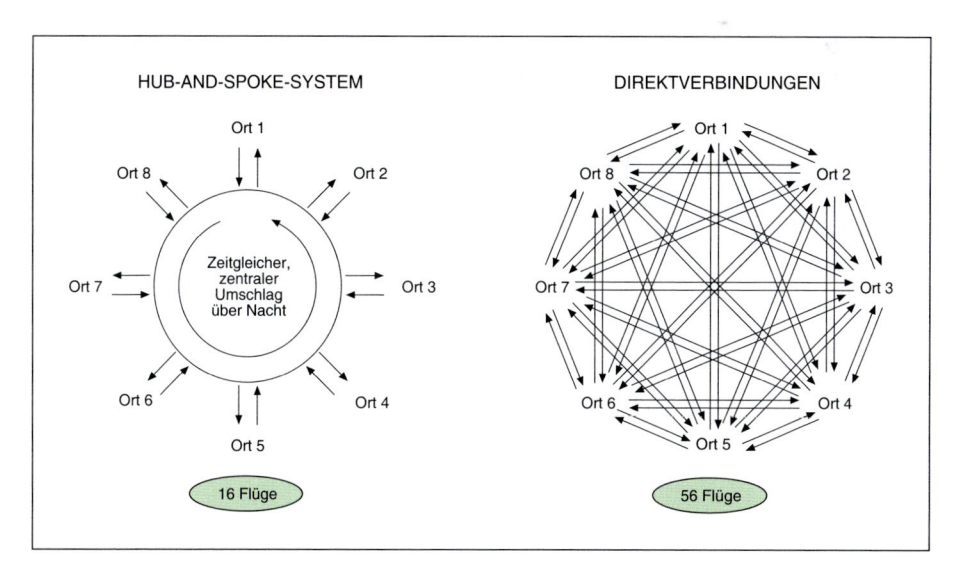

Quellen: nach *Schneider* 1993, *Nuhn* 1998, *Plehwe* 2000, *Neiberger* 2003

M 4.3/9: Die Entwicklung des Welt-Luftfrachtaufkommens im Linienverkehr von US-amerikanischen und anderen Fluggesellschaften 1970 bis 2001
Quelle: www.boeing.com, abgerufen am 10.06.2006

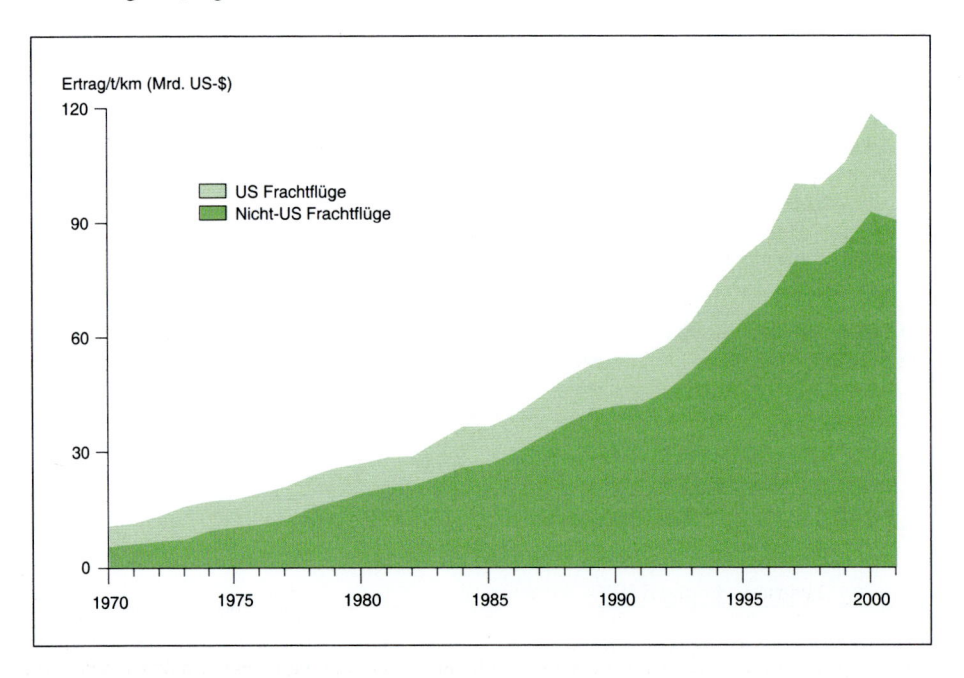

M 4.3/10: Die Entwicklung des Welt-Luftfrachtaufkommens im Charterverkehr von US-amerikanischen und anderen Fluggesellschaften 1970 bis 2001
Quelle: www.boeing.com, abgerufen am 10.06.2006

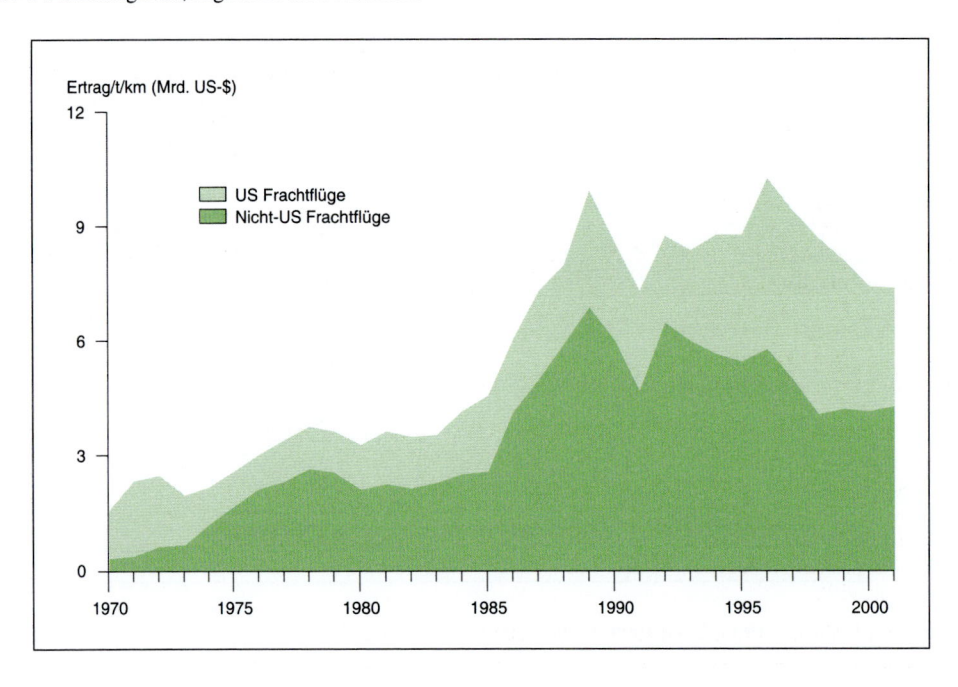

M 4.3/11: Hauptfrachtflughäfen im Jahr 2003[1]

	Flughafen	Fracht (Mio. t)[2]		Flughafen	Fracht (Mio. t)[2]
1	Memphis	3,390	11	New York JFK	1,626
2	Hongkong	2,668	12	Louisville	1,618
3	Tokio Narita	2,154	13	Chicago-O'Hare	1,510
4	Anchorage	2,102	14	Taipei	1,500
5	Seoul	1,843	15	Amsterdam	1,353
6	Los Angeles	1,833	16	London-Heathrow	1,300
7	Paris	1,723	17	Shanghai	1,189
8	Frankfurt	1,650	18	Dubai	0,956
9	Miami	1,632	19	Bangkok	0,950
10	Singapore	1,632	20	Indianapolis	0,889

[1] Die Luftfracht bei Flugplätzen setzt sich aus Fracht in Linie, Post und per Lkw beförderter Fracht zusammen, d. h. auch „Luftfracht", die an einen anderen, benachbarten Flughafen nur per Lkw befördert wird.
[2] Gesamttonnage, Beladung/Entladung, international und national, Fracht und Luftpost im Jahr 2003
Quelle: *Vahrenkamp* (2005)

M 4.3/12: Lufthansa Cargo – Pressemitteilungen

> 100 Jahre Harley Davidson – Lufthansa fliegt 140 Kult-Bikes zur Geburtstagsparty in die USA
> Höhepunkt der Geburtstagsfeierlichkeiten wird am 31. August 2003 eine festliche Parade in Milwaukee/Wisconsin, dem Gründungsort der Harleys, sein. Dazu werden 200.000 Harley-Davidson-Fans erwartet. Vorher steht eine Sternfahrt von tausenden Harleys quer durch die USA auf dem Programm. Lufthansa Cargo, der Weltmarktführer im internationalen Luftverkehr, trägt mit dem Transport an verschiedenste Zielorte in den USA zum Erfolg dieser Sternfahrt bei.
>
> Przewalski-Pferde fliegen zur Auswilderung nach Almaty
> Lufthansa Cargo unterstützt Programme zur Arterhaltung in Kasachstan. Für acht Urwildpferde begann in dieser Woche eine Reise zurück in die Vergangenheit. Vom 22. bis 24. Juli 2003 flogen die Pferde von München über Frankfurt nach Almaty. Lufthansa Cargo unterstützt diesen Transport in Zusammenarbeit mit dem Bayerischen Rundfunk und dem Münchner Tierpark Hellabrunn. Lufthansa Cargo engagiert sich seit Jahren über den Tiertransport an Bord der Frachter hinaus in ausgewählten Projekten zur Arterhaltung. Die Flüge mit Lufthansa haben die 1,5m großen Pferde in ihren 2,3m x 0,96m x 1,56m großen Spezialboxen gut überstanden.
>
> Festliche Fracht – Eine Tonne Lebkuchen nach Taipeh
> Damit die Leckereien auch rechtzeitig am Bestimmungsort sind, fliegen sie natürlich „time definite". Damit sich das Aroma der edlen Zutaten erst beim Öffnen entfaltet, müssen die Waren in der Luft geruchlos gelagert und verpackt sein. Sie sind daher in Kisten luftdicht in Folie eingeschweißt.
>
> Chips aus Dresden
> Für Lufthansa Cargo kommen die wichtigsten Kunden in Dresden aus der Halbleiterindustrie. AMD und Infinion produzieren hier Mikrochips, die regelmäßig mit Lufthansa Cargo fliegen.
>
> Einführung eines neuen Kühlcontainers für temperatursensible Kleinsendungen auf dem Weltmarkt
> Als erste Fracht-Airline weltweit hat Lufthansa einen hochmodernen Kühlcontainer eingeführt. Der sogenannte Controlled Logistics Device (CLD) ist das Ergebnis eines jahrelangen Dialogs zwischen Lufthansa Cargo und der internationalen Pharma-Biotechnologie-Industrie. Der CLD wird für den Transport von temperatursensiblen Pharmazeutika wie Insulin, Antibiotika und Impfstoffen sowie für hochwertige verderbliche Güter angeboten. Damit steht den Kunden ein Produkt zur Verfügung, das den Transportanforderungen an eine geschlossene Kühlkette optimal gerecht wird.
>
> Quelle: www.lufthansa-cargo.com, abgerufen am 12.06.2006

M 4.3/13: Frachtflugflotten im Jahr 2001[1]

Airline	Typ	Nationalität	Umfang der Flotte	Airline	Typ	Nationalität	Umfang der Flotte
1 FedEx	I	USA	321	11 Korean Air	K	S. Korea	18
2 UPS	I	USA	245	12 China Airlines	K	Taiwan	14
3 Airborne Express	I	USA	129	13 Aeroflot	K	Russland	13
4 Atlas Air[2]	F	USA	39	14 Northwest Airlines	K	USA	12
5 Kitty Hawk	F	USA	38	15 Air France	K	Frankreich	11
6 DHL Airways	I	USA	33	16 EVA	K	Taiwan	11
7 BAX Global	I	USA	26	17 Air Foyle Heavylift	F	UK	10
8 Lufthansa	K	Deutschland	22	18 Japan Airlines	K	Japan	10
9 Evergreen	F	USA	20	19 Nippon Cargo	F	Japan	10
10 Polar	F	USA	20	20 Singapore Airlines	K	Singapur	10

[1] Nur Düsenflugzeuge
[2] Atlas Air arbeitet im wesentlichen als Flugzeug-Leasingfirma und betrieb 2001 für British Airways und andere Gesellschaften Flugzeuge.

I = Integrative Gesellschaften, A = Frachtfluggesellschaften, K = Kombinierte Passagier-/Frachtfluggesellschaften
Quelle: *Bowen* 2004

M 4.3/14: Die größten Frachtfluggesellschaften nach ihrer Transportleistung im Jahr 2000
Quelle: *Bowen* 2004

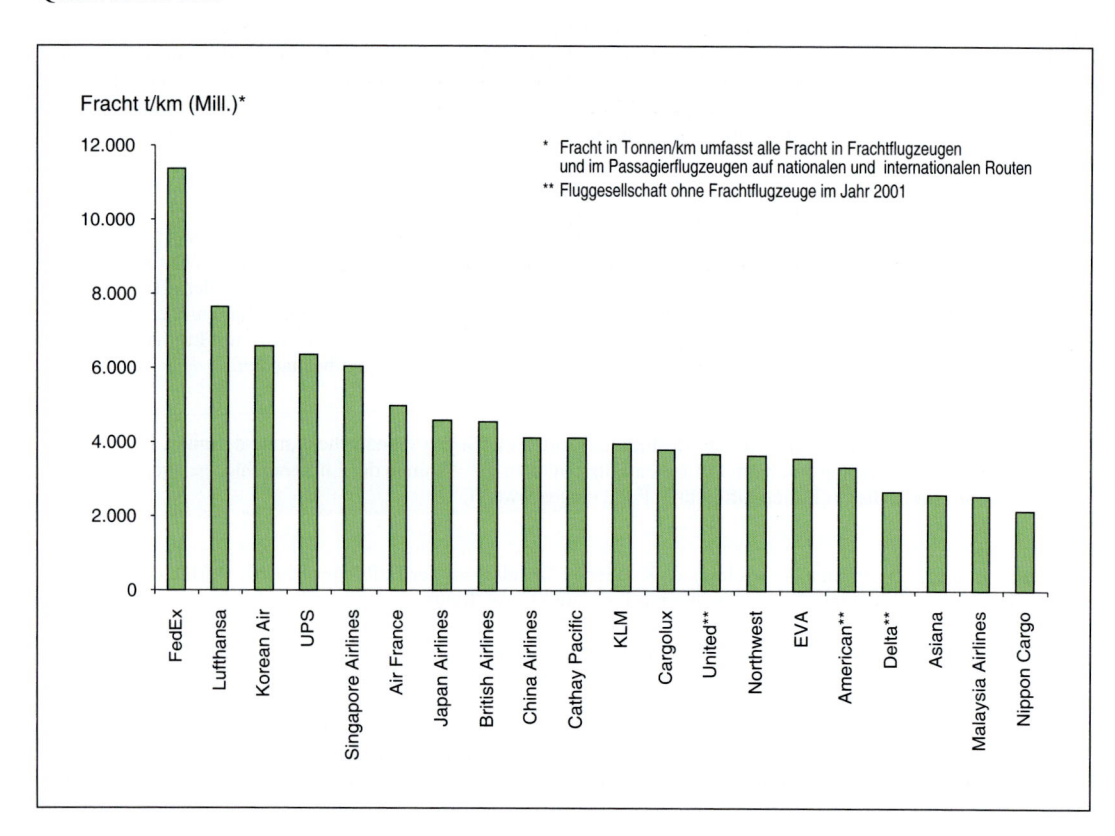

M 4.3/15: Lufthansa Cargo – Unternehmensdaten
Quelle: www.lufthansa-cargo.com, abgerufen am 12.06.2006

Gesellschafter	Deutsche Lufthansa AG (100%)
Unternehmensgründung	30.November 1994
Positionierung des Unternehmens	Größte Frachtfluggesellschaft im internationalen Luftverkehr. Vermarktung der eigenen Frachterflotte und der gesamten Frachtkapazität auf den Passagiermaschinen des Lufthansakonzerns. Strategische Ausrichtung als Nummer 1 von weltweiten Premium-Luftfrachtlösungen. Erste Frachtfluggesellschaft, die ihre gesamte Produktpalette auf zeitdefinierte Serviceleistungen umstellt.
Verkehrszahlen 2002	Beförderte Fracht/Post: 1,63 Mill. Tonnen Angebotene Frachttonnenkilometer: 10,748 Mill. Verkaufte Frachttonnenkilometer: 7. 158 Mill. Fracht-Nutzladefaktor: 66,6%
Umsatz und Ergebnis 2001	Umsatzerlöse: 2.437,6 Mill. € Ergebnis der betrieblichen Tätigkeit: 65 Mill. €
Mitarbeiterstand	Ca. 5.000
Flottenstruktur 2002	8 Boeing 747-200 F 14 MD-11F Frachtkapazität auf den Flugzeugen des Lufthansakonzerns und von Spanair (Rumpf)
Streckennetz	450 Zielorte weltweit
Beteiligungen	Airmail Center Frankfurt GmbH (40%) Express Air Systems GmbH (EASY) (33,3%) Global Freight Exchange System Limited (9,8%) Cargo Community Systems Limited (2,99%) Lufthansa Cargo Charter Agency GmbH (100%) Lufthansa Technik Logistik GmbH (49%) time:matters GmbH (100%) Shanghai Pudong Airport Cargo Terminal Ltd. (29%) Global Logistics System Europe Company for Cargo Information Services GmbH („Traxon Europe") (46,85%) Global Logistics System Worldwide Company for Cargo Information Services GmbH („Traxon Worldwide") (25%)

M 4.3/16: Lufthansa Cargo – Geschichte
Quelle: www.lufthansa-cargo.com, abgerufen am 12.06.2006

Jahr	
1919	Aufnahme des Luftverkehrs
1926	Gründung der Deutschen Luft Hansa AG
1929	Erschließung erster Frachtstrecken: Berlin–Hannover–Essen/Mühlhausen–Köln–London London-Amsterdam-Hannover-Berlin Köln-Paris Paris-Köln-Essen/Mühlheim-Berlin Berlin-Essen/Mühlheim-Köln
1966	Einsatz des Boing 707-Frachters
1972	Erster Linienflug der Boing 747-200F
1977	Gründung der German Cargo Services mit zunächst 26 Mitarbeitern
1982	Inbetriebnahme des Lufthansa Cargo Centers (LCC) in Frankfurt. Das LCC ist die größte und technisch fortschrittlichste Fracht-Umschlagsanlage der Welt.
1991	SameDay Service für eilige Lieferungen. In Zusammenarbeit mit der Deutschen Post garantiert dieser Service, dass Sendungen zwischen ausgewählten deutschen Großstädten noch am selben Tag ausgeliefert werden.
1994	Die Lufthansa Cargo wird eigenständig. Ab Januar 1995 übernimmt die Lufthansa Cargo als 100-prozentiges Tochterunternehmen der Deutschen Lufthansa die wirtschaftliche Verantwortung für die gesamten Frachtaktivitäten.
1998	Einführung des Business Partnership Program. Einführung des td.Service. Der time definite Service wird wenige Monate später durch das Produkt td.Sameday erweitert.
2000	Einführung des eBooking Transport-Kapazitäten für alle etablierten Produkte können über das Internet gebucht werden.
2002	New Global Cargo Lufthansa Cargo gründet zusammen mit SAS Cargo und Singapore Airlines Cargo die erste Fracht-Allianz der Welt. New Global Cargo wird noch 2002 in WOW umbenannt.
2002	JAL Cargo tritt der WOW Allianz bei. Mit ca. 600 Flugzeugen und 450 Destinationen erreicht WOW einen Marktanteil von ca. 20 % und ist damit die größte Luftfrachtallianz der Welt. Daneben operiert Sky Team Cargo, eine Allianz zwischen Air France, Delta Air Logistics, Aero Mexico Cargo, CSA Cargo, Korean Cargo und Alitalia Cargo mit etwa 512 Destinationen in 114 Ländern.

M 4.3/17: Frachtfluggesellschaften – Steckbrief

Eine Auflistung der wichtigsten Luftfrachtgesellschaften und Express-Kurier-Gesellschaften der Welt bietet einen ersten Überblick und Vergleich im Bereich des Luftfrachtgeschäftes.

Airborne Express
Die Angebote beinhalten die Auslieferung über Nacht bis zum nächsten Nachmittag und Lieferung innerhalb von zwei Tagen. Airborne bietet eine gute Logistik, internationale Dienste incl. Luftfracht, Seetransport und Erledigung der Zollabwicklung.

Bax Global
Bax Nordamerikanisches Transportsystem verfügt sowohl über Flugzeuge als auch LKW's. Durch diese Kombination kann Bax Global eine zügige Auslieferung zu jedem bedeutenden Wirtschaftszentrum in Nordamerika bieten. International verfügt Bax Global über eines der größten Netze im Transportgewerbe und bietet sowohl Express- als auch Standardluftfracht an.

Danzas AEI Intercontinental
Das Netz von Danzas deckt mehr als 135 Länder ab. Danzas ist strategisch so ausgerichtet, dass den Wünschen der Kunden überall in der Welt entsprochen werden kann. Danzas ist zu 97,4 % eine Tochter der Deutschen Post.

M 4.3/17: Frachtfluggesellschaften – Steckbrief (Fortsetzung)

DHL (Delsey Hilborn Lynn)
DHL verfügt über 250 eigene Flugzeuge und Bestimmungsorte in 228 Ländern.
Eine umfangreiche Infrastruktur und die Kooperation mit Lufthansa Cargo ermöglichen kurze Laufzeiten der Waren. DHL gehört seit 2005 zu 100 % der Deutschen Post.
Haus-zu-Haus-Lieferzeit: von Frankfurt nach New York in 1 bis 2 Tagen; nach Hongkong in 3 bis 4 Tagen.

Federal Express
FedEx ist das größte Transportunternehmen der Welt und das führende Unternehmen in der Luftfracht. Außerdem verfügt FedEx über eine umfangreiche Luft-/Bodeninfrastruktur. Innerhalb von 1 bis 2 Geschäftstagen werden Waren an die verschiedenen Märkte ausgeliefert, u. a. von Frankfurt nach New York über Nacht, nach Hongkong in drei Tagen.

TNT Global Express, Logistic & Mail (Thomas Nationwide Transport)
TNT ist in Europa der Marktführer in Bezug auf globale Expresslieferungen, Logistik und internationale Luftpost. Mit seinen integrierten Luft- und Straßentransportnetzen garantiert TNT, dass Dokumente, Verträge und Geschäftspost sicher und pünktlich ausgeliefert werden.
Haus-zu-Haus Lieferzeit: von Frankfurt nach New York in 1 bis 3 Tagen; nach Hongkong in 2 bis 4 Tagen.

United Parcel Service
UPS bietet einen „SonicAir Bestflight service" und damit einen Tür-zu-Tür-Service für wichtige und dringende Lieferungen. Pünktliche Lieferungen werden garantiert.
Haus-zu-Haus-Lieferzeit: von Frankfurt nach New York in einem Tag; nach Hongkong in drei Tagen.

Schnelle Lieferungen bei hohem Standard zeichnen die Integratoren aus.

Quelle: www.logistics.about.com, www.boeing.com, abgerufen am 10. und 13.06.2006, nach *Vahrenkamp* 2003

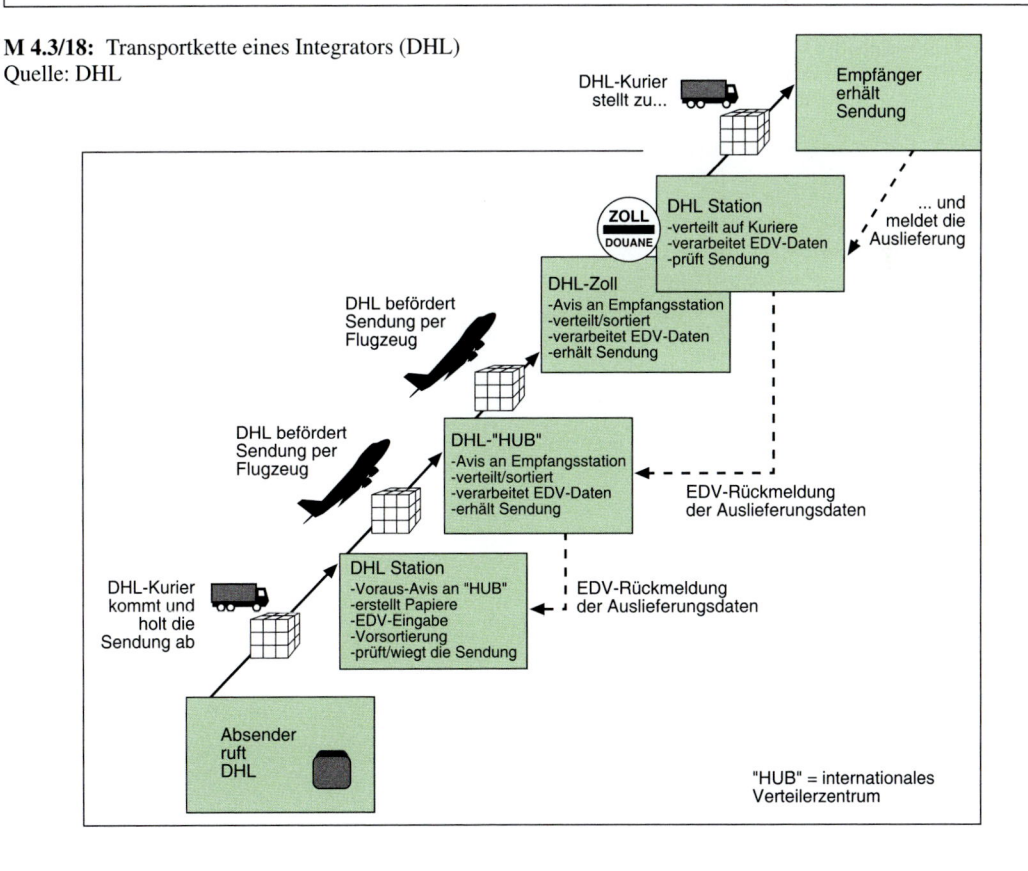

M 4.3/18: Transportkette eines Integrators (DHL)
Quelle: DHL

M 4.3/19: Der Luftfracht-Boom – Aussagen

In den zwanziger Jahren waren es wagemutige Flugpioniere, die die ersten Luftpostflüge über den Atlantik absolvierten. Heute transportieren viele Airlines mit speziellen Cargo-Jets Millionen von Tonnen Luftfracht rund um die Welt. Das Cargo-Business boomt – trotz Asienkrise.

Die deutsche Lufthansa war nicht nur Pionier unter den Luftfracht-Unternehmen, sie gehört heute auch zu den größten der Branche. In einer Fluggesellschaft, die Passagiere ebenso wie Luftfracht transportiert, stellen sich große logistische Probleme: Kundenspezifische Lösungen fordern neue Strategien, der Personenverkehr löst sich immer mehr vom Luftfrachtverkehr. Lufthansa hat mit ihrer Strategie Erfolg und baut die Cargo-Abteilung kontinuierlich aus – ein Modellfall des Cargo-Business.

FedEx – oder wie aus einer abgelehnten Diplomarbeit eine Weltfirma entstand.

Die Geburtsstunde von FedEx war Frederick Smiths Niederlage an der Universität. Seine Diplomarbeit über eine Kurierdienstfirma, die bereits nach zwei Jahren schwarze Zahlen schreiben soll, wurde als Spinnerei abgelehnt. Heute besitzt Frederick Smith 650 eigene MD-11- und A300-Flugzeuge, herrscht über einen Fahrzeugpark von 40.000 Last- und Lieferwagen und dominiert den Markt der Expresszustellungen von Paketen und Briefen (zurzeit ein Markt von 12 Mrd. US$) mit 43 % Marktanteil. Und FedEx ist weltweit die größte Cargo-Airline mit 4,5 Mio. t.

Das Geschäft mit der Luftfracht hat in den zwanziger Jahren mit der Luftpost angefangen. Mutige Hasardeure überqueren mit ihren fliegenden Kisten den Atlantik, um einige wenige Luftpostbriefe nach New York oder Buenos Aires zu transportieren. Heute sind die modernen Rosinenbomber zwar sicherer, dennoch passieren im Frachtverkehr unvergleichlich mehr Flugunfälle als im Passagierverkehr per Luft.

Quelle: www-x.nzz.ch/format/broadcasts/broad_175.html, abgerufen am 16.06.2006

M 4.3/20: Luftfrachtentwicklung des Flughafens Frankfurt
Quelle: www.frankfurt-airport.de, abgerufen am 15.06.2006

	Luftfracht (1000 t)
1950	3
1955	14
1960	46
1965	124
1970	327
1975	454
1980	642
1985	805
1990	1.176
1995	1.327
2000	1.710
2001	1.613
2002	1.631
2003	1.660
*2010	2.700
*Prognose	

M 4.3/21: Flughafen Frankfurt – Frachtbezogene Dienstleistungsunternehmen

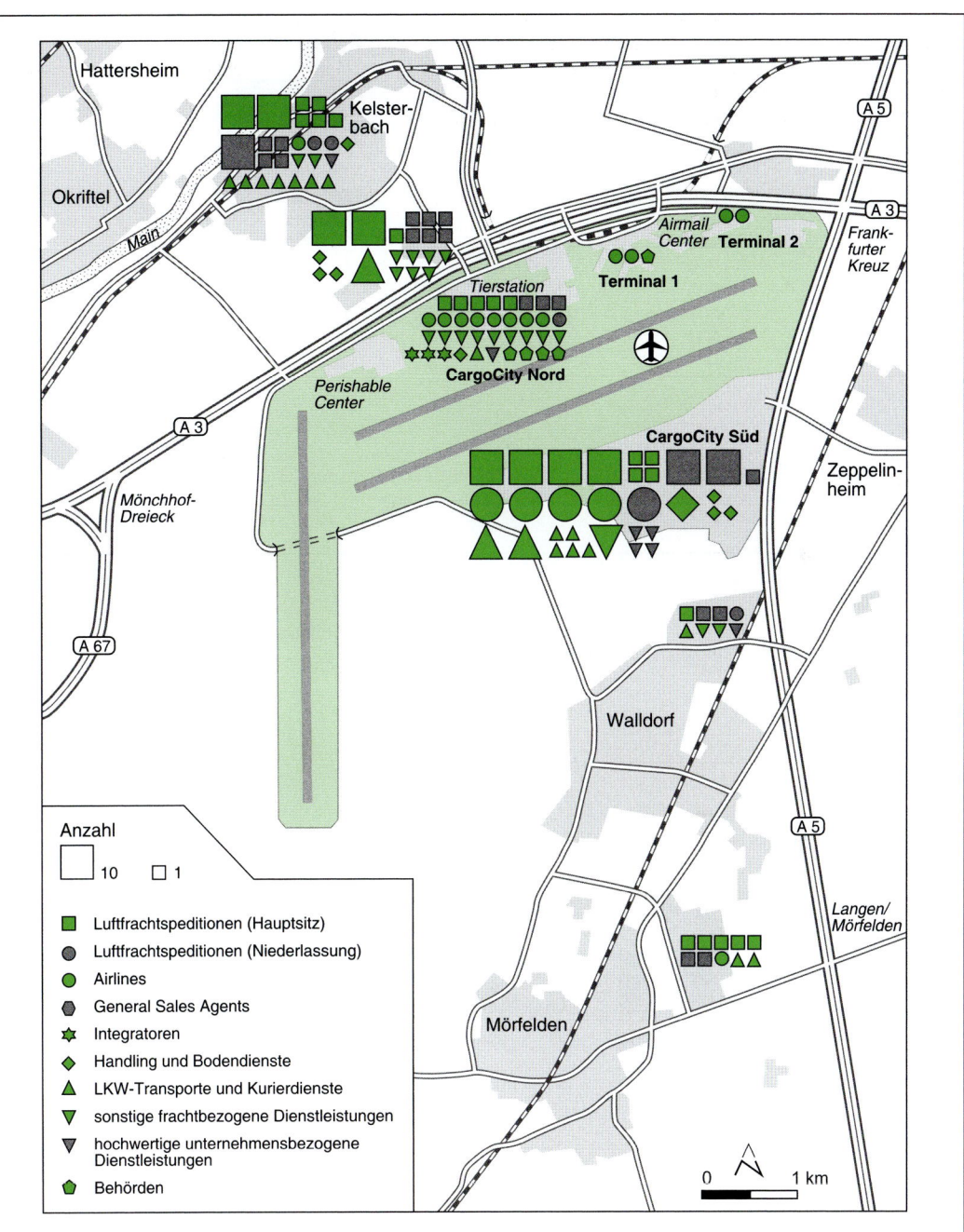

Am größten Frachtflughafen Deutschlands, Frankfurt a.M., sind 54 Airlines, 13 Sales Agents, 153 Luftfrachtspeditionen, drei Integratoren, 101 Dienstleistungsunternehmen, eine Zollstation, die Bundesanstalt für Qualitätskontrolle, die tierärztliche und phytosanitäre (Pflanzen) Grenzkontrolle sowie verschiedene Infrastruktureinrichtungen zur Abfertigung von Special Cargo, wie Frischezentrum, Tierstation etc. angesiedelt.

Quelle: *Neiberger* 2003, S. 206

M 4.3/22: Die Entwicklung des Luftfrachtaufkommens im Vereinigten Königreich 1992 bis 2002 (in t)
Quelle: www.caa.gov.uk, www.statistics.gov.uk, www.dft.gov.uk, abgerufen am 13.06.2006

	Londoner Flughäfen	Sonstige Flughäfen im UK
1992	1.031.319	207.078
1993	1.128.127	248.185
1994	1.279.450	309.330
1995	1.363.540	339.954
1996	1.427.764	343.823
1997	1.568.373	374.348
1998	1.688.093	392.390
1999	1.756.802	432.164
2000	1.825.041	488.886
2001	1.649.437	496.084
2002	1.682.693	512.740

M 4.3/23: Luftfracht im Vereinigten Königreich nach Regionen und Transportvarianten
Quelle: www.caa.gov.uk, www.statistics.gov.uk, www.dft.gov.uk, abgerufen am 13.06.2006

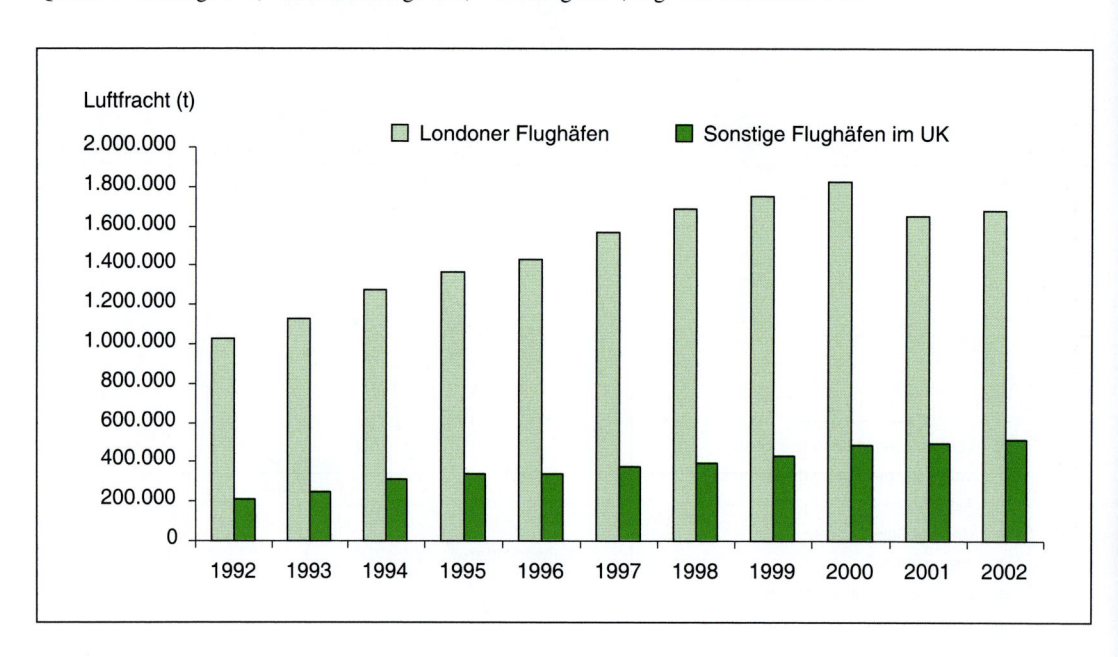

M 4.3/24: Vereinigtes Königreich – Luftfrachtaufkommen 2002 (in t)
Quelle: www.statistics.gov.uk/STATBASE, abgerufen am 13.06.2006

	London-Heathrow	sonstige Flughäfen Londons	East Midlands	Manchester	Prestwick	sonstige	Alle Flughäfen des UK (51)
EU, Linie Passagierflug	96.599	5.485	5	4.055	57	3.124	109.325
EU, Linie Frachtflug	1.313	25.739	24.494	2.941	9.284	556	61.327
EU, Charter Passagierflug	24	2.327	4	1.058	0	291	3.704
EU, Charter Frachtflug	19.049	51.919	117.431	423	311	25.576	214.709
International Linie, Passagierflug	1.016.464	183.260	1	56.492	40	13.046	1.269.303
International Linie, Frachtflug	92.340	119.394	43.222	41.960	26.976	888	324.780
International Charter, Passagierflug	116	9.520	17	5.149	11	1.707	16.520
International Charter, Frachtflug	3.974	38.391	4.768	412	2.070	34.025	83.640
Domestic Linie, Passagierflug	4.984	2.663	17	580	0	11.879	20.123
Domestic Linie, Frachtflug	10	10	48	0	713	4.146	4.927
Domestic Charter, Passagierflug	0	133	0	21	0	1.133	1.287
Domestic Charter, Frachtflug	66	8.924	29.244	189	39	54.767	93.229
Summe	1.234.939	447.765	1.682.704	113.280	39.501	152.781	2.205.874

M 4.3/24: Vereinigtes Königreich – Luftfrachtaufkommen 2002 (in t)
Quelle: www.statistics.gov.uk/STATBASE, abgerufen am 13.06.2006

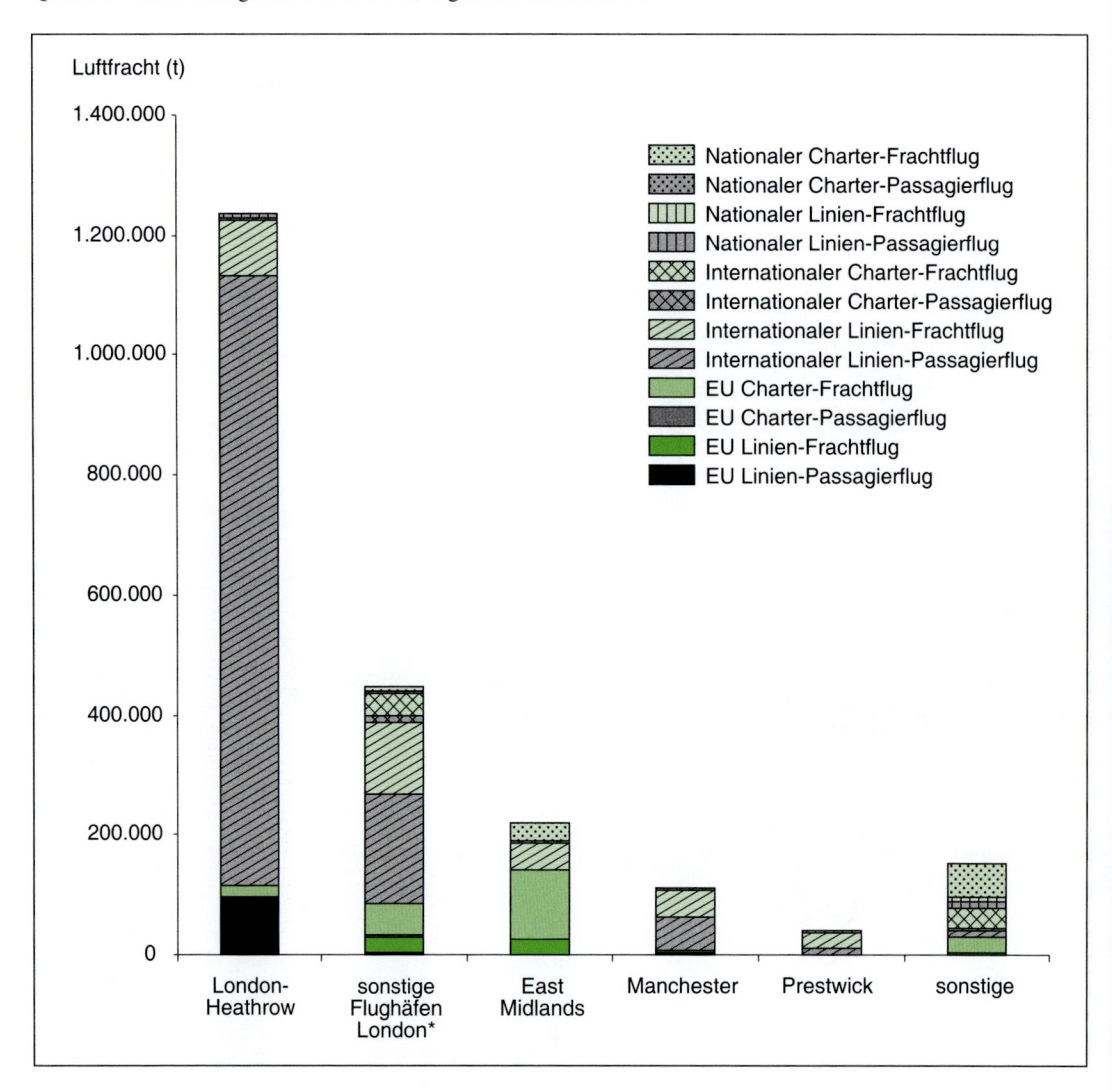

M 4.3/25: Passagierzahlen, Luftfracht, Flugbewegungen und Bevölkerungsentwicklung nach Großräumen 2002
Quelle: www.airports.org, abgerufen am 11.06.2006

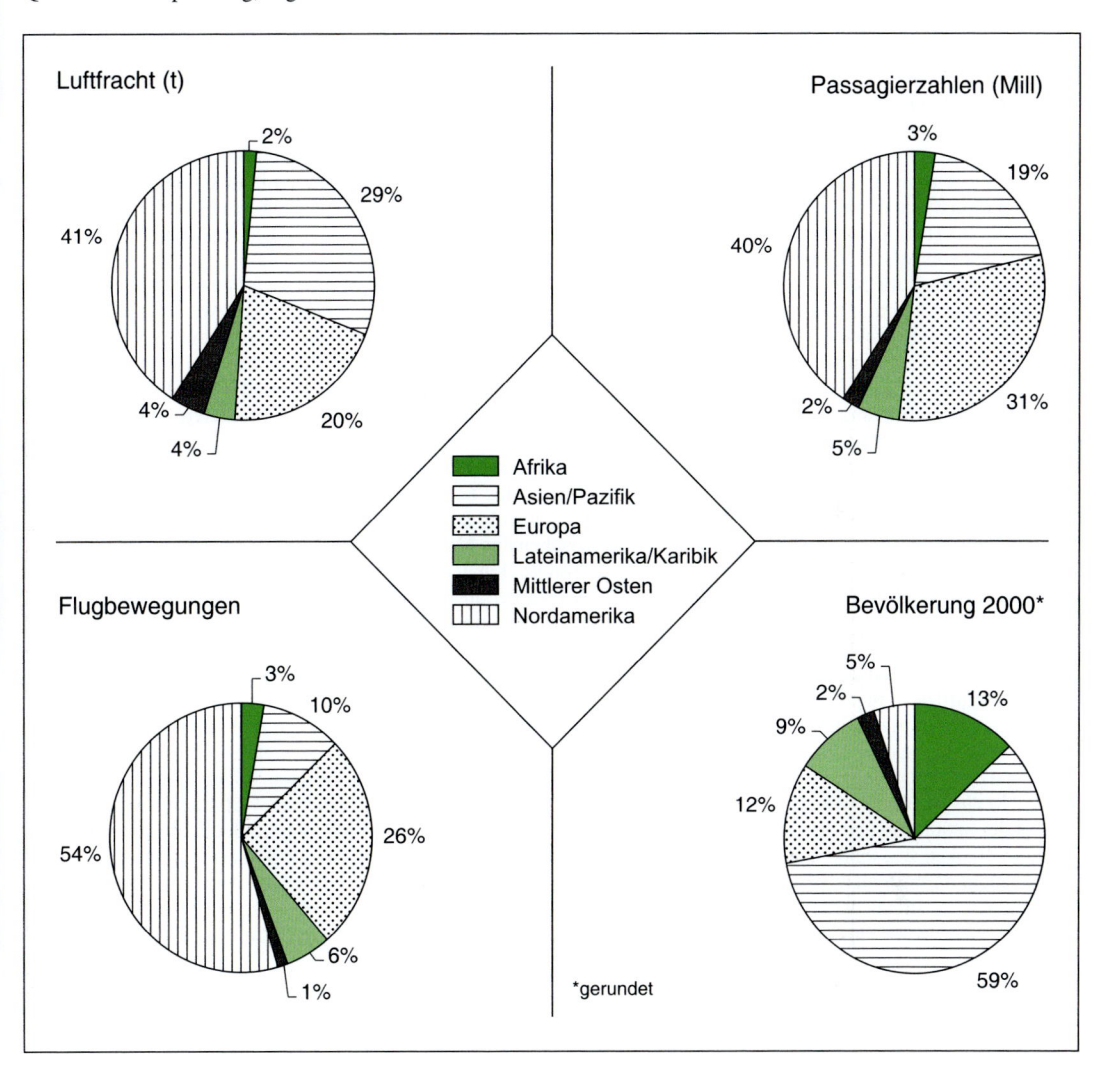

Luftfracht (t)
- 2%
- 29%
- 41%
- 4%
- 4%
- 20%

Passagierzahlen (Mill)
- 3%
- 19%
- 40%
- 2%
- 5%
- 31%

Legende:
- Afrika
- Asien/Pazifik
- Europa
- Lateinamerika/Karibik
- Mittlerer Osten
- Nordamerika

Flugbewegungen
- 3%
- 10%
- 26%
- 54%
- 6%
- 1%

Bevölkerung 2000*
- 5%
- 2%
- 13%
- 9%
- 12%
- 59%

*gerundet

M 4.3/26: Der pazifische Raum im internationalen Frachtflugnetz

Das Wachstum im Luftfrachtlinienverkehr ist ein hervorstechendes Merkmal der internationalen Fluggesellschaften. Während 1979 erst ca. 300 Frachtflugzeuge weltweit im Einsatz waren, stieg diese Zahl bis zum Jahre 2000 auf mehr als 1.600 an. Die meisten dieser 1.600 Flugzeuge wurden im Linienverkehr eingesetzt, wobei hier dem Pazifischen Raum eine besondere Bedeutung zukommt.

Weltweit waren es mehr als 200 Städte, die 2001 durch Frachtflüge im Linienverkehr miteinander verbunden waren, viele davon im Pazifischen Raum. Von den 20 Städten mit den größten Umschlägen im Frachtlinienverkehr befinden sich zehn am Rande des Pazifik, wobei unter diesen Städten Tokio den ersten Platz einnimmt. Von den übrigen zehn Städten sind sehr viele in ihrem Verkehrsaufkommen zum Pazifischen Raum hin orientiert. 68 % der Kapazität internationaler Frachtflüge von Chicago gehen nach Asien. Anchorage hingegen ist vor allem ein Umschlagplatz von Amerika/Europa nach Asien und umgekehrt.

Eine besondere Rolle beim Transport spielen elektronische Bauteile, die auf Grund der großen Entfernungen und ihres günstigen Wert/Gewicht-Verhältnisses unmittelbar auf Lufttransportmöglichkeiten angewiesen sind, da die schnellen Veränderungen bzw. Entwicklungen in diesem Produktionssektor schnelle Transportmöglichkeiten erfordern. Auch die internen Vertriebsnetze der Firmen sind dabei von Bedeutung. Preiswerte und schnelle Transportmöglichkeiten haben dazu geführt, dass für Produkte im asiatisch-pazifischen Raum die jeweils günstigsten Standorte für Zulieferung gewählt werden konnten. Andererseits hat die Expansion des firmeninternen Handels die Zunahme des Frachtflugverkehrs begünstigt.

Zwischen dem Handel (intra- und interregional) von elektronischen Produkten und der Verfügbarkeit von Frachtflugzeugen besteht daher eine enge Korrelation. Im Unterschied zum asiatischen Raum beträgt der Anteil der intraregionalen Frachtflugrouten in Westeuropa nur 5,4 %, obwohl 20 % des Handels mit Elektronik hier erfolgen. Dies ist eine Folge der relativ kurzen Entfernungen zwischen den Märkten und dem gut ausgebauten Verkehrsnetz (Bahnen, Autobahnen). In Asien macht der Anteil des intraregionalen Frachtflugnetzes 27,5 % aus. Auf den intraregionalen Handel mit Elektronik entfallen 22,5 %. Das stärker ausgebaute Frachtflugnetz für den Transport von Elektronik bei einem vergleichbaren Handelsanteil mit Elektronik beruht darauf, dass einige der wichtigsten Industrienationen Asiens sich auf Inseln befinden, was den Flugverkehr absolut notwendig macht. Der Luftfrachtmarkt innerhalb Asiens, zwischen Asien und Nordamerika und zwischen Asien und Europa umfasste im Jahr 2000 43 % der Luftfracht in t/km, wobei ein jährliches Wachstum von durchschnittlich 9,8 % erreicht wurde. Damit hat die Luftfracht mittlerweile in der Weltwirtschaft eine Schlüsselfunktion eingenommen und wesentlich zur Integration der asiatisch-pazifischen Wirtschaft in die Weltwirtschaft beigetragen. Das schnelle Wachstum dieser Region seit den 1960er Jahren ist nicht zuletzt auf die Einführung der B 747 zurückzuführen. In den vergangenen Dekaden ist die Luftfracht schneller gewachsen als der Passagierverkehr. Städte, die heute als Verbindungspunkte zwischen der nationalen und der internationalen Wirtschaft gelten, zeichnen sich nicht nur durch die Präsenz internationaler Banken aus, sondern sind zugleich Zentren des Frachtflugverkehrs. Bedeutende Städte in dieser Hierarchie haben nicht nur bedeutende Flughäfen, sondern auch ein ausgebautes Netz in der Logistik, wobei die Einbindung des Flughafens in das nationale Verkehrsnetz nicht zu unterschätzen ist. Ideal erweist sich die Lage einer Stadt, wenn sie im Luftverkehrsnetz so positioniert ist, dass sie sowohl für die Einfuhr als auch für die Ausfuhr von Luftfrachtgütern geeignet ist.

Hier kommt auch der Politik eine wichtige Rolle zu, da Flug- und Landerechte ausgehandelt werden müssen.

Quelle: nach *Bowen* 2004 (Übersetzung durch den Verf.)

M 4.3/27: Entwicklung des Frachtflugverkehrs und der Frachtflughäfen in Asien

Die Entwicklung des Handelsvolumens ist in Asien vor allem auf Städte konzentriert, die bedeutende Flughäfen, aber auch Seehäfen aufweisen. Hinzu kommt häufig das Zusammenspiel von Flughäfen und großen internationalen Fluggesellschaften, die dort ihre Zentralen haben: Tokio – Japan Airlines, Singapur – Singapur Airlines, Hongkong – Cathay Pacific, etc.

Die Interaktionen zwischen Fluggesellschaften und Flughäfen hängen dabei auch von den Vorgaben der Regierungen ab. Einerseits stehen diese in der Verantwortung für die Entwicklung ausreichender Flughafenkapazitäten, andererseits wird die „Open Skies"-Politik nicht von allen und überall getragen. Während im Transatlantik-Verkehr hier große Fortschritte gemacht wurden, gilt dies noch nicht im gleichen Maße für den pazifischen Raum. Selbst Staaten, die dieser Politik grundsätzlich zustimmen, verbieten fremden Fluggesellschaften häufig noch den Transport zwischen zwei nationalen Flughäfen. Staaten wie Singapur, die eine „Open Skies"-Politik betreiben, haben sich hingegen besser an das schnelle Wachstum des Frachtflugverkehrs anpassen können.

M 4.3/27: Entwicklung des Frachtflugverkehrs und der Frachtflughäfen in Asien (Fortsetzung)

Dies wird v.a. im Vergleich bedeutender asiatischer Flughäfen deutlich: Aufgrund nur geringer Zugeständnisse der Regierung in Hongkong (China) erhöhte z. B. FedEX seine Kapazität in Hongkong zwischen 1998 und 2001 nur um 7 %, während die liberalere Politik in Singapur zu einer Steigerung von 157 % und in Malaysia sogar um 380 % führte. Ein Beispiel einer relativ unbeschränkten Expansion bietet der frühere Flughafen der US-Streitkräfte (bis 1992) „Subic Bay" auf den Philippinen. FedEx erzielte mit der Regierung der Philippinen eine Übereinkunft, die dem Unternehmen ein hohes Maß an Flexibilität in seinen Operationen ermöglicht. Dieser Flughafen und 17 asiatische Flughäfen sind inzwischen durch Nachtflüge verbunden, was wiederum zu einem Wachstum der Wirtschaft im Umfeld des Flughafens geführt hat. Ähnliche Entwicklungen zeichnen sich in Europa bei den Flughäfen von Liège (Belgien) und Hahn (Deutschland) ab. Da Frachtflughäfen nicht unmittelbar in Ballungszentren liegen müssen, weichen Frachtfluggesellschaften gern auf preiswertere Flughäfen aus. Daher wird künftig der Wettbewerb von Städten auch darin bestehen, Frachtflugverkehr zu halten bzw. anzuziehen.

Damit wird deutlich, dass Luftfracht sich zu einer eigenen Industrie mit ihrer eigenen Geographie entwickelt hat, auch wenn zurzeit noch ca. 60 % der Luftfracht im Rumpf von Passagierflugzeugen transportiert werden.

Um der Konkurrenz der Integrativen Unternehmen wie z. B. FedEx und UPS entgegentreten zu können, haben viele der großen Kombinations-Fluggesellschaften (Passagier-/Frachtflugverkehr) sich zusammengeschlossen (z. B. 2001 Lufthansa, Scandinavian Air System (SAS) und Singapore Airlines (SIA) zur Global Cargo Alliance).

Während Luftfracht für Fluggesellschaften lange ein Nebengeschäft war, wird sie immer mehr zu einem zentralen Bereich nicht nur für die Fluggesellschaften, sondern auch für die Weltwirtschaft insgesamt.

Quelle: nach *Bowen* 2004

M 4.3/28: Inter- und intraregionale Handelsverflechtungen 2001
Quelle: Informationen zur politischen Bildung Nr. 280 (2003), S. 17

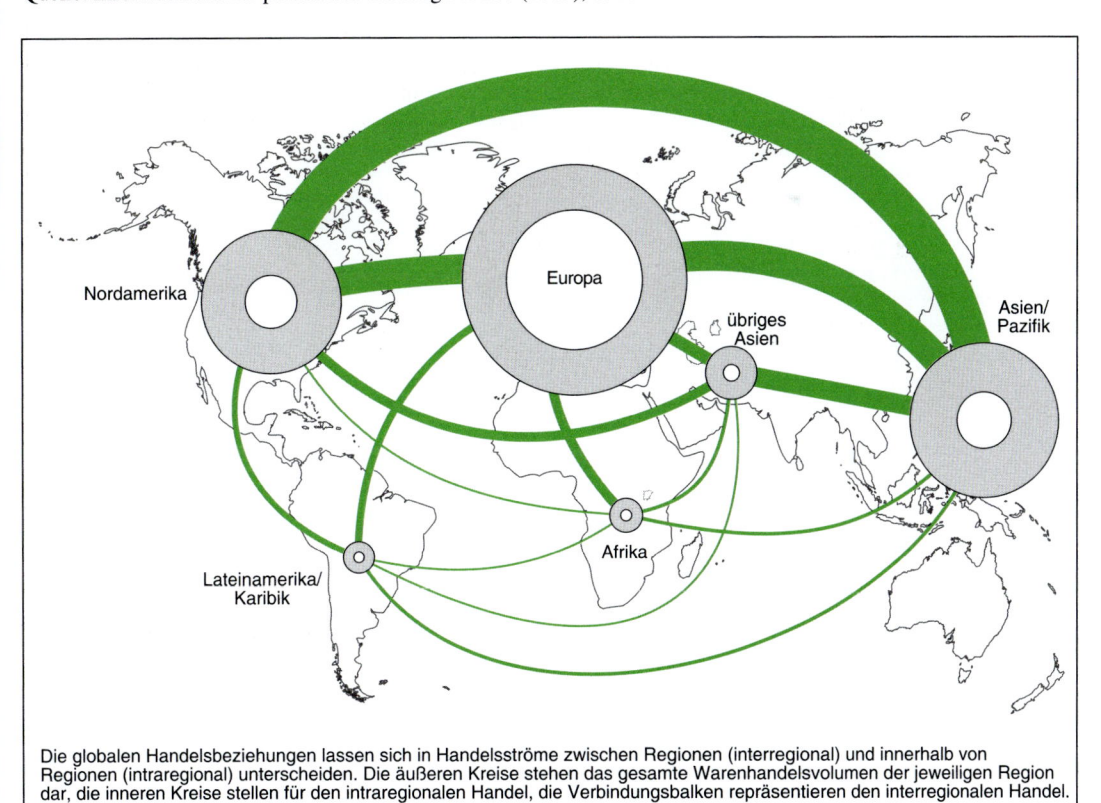

Die globalen Handelsbeziehungen lassen sich in Handelsströme zwischen Regionen (interregional) und innerhalb von Regionen (intraregional) unterscheiden. Die äußeren Kreise stehen das gesamte Warenhandelsvolumen der jeweiligen Region dar, die inneren Kreise stellen für den intraregionalen Handel, die Verbindungsbalken repräsentieren den interregionalen Handel.

M 4.3/29: Luftfrachtrouten mit einem hohen Verkehrsaufkommen 2001
Quelle: nach *Bowen* 2004

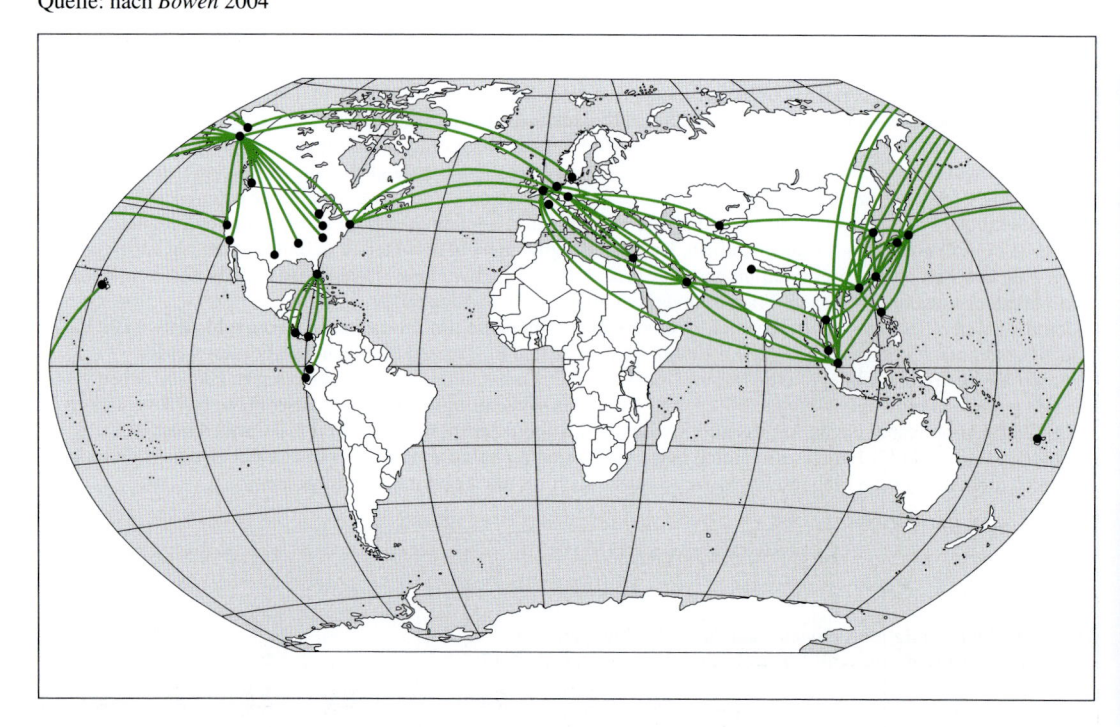

M 4.3/30: Die von der Global Cargo Alliance im Jahr 2001 bedienten Flughäfen
Quelle: nach *Bowen* 2004

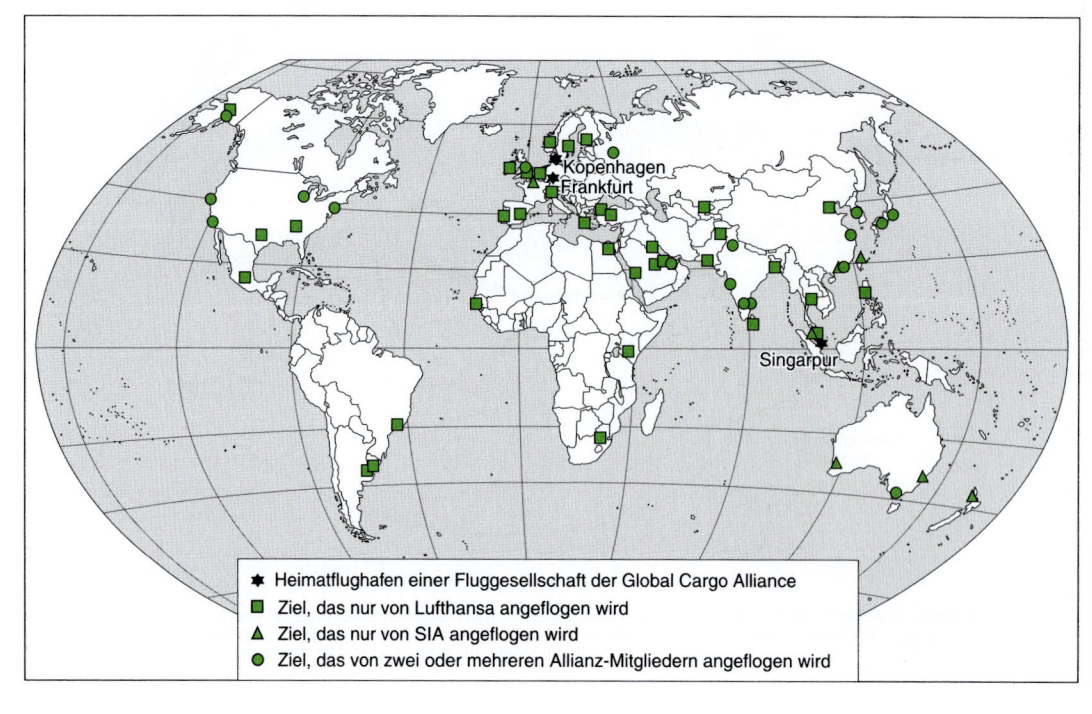

★ Heimatflughafen einer Fluggesellschaft der Global Cargo Alliance
■ Ziel, das nur von Lufthansa angeflogen wird
▲ Ziel, das nur von SIA angeflogen wird
● Ziel, das von zwei oder mehreren Allianz-Mitgliedern angeflogen wird

M 4.3/31: Anteil der Weltregionen am Weltmarkt für Luftfracht 2001 und 2021
Quelle: www.boeing.com, abgerufen am 10.06.2006

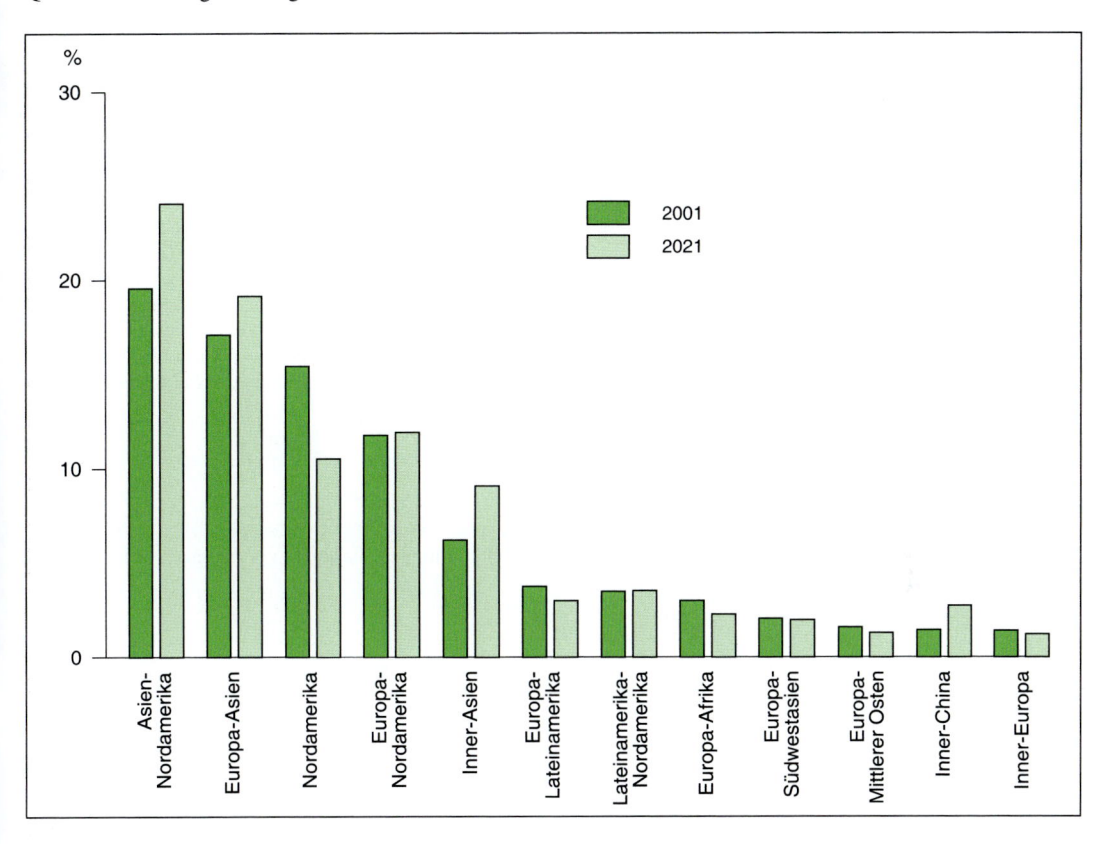

M 4.3/32: Die Entwicklung der Luftfracht an wichtigen Flughäfen 2000–2002
Quelle: www.boeing.com, abgerufen am 10.06.2006

Flughafen	Fracht (t)		
	2000	2001	2002
Memphis (MEM)	2.489.078	2.631.631	3.390.800
Hongkong (HKG)	2.267.609	2.100.276	2.504.584
Los Angeles (LAX)	2.038.784	1.774.402	1.779.855
Tokio (NRT)	1.932.694	1.680.937	2.001.822
Seoul (SEL)	1.874.232	598.620	1.705.880
New York (JFK)	1.817.727	1.430.727	1.589.648
Anchorage (ANC) *	1.804.221	1.873.750	1.771.595
Frankfurt/Main (FRA)	1.709.942	1.613.179	1.631.322
Singapur (SIN)	1.705.410	1.529.930	1.660.404
Miami (MIA)	1.642.744	1.613.179	1.624.242

* Anchorage beinhaltet auch die Transitflüge

M 4.3/33: Mitteilungen des Airports Council International (ACI) vom 20. Dezember 2001

> Einbrüche im Weltluftverkehr nach dem Terroranschlag in den USA. Nordamerika am meisten betroffen.
>
> Die tragischen Ereignisse des 11. September 2001 verbunden mit der schwachen Weltwirtschaft haben dazu geführt, dass die Flughäfen historische Tiefs verzeichnen. Der Passagierverkehr ging im Vergleich zum September 2000 um 15 %, das Luftfrachtaufkommen um 20 % zurück.
> Die September-Zahlen von mehr als 700 Flughäfen weltweit zeigen, dass der Passagierverkehr in allen Regionen zurückging. Am stärksten war Nordamerika betroffen. Hier fielen die Zahlen um 32 %. Auch in den anderen Kontinenten gingen die Passagierzahlen zurück (Afrika 6 %, Mittlerer Osten 4 %, Lateinamerika/Karibik 4 %, Asien/Pazifik 3 %, Europa 3 %. 23 der 30 größten Flughäfen verzeichneten besonderes hohe Einbrüche bei den Passagierzahlen. Unter ihnen waren: San Francisco (38 %), Dallas/Ft. Worth (35 %), Chicago O'Hare (34 %).
> Zweistellige Rückgänge verzeichnete auch das Luftfrachtaufkommen in Nordamerika (minus 29 %), Lateinamerika/Karibik (minus 16 %), Europa (minus 15 %) und Asien/Pazifik (minus 12 %). Im Mittleren Osten ging das Luftfrachtaufkommen um 7 % zurück, während es in Afrika gleich blieb. In dieser Situation gab es aber auch Gewinner bei einzelnen Flughäfen: Der größte Frachtflughafen der Welt, Memphis (FedEx), konnte den Umschlag um 12 % steigern. Zuwächse verzeichneten auch Shanghai (+13 %), Dubei (+5 %), Guanzhou (+4 %) und Peking (+1 %).
>
> Quelle: www.airports.org, abgerufen am 11.06.2006

M 4.3/34: Die Entwicklung der Beschäftigung in us-amerikanischen Fluggesellschaften vor und nach dem 11. September 2001

Quelle: www.bts.gov, abgerufen am 13.06.2006

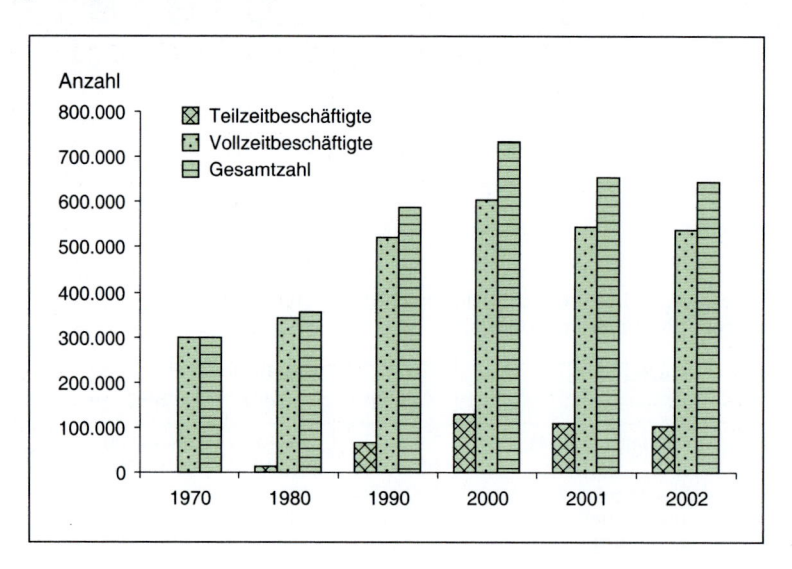

M 4.3/35: Veränderungen im Luftfrachtaufkommen im Jahr 2001 nach Hauptmärkten
Quelle: www.boeing.com, abgerufen am 10.06.2006

Welt	−5,9
Nordamerika	−9,8
Europa-Nordamerika	−10,9
Asien-Nordamerika	−15,9
Nordamerika-Lateinamerika	−10,6
Europa-Asien	−3,1
Inner-Asien	−6,5
Inland China	+17,4

M 4.3/36: Wachstum und Rückgang des Luftfrachtaufkommens von Los Angeles Airport vor und nach dem 11. September 2001
Quelle: www.losangelesalmanac.com, abgerufen am 16.06.2006

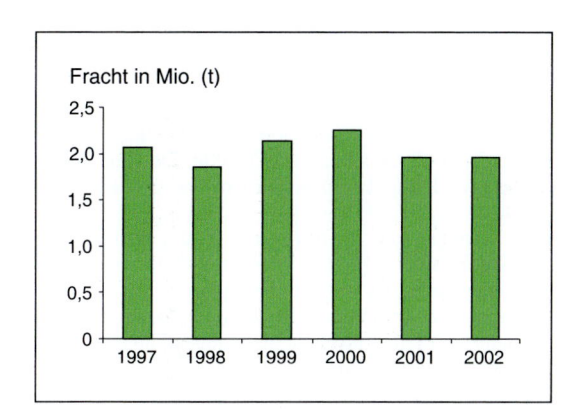

M 4.3/37: Lufthansa Cargo erwartet weltweite Erholung im Luftfrachtmarkt

Der weltweite Luftfrachtmarkt steht nach Einschätzung des Weltmarktführers Lufthansa Cargo nach dreijähriger Krise vor einer länger andauernden Wachstumsperiode. Besonders stark dürfte dabei das Frachtgeschäft in Asien zulegen. In ihrer Marktstudie prognostiziert die Lufthansa-Tochter für 2004 ein Wachstum der Luftfracht um 5,9 % auf 16,7 Mill. Tonnen. Damit würde der bisherige Spitzenwert von 15,8 Mill. Tonnen aus dem Jahr 2000 erstmals übertroffen.
Auch für die folgenden Jahre werde dieser Trend mit einem Durchschnittswachstum von 5,3 % jährlich auf fast 23 Mill. Tonnen 2010 anhalten.
Die Luftfrachtbranche knüpft damit wieder an die Wachstumsraten Ende der 1990er Jahre an. Die Ursachen dafür sind der Wirtschaftsaufschwung in Asien sowie die allmähliche Erholung in Nordamerika. Das Luftfrachtaufkommen gilt als Frühindikator für die gesamtwirtschaftliche Entwicklung einer Region oder eines Landes.
Demnach wird sich die Wirtschaft in Europa und besonders in Deutschland deutlich langsamer erholen als in Asien. Dort wird 2004 mit fast 7 % mehr Luftfrachtaufkommen gerechnet, in Europa dagegen mit 5,1 %, in Deutschland nur mit 4,6 %.
Reuters 4.Febr.2004, Presseagentur

Quelle: www.lufthansa-cargo.com, abgerufen am 12.06.2006

M 4.3/38: Die Erholung des Luftfrachtverkehrs nach dem 11. September 2001

Dezember 2002 Zunahme des Luftverkehrs – Memphis bleibt der größte Frachtflughafen der Welt

Wie vorläufige Ergebnisse von 760 Flughäfen weltweit für das Jahr 2002 zeigen, gibt es einen Anstieg des Luftfrachtaufkommens um 4 %.
Seit April 2002 setzte eine Zunahme der Luftfracht ein. Zweistellige Wachstumsraten wurden aus Asien/Pazifik (+ 13 %) und dem Mittleren Osten (+ 11 %) gemeldet. Auch in Afrika (+ 2 %) und Europa (+ 1 %) stieg das Frachtaufkommen wieder an. In Nordamerika wurden die Vorjahreszahlen wieder erreicht, während in Lateinamerika/Karibik (minus 3 %) negative Zahlen gemeldet wurden.
Insbesondere einzelne Flughäfen trugen mit einem hohen zweistelligen Wachstum zu diesen positiven Ergebnissen bei: Memphis ist mit 3,4 Mio. t nach wie vor der größte Frachtflughafen der Welt (+ 29 %), es folgen Hongkong mit 2,5 Mio. t (+ 20 %) und Tokio/Narita mit 2 Mio. t. (+ 19 %). Die am schnellsten wachsenden Frachtflughäfen der Welt waren Shanghai/Pudong (+ 80 %) und Incheon (+ 43 %).

Quelle: www.airports.org, abgerufen am 11.06.2006 (nach ACI Airports Council International vom 2. April 2003)

M 4.3/39: Die Zukunft des Lufttransports – eine Zusammenfassung

---

Flughäfen sind ein wichtiger Faktor für die lokale und regionale Entwicklung. Sie ziehen Wirtschaftsunternehmen an und schaffen Arbeitsplätze. Zugleich öffnen sie größere Märkte. Sie können einen wichtigen Beitrag für die zukünftige Handels- und Industrieentwicklung liefern. Außerdem sind sie wichtige Umschlagplätze insbesondere für Transportunternehmen.
Viele Flughäfen sind zunehmend Kernpunkte für die davon ausgehende Wirtschaftsentwicklung. Durch die Möglichkeit der schnellen Lieferung von Produkten durch Luftfracht und des bequemen Zugangs zu internationalen Märkten durch Geschäftsreisen ziehen sie Investoren in die Region.
Die Flughäfen übernehmen eine zunehmend wichtigere Rolle in der Versorgung und Verteilung von Waren in einer Region. Auf vielen Großflughäfen wird die Luftfracht überwiegend im Rumpf von Passagiermaschinen angeliefert, andere Flughäfen fertigen auch in großem Maße Frachtflugzeuge ab.
Die Geschwindigkeit, die die Luftfracht bietet, ist ein zunehmend wichtiger werdender Faktor für viele moderne Wirtschaftsunternehmen, u. a. dann, wenn „just-in-time"-Lieferung und hochwertige Produkte eine Rolle spielen. Aus diesen Gründen könnten bis 2030 mehr als 50 % des Luftfrachtmarktes von spezialisierten Express-Frachtfliegern bedient werden.
Die Fähigkeit, den weltweiten Anforderungen an schnelle Lieferung und moderne Logistik zu entsprechen, ist ein wesentlicher Faktor, um die Wettbewerbsfähigkeit sowohl des Staates als auch der regionalen Wirtschaft zu garantieren.

Quelle: www.dft.gov.uk/whitepaper/Main/chap4.htm, abgerufen am 14.06.2006

M 4.3/40: Internetadressen

---

www.airports.org
www.boeing.com
www.faa.gov
www.lufthansa-cargo.com
www.hemispheresmagazine.com
www.logistics.about.com
www.mscaa.com/cargo.htm

4.4 Die globale Banane (*Judith Hampel*)

4.4.1 Begründung des Themas

Das Thema Globalisierung im Unterricht umzusetzen bedeutet, komplexe Zusammenhänge so zu veranschaulichen, dass sie den kognitiven Fähigkeiten der Schülerinnen und Schüler entsprechen und ihrem Abstraktionsniveau angepasst sind. Um dies zu ermöglichen, bietet sich die Untersuchung eines Produktes an, das im Alltag der Schülerinnen und Schüler vorkommt und zu ihrer Lebenswelt gehört, wie z. B. ein Nahrungsmittel. Die Banane ist eine der meistkonsumierten Obstsorten und daher „in aller Munde". Es bietet sich daher aufgrund des Alltags- und Handlungsbezugs für Schülerinnen und Schüler an, die Globalisierung eines Nahrungsmittels gerade an Hand dieses Beispiels umfassend und sehr anschaulich darzustellen. Begriffe wie „Dollarbanane" oder „Bananenkrieg" sind bzw. waren in den Medien immer wieder zu hören oder zu lesen. Sie werden für viele Schülerinnen und Schüler aber unbekannt sein, so dass sich eine Vielzahl von offenen Fragen ergibt, die im Unterricht bearbeitet werden können. Darüber hinaus veranschaulicht das Beispiel der Banane sehr drastisch, wie Kauf- oder Essverhalten bei uns bzw. jedes Einzelnen sich auf das Leben von Menschen „am anderen Ende der Erde" auswirken kann. Dies zu verdeutlichen und verschiedene Facetten dieser Auswirkungen aufzuzeigen, soll mit Hilfe des zusammengestellten Materials möglich werden. Die persönliche Betroffenheit kann so zu einer größeren Motivation für dieses Unterrichtsthema führen. Ein weiteres Argument für die Banane als Produktbeispiel ist die Möglichkeit des fächerübergreifenden Arbeitens. Es bietet Überschneidungen zu den Fächern Biologie (Pestizideinsatz, Bodenvergiftung, Nährstoffentzug, Krankheiten) und Politik/Sozialwissenschaften (Freihandelszonen, Zollunionen, WTO, Global Player, Verschuldung, Marken). Aber auch weitere Fächer lassen sich einbeziehen, sei es die Banane in der Literatur, Kunst oder Musik, die Beschäftigung mit dem Symbolwert der Banane oder die Analyse von Bananenwerbung.

4.4.2 Das Konzept der globalen Warenkette – übertragbar auf den Bananenhandel?

Der weltweite Bananenmarkt unterlag und unterliegt aufgrund verschiedener politischer und ökonomischer Veränderungen und Maßnahmen einem ständigen Wandel. Die im Rahmen der Kolonialisierung, der Entkolonialisierung, der ökologischen Modernisierung, der Bananenmarktordnung etc. stattfindenden Änderungen in ihrer Gesamtheit aufzuzeigen, ist nicht das Anliegen dieses Kapitels. Dazu ist eine Vielzahl anderer Veröffentlichungen zu nutzen (vgl. z. B. *Kiedel* 2000, *Krüger* 1994, *Maillard* 2002, *Möhle* 1999, *Salm* 1996, *Skrodzki/Brunner* 1988). Der Fokus liegt auf einer aktuelleren Entwicklung der Veränderungen auf dem Bananenmarkt unter dem Blickwinkel eines relativ neuen wissenschaftlichen Konzeptes, dem der globalen Warenkette (Global Commodity Chain, vgl. Kap. 2.4.2.3).

Das Konzept der globalen Warenkette besagt, dass eine fertige Ware das Ergebnis eines Netzwerks von Arbeits- und Produktionsprozessen ist. Dementsprechend greift die Betrachtung nur eines Teils dieser Netzwerke zu kurz, möchte man erklären, wie sich bestimmte Prozesse auf den Markt bzw. ein Geschäft auswirken. Am Beispiel des Bananenhandels soll in diesem Kapitel gezeigt werden, wie sich Handelsströme durch kleine Effekte an einzelnen Stellen des Netzwerks ändern können und dass diese Effekte sich nicht nur lokal oder regional, sondern häufig global auswirken können.

Ausgehend von den Effekten der Wal-Martisierung, also dem Unterbieten von Preisen, zeigen die Materialien – besonders das Interview mit einem Vertreter des Zentralen Einkaufs einer deutschen Lebensmitteleinzelhandelskette – die Auswirkungen auf die gesamte Wertschöpfungskette. Das Konzept der strategischen Netzwerke geht davon aus, dass ein oder mehrere Unternehmen – zum Beispiel unter Zuhilfenahme der Bedeutung von Marken – die strategische Führung, also die Koordination der ökonomischen Aktivitäten, übernehmen (fokale Unternehmen). Das wiederum heißt, dass die Bedeutung der regionalen Standortbindung von Unternehmen auch in Zeiten der Globalisierung zunimmt, man also von einer neuen

Regionalisierung und Lokalisierung im Prozess der Internationalisierung sprechen kann und muss.
Gereffi (1994, nach *Rudolph* 2001) untersuchte besonders die Konfigurationen der Schnittstellen zwischen den Organisationen in der Wertschöpfungskette und fand heraus, dass dem Steuerungsmodus eine zentrale Bedeutung zukommt. Bei der Banane handelte es sich bis 1993 um ein hersteller-dominiertes (producer-driven) Produkt, bei dem große Industrieunternehmen wie United Fruit Company (Handelsmarke Chiquita), Banana Development Corporation (Handelsmarke Del Monte) oder Standard Fruit Company (Handelsmarke Cabana und Dole) die führende Steuerungsrolle einnahmen. Mit der EU-Bananenmarkt-Ordnung 1993 hat sich der Steuerungsmodus aber zu einem abnehmer-dominierten (buyer-driven) verändert. Den entscheidenden Einfluss auf das Bananengeschäft haben mehr und mehr die Handelsunternehmen übernommen. Dies gilt in jüngster Zeit in erster Linie für die großen Discounter wie Lidl oder Aldi, die in der Lage sind, die Preise für ihre Bananen zu diktieren, so dass sich sowohl die großen Supermarktketten als auch die Markenproduzenten daran orientieren (müssen). Mit diesem Wandel des Steuerungsmodus verändert sich auch die Bedeutung der Marken (s. M 4.4/17 und M 4.4/18).

Darüber hinaus unterscheidet *Gereffi* die Wertschöpfungsketten nach der geographischen Standortverteilung. Die Banane ist Teil einer globalen Kette, so dass sie sehr unterschiedlichen strategischen Bedingungen politischer, wirtschaftlicher oder gesellschaftlicher Art unterliegt. Auch wird nach der Produktstruktur unterschieden, wobei sich für Global Player besondere Synergie-Effekte ergeben. Im Fall der Banane nutzten sie ihre strategische Position, um den Marktzugang zu begrenzen und Extraprofite zu generieren. Dies gilt für den deutschen Markt seit 1993 nicht mehr uneingeschränkt, da die Lizenzen nicht nur an die multinationalen Unternehmen vergeben wurden. Diese Unternehmen nutzen allerdings nach wie vor die Vorteile der abnehmer-dominierten Ketten, indem sie in der Lage sind Profite durch zwischenbetriebliche Beziehungen, Handelspolitik und Markennamen (für den Bananenmarkt sind das in erster Linie die Marken Chiquita, Dole und Del Monte) zu steigern und sich so von direkten Konkurrenten absetzen können.

Zusammenfassend lässt sich sagen, dass die Handlungsmöglichkeiten von Unternehmen in der Wertschöpfungskette definiert sind durch die Charakteristika der Kette und durch die eigene funktionale und territoriale Position innerhalb der Kette. In diesem Bereich haben sich seit 1993 für den deutschen bzw. europäischen Bananenmarkt einige Verschiebungen ergeben.

Mehrere Studien über den Lebensmittelsektor aus Sicht der globalen Warenkette haben die Struktur der Wertschöpfungskette zwischen den führenden englischen Supermarktkonzernen wie Marks & Spencer, Sainsbury's sowie Waitrose und dem Frischgemüseanbau in afrikanischen Ländern südlich der Sahara untersucht (*Dolan/Humphrey* 2000, *Barett* et al. 1999, *Hughes* 2000, zusammenfassend *Rudolph* 2001). Veränderte Essgewohnheiten und die Aufwertung von Frischobst und -gemüse zur destination category (Produkte, derentwegen Kunden ggf. den Laden wechseln) führten dazu, dass frisches Obst und Gemüse zu einem zentralen Feld des Wettbewerbs zwischen den Konzernen wurden. Die Studie zeigt, dass das Machtzentrum an allen Schnittstellen der Bezugskette beim Handel liegt. Supermarktketten spielen eine wichtige Rolle bei Entscheidungen darüber, was, wie und von wem produziert wird. Sie legen Konditionen für Kosten, Qualität, Lieferung, Produktspektrum, Innovationen, Lebensmittelsicherheit und -qualität fest. Diese Bedingungen sind Zutrittsbarrieren für kleine Exporteure und kleine Produzenten. Die Folgen liegen auf der Hand:
– Konzentration der Produktion auf große Farmen,
– Konzentration des Exports auf wenige große Unternehmen,
– Wachstum durch Aufkäufe kleinerer Konkurrenten und vertikale Integration.

Die Integration in die Wertschöpfungskette ist für Unternehmen in Produktionsländern vorteilhaft, da diese ihnen den europäischen Absatzmarkt und die Teilnahme an upgrading-Prozessen eröffnen. Aber ihr Status ist nie sicher. Bieten sich andere Länder an, entscheiden die fokalen Unternehmen danach, ob dort bessere Bedingungen für komplexere Verarbeitungsschritte bzw. größere Chancen für Produktionsinnovationen zu erwarten sind. Das bedeutet, dass diese Fragen an Gewicht gewinnen, da sich das Management der Supermarktketten zunehmend auf die Kernkompetenzen als Händler zurückzieht: Identifikation von „Marken", Innovation, Design, Marketing.

Insgesamt kann von einer Restrukturierung des Distributionsprozesses im europäischen Lebensmitteleinzelhandel gesprochen werden. Eine Verbesserung der Kontrolle des Distributionsprozesses erfolgt häufig über Verdrängung des Großhandels. Der Trend zur vertikalen Integration bezieht sich auch auf die Beteiligung von Handelsunternehmen an Produktionsfirmen und die Integration der Logistiksysteme von Handel und Industrie, da die Optimierung der Logistikfunktionen große potentielle Kosteneinsparungen birgt. Kurz: die Macht wandert in Richtung Handel. Dies bestätigt auch das Interview mit dem Vertreter des Zentralen Einkaufs einer deutschen Lebensmitteleinzelhandelskette (M 4.4/14). Die These einer großen und wachsenden Machtasymmetrie zwischen Hersteller und Handel zugunsten der Handelsstufe muss aber – besonders mit Blick auf den Bananenhandel – differenziert betrachtet werden: Im Segment Lebensmittel hat das Konsumentenverhalten eine wichtige Funktion. Bei Markenartikeln mit überregionalem oder internationalem Bekanntheitsgrad ist die Position des Handels weniger mächtig, gewinnt aber kontinuierlich an Bedeutung.
Gereffi und andere Autoren haben das Konzept der globalen Warenkette bisher in erster Linie in Bezug auf die Bekleidungsindustrie erprobt. Diese unterscheidet sich aber strukturell in einer Reihe von Kriterien von der Lebensmittelindustrie (Übersicht M 4.4/27).
Bei dem Vergleich von Bekleidungsindustrie und Lebensmittelsektor stehen folgende Unterschiede im Vordergrund, die bei der Nutzung des Konzeptes der globalen Warenkette berücksichtigt werden müssten:
– Es besteht ein weniger ausgeprägtes Machtgefälle im Lebensmittelsektor;
– öffentliche Regulierungen auf kommunaler, nationaler, supranationaler Ebene haben im Lebensmittelsektor größeres Gewicht (Verbraucherschutz);
– das breite Sortiment im Lebensmittelsektor führt zu einer großen Bandbreite von Produzentenbeziehungen, d. h. fokale Unternehmen auf der Handelsseite befinden sich in unterschiedlich mächtigen Positionen;
– die Logistik nimmt einen herausragenden Stellenwert ein (Frischprodukte): Dieser Dienstleistungsbereich müsste im Konzept der globalen Warenkette stärkere Beachtung finden.

4.4.3 Mögliche Strukturierung einer Unterrichtsreihe

Es gibt vermutlich eine Vielzahl von Möglichkeiten, das Thema der Globalisierung der Banane im Unterricht anzugehen. Um einen relativ umfassenden Überblick über das Thema zu geben, bietet sich die Erstellung einer Mind Map an. Diese kann entweder die Vorkenntnisse der Schülerinnen und Schüler aufgreifen oder, eingeleitet z. B. durch einen Impulstext (M 4.4/1), die zu bearbeitenden Themenbereiche darstellen. Eine solche Mind Map könnte wie Abb. 4.4/1 aussehen. Die Mind Map der Schüler könnte durch den Impulstext zu einer sogenannten Lernlandkarte ergänzt werden.
An Hand dieser Übersicht können entweder die verschiedenen Themenbereiche und ihre Vernetzungen erarbeitet oder einzelne Schwerpunkte – evtl. in Absprache mit den Schülerinnen und Schülern – herausgegriffen werden. Die entsprechenden Materialien sind zugeordnet. Weder die Mind Map noch die Materialiensammlung erheben einen Anspruch auf Vollständigkeit, was zum einen die Vielschichtigkeit des Themas und zum anderen die inhaltliche Schwerpunktsetzung verdeutlicht. Darüber hinaus gibt es weitere umfangreiche Veröffentlichungen zu den hier nicht in den Mittelpunkt gestellten Themenschwerpunkten (vgl. z. B. *Kiedel* 2000, *Krüger* 1994, *Maillard* 2002, *Möhle* 1999, *Nuhn* 2003.1, 2003.2, *Salm* 1996, *Skrodzki/Brunner* 1988).
Die Bearbeitung kann thematisch geordnet oder in arbeitsteiliger Gruppenarbeit stattfinden. Mögliche Aufgaben könnten dabei sein:
– die Darstellung der Geschichte der Banane in einer Zeitleiste (M 4.4/2),
– die kartografische Darstellung der Bananenreise um die Welt (M 4.4/2),
– die Stellungnahme zu der Aussage: die Banane ist seit ihrer Entdeckung eine globale Frucht (M 4.4/2),
– die Darstellung der Zusammenhänge zwischen der Anfälligkeit der Bananenpflanzen gegen (Pilz-)Erkrankungen, dem Einsatz von Pestiziden, der Resistenz der Pflanzen gegen Pestizide, den Auswirkun-

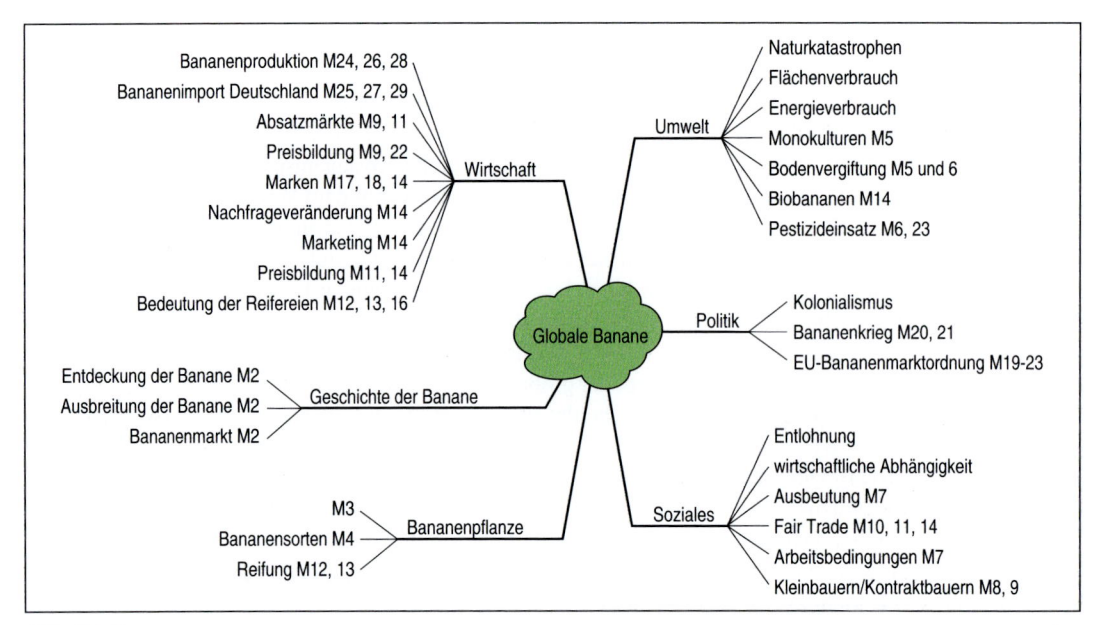

Abb. 4.4./1:
Mind Map

Globale Banane

- **Wirtschaft**
  - Bananenproduktion M24, 26, 28
  - Bananenimport Deutschland M25, 27, 29
  - Absatzmärkte M9, 11
  - Preisbildung M9, 22
  - Marken M17, 18, 14
  - Nachfrageveränderung M14
  - Marketing M14
  - Preisbildung M11, 14
  - Bedeutung der Reifereien M12, 13, 16

- **Umwelt**
  - Naturkatastrophen
  - Flächenverbrauch
  - Energieverbrauch
  - Monokulturen M5
  - Bodenvergiftung M5 und 6
  - Biobananen M14
  - Pestizideinsatz M6, 23

- **Politik**
  - Kolonialismus
  - Bananenkrieg M20, 21
  - EU-Bananenmarktordnung M19-23

- **Soziales**
  - Entlohnung
  - wirtschaftliche Abhängigkeit
  - Ausbeutung M7
  - Fair Trade M10, 11, 14
  - Arbeitsbedingungen M7
  - Kleinbauern/Kontraktbauern M8, 9

- **Bananenpflanze**
  - M3
  - Bananensorten M4
  - Reifung M12, 13

- **Geschichte der Banane**
  - Entdeckung der Banane M2
  - Ausbreitung der Banane M2
  - Bananenmarkt M2

gen des Einsatzes auf Menschen und Pflanzen, der Bodenerschöpfung sowie der Neuzüchtung von Bananensorten in einem Folgediagramm (M 4.4/3 bis /6),
– die Stellungnahme zu der Aussage: die Umweltproblematik des Bananenanbaus stellt ein globales Problem dar,
– Analyse der Folgen, die sich aus dem Nährstoffentzug auf den Bananenplantagen für die Produzenten und die Abnehmer ergeben (M 4.4/7),
– Darstellung der Entwicklung und Bedeutung der Fruchtgesellschaften sowie die Ursachen und Folgen dieser Entwicklung (M 4.4/7 bis /9),
– Rollenspiel – Debatte: Bildung von Gruppen, die den verschiedenen Teilnehmern der internationalen Frauenkonferenz entsprechen: Vertreterinnen der Bananengewerkschaften, der Kleinbauern, der Regierung, der Unternehmen und einer kirchlichen Organisation aus dem Norden (z. B. aus Europa oder den USA) (M 4.4/10 und /11),
– Darstellung der Bedeutung des fairen Handels für die bananenproduzierenden Staaten und die bananenimportierenden Länder (M 4.4/10 und /11 sowie www.banafair.de),
– Auswertung des Telefoninterviews (M 4.4/14),
– man spricht im Bezug auf andere Lebensmittel aus dem Bereich frisches Obst und Gemüse heute von einer „Restrukturierung des Distributionsprozesses im europäischen Lebensmitteleinzelhandel". Erläuterung dieser Aussage und Vergleich mit der Entwicklung des Bananengeschäftes,
– Übertragung der Merkmale eines Markenartikels auf die bekannten Bananenmarken,
– Ableitung von Auswirkungen für den globalen Markt und die Bedeutung von Markenbananen heute (M 4.4/17 und M 4.4/18),
– Erläuterung der Folgen und Bewertung der Bananenmarktordnung von 1993 für den deutschen Markt (M 4.4/19 bis M 4.4/24),
– Erläuterung der sich ergebenden Veränderungen aus der Abschaffung der Quotenregelung 2006 (M 4.4/19 bis M 4.4/24),
– grafische Darstellung der Verteilung der Hauptproduzenten und wichtigsten Importeure (M 4.4/25 bis M 4.4/26),

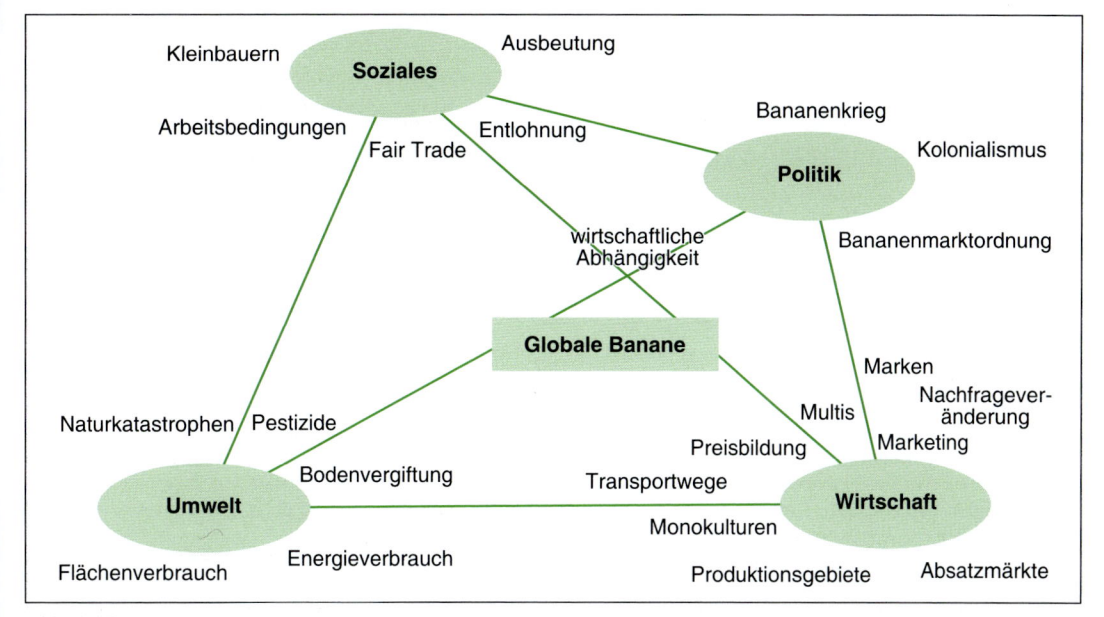

Abb. 4.4/2:
Vernetzungsskizze zur „Globalen Banane"

- kartografische Darstellung der Verteilung der Hauptproduzenten und -importeure,
- Formulierung und Analyse der Hauptaussagen der statistischen Daten zu den Hauptproduzenten und -importeuren.

Listet die Mind Map nur die einzelnen die globale Banane betreffenden Themenbereiche auf, so müssen im Laufe der Unterrichtsreihe die Vernetzungen, Zusammenhänge und gegenseitigen Abhängigkeiten zwischen den Bereichen deutlich werden. Im Unterrichtsverlauf bietet sich daher auf Basis der oben genannten Aufgaben bzw. Themen eine kontinuierliche Ergänzung der Mind Map bzw. das Aufstellen einer Strukturskizze an, die die Vernetzungen und Zusammenhänge der unterschiedlichsten Aspekte deutlich macht (Abb. 4.4/2).

Ein Vergleich mit der Bekleidungsindustrie – z. B. „die globale Jeans" oder „der globale Turnschuh" – oder einem anderen Lebensmittel ermöglicht die Vertiefung des Themas, einen Übergang zu einem weiteren Beispiel oder eine Lernzielkontrolle (z. B. in einer Klausur oder dem Abitur, vgl. M 4.4/27). Ergänzen lässt sich eine Unterrichtsreihe zum Thema „Globale Banane" in jedem Fall durch den Besuch einer Bananenreiferei. Um den Unterricht handlungsorientierter zu gestalten, bietet sich beispielsweise ein Rollenspiel mit Diskussion zu den sozialen Problemen und/oder den Umweltproblemen an, die mit dem Bananenanbau in vielen Anbauregionen einhergehen. Zur weiteren Informationsbeschaffung findet man am Schluss des Beitrages Internetadressen für eine ausführliche Recherche.

4.4.4 Materialien und mögliche Aufgaben

4.4.4.1 Die Geschichte der Banane

M 4.4/1: Bananen für den Export: Entwicklung der Bananenindustrie in Zentralamerika

> Bananen fanden zunächst als Importprodukt in den USA Verbreitung. Erst nach dem Zweiten Weltkrieg wurden sie auch in anderen außertropischen Ländern zum Volksnahrungsmittel. In der Bundesrepublik stieg der Pro-Kopf-Verbrauch von annähernd 7 kg Anfang der 1960er Jahre auf über 17 kg 1992 (pro Jahr, die Verf.in). Leicht rückläufige Tendenzen ergaben sich in den folgenden Jahren nach der Einführung der protektionistischen EU-Bananenmarktordnung (*Nuhn* 1995).
> Die gestiegene Nachfrage nach Bananen in den Industrieländern führte zur Erschießung neuer Produktionsgebiete in Afrika und Asien, z. B. auf den Philippinen zur Versorgung des japanischen Marktes. Gleichzeitig kam es zur Ausweitung der traditionellen Anbaugebiete in Zentralamerika (*Roche* 1998). Dabei wurden neue wirtschafts- und sozialpolitische Ziele verfolgt, welche durch eine Zurückdrängung der Dominanz multinationaler Fruchtgesellschaften einen höheren Anteil am Ertrag für einheimische Produzenten und für den Staatshaushalt sichern sollten (*Lopez* 1986). Mit der Flächenexpansion und Intensivierung der Produktion unter Einsatz von Agrochemikalien waren zugleich gravierende Umweltprobleme und soziale Konflikte mit lokalen und überregionalen Auswirkungen verbunden.
>
> Quelle: *Nuhn* 2003.1, S. 20

Aufgaben zu M 4.4.4/1:
− *Lesen Sie den Text von Helmut Nuhn.*
− *Erstellen Sie nun eine Strukturskizze ausgehend von dem Begriff der „globalen Banane" und strukturieren sie das Thema, so dass sich der Ansatz einer systematischen Übersicht über den gesamten Themenkomplex ergibt, der im Unterrichtsverlauf erweitert und vervollständigt werden kann.*

M 4.4/2: Eine Reise um die Welt (Geschichte der Banane bis ins 19. Jahrhundert)

> Hier können die Spuren der Banane Tausende von Jahren zurückverfolgt werden. Bereits in buddhistischen Texten aus dem sechsten Jahrhundert v. Chr. sind Bananen erwähnt, ebenso in den indischen Nationalepen Mahabharata und Ramajana, die in den Jahrhunderten um die Zeitenwende entstanden.
> Die frühesten europäischen Zeugnisse von der Banane stammen aus der Zeit Alexander des Großen, der die Banane im Jahr 327 v. Chr. auf seinem Indienfeldzug entdeckte.
> Um 200 n. Chr. berichtet der chinesische Geschichtsschreiber Yang Fu von dem florierenden Bananenanbau in seinem Heimatland.
> Auch in uralten arabischen Schriften werden Bananen erwähnt. Und seit dieser Begegnung mit den Arabern hatte die längliche Frucht den Namen „Banane". Denn „banan" bedeutet im Arabischen „Finger". Erst Jahrhunderte später bekam die Banane ihren wissenschaftlichen Namen, als der Botaniker Linnaeus, mit bürgerlichem Namen Carl v. Linné, 1753 die Flora der Welt klassifizierte. Er nannte die Banane „musa sapientium", die „Frucht des weisen Mannes".
> Islamische Krieger brachten im Jahre 650 n. Chr. Bananenpflanzen nach Ägypten und Palästina. In der Zeit des florierenden Elfenbein- und Sklavenhandels wurde die Bananenpflanze von Ostafrika quer durch den schwarzen Kontinent bis nach Guinea an der Atlantikküste verbreitet. Und dort, in Westafrika, kamen die Europäer auf den Bananengeschmack: Portugiesen entdeckten die Tropenfrucht und waren von ihrem Wohlgeschmack so sehr überzeugt, dass sie Bananenpflanzen auf die nahgelegenen Kanaren mitnahmen und dort im Jahre 1402 die ersten Bananenplantagen anlegten. Damit lässt sich der heute intensiv betriebene Bananenanbau auf den Kanarischen Inseln bis ins 15. Jahrhundert zurückverfolgen.
> Im 16. Jahrhundert, bald nach der Entdeckung der Neuen Welt durch die Spanier, wurde die Banane „amerikanisch". Der Franziskanermönch Tomas de Belanga, Missionar und späterer Bischof von Panama, brachte sie 1516 als „lasting gift" auf die Karibischen Inseln nach Santo Domingo mit. Hintergrund der „Verpflanzung" war dabei die Idee des Missionars, die Banane als neues Volksnahrungsmittel für die einheimische Bevölkerung zu etablieren.

M 4.4/2: Eine Reise um die Welt (Geschichte der Banane bis ins 19. Jahrhundert) (Fortsetzung)

> Von Santo Domingo aus wurde die Bananenpflanze rasch auf den Karibischen Inseln sowie dem mittel- und südamerikanischen Festland weiterverbreitet. Dort sicherte sie nicht nur einen reichen Ertrag an Früchten, sondern diente mit ihren riesigen Blättern auch als willkommener Schattenspender. Heute sind Zentral- und Mittelamerika die Hauptexportregionen für Bananen.
> Erst zu Beginn des 19. Jahrhunderts kosteten amerikanische Handelssegler auf den Karibischen Inseln zum ersten Mal Bananen. Angetan von ihrem einzigartigen, köstlichen Geschmack, wollten sie die Früchte gerne in ihre Heimat mitbringen. Das stellte sich jedoch als nicht durchführbar heraus: Denn auf der weiten Ozeanreise wurden die Bananen entweder schwarz, weil das Wetter zu warm war, oder sie gefroren wegen eisiger Winterwinde. Erst nach der Erfindung des Dampfmotors und der Kühlung konnte man Bananen schneller und in besserem Zustand aus den Tropen in die Geschäfte des nordamerikanischen Kontinents bringen. Es begann ein florierender Bananenhandel.
> Als um 1870 die ersten Bahngleise von den Plantagen durch den Urwald zu den Häfen gelegt wurden, war ein großer Schritt in Richtung des internationalen Handels mit Bananen getan. Die Eisenbahn blieb lange Zeit das wichtigste Transportmittel für Bananen auf ihrer Reise zum Meer. Auch heute noch fahren auf einigen dieser Pionierstrecken Bananenzüge. Allerdings werden in neuerer Zeit auch vielerorts feste Straßen gebaut und die Bananenzüge durch moderne Kühllastwagen ersetzt.
> Die Nordamerikaner konnten die Tropenfrucht zum ersten Mal 1876 auf der Novitätenschau zum hundertsten Jahrestag der amerikanischen Unabhängigkeit bestaunen und verkosten. In dieser Zeit der stürmischen industriellen Entwicklung der Vereinigten Staaten und der damit einhergehenden Verbesserung der Transportsysteme sowie der wachsenden Kaufkraft der Bevölkerung begann der Aufstieg der Banane zum internationalen Handelsprodukt. Gegen Ende des 19. Jahrhunderts erreichte die Bananeneinfuhr aus Zentralamerika in die USA bereits bis zu 16 Millionen Büschel.
> Nach Deutschland gelangte die Banane kurz vor der Jahrhundertwende, im Jahr 1892.
> Die technische Weiterentwicklung der Transportschiffe war eine entscheidende Voraussetzung für den weltweiten Handel mit Bananen: Als die „Venus", das erste Kühlschiff, im Jahre 1903 vom Stapel lief, begann eine neue Ära im Ozeanverkehr. Heute werden täglich Tausende von Bananenkartons aus Mittel- und Südamerika in moderne, schnelle Kühlschiffe verladen, die dafür sorgen, dass Bananen überall auf der Welt zu jeder Zeit verfügbar sind.
>
> Quelle: www.barabas.de/kunden/banane/f_ges.htm

Aufgaben zu M 4.4/2:
– *Stellen Sie die Geschichte der Banane entlang einer Zeitleiste anschaulich dar.*
– *Stellen Sie die Reise der Banane um die Welt kartografisch dar.*
– *Nehmen Sie Stellung zur der Aussage, die Banane sei seit ihrer Entdeckung eine globale Frucht.*

4.4.4.2 Die Banane: Die Pflanze, ihre Krankheiten und die Folgen des Einsatzes von Pestiziden und Düngemitteln

M 4.4/3: Eigenschaften der Bananenpflanze

> Die Bananenpflanze: Musa spec. aus Fam. Musaceae, Bananengewächse
>
> Habitus: 6 bis 9 m hohe Staude; Scheinstamm aus Blattscheiden; abstehende linealische Blattspreiten, gefiedert durch Windeinfluss; knolliges Rhizom mit Vegetationskegel oberhalb des Bodens.
> Blütenstand: Entspringt nach 9 bis 10 Monaten aus Scheinstamm; stark gekrümmte lange Achse mit spiralförmig angeordneten rotvioletten Brakteen; in den Achseln Blüten in Gruppen angeordnet.
> Früchte: „Beerenfrüchte"; Fledermausbestäubung bei Wildarten; Parthenokarpie bei Obstbananen. Reifedauer drei Monate, bei Unterbrechung der Nährstoffzufuhr Umwandlung der Stärke in Zucker; nach Fruchtreife Absterben des oberirdischen Teils; vegetative Vermehrung durch Schösslinge.
> Klima: Feucht-warm, mittlere Temperatur von 25° C ; 1200 mm bis 2000 mm Niederschlag; „Bananengürtel": Ecuador, Honduras, Costa Rica, Panama.

M 4.4/3: Eigenschaften der Bananenpflanze (Fortsetzung)

> Arten: 400 bis 900 wildwachsende Arten, davon 100 kultiviert; Obstbananen aus Wildsorte Musa acuminata, M. balbisiana; außerdem: Kochbananen, Hanfbananen, Zwergbananen, Zierbananen; im Handel v.a. „Gros Michel" (früher), „Cavendish", u. a..
> Beschreibung: Die Banane (Musa) ist eine infolge der Scheinstämme baumartig aussehende Staude, die mehrere Meter Höhe erreichen kann. Den zahlreichen Bananenarten gemeinsam ist, dass sie mehr oder weniger stark unterirdische Ausläufer bilden. Der Scheinstamm wird durch die Blattbasen der mitunter meterlangen Blätter gebildet. Die Bananenblätter sind nicht gefiedert, aber durch den Wind oft fiederähnlich auseinandergerissen. Heimisch ist die Musa sowohl in den Tropen als auch in gemäßigten Zonen. Die artenabhängig mehr oder weniger großen gelben Bananen-Früchte dürften wohl jedem bekannt sein. Der Wasserbedarf der Banane ist stark abhängig von der Anzahl der Blätter und als recht hoch zu bezeichnen, da über die großen Blattflächen viel Wasser verdunstet wird.
>
> Quelle: www.pflanzen.onlinehome.de/exot/bananenstaude.htm

M 4.4/4: Die große Angst um die Banane – Gewusst? Spitzenreiter der Bananenproduzenten ist Indien

> Schlechte Nachrichten für Bananenliebhaber: Heimtückische Pilzerkrankungen machen dem größten Kraut der Welt das Leben schwer. Das britische Wissenschaftsmagazin „New Scientist" schlug letzte Woche gar Großalarm: In zehn Jahren könnten wir unsere letzte Banane geschält haben [.....]. [Dies] würde rund eine halbe Milliarde Menschen ihrer Hauptnahrungsquelle berauben und so zu massiven Hungersnöten führen.
> Ganz so schlimm wird es vermutlich nicht kommen. „Auch in zehn Jahren wird es noch Bananen geben", glaubt der Pflanzenpathologe Randy Ploetz von der University of Florida in Homestead [...]. Doch selbst Ploetz zweifelt nicht daran, dass die Banane „ernsthaft bedroht" ist. Epidemien wie 1980 in Uganda, als ein Pilz fast die Hälfte der Ernte zerstörte, könnten sich jederzeit auch anderenorts wiederholen.
> An Feinden mangelt es der Banane nämlich nicht. Ganz oben auf der Liste: der „schwarze Sigatoka". Der Pilz, der sich in nur 20 Jahren über die ganze Welt verbreitet hat, zerfetzt die Blätter fast aller Bananensorten und führt zu Ernteausfällen von bis zu 60 Prozent. Doch damit nicht genug: Von Südostasien, Australien und Südafrika her könnte der „Panama-Typ-4-Pilz" auch auf die Plantagen Mittel- und Südamerikas übergreifen – und das wäre dann laut Ploetz eine „wirklich hässliche Situation". Denn erstens killt er – im Gegensatz zum Sigatoka – die Pflanze innerhalb weniger Monate, und zweitens hilft gegen ihn auch keine noch so wuchtige chemische Keule.
>
> Die Banane ist genetisch verarmt und kaum resistent gegen Angriffe
> Dass sich der „Schlauchapfel" als Mimose im Kampf gegen Krankheitskeime entpuppt, liegt in erster Linie an der Banane selbst.
> Auf Grund eines genetischen „Unfalls" besitzen die meisten essbaren Bananen drei anstatt der sonst üblichen zwei Kopien eines jeden Chromosoms, den Trägern der Erbanlagen. Daher produzieren sie keine Samen mehr. Zum Glück, denn sonst wären sie genauso ungenießbar wie wilde Bananen: An Stelle des weichen Fruchtfleisches haben diese unzählige harte Samenkörner. Nachdem unsere Ahnen Geschmack an den samenlosen Sonderlingen gefunden hatten, vermehrten sie die Pflanzen durch Ableger.
> Genau da liegt das Problem. Da sich Bananen nicht sexuell fortpflanzen können, sind sie genetisch verarmt. Ihr Erbgut hat sich seit rund 10 000 Jahren nicht mehr verändert. „Die angebauten Bananensorten befinden sich in einem evolutionären Stillstand", sagt Emile Frison, Leiter des International Network for the Improvement of Banana and Plantain (INIBAP) im französischen Montpellier. Daher seien sie kaum in der Lage, neue oder neu eingeschleppte Krankheitserreger abzuwehren.
> Die Bananen sind daher bei ihrem Kampf ums Überleben auf Hilfe angewiesen – etwa in Form von krankheitsresistenten Neuzüchtungen. Doch die sind schwierig herzustellen. Denn bei der Zucht neuer Sorten kreuzt man Pflanzen mit verschiedenen wünschenswerten Eigenschaften und pickt sich diejenigen Nachkommen heraus, die möglichst viele dieser Eigenschaften aufweisen – bei der unfruchtbaren Banane ein nahezu hoffnungsloses Unterfangen.
> Notwendig ist es trotzdem. In den Fünfzigerjahren drohte der Bananenindustrie bereits einmal der Kollaps. Die Sorte Gros Michel, die damals den Welthandel dominierte, wurde vom Panama-Pilz dahingerafft, allerdings die „Originalversion" vom Typ 1. Zum Glück hatten die Bananenfirmen einen Ersatz in der Hinterhand – die Cavendish-Banane, die auch heute noch praktisch unseren gesamten Bananenkonsum deckt und der die ursprüngliche Panama-Krankheit nichts anhaben kann.

M 4.4/4: Die große Angst um die Banane – Gewusst? ... (Fortsetzung)

Dafür aber der schwarze Sigatoka. 1963 entdeckten Botaniker auf den Fidschi-Inseln die ersten Fälle. 1972 tauchte die Krankheit dann auf dem amerikanischen Kontinent, in Honduras, auf; 1973 war Afrika – Sambia – dran. „Und vor einigen Jahren hat es mit Brasilien auch den letzten großen Bananenproduzenten erwischt", beschreibt Randy Ploetz den Siegeszug des Sigatoka-Pilzes.

Noch können die Bananenmultis den Schädling mit massivem Fungizideinsatz in Schach halten. Das hält zwar die Exportproduktion aufrecht, hat aber die Banane zur „chemischsten" aller Früchte gemacht. Häufig werden die Plantagen bis zu 40-mal pro Jahr besprüht, also rund 10-mal mehr als andere Produkte der modernen Landwirtschaft. Die Fungizide sind zudem alles andere als harmlos. Arbeiter in Verpackungsfabriken in Costa Rica haben ein doppelt so hohes Risiko, an Leukämie zu erkranken, wie die Normalbevölkerung; Geburtsdefekte und Unfruchtbarkeit sind ebenfalls häufiger. „Ethisch ist es eigentlich nicht zu verantworten, bei uns Bananen zu essen", sagt der Pflanzenbiologe Ueli Grossniklaus von der Universität Zürich. Deren Öko-Bilanz sei „grauenhaft".

Für Kleinbauern in den Tropen sind die Chemikalien ohnehin unerschwinglich. Kommt dazu, so INIBAP-Chef Frison, dass sie auch für die Exportplantagen keine dauerhafte Lösung sind. „Sigatoka-Pilze werden zunehmend resistent gegen die Fungizide. In Mittelamerika gibt es bereits Stämme, die gegen vier Fungizidklassen unempfindlich sind. Eines ist klar: Sigatoka wird die Schlacht kaum verlieren."

Bananenfreunde hoffen auf die neu gezüchtete Sorte „Goldfinger"
Einige der neuen Sorten sind viel versprechend, etwa FHIA-01, die unter dem Namen Goldfinger vermarktet werden soll. Die Dessertbanane ist gegen Sigatoka und Panama Typ 4 resistent und bringt hohe Erträge. Schmecken soll sie säuerlich, ein wenig nach Apfel, „sehr angenehm", wie Frison versichert. Auf Kuba, wo Sigatoka die Bananenproduktion zum Erliegen brachte, wird FHIA-01 bereits auf rund 11.000 Hektar angebaut.

Langfristig soll auch die Gentechnik helfen, Bananen gegen Sigatoka- und Panama-Pilze zu wappnen. Ob auch hiesige Bananenfreunde die Gentech-Banane schätzen werden, kümmert Frison dabei wenig. „Unsere Sorge gilt nicht den Absatzmärkten von Chiquita oder Dole. Die sollen ihre Probleme selber lösen. Unser Anliegen sind die Kleinbauern in den Entwicklungsländern", sagt Frison.

Dort stößt die Idee einer gentechnisch verbesserten Banane auf Interesse. Uganda hat vor zwei Jahren eigens ein Institut dafür eingerichtet, das erste Gentech-Labor in einem „echten" Entwicklungsland. Aus gutem Grund: „Die Sorten Kochbananen, die dort angebaut werden", so Frison, „sind meist vollkommen steril. Da kann man mit traditioneller Züchtung gar nichts ausrichten."

Wichtiges Nahrungsmittel
In unseren Breiten schätzt man Bananen vor allem als Dessert. Doch süße Exportbananen wie die bei uns verzehrte Cavendish machen nur zwölf Prozent der weltweiten Bananenproduktion von rund 100 Millionen Tonnen aus. Der Rest wird dort verspeist, wo er geerntet wird. Für die Menschen dort sind Bananen Grundnahrungsmittel, die, wie bei uns Kartoffeln, gegart, gegrillt, gedämpft oder gebacken werden. Davon leben 500 Millionen Menschen. Nur Reis, Weizen und Mais verpflegen im Tropengürtel der Erde mehr Menschen. Spitzenreiter der Bananenproduzenten ist Indien, gefolgt von Uganda.

Quelle: *M. Hakman* auf www.kerala-discovery.de/KD_Web/default.htm?IndiaNews.htm, Abruf am 03.08.2003.

M 4.4/5: Entzug von Nährstoffen aus dem Boden bei unterschiedlichen Produktionsniveaus

Bei intensivem Monokulturanbau werden dem Boden in hohem Maße Nährstoffe entzogen, die durch künstliche Düngung wieder zugeführt werden müssen, um einen nachhaltigen Ertrag zu gewährleisten. Da die Inhaltsstoffe der Banane und die Erntemengen bekannt sind, lassen sich die durch die Produktion entzogenen Stoffe relativ genau berechnen und nach Maßgabe der jeweiligen Böden sowie der agroklimatischen Bedingungen Düngungspläne entwickeln. In der Produktionsphase sind folglich bei 6 bis 12 Ausbringungen eine Menge von 2500 kg/ha/Jahr vorzusehen.

Bananen (Karton/ha)	Entzug von Nährstoffen und Trockenmaterie (kg/ha/Jahr)					
	Stickstoff	Phosphor	Kalium	Calcium	Magnesium	Schwefel
2.000	71	8,3	210	5,1	11,1	8,7
2.500	89	10,4	263	6,4	13,9	10,9
3.000	107	12,4	315	6,8	16,7	13,0

Quelle: UICN/ORCA 1991, zitiert nach Nuhn (2003.2)

M 4.4/6: Ausgewählte Pestizide im Bananenanbau

Bedenklicher [als der Einsatz von Düngemitteln] ist der Einsatz von Chemikalien zur Bekämpfung von Unkräutern, Schädlingen und Pflanzenkrankheiten wegen der gewachsenen Menge und Häufigkeit der Anwendungen. [...] Aus diesem Grunde sind in den 1990er Jahren nicht nur unter dem Druck von Umweltverbänden und behördlichen Auflagen, sondern auch wegen der Kosteneinsparung von Seiten der Unternehmen verstärkte Anstrengungen zur Senkung des Chemikalieneinsatzes unternommen worden.

Einsatzgebiet	Technischer Name	Handelsname	Toxische Wirkung [1]
Herbizid	Paraquat	Gramaxone	toxisch Dermatitis, Augenprobleme; Todefälle in Costa Rica
	Glyphosate	Round Up	gering toxisch Haut- und Augenreizung; Herz- und Magenbeschwerden
	Diuron	Karmex	bei sachgerechter Anwendung unproblematisch
Nematozid	Ethoprofos	Mocap	extrem toxisch Hauterkrankungen; Problemfälle in Costa Rica
	Terbufos	Counter	extrem toxisch Atembeschwerden, Lungenschäden Todesfälle in Costa Rica
	Carbofuran	Furadan	hoch toxisch Schäden der Atemwege; Kontamination Grundwasser
Fungizid	Tridemorph	Calixen	toxisch Haut- und Augenreizung; Fischsterben
	Chlorothalonil	Bravo	gering toxisch Dermatitis; Kontamination von Flüssen und Grundwasser Schäden an Korallenriffen in Costa Rica
	Imazalil	Decozil	toxisch Dermatitis; Insektizid
	Chlorpyrifos	Dursban	toxisch Schäden der Atemwege und der Schwangerschaft
	Bac. Thuringiensis	Biotrol	in der Natur vorkommendes Bakterium, das als biologische Maßnahme eingesetzt wird
	Fenamiphos	Nemacur	bei sachgerechter Anwendung unproblematisch

[1] Einstufung nach WHO, Gesundheitsgefährdung

Quelle: *Nuhn, H.* 2003.2, S. 14

Aufgaben zu M 4.4/6:
– *Stellen Sie in einem Folgediagramm die Zusammenhänge zwischen der Anfälligkeit der Bananenpflanzen gegen (Pilz-)Erkrankungen, dem Einsatz von Pestiziden, der Resistenz der Pflanzen gegen Pestizide, den Auswirkungen des Einsatzes auf Menschen und Pflanzen, der Bodenerschöpfung sowie der Neuzüchtung von Bananensorten dar.*
– *Inwieweit stellt die Umweltproblematik des Bananenanbaus ein globales Problem dar? Nehmen sie Stellung!*
– *Analysieren sie die Folgen, die sich aus dem Nährstoffentzug auf den Bananenplantagen für die Produzenten und die Abnehmer ergeben. Nutzen sie dazu auch M 4.4/7.*

4.4.4.3 Soziale Folgen des Bananenhandels

M 4.4/7: Internationale Frauenkonferenz zum Thema Bananen

Aktuelles aus Costa Rica
COMUNICADIO URGENTE Mayo 1999
„Smile of the nature"
Internationale Frauenkonferenz zum Thema Bananen im Jahr 2000

Drei Tage saßen VertreterInnen der Bananengewerkschaften, Kleinbauernorganisationen, Nichtregierungsorganisationen, Regierungen und Unternehmen im letzten Jahr auf der Internationalen Bananenkonferenz in Brüssel zusammen. Unter dem Titel „Towards a sustainable banana economy" wurde über die Arbeitsbedingungen auf den Bananenplantagen, Umweltschäden, niedrige Erzeugerpreise, Verdrängung von Kleinbauern durch transnationale Konzerne und die EU-Handelspolitik diskutiert. Es war ein großer Erfolg der Konferenz, dass alle im Bananenanbau und -handel beteiligten Parteien an einem Tisch saßen und den Dialog suchten.
Was bei der Konferenz aber fehlte, war die Diskussion über frauenspezifische Themen und Problemstellungen. Deshalb haben BanaFair, die Bananen-Kampagne, das EXPO-Watch Büro die Idee einer Internationalen Frauenkonferenz aufgegriffen, die inzwischen auch von Brot für die Welt, der Friedrich Ebert-Stiftung und anderen Organisationen aktiv unterstützt wird.
Frauen sind auch im Bananenanbau oft Hauptleidtragende der exzessiven Ausbeutung von Mensch und Natur.
Die größten Probleme in der Bananenplantage werden beispielsweise durch den ständigen Umgang mit Chemikalien verursacht. Die Frauen arbeiten in der Regel in den Verpackstationen, in denen die Bananen in mit Chemikalien versetztem Wasser gewaschen, mit einem Fungizid gegen Pilzbefall während des Transportes behandelt und in Kartons abgepackt werden. Die Frauen, die die Bananen sortieren, arbeiten direkt an den Wasserbecken. Besonders während der Menstruation ist es unangenehm, den ganzen Tag mit Wasser in den Stiefeln zu arbeiten. Probleme mit den Eierstöcken sind keine Seltenheit. Auf die Schmerzen der Frauen wird von den Vorarbeitern oft keine Rücksicht genommen.
Während der Schwangerschaft sind die ungeborenen Babys von Beginn an den Chemikalien ausgesetzt. Viele Frauen haben spontane Fehlgeburten direkt an ihrem Arbeitsplatz. Kinder, die es schaffen, geboren zu werden, leiden an Missbildungen, Hautkrankheiten, Problemen der Lungen oder der Nieren oder sind unfruchtbar.
Ein weiteres Problem für die Frauen ist der sexuelle Missbrauch und Gewalt in den Familien. Aber auch auf den Plantagen werden Arbeiterinnen als sexuelle Objekte betrachtet.
Die Internationale Frauenkonferenz soll Frauen aus Lateinamerika, der Karibik und Asien, die im Bananenanbau involviert sind, die Möglichkeit geben, sich über ihre Probleme auszutauschen, sich zu vernetzen und gemeinsame Strategien zu entwickeln. Mögliche Themen, die dabei im Mittelpunkt stehen könnten, sind: Organisationsmöglichkeiten/-schwierigkeiten von Frauen in Kleinbauernorganisationen und Gewerkschaften, Gesundheitsprobleme (Einsatz von Agrarchemikalien), Bioanbau und Schaffung zusätzlicher Einkommensmöglichkeiten für Frauen.
In einem zweiten Teil ist ein Süd-Nordaustausch geplant, zu dem Frauenorganisationen, Gewerkschaften, kirchliche Gruppen etc. aus dem Norden eingeladen werden. Ziel ist es, die Problematik einer breiteren Öffentlichkeit zugänglich zu machen und auch mit „neuen" Verbänden und Gruppen in Kontakt zu kommen, wie z. B. dem Hausfrauenverband u. a., mit denen es bisher keine Kooperationen gibt.

Quelle: *Hella Lipper*, auf www.banafair.de, Abruf am 24.09.2003

M 4.4/8: Anteil der Fruchtgesellschaften und der Kontraktanbauer am Bananenexport Costa Ricas 1989-2000
Quelle: *Nuhn* 2003.2, S. 10

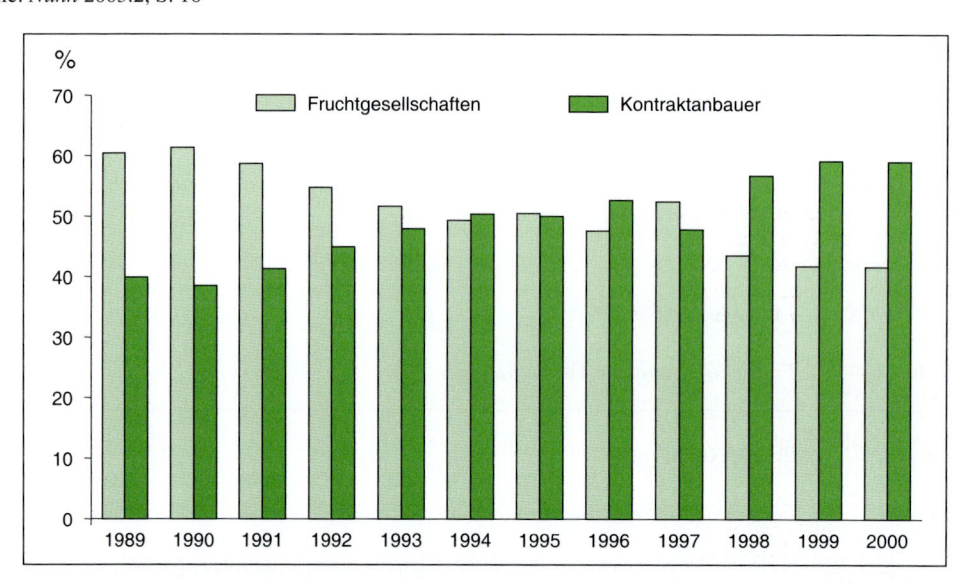

M 4.4/9: Anteil des Eigen- und des Kontraktanbaus am Bananenexport der Standard Fruit Company aus Costa Rica 1989–2000
Quelle: *Nuhn* 2003.2, S. 11

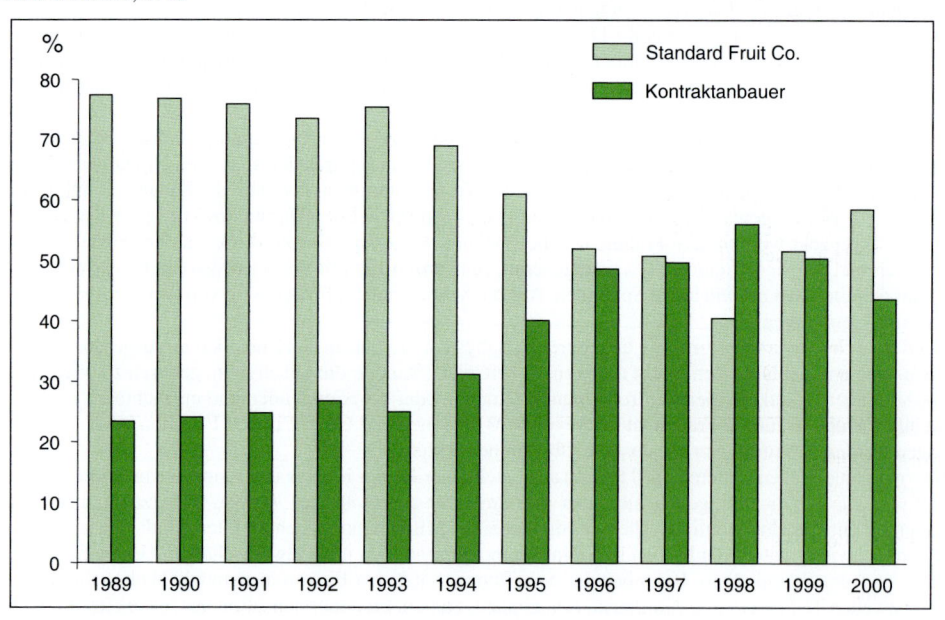

Aufgaben zu M 4.4/9:
1. *Beschreiben Sie die beiden Diagramme.*
2. *Formulieren Sie die Hauptaussagen der beiden Diagramme.*
3. *Stellen Sie die Entwicklung der Bedeutung der Fruchtgesellschaften dar.*
4. *Stellen sie Ursachen und Folgen dieser Entwicklung zusammen.*

M 4.4/10: Preiskalkulation Bio-&Fair-Trade-Bananen von UROCAL/Ecuador bio-zertifiziert nach EU-Bio-Verordnung durch BCS (DE-001-Öko-Kontrollstelle) und Naturland(r)
Quelle: www.banafair.de/banane/preis.htm vom 25.02.2008

Preis pro Karton à ca. 18,2 kg			gültig ab 01.07.2002
Basispreis netto Frucht	Produzent/in	USD	5,00
Materialkosten (Karton. Etiketten etc.)	Kosten	USD	1,40
Lokale Steuern	Kosten	USD	0,11
Qualitätskontrolle, Palettisierung, Verladung	Kosten	USD	0,54
Verwaltungskosten, Genehmigung, Zertifizierung	Urocal	USD	0,45
Fair Trade Prämie (für Sozial-/Öko-Programme, Organisationsförderung, Agrarberatung u.ä.)	Urocal	USD	2,00
= **FOB**[1] **Machala bzw. Guayaquil/Ecuador**		**USD**	**9,50**
Container Seefracht		USD	3,61
= **CIF**[2] **Hamburg**		**USD**	**13,11**
(1 USD = 1,20 €)		€	10,93
EU-Einfuhrzoll		€	1,43
Abfertigungskosten Hafen		€	0,80
durchschnittliche Kosten Einfuhrlizenz		€	2,00
Kosten Importabwicklung BanaFair/Risiko/Finanzierung		€	2,04
Projektbeitrag (Spende, MwSt.-frei) für Entwicklungsprojekte/ Gewerkschaften/Öffentlichkeitsarbeit		€	1,80
= **FOT**[3] **Hamburg**		**€**	**19,00**
Transport und Reifung		€	2,40
= **Kosten für 1 Kiste nach Reifung, am Reiferei-Standort**		**€**	**21,40**
Infrastruktur BanaFair (Miete, Tel., Kapitalkosten, Personal etc.)		€	4,90
Grundkosten Vertrieb (Fuhrpark, Personal)		€	6,25
= **Basispreis netto / Karton**		**€**	**32,55**

[1] FOB (free on board): Bezeichnet den Preis für eine Ware, die auf dem Schiff schon geladen ist; schließt die reinen Warenkosten ein, den Karton, Transport zum Hafen, Abgaben und Zölle und die Verladung aufs Schiff; ist die Preisstufe ab Exporthafen (hier Machala in Ecuador).
[2] CIF (cost, insurance, freight): Handelsklausel für Überseegeschäfte; bestimmt, dass der Verkäufer außer den Verladekosten der Ware auch die Fracht bis zum Bestimmungshafen sowie die Versicherungskosten zu tragen hat, d. h. alle Kosten vor Löschung der Ladung im Bestimmungshafen (hier Hamburg).
[3] FOT (free on truck): umfasst zusätzlich zu den Kosten bei FOB und CIF noch die Löschkosten, ggfs. Verzollungskosten und Verladekosten auf den LKW; ist also die Preisstufe, zu der die Ware in Hamburg verladen wird.

M 4.4/11: Funktionsschema Fair Trade
Quelle: *Cornelsen* 1998, S. 16

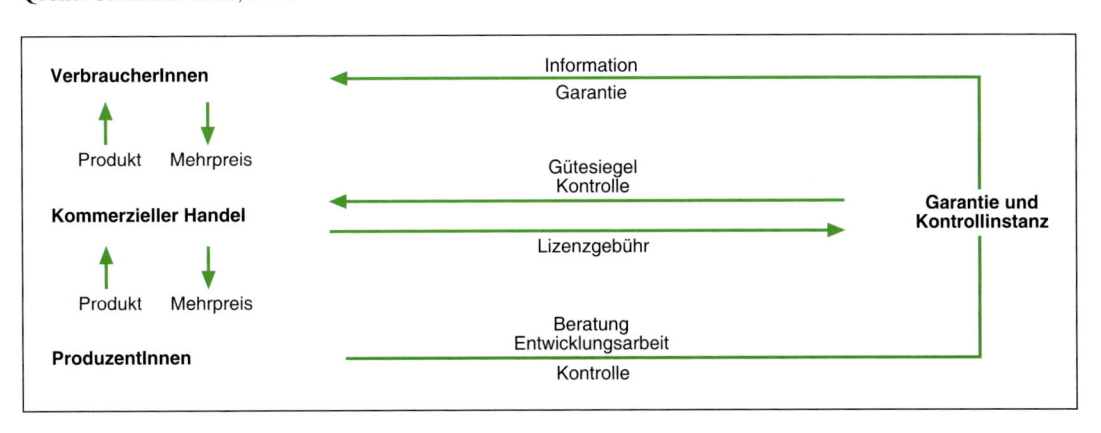

Aufgaben zu M 4.4/10 und /11:
– *Rollenspiel – Debatte: Bilden Sie Gruppen, die den verschiedenen Teilnehmern der internationalen Frauenkonferenz entsprechen (auch Schüler können versuchen, die Position von Frauen einzunehmen): Vertreterinnen der Bananengewerkschaften, der Kleinbauern, der Regierung, der Unternehmen und einer kirchlichen Organisation aus dem Norden (z. B. aus Europa oder den USA). Sammeln Sie die Probleme der Frauen und entwickeln Sie Lösungsstrategien aus Sicht der jeweiligen Gruppe. Diskutieren Sie anschließend mit den Vertreterinnen der anderen Gruppen.*
– *Stellen Sie die Bedeutung des fairen Handels für die bananenproduzierenden Staaten und die bananenimportierenden Länder dar. Nutzen Sie dazu auch weitere Informationen unter www. banafair.de.*
– *Bewerten Sie anschließend den Ansatz und nehmen Sie Stellung dazu.*

4.4.4.4 Der Weg der Banane von der Plantage bis in den Supermarkt

M 4.4/12: Der Weg der Banane zur Reiferei

Wie schafft es die Banane nur, den langen Weg nach Europa unbeschadet zu überstehen? Nun, die Bananen werden nach einer etwa neun Monate dauernden Wachstumsphase in Mittelamerika geerntet und in den Packstationen verarbeitet. Sie sind zu diesem Zeitpunkt noch dunkelgrün, hart und bestehen zu 25% aus Stärke und nur zu einem Prozent aus Zucker. In diesem unreifen Zustand werden die Früchte von der Staude geschnitten und zu Clustern mit jeweils ca. fünf bis acht Fingern portioniert. Danach durchlaufen sie zur Reinigung ein Wasserbad, die Schnittkanten werden mit Wachs versiegelt, und anschließend werden die Früchte in Kartons verpackt.

Der Transport erfolgt in speziellen Bananenschiffen unter kontrollierter Atmosphäre (CA-Atmosphäre) und dauert zehn bis 14 Tage, wobei die Temperatur auf 13,4°C reduziert wird, damit die Früchte nicht anreifen können (Schlafzustand). Nach der Überfahrt wird die Ware in den Häfen Antwerpen oder Zeebrügge bzw. in Hamburg gelöscht. Von dort aus werden die Bananen per LKW oder Waggon in unsere Reiferei transportiert, wobei die Kapazitäten jeweils zwischen 22 und 26 Tonnen liegen. Die Bananenkartons sind bereits auf Schiffspaletten gestapelt und werden darauf in die einzelnen Reifekabinen gefahren. Diese Räume können Kapazitäten zwischen 576 Kartons (11 Tonnen) und 1.404 Kartons (26 Tonnen) aufnehmen. Durch die Vielzahl an Kammern in unterschiedlichen Größen kann die Ware jeweils auf den Tag genau ausreifen, wobei pro Kabine nur Bananen einer Provenienz (Ursprungsland) untergebracht werden.

Die Bananenreifung ist ein temperaturgesteuerter Prozess, der mit Luftkühlung oder -erwärmung arbeitet. Alle Reifekammern in unserem Hause arbeiten nach dem Reifesystem, das den neuesten Erkenntnissen entspricht: der Pressreifung. Dieses wird mittels modernster Elektronik gesteuert. Bei dem Press- oder Druckreifesystem wird auf der einen Kartonseite ein Überdruck und auf der anderen Seite ein Unterdruck erzeugt. Dadurch wird die Luft mit hoher Geschwindigkeit durch die Bananenkartons gepresst, was eine gleichmäßige Temperaturverteilung über die gesamte Reifekabine und somit eine einheitliche Farbgebung gewährleistet.

Der Start des Reifeprozesses wird durch die Zugabe des Katalysators Ethylen gezielt eingeleitet. Ethylen ist ein natürliches Reifehormon, das alle Früchte in der Natur selbst produzieren. Während dieses Prozesses wird innerhalb des Fruchtfleisches Stärke in Zucker umgewandelt, wodurch sich die Banane von dunkelgrün nach leuchtend gelb verfärbt. Am Ende dieses biochemischen Vorgangs enthält die Frucht über 20% Zucker und nur noch ca. ein Prozent Stärke. Während dieser Begasungsperiode bleibt die Reifekammer geschlossen, damit alle Früchte das Hormon gleichzeitig aufnehmen können.

Nachdem die Reifekammern mit den Bananenpaletten beladen wurden, werden Mess-Sensoren (Fühler) in verschiedenen Kartons platziert und damit die Temperaturen des Fruchtfleisches an die Steuerung gemeldet. Das Steuerungssystem (PROBA-Regler) entspricht dem aktuellsten Stand und sammelt alle Daten in einem zentralen PC. Dadurch können alle Reifedaten kontinuierlich rückverfolgt werden (Tracing) – damit wird sichergestellt, dass auf Störungen schnellstmöglich reagiert werden kann.

Die Ausreifung der Bananen erfordert kontinuierliche Kontrollen. Mindestens zweimal täglich werden daher Temperatur, Verfärbung etc. der Früchte überprüft. Hierbei kommt es neben der Technik auch auf die Erfahrung an. [...] [Dabei] spielen Herkunft (Provenienz), Frische, Schnittgrad, Art und Länge der Verschiffung und andere Faktoren entscheidende Rollen, die während des Reifeprozesses berücksichtigt werden müssen.

Eine ausgewogene Ausreifung dauert fünf bis acht Tage. Eine sorgfältige Planung und Disposition ist hierbei unerlässlich, denn schon zwei Wochen vor Auslieferung der gelben Frucht an die Kunden muss die noch grüne Frucht disponiert werden. Die Wareneineingänge und -ausgänge müssen sorgsam aufeinander abgestimmt sein, damit die Bananen die Kunden immer in der gewünschten Farbstufe und Qualität erreichen.

Quelle: www.walterpott.de

M 4.4/13: Erst in der Reifekammer werden die „Hände" goldgelb

> Der „Bananen-Expreß" hat Verspätung. Noch stehen sieben leere Waggons auf dem Industriestammgleis im Dietzenbacher Gewerbegebiet und warten darauf, von der Rampe gezogen zu werden, um der gleichen Zahl von Nachfolgern Platz zu machen. Deren Inhalt, strapazierfähige Kartons bis unter Waggondach gestapelt, hat dem Zug seinen Namen gegeben. Auch die Entlademannschaft der Firma Hameico Frankfurt GmbH wartet darauf, mit ihrer Arbeit beginnen zu können.
> Täglich rollt ein Zug von Dienstag bis Samstag, manchmal auch montags, auf der künftigen S-Bahn-Strecke von Offenbach über Heusenstamm nach Dietzenbach. 1997 hat sich Hameico im Gewerbegebiet an der Robert-Bosch-Straße angesiedelt. Etwa 8.500 Quadratmeter Lagerfläche stehen im dortigen „Fruchtzentrum" zur Verfügung; hinzu kommen rund 400 Quadratmeter für Büro- und Sozialräume. 11.000 Tonnen Obst und Gemüse werden in Dietzenbach umgeschlagen. Davon sind fast 5000 Tonnen Bananen; der Rest fällt in die Kategorie „allgemeine Frucht" und umfasst laut Geschäftsführer Bernfried Kuhnke alles „von Ananas bis Zucchini". Diese Produkte werden mit Lastwagen angeliefert.
> Wenn die Bananen in Dietzenbach eintreffen, haben sie schon einen langen Weg hinter sich: Aus Mittel- und Südamerika – Kolumbien, Costa-Rica, Ecuador und Panama -, aber auch aus Afrika, der Karibik und dem pazifischen Raum stammen die gebogenen Früchte, die in Kühlschiffen bei einer Temperatur von 13 Grad die Reise nach Europa antreten. Zwei Wochen seien die Bananen von der Plantage in Mittelamerika nach Bremerhaven oder Antwerpen unterwegs, schildert der 42 Jahre alte Kuhnke, seit 1995 bei Hameico tätig. Im Hafen werden die Früchte gelöscht, was weitere zwei Tage dauert, und in spezielle Kühlwaggons der Bahn verladen. Bei Ankunft in Dietzenbach sind die Bananen noch grasgrün.
> Die Firma gehört zur Bremer Atlanta-Gruppe. Von den 60 Hameico-Mitarbeitern sind zwei Drittel von Sonntagmorgen bis Samstagnachmittag im Drei-Schicht-Betrieb in Dietzenbach, die anderen in Frankfurt tätig. „Chiquita"-Bananen dominieren; sie stellen etwa 40 % der in Dietzenbach heranreifenden Früchte. Die verbleibenden 60 % verteilen sich auf zahlreiche andere Marken. Das Gebiet von Kassel bis Stuttgart und von Bingen bis Würzburg/Nürnberg versorgt Hameico mit Bananen-Nachschub. [....] Vom Import der Produkte bis zur Feinverteilung im Lebensmitteleinzelhandel reicht das Spektrum der angebotenen Dienstleistungen. Falls gewünscht, werden Obst und Gemüse nicht nur zu den Zentrallägern der Handelsketten, sondern bis ans jeweilige Supermarkt geliefert. Möchte ein Discounter die Bananen-"Hände" gleich einzeln in Folie verschweißt, gewogen und mit Preisen ausgezeichnet übernehmen, wird auch dies erledigt: 20 000 Bananenkartons in der Woche verlassen so die Packstation. Andere Kunden bringen ihre eigenen Produkte nach Dietzenbach und überlassen Hameico die weiteren Schritte wie Wareneingangskontrolle, Kommissionierung und Distribution. Die Gastronomie, den Gastronomieservice und den Wochenmarkthandel hat Kuhnke ebenfalls im Blick.
>
> Quelle: *E. Schwarz*, in: Frankfurter Allgemeine Zeitung, 23.05.2003

Aufgaben zu M 4.4/13:
– *Stellen Sie den Weg der Banane in einer Übersicht anschaulich dar.*
– *Beschreiben und bewerten Sie die Rolle der Reifereien im Bananenhandel.*

4.4.4.5 Veränderungen auf dem Bananenmarkt – die globale Warenkette in der Praxis

M 4.4/14: Telefon-Interview mit einem Vertreter des Zentralen Einkaufs einer deutschen Lebensmitteleinzelhandelskette (vom 22.10.2003)

> Man sieht zunehmend unterschiedliche Marken von Bananen, vor allem auf den Märkten (also nicht im Supermarkt). Was hat das zu bedeuten?
> Seit 1993 die Bananenmarktordnung einsetzte, strömte eine Vielzahl von Newcomern im Bananengeschäft auf den Markt. Sie sind zum Großteil Fruchtimporteure, die bis dato nichts mit Bananen zu tun hatten, dann aber Bananenlizenzen erstanden und versuchten, sich auf dem Markt zu etablieren. Vorher dominierten nur drei bis vier große Firmen den Bananenmarkt in Deutschland. Jetzt versuchen die neuen Firmen, die Lizenzen kleiner Firmen zu bündeln, um auf dem Markt mithalten zu können.
> Hat Chiquita nicht mehr die 'Alleinstellung' von früher? Was ist mit Dole oder Del Monte?

M 4.4/14: Telefon-Interview mit einem Vertreter ... (Fortsetzung)

Die ehemals großen Marken spielen heute keine so große Rolle mehr. Dabei zehrt Chiquita von seiner Marktstrategie der letzten 20 Jahre, so dass es dieses Unternehmen noch ein wenig leichter hat, dem Verbraucher die höheren Preise zu erklären als die anderen Markenfirmen.

Welche Rolle spielen die Marken heute noch?
In diesem Zusammenhang hat sich das Geschäft in Deutschland stark verschoben. Heute machen die Hart-Discounter wie Lidl oder Aldi 54 % des Bananengeschäftes. Um die gleichen Preise wie diese Discounter erzielen zu können, müssen Firmen wie Wal Mart und REWE härter kalkulieren. Sie bieten 70 % bis 75 % zu diesen Preisen an, so dass die Markenbananen zu höheren Preisen von Chiquita, Dole oder Del Monte einen immer kleineren Teil ausmachen.
Chiquita hatte vor 1993 vielleicht einen Anteil von 30 % am Markt. Heute spielen aber Marken eine immer geringere Rolle, da der Verbraucher stärker auf den Preis als auf die Marke achtet.
Und der Unterschied ist enorm: REWE verkauft das kg Chiquita-Bananen für 1,69 bis 1,99 €, die Discountbananen aber für 0,85 €.

Wie hat sich der Absatz von Bananen in den letzten Jahren verändert?
Der Pro-Kopf-Verbrauch hat sich seit 1993 kaum noch verändert, hat eventuell ein wenig nachgegeben. Im Grunde ist er aber seit 1993 gleich geblieben, da sich auch die Lizenzen nicht verändert haben.

Wie haben sich die Preise der Banane verändert?
Die Preise sind in den letzten Jahren konstant geblieben, mit leicht nachgebender Tendenz. Dieser Blickwinkel hängt aber auch stark von den sich ändernden Wechselkursen ab.

Wie werden Bananen bezogen?
Zurzeit noch über Importeure. Ab 2006 wird es vermutlich keine Bananenlizenzen mehr geben, so dass dann frei importiert werden kann. Es müssen nur noch Zölle gezahlt werden. Es wird sich zeigen, ob immer mehr kleine Importeure auf den Markt drängen oder ob eine Bündelung wie bisher wirtschaftlicher sein wird.

Welche Rolle spielen Bananen aus biologischem Anbau?
Ihr Anteil steigt noch immer, aber nicht in zweistelligem Niveau.

Sind in den letzten Jahren Veränderungen in diesem Segment zu erkennen, und was sind die Ursachen dafür?
Je nach aktueller Situation sind Veränderungen zu erkennen, z. B. hat die BSE-Krise 2002 zu einer stärkeren Nachfrage nach Bio-Produkten und damit auch -bananen geführt. Zu bedenken sind die Umschlagsgeschwindigkeiten und die Haltbarkeit der Produkte. Es können nur so viele Bananen angeboten werden, wie der Verbraucher auch abnimmt, da die Produkte nur für einen bestimmten Zeitraum angeboten werden dürfen. Damit die finanziellen Verluste gering bleiben, werden also nur geringe Mengen an Biobananen angeboten.

Welche Rolle spielen Bananen aus fairem Handel? Sind in den letzten Jahren Veränderungen zu erkennen? Was sind die Ursachen dafür?
In der Vergangenheit gehörten sie zu (unserem) Sortiment. Man muss aber folgendes bedenken: Der Einzelhandel nimmt beispielsweise drei Kisten Bananen pro Tag ab. Damit muss der Anteil an Discountbananen und an Markenbananen abgedeckt werden (je eine Kiste). Soll darüber hinaus noch eine Kiste Biobananen verkauft werden, bleibt für die Fair Trade-Banane kein Spielraum mehr. Also hat man versucht, die Bio- mit der Fair Trade-Banane zu kombinieren. Unzufriedenheit mit der Qualität der fair gehandelten Biobananen führte dazu, dass nun als drittes Segment die Biobananen angeboten werden, so dass die Fair Trade-Bananen rausfallen.

Woher beziehen Sie die Biobananen?
Wir haben einen eigenen kleinen Teil an Banananlizenzen. Diese werden für den Import von Biobananen aus der Dominikanischen Republik genutzt.

Wo befinden sich die Bananenreifereien, von denen sie beliefert werden?
Allgemein sind die Reifereien eigenständig, so dass wir die entsprechende Dienstleistung einkaufen. Die Entfernung von den Reifereien hängt vom Bananenvolumen ab. Bei kleinem Volumen gibt es wenige Reifestationen, und die Bananen werden per LKW auf unsere Lager verteilt. So haben wir in Deutschland drei Reifereien, in denen die Biobananen reifen: Duisburg (Hameico), Gießen und München.

M 4.4/14: Telefon-Interview mit einem Vertreter … (Fortsetzung)

Bei größerem Volumen (Discount- und Markenbananen) werden mehrere Reifereien einbezogen, die sich in einer Entfernung von 20 bis 50 km von den Lagern entfernt befinden.

Wo werden Bananen bezogen: bei der Reiferei, beim Importeur, beim Produzenten?
Die Bananen werden bei Importeuren und Produzenten bezogen. Dazu werden Jahresgespräche geführt und Rahmenabkommen getroffen. Die Preise werden dann wöchentlich überprüft. Die Gespräche werden mit verschiedenen Partnern geführt, und der Anteil an Importeuren und Produzenten schwankt und ist prozentual nicht festlegbar.

Wer entscheidet über den Absatz der Bananen: Kunden, Einzelhandel, Importeure, Produzenten?
Die Kunden bzw. Verbraucher!

Wer entscheidet über die Bezugsquellen der Bananen: Kunden, Einzelhandel, Importeure, Produzenten?
Die Händler!

Können Sie einschätzen, wie groß der Einfluss des Handels auf die Bananenproduktion und den Bananenimport ist?
Der Handel entscheidet, was er zahlen kann. Seit 1993 ist das Prinzip von Angebot und Nachfrage außer Kraft geraten, da die Lizenzen stark ausgenutzt werden können. Das bedeutet, dass ein Lizenzinhaber seine Bananen zu einem kleinen Preis anbieten kann, wenn er das möchte. Die anderen Lizenzinhaber sind dann also gezwungen, mitzuziehen oder gegebenenfalls Abnehmer einzubüßen. Die Händler müssen auf Grund der Zunahme des Discount-Anteils verstärkt auf die Preise achten.
Hierzu ein Beispiel: Ein Einzelhandel hat 1000 Bananen im Geschäft. Sollte der Verbraucher an diesem Tag nun aus welchem Grund auch immer nur 800 Bananen kaufen, bleiben 200 übrig. Der Händler kauft also für den nächsten Tag nur 800 Bananen und muss die Preise senken, um das Defizit vom Vortag wieder ausgleichen zu können. Der Verkäufer (Importeur/Produzent) muss reagieren und dementsprechend auch die Preise senken. Der Handel hat also Einfluss auf die Importeure, aber indirekt, da er das Kaufverhalten der Verbraucher weitergibt.

Oder regulieren weiterhin die Multis oder Großproduzenten den Markt?
Nein, nicht mehr.

Wer hat Ihrer Meinung nach die „Macht" auf dem Bananenmarkt?
Die Macht hat auf der einen Seite der Händler, da er entscheidet, was dem Kunden angeboten wird. Eigentlich hat aber der Verbraucher die Macht, da er dem Händler zeigt, ob dessen Entscheidung richtig oder falsch war.

Wer macht das Marketing für die Bananen und entscheidet über Design, Innovationen etc.?
Das Marketing von Bananen geht heute fast nur noch über den Preis. Das einzige Unternehmen, das noch Marketing betreibt bzw. betreiben muss, um seinen Kunden die Preise ihrer Bananen zu erklären, ist Chiquita.

Inwiefern hat sich Ihrer Meinung nach die Rolle der Multikonzerne in den letzten Jahren verändert?
Marken spielen heute im Bananenhandel in Deutschland kaum noch eine Rolle. Kurz könnte man ihn als eine einzige Preisschlacht bezeichnen.

Aufgaben zu M 4.4/14:
– Beschreiben Sie Veränderungen im Bananenhandel und bewerten Sie die Bedeutung der Logistikdienstleistungen.
– Man spricht im Bezug auf andere Lebensmittel aus dem Bereich frisches Obst und Gemüse heute von einer „Restrukturierung des Distributionsprozesses im europäischen Lebensmitteleinzelhandel". Erläutern Sie diese Aussage und vergleichen Sie sie mit der Entwicklung des Bananengeschäftes.
– Erstellen Sie auf der Basis des Interviews eine Übersicht, die die verschiedenen Einflüsse auf den Bananenmarkt in Deutschland zeigt und zueinander in Beziehung setzt.

M 4.4/15: Welche Bedeutung haben die einzelnen Segmente im Bananenhandel?
Zusammenfassung der Aussagen von M 4.4/14
Quelle: eigener Entwurf

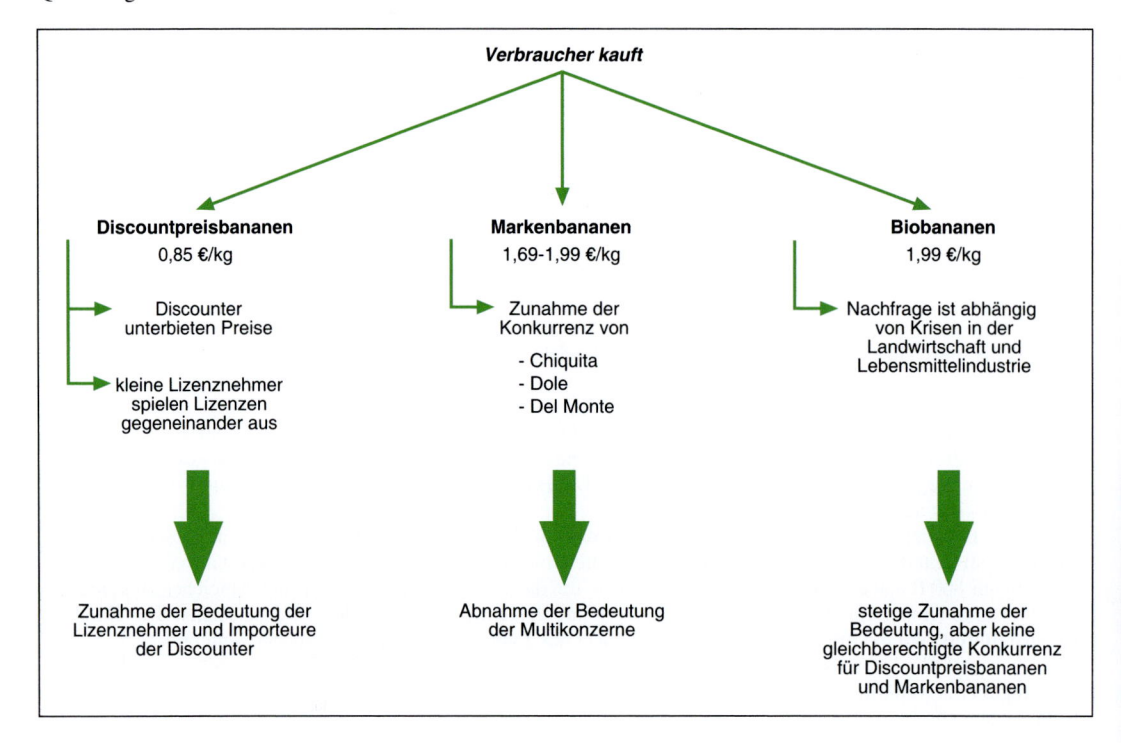

```
                          Verbraucher kauft
           ┌──────────────────┼──────────────────┐
           ▼                  ▼                  ▼
   Discountpreisbananen   Markenbananen       Biobananen
      0,85 €/kg           1,69-1,99 €/kg      1,99 €/kg
```

Discountpreisbananen (0,85 €/kg):
- Discounter unterbieten Preise
- kleine Lizenznehmer spielen Lizenzen gegeneinander aus

⬇ Zunahme der Bedeutung der Lizenznehmer und Importeure der Discounter

Markenbananen (1,69-1,99 €/kg):
- Zunahme der Konkurrenz von
  - Chiquita
  - Dole
  - Del Monte

⬇ Abnahme der Bedeutung der Multikonzerne

Biobananen (1,99 €/kg):
- Nachfrage ist abhängig von Krisen in der Landwirtschaft und Lebensmittelindustrie

⬇ stetige Zunahme der Bedeutung, aber keine gleichberechtigte Konkurrenz für Discountpreisbananen und Markenbananen

M 4.4/16: Karte der Bananenreifereien der Cobana Fruchtring Gesellschafter sowie der Fruchtagenturen und Betriebsstätten der Atlanta-Gruppe
Quelle: Eigener Entwurf nach www.cobana.de (Abruf 25.02.2008)

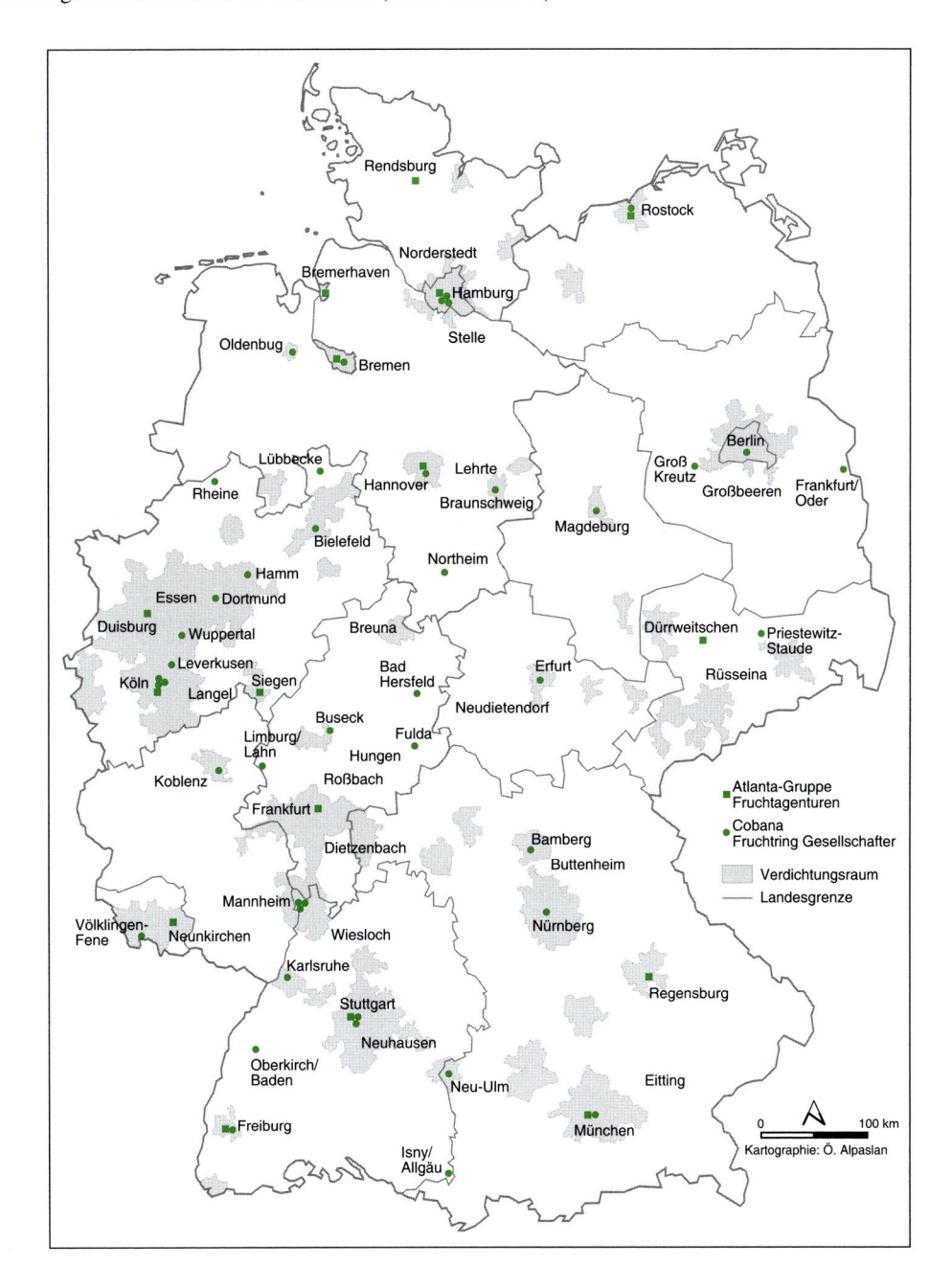

Aufgaben zu M 4.4/16:
– *Beschreiben Sie den in der Karte dargestellten Sachverhalt.*
– *Erläutern sie die Verteilung der Bananenreifereien der beiden Hauptimporteure für Bananen.*

4.4.4.6 Marken

M 4.4/17: Wenn Marken uns die Welt versprechen

Wer denkt noch an Schwanweiß, das Waschmittel der fünfziger Jahre? An Gasolin, den Kraftstoff der sechziger? An den erst jüngst verstorbenen Weichspüler Vernell? Lavendel, Oleander, Jasmin, Vernell! Die berühmteste Tonleiterübung des deutschen Werbefernsehens. Heute alles vergangen, vergessen. Markenartikel sterben, das ist der Kummer der Konsumenten, die mit ihnen ihre Jugend schwinden sehen, und der Kummer der Produzenten, die an dem Untergang freilich nicht unschuldig sind. Einst verbürgten Marken Qualität. Heute stehen Marken für Wünsche, Träume, Lebensgefühl, kurzum für Dinge, die in der Ware gerade nicht enthalten sind. Werbeagenturen arbeiten hart daran, Produkte mit utopischen Assoziationen aufzuladen. Neues Auto, neues Glück. Durch den „symbolischen Konsum" von Markenartikeln, sagen Soziologen, basteln sich die Kunden ihre soziale Identität. Das ist natürlich Täuschung. Denn in der großen Welt, in die der kleine Konsument mit Markenhemden zu kommen versucht, werden solche gerade nicht getragen, sondern No-Name-Produkte nach Maß. Und wehe, wenn der Schwindel auffliegt! Die Marke wird von den Kunden umstandslos durch Supermarktwaren ersetzt. Die Marke verbrennt und mit ihr das Geld, das in ihre Entwicklung gesteckt wurde und oft die Kosten der Produktentwicklung weit übersteigt. Deswegen ist das Gejammer der Produzenten so groß, wenn ihre Marken sterben. Sie haben auf Lebensgefühl gesetzt, aber das Lebensgefühl hat sich geändert. Sie haben auf Träume gesetzt, aber die Träume werden nicht mehr geträumt. Sie haben, mit anderen Worten, Dichtung verkaufen wollen, und plötzlich sieht der Kunde nur noch die Ware. Werbung, die mit der Literatur wetteifern will, arbeitet auf heiklem Gelände.

Quelle: *J. Jessen*, in: Die Zeit, 10.07.2003

M 4.4/18: Was ist eine Marke?

Der Markenartikel ist ein Produkt, das die Marke des Herstellers trägt und stets gleichbleibende oder verbesserte Qualität und Ausstattung bietet.
Daraus folgt:
Der Markenartikel gibt dem Verwender Sicherheit beim Einkaufen; er ist nicht anonym.
Der Markenartikel ist langfristig konzipiert. Er hat ein eigenständiges Produktprofil. In bezug auf Qualität, Preis und Service hat er in seiner Gruppe eine Leitfunktion. Durch Leistung und kontinuierlichen Markenauftritt schafft er Vertrauen bei den Verwendern.
Der Markenartikel geht mit der Zeit. Denn Produktion und Forschung haben höchstes Niveau und können veränderte Verbraucherbedürfnisse jederzeit berücksichtigen. Der Markenartikel hat dadurch langfristigen Markterfolg und hohe Bekanntheit.
Der Markenartikel wird über ein produktadäquates Vertriebssystem distribuiert. Das garantiert gleichbleibende, überregionale Versorgung, bequemen Einkauf und fachkundigen Service.
Der Markenartikel fördert den Wettbewerb und dadurch Produktinnovationen. Er ist das beste Mittel gegen ein eintöniges Warenangebot. Markenartikel sprechen große Verbrauchergruppen an und garantieren durch rationelle Fertigung einen angemessenen Preis.
Der Markenartikel verhindert Produktenttäuschungen. Durch seine hohe Produktqualität verschafft er dem Käufer positive Erfahrungen und verdient sich dadurch höchste Wertschätzung. Durch Markenwerbung und Verkaufsförderung informiert der Hersteller Handel und Verbraucher.
Markenartikel setzen Maßstäbe für wirtschaftlichen und technischen Fortschritt. Durch die Innovationskraft und Produktkompetenz der Hersteller prägen sie in hohem Maße die Konsumgüter.

Quelle: www.markenverband.de/presse/index.html

Aufgaben zu M 4.4/17 und /18:
– *Übertragen Sie die Merkmale eines Markenartikels auf die Ihnen bekannten Bananenmarken. Welche Kriterien sind erfüllt bzw. in welchen Bereichen zeichnen sich aufgrund der neusten Entwicklungen Schwierigkeiten ab?*
– *Welche Auswirkungen ergeben sich daraus für den globalen Markt?*
– *Welche Bedeutung haben Markenbananen heute?*

4.4.4.7 Die Bananenmarktordnung

M 4.4/19: Bundesfinanzhof entscheidet über vorläufigen Rechtsschutz gegen Bananen-Marktordnung

Ein Hamburger Fruchtimporteur, dem aufgrund der EG-Bananen-Marktverordnung von 1993 Lizenzen für die abgabenbegünstigte Einfuhr von Bananen aus Ecuador nur in geringem Umfang zugeteilt worden waren, suchte bei dem zuständigen Finanzgericht vorläufigen Rechtsschutz zur Erwirkung zollbegünstigter Einfuhren von Drittlandsbananen. Wie schon zuvor in Verfahren vor den Verwaltungsgerichten wegen der Zuteilung weiterer Lizenzen, machte der Importeur geltend, er gerate infolge der hohen Prohibitiv-Zölle[1] auf Bananen-Einfuhren aus Drittländern – Zollregelungen, die gegen zwischenstaatliches Recht (GATT) verstießen – in äußerste wirtschaftliche Schwierigkeiten. Das Finanzgericht gab den entsprechenden Anträgen statt und verpflichtete die Abfertigungszollstelle durch einstweilige Anordnungen, Bananen für den Importeur ohne Lizenzen und zu einem wesentlich günstigeren – nach Meinung des Finanzgerichts Gatt-konformen – Zollsatz abzufertigen.

[1] Schutzzoll, Sperrzoll

Quelle: Pressemitteilung des Bundesfinanzhofs Nr. 19 vom 31. August 1995

M 4.4/20: Die EU-Bananenmarktordnung

Der Bananenstreit tobt seit sieben Jahren. Seit dem 1. Juli 1993 gilt die EU-Bananenmarktordnung, die die Einfuhr der Früchte in den europäischen Binnenmarkt über Einfuhrmengen und Zölle reguliert. Ziel der Ratsordnung 404/93 war es, Produzenten in der EU und aus den früheren Kolonien in Afrika, der Karibik und dem Pazifik – den AKP-Ländern – vor billigeren „Dollarbananen" zu schützen. In Deutschland wurden dadurch Bananen aus Lateinamerika teurer. Eine gegen die Ordnung gerichtete Klage der Bundesrepublik war am 5. Oktober 1994 vom Europäischen Gerichtshof abgewiesen worden. Am 30. April 1997 erklärte die Welthandelsorganisation (WTO) die EU-Einfuhrbeschränkungen für unhaltbar. Am 26. Juni 1998 einigten sich die EU-Agrarminister auf eine neue Verordnung. Die EU lässt jährlich etwa 2,5 Millionen Tonnen so genannter Dollarbananen vor allem aus Südamerika zu einem günstigen Zollsatz von 75 Dollar pro Tonne über die Grenzen. 0,86 Millionen Tonnen kommen zollfrei aus den Entwicklungsländern der AKP-Staaten. Die EU steht im Bananenstreit unter Druck: Die deswegen von den USA verhängten Sanktionen haben einen Wert von jährlich 191 Millionen Dollar. Jüngste Vorschläge der Europäer sehen eine Umstellung vom Quoten-Zoll-System auf ein reines Zoll-System ab 2006 vor.

Quelle: Generalanzeiger, 21.12.2000

M 4.4/21: Chiquita steht am Rande des Bankrotts

Der weltgrößte Bananenhändler Chiquita Brands International hat sich am Mittwoch unter Gläubigerschutz gegeben. Dadurch sollen die Schuldenlast und die Zinsverpflichtungen um etwa 700 Millionen Dollar verringert werden. Laut Firmensprecherin Magnes Welsh soll das Reorganisationsverfahren in drei bis vier Monaten abgeschlossen sein. Die operativen Aktivitäten sollen in der Zwischenzeit aufrechterhalten und der Vertrieb von Bananen fortgeführt werden, betonte die Firmensprecherin. Nach Kapitel elf des amerikanischen Konkursrechts kann ein finanziell angeschlagenes Unternehmen dem Bankrott ausweichen, indem es einen glaubhaften Plan zur Umschuldung und Reorganisation der Firma vorlegt. Im Januar hatte Chiquita Brands International bereits angekündigt, dass es die Schuldenzahlungen aussetzen werde. Nach zehn Monate langen Verhandlungen hatte sich der Konzern dann Mitte November mit Gläubigern auf die Umstrukturierung einer Anleiheschuld geeinigt. [...] Ferner hat sich das Unternehmen verpflichtet, durch Neuemissionen mindestens 600 Millionen Dollar an frischem Kapital aufzubringen. Die Krise bei dem in Cincinnati ansässigen Unternehmen zeichnet sich schon seit einigen Jahren ab. Überkapazitäten und der weltweite Preisverfall bei Bananen werden als Hintergründe genannt. Für die jüngste Zuspitzung macht das Chiquita Management allerdings den Bananenstreit mit der EU verantwortlich. Die europäischen Einfuhrquoten hätten zu Umsatzverlusten in dreistelliger Millionenhöhe geführt.

Quelle: *P. de Thier*, in: Generalanzeiger, 30.11.2001

M 4.4/22: Marktordnung der EG für Bananen 1993 im Überblick
Quelle: Verändert nach *Nuhn, H.* 1995, S. 184

erwarteter Verbrauch in der EG 3,7 Mio. t					
EG-Produzenten		AKP-Produzenten		sonstige Produzenten für den Weltmarkt	
Quote mit Preisgarantie **ohne** Zoll: 854.000 t	ohne Preisgarantie: beliebige zusätzliche Mengen	Quote für bisherige Lieferanten **ohne** Zoll: 857.700 t	über die Quote von 857.700 t hinausgehende Menge **mit** Zoll: 750 ECU/t	Quote **mit** Zoll 100 ECU/t für 2.000.000 t	über die Quote von 2.000.000 t hinausgehende Menge **mit** Zoll: 850 ECU/t

Kanarische Inseln	420.000 t	Elfenbeinküste	155.000 t	Bisherige Importeure von Weltmarktbananen	1.330.000 t 66,5 %
Martinique	219.000 t	Kamerun	155.000 t		
Guadaloupe	150.000 t	St. Lucia	127.000 t		
Madeira	50.000 t	Jamaika	105.000 t	Bisherige Importeure von AKP- und EG-Bananen	600.000 t 30 %
Kreta	15.000 t	St. Vincent	82.000 t		
		Dominica	71.000 t		
		Somalia	60.000 t		
		Belize	40.000 t	Neue Importeure 1993	70.000 t 3,5 %
		Surinam	38.000 t		
		Grenada	14.000 t		
		Madagaskar	5.900 t		
		Kapverdische Inseln	4.800 t		

M 4.4/23: EU schafft 2006 Quoten bei Bananenimport ab

Der jahrelange Streit um die EU-Bananenmarktordnung gehört möglicherweise schon bald der Vergangenheit an. Die EU-Agrarminister einigten sich in Brüssel darauf, spätestens bis Anfang 2006 die bisherigen Importquoten durch eine reine Zollregelung zu ersetzen. Bis dahin soll vom 1. April 2001 an das so genannte „Windhundverfahren" zum Einsatz kommen.
Nach dieser Übergangslösung erhalten diejenigen Bananenimporteure, die zuerst wegen einer Einfuhrlizenz nachfragen, nach dem Prinzip „wer zuerst kommt, mahlt zuerst" den Zuschlag. Die Minister einigten sich mit großer Mehrheit, nur Großbritannien stimmte gegen den Vorschlag. EU-Agrarkommissar Franz Fischler bezeichnete die Übergangslösung als „WTO-kompatibel, transparent, flexibel und praxistauglich".
Die EU steht im Konflikt um die Bananen unter Druck, weil die derzeitige Marktordnung mit Mengenkontingenten gegen die Regeln der Welthandelsorganisation (WTO) verstößt. Die deswegen von den USA verhängten Sanktionen belaufen sich auf jährlich 191 Millionen Dollar. Mit der Entscheidung folgte der Ministerrat einem Vorschlag der EU-Kommission. Alle Importeure haben mit dem neuen modifizierten Kontingentsystem nach den Angaben die gleichen Chancen. Im Zuge des Windhundverfahrens müssen sie zunächst eine Import-Absichtserklärung unter genauer Angabe der Bananenmengen auf den einzelnen Schiffen abgeben. Die Einfuhrquoten sollen wöchentlich oder alle zwei Wochen festgesetzt werden, um regelmäßige Importe in die EU zu gewährleisten.
Wenn die Schiffe unterwegs sind und eine bestimmte Distanz zu Europa haben, wird über die Lizenzen entschieden. Sind mehr Bananen auf dem Weg nach Europa, als das Kontingent vorsieht, kann die Fracht über die EU in Drittländer, beispielsweise nach Osteuropa, umgelenkt werden. Bisher wird der EU-Bananenmarkt mit Mengenkontingenten reguliert, wobei sich die USA und lateinamerikanische Exportländer benachteiligt fühlen. So lässt die EU pro Jahr etwa 2,5 Millionen Tonnen „Dollarbananen", vor allem von US-Firmen in Südamerika angebaut, zu einem vergleichsweise günstigen Zollsatz von 75 Dollar pro Tonne über ihre Grenzen. Aus den Entwicklungsländern der AKP-Staaten Afrikas, der Karibik und des Pazifiks dürfen 0,86 Millionen Tonnen zollfrei auf den EU-Markt. Unter diesen Ländern sind viele ehemalige Kolonien. Das Windhundverfahren soll nun auf alle Kontingente angewandt werden.

Quelle: Generalanzeiger, 21.12.2000

M 4.4/24: Bananen und Maquilas – Honduras leidet unter der Abhängigkeit vom Weltmarkt

Honduras gehört zu den ärmsten Ländern Mittelamerikas. Neben Bananen und Kaffee werden vor allem Halbfertigwaren und Textilien für den Weltmarkt produziert. Doch in den so genannten Maquilas, den Werkshallen in zollfreien Gebieten, sind die Arbeitsbedingungen nicht viel besser als auf den Bananen-Plantagen.
Antonio Ramirez schärft die Machete. Er ist Cortero in der Finca Cina, einer Bananenplantage nahe der Stadt La Lima in Honduras. Antonio ist verantwortlich für das Abschneiden der Stauden. Mit einem Hieb kappt er den Stamm des knapp drei Meter hohen Baumes. Das Blattwerk senkt sich und mit ihm die Früchte. Jetzt kommt Juan, er schleppt die Früchte zur Kabelbahn, die wie eine Schwebebahn funktioniert: ein durchlaufendes Stahlband, befestigt in Bögen im Abstand von acht bis zehn Metern. Juan hängt die Bananenstauden ans Band.
„Seit sechs Jahren arbeite ich hier. Der Lohn ist nicht gerecht. Ich bekomme am Tag 100 Lempiras, auf den Monat umgerechnet etwa 100 Euro. Ich bin verheiratet und habe zwei Kinder. Die Plantagen sind doch das Einzige, was uns noch Arbeit gibt in diesem Land."
Ein Junge, kaum 16 Jahre alt, legt sich einen Gurt ums Becken, daran geknotet ein starkes Seil. Er muss die Stauden ziehen, fast zwei Kilometer bis zur Packerei, eine Tonne Gewicht. Mit dem gesamten Körper stemmt er sich ins Zuggeschirr. Wenn die Last auf der Kabelbahn rollt, ist es gut. Aber Muskelrisse und Leistenbrüche sind keine Seltenheit. Dass die Arbeiter zu wenig verdienen, gibt auch Celeo Rosa Casco zu, der Plantagenbesitzer. Seine 70 Hektar hat er gepflegt, doch werfen sie nicht genug ab. Vor 40 Jahren arbeitete Celeo Rosa auf den Plantagen von Chiquita, später studierte er in Florida Agrarökonomie, jetzt ist er selbständig und doch abhängig von Chiquita und Dole in den USA, die weltweit die Hälfte des Bananenmarktes kontrollieren. Dole kauft seine Produktion, die 18-Kilo-Kiste für viereinviertel Dollar. In Miami kostet sie bereits 20. Damit könnten sie nicht kostendeckend produzieren, sagt Celeo Rosa.
„Im vergangenen Jahr haben wir 23 Cent Verlust pro Karton gemacht. Kredite und Zinsen können wir nicht mehr bezahlen. Die Produktionskosten steigen täglich. Bei der galoppierenden Inflation wird die Bananenproduktion in diesem Land kollabieren."

M 4.4/24: Bananen und Maquilas – Honduras leidet unter der Abhängigkeit vom Weltmarkt (Fortsetzung)

> Die Stauden haben die Packerei erreicht und kommen in große Spülbecken, werden sortiert, etikettiert und verpackt in Kartons der Firma Dole. Chiquita und Dole haben in den vergangenen Jahren viele Plantagen in Honduras verkauft und lassen nun andere für sich produzieren. Outsourcing, um soziale Kosten auf die kleinen Produzenten abzuwälzen.
>
> Der Verband unabhängiger Produzenten würde selbst gern Märkte in Europa erschließen. Doch bis vor kurzem galt die EU-Bananenverordnung, womit Bananen aus ehemaligen Kolonien und Überseegebieten der Mitgliedsländer geschützt wurden. Davon profitierten hauptsächlich britische und französische Händler. Für Bananen aus Lateinamerika hingegen galt eine Importquote. Zu Beginn des Jahres 2006 musste die EU diese Quotierung auf Druck der Welthandelsorganisation zwar aufgeben. Dafür hat sie nun neue Zölle festgelegt. Donatilo Flores, Vorsitzender der Bananenarbeiter-Gewerkschaft Sitraterco, befürchtet gravierende Auswirkungen.
>
> „Die Europäische Union erhebt Zoll, pro Tonne 286 Euro. Wir als Gewerkschafter wollen, dass das rückgängig gemacht wird. Der amerikanische Markt wird wesentlich aus unseren Nachbarländern bedient. Das ist für Honduras schon ein Problem. Wenn die hiesigen Produzenten nun keinen Markt in Europa finden, werden sie aufgeben."
>
> Schlechte Aussichten für Honduras. Mit Bananen lässt sich das Land nicht entwickeln.
>
> Nun schießen überall so genannte Maquilas aus dem Boden, Fabriken, in denen Halbfertigwaren montiert und Textilien verarbeitet werden für den Export, Werkshallen in abgezäunten zollfreien Gebieten, so genannten Zonas Francas. Die Betreiber, meistens Ausländer aus den USA, aber auch aus Korea und Taiwan, den Philippinen oder der Türkei, sind bis zu 15 Jahren von Steuern befreit. Die Regierung hofft, dass sich langfristig eine florierende Industrie ansiedelt und die Abhängigkeit von Weltmarktpreisen in der Landwirtschaft reduziert wird. (....)
>
> Danilo Flores von der Gewerkschaft Sitraterco:
>
> „Die Investoren kommen ins Land und die Regierung öffnet ihnen alle Türen. Doch dann stellen die Unternehmer Bedingungen: 'Ich will investieren, aber die Regierung muss mir Garantien geben. Keine Gewerkschaften, keine sozialen Kosten.' Nur der reine Lohn wird gezahlt. Und der ist, wie wir wissen, extrem niedrig."
>
> Das Argument der Regierung: Bei einer Arbeitslosigkeit von circa 50 Prozent sei es gut, wenn die Menschen überhaupt Arbeit bekommen. Dass dies aber keine Investitionen in die Zukunft sind und die Arbeiter davon kaum leben können, das weiß jeder in Honduras.
>
> Quelle: *Detlef Urban* (Deutschlandfunk): http://www.dradio.de/dlf/sendungen/einewelt/507532/, 27.07.2006

Aufgaben zu M 4.4/19 bis /24:
- *Informieren Sie sich über die EU-Bananenmarktordnung von 1993. Welche Regelungen wurden darin festgelegt und welche Auswirkungen haben diese für den deutschen Bananenmarkt?*
- *Erläutern Sie Folgen für den globalen Bananenmarkt und bewerten Sie sie!*
- *Welche Veränderungen ergaben sich mit der Abschaffung der Quotenregelung 2006?*

4.4.4.8 Vergleich von Bananen-Produktionsländern und nach Deutschland exportierenden Ländern

M 4.4/25: Produktion von Obstbananen nach Ländern (1000 t)
Quelle: ZMP 2005

	Produktion von Obstbananen nach Ländern (1.000 t)					
	1999	2000	2001	2002	2003	2004
Indien	16.810	14.140	14.210	16.820	16.820	16.820
Ecuador	6.392	6.477	6.077	5.528	5.883	5.900
Brasilien	5.478	5.663	6.177	6.423	6.775	6.603
Phillipinen	4.571	4.930	5.061	5.275	5.369	5.638
Costa Rica	2.420	2.250	2.130	2.050	2.220	2.230
Thailand	1.720	1.750	1.750	1.800	1.900	1.900
Kolumbien	1.650	1.524	1.375	1.424	1.511	1.450
Venezuela	788	764	735	591	560	550
Kamerun	623	626	632	630	630	630
Panama	776	660	489	522	509	525
Honduras	453	469	516	965	965	965
Dom. Republik	432	343	442	503	481	480
Elfenbeinküste	252	280	270	271	244	252

[1] FAO (Food and Agriculture Organization of the UN): Welternährungsorganisation mit Sitz in Rom; hat die Aufgabe, durch Daten-sammlung, Situationsanalysen, Publikationen, Koordinations- und Beratungs-tätigkeit für alle Bereiche der Ernährungs-, Land- und Forstwirtschaft und Fischerei zur Verbesserung der internationalen Ernährungslage und der wirtschaftlichen Lage der Landwirtschaft beizutragen.
[2] ZMP: Zentrale Markt- und Preisberichtstelle für Erzeugnisse der Land-, Forst- und Ernährungswirtschaft GmbH

M 4.4/26: Einfuhr von Bananen nach Deutschland nach Lieferländern (t)
Quelle: ZMP 2005

	Einfuhr von Bananen nach Lieferländern (t)					
	1999	2000	2001	2002	2003	2004
Ecuador	258.007	286.549	299.828	332.489	394.623	395.149
Kolumbien	215.551	196.000	240.138	211.450	271.613	235.954
Costa Rica	196.449	169.084	193.697	241.132	254.944	259.515
Panama	210.064	206.776	172.963	138.816	151.420	185.133
Elfenbeinküste	7.063	40.009	69.915	62.802	41.080	36.509
Kamerun	4.498	30.653	51.764	52.013	19.566	12.781
Honduras	20.980	11.945	20.372	9.264	10.298	8.775
Dom. Republik	13.842	17.210	18.392	25.993	29.425	27.721
Venezuela	30.273	26.849	13.849	5.437	128	352
Nicaragua	3.782	12.519	10.693	515	853	43

Aufgaben zu M 4.4/25 und M 4.4/26:
– Beschreiben Sie die Ihnen vorliegenden Statistiken. Formulieren Sie Hauptaussagen. Versuchen Sie, diese mit Hilfe einer Grafik eindeutig zum Ausdruck zu bringen.

Mögliche Aussagen:
– Brasilien, Indien, Philippinen und Ecuador sind die Hauptproduktionsländer von Bananen!
– Brasilien, Indien, Philippinen und Thailand sind aber keine für Deutschland wichtigen Importländer; Eigenverbrauch oder Export in andere Länder (z. B. japanischer Markt).
– Ecuador, Kolumbien, Costa Rica, Panama sind die Hauptexporteure nach Deutschland.
– 1999 hat der Import aus Ecuador einen großen Einbruch erlebt: Ursachen?
– Seit 1999 hat der Import von der Elfenbeinküste und aus Kamerun stark zugenommen, auch der Import aus Ecuador steigt wieder: Ursachen?
– Stellen Sie die Verteilung der Hauptproduzenten und -importeure kartografisch dar.

4.4.4.9 Vergleich der globalen Warenkette in der Lebensmittelindustrie und der Bekleidungsindustrie

M 4.4/27: Strukturmerkmale der Bekleidungsindustrie und der Lebensmittelkette

Strukturmerkmale	Bekleidungsindustrie	Lebensmittelsektor	zu erwartende Abweichungen für den Lebensmittelsektor
Inputstruktur	mehrere Produktionsstufen	weniger Produktionsstufen	für Unternehmen am „unteren Ende" gibt es weniger Positionen für Aufwertungsprozesse, Schritte zwischen den Stufen sind größer
Transport	unproblematisch	spezielle Anforderungen	Spezielle Transportdienstleistungen gewinnen an Bedeutung; räumliche Ausdehnung der Kette wird begrenzt
Geographische Reichweite	globale Ketten	nationale/regionale Ketten	Reduzierung von Risiken, die mit Fremdheit oder Distanz verbunden sind
Technologieniveau	Weniger kapital- und technologieintensiv	kapital- und technologieintensiv	
Marktzugang	Oligopol	Oligopol/Konkurrenz	
Institutioneller Rahmen des fokalen[1] Unternehmens/ nachgeordneten Unternehmens	große Differenzen	wenige Differenzen	
Nachfrageverhalten	global	regional	Einebnung des Machtgefälles zwischen Hersteller- und Handelsstufe

[1] fokale [lat.: leitend, steuernd] Unternehmen: Fokale Unternehmen führen Netzwerke strategisch, d.h. sie beeinflussen die strategische Ausrichtung mehr als andere Netzwerkmitglieder. Ziel dieser strategischen Gemeinschaft ist es, durch eine komplementäre Erweiterung der Kompetenzen der Einzelunternehmen einen deutlichen Wettbewerbsvorteil zu erreichen.

Quelle: *Rudolph* 2001, S. 98

Aufgabe zu M 4.4/27:
– *Vergleichen Sie die Strukturmerkmale der beiden Handelssektoren miteinander und stellen die Gemeinsamkeiten und Unterschiede heraus.*

M 4.4/28: Internetadressen

> www.barabas.de/kunden/banane
> www.pflanzen.onlinehome.de/exot/bananenstaude.htm
> www.kerala-discovery.de/KD_Web/default.htm?IndiaNews.htm
> www.walterpott.de/
> www.markenverband.de/presse/index.html
> www.banafair.de
> projekt-mahlzeit.de/aufgeschmeckt/bananenreise/Banana_crooked.htm
> www.naturkost.de/info/banane.htm
> www.museum-der-arbeit.de/Sonder/Banane/
> www.moikel.de/exoten_b/a_k/banane1.htm
> www.weltladen.bz.it/14v14d130.html
> www.pflanzen.onlinehome.de/exot/bananenstaude.htm
> www.ked-bayern.apc.de/bananen.htm
> www.biologie.uni-ulm.de/bio3/CostaRicaWeb/SeminarSteffiK.htm
> www.dole.com
> www.chiquita.com
> www.delmonte.com
> www.cobana-fruchtring.com
> www.atlanta.de
> www.brot-fuer-die-welt.de
> www.misereor.de

M 4.4/29: Weitere Veröffentlichungen über Bananen

> Bananen im Lebensmitteleinzelhandel – Eine Information von Cobana/Fruchtring, Hamburg, www.cobana-fruchtring.com
>
> b3: Das Cobana Fruchtring Magazin; Hrsg.: COBANA Fruchtring GmbH Co. KG, Hamburg, www.cobana-fruchtring.com
>
> Chiquita-Comic-Magazin (1988), Antwerpen
>
> Warenkunde Banane, 1x1 Atlanta-Gruppe. Hamburg, www.atlanta.de
>
> TransFair/Brot für die Welt/Misereor: Bananen. Materialien für die Bildungsarbeit und Aktionen. Transfair, Köln, www.transfair.org
>
> TransFair: Diaserie Bananen, Köln, www.transfair.org

4.5 Globalisierung „am Rande der Welt": Modernisierung und Integration West Samoas in den Weltmarkt als konzertierte Aktion 'strategischer Gruppen' – eine Unterrichtseinheit für die Sekundarstufe II (*Werner Hennings*)

Die Überschrift – West Samoa „am Rande der Welt" – kann in einem doppelten Sinne verstanden werden: Einerseits liegt Samoa räumlich auf den Weltkarten in europäischen Atlanten immer ganz außen, am Rande, und andererseits hat sich das Archipel bis in die jüngste Vergangenheit als äußerst resistent gegenüber dem Akkulturationsdruck moderner Marktwirtschaften erwiesen. Die Subsistenzproduktion dominierte gegenüber der Marktproduktion mit der Folge, dass W. Samoa unter die 25 weltweit am wenigsten entwickelten Staaten eingestuft wurde: ein räumlich und ökonomisch buchstäblich „am Rande" liegendes Land.

Mit dem Einsetzen der Globalisierung in den siebziger und achtziger, v. a. aber seit den neunziger Jahren des 20. Jahrhunderts begann aber auch hier ein sich ständig beschleunigender Wandel auf allen Ebenen. Die hier vorgestellte Unterrichtseinheit will diese Umwälzungen untersuchen, wobei Globalisierung hier nicht unter dem speziellen Aspekt der modernen Kommunikations- und Informationstechnologien, sondern in der weiteren Bedeutung des Begriffs als die Modernisierung und Akkulturation des Landes durch fortschreitende Integration W. Samoas in den Weltmarkt verstanden werden soll. Dabei soll (M 4.5/1, M 4.5/2) aufgezeigt werden, dass der Prozess der Globalisierung selbst in bisher räumlich „abgelegenen" und entwicklungspolitisch „zurück gebliebenen" Regionen tiefgreifende Veränderungen nicht nur in der Ökonomie, sondern auch der Gesellschaft und Natur ausgelöst hat und immer noch auslöst.

Die Unterrichtseinheit folgt didaktisch vier Prinzipien: Sie ist erstens problembewusst, weil sie an einem globalen, zudem ungelösten und das weltweite Gleichgewicht bedrohenden Problem, der Regenwaldvernichtung, dem damit zusammenhängenden Treibhauseffekt und der zunehmenden Erwärmung der Atmosphäre ansetzt.

Sie ist zweitens theoriefundiert, weil sie den Anspruch hat, Daten und Entwicklungen im Hinblick auf die in diesem Zusammenhang relevanten Entwicklungstheorien zu analysieren und zu diskutieren. Als Theorieansatz wird die Theorie der „fragmentierenden Entwicklung" eingeführt (M 4.5/35, vgl. auch M 4.5/2). Nach dieser Theorie zerfällt die Welt in Zeiten der Globalisierung in „Fragmente", die sich jedoch, je nach Kriterien, zu Zweier- bzw. Dreiergruppen zusammenfassen lassen: „Inseln des Wohlstands" inmitten eines riesigen „Meeres der Armut"; „globale" und „globalisierte Orte" einerseits und „ausgegrenzte Restwelt" andererseits. In diesen Texten werden die Zusammenhänge zu den Vorgängertheorien deutlich: Modernisierungstheorie (marktwirtschaftlicher Ansatz), Dependenztheorie (marxistisch orientierter Ansatz) und Bielefelder Verflechtungsansatz sozialanthropologischer Provenienz.

Sie ist drittens methodengeleitet, denn sie kombiniert die Differenzierungen und Feinheiten unterschlagenden Beobachtungen aus der Makroperspektive (quantitative Strukturdaten und andere Makrodaten aus der „Vogelperspektive") mit den genaueren und differenzierteren Beobachtungen aus der Mikro- und „Froschperspektive": „Die Arbeiten verstanden sich als kritische Ergänzung der Dependenz- bzw. Weltsystemansätze, die gelegentlich die Welt mit Etiketten versahen und selten auf die Lebens- und Leidensbedingungen der Menschen selbst eingingen. Bei diesem Blick aus der Vogelperspektive ... wurde, wie auch in der (markt-) wirtschaftswissenschaftlichen Entwicklungsforschung, ein riesiger Wirtschaftsfaktor vergessen, dessen Produktionsformen nicht auf dem Lohnarbeit-Kapital-Verhältnis beruhen, nämlich der Bereich der Hauswirtschaft, der unbezahlten Frauenarbeit, der Reproduktion von Wohnraum und immer noch vorhandener Formen agrarischer Subsistenzproduktion" (*Evers* 1987, S. 136). Die meisten Materialien der Unterrichtseinheit stammen aus verschiedenen Feldforschungen, die der Verfasser in Samoa während der letzten zwanzig Jahre gesammelt hat.

Schließlich ist sie handlungsorientiert, denn sie versucht anhand des Theorems der „strategischen Gruppen" die Agenten dieses Globalisierungsprozesses herauszuarbeiten: global agierende „non-place-based actors" oder „global players" und die vor Ort lokal tätigen „place-based actors". Ziel ist es, die Gewinner wie die Verlierer des globalen Spiels zu ermitteln. Theoretischer Rahmen der Handlungsorientierung ist

das Konzept der „strategischen Gruppen", d. h. die mehr oder weniger explizit formulierte Allianz weltweit verteilter verschiedener sozialer Gruppierungen, deren gemeinsames Ziel und Strategie es bei aller Unterschiedlichkeit ist, sich ökonomische und soziale Vorteile über die Kontrolle der Produktionsmittel und über den Zugriff auf das Austausch- und Distributionssystem zu sichern (M4.5/3) (*Evers/Schiel* 1988).
Die Unterrichtseinheit ist in fünf Themenkomplexe unterteilt:
– Themenkomplex 1 dient der Problemorientierung und umreißt das Spektrum des Problems, indem hier über die engere Zielsetzung der Unterrichtseinheit (soziale Fragmentierung durch Weltmarkteinbindung) hinaus der globale Gesamtzusammenhang des Problems angerissen wird: Aus SO-Asien z. B. wird immer wieder über Flächenbrände unvorstellbaren Ausmaßes in den Regenwäldern von Sumatra und Borneo berichtet – zum Zweck von Rodungen, um Flächen für eine landwirtschaftliche Produktionsausweitung zu gewinnen, die ausschließlich für den Export, den Weltmarkt erfolgt.
In einem Bericht des WWF wird deutlich, dass es sich bei diesem Vorgang um eine konzentrierte Aktion 'strategischer Gruppen', d. h. eine Verflechtung von Tätigkeiten von global und lokal tätigen Akteuren handelt: Holzverarbeiter und Agrarunternehmer als local actors, Lebensmittel- und Kosmetikproduzenten, Papierhersteller, Supermarktketten, Reedereien, Banken, Kreditversicherer und Regierungen als global players (M 4.5/4). Derartige großflächige Rodungen sind nicht lokal oder regional begrenzt, sondern weltweit verbreitet: Pro Minute werden auf der Welt Waldflächen in der Größenordnung von 35 Fußballfeldern = 1/2 km^2 vernichtet. Dies ergibt pro Stunde 30 km^2, pro Tag 720 km^2, 22.000 km^2 in einem Monat und 260.000 km^2 in einem Jahr – eine Fläche, die größer ist als die alten Bundesländer plus Berlin (M 4.5/5).
Global sind auch die Folgen dieses Vorgangs: Die Rodungen, insbesondere die Brandrodungen, tragen in erheblichem Maße zum Treibhauseffekt und damit zur Erwärmung der Erdatmosphäre, einem drohenden Klimawandel mit bisher nur in düsteren Prognosen und Szenarien umrissenen Schäden für Natur und Mensch bei (M 4.5/4). Wenn auch in ihren quantitativen Ausmaßen nicht mit Indonesien oder dem Amazonastiefland zu vergleichen, so ordnen sich die Regenwaldrodungen in West Samoa doch qualitativ in die gleichen ökonomischen und ökologischen Zusammenhänge ein. Bei der Lektüre der Zeitungsartikel wird auch deutlich, dass die Rodungen zwar in ihrem ökonomischen und ökologischen Kontext, nicht aber in ihren sozio-ökonomischen Folgen gesehen werden. Genau diesen „blinden Fleck" will die Unterrichtseinheit problematisieren und erörtern.
– In Themenkomplex 2 werden aus der Makroperspektive und aus marktwirtschaftlicher Sicht wirtschaftliche und gesellschaftliche Strukturen und Entwicklungen in W. Samoa vorgestellt: ein Archipel, das aus zwei größeren und zwei kleineren Inseln besteht, mit 2.935 km2 Fläche etwa der Größe des Saarlandes, mit ca. 165.000 Einwohnern der Größe kleiner deutscher Großstädte wie Leverkusen, Ludwigshafen oder Osnabrück entspricht und das in eurozentristischer Sicht, z. B. auf der Weltkarte des Diercke-Weltatlas (1992, politische Übersicht, S. 238/239), zwar gleich zwei Mal auftaucht, dafür aber in jedem Fall am äußersten Rand, einmal ganz im Westen, dann im äußersten Osten. In Atlanten der pazifischen Welt hat Samoa zwar eine zentrale Lage, jedoch wird hier ein neues Handicap deutlich: Samoa liegt inmitten einer riesigen Wasserfläche, und seine nächsten Nachbarn (Tonga und Fiji) sind ca. 1.000 km entfernt, Metropolen der modernen Welt wie Auckland, Sydney und Los Angeles gar 3.000 bis 8.000 km: West Samoa ist geprägt durch Kleinheit, periphere Lage und Isolation, ein typisches „Hinterland", weitgehend außerhalb der modernen Welt.
In diesem kleinen Land wurden innerhalb von nur vierzig Jahren die Regenwaldbestände bis auf ein Viertel vernichtet (M 4.5/6, M 4.5/7). Die folgenden Struktur- und Entwicklungsdaten geben einen Einblick in die Ursachen für diesen rapiden Schwund: Die Handelsbilanzdefizite haben sich im gleichen Zeitraum verdoppelt, die Auslandsschulden um 50 % zugenommen. Dies liegt an einer sprunghaften Steigerung der Importe, während die Exporte über längere Zeit einbrechen, allenfalls auf etwa dem alten Niveau verharren (M 4.5/8). Ursache dafür sind Rückgänge bei Samoas klassischen Exportprodukten Kopra, Kakao und Bananen (M 4.5/9, M 4.5/10), ohne dass dieser Rückgang mit einer Steigerung des Exports von Industriegütern kompensiert wurde, eine Entwicklung, die zum großen Teil auf einen starken Preisverfall für diese Produkte auf dem Weltmarkt zurückzuführen ist (M 4.5/11).

West Samoa erscheint so auch in Zeiten der Globalisierung als ein Land, für das immer noch die Dependenztheorie eine zutreffende strukturelle Beschreibung zu liefern scheint: Im Rahmen der weltweiten Arbeitsteilung und auf die Produktion von Agrargütern und Rohstoffen festgelegt (M 4.5/9), muss es verarbeitete Industriegüter importieren (M 4.5/12). Hier ergibt sich einerseits durch die Entwicklung der Weltmarktpreise und der Terms of Trade (M 4.5/13) eine sich erweiternde Kluft in der Handelsbilanz (Pauperisierung), anderseits aber auch eine strukturelle Abhängigkeit durch eine einseitige Exportgüterstruktur, die durch die starke Dominanz des Handels mit nur wenigen Handelspartnern ergänzt wird (M 4.5/14). Die Integration West Samoas in den Welthandel hat sich durch die Globalisierung stark beschleunigt: Die Summen der Ex- und Importe haben von 1989 (88 Mio. US$) bis 2001 (148 Mio. US$) um zwei Drittel zugenommen, die strukturellen Abhängigkeiten und Monostrukturen sind jedoch bei gleichzeitiger starker Steigerung der Auslandsschulden und des negativen Handelsbilanzsaldos geblieben.

Die Landwirtschaft, insbesondere die exportorientierte Landwirtschaft, erscheint als wesentlicher Krisenfaktor. Ein Blick in die Eigentums- und Arbeitsverhältnisse zeigt uns (in marktwirtschaftlicher Sicht), warum dies so ist: Mehr als vier Fünftel des Landes sind sogenanntes „customary land" (M 4.5/15), das nach Artikel 101 der samoanischen Verfassung als im Einklang mit samoanischer Tradition verstanden werden muss: unter der Autorität eines ‚matai' (Häuptling, Titelträger der Familie) in Treuhänderschaft für die Familie, die in ihrer Gesamtheit Eigentümerin ist. Als ein solches ist eine marktwirtschaftliche Führung dieses Landes nach Artikel 102 der Verfassung ausgeschlossen, speziell Kauf, Verkauf, Hypothekenbildung und Pfändung (M 4.5/16).

In europäischer, d. h. marktwirtschaftlich geprägter Sicht erscheint das samoanische Landrecht deshalb auch als ein Hindernis für die Steigerung der Produktivität (M 4.5/17), und tatsächlich ergibt eine empirische Untersuchung der Arbeitszeiten auf „customary land" in zwei samoanischen Dörfern, dass die durchschnittliche Arbeitszeit nicht die Zeit überschreitet, die notwendig zur Erhaltung des Reproduktionsniveaus (Befriedigung der Grundbedürfnisse) ist (M 4.5/18). Dies ist die Arbeitszeit in der traditionellen Subsistenzproduktion, definiert als „so viel wie nötig". Ein Blick auf die Grafik (M 4.5/19) zeigt, dass die Erträge unter marktwirtschaftlichen Bedingungen („so viel wie möglich") erheblich gesteigert werden können.

– Themenkomplex 3 beschäftigt sich deshalb aus makro-ökonomischer Sicht mit Zielen, Programmen und Ergebnissen samoanischer Entwicklungspolitik. Dabei wird deutlich, in welchem Umfang die samoanische Entwicklung Teil des Globalisierungsprozesses ist. Als Leitziel erscheinen Programme zur ländlichen Entwicklung: Die Zielsetzungen der samoanischen Regierung befinden sich dabei in vollkommener Übereinstimmung mit der Weltbank und der Internationalen Arbeitsorganisation der UNO (M 4.5/20). Als Entwicklungsprojekte von übergeordneter Bedeutung werden in den achtziger und neunziger Jahre „Profile" verfolgt, die einerseits eine Steigerung der Produktivität und der Effizienz der Landwirtschaft durch konsequenten Aufbau eines marktwirtschaftlichen Systems, andererseits eine großflächige Rodung der Regenwälder beinhalten (M 4.5/21). Dabei wird auch die dominante Rolle ausländischer Entwicklungshilfe deutlich (M 4.5/22 bis /24).

An dieser Stelle werden einige Akteure in der strategischen Gruppe der global players sichtbar. Die Modernisierung W. Samoas und seine verstärkte Integration in den Welthandel wären aus eigener Kraft weder konzeptionell-programmatisch noch finanziell, d. h. mit dem dafür notwendigen Investitionskapital, zu leisten gewesen. Die Ausfüllung dieser Rolle ist den wirklich global agierenden Institutionen vorbehalten gewesen, die in einer konzertierten Aktion von Beratung und Programmgestaltung (UNDP), technischer und finanzieller Unterstützung (ABD, WB, EU, OPEC und einzelne entwickelte Länder, im wesentlichen die alten, klassischen Kolonialmächte im Pazifik, vgl. M 4.5/24) die Leitlinien der Entwicklungspolitik bestimmen.

Die Folgen dieser Entwicklungspolitik lassen sich wie folgt (M 4.5/26) anreißen: Die Energieproduktion (Hydroelektrizität) hat sich vervierfacht (M 4.5/25). Die dafür notwendigen Waldrodungen gehen einher mit einer marktwirtschaftlichen Transformation des Landrechts, individuelles Landrecht ersetzt gemeinschaftliches Landrecht, private Gewinne treten an die Stelle von gemeinschaftlichem Nutzen, an der Stelle der früheren Regenwälder befinden sich jetzt Weideflächen für Rinderherden.

– In Themenkomplex 4 wird ein Perspektivenwechsel vollzogen: von der Makro- zur Mikroperspektive, von „top down" zu „bottom up", von der Sicht aus dem Vogelflug zur Froschperspektive. Damit verbunden ist der Übergang von eher quantitativen zu qualitativen Daten und Beobachtungen, gewonnen aus teilnehmender Beobachtung in samoanischen Familien und Dörfern. Als Sample-Raum wurde eines der Hauptrodungsgebiete Samoas im Hochland der Insel Upolu ausgewählt: das Quellgebiet des Vaisigano-Flusssystems oberhalb der Hauptstadt Apia und westlich des höchsten Berges der Insel, Mt. Fitu (M 4.5/27). Die Eigentumsverhältnisse des landwirtschaftlichen Landes im Quellgebiet zeigen, dass es sich um marktwirtschaftliche Betriebe handelt, fast vollständig im Eigentum von Einwohnern der Stadt Apia, zum großen Teil Nachfahren ehemaliger europäischer Siedler bzw. chinesischer Kontraktarbeiter, die auf diesen Flächen Rinderherden halten (M 4.5/27 und /28). Waldrodungen begünstigten also v. a. den marktwirtschaftlichen Sektor der samoanischen Landwirtschaft und private Großbetriebe – eine Entwicklung, die sich einerseits in der schwindenden Bedeutung des nichtmonetären Sektors für die Entstehung des samoanischen Bruttoinlandsprodukts, paradoxerweise aber auch in dem noch viel größeren Bedeutungsverlust des monetären Sektors der Landwirtschaft niederschlägt. Diese Entwicklung muss wohl im Kontext des allgemeinen Strukturwandels der samoanischen Wirtschaft gesehen werden, wie er z. B. an der strukturellen Entwicklung der Erwerbsarbeit abgelesen werden kann: Innerhalb der letzten zwanzig Jahre hat sich die Anzahl der in der Landwirtschaft tätigen Erwerbspersonen fast halbiert: Die samoanische Wirtschaft befindet sich auf dem Wege der Modernisierung. Ein genauerer Blick auf diese Modernisierung zeigt aber auch die Schattenseiten der Entwicklung: Dieser „genauere Blick" wird durch den Perspektivenwechsel von der Makro- zur Mikrosicht der Verflechtungsanalyse ermöglicht. Jetzt kann die Komplexität der Produktionsformen einzelner Individuen und Haushalte beobachtet und analysiert werden.

Bei der Verflechtungsanalyse steht der „Kampf um die Erhaltung der Existenz" im Vordergrund, „die Reproduktion menschlicher Arbeitskraft ... als grundlegender Prozess gesellschaftlicher Entwicklung... Überleben hängt davon ab, für welche Kombination von Tätigkeiten und Einkommensquellen sich die Produzenten entscheiden....Dabei wurden zwei grundlegende Mechanismen (von) ungleichen Verflechtungen unterschieden: Mischproduktion, in der sowohl einfache Warenproduktion als auch Subsistenzproduktion betrieben wird, und ...Subsistenzproduktion (im) Zusammenhang mit kapitalistischer Warenproduktion ... Die Verflechtung von verschiedenen Produktionsformen (z. B. agrarische Subsistenzproduktion, agrarische Warenproduktion etc., vgl. M 4.5/29 bis /35) innerhalb der gleichen Produktionsweise, nämlich der kapitalistischen, sind für die Analyse grundlegend" (*Evers* 1987, S. 136-138). Eine in den achtziger und neunziger Jahren in Samoa durchgeführte Verflechtungsanalyse ergibt, dass sich mit der Steigerung der marktwirtschaftlichen Agrarproduktion zunehmend die Bezüge zwischen investierter Arbeitskraft auf der Inputseite und den erzielten Produkten in Form von Markterträgen, Löhnen und Gehältern auf der Outputseite in einem Ungleichgewicht befinden. Die Erträge aus (welt-)marktwirtschaftlicher Produktion sind zu niedrig, um das Überleben allein auf der Basis von Marktproduktion zu sichern, während die vor-moderne Subsistenzproduktion allen Haushalten im ländlichen Samoa alles Lebensnotwendige im Überfluss bei minimalem Arbeitsaufwand sichert. Die Regenwaldrodungen führen im Ergebnis zu einer Begünstigung marktwirtschaftlicher Betriebe und zu einer Schwächung der Subsistenzproduktion. Gewinner der Entwicklung sind die strategischen Gruppen von globalen Spielern aus UNDP, Weltbank, EU u. a., die sich in Allianz mit lokalen Akteuren (im wesentlichen die samoanische Regierung und (Groß-)Grundbesitzer) gegenüber den lokalen Verlierern subsistenzorientierter Kleinproduzenten durchgesetzt haben (M 4.5/34). Gerade am Vaisigano-Quellgebiet werden aber auch die regionalen ökologischen Folgekosten dieser Entwicklung deutlich: Die Abflussmengen des Vaisigano-Flusssystems reichen nicht mehr zur Wasserversorgung aus; zuviel geht durch schnelle Versickerung und erhöhte Verdunstung verloren; die Wasserqualität hat sich durch Chemieeinsatz in der Landwirtschaft verschlechtert (M 4.5/33). Aus soziologischer Sicht schließlich zeigt sich, dass die marktwirtschaftliche Entwicklung zu einer Schwächung der traditionellen Gesellschaftsordnung führt. Wurden noch in den achtziger Jahren die Vorzüge dieses dezentralen Systems gepriesen und hervorgehoben, wie leistungsfähig es im Hinblick auf die allgemeine Wohlfahrt, die Armuts- und Hungerbekämpfung, die kulturelle und soziale Entwicklung, die Alten- und Krankenversorgung, die

Selbstverwaltung und die Aufrechterhaltung von Stabilität, sozialem Frieden und Ordnung ist, so wird jetzt ein Trend hin zu einer Klassengesellschaft deutlich, mit der Folge einer zunehmenden Kluft zwischen Wohlhabenden und Nicht-Wohlhabenden. In diesem Prozess spielen die in Themenkomplex 3 aufgeführten entwicklungspolitischen Projekte stets eine herausgehobene Rolle (M 4.5/21 und /34). Die Modernisierung und Integration Samoas in den Weltmarkt bedeutet
– ökonomisch einen Bedeutungsschwund nicht nur der subsistenzorientierten, sondern auch der kommerziellen Landwirtschaft,
– ökologisch eine schwere Belastung der Umwelt (Forsten und Wasserhaushalt) und
– soziologisch den Verlust des gesellschaftlichen Gleichgewichts.
– In Themenkomplex 5 wird, als theoretisches Fundament der aufgezeigten Entwicklungen, ein für Globalisierung wichtiger entwicklungstheoretischer Ansatz zusammenfassend vorgestellt. In der „Theorie der fragmentierenden Entwicklung" steht, durch die Prozesse der Globalisierung zeitlich und räumlich kaum noch voneinander getrennt, neben den „Schaltstellen des weltwirtschaftlichen Geschehens" und nur „bruchhaft gesondert, eben fragmentiert, die ausgegrenzte Restwelt" (*Scholz* 2002, S. 8, vgl. M 4.5/35).

Ziel dieses Themenkomplexes ist es, abschließend und zusammenfassend noch einmal in einer theoriegeleiteten und empiriegestützten Diskussion die Verflechtung von globalen und lokalen Akteuren, von den Gewinnern und den Verlierern dieses Globalisierungsprozesses in Samoa zu erörtern (vgl. M 4.5/3: das Konzept der „strategischen Gruppen"). Danach erscheinen als die eigentlichen globalen Akteure (global players) die Mitglieder weltweiter Institutionen und Organisationen, die den Prozess der Globalisierung mit ihrem Know How, ihren Zielsetzungen, Programmen und Projekten sowie mit ihren finanziellen Mitteln ganz unmittelbar bestimmen und steuern (M 4.5/20 bis /24). Sie sind die eigentlichen Gewinner der Globalisierung, ebenso wie die Mehrheit der Menschen in den marktwirtschaftlich weit fortgeschrittenen Ländern, die von den auf dem Weltmarkt billigen Produkten Samoas profitieren und dort einen wachsenden Absatzmarkt für ihre eigenen Produkte finden (M 4.5/9 und /12). Gewinner sind aber auch lokale Akteure (local actors) wie mit Kapital und Beziehungen ausgestattete hochrangige Titelträger und Stadtbewohner, die in der Grauzone des „customary land" privaten Großgrundbesitz registrieren lassen und z. B. mit Viehwirtschaft auf gerodeten Regenwaldflächen gute Gewinne machen (M 4.5/28). Auf der anderen Seite gibt es globale Verlierer: das Welt-Ökosystem mit Klimakollaps und dem Verlust an Artenreichtum (M 4.5/4), aber auch als lokaler Verlierer das lokale Ökosystem mit Waldverlust und der Verschmutzung des Grund- und Trinkwassers (M 4.5/33). Großer lokaler Verlierer ist die Mehrheit der samoanischen Bevölkerung, die keinen Zugang zu Kapital und Technologie hat, sich kein oder nur ein sehr kleines Privateigentum an Land schaffen kann, das keine nennenswerte Mehrwertproduktion zulässt (M 4.5/34). Indem sich hohe Titelträger ökonomisch separieren und privatwirtschaftlich agieren, wird die soziale Umverteilung umgekehrt; das soziale Netz der Subsistenzgesellschaft (das Nehmen und Geben, die Verpflichtung auf Gegenseitigkeit) wird zerstört. Durch die private Akkumulation des Mehrwerts werden die unteren sozialen Gruppen abgekoppelt und ausgeschlossen. Zum ersten Mal in der samoanischen Geschichte müssen sich Nicht-Titelträger in Lohnarbeit bei den „Big Chiefs" begeben, um an monetäre Mittel zu kommen. Das soziale Gleichgewicht geht verloren.

Das ländliche Samoa der Nicht-Titelträger, der Kleinproduzenten mit Subsistenzorientierung, ist das samoanische Pendant zu der „New Periphery" der durch Globalisierung „ausgegrenzten Restwelt", die sich fragmentiert in „marginalisierten Zwischenräumen" umstrukturiert und beziehungslos zwischen den Schaltstellen des globalen Wettbewerbs wiederfindet. Dies ist das „Meer der Armut", ausgestattetet mit „all jenen Merkmalen, die für die bisherige Dritte Welt als typisch erachtet wurden. Und dazu gesellen sich jetzt noch Ausgrenzung und Abkopplung" (*Scholz* 2002, S. 8, vgl. M 4.5/35).

M 4.5/1: Schattenseiten der Globalisierung

Was ist überhaupt diese Globalisierung, die von den einen verdammt und von den anderen gepriesen wird? Im Grunde genommen versteht man darunter die engere Verflechtung von Ländern und Völkern der Welt, die durch die enorme Senkung der Transport- und Kommunikationskosten herbeigeführt wurde, und die Beseitigung künstlicher Schranken für den ungehinderten grenzüberschreitenden Strom von Gütern, Dienstleistungen, Kapital, Wissen und (in geringerem Grad) Menschen ... Um zu verstehen, was schief gelaufen ist, muss man die drei wichtigsten Institutionen betrachten, die die Globalisierung lenken: den Internationalen Währungsfonds, die Weltbank und die Welthandelsorganisation (WTO). IWF und Weltbank wurden zu den missionarischen Institutionen, über die diese Konzepte (der Ideologie der freien Marktwirtschaft) den widerstrebenden armen Ländern aufgenötigt wurden..., über die Vergabe projektbezogener Kredite hinaus ... in Form sogenannter Strukturanpassungskredite.*

* Kredite zur Modernisierung und Akkulturation (der Verf.)

Quelle: *Stiglitz* 2002, S. 23-28

M 4.5/2: Die Theorie der „fragmentierenden Entwicklung"

Bei der aktuellen Diskussion über die entwicklungspolitische Bewertung der Globalisierung begegnen sich zwei recht gegensätzliche Positionen:
– Globalisierung führt zu einem weltweiten Anstieg des Wohlstandes. Insbesondere für die Länder des Süden eröffnet sie vielfältige Möglichkeiten zur Überwindung der bestehenden wirtschaftlichen Rückständigkeit, zum Abbau der gesellschaftlichen Probleme und zur Verbesserung der sozialen und technischen Infrastruktur (In diesem Sinne ist Globalisierung eine Modernisierung traditioneller, d. h. rückständiger Strukturen).
– Globalisierung gilt aber auch als Ursache der weltweiten Zunahme von Massenarmut, der exzessiven Verschärfung des Wohlstandsgefälles auf nationaler und internationaler Ebene sowie der allerorts präsenten materiellen und sozialen Ausgrenzung von immer mehr Menschen. Sie steht für eine regelrecht ökonomische Abkopplung des Süden (In diesem Sinne ist Globalisierung gleichzusetzen mit Abhängigkeit, Marginalisierung und Pauperisierung).
Diese Dialektik erinnert an die Zeit, als sich ebenso gegensätzlich Modernisierungs- und Abhängigkeitstheorien bei der Erklärung und Überwindung von Unterentwicklung gegenüberstanden. Doch gemeinsam lag ihnen die These von dem Paradigma einer durch den Konsens der „Ersten Moderne" getragenen „nachholenden Entwicklung" der Länder als Ganzes zugrunde.
Dieses Entwicklungsverständnis bestimmt – trotz der mahnenden Einsichten des Club of Rome in die Ressourcenbegrenztheit dieser Erde – noch immer ungebrochenen Propaganda und Alltagsgeschäft der Entwicklungspolitik.

Quelle: *Scholz* 2002, S. 7

M 4.5/3: Die Genese strategischer Gruppen und politischer Entwicklung: ein Modell

Im Gegensatz zu den Erwartungen von gesellschaftlichen Theorien, die, worauf Bendix hingewiesen hat, aus der Erfahrung mit dem Untergang des Feudalismus und dem Aufstieg der bürgerlichen Gesellschaft in Europa entstanden sind, hat die Ausbreitung des Kapitalismus keine einheitliche gesellschaftliche Formation in der ganzen Welt herausgebildet, die durch den Widerspruch und Konflikt zwischen Kapital und industrieller Lohnarbeit determiniert wäre.
Es besteht außerdem der berechtigte Zweifel daran, ob das Auftauchen von sozialistischen Gesellschaften ein dem Kapitalismus nachfolgendes Stadium, ja sogar ob es eine konsequente, echte Alternative zeitgleich zum Kapitalismus anzeigt. Die Tatsache, dass Kapitalakkumulation im Weltmaßstab auf den Prinzipien kapitalistischer Verwertung stattfindet, sollte uns nicht von der Tatsache ablenken, dass dies mit sehr verschiedenen gesellschaftlichen Formationen und politischen Systemen kompatibel ist, deren Unterschiede viel mehr nach einer Erklärung verlangen als ihre Ähnlichkeiten.
Die Verbreitung des kolonialen Kapitalismus, die zum großen Teil unter Gewaltanwendung erfolgte, hat die Produktivität der kolonialen Ökonomien zumindest sektoral vergrößert und gleichzeitig neue Revenue- oder Einkommensquellen geschaffen. Im Laufe der Etablierung der Kolonialwirtschaft und der Kolonialherrschaft sind neue

M 4.5/3: Die Genese strategischer Gruppen und politischer Entwicklung: ein Modell (Fortsetzung)

Gruppen aufgetaucht, die sich diese neuen Einkommensquellen zunutze machen. Diese „strategischen Gruppen" konkurrieren oder kämpfen um einen Teil dieses Surplus aus der vergrößerten Produktion, der ihr Einkommen bildet. Das latente Interesse an der Einkommensausweitung der Gruppe ist die Grundlage für diese Konkurrenz oder diesen Kampf. Die Chancen für Surplus-Gewinnung und -Aneignung werden zum Teil von dem Weltwirtschaftssystem und seiner lokalen Ausprägung, aber auch vom politischen System der Kolonie oder später des postkolonialen Staates bestimmt. Nicht nur wirtschaftliche Gesetze und Notwendigkeiten, sondern auch Macht und deren Anwendung bestimmen die Chancen der strategischen Gruppen, ihren Anteil am Surplus bzw. am Bruttosozialprodukt zu vergrößern. Infolgedessen besteht von Seiten jeder strategischen Gruppe ein Interesse daran, ein politisches und wirtschaftliches System zu schaffen, das optimale Möglichkeiten zur Aneignung von Surplus bietet.

In diesem Zusammenhang gewinnt das Sequenzmuster der Bildung von strategischen Gruppen Bedeutung. Jede Gruppe, die zuerst auftaucht, versucht eine „Superstruktur" (ein politisches und wirtschaftliches System) zu etablieren, die ihren Interessen entgegenkommt. Mit dem Auftauchen eines neuen Wirtschaftssystems und eines neuen Herrschaftssystems hat jede Gruppe, die zuerst auftaucht, an Zahl zunimmt oder mächtig wird, die größte Chance, das politische System zu strukturieren, Legitimationsmuster und Modelle des politischen Stils festzulegen, kurz, aktiv einen spezifischen Rahmen zu schaffen, der für ihre Interessen am geeignetsten ist.

Dabei scheint es typische Vorgehensweisen zu geben, mit denen unterschiedliche strategische Gruppen versuchen, einen „Überbau", d. h. die ihr gemäßen politischen und wirtschaftlichen Rahmenbedingungen zu schaffen, die wenigstens zum Teil mit ihren typischen Einkommensquellen und Aneignungsweisen kompatibel sind. Wir wollen hier zwischen drei Aneignungsweisen unterscheiden: der persönlichen, der korporativen und der kollektiven Aneignungsweise. Jede dieser Aneignungsweisen hat ihre typischen Revenueform, nämlich erstens Honorare oder Miet- und Pacht-einkünfte, zweitens Profit und drittens Steuern oder Abgaben.

So sind also kollektives Handeln und damit die Bildung von Organisationen notwendig, selbst wenn das eigentliche Ziel in der Schaffung eines wirtschaftlichen Rahmens oder eines politischen Systems besteht, das möglichst günstige Bedingungen für die Steigerung persönlicher Einkommen oder persönlicher Aneignungschancen bietet.

Quelle: *Evers/Schiel* 1988, S. 44f.

M 4.5/4: Kahlschlag bedroht die Heimat des Sumatra-Elefanten. Naturschützer vom WWF starten Kampagne für indonesischen Regenwald/Forderungen an Industrie und Verbraucher

Der Word Wide Fund for Nature (WWF) schlägt Alarm: Von Tesso Nilo, dem letzten großen Tieflandregenwald auf Sumatra, werde in zwei Jahren nichts mehr übrig sein, wenn Holzeinschlag und Brandrodung nicht sofort gestoppt würden. Der WWF startete [...] eine weltweite Kampagne zum Schutz des Waldes.

Noch vor zehn Jahren war das Waldgebiet von Tesso Nilo etwa zweieinhalbmal so groß wie jetzt. Holz-, Papier- und Palmölindustrie sind laut WWF verantwortlich für den Kahlschlag des wichtigen Lebensraums für Elefanten, Tiger und zahlreiche andere Arten: Erst holen Holzverarbeiter die edlen Bäume aus dem Wald, dann fällen Papierhersteller die schlichteren Stämme. Auf abgeholzten Flächen entstehen Monokulturen mit Ölpalmen oder mit schnell wachsendem Faserholz für Papier.

Der WWF richtet Forderungen an Regierung, Produzenten, Importeure, Banken und Verbraucher. Indonesien soll das Gebiet zum Nationalpark erklären und keine Rodungslizenzen mehr erteilen. Die Papierindustrie soll keinen Naturwald abholzen; Palmöl-Produzenten sollen sich verpflichten, keine Plantagen auf abgeholztem Regenwald zu errichten. Von europäischen Importeuren erhofft der WWF sich Druck auf die Lieferanten: Deutschland ist weltgrößter Importeur von Palmkernöl, das für technische Zwecke und Kosmetika verwendet wird, und einer der größten Importeure von Palmöl für Lebensmittel. Der WWF verlangt von großen Einkäufern wie Nestlé und Henkel, kein Öl aus Plantagen auf früheren Urwaldflächen zu erwerben.

In den Papierunternehmen steckt viel Geld deutscher Banken, die in den 90er Jahren im damals boomenden Südostasien investierten. Vom WWF um Stellungnahme gebeten, geben die meisten Banken an, sie hätten seither Kriterien für die Kreditvergabe entwickelt, nach denen solche Investitionen nicht mehr möglich wären. Öffentlich machen, wie es der WWF fordert, wollen sie diese aber nicht. Auch die Verbraucher nimmt der WWF in die Pflicht: Wer Papier kauft, sollte Recycling-Produkte mit dem blauen Umweltengel wählen, für anspruchsvolle Zwecke Papier aus nachhaltigem Anbau mit dem FSC-Siegel des Forest Stewardship Couci.

M 4.5/4: Kahlschlag bedroht die Heimat des Sumatra-Elefanten. ... (Fortsetzung)

Der WWF will in den nächsten Wochen mit einer weltweiten Kampagne den Druck auf die für die Ausbeutung des Waldes Verantwortlichen verstärken. Erste Erfolge der Arbeit des Fonds sind zu verzeichnen: Mit der Hermes-Kreditversicherung, die im Auftrag der Bundesregierung Bürgschaften für Auslandsinvestitionen übernimmt, verhandelt der WWF über ökologische und soziale Kriterien. Die Hamburger Papier Union, die indonesisches Papier bezieht, will vom Lieferanten verlangen, kein Holz in Naturwald zu schlagen. Die Schweizer Supermarktkette Migros stellt nur Palmöl aus umwelt- und sozialverträglicher Produktion in die Regale. Und die größten Papierproduzenten setzen Anfang 2002 die Rodung in Tesso Nilo aus. Höchste Zeit: Die Weltbank schätzt, dass bis 2005 nur kleine Restbestände von Tesso-Nilo-Regenwald bleiben, wenn die Ausbeutung weitergeht wie bisher.
Quelle: *V. Schmidt* in Frankfurter Rundschau 9.4. 2003

Das überwiegend gesättigte Kokosöl ist reich an Capryl-, Laurin- und Myristinsäuren. Es wird für die Margarinen- und Süßwarenherstellung sowie als Milchprodukt-Substitut in der Lebensmittelindustrie verwendet und eignet sich hervorragend zum Kochen, Braten und Backen. Umgangssprachlich bekannt ist Kokosfett auch unter dem Namen Palmin. Kokosöl wird auch aufgrund seiner hautpflegenden Eigenschaften zur Herstellung von Kosmetika verwendet, beispielsweise als Körperöl oder Bestandteil in Seifen, Shampoos, Sonnenschutzmitteln und Cremes.
Quelle: www.wikipedia.org, abgerufen am 15.09.2006

Klima leidet stark unter tropischen Waldbränden
Wald- und Steppenbrände in den Tropen beeinflussen die Ozonschicht und das Weltklima wesentlich stärker als bisher angenommen. Das hat eine Studie der Universität Bremen und des Alfred-Wegener-Instituts (AWI) in Bremerhaven ergeben.
Nach Angaben der Bremer Universitätspressestelle befürchten die Wissenschaftler, dass die Abnahme von Industrie-Abgasen auf der nördlichen Erdhalbkugel „durch eine Zunahme tropischer Brände wieder aufgehoben werden könnte".
Die Forscher vom Bremer Uni-Institut für Umweltphysik und von der AWI-Forschungsstelle Potsdam hatten bei zwei Atlantikexpeditionen das Sonnenlicht analysiert, um daraus Rückschlüsse auf Gase in der Atmosphäre zu ziehen. Dabei entdeckten sie Hinweise auf Veränderungen in der oberen Troposphäre über dem Äquator, also in 14 bis 18 Kilometern Höhe. Dort sorgten „erheblich verschmutzte Luftmassen" durch Tropenbrände für chemische Reaktionen, die zur Zerstörung des Ozons beitrügen. Die Forscher nannten ihre Ergebnisse alarmierend.

Quelle: *Schmidt* in Frankfurter Rundschau 11.04.2003

M 4.5/5: Global gerodete Flächen

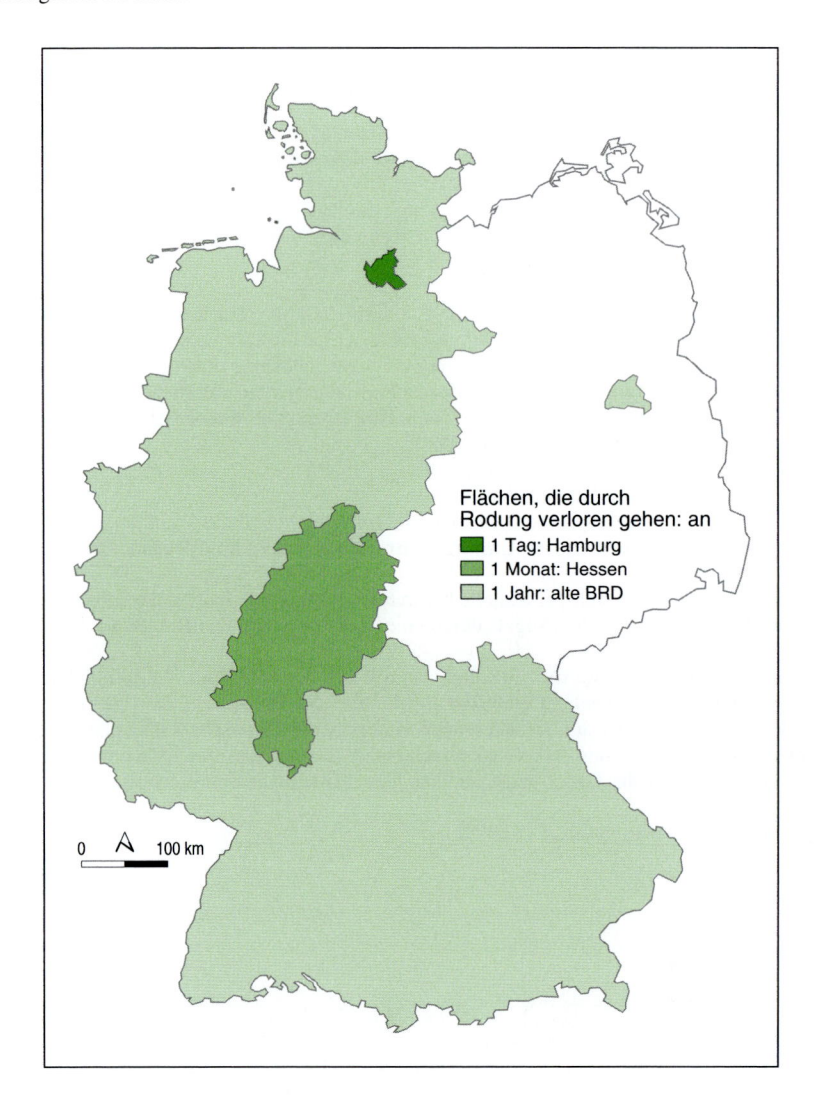

Flächen, die durch Rodung verloren gehen: an
- 1 Tag: Hamburg
- 1 Monat: Hessen
- 1 Jahr: alte BRD

M 4.5/6: Veränderungen der Verbreitung des Regenwaldes auf den Hauptinseln von West Samoa
Quelle: *Ward* 1995, S. 74; Ministry of Agriculture 1995, S. 32

	1954	1987	1990	1994
Restbestand in % der Landfläche	74	55	40	25

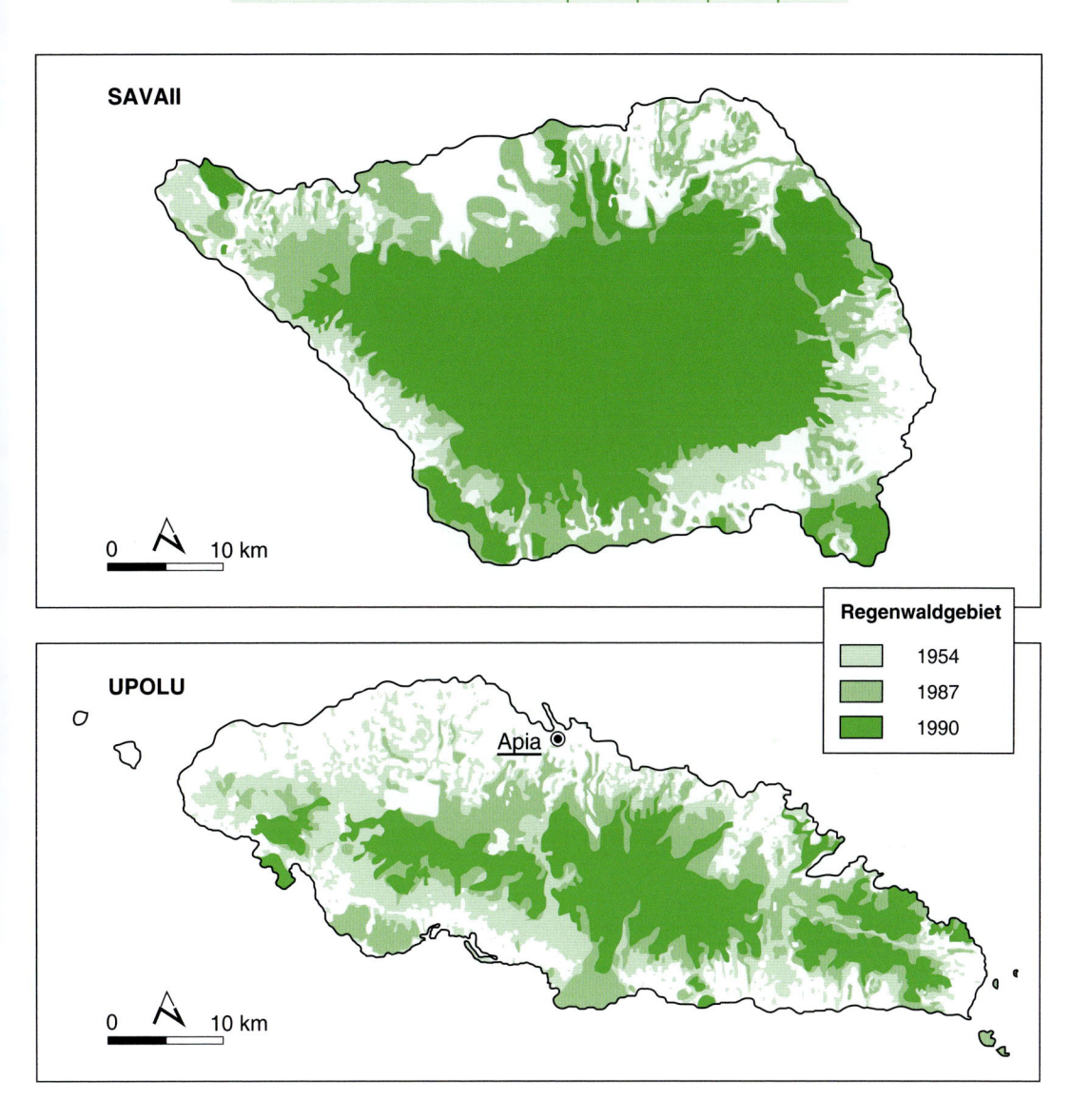

SAVAII

UPOLU

Apia

Regenwaldgebiet
- 1954
- 1987
- 1990

M 4.5/7: Schutzgebiete und schützenswerte Biodiversitäts-Gebiete auf den Hauptinseln von West Samoa
Quelle: Government of W. Samoa 1993, S. 4

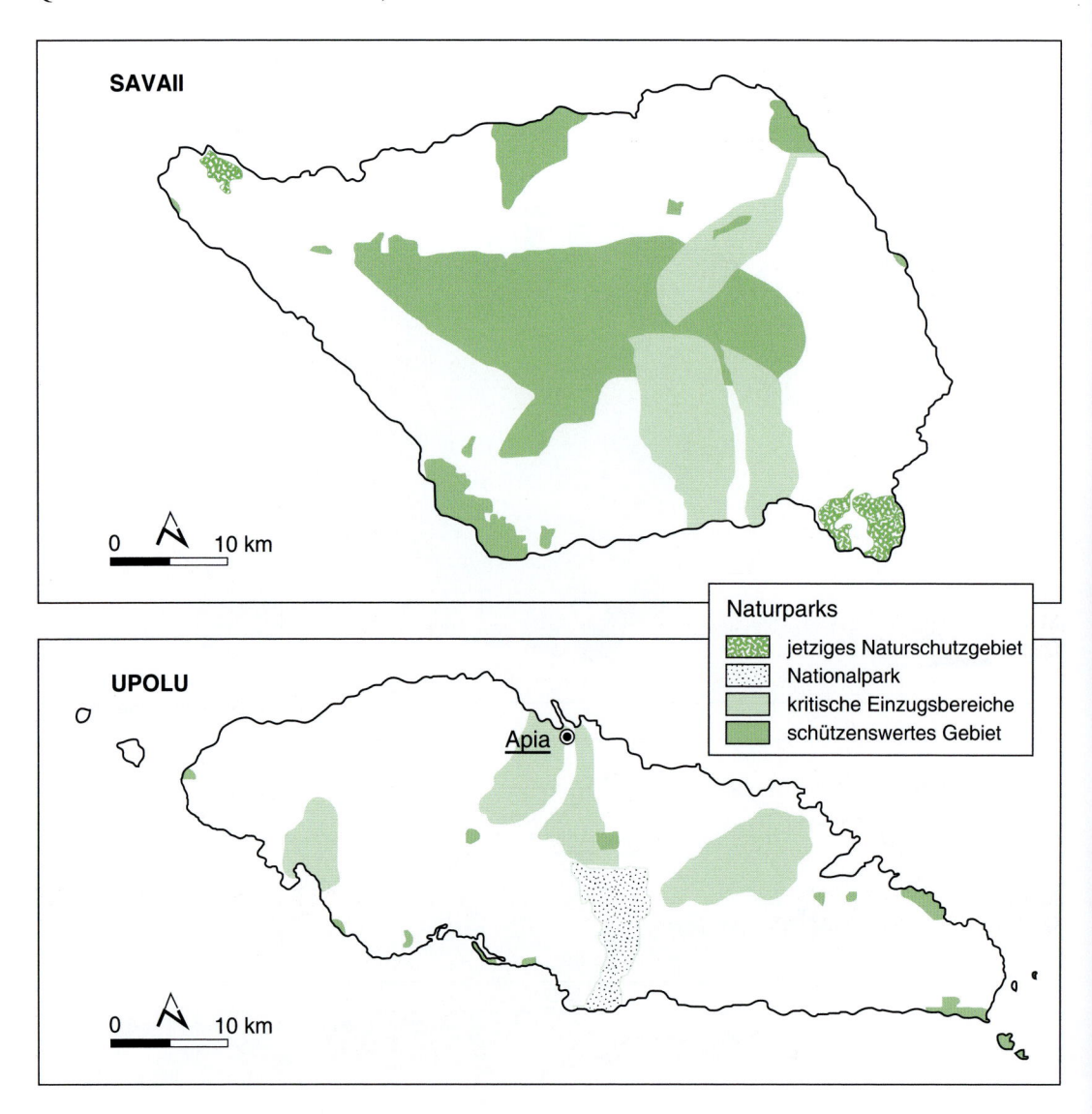

Naturparks
- jetziges Naturschutzgebiet
- Nationalpark
- kritische Einzugsbereiche
- schützenswertes Gebiet

M 4.5/8: Ökonomische Bilanzen in W. Samoa (in Mio US$)
Quelle: Statistisches Bundesamt 1996; Central Bank of Samoa 1996, 2002

	1989	1991	1993	1995	2001
Exporte	13	6	6	8,7	15
Importe	75	94	105	91,4	128
Handelsbilanz	−62	−88	−99	−82,7	−113
Auslandsschulden	92	?	193	169,4	142,5

M 4.5/9: Struktur und Entwicklung des Exports (in % des Gesamtexports)
Quelle: Government of West Samoa 1982, 1990, Central Bank of Samoa 1996, 2002, 2004

	1975	1985	1995	2001
Kopra	64,1	52,1	72,5	8,0
Kakao	28,9	6,6	?	?
Taro	2,3	13,7	0,8	1,5
Bananen	1,3	?	3,0	0,3
Holz	3,7	2,5	1,0	?
Fisch	k.A.	k.A.	k.A.	68,5
Industriegüter	k.A.	5,8	8,5	6,8

M 4.5/10: Entwicklung des Hauptexportprodukts Kokosderivate (in Mio. US$)
Quelle: Central Bank of Samoa, 2002

	1996	1998	2000	2001
Kokosöl	6.489	2.770	730	1
Kokoscreme	1.413	1.070	1.481	1.103
Kopramehl	4.064	1.312	226	?
Kopra	4.659	6.877	4.063	2.220

M 4.5/11: Entwicklung der Weltmarktpreise im Durchschnitt eines Jahrzehnts (in US$ je t, konstante Preise von 1985)
Quelle: Government of W. Samoa 1992, Bank of Ghana 1993, S. 57

	60er	70er	80er Jahre
Kopra	624	593	365
Bananen	486	355	364
Kakao	*327	**183	***100

*1970 **1980 ***1990

M 4.5/12: Struktur und Entwicklung des Imports in % des Gesamtimports
Quelle: Central Bank of Samoa, Juni 2002, S. 47

	1993	1995	1997
Kapitalgüter	15,6	15,5	13,5
Verarbeitete Industriegüter	29,5	24,5	25,6
Brennstoffe	10,8	10,1	12,3
Konsumgüter	27,8	34,2	35,1
andere	16,3	15,7	13,5

M 4.5/13: Terms of Trade (1985-88 = 100)
Quelle: Central Bank of Samoa 2002

1996	44
1998	59
2000	66

M 4.5/14: Die wichtigsten Handelspartner W. Samoas in % des Gesamthandels
Quelle: Central Bank of Samoa, Juni 2002, S. 44f.

Export	1997	1998	1999	2000	2001	
Neuseeland	15,6	7,3	11,8	8,9	6,2	
Australien	23,0	4,9	3,3	4,5	2,3	
Am. Samoa	32,1	40,9	55,5	54,2	54,3	} 85,2
USA	9,0	17,6	13,9	21,5	30,9	
Deutschland	2,1	16,9	10,3	7,1	3,1	
Großbritannien	13,0	10,0	0,3	0,2	?	
Import						
Neuseeland	37,9	33,9	31,7	35,4	34,4	
Australien	20,7	28,8	20,7	28,5	26,6	
Am. Samoa	1,0	1,0	0,9	0,7	0,5	
USA	15,5	14,2	11,0	13,4	11,8	
Deutschland	0,8	1,0	2,6	0,3	0,2	
Großbritannien	0,2	0,3	0,1	0,2	0,3	

M 4.5/15: Struktur des Landeigentums in % der Agrarfläche
Quelle: State of Environment Report 1993, S. 3

Kategorie	Anteil
Familienland	81
verkaufbares Land	3
Staatliche Plantagen	5
Staatsland	11

M 4.5/16: Landrecht: Land und (Häuptlings-)Titel

Häuptlingstitel
100. Ein Häuptlingstitel wird in Übereinstimmung mit samoaischer Tradtition und Sitte sowie auf der Grundlage von traditionellen, den samoanischen Gebräuchen und Sitten entsprechendem Recht geführt.

Land in West-Samoa
101. 1) Das gesamte Land in West-Samoa ist entweder traditionelles, privates oder öffentliches Land.
2) Traditionelles Land („customary land") heißt, dass es in Übereinstimmung mit samoanischer Tradition und Sitte gehalten wird.
3) Privatland („freehold land") heißt, dass es als Grundeigentum privat vererbbar ist.
4) Öffentliches Land („public land") ist frei von traditionellen und privaten Titeln.

102. Es ist ungesetzlich und außerhalb jeglicher rechtlicher Möglichkeiten, traditionelles Land zu enteignen oder sich seiner zu bemächtigen oder es als Rechtanspruch zu nehmen, sei es durch Verkauf, Hypothek oder was auch immer; es darf auch nicht als Pfandgut oder Vermögenswert eingesetzt werden, um für die Schulden irgendeiner Person nach ihrem Tod oder ihrer Zahlungsunfähigkeit aufzukommen.

Quelle: Constitution of the Independent State of W. Samoa

M 4.5/17: Das samoanische Landrecht in europäischer Sicht

Diesem System allgemeinen Interesses am Eigentum von anderen ... fühlen sich die Samoaner immer noch sehr verbunden. Sie haben ein Gespür für seine Vorteile, wenn sie irgendetwas benötigen. Nicht nur ein Haus, sondern auch ein Kanu, ein Boot, ein Strafgeld, eine Gabe und alles Mögliche, das zusätzliche Anstrengungen erforderlich macht, wird auf die gleiche Weise beschafft. Sie fühlen sich völlig frei, ihren Wohnsitz bei wem auch immer ihrer Freunde aufzuschlagen und dort ohne Entgelt zu bleiben, so lange sie wollen. Und die gleiche Sitte berechtigt sie zu betteln und voneinander zu borgen, was und wie viel auch immer es sei. Boote, Werkzeuge, Kleider, Geld usw. werden völlig frei untereinander geborgt, wenn Verbindungen innerhalb desselben Stammes oder Clans vorhanden sind. Niemand kann sich erlauben, geizig oder unverbindlich genannt zu werden. Wenn er gefragt wird, wird er entweder geben oder, schlimmstenfalls, lügen, indem er sagt, er besitze es nicht mehr oder habe es bereits jemand anderem versprochen.

Dieses kommunistische System ist ein bitteres Hindernis für die Fleißigen und frisst wie ein Krebsgeschwür an den Wurzeln des individuellen und gesellschaftlichen Fortschritts. Wie hart auch immer ein junger Mann arbeitet, er kann seinen Ertrag und seinen Gewinn nicht behalten: alles entgleitet schnell seinen Händen und geht über in die Zirkulation des Clans, zu dem alle ein grundsätzliches Recht haben.

Die einzige Sache, die dabei versöhnlich stimmt, ... ist die Tatsache, dass unter diesen Bedingungen keine „Armengesetze" nötig sind. Die Kranken, Alten, Blinden, Lahmen und selbst die Landstreicher haben immer ein Zuhause, Essen und Kleidung, wenn sie es für nötig erachten: Ein Fremder mag auf den ersten Blick die Samoaner für die Ärmsten der Armen halten – und doch kann er, auch wenn er zehn Jahre mit ihnen zusammenlebt, ihnen nicht verständlich machen, was Armut im europäischen Sinne des Wortes wirklich ist. „Was denn?" werden sie immer fragen: „Kein Essen! hat er keine Freunde? Kein Haus, um darin zu leben! Wo ist er denn aufgewachsen? Gibt es keine Häuser, in denen seine Freunde leben? Empfinden die Menschen dort keine Nächstenliebe?"

Quelle: *Turner* 1984, S. 160f.

M 4.5/18: Arbeitszeiten in der traditionellen (Subsistenz-) Landwirtschaft (Durchschnittswerte)
Quelle: *Fairbairn* 1985, S. 225

	in Taga	in Poutasi
Stunden pro Woche	27,0	25,8
Stunden pro Tag	4,5	4,3
Stunden pro Tag unter Abzug der Wegstrecken	3,3	3,0

M 4.5/19: Das Produktionspotenzial in Subsistenzwirtschaft, Einfacher Warenproduktion und Marktwirtschaft
Quelle: *Fairbairn* 1985, S. 131

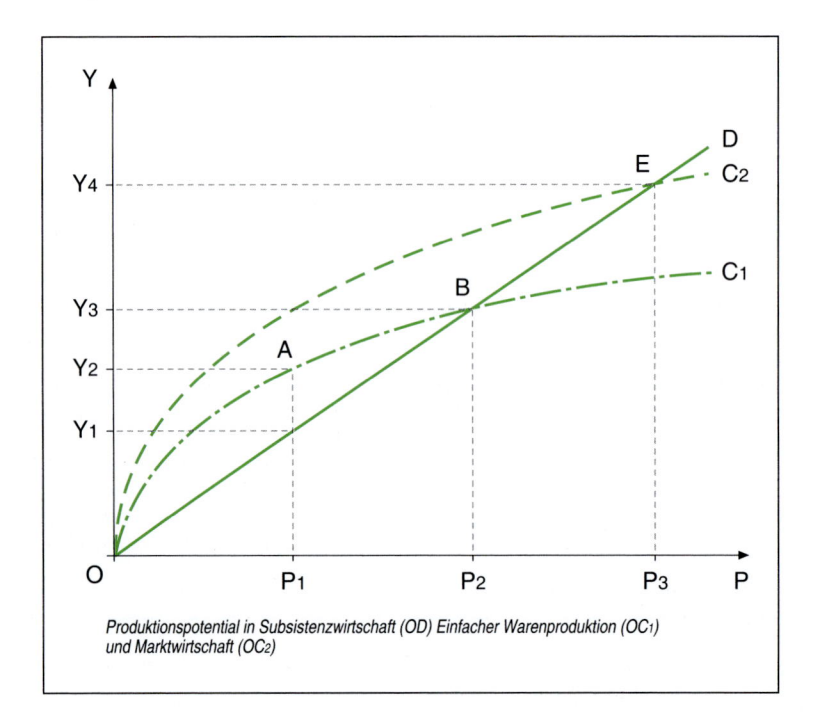

Produktionspotential in Subsistenzwirtschaft (OD) Einfacher Warenproduktion (OC_1) und Marktwirtschaft (OC_2)

M 4.5/20: Programme zur Ländlichen Entwicklung

Bei der grundsätzlichen Bedeutung, die das Dorf in der west-samoanischen Gesellschaft und in der traditionellen, auf einfacher Warenproduktion beruhenden Landwirtschaft einnimmt und die die Grundlage der Volkswirtschaft darstellt, verdient der traditionelle Sektor besondere Aufmerksamkeit, wenn West-Samoas Entwicklung geplant wird... Das erste Ziel, die Produktion in diesem Dorfsektor zu steigern, heißt die Leistungen der dörflichen Landwirtschaft zu verbessern.
Quelle: Goverment of W. Samoa 1975, S. 55

Programme oder Projekte zur Ländlichen Entwicklung haben als Ziel, die Erträge und den Lebensstandard eines großen Teil der ländlichen Armen in der Region nachhaltig zu steigern [...]. Im Mittelpunkt stehen Aktivitäten, die entweder die Einkommen direkt erhöhen oder wenigstens die Möglichkeiten bereitstellen, die Produktion anzuheben.
Quelle: Weltbank 1975, S. 18

Wir definieren Integrierte Programme zur Ländlichen Entwicklung als eine Serie von sich gegenseitig unterstützenden und miteinander vernetzten landwirtschaftlichen und nicht-landwirtschaftlichen Aktivitäten im Rahmen eines gesetzten Ziels. Dies schließt die Förderung ländlicher Subsysteme und ihrer Interaktion ein, um so die gewünschten Verbesserungen des ländlichen Gesamtsystems zu erreichen.
Quelle: *Amad* (ILO) 1975, S. 119

M 4.5/21: Entwicklungsprojekte in Samoa

Theoretisch hat West-Samoa als ein (kleiner) Inselstaat zwei Optionen: Es kann (einerseits) eine kleine, geschlossene Gesellschaft auf Subsistenzniveau bleiben und damit wahrscheinlich eine angemessene Quantität (aber nicht notwendiger Weise Qualität) von Nahrungsmitteln bereit stellen, nicht aber die Art von Konsumgütern, Medikamenten und anderen angenehmen modernen Dingen, die mit wirtschaftlicher Entwicklung einhergehen. (Andererseits) kann es alternativ dazu Zugang zu all diesen Dingen haben, wenn es in die Weltwirtschaft integriert wird durch die Förderung jenes Typus von Entwicklung, die einen größeren Handel zum gegenseitigen Nutzen zulässt. Tatsächlich ist ersteres wohl nicht wirklich eine Option.

Quelle: Government of W. Samoa 1988, S. 5 f

Profil Nr. 1   Kommerzielle Landwirtschaft auf traditionellem Land ('customary land')

Projektziele: (1) Steigerung der landwirtschaftlichen Produktion und Exporte
                (2) Erzeugung hochwertiger Produkte auf noch zu rodenden Regenwaldflächen
                (3) Aufbau eines effizienten Vermarktungssystems

Kontext: West-Samoa besitzt ausgedehnte Gebiete ungenutzten und untergenutzten Landes. Insgesamt werden nur 22 % (des Landes) kultiviert. Es gibt noch beträchtliche Flächen, die für die landwirtschaftliche Produktion geeignet sind.

Profil Nr. 4   Entwicklung von Viehwirtschaft

Projektziele: (1) Entwicklung von effizienten marktwirtschaftlichen Viehbetrieben
                (2) Verbesserung der Verwertung tierischer Produkte

Kontext: West-Samoas Viehbestand umfasst nur 27.000 Rinder. Die Produktivität ist gering, aber bessere Weideflächen lassen Produktivitätssteigerungen erwarten.

Profil Nr. 10   Entwicklung von Hydro-Elektrizität

Projektziele: Entwicklung der ... hydro-elektrischen Ressourcen der Vaipu- und Afulilo-Becken in Verbindung mit einem Pumpen unterstützten Regenrückhalte-Becken bei Afiamalu, um [...] der prognostizierten Zunahme in der Nachfrage von elektrischer Energie zu entsprechen. Eine Umweltstudie hat auf die Vorhaben positiv reagiert. Bei Afiamalu ist ein 5 Mio Kubikmeter großes Staubecken im Hochland der zentralen vulkanischen Gebietskette auf der Insel Upolu geplant. Das Plangebiet besitzt ein forstwirtschaftliches Entwicklungspotenzial, ist aber ansonsten nicht bevölkert.

Quelle: Government of W. Samoa 1982, S. 15 f

M 4.5/22: Die Rolle ausländischer Entwicklungshilfe

West-Samoa ist dankbar, dass es finanzielle und technische Hilfe aus dem Ausland aus verschiedenen bilateralen und multilateralen Quellen erhalten hat. Neben unseren traditionellen Gebern Neuseeland und Australien haben andere freundschaftliche Länder wie Westdeutschland, Japan und China die Entwicklungsanstrengungen unseres Landes unterstützt. Auf der multilateralen Seite und in Ergänzung zu den Vereinten Nationen (UNO) haben Organisationen wie Asian Development Bank (ADB), World Bank (WB) und United Nations Development Programme (UNDP) Samoa gefördert, ebenso wie andere zwischenstaatliche Organisationen wie Europäische Wirtschaftsgemeinschaft (EWG; Vorläuferorganisation der EU), Commonwealth Fund for technical Cooperation (EFTC) und OPEC Fund.
Von den internationalen und zwischenstaatlichen Organisationen hat die Asian Development Bank West-Samoa (schon) seit 1969 unterstützt. Die technische und finanzielle Hilfe der Bank wurde zum Aufbau der Infrastruktur, z. B. bei der Erzeugung von hydro-elektrischer Energie, in der Land- und Forstwirtschaft genutzt. Die Weltbank hat Entwicklungskredite für Projekte im Transportwesen und in der Landwirtschaft bereitgestellt. Die Mittel des United Nations Development Programmes wurden zur technischen Modernisierung einschließlich Ko-finanzierungsvereinbarungen mit anderen Geldgebern genutzt [...] Die Europäische Wirtschaftsgemeinschaft war die Hauptstütze beim Aufbau der nationalen Energie- und Telekommunikationssysteme. Die OPEC war eine regelmäßige Quelle bei Hilfen zum Ausgleich der samoanischen Zahlungsbilanzdefizite seit 1976.

Quelle: Government of W. Samoa 1982, S. 13 f. und 111

M 4.5/23: Entwicklungsprojekte und deren Finanzierung

Wie andere kleine Entwicklungsländer ist West-Samoas Entwicklungsprogramm weitgehend Geber-bestimmt. Der größte Teil der finanziellen Ressourcen bzw. des öffentlichen Investments stammen aus Entwicklungshilfespenden und internationalen Banken, deren Prioritäten und Grundsätze unausweichlich die Entwicklungsmodelle beeinflusst haben.

Quelle: Government of W. Samoa 1992, S. 61f.

Tab. 4.4/23 a: Sektorale Aufteilung der Ausgaben für Entwicklungsprojekte in %
Quelle: Government of W. Samoa (1992.2), S. 8

Sektor	Anteil
Wirtschaft	22,0
Infrastruktur	60,8
Transport	20,9
Energie	13,3
Bau	7,0
Telekommunikation	11,1
Wasser	8,5
Sozialwesen	17,1

Tab. 4.4/23 b: Gesamtinvestitionen für Entwicklungsprogramme: Quellen der Finanzierung (1992–1995; in %)
Quelle: Government of W. Samoa (1992.2)

Finanzierungsquelle	Anteil (%)
Eigenbeteiligung	
Haushalt der Regierung	27
Bank of West Samoa	3
Fremdbetrag	
Geschenke	36
Kredite	34

M 4.5/24: Herkunft der Entwicklungshilfezahlungen und -kredite in %
Quelle: Government of W. Samoa (1992.2), S. 14

	Geschenke (Gesamt)	Kredit
Bilateral		
Australien	8,0	
Deutschland	2,0	
Japan	23,0	
Neuseeland	5,0	
VR China	6,0	
Multilateral		
Asian Development Bank		14,0
Europäische Gemeinschaft	6,4	6,6
UN Capital Developm. Fund	1,0	
UN Developm. Programme	7,9	
Weltbank		13,0
WHO	2,0	
nicht zugeordnet	6,1	
Gesamt	61,4	39,6

M 4.5/ 25: Entwicklung der Energieproduktion in Kwh 1990 bis 2000
Quelle: Department of Statistics, Government of W. Samoa 1982

	1990	1992	1994	geplant: 2000
Hydroelektrozität	16,7	17,4	52,0	68,6
Dieselgenerator	24,0	30,8	6,8	?
Gesamt	40,7	48,2	58,8	k. A.

M 4.5/26: Folgen der Entwicklungspolitik

Im traditionellen Landrecht, wie es normativ in der Verfassung definiert ist, bedeutet „customary land" nicht unbedingt eine Ausdehnung des landwirtschaftlich genutzten Landes der Dörfer. Jedes Dorf hatte Anrechte im bewaldeten Land zwischen dem Dorf (an der Küste) und dem zentralen Höhenzug einerseits sowie bis zu den Grenzen der benachbarten Dörfer, um zu sammeln und zu jagen. Mitglieder der Dorfgemeinschaft konnten in diesem Waldgebiet unter der Kontrolle des Dorfrates und der Führung eines Häuptlingstitelträgers Stücke des Waldlandes roden. Einmal gerodet, verblieb dieses Land dann unter der Kontrolle des Häuptlings (als Treuhänder für das gemeinsame Eigentum der ganzen Familie).
Heute kann ein Individuum mit Hilfe von Lohnarbeitern und der Kettensäge roden und so die Kontrolle über beträchtliche Flächen gewinnen [...]. Die Übernahme extensiver Landnutzungsformen wie z. B. die Weidewirtschaft erhöhte die Kommerzialisierung der Landwirtschaft, die Nutzung von ungeeigneten Flächen, den Übergang von der gemeinschaftlichen zur individuellen, privatwirtschaftlichen Landnutzung [...]. Die Kettensäge, ein Zaun und [...] Rinder machen die dauerhafte Nutzung des Landes bei relativ geringen Kosten, aber zu Lasten des Regenwaldes möglich. Dies ist die typische Handlungsstrategie von vielen Stadtbewohnern und Regierungsbeamten, die von dem Ziel angetrieben werden, die Zukunft ihrer (kleinen) Kernfamilie zu sichern, anstatt auf die Solidarität des Clans und der Großfamilie zu setzen.

Quelle: *Ward* 1995, S. 86-88

M 4.5/27: Die Verteilung des Landeigentums auf Upolu
Quelle: Government of W. Samoa 1993, S. 3

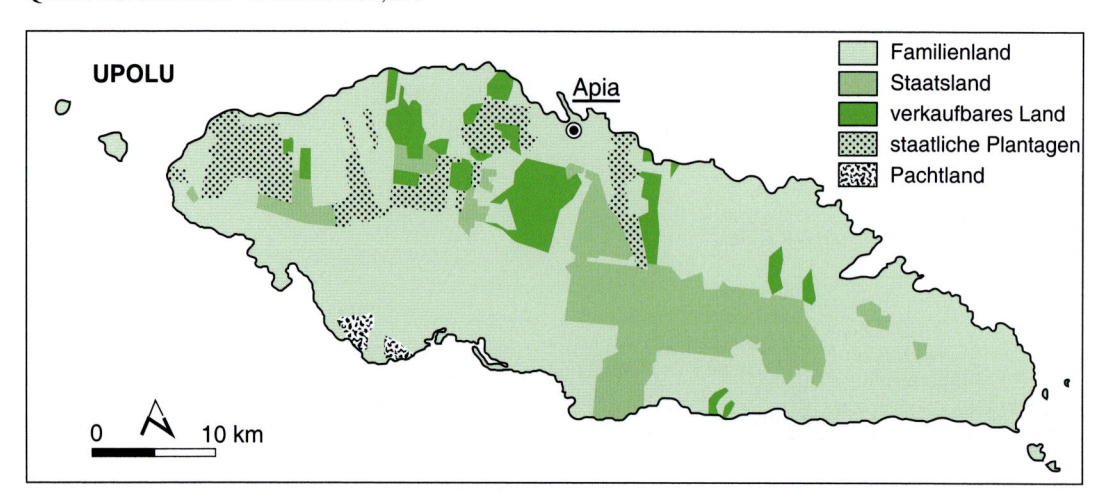

- Familienland
- Staatsland
- verkaufbares Land
- staatliche Plantagen
- Pachtland

M 4.5/28: Rinderhaltung im Vaisigano-Quellgebiet

Das Quellgebiet des Vaisigano umfasst weniger als 1 % der Fläche der Insel Upolu. Auf dieses Gebiet entfielen 22 % der Rinder, die im Rahmen australischer Entwicklungshilfe [vgl. M 4.5/20: Project No. 4 UNDP: Development of Livestock] an samoanische Betriebe verteilt wurden. Alle Betriebe befinden sich entweder auf 'freehold land' oder unter 'new tenure', d. h. Gewinne kommen grundsätzlich Individuen, nicht mehr, wie früher, Familiengemeinschaften zu. Unter den Eigentümern, die ihrerseits mit 87 % den Löwenanteil der im Vaisigano-Gebiet verteilten Rinder erhielten, finden sich Namen wie: Rudy Meredith, Kevin Kohlhase, Mek Lee Lo, John Fong und die Methodistische Kirche – allesamt Nachfahren europäischer Siedler bzw. chinesischer Kontraktarbeiter aus der deutschen Kolonialzeit.

Quelle: Ministry of Agriculture, Forests, Fisheries 1995

M 4.5/29: Ökonomische Bewertung 1: Struktur und Entwicklung der Erwerbsarbeit in % der erwerbstätigen Bevölkerung
Quellen: Government of W. Samoa 1984, 2001

	1981	2001
Landwirtschaft	60,6	34,8
Fischerei	–	5,1
Verarb. Gewerbe	1,8	14,5
Elektrizität, Gas, Wasser	1,1	1,8
Bau	5,5	3,3
Handel, Tourismus	4,4	8,5
Transport, Kommunikation	3,2	3,8
Banken, Versicherungen	3,1	2,7
Öffentlicher Dienst	19,8	17,1
Hausangestellte	–	5,7
Andere	0,5	2,7

M 4.5/30: Ökonomische Bewertung 2: Der Beitrag des nicht-monetären Sektors zum BIP W.Samoas in Mio US$ und seine Veränderung 1995–2001
Quelle: Government of W. Samoa 2002, S. 6

	1995	2001	Veränderung in %
Landwirtschaft		60,6	34,8
Nicht-monetärer Sektor	17,5	13,0	−25,8
Monetärer Sektor	6,5	4,0	−38,5

M 4.5/31: Ökonomische Bewertung 3: Entwaldung und Strukturwandel in der Landwirtschaft

(Seit den sechziger Jahren des 20. Jahrhunderts) befindet sich die exportorientierte Landwirtschaft (W. Samoas) im Niedergang. Der Bananenexport brach aufgrund von Krankheitserregern und Transportproblemen zusammen; die erwartete Expansion der Kakaoexporte blieb wegen schlechter Produktqualität des Pflanzungsmaterials und fallender (Weltmarkt-)Preise aus, und die gleichfalls auf dem Weltmarkt im freien Fall befindlichen Preise für Kopra stellten keinen Anreiz zur Erneuerung überalterter Pflanzungen und Bestände dar, [...] weil der Ertrag für die investierte Arbeit gering war [...]. Die einzigen expansiven Bereiche in der Landwirtschaft waren die Taroproduktion und Viehwirtschaft.
Die Neigung, diese Produkte auf frisch gerodeten Flächen zu kultivieren, stellte einen wichtigen Faktor zur kontinuierlichen Regenwaldrodung dar. Ein bedeutender Teil der Produktion kam von neuen und relativ großen Betrieben, von denen einige von Personen aus der (städtischen) Geschäftswelt und Regierungskreisen finanziert und gemanagt wurden. Diese Investoren nutzten ihre traditionellen Landrechte auf 'customary land' in ihren Geburtsdörfern, um kommerzielle Betriebe mit Hilfe von Lohnarbeitern und modernen Schädlingsbekämpfungsmitteln aufzubauen.

Quelle: *Ward* 1995, S. 83 f.

M 4.5/32: Verflechtungsanalyse

Das Ergebnis der sektoralen Verflechtungen der Produktionsformen samoanischer Haushalte lässt drei elementare Aussagen zu:
1. Die Bezüge innerhalb der Grundproduktionen, d. h. zwischen Subsistenzproduktion und Reproduktion, sind ausgeglichen: Der Input in Form von investierter Arbeitskraft entspricht auf der Output-Seite dem erzielten Produkt, das konsumiert wird und die Arbeitskraft vollständig reproduziert. Auf dieser Grundlage einer intakten Subsistenzproduktion reproduzieren sich im Beobachtungszeitraum alle Haushalte im ländlichen Samoa auf der alleinigen Basis der Subsistenzproduktion. Es gibt weder Hunger noch Not: alles Lebensnotwendige wird im Überfluss mit einem Minimum an Arbeitsaufwand (3 bis 4 Std. täglich, vgl. M17) hergestellt.
2. Die Bezüge außerhalb der Grundproduktionen, d. h. zwischen marktwirtschaftlicher Agrarproduktion, Lohnarbeit und Staatssektor einerseits und Reproduktion andererseits, sind nicht ausgeglichen: Der Input an investierter Arbeitkraft entspricht auf der Output-Seite bei weitem nicht dem erzielten Produkt in Form von Markterlösen, Löhnen und Gehältern. Eine Reproduktion der Arbeitskraft auf der Grundlage von Tätigkeiten außerhalb der Grundproduktion ist nicht möglich – die Erträge sind zu niedrig, die Menschen würden verhungern. Ursache dieses Ungleichgewichts ist der ungleiche Tausch.
3. Wenn dieser ungleiche Tausch nun trotzdem eingegangen wird und wenn es nun trotzdem weder Hunger noch sons-tige soziale Not in Samoa gibt – andernorts in der „Dritten Welt" übliche Erscheinungsformen von „Entwicklung" –, so liegt dies v. a. daran, dass erst die intakte Subsistenzproduktion das sichere Fundament ist, um Markttätigkeiten überhaupt zuzulassen. In anderen Worten: Erfolgreich im Sinne von Entwicklung ist nicht das Marktmodell, sondern zunächst einmal das Subsistenzmodell: Eine intakte Subsistenzproduktion „subventioniert" gewissermaßen die Marktproduktionen, indem sie ganz grundsätzlich und für alle Mitglieder der Gesellschaft die Reproduktion absichert und erst auf dieser Basis Markttätigkeit ohne existenzielles Risiko zulässt – der moderne Sektor ist vom vor-modernen abhängig.

M 4.5/32: Verflechtungsanalyse (Fortsetzung)

Dieser Befund der Verflechtungsanalyse macht die ökonomische und soziale Brisanz der Regenwaldrodungen deutlich: Aus Regenwaldrodung entsteht privater (Groß-)Grundbesitz für Marktproduktion auf nominellem „customary land", das somit für die überlebensnotwendige Subsistenzproduktion nicht mehr zur Verfügung steht. Regenwaldrodungen begünstigen (Groß-)Grundbesitz und Marktwirtschaft und schwächen Kleinproduzenten auf „customary land" mit ihrer Subsistenzproduktion. W. Samoa steht am Anfang von einem sozialen Problem. Bezogen auf das Konzept der 'strategischen Gruppen' heißt das: Gewinner ist eine Allianz von globalen Spielern und lokalen Akteuren, die sich mit ihren Projekten zur Steigerung marktwirtschaftlicher exportorientierter Erträge gegenüber lokalen Verlierern subsis-tenzorientierter Kleinproduzenten durchsetzt.

Was sind nun die Determinanten dieses erfolgreichen vorglobalen Entwicklungssystems, das Subsistenz- und Marktproduktion, moderne und vormoderne Sektoren intelligent miteinander verflicht?

Alle Menschen in Westsamoa sind Eigentümer von Produktionsmitteln: Fast das gesamte landwirtschaftlich genutzte Land (ca. 80 %) ist „customary land", d. h. Gemeinschaftseigentum von Familien. Dieses Eigentum ist verfassungsrechtlich geschützt: „customary land" kann nicht ge- oder verkauft, auch nicht als Hypothek oder Pfand bei Krediten/Schulden genommen werden. Daraus folgt, dass niemand gezwungen ist, seine Arbeitskraft zu verkaufen, um sich zu reproduzieren. Die durchschnittliche zur Reproduktion notwendige Arbeitszeit (Subsistenzproduktion) beträgt etwa 3 h/Tag, d. h. rund 20 h/Woche. Damit bleibt jenseits des Subsistenzniveaus und jenseits der notwendigen Arbeitszeit noch genügend Surplusarbeitszeit, um je nach individueller Entscheidung durch Beteiligung an der Marktproduktion die monetären Mittel zu erzeugen, die je nach Bedarf und Wunsch über das Subsistenzniveau hinaus für angemessen gehalten werden. Hinzu kommt, dass temporär migrierte Mitglieder der Familien insofern gerne ihre Rimessen leisten, weil sie sich dadurch ihre vollen Rechte in der Gemeinschaft erhalten, insbesondere ihren Anspruch auf Land, d. h. auf ein Produktionsmittel, das ihre Subsistenz sichert.

Das verfassungsrechtlich geschützte Landrecht stellt somit die Grundvoraussetzung für eine intakte Subsistenzproduktion und eine gesellschaftliche Entwicklung ohne soziale Not dar.

Eine zweite wesentliche Voraussetzung ist mit dem samoanischen Sozialsystem gegeben. Status und damit Führungspositionen erlangt man in Samoa nicht, wie in marktwirtschaftlichen Systemen, durch private Akkumulation, sondern ganz im Gegenteil, durch gesellschaftliche Distribution, und zwar von oben nach unten. Die Anführer der familiären Ökonomie (Häuptlinge) werden durch den Familienrat gewählt aufgrund von zwei Qualifikationen: Sie müssen erstens gezeigt haben, dass sie ökonomisch erfolgreich sind und zweitens, dass sie ihren Reichtum großzügig und freigiebig umverteilen. Häuptlinge werden als Treuhänder definiert: Sie genießen Privilegien, nehmen Tribute und Dienstleistungen entgegen, im Übrigen aber haben sie durch Umverteilung der erarbeiteten Produkte für den Wohlstand aller zu sorgen. Eine private Aneignung des gesellschaftlich erzeugten Mehrwerts ist ihnen qua System nicht möglich: Wer nicht Eigentümer der Produktionsmittel ist, hat auch keine legale Grundlage zur privaten Aneignung des Mehrwerts.

Systemtheoretisch formuliert ergibt sich somit in Westsamoa ein Entwicklungsmodell, das Grenzwerte nach unten und oben definiert und durch positive und negative Rückkopplungsmechanismen dafür Sorge trägt, dass einerseits niemand unter ein ausreichendes Existenzminimum absinkt, und andererseits sozialer Reichtum, der ja immer durch private Abschöpfung des Mehrprodukts zulasten der abhängig Tätigen geht, nicht entstehen kann. Im Gegenteil: Das Gesellschaftsmodell sorgt für Gleichgewicht durch soziale Umverteilungsmechanismen von oben nach unten.

Quelle: *Hennings* 2000, S. 342-345

M 4.5/33: Ökologische Bewertung

Wasserprobleme
Ergebnisse einer rezenten FAO-Studie im Vaisigano-Einzugsgebiet zeigen, dass der Oberflächenabfluss etwa 48 % der jährlichen Niederschläge entspricht und dass 29 % dem Grundwasser zugeführt werden; der Rest wird von Pflanzen aufgenommen oder geht durch Verdunstung verloren.
Wegen der fortgesetzten landwirtschaftlichen Kultivierung des Landes ist die Wasserqualität des Flusses durch Chemikalien beeinträchtigt worden. Während die Regierung jetzt versucht, das Einzugsgebiet zu schützen, sind in der Vergangenheit bereits große Flächen dieses Bereichs für Pflanzungen gerodet worden [...]. Die Wasservorkommen sind nicht ausreichend, um der lokalen Nachfrage zu genügen. In der städtischen Zone von Apia sinkt die Wasserqualität aufgrund des erhöhten Abflusses aus dem Einzugsgebiet. Trotz des kostspieligen neuen Wasserversorgungssystems für die Stadt sind Wasserknappheit und verunreinigtes Trinkwasser keine Seltenheit [...]. Hydro-elektrische Turbinen erzeugen etwa 50 % des Stroms auf der Insel Upolu. Die Afulilo-Hydro-Elektrizität ist ein Auffang- und Staubecken-System, das aus einem Sammelbecken auf dem Oberlaufplateau des Flusses und einem Kraftwerk an der Küste besteht [...]. Die Umweltkosten, die die Afulilo-System verursacht, sind hoch – insbesondere hinsichtlich des regional bedeutsamen Regenwaldsumpfes [...]. Die FAO kennzeichnet fünf der insgesamt zwölf Wassereinzugsbereiche als schon gegenwärtig oder in Zukunft problembehaftet. Das Hauptproblem liegt in Rodungen für landwirtschaftliche Nutzung begründet. Das Vaisigano-Einzugsgebiet zählt zu den betroffenen Problemfällen.

Quelle: *Tu'u'uleti* 1993, S. 8 f.

Verlust von Artenvielfalt
1948 bezeichnete Gratton Samoa als „ein ausgezeichnetes Feld für Botanisten und Entomologisten". Samoas Biodiversität wurde 1893-95 mit „567 botanischen Gattungen und 1.244 Arten festgehalten, und davon waren 142 unbekannt". Unter den 52 Vogelarten waren [...] 16, die es nirgendwo sonst auf der Welt gab. Jordan und Sale (1906) beschrieben die Fischfauna Samoas als die weltweit reichhaltigste mit 475 Arten, von denen damals 92 als für die Wissenschaft neu galten. Heute umfasst die Fauna 991 Arten, von denen 40 nur in Samoa vorkommen (Wass 1984). Vor kurzem schätzte Whistler (1992), dass es in Samoa etwa 500 Gefäßpflanzenarten gibt und 245 Farnarten, von denen wiederum 30% nur hier vorkommen. Dahl (1986) identifizierte 21 Schmetterlingsarten, von denen eine weltweit nirgendwo sonst gefunden wird. Gill (1993) zählte 14 Reptilienarten [...], von denen drei nur in Samoa und auf einigen benachbarten Inseln vorkommen. Pratt u. a. (1987) nahm 37 Landvogelarten auf, von denen 10 nirgendwo sonst existieren.
Die steigende Nachfrage nach lokalen Ressourcen stellt jedoch einen schwerwiegenden Druck auf die lokalen Ökosysteme dar und bedroht das Überleben der gegenwärtigen Biodiversität. Eine Anzahl von Farnarten ist seit den dreißiger Jahren des 20. Jahrhunderts oder noch früher nicht mehr gesehen worden. Whistler (1992) hat eine Liste potenziell gefährdeter oder bedrohter Pflanzen aufgestellt, die 137 Arten umfasst. Bei der gegenwärtigen Zerstörung der natürlichen Umwelt sind viele Pflanzen- und Tierarten am Rande des Aussterbens.
Die angemessene Nutzung der Landressourcen gemäß ihrer Eignung stellt den Schlüsselfaktor für zukünftiges Management der Landnutzung dar. Derzeit findet der überwiegende Teil des Ackerbaus und der Viehzucht auf landwirtschaftlich geeigneten Flächen statt, aber schätzungsweise mehr als 30 % der gesamten landwirtschaftlichen und forstwirtlichen Aktivitäten findet auf Flächen mit großen ökologischen Einschränkungen statt. Erleichtert durch Zugangsstraßen, die viele Binnenlandflächen erschlossen haben, wurden mehr als 42 % des unberührten Regenwaldes für landwirtschaftliche und fortwirtschaftliche Nutzungen in ökologisch verwundbaren Gebieten gerodet (ANZDEC 1990). Der Vaipu-Mischwaldsumpf ist einer von zwei einzigartigen Ökosystemen auf der Welt. Er wurde zerstört wegen des Baus des Afulilo-Staudamms zur Erzeugung von hydro-elektrischer Energie, und dieses Gebiet ist jetzt trotz seines großen Werts an Biodiversität bedroht.

Quelle: Government of W. Samoa 1993, S. 35

M 4.5/34: Soziologische Bewertung

Von der Gemeinschaft zum individuellen Gewinn
Atiinaa'e, „Entwicklung": das ist das Zauberwort auf den Lippen von Regierungsvertretern wie dörflichen Pflanzern im heutigen W. Samoa. Auf der makro-ökonomischen Ebene wird es von der Regierung mit Hilfe ausländischer Entwicklungshilfe vorangetrieben. Auf der Mikro-Ebene finanzieren Einzelne ihre persönliche Entwicklung durch Privatkapital... Die Integration außen gesteuerter Geldwirtschaft mit der intern dominierenden Subsistenzproduktion ist ein allgegenwärtiges Dilemma... Kommunale und familiäre Landrechtsysteme befinden sich im Widerspruch mit den individualistischen Zugängen der kapitalistischen Wirtschaftsentwicklung.... Das Prinzip der großfamiliären Produktion ist aufgeweicht worden. ... Beim Landeigentum ist der Schwerpunkt verlagert worden: vom (Familien-)Titel hin zur (Einzel-)Person, vom Erbe des Titels hin zum persönlichen, individuellen, privaten Erbe. Die Möglichkeit, Land zu roden – einst begrenzt durch soziale Kontrolle wie z. B. die Menge der Arbeitskräfte, die einem Häuptlingstitelträger zur Verfügung standen – ist jetzt zunehmend abhängig von individuellem Zugang zu Kapital, d. h. im Wesentlichen von Kettensägen und Lohnarbeitern.
Quelle: *Hardie-Boys* 1995, S. 64f., 67f., 70

Vom Nutzen der Gemeinschaft
Es sollte insbesondere lehrreich sein, die Rolle der samoanischen Gesellschaftsordnung zu studieren, v. a. im Zusammenhang mit den Problemen, mit denen die entwickelten und auch viele Entwicklungsländer gegenwärtig zu kämpfen haben. Die fortgeschrittenen Ökonomien in anderen Teilen der Welt, besonders jene, die den uneingeschränkt freien Marktkräften ausgesetzt sind, müssen erst noch ein gesellschaftlich akzeptiertes und wirtschaftlich effizientes System von Institutionen und Instrumenten hervorbringen, das den Bedürfnissen der älteren Generationen und der sozial Schwachen entspricht und gleichzeitig zu familiärem und sozialem Frieden sowie gesellschaftlicher Sicherheit beiträgt. W. Samoa hingegen hat bereits genau so ein Instrumentarium in seinen kulturellen und gesellschaftlichen Institutionen und Gebräuchen. Niemand kann deswegen willentlich daran interessiert sein, dieses soziale Netzwerk zugunsten reiner ökonomischer Effizienz zu zerstören. Für viele Entwicklungsländer, die gegen Armut, Hunger und Mangel kämpfen, sollten W. Samoas Institutionen eine Quelle der Inspiration, wenn nicht des Neids sein. W. Samoa kann ein Musterbeispiel sein, wie ein dezentrales Ordnungssystem funktioniert und wie es zum allgemeinen Wohlstand der ganzen Gesellschaft beiträgt, auch wenn seine gesellschaftlichen Strukturen nicht von irgendeinem Experten für Dezentralisierung und ländliche Sozialordnung geplant und entworfen worden sind. Die Institution der Großfamilie ist gewiss zuweilen ein Hemmschuh für individuelle Motivation und geschäftliche Unternehmungen gewesen, aber wahrscheinlich gibt es in humanitärem Sinne keine bessere Ordnung, die Alten und Kranken in ein würdevolles Leben und die Behinderten ohne Erniedrigung sozial zu integrieren. Hinzu kommt, dass die Dörfer mit ihren Dorfräten und Häuptlingen wichtige soziale Funktionen hinsichtlich von Stabilität und sozialem Frieden und Ordnung ausüben. Derartige Funktionen würden ansonsten eine Bürde für die Zentralregierung sein, und selbst dann wäre es nicht ausgemacht, dass die Bürokratien ebenso effektiv in der Ausübung dieser Funktionen sind wie die institutionalisierten traditionellen Dorfräte und -komitees.
Quelle: Government of W. Samoa 1988, S. 5 f.

Samoas Gesellschaft vor den Rodungen – ein System im Gleichgewicht
Wenn das Hauptproduktionsmittel, das Land, nicht einigen Einzelnen, sondern allen gehört, dann fehlt den Einzelnen die Legitimationsgrundlage zur Aneignung des Mehrwerts, so dass es keinen maßlosen privaten Reichtum und auch keine existenzbedrohende Armut geben kann. Die Häuptlinge als Treuhänder ihrer Familien genießen Privilegien und Prestige, aber eben nur in dem Maße, wie sie sich effektiv in der Produktion und großzügig in der Verteilung der Produktion zeigen. Der Wettbewerb unter Titelaspiranten und Titelträgern um Status und Prestige ist damit ein notwendiges instabiles Element in einem System, das durch einen gesellschaftlichen Konsens über systemimmanente Grenzwerte und ein abgestimmtes Regelsystem zu deren Kontrolle und Sanktionierung dazu führt, dass die Gesellschaft insgesamt stabil und im Gleichgewicht bleibt.
Nach dem traditionellen Landrecht ist die ländliche Gesellschaft Samoas ein System im Gleichgewicht: Die Vergesellschaftung der Produktionsmittel verhindert die sonst übliche Trennung der Bevölkerung in (Land-) Eigentümer einerseits und Landlose andererseits ebenso wie den Gegensatz zwischen Kapital und Arbeit. Es gibt in den Dörfern Samoas keine soziale Klasse, die nichts anderes besitzt als ihre Arbeitskraft. Deshalb ist Samoa auch keine Klassengesellschaft, u. a. auch deshalb nicht, weil Titel nicht vererbbar sind und potentiell von allen erworben werden können. Niemand ist bisher in Samoa gezwungen, seine Arbeitskraft zu verkaufen, um sich zu reproduzieren, und deshalb gibt es dort bisher auch keine Ausbeutung, keinen Hunger und keine Verelendung – sonst die üblichen und alltäglichen Indikatoren der meisten Gesellschaften der „Dritten Welt".
Quelle: *Hennings* 1999, S. 18f.

M 4.5/34: Soziologische Bewertung (Fortsetzung)

Soziales System gerät aus dem Gleichgewicht – nach den Rodungen
Dies alles ändert sich jetzt in der Folge der rezenten Regenwaldrodungen: Das soziale System gerät aus dem Gleichgewicht.
„Mit dem Ausbau von Zufahrtsstraßen wird Waldland, das in der Vergangenheit v. a. untitulierten Männern zur Verfügung stand, nun von Häuptlingen mit hohen Titeln und Wohnsitz in Apia in Besitz genommen, weil diese ausgestattet sind mit Informationen über Regierungspläne, mit Kettensägen und Lastwagen, so dass für die untitulierten Männer nur wenig Land übrig bleibt, das leicht zu erreichen wäre. Auf diese Art sind riesige Waldflächen, häufig an recht steilen Abhängen, in der jüngeren Vergangenheit gerodet und faktisch privatisiert worden."
„Die Situation weist auf eine Veränderung der Landrechte aufgrund von Druck hin, der von den Einflüssen der Moderne ausgelöst wird. Diese Veränderungen sind eine Anpassung an die Moderne, eine Anpassung, die die Häuptlinge bevorteilt, die Zugang zu Informationen, Krediten, Lohnarbeitern und Großgrundbesitz haben und die dabei den untitulierten Männern und Häuptlingen mit rangniedrigen Titeln nur die Möglichkeit offen lassen, auf ihren alten Dorf-ländereien zu wirtschaften, wo sie eingeengt sind durch kleine unzusammenhängende Felder, von denen viele mit einem überalteten Baumbestand behaftet sind, wo das Land seine Fruchtbarkeit verloren hat, wo sie keine Möglichkeit haben, Lohnarbeiter zu engagieren oder größere Kredite aufzunehmen, um ihre technische Ausstattung zu verbessern, Kunstdünger zu kaufen, oder ihren Viehbestand aufzustocken."

Quelle: *Thomas* 1987, S. 145

M 4.5/35: Die Theorie „fragmentierender Entwicklung"

Zwei Seiten einer Medaille
Das allgemeine Verständnis von Globalisierung geht von einem grenzüberschreitenden, uniformierenden, ökonomisch und sozial homogenisierenden Transformationsprozess aus. Er bindet alle wirtschaftlichen und gesellschaftlichen Bereiche gleichermaßen in einen globalen Markt ein [...]. Dagegen steht die inzwischen erkannte und empirisch belegbare Auffassung, dass Globalisierung einen zutiefst widersprüchlichen, heterogenen und umstrukturierenden Vorgang darstellt. Er ist damit per se nicht auf Konsens, sondern auf Erfolg, Konkurrenz und Verdrängung ausgerichtet. Er findet seinen Niederschlag in dem zeitlichen und räumlichen Nebeneinander integrierender und (bruchhaft) trennender, eben fragmentierender Prozesse. Entwicklungspolitisch relevant sind in diesem Zusammenhang insbesondere die sich verschärfenden sozialen und regionalen Gegensätze, lokale Standortschwäche und excessive Standortfluktuation. Dazu gehören ebenso temporäre wie permanente Arbeitslosigkeit, unentrinnbare Ausgrenzung (Exklusion), Marginalisierung, Verelendung, lokale und globale Massenarmut und Massenmigration, Flucht oder unsicherheits- oder aggressionsbedingte Verharrung.
Sie schlagen sich aber auch nieder in (extremen) individuellem oder lokalem bzw. regionalem Reichtum, in ökonomischer Partizipation, in bewusster Abgrenzung (Inklusion) oder in Standortzugewinn und sozialem Aufstieg. All diese widersprüchlichen Erscheinungen und Prozesse treten gleichzeitig auf. Sie sind sowohl im Süden wie im Norden anzutreffen. Als Phänomene sind sie heute konkret und virtuell von globaler Präsenz.
Schaltstellen dieses durch Wettbewerb gesteuerten weltwirtschaftlichen Geschehens sind schon heute und werden vor allem in Zukunft die „globalen Orte" sein, die als Acting Global Cities bezeichnet werden und als solche konkret erfassbar sind [...]. Dabei handelt es sich um die Kommandozentralen der als Global Players agierenden transnationalen Unternehmen und Finanzinstitutionen [...], um die Hightech-Produktions- und Forschungs-Innovationszentren (z. B. Orte/Zonen innovativen Milieus/innovativer Netzwerke sowie um die vereinzelt überkommenen fordistischen Industriezonen für Güter höchster Qualität, die z. Z. noch bestehende Produktionsüberlegenheit besitzen.
Virtuell oder auch konkret eng verbunden mit diesen dominierenden Schaltstellen und ihnen funktional hierarchisch nachgeordnet sind die „globalisierten Orte", die Affected/exposed Global Cities (die „Hinterhöfe der Metropolen"). Dabei handelt es sich um Orte oder Zonen der Hightech-Dienstleistungen (z. B. „wissensbasierte regionale Cluster", [...]), des offshore bankings und der Steuerparadiese, die Auslagerungsindustrie (z. B. Freie Produktionszonen; [...]) der Billiglohn- und Massenkonsumgüterproduktion sowie der montanen und agraren Rohstoffextraktion und der Erzeugung hochwertiger Nahrungsmittel. Hierzu zählen die Orte der aus vermeintlichen Wettbewerbszwängen unverzichtbaren Kinderarbeit und des global funktionalisierten informellen Sektors sowie des Freizeit- und Tourismusgewerbes.
Davon bruchhaft gesondert, eben fragmentiert, befindet sich die „ausgegrenzte Restwelt", die [...] „marginalisierten Zwischenräume". Sie sei hier als New Periphery bezeichnet oder mehr bildhaft als „Meer der Armut" beschrieben. Dabei handelt es sich um die entgrenzten, um Standortqualität streitenden, um Territorialität, Machtkompetenz und Legitimität ringenden nominellen Nationalstaaten. In ihrer Gesamtheit bilden sie ganz oder teilweise den sich weltweit erstreckenden, virtuellen oder auch physisch begreifbaren Lebensraum der ausgegrenzten, überflüssigen Mehrheit der Weltbevölkerung. Diese New Periphery ist in sich durch Ethnoregionalismen, Fundamentalismen, Retribalisierung und Kryptonationalismen bruchhaft und widersprüchlich vielfältig fragmentiert. Sie wird durch all jene Merkmale bestimmt, die für die bisherige Dritte Welt als typisch erachtet wurden. Und dazu gesellen sich jetzt noch Ausgrenzung und Abkopplung.
Mehrheitlich wird diese ausgegrenzte Restwelt, inzwischen als „der neue Süden" bezeichnet [...], eben abgekoppelt sein und sich weitgehend selbst überlassen bleiben. Er wird sich an seinen internen Widersprüchen aufreiben, an Armut und Rückständigkeit leiden, sicherlich aber auch vielfältige Strategien zum Überleben entwickeln. Dabei ist an die Revitalisierung von Subsistenzwirtschaft, indigenem Wissen und lokalen Produktionsweisen, an Tauschringe, an zivilgesellschaftliche, nachbarschaftliche Netzwerke, an informelle Institutionen und an den Dritten Sektor zu denken. Und trotz aller bruchhaften Vielfalt und Gegensätzlichkeiten werden sich vielleicht sogar immer wieder neu eigene Restwelt-Identitäten, individuelle Überlebensstrategien und lokale lebensweltliche Konzepte herausbilden. Immer aber wird der neue Süden die Lebensrealität für den nicht nur doppelt, sondern sogar dreifach „überflüssigen" Anteil der Weltbevölkerung, „population redundant" von Ricardo [...], darstellen: Als Arbeitskräfte (industrielle Reservearmee) wird dieser Anteil nicht benötigt, als Konsument spielt er keine Rolle. Und die Erzeugnisse, die er herstellt, werden nicht gebraucht.

Quelle: *Scholz* 2002, S. 7 f.

5 Literatur
Zu Teil 1

Agnew, J./Corbridge, S. (1995): Mastering Space. Hegemony, Territory and International Political Economy. London
Alvstam, C. G./Schamp, E. W. (eds) (2005): Linking Industries Across the World. Processes of Global Networking. Aldershot
Amin, A. (2004): Regulating economic globalization. - In: Transactions Institute of British Geographers NS 29, S. 217–233
Anderson, J. (1995): The exaggerated death of the nation-state. - In: *Anderson, J.* u.a. (eds.): A Global World? Re-ordering Political Space. Oxford, S. 65-112
Arndt, S./Kierzkowski, H. (2001): Fragmentation. New Production Patterns in the World Economy. Oxford
Baade, Fr. (1969): Dynamische Weltwirtschaft. München
Bade, K. J. (Hg.) (1994): Das Manifest der 60. Deutschland und die Einwanderung. München (Beck'sche Reihe 1039)
Bartels, D. (1970): Einleitung. - In: *Bartels, D.* (Hrsg.): Wirtschafts- und Sozialgeographie. Köln, S. 13–48
Bathelt, H./Glückler, J. (2002): Wirtschaftsgeographie. Stuttgart
Bathelt, H./Glückler, J. (2003): Wirtschaftsgeographie. 2. Aufl. Stuttgart
Bauman, Z. (1992): Moderne und Ambivalenz. Hamburg
Beaverstock, J.V. (2004): ‚Managing across borders': knowledge management and expatriation in professional legal firms. - In: Journal of Economic Geography 4, S. 157–179
Beck, U. (1997): Was ist Globalisierung? Irrtümer des Globalismus – Antworten auf Globalisierung. Frankfurt/Main
Beck, U. (Hg.) (1998.1): Politik der Globalisierung. Frankfurt/Main
Beck, U. (Hg.) (1998.2): Perspektiven der Weltgesellschaft. Frankfurt/Main
Berry, B. J. L./Conkling, E. C./Ray, D. M. (1976): The Geography of Economic Systems. Englewood Cliffs, N.J.
Birkenhauer, J./Hendinger, H. (Hg.) (1979–1982): Blickpunkt Welt. 3 Bde. Unterägeri (CH), Paderborn
Boesch, H. (1966): Weltwirtschaftsgeographie. Braunschweig
Böge, W. (1997): Die Einteilung der Erde in Großräume. Zum Weltbild der deutschsprachigen Geographie seit 1871. Hamburg
Bohm, D. (1998): Der Dialog. Das offene Gespräch am Ende der Diskussionen. Stuttgart
Böhm, H. (1994): Räumliche Bevölkerungsbewegungen. - In: *Börsch, D.* (Hg.): Bevölkerung und Raum. Köln, S. 60–96 (Handbuch des Geographieunterrichts 2)
Bordo, M. D./Taylor, A. M./Williamson, J. G. (2003): Globalization in Historical Perspective. Chicago
Borner, S. (1984): Drei Grundperspektiven zur Interpretation des weltwirtschaftlichen Strukturwandels. - In: Außenwirtschaft 39 (3), S. 219–240
Borrus, M./Zysman, J. (1997): Globalization with Borders: The Rise of Wintelism as the Future of Global Competition. - In: Industry and Innovation 4, S. 141–166
Braudel, F. (1990): Sozialgeschichte des 15.–18. Jahrhunderts. Bd.2: Der Handel. Bd.3: Aufbruch zur Weltwirtschaft. München
Braun, B. (2005): Building Global Institutions: The Diffusion of Management Standards in the World Economy - An Institutional Perspective. - In: *Alvstam, C. G./Schamp, E. W.* (eds): Linking Industries Across the World. Processes of Global Networking. Aldershot, S. 3–27
Brunsson, N./Jacobsson, B. (eds.) (2000): A world of standards. Oxford
Buck, L. u.a. (1970-1974): Geographie. 3 Bde. Stuttgart
Bundesministerium für Umwelt, Naturschutz und Reaktorsicherheit (Hg.) (1997): Agenda 21. Konferenz der Vereinten Nationen für Umwelt und Entwicklung im Juni 1992 in Rio de Janeiro – Dokumente. 2. Aufl. Bonn
Bund-Länder-Kommission (BLK) (Hg.) (1998): Bildung für eine nachhaltige Entwicklung. Orientierungsrahmen. Bonn (BLK-Reihe Materialien zur Bildungsplanung und zur Forschungsförderung 69)
Burton, J.W. (1979): The Role of Authorities in World Society. - In: Millenium. Journal of International Studies 8, S. 77–88
Cairncross, F. (2001): The Death of Distance, 2.0. How the Communication Revolution Will Change Our Lives. London
Castells, M. (1996): The rise of the network society. Cambridge, Mass.
Castells, M. (2001): Das Informationszeitalter. Bd. 1: Der Aufstieg der Netzwerkgesellschaft. Opladen
Chang, H.J. (ed.) (2003): rethinking development economics. London
Cohen, S. (1982): A New Map of Global Political Equilibrium: a Developmental Approach. - In: Political Geography Quarterly 1, S. 223-242
Conkling, E. C./McConnell, J. E. (1981): Toward an integrated approach to the geography of international trade. - In: Professional Geographer 33 (1), S. 16–25
Dicken, P. (1986-2003): Global Shift, Fourth Edition, Reshaping the global economic map in the 21st century. London

Dicken, P. (2004): Geographers and 'globalization': (yet) another missed boat? - In: Transactions Institute British Geographers NS 29, S. 5-26
Ehlers, E. (1996): Kulturkreise – Kulturerdteile – Clash of Civilizations. Plädoyer für eine gegenwartsbezogene Kulturgeographie. - In: Geographische Rundschau 48 (6), S. 338-345
Engelhard, K. (Hg.) (2007): Welt im Wandel. Stuttgart (Informationen zur Meinungsbildung A 8)
Escobar, A. (1995): Encountering Development: The Making and Unmaking of the Third World. Princeton
Forum Schule für eine Welt (1996): Globales Lernen. Anstösse für Bildung in einer vernetzten Welt. Jona/Schweiz 1996
Fröbel, F./Heinrichs, J./Kreye, O. (1977): Die neue internationale Arbeitsteilung. Strukturelle Arbeitslosigkeit in den Industrieländern und die Industrialisierung der Entwicklungsländer. Reinbek b. Hamburg (rororo A 4185)
Fuchs, G. (1977): Überlegungen zum Stellenwert und zum Lernproblem des topographischen Orientierungswissens im Geographieunterricht. - In : Hefte zur Fachdidaktik der Geographie 1, S. 4-24
Fuchs, G. (1998): „Global denken lernen" – Die didaktische Kategorie für Globalisierung? - In: *Flath, M./Fuchs, G.* (Hg.): „Globalisierung". Beispiele und Perspektiven für den Geographieunterricht. Gotha, S. 66–84
Fuchs, G. (2005): Globalisierung verstehen – Ansätze und Wege zu „global denken lernen". - In: *Engelhard, K./Otto, K.-H.* (Hg.): Globalisierung – eine Herausforderung für Entwicklungspolitik und entwicklungspolitische Bildung. Münster, S. 133-161
Gaddis, J. L. (1982): Strategies of containment. New York
Garcia, A. (1982): Géographie des échanges internationaux. Paris
Giddens, A. (1988): Die Konstitution der Gesellschaft. Frankfurt
Giddens, A. (1995): Konsequenzen der Moderne. 2. Aufl., Frankfurt am Main
Gilpin, R. (1985): Three Models of the Future. - In: *Art, R. J./Jervis, R.* (eds.): International politics: anarchy, force, political economy, and decision making. Boston, S. 287–309
Goldstein, J. S. (1988): Long Cycles: Prosperity and War in the Modern Age. New Haven
Grotelüschen, W. (1965): Die Stufen des Heimatkunde- und Erdkundeunterrichts in der Volksschule. - In: Die Deutsche Schule 57 7/8, S. 366–370
Grotelüschen, W./Schüttler, A. (1968-1972): Dreimal um die Erde. 3 Bde. Hannover, Berlin
Grotewold, A. (1979): The regional theory of world trade. Grove City, Penn.
Haan, G. de/Harenberg, D. (1999): Bildung für eine nachhaltige Entwicklung. Bonn (BLK-Reihe Materialien zur Bildungsplanung und zur Forschungsförderung 72)
Hanink, D. M. (1988): An extended Linder-model of international trade. - In: Economic Geography 64, S. 322-334
Harenberg, D. (2004): Das BLK-Programm „21" – Bildung für eine nachhaltige Entwicklung. - In: *Kroß, E.* (Hg.): Globales Lernen im Geographieunterricht – Erziehung zu einer nachhaltigen Entwicklung. Nürnberg, S. 69–84 (Geographiedidaktische Forschungen 38)
Harvey, D. (1982): The Limits to Capital. Oxford
Harvey, D. (1989): The Condition of Postmodernity. An Enquiry into the Origins of Cultural Change. Oxford
Harvey, D. (1997): Betreff Globalisierung. - In: *Becker, S.* u.a. (Hrsg): Jenseits der Nationalökonomie? Weltwirtschaft und Nationalstaat zwischen Globalisierung und Regionalisierung. Berlin, S. 28–49
Hausmann, W. (Hg.) (1972-1975): Welt und Umwelt. 3. Bde. Braunschweig
Heeg, S./Oßenbrügge, J. (2001): Geopolitische Gesichter des Europäischen Projektes. - In: Geopolitik. Zur Ideologiekritik politischer Raumkonzepte. Kritische Geographie 14, S. 183–198
Held, D./McGrew, A./Goldblatt, D./Perraton, J. (1999): Global Transformations. Politics, Economics and Culture. Stanford, Cal.
Henderson, J., Dicken, P., Hess, M., Coe, N. and Yeung, H. W. (2002): Global production networks and the analysis of economic development. - In: Review of International Political Economy 9 (3), S. 436–464
Hopkins, T.K./Wallerstein, I. (1979): Grundzüge der Entwicklung des modernen Weltsystems. Entwurf für ein Forschungsvorhaben. - In: *Senghaas, D.* (Hrsg.): Kapitalistische Weltökonomie. Kontroversen über ihren Ursprung und ihre Entwicklungsdynamik. Frankfurt/Main, S. 151–200
Imbusch, P. (1990): ‚Das moderne Weltsystem'. Eine Kritik der Weltsystemtheorie Immanuel Wallersteins. Marburg
Jentsch, A./Winkler, J. (1958): Der Mensch nutzt die Erde. Güterkunde. Braunschweig
Jentsch, A./Winkler, J. (1964): Der Mensch nutzt die Erde. Länderkunde. Braunschweig
Johnston, R.J./Taylor, P.J./Watts, M. J. (Hg.) (1995/2002): Geographies of Global Change. 2. Aufl. Oxford
Kenney, M./Florida, R. (eds.) (2004): Locating Global Advantage. Industry Dynamics in the International Economy. Stanford, Cal.
Kirchberg, G. (1977): Der Lernzielbereich „Topographie" im geographischen Lehrplan. - In: Hefte zur Fachdidaktik der Geographie 1, S. 25–44
Kirchberg, G. (2005): Die Geographielehrpläne in Deutschland heute. Bestandsaufnahme und Ausblick. - In: Geographie und Schule 27 (no. 156), S. 2–9
Kleinknecht, A. (1990): Are there Schumpeterian waves of innovations? - In: Cambridge Journal of Economics 14 (1), S. 81–92

KMK/BMZ (2007): Orientierungsrahmen für den Lernbereich Globale Entwicklung im Rahmen einer Bildung für nachhaltige Entwicklung. Bonn
Knox, P./Agnew, J. (1998): The Geography of the World Economy. An Introduction to Economic Geography. London
Knox, A./Agnew, J./MacCarthy, L. (2003): The Geography of the World Economy, 3rd edition, London
Köck, H. (1977): Ziele des Geographieunterrichts seit 1945. - In: Hefte zur Fachdidaktik der Geographie 1 (1), S. 3–53
Köck, H. (2003): Dilemmata der (geographischen) Umwelterziehung. - In: Geographie und ihre Didaktik 31 (1), S. 28–43, (2) S. 61-79
Kotkin, J. (1993): Tribes. How Race, Religion and Identity Determine Success in the New Global Economy. New York
Kreutzmann, H. (2000): Von der Modernisierungstheorie zum „clash of civilizations": Gemeinsamkeiten und Widersprüche strategischer Entwicklungsvorstellungen. - In: *Diekmann, I./Krüger, P./Schoeps, J. H.* (Hg.): Geopolitik. Grenzgänge im Zeitgeist. Potsdam, S. 453–480
Kroß, E. (1991): „Global denken – lokal handeln". Eine zentrale Aufgabe des Geographieunterrichts. - In: Geographie heute 12 (93), S. 40–45
Kroß, E. (1995): Global lernen. - In: Geographie heute 16 (134), S. 4-9
Kroß, E. (2004.1): Wirtschaft im Geographieunterricht. - In: Geographie heute 25 (217), S. 2-5
Kroß, E. (2004.2): Globales Lernen als Aufgabe des Geographieunterrichts. - In: *Kroß, E.* (Hg.): Globales Lernen im Geographieunterricht – Erziehung zu einer nachhaltigen Entwicklung. Nürnberg, S. 5–24 (Geographiedidaktische Forschungen 38)
Kulke, E. (2004): Wirtschaftsgeographie. Paderborn (Grundriss Allgemeine Geographie)
Kunz, M. (1999): Fair Trade im Vergleich mit anderen Bemühungen, Arbeitsbedingungen in der globalen Wirtschaft zu verbessern. Wiesbaden
Lacoste, I. (1990): Geographie und politisches Handeln. Perspektiven einer neuen Geopolitik. Berlin
Lewis, M./Wigen, K.E. (1997): The Myth of Continents. A Critique of Metageography. Berkeley
Lipietz, A. (1987): Mirages and Miracles. The Crisis of Global Fordism. London
Loske, R. (1996): Besser – Anders – Weniger. Zukunftsfähige Entwicklung braucht Leitorientierungen. - In: Geographie heute 17 (146), S.10–11
Luttwak, E. (1994): Weltwirtschaftskrieg. Reinbek
Massey, D. (1984): Spatial Divisions of Labour. Social Structures and the Geography of Production. London
Massey, D. (1991): A Global Sense of Place. - In: Marxism Today, S. 24-28
Meyers, R. (1993): Grundbegriffe, Strukturen und theoretische Perspektiven der Internationalen Beziehungen. - In: Bundeszentrale für politische Bildung (Hg.): Grundwissen Politik. Bonn, S. 229–334
Mies, M. (2001): Globalisierung von unten. Der Kampf gegen die Herrschaft der Konzerne. Hamburg
Morgan, G. (2001): The Development of Transnational Standards and Regulations and their Impacts on Firms. - In: *Morgan, G./Kristensen, P.H./Whitley, R.* (eds): The Multinational Firm: Organizing Across Institutional and National Divides. Oxford, S. 225–252
Mühlbrad, F.W. (2003): Wirtschaftslexikon. 7. Aufl. Berlin
Müller, A. (1812): Die Elemente der Staatskunst. Jena
Nadvi, K./Wältring, F. (2002): Making Sense of Global Standards. INEF Report Nr. 58, Universität Duisburg
Newig, J. (1986): Drei Welten oder eine Welt: Die Kulturerdteile. - In: Geographische Rundschau 38 (5), S. 262–267
O'Brien, R. (1992): Global financial integration: The end of geography. London
O'Tuathail, G. (2001): Rahmenbedingungen der Geopolitik in der Postmoderne: Globalisierung, Informationalisierung und die globale Risikogesellschaft. - In: Geopolitik. Zur Ideologiekritik politischer Raumkonzepte. Kritische Geographie 14, S. 120–142
Oßenbrügge, J. (1993): Umweltrisiko und Raumentwicklung. Stuttgart
Oßenbrügge, J. (1997): Die Bedeutung des Territorialstaates im Prozeß der Globalisierung. Geoökonomie oder interregionale Verflechtungen. - In: *Ehlers, E.* (Hg.): Deutschland und Europa. Stuttgart, S. 247–264 (Festschrift zum 51. Deutschen Geographentag Bonn 1997)
Oßenbrügge, J. (2000): Entwicklungslinien der Politischen Geographie und Geopolitik nach 1945. Konzeptionen der internationalen Maßstabsebene. - In: *Diekmann, I./Krüger, P./Schoeps, J. H.* (Hg.): Geopolitik. Grenzgänge im Zeitgeist. Potsdam, S. 383–402
Oßenbrügge, J. (2001): Politik im „glokalisierten" Raum. Alternative Optionen zur entgrenzten Weltwirtschaft. - In: Geographische Rundschau 53 (7/8), S. 4-9
Otremba, E. (1957): Allgemeine Geographie des Welthandels und des Weltverkehrs. Stuttgart
Otremba, E. (1978): Handel und Verkehr im Weltwirtschaftsraum. 2. Aufl. des Werks von 1957, Stuttgart
Paseka, A. (2005): Das Unterrichtsprinzip „Wirtschaftserziehung" – das unbekannte Wesen in der Lehrer/innenausbildung an den Pädagogischen Akademien. - In: GW-Unterricht 99, S. 29–34
Peet, R. (1999): Theories of Development. New York
Pfaul, A. (1929): Weltstaat und Weltverfassung. Düsseldorf
Pile, S./Keith, M. (Hg.) (1997): Geographies of Resistance. London

Ritter, W. (1994): Welthandel. Geographische Strukturen und Umbrüche im internationalen Warenaustausch. Darmstadt
Robinson. J. (1996): The Power of Apartheid: State, Power, and Space in South African Cities. London
Rostow, W. W. (1960): The Stages of Economic Growth: A Non-Communist Manifesto. Cambridge
Ruggie, J. G. (1993): Territoriality and beyond: problematizing modernity in international relations.
- In: International Organization 47, S. 139–174
Sassen, S. (1991/2001): The Global City: New York, London, Tokyo. Princeton, N.J.
Schamp, E. (1997): Industrie im Zeitalter der Globalisierung. - In: Geographie heute 18 (155), S. 2-7
Schamp, E. W. (2000): Vernetzte Produktion. Industriegeographie aus institutioneller Perspektive. Darmstadt
Scheunpflug, A./Schröck, N. (2002): Globales Lernen. 2. Aufl. Stuttgart
Scheunpflug, A./Seitz, K. (1995): Die Geschichte der entwicklungspolitischen Bildung. Schule und Lehrerbildung. Frankfurt a.M.
Schivelbusch, W. (1977): Geschichte einer Eisenbahnreise. Zur Industrialisierung von Raum und Zeit im 19. Jahrhundert. München
Schöller, P. (1975): Erderschließung und Weltverständnis. Ein Jahrhundert geographischer Forschung. - In: Jahrbuch der Geographischen Gesellschaft von Bern 51, S. 11–22
Scholz, F. (2000): Perspektiven des „Südens" im Zeitalter der Globalisierung. - In: Geographische Zeitschrift 88, S. 1–20
Scholz, F. (2004): Geographische Entwicklungsforschung. Berlin
Schreiber, J.-R. (2000): Konzepte des globalen Lernens als pädagogische Antwort auf die Globalisierung. - In: *Blotevogel, H. H.* u.a. (Hg.): Lokal verankert, weltweit vernetzt. Stuttgart, S. 439–445 (52. Dt. Geographentag Hamburg, 2. bis 9. Okt. 1999. Tagungsbericht und wissenschaftliche Abhandlungen)
Schreiber, J.-R. (2004): Die Umsetzung der Hamburger Bildungsagenda für nachhaltige Entwicklung: Globales Lernen als pädagogische Antwort auf die Globalisierung. - In: *Kross, E.* (Hg.): Globales Lernen im Geographieunterricht – Erziehung zu einer nachhaltigen Entwicklung. Nürnberg, S. 85–92 (Geographiedidaktische Forschungen 38)
Seitz, K. (2000): Bildung in weltbürgerlicher Absicht: Umrisse einer pädagogischen Konzeption „Globalen Lernens". - In: *Führing, G./Burdorf-Schulz, J.* (Hg.): Globales Lernen und Schulentwicklung. Münster, S. 17–25 (Materialien und Berichte des Comenius-Instituts 16)
Sieferle, R. (1984): Fortschrittsfeinde. Opposition gegen Technik und Industrie von der Romantik bis zur Gegenwart. München
Sklair, L. (2000): The Transnational Capitalist Class. Oxford
Smith, M. (2000): Transnational Urbanism. Locating Globalization. Oxford
Smith, N. (1984): Uneven Development. Oxford
Soyez, D. (2000): Lokal verankert - weltweit vernetzt: Transnationale Bewegungen in einer entgrenzten Welt. - In: *Blotevogel, H. H.* u.a. (Hg.): Lokal verankert, weltweit vernetzt. Stuttgart, S. 29–45 (52. Dt. Geographentag Hamburg, 2. bis 9. Okt. 1999. Tagungsbericht und wissenschaftliche Abhandlungen)
Storper, M. (1997): The Regional World. Territorial Development in a Global Economy. New York
Streeten, P. (2001): Integration, Interdependence, and Globalization. - In: Finance & Development 38 (2), S. 34-37
Taylor, P. (1989): The World-System Project. - In: *Johnston, R. J./Taylor, P. J.* (eds.): A World in Crisis? 2. Aufl., Oxford, S. 333-354
Taylor, P. (1993): Political Geography. World-Economy, Nation-State and Locality, 3. Aufl.. Harlow
Taylor, P.J. (2000): World cities and territorial states under conditions of contemporary globalization. - In: Political Geography 19 (1), 5-32
Tinacci Mosello, M./Capineri, C./Randelli, F. (eds.) (2005): Conoscere il mondo: Verspucci e la modernità. Florenz (Memorie Geografiche NS 5, Rivista Geografica Italiana CXII Fasc.3/4, Sett.-Dec. 2005)
UNDP (United Nations Development Program) (2001): Human Development Report. New York
Veltz, P. (1996): Mondialisation, villes et territoires: l'économie d'archipel. Paris
Veltz, P. (1997): The dynamics of Production Systems Territories and Cities. - In: Moulaert, F./Scott, A. J. (eds.): Cities, Enterprises and Society on the Eve of the 21st Century. London, S. 78-96
VENRO (Verband Entwicklungspolitik Deutscher Nichtregierungsorganisationen e.V.) (Hg.) (2005): Kurs auf eine nachhaltige Entwicklung - Lernen für eine zukunftsfähige Welt. Bonn (Venro-Arbeitspapier 15)
Wagner, J. (1928): Didaktik der Erdkunde. Frankfurt a.M. (Handbuch des Unterrichts an höheren Schulen 8)
Wagner, P. (1995): Soziologie der Moderne. Freiheit und Disziplin. Frankfurt/Main
Wallerstein, I. (1978): The Capitalist World Economy. Cambridge
Wallerstein, I. (1984): Der historische Kapitalismus. Berlin
Wallerstein, I. (1991): The Inventions of TimeSpace Realities: Towards an Understanding of our Historical Systems. - In: Geography 73, S. 5–22
Wallerstein, I. (1998): The Time of Space and the Space of Time: the Future of Social Science. - In: Political Geography 17, S. 71-82
Wardenga, U. (2002): Alte und neue Raumkonzepte für den Geographieunterricht. - In: Geographie heute 23 (200), S. 8–11

Weizsäcker, E. U. von (1989/1994): Erdpolitik. Darmstadt
Weltkommission für Umwelt und Entwicklung (1987): Unsere gemeinsame Zukunft. Greven
Wenger, E. (1998): Communities of Practice: Learning, Meaning, and Identity. Cambridge
Werlen, B. (1997): Sozialgeographie alltäglicher Regionalisierungen, Bd. 2: Globalisierung, Region und Regionalisierung. Stuttgart
Werlen, B. (2000): Sozialgeographie. Bern
Wilson, M./Corey, K. (2000): Information Tectonics. Space, Place and Technology in an Electronic Age. Chichester, New York
Wobbe, Th. (2000): Weltgesellschaft. Bielefeld

Zu Teil 2

Afemann, U. (2000): Internet and Developing Countries - Pros and Cons. - In: Nord-Süd aktuell XIV (3), S. 430–452
Agnew, J. (1987): Place and Politics. Boston
Alderton, T./Winchester, N. (2002): Internationale Regulierungen und die Praxis von Flaggenstaaten. Eine globale vergleichende Analyse. - In: *Gerstenberger, H./ Welke, U.* (Hrsg.): Seefahrt im Zeichen der Globalisierung. Münster, S. 180–196
Altenburg, T. (2001): Ausländische Direktinvestitionen und technologische Lernprozesse in Entwicklungsländern. - In: Geographische Rundschau 53 (7–8), S. 10–15
Altvater, E./Brunnengräber, A./Haake, M./Walk, H. (Hg.) (2000): Vernetzt und verstrickt. Nicht-Regierungsorganisationen als gesellschaftliche Produktivkraft. Münster
Amable, B. (2005): Les cinq capitalismes. Diversité des systèmes économiques et sociaux dans la mondialisation. Paris
Appadurai, A. (1990): Disjuncture and Difference in the Global Cultural Economy. - In: Public Culture 2 (2), S. 1–24
Bach, W./Gößling, S. (1996): Klimatologische Auswirkungen des Flugverkehrs. - In: Geographische Rundschau 48 (1), S. 54–59
Bachmeier, St. (1999): Integrators. Die schnellen Dienste des Weltverkehrs. Nürnberg (Nürnberger Wirtschafts- und Sozialgeographische Arbeiten 53)
Barlett, C. A. /Ghoshal, S. (1998): Managing across borders. The transnational solution. 2. Aufl., Boston/Mass.
Bathelt, H./Glückler, J. (2002): Wirtschaftsgeographie. Ökonomische Beziehungen in räumlicher Perspektive. Stuttgart
Barton, J. R. (1998): Flags of convenience: Geoeconomics and regulatory minimisation. - In: TESG Journal of Economic and Social Geography 90 (2), S. 142–155
Beaverstock, J. V./Hoyler, M./Pain, K./Taylor, P. J. (2001): Comparing London and Frankfurt as world cities: A relational study of contemporary urban change. London (Anglo-German Foundation for the Study of Industrial Society)
Beaverstock, J. V./Smith, R. G./Taylor, P. J. (1999): A Roster of World Cities. - In: Cities 16 (6), S. 445–458
Berndt, E. (2004): Regionalentwicklung im Kontext globalisierter Produktionssysteme? Das Beispiel Ciudad Juárez, Mexiko. - In: Zeitschrift für Wirtschaftsgeographie 48, S. 81–97
Biswas, R. K. (ed.) (2000): Metropolis Now! Urban Cultures in Global Cities. Wien
Bhagwati, J. N. (1984): Splintering and disembodiment of services and developing nations. -In: World Economy 7.2., S. 133–144
Blaich, F. (1984): Merkantilismus, Kameralismus, Physiokratie. - In: *Issing, O.* (Hg.): Geschichte der Nationalökonomie. München, S. 35–47
Blank, J.E./Clausen, H./Wacker, H. (1998): Internationale ökonomische Integration. Von der Freihandelszone zur Wirtschafts- und Währungsunion. München (WISO Kurzlehrbücher Reihe Volkswirtschaft)
Blaschke, J. (1997): Migration - Ein Bericht über den Forschungsstand unter besonderer Berücksichtigung internationaler Publikationen zur Arbeitsmigration seit 1991. Wiesbaden (Materialien zur Bevölkerungswissenschaft, Sonderheft 28)
Bläser, R. (2005): Gut situiert: Bankwatch-NGOs in Washington, D.C. Köln (Kölner Geographische Arbeiten 86)
Bläser, R./Soyez, D. (2004): Washington, D.C. als Prozess – Zur räumlich-kontextuellen Situiertheit von NGO – Weltbank – Beziehungen. - In: Petermanns Geographische Mitteilungen 148 (1), S. 76–85
Bommes, M. (2002): Migration, Raum und Netzwerke. Über den Bedarf einer gesellschaftstheoretischen Einbettung der transnationalen Migrationsforschung. - In: *Oltmer, J.* (Hg.): Migrationsforschung interkulturelle Studien. Osnabrück, S. 91–105 (IMIS-Schriften)
Borrus, M./Zysman, J. (1997): Globalization with Borders: The Rise of Wintelism as the Future of Global Competition. - In: Industry and Innovation 4, S. 141-166 (Reprint *.pdf, 2002, S. 27-62)
Bourdieu, P. (1979): Les trois états du capital cultural. - In: Actes de la Recherche en Sciences Sociales 30, S. 3–5
Bourdieu, P. (1983): Ökonomisches Kapital, kulturelles Kapital, soziales Kapital. - In: *Kreckel, R.* (Hg.): Soziale Ungleichheiten. Göttingen, S. 183-198 (Soziale Welt, Sonderheft 2)

Bowen, J. (2002): Network change, deregulation, and access in the global airline industry. - In: Economic Geography 78, S. 425–439

Boyd, M. (1989): Family and Personal Networks in International Migration: Recent Developments and New Agendas. - In: International Migration Review 23 (3), S. 638–670

Boyer, R. (2000): Is a finance-led growth regime a viable alternative to Fordism? A preliminary analysis. - In: Economy and Society 29 (1), S. 111–145

Boyer, R./Freyssenet, M. (2003): Produktionsmodelle. Eine Typologie am Beispiel der Automobilindustrie. Berlin

Boyle, M./Findlay, A./Lelievre, E./Paddison, R. (1996): World Cities and the Limits to Global Control: A Case Study of Executive Search Firms in Europe's Leading Cities. - In: International Journal of Urban and Regional Research 20 (3), S. 498–517

Brand, U. (2001): Nichtregierungsorganisationen und postfordistische Polititk. Aspekte eines kritischen NGO-Begriffs. - In: *Brunnengräber, A./ Klein, A./Walk, H.* (Hrsg.): NGOs als Legitimationsressource. Zivilgesellschaftliche Partizipationsformen im Globalisierungsprozess. Opladen, S. 73–94

Braun, B./Schulz, Ch./Soyez, D. (2003): Konzepte und Leitthemen einer ‚ökologischen Modernisierung' der Wirtschaftsgeographie. - In: Zeitschrift für Wirtschaftsgeographie 47 (3), S. 231–248

Brunnengräber, A. (1997): Advokaten, Helden und Experten. NGOs in den Medien. - In: Forschungsjournal Neue Soziale Bewegungen 10 (4), S. 13–26

Brunnengräber, A./Walk, H. (2001): NGOs unter Ökonomisierungs- und Anpassungsdruck. Die Dritte Sektor-Forschung und ihr Beitrag zu Analyse des NGO-Phänomens. - In: *Brunnengräber, A./ Klein, A./Walk, H.* (Hrsg.): NGOs als Legitimationsressource. Zivilgesellschaftliche Partizipationsformen im Globalisierungsprozess. Opladen, S. 95–111

Bryson, J. R./Daniels, P. W. (eds.) (1998): Service Industries in the Global Economy, Vol. I und II, Cheltenham

Buckley, P. J./Ghauri, P. N. (2004): Globalisation, economic geography and the strategy of multinational enterprises. - In: Journal of International Business Studies 35, S. 81–98

Castells, M. (1996): The Rise of the Network Society. Oxford

Chandler, A. D. (1977): The Visible Hand. Cambridge, Mass.

Chapman, K. (2003): Cross-border mergers/acquisitions: a review and research agenda. - In: Journal of Economic Geography 3, S. 309–334

Chesnais, Fr. (ed) (2004): la finance mondialisée. racines sociales et politiques, configuration, conséquences. Paris

Clark, G. L./O'Connor, K. (1997): The informational content of financial products and the spatial structure of the global finance industry. - In: *Cox, K. R.* (ed.): Spaces of globalization. Reasserting the power of the local. New York, London, S. 89–115

Clark, G./Thrift, N. (2003): FX Risk in Time and Space: Managing Dispersed Knowledge in Global Finance. University of Marburg (Spaces)

Coase, R. H. (1937): The nature of the firm. - In: Economica 4, S. 386–405

Cohen, R. B. (1981): The New International Division of Labour. Multinational Corporations and Urban Hierarchy. - In: *Dear, M./Scott, A. J.* (eds.): Urbanization and Urban Planning in Capitalist Society. New York, S. 287–319

Daniels, P. W. (1993): Service Industries in the World Economy. Oxford

Darbar, S. M./Johnston, R. B./Zephirin, M. G. (2003): Assessing offshore. Filling the gap in global surveillance. - In: Finance & Development 40 (3), S. 32–35

Deutsche Zentrale für Tourismus (Hg.) (2006): Marktinformation China/Hongkong. Frankfurt a.M.

Deckstein, D./Kerbusk, K.-P./Wagner, W. (2005): High Tech. Angriff der Namenlosen. - In: Der Spiegel 24, S. 72–76

Dicken, P. (2000): Places and Flows: Situating International Investment. - In: *Clark, G.* et al. (eds.): The Oxford Handbook of Economic Geography. Oxford, S. 275–291

Dicken, P. (2003): Global Shift. Reshaping the Global Economic Map in the 21st Century. 4. Aufl., London

Dicken, P. (2004): Geographers and ‚globalization': (yet) another missed boat? - In: Transactions of the Institute of British Geographers NS 29, S. 5–26

Dicken, P./Malmberg, A. (2001): Firms in territories: A relational perspective. - In: Economic Geography 7.4, S. 345–363

Dietz, J. (2001): „Digitale Kluft". Barrieren, Chancen und Risiken der Internetnutzung in Entwicklungsländern. - In: Geographische Rundschau 53 (7/8), S. 50–55

Dodge, M./Kitchin, R. (2001): Mapping Cyberspace. London, New York

Dombois, R./Heseler, H. (2002): Globalisierung, Privatisierung und Arbeitsbeziehungen in deutschen und britischen Seehäfen. - In: *Gerstenberger, H./Welke, U.* (Hrsg.): Seefahrt im Zeichen der Globalisierung. Münster, S. 116–135

Dowling, M.J./Lehmair, E. (1998): Globale Vernetzung durch Telekommunikation und Informationstechnologie. - In: Regensburger Beiträge zur Didaktik der Geographie, Band 5, S. 239–247

Dunn, M. (1984): Kampf um Malakka. Eine wirtschaftsgeschichtliche Studie über den portugiesischen und niederländischen Kolonialismus in Südostasien. Wiesbaden

Dunn, M. (1987): Pfeffer, Profit und Property Rights. Zur Entwicklungslogik des Estado da India im südostasiatischen Raum. - In: *Ptak, R.* (ed.): Portuguese Asia: Aspects in History and Economic History (Sixteenth and Seventeenth Centuries). Stuttgart

Dunning, J. H. (1977): Trade, location of economic activity and the multinational enterprise: A search for an eclectic approach. - In: *Ohlin, B./Hesselborn, P. O./Wijkman, P. M.* (eds): The international allocation of economic activity. London, S. 395–418

Dunning, J. H. (2000): The eclectic paradigm as an envelope for economic and business theories of MNE activity. - In: International Business Review 9, S. 163–190

Dymski, G./ Li, W. (2004): Financial globalization and cross-border comovements of money and population: foreign bank offices in Los Angeles. - In: Environment and Planning A 36, S. 213–240

EITO (2002): European Information Technology Observatory 2002. Frankfurt

Espinosa, K./Massey, D. (1997): Undocumented Migration and the Quantity and Quality of Social Capital. - In: *Pries, L.* (Hg.): Transnationale Migration. Baden-Baden, S. 141–162 (Soziale Welt, Sonderband 12)

Ernst&Young (2004): Automobilstandort Deutschland in Gefahr? Automobilbranche auf dem Weg nach Osteuropa und China. Stuttgart

Exler, M. (1996): Containerverkehr. Reichweiten und Systemgrenzen in der Weltwirtschaft. Nürnberg (Nürnberger Wirtschafts- und Sozialgeographische Arbeiten 50)

Fainstein, S./Gordon, I./Harloe, M. (eds.) (1992): Divided Cities. New York and London in the contemporary World. Oxford

Faist, Th. (1995): Sociological Theories of International South to North Migration: The Missing Meso-Link. Bremen (Universität Bremen, Zentrum für Sozialpolitik, ZeS-Arbeitspapier 17/1995)

Faist, Th. (1996): Soziologische Theorien internationaler Migration: Das vernachlässigte Meso-Bindeglied. - In: *Faist, Th.* et al. (Hg.): Neue Migrationsprozesse: politisch-institutionelle Regulierung und Wechselbeziehungen zum Arbeitsmarkt. Bremen, S. 12–19 (Universität Bremen, Zentrum für Sozialpolitik, ZeS-Arbeitspapier 6/1996)

Faist, Th. (1998): International Migration and Transnational Social Spaces: Their Evolution, Significance and Future Prospects. Bremen (Institut für Interkulturelle und Internationale Studien, InIIS-Arbeitspapier 9/98)

Fassmann, H. (2002): Transnationale Mobilität: Empirische Befunde und theoretische Überlegungen. - In: Leviathan 30 (3), S. 343–359

Fawcett, J. T. (1989): Networks, Linkages and Migration Systems. - In: International Migration Review 23 (3), S. 671–680

Feagin, J. R./Smith, M. P. (1987): Cities and the New International Division of Labor: An Overview. - In: *Smith, M. P./Feagin, J. R.* (eds.): The Capitalist City. Oxford, S. 3–37

Finger, M. (1994): Environmental NGOs in the UNCED Process. - In: *Princen, T./ Finger, M.* (Hrsg.): Environmental NGOs in World Politics. Linking the Local and the Global. London, S. 186–213

Flatz, Ch. (1999): Afrika auf dem Weg in die Informationsgesellschaft. - In: Nord-Süd aktuell XIII (4), S. 614–622

Flitner, M. (1999): Im Bilderwald. Politische Ökologie und die Ordnungen des Blicks. - In: Zeitschrift für Wirtschaftsgeographie 43, S. 169–183

Flitner, M./Soyez, D. (Hrsg.) (2000): Special Issue on: Crossing Boundaries to Organize Resistance: Environmental NGOs as Agents of Social Change. - In: GeoJournal 52 (2)

Frankel, E. G. (2002): The economics of international trade logistics and shipping transactions. - In: *Grammenos, C. Th.* (Hrsg.): Handbook of maritime economics and business. London, S. 877–897

Frantz, Ch. (2002): Nichtregierungsorganisationen (NGOs) in der sozialwissenschaftlichen Debatte. - In: *Frantz, Ch./Zimmer, A.* (Hrsg.): Zivilgesellschaft international. Alte und neue NGOs. Opladen, S. 51–81

Friedmann, J. (1986): The World City Hypothesis. - In: Development and Change 17 (1), S. 69–84

Friedmann, J. (1995): Where we stand: A Decade of World City Research. - In: *Knox, P. L./Taylor, P. J.* (eds.): World Cities in a World-System. Cambridge, S. 21–47

Friedmann, J./Wolff, G. (1982): World City Formation: An Agenda for Research and Action. - In: International Journal of Urban and Regional Research 6 (3), S. 309–344

Fröbel, F./Heinrichs, J./Kreye, O. (1977): Die neue internationale Arbeitsteilung. Strukturelle Arbeitslosigkeit in den Industrieländern und die Industrialisierung der Entwicklungsländer. Reinbek b. Hamburg (rororo aktuell 4185)

Fröbel, F./Heinrichs, J./Kreye, O. (1986): Umbruch in der Weltwirtschaft. Die globale Strategie: Verbilligung der Arbeitskraft/Flexibilisierung der Arbeit/Neue Technologien. Reinbek b. Hamburg (rororo aktuell 5744)

Fromhold-Eisebith, M. (1999): Technologieregion Bangalore. Neues Modell für innovationsorientierte Regionalentwicklung? - In: Geographische Rundschau 51 (3), S. 96–102

Galtung, J. (1975): Strukturelle Gewalt. Beiträge zur Friedens- und Konfliktforschung. Reinbek

Gaspar, J./Glaeser, E.L. (1996): Information Technology and the future of cities. - In: NBER Working paper 5562, S. 1–58 (auch in: Journal of Urban Economics, 1998, 43 (1), S. 136–156)

Gereffi, G. (1994): The organization of buyer-driven global commodity chains: How US retailers shape overseas production networks. - In: *Gereffi, G., Korzeniewicz, M.* (Hrsg.): Commodity chains and global capitalism. Westport /Conn., S. 95–122

Gereffi, G./Humphrey, J./Sturgeon, T. (2005): The governance of global value chains. - In: Review of International Political Economy 121, S. 78–104

Gerhard, U. (2003): Washington, D.C. – Weltstadt oder globales Dorf. Eine stadtgeographische Untersuchung des politischen Sektors. - In: Geographische Rundschau 55 (1), S. 56–63

Gerstenberger, H. (2002): Ein globalisiertes Gewerbe. - In: *Gerstenberger, H./Welke, U.* (Hrsg.): Seefahrt im Zeichen der Globalisierung. Münster, S. 10–42

Giddens, A. (1995): Konsequenzen der Moderne. Frankfurt-Main

Glick Schiller, N./Basch, L./Blanc-Szanton, Ch. (1992): Transnationalism: A New Analytic Framework for Understanding Migration. - In: *Glick Schiller, N.* u.a. (eds.): Towards a Transnational Perspective on Migration. Race, Class, Ethnicity, and Nationalism Reconsidered. New York, S. 1–24 (Annals of the New York Academy of Sciences 645)

Gordenker, L./Weiss, Th. (1996): Pluralizing Global Governance: Analytical Approaches and Dimensions. - In: *Gordenker, L./Weiss, Th.* (Hrsg.): NGOs, the UN, and Global Governance. Boulder, S. 17–47

Görg, Ch./Brand, U. (2001): Postfordistische Naturverhältnisse. NGO und Staat in der Biodiversitätspolitik. - In: *Brand, U./ Demirovic, A./ Görg, Ch./Hirsch, J.* (Hrsg.): Nichtregierungsorganisationen in der Transformation des Staates. Münster, S. 65–93

Gormsen, E. (1996): Tourismus in der Dritten Welt – ein Überblick über drei Jahrzehnte kontroverser Diskussion. - In: Meyer, G./Thimm, A. (Hg.): Tourismus in der Dritten Welt. Mainz, S. 11–46 (Interdisziplinärer Arbeitskreis Dritte Welt 10)

Gräf, P. (2002): Telekommunikative Unternehmensnetzwerke und Globalisierung. Beispiele aus multinationalen Unternehmen in Deutschland. - In: *Gräf, P./Rauh, J.* (Hg.): Networks and Flows. Telekommunikation zwischen Raumstruktur, Verflechtung und Informationsgesellschaft. Münster, S. 5–20 (Geographie der Kommunikation 3)

Granovetter, M. (1973): The Strength of Weak Ties. - In: American Journal of Sociology 78 (6), S. 1360–1380

Greven, M. Th. (2000): Die Beteiligung von Nicht-Regierungsorganisationen als Symptom wachsender Informalisierung des Regierens. - In: Vorgänge 3, S. 3–12

Grossman, G. M. (1992): Imperfect Competition and International Trade. Cambridge, Mass.

Grote, M. (2003): Die Evolution des Finanzplatzes Frankfurt. - In: Geographische Zeitschrift 91 (3+4), S. 200–217

Grote, M. (2004): Die Entwicklung des Finanzplatzes Frankfurt. Berlin

Grote, M./Lo, V./Harrschar-Ehrnborg, S. (2002): A value chain approach to financial centres – the case of Frankfurt. - In: TESG Journal of Economic and Social Geography 93 (4), S. 412–423

Gurak, D. T./Caces, F. (1992): Migration Networks and the Shaping of Migration Systems. - In: *Kritz, M. M./Lim, L. L./Zlotnik, H.* (eds.): International Migration Systems: A Global Approach. Oxford, S. 150–176

Haas, P. M. (1992): Introduction: Epistemic Communities and International Policy Coordination. - In : International Organizations 46 (1), S. 1–35

Haberler, G. (1930): Die Theorie der komparativen Kosten und ihre Auswertung für die Begründung des Freihandels. - In: Weltwirtschaftliches Archiv 32(2), S. 349–70

Haberler, G. (1933): Der internationale Handel. Berlin

Hall, P. (1966): The World Cities. London

Harbach, H. (1976): Internationale Schichtung und Arbeitsmigration. Reinbek bei Hamburg

Haug, S. (2000.1): Soziales Kapital und Kettenmigration. Italienische Migranten in Deutschland. Opladen

Haug, S. (2000.2): Klassische und neuere Theorien der Migration. Mannheim (Mannheimer Zentrum für Europäische Sozialforschung, Arbeitspapiere 30)

Hayter, R. (2003): ‚The War in the Woods': Post-Fordist Restructuring, Globalizatiuon and the Contested Remapping of British Columbia's Forest Econony. - In: Annals of the Association of American Geographers 93, S. 706–729

Hayter, R./ Soyez, D. (1996): Clearcut Issues: German Environmental Pressure and the British Columbia Forest Sector. - In: Geographische Zeitschrift 84 (3/4), S. 143–156

Hayuth, Y. and Hilling, D. (1992): Technological change and seaport development. - In: *Hoyle, B. S./Pinder, D. A.* (eds): European port cities in transition. London

Heaver, T. et al. (2000): Do mergers and alliances influence European shipping and port competition. - In: Maritime Policy and Management 27 (4), S. 363–373

Heaver, T./Meersman, H./Voorde, E. van de (2001): Co-operation and competition in international container transport: strategies for ports. - In: Maritime Policy and Management 28 (3), S. 293–305

Heckmann, Fr. (1992): Ethnische Minderheiten, Volk und Nation. Soziologie inter-ethnischer Beziehungen. Stuttgart

Heins, V. (2002): Weltbürger und Lokalpatrioten. Eine Einführung in das Thema Nichtregierungsorganisationen. Opladen

Heintz, P. (1982): Die Weltgesellschaft im Spiegel von Ereignissen. Diessenhofen

Held, D./McGrew, A./Goldblatt, D./Perraton, J. (1999): Global Transformations. Politics, Economics and Culture. Stanford, Cal.

Henderson, J./Dicken, P./Hess, M./ Coe, N./Yeung, H.W. (2002): Global production networks and the analysis of economic development. - In: Review of International Political Economy 9.3., S. 436–464

Hirsch, J. (2001): Des Staates neue Kleider. NGOs im Prozess der Internationalisierung des Staates. - In: *Brand, U./ Demirovic, A./ Görg, Ch./Hirsch, J.* (Hrsg.): Nichtregierungsorganisationen in der Transformation des Staates. Münster, S. 13–42

Hirsch, U. (2001): Expressdienste und technologisches Paradigma: Genese und Diffusion einer technologischen und organisatorischen Innovation. Frankfurt a. M.

Hoffmann-Nowotny, H.-J. (1989): Weltmigration. Eine soziologische Analyse. - In: *Kälin, W./Moser, R.* (Hrsg.): Migrationen aus der Dritten Welt. Ursachen und Wirkungen. Bern, Stuttgart, S. 29–40

Hollenhorst, M. (2005): Internationalisierung von Flughafenbetreibern. Rahmenbedingungungen und Motive. - In: *Neiberger, C./Bertram, H.* (Hrsg.): Waren um die Welt bewegen. Strategien und Standorte im Management globaler Warenketten. Mannheim, S. 99–108

Hudson, H. (1997): Global connections: International telecommunications infrastructures and policy. New York

Hughes, A. (2001): Global commodity networks, ethnical trade and governmentality: Organizing business responsibility in the Kenyan cut flower industry. - In: Transactions of the Institute of British Geographers NS 26.4., S. 390–406

Jahn, Th. (1991): Krise als gesellschaftliche Erfahrungsform: Umrisse eines sozial-ökologischen Gesellschaftskonzepts. Frankfurt (Forschungstexte des Instituts für sozial-ökologische Forschung, Nr. 2)

Jahn, Th./Wehling, P. (1998): Gesellschaftliche Naturverhältnisse - Konturen eines theoretischen Konzepts. - In: *Brand, K.-W.* (Hrsg.): Soziologie und Natur. Theoretische Perspektiven. Opladen, S. 75–93

Janelle, D. G./Beuthe, M. (1997): Globalization and research issues in transportation. - In: Journal of Transport Geography 5 (3), S. 199–206

Janett, D. (2000): Vielfalt als Strategievorteil. Zur Handlungskompetenz von Nicht-Regierungs-Organisationen in komplexen sozialen Umwelten. - In: *Altvater, E./ Brunnengräber, A./ Haake, M./Walk, H.* (Hrsg.): Vernetzt und verstrickt. Nicht-Regierungsorganisationen als gesellschaftliche Produktivkraft. Münster, S. 146–173

Jones, A. (2005): Truly global corporations? Theorizing 'organizational globalization' in advanced business-services. - In: Journal of Economic Geography 5, S. 177–200

Jordan, L./van Tuijl, P. (1999): Political Responsibility in NGO Advocacy. Exploring Emerging Shapes of Global Democracy. Washington, D.C. (Vervielf., Bank Information Center)

Keck, M. E./Sikkink, K. (1998): Activists beyond Borders: Advocacy Networks in International Politics. Ithaca, N.Y.

Klaver, J. (1997): From the Land of the Sun to the City of Angels. The Migration Process of Zapotec Indians from Oaxaca, Mexico to Los Angeles, California. Utrecht, Amsterdam

Klein, A. (2000): Die NGOs als Bestandteil der Zivilgesellschaft und Träger einer partizipativen und demokratischen gesellschaftlichen Entwicklung. - In: *Altvater, E./ Brunnengräber, A./Haake, M./Walk, H.* (Hrsg.): Vernetzt und verstrickt. Nicht-Regierungsorganisationen als gesellschaftliche Produktivkraft. Münster, S. 316–339

Klodt, H./Maurer, R./Schimmelpfennig, A. (1996): Tertiärisierung in der deutschen Wirtschaft. Tübingen (Kieler Studien 283)

Knox, P.L./Marston, S.A. (2001): Humangeographie. Heidelberg

Koopmann, G./Franzmeyer, F. (2003): Weltwirtschaft und internationale Arbeitsteilung. - In: Informationen zur politischen Bildung 280. Globalisierung, S. 12–26

Krahnen, J. P./Schmidt, R. H. (eds) (2004): The German Financial System. Oxford

Krätke, St. (1995): Stadt – Raum – Ökonomie. Einführung in aktuelle Problemfelder der Stadtökonomie und Wirtschaftsgeographie. Basel/Boston/Berlin

Krätke, St. (1997): Globalisierung und Stadtentwicklung in Europa. - In: Geographische Zeitschrift 85, S. 143–159

Krätke, St. (2000): Berlin – The Metropolis as a Production Space. - In: European Planning Studies 8 (1), S. 7–27

Krätke, St./Borst, R. (2000): Berlin - Metropole zwischen Boom und Krise, Opladen

Kritz, M. M./Zlotnik, H. (1992): Global Interactions: Migration Systems, Processes, and Policies. - In: *Kritz, M. M./Lim, L. L./Zlotnik, H.* (eds.): International Migration Systems: A Global Approach. Oxford, S. 1–18

Krugman, P. (1991): Geography and trade. Leuven

Krugman, P./Obstfeld, M. (1994): International Economics. Theory and Policy. 3. Aufl., New York.

Kulke, E. (2004): Wirtschaftsgeographie. Paderborn (UTB 2434)

Kulke, E. (2005): Weltwirtschaftliche Integration und räumliche Entwicklung. - In: Geographische Rundschau 57 (2), S. 4–10

Kumar, S./Hoffmann, J. (2002): Globalisation: The maritime nexus. - In: *Grammenos, C. Th.* (Hrsg.): Handbook of maritime economics and business. London, S.35-62

Lammers, K. (1999): Räumliche Wirkungen der Globalisierung in Deutschland. - In: Informationen zur Raumentwicklung H.1, S. 9–18

Langdale, J. V. (2000): Telecommunications and 24-Hour Trading in the International Securities Industry. - In: *Wilson, M.I./Corly, C. E.* (eds): Information Textonics. Chichester, S. 89–99

Langenheder, W. (1975): Theorie menschlicher Entscheidungshandlungen. Stuttgart (Sozialisation und Kommunikation 3)

Langhagen-Rohrbach, Ch. (2001): Internationale Datennetze und ihre Auswirkungen auf regionale Strukturen. - In: *Wolf, K./Schymik, F.* (Hg.): 75 Jahre Rhein-Mainische Forschung 1925–2000. Frankfurt am Main, S. 397–431 (Rhein-Mainische Forschungen H. 119)

Laulajainen, R. (2003): Financial Geography. A Banker's View. London

Le Monde Diplomatique (Hrsg.) (2003): Atlas der Globalisierung. Berlin
Lee, E. S. (1966): A theory of migration. - In: Demography 3, S. 47–57
Leontief, W. W. (1933): The Use of Indifference Curves in the Analysis of Foreign Trade. - In: Quarterly Journal of Economics 47(3), S. 493–503
Lenz, B. (2005): Verkettete Orte: Filières in der Blumen- und Zierpflanzenproduktion. Münster (Wirtschaftsgeographie 23)
Lewis, W. A. (1954): Economic Development with Unlimited Supplies of Labor. - In: The Manchester School of Economic and Social Studies 22, S. 139–191
Lin, G. C. S. (2001): Metropolitan Development in a Transitional Socialist Economy: Spatial Restructuring in the Pearl River Delta, China. - In: Urban Studies 38 (3), S. 383–406
Lo, V. (2003): Wissensbasierte Netzwerke im Finanzsektor. Das Beispiel des Mergers & Acquisitions-Geschäfts. Wiesbaden
Lo, V./Schamp, E. W. (2001): Finanzplätze auf globalen Märkten. Beispiel Frankfurt/Main. - In: Geographische Rundschau 53 (7–8), S. 26–31
Ludermann, B. (2001): Privater Arm der Geberstaaten? Widersprüchliche Funktionen von NGOs in der Not- und Entwicklungshilfe. - In: *Brühl, T./ Debiel, T./ Hamm, B./ Hummel, H./Martens, J.* (Hrsg.): Privatisierung der Weltpolitik. Entstaatlichung und Kommerzialisierung im Globalisierungsprozess. Bonn, S. 174–199
Marcuse, P. (1998): Ethnische Enklaven und rassische Ghettos in der postfordistischen Stadt. - In: *Heitmeyer, W./Dollase, R./Backes, O.* (Hg.): Die Krise der Städte. Frankfurt am Main, S. 176–194
Marcuse, P./Van Kempen, R. (eds.) (2000): Globalizing Cities. Oxford
Marquardt, M/Horvath L. (2001): Global Teams. Paolo Alto
Martens, K. (2002): Mission Impossible? Defining Nongovernmental Organizations. - In: Voluntas 13 (3), S. 271–285
Martin, J./Thomas, B. J. (2001): The container terminal community. - In: Maritime Policy and Management 28 (3), S. 279–292
Massey, D. (1993): Power-Geometry and a Progressive Sense of Place. - In: *Bird, J./, Curtis, B./Putnam, T./Robertson, G./Tickner, L.* (Hrsg.): Mapping the Futures: Local Cultures. Global Change. London, S. 59–69
Massey, D. S./Arango, J. et al. (1993): Theories of International Migration: A Review and Appraisal. - In: Population and Development Review 19 (3), S. 431–466
Massey, D. S./Espana, F. G. (1987): The Social Process of International Migration. - In: Science 237, S. 733–738
McIlwaine, C. (1998): Civil Society and Development Geography. - In: Progress in Human Geography 22 (3), S. 415–424
Meersman, H./Voorde, E. van de (2001): International logistics: A continuous search for competitiveness. - In: *Brewer, A.* et al. (Hrsg.): Handbook for logistics and supply chain management. Amsterdam, S. 61–77
Mercer Management Consulting/Fraunhofer Gesellschaft (2003): Die neue Arbeitsteilung in der Automobilindustrie. München
Miller, B. (2000): Geography and Social Movements. Comparing Antinuclear Activism in the Boston Area. Minneapolis, London
Mitchell, W.J. (1999): e-topia. Cambridge MA.
Müller, B. (1996): Naturschutz durch Tourismus - Probleme und Perspektiven des Ökotourismus in Entwicklungsländern. - In: *Meyer, G./Thimm, A.* (Hg.): Tourismus in der Dritten Welt. Mainz, S. 47-72 (Interdisziplinärer Arbeitskreis Dritte Welt 10)
Mun, Th. (1949): England's Treasure by Foraign Trade [1664]. Oxford
Neiberger, C. (2003): Über den Wolken. Zur Umstrukturierung in der Luftfrachtbranche und deren räumliche Auswirkungen. - In: Europa Regional 11 (3), S. 199–209
Nelson, P. J. (1995): The World Bank and Non-Governmental Organizations. The Limits of Apolitical Development. New York
Newell, P. (2001): Campaigning for Corporate Change: Global Citizen Action on the Environment. - In: *Edwards, M./Gaventa, J.* (Hrsg.): Global Citizen Action. Boulder, S. 189–201
Niehans, J. (1995): Geschichte der Außenwirtschaftstheorie im Überblick. Tübingen.
Noller, P. (1999): Globalisierung, Stadträume und Lebensstile. Kulturelle und lokale Repräsentationen des globalen Raums. Opladen
Notteboom, Th. E. (2002): Consolidation and contestability in the European container handling industry. - In: Maritime Policy and Management 29 (3), S. 257–269
Notteboom, Th. E./Winkelmans, W. (2001): Structural changes in logistics: How will port authorities face the challenge? - In: Maritime Policy and Management 28 (1), S. 71–89
Nuhn, H. (1994.1): Strukturwandlungen im Seeverkehr und ihre Auswirkungen auf die europäischen Häfen. - In: Geographische Rundschau 46 (5), S. 282–289
Nuhn, H. (1994.2): Maquiladoras in Mexiko. Erfahrungen mit Lohnveredelungsindustrien 1965-1990. - In: Festschrift für *Erdmann Gormsen*. Mainz, S. 557–575 (Mainzer Geographische Studien 40)
Nuhn, H. (1996): Die Häfen zwischen Hamburg und Le Havre. Anpassung an die weltwirtschaftliche Dynamik, technologische Innovationen und intermodale Verkehrskonzepte. - In: Geographische Rundschau 48 (7/8), S. 420–428

Nuhn, H. (1997): Globalisierung und Regionalisierung im Weltwirtschaftsraum. - In: Geographische Rundschau 49 (3), S. 13–143
Nuhn, H. (2001): Megafusionen - In: Geographische Rundschau 53 (7–8), S. 16–24
Nuhn, H. (2005): Internationalisierung von Seehäfen. Vom Cityport und Gateway zum Interface globaler Transportketten. - In: *Neiberger, C./Bertram, H.* (Hrsg.): Waren um die Welt bewegen. Strategien und Standorte im Management globaler Warenketten. Mannheim. S. 109–124
Nuhn, H. (2007): Globalisierung des Verkehrs und weltweite Vernetzung. - In: Geographische Rundschau 59 (5), S. 4–12
Ó Tuathail, G./Dalby, S. (1998): Introduction: Rethinking Geopolitics. Towards a Critical Geopolitics. - In: *Ó Tuathail, G./Dalby, S.* (Hrsg.): Rethinking Geopolitics. London/New York, S. 1–16
O'Brien, R. (1992): Global Financial Integration: The End of Geography. New York
OECD (1994): Industrial Policy in OECD Countries, Annual Review, OECD. Paris
Ohlin, B. (1933): Interregional and International Trade. Cambridge, Mass.
Oslender, U. (2004): Fleshing out the Geographies of Social Movements: Colombia's Pacific Coast Black Communities and the 'Aquatic Space'. - In: Political Geography 23 (8), S. 957–985
Oßenbrügge, J. (2001): Politik im glokalisierten Raum. - In: Geographische Rundschau 53 (7/8), S. 4–9
Oßenbrügge, J./Sandner, G. (1994): Zum Status de Politischen Geographie in einer unübersichtlichen Welt. - In: Geographische Rundschau 46 (12), S. 676–684
Oum, T. H./Park, J.-h./Zhang, A. (2000): Globalization and strategic alliances. The case of the airline industry. Amsterdam
Pile, St./Keith, M. (Hrsg.) (1997): Geographies of Resistance. London/New York
Poon, J. P. H. (2003): Hierarchical Tendencies of Capital Markets Among International Financial Centers. - In: Growth and Change 34 (2), S. 135–156
Popp, H. (1976): The Residential Location Decision Process: Some Theoretical and Empirical Considerations. - In: Tijdschrift voor Economische en Sociale Geografie 67, S. 300–306
Porteous, D. (1999): The Development of Financial Centres: Location, Information, Externalities and Path Dependence. - In: *Martin, R.* (ed.): Money and the Space Economy. Chichester, S. 95–114
Portes, A./Sensenbrenner, J. (1993): Embeddedness and Immigration: Notes on the Social Determinants of Economic Action. - In: American Journal of Sociology 98 (6), S. 1320–1350
Portes, A./Walton, J. (1981): Labor, Class, and the International System. New York
Pretzell, K.-A. (2000): Cybercity, Putrajaya und die Zukunft der malayischen Gigantomanie. - In: Geographische Rundschau 52 (4), S. 56–58
Priemus, H./Konings, R. (2001): Dynamics and spatial patterns of intermodal freight transport networks. - In: *Brewer, A.* et al. (Hrsg.): Handbook of logistics and supply chain management. Amsterdam, S. 481–499
Pries, L. (1996): Transnationale Soziale Räume. Theoretisch-empirische Skizze am Beispiel der Arbeitswanderungen Mexico-USA. - In: Zeitschrift für Soziologie 25 (6), S. 456–472
Pries, L. (1998.1): „Transmigranten" als ein Typ von Arbeitswanderern in pluri-lokalen sozialen Räumen. Das Beispiel der Arbeitswanderungen zwischen Puebla/Mexiko und New York. - In: Soziale Welt 49, S. 135–150
Pries, L. (1998.2): Transnationale Soziale Räume. Theoretisch-empirische Skizze am Beispiel der Arbeitswanderungen Mexiko – USA. - In: *Beck, U.* (Hrsg.): Perspektiven der Weltgesellschaft. Frankfurt, S. 55–86
Pries, L. (1999): New Migration in Transnational Spaces. - In: *Pries, L.* (ed.): Migration and Transnational Social Spaces. Aldershot, S. 1–35
Raikes, P./Jensen, M. F./Ponte, S. (2000): Global commodity chain analysis and the French filière approach: Comparison and critique. - In: Economy and Society 29.3, S. 390–417
Raschke, J. (1987): Zum Begriff der sozialen Bewegung. - In *Roth, R./Rucht, D.* (Hrsg.): Neue soziale Bewegungen in der Bundesrepublik Deutschland. Frankfurt a.M./New York, S. 19–29
Rauh, J. (2001): Standorte und Teilnetze privater Telefonanbieter und Citycarrier, Hochleistungs- und Wissenschaftsnetze. - In: *Deiters J./Gräf P./Löffler G.* (Hg.): Bundesrepublik Deutschland Nationalatlas, Verkehr und Kommunikation. Heidelberg, Berlin, S. 54–57
Ravenstein, E. G. (1885/1889): The Laws of Migration. - In: Journal of Statistical Society 48, S. 167-221 und 52, S. 241–01
Reuber, P. (1999): Raumbezogene politische Konflikte: Geographische Konfliktforschung am Beispiel von Gemeindegebietsreformen. Stuttgart
Reuber, P. (2002): Die Politische Geographie am Ende des Kalten Krieges: Neue Ansätze und aktuelle Forschungsfelder. - In: Geographische Rundschau 54 (7/8), S. 4–9
Reuber, P./Wolkersdorfer, G. (2001): Politische Geographie. Handlungsorierntierte Ansätze und Critical Geopolitics. Heidelberg
Ricardo, D. (1817): On the Principles of Political Economy and Taxation. London
Risse-Kappen, Th. (1995): Bringing Transnational Relations Back. - In: *Risse-Kappen, Th./Smith, St./Biersteker, Th.* (Hrsg.) Non-State-Actors, Domestic Structures and International Institutions. Cambridge

Robinson, R. (2002): Ports as elements in value-driven chain systems: the new paradigm. - In: Maritime Policy and Management 29 (3), S. 241–255

Rodriguez-Posé, A./Zademach, H.M. (2003): Rising Metropoli: The Geography of Mergers and Acquisitions in Germany. - In: Urban Studies 40 (10), S. 1895–1923

Rose, A.K. (2003): Do we really know that the WTO increases trade? Berkeley

Rose, Kl./Sauernheimer, K.-H. (1999): Theorie der Außenwirtschaft, 13. Aufl.. München

Roseman, C. C. (1971): Migration as a Spatial and Temporal Process. - In: Annals of the Association of American Geographers 61, S. 589–598

Rosenau, J. N. (1990): Turbulence in World Politics. A Theory of Change and Continuity. Princeton

Roth, R. (1994): Demokratie von unten. Neue soziale Bewegungen auf dem Weg zur politischen Institution. Köln

Roth, R. (2001): NGO und transnationale soziale Bewegungen: Akteure einer „Weltzivilgesellschaft"? - In: *Brand, U./Demirovic, A./ Görg, Ch./Hirsch, J.* (Hrsg.): Nichtregierungsorganisationen in der Transformation des Staates. Münster, S. 43–63

Rousset-Deschamps, M. (2003): Räumliche Dimension und Entwicklungsdynamik des Kapitalmarktes in Paris. - In: Geographische Zeitschrift 91 (3+4), S. 218–239

Routledge, P. (1993): Terrains of Resistance. Nonviolent Social Movements and the Contestation of Place in India. Westport/London

Routledge, P. (1998): Going Globile: Spatiality, Embodiment and Mdiation in the Zapatista Insurgency. - In: *Ó Tuathail, G./Dalby, S.* (Hrsg.): Rethinking Geopolitics. London/New York, S. 240–260

Routledge, P. (2000): 'Our Resistance will be as Transnational as Capital': Convergence Space and Strategy in Globalising Resistance. - In: GeoJournal 52 (1), S. 25–33

Rucht, D. (1996): Multinationale Bewegungsorganisationen. Bedeutung, Bedingungen, Perspektiven. - In: Forschungsjournal Neue Soziale Bewegungen 9, S. 30–41

Ruigrok, W./van Tulder, B. (1995): The logic of international restructuring. London

Samuelson, P. (1938): Welfare Economics and International Trade. - In: American Economic Review 28 (2), S. 261–266

Samuelson, P. (1939): The Gains from International Trade. - In: Canadian Journal of Economics and Political Science 5 (2), S. 195–205

Sassen, S. (1988): The Mobility of Labor and Capital: A Study in International Investment and Labor Flow. Cambridge

Sassen, S. (1991): The Global City: New York, London, Tokyo. Princeton

Sassen, S. (1996.1): Metropolen des Weltmarkts. Die neue Rolle der Global Cities. Frankfurt am Main, New York

Sassen, S. (1996.2): New employment regimes in cities: the impact on immigrant workers. - In: New Community 22 (4), S. 579–595

Sautter, H. (2004): Weltwirtschaftsordnung. Die Institutionen der globalen Ökonomie. München

Schäfer, C. (1998): Kreuzfahrten. Die touristische Eroberung der Ozeane. Nürnberg. (Nürnberger Wirtschafts- und Sozialgeographische Arbeiten 51)

Schamp, E.W. (2000): Vernetzte Produktion. Industriegeographie aus institutioneller Perspektive. Darmstadt

Schmitz, H. (1998): Responding to global competitive pressure: local co-operation and upgrading in the Sinos Valley, Brazil. Brighton (IDS Working Paper 82)

Schoppe, S. G. (Hrsg.) (1998): Kompendium der internationalen Betriebswirtschaftslehre. 4.Aufl., München

Scott, A. J. (1988): Metropolis. From the Division of Labour to Urban Form. Berkeley

Seibel, W. (1990): Gibt es einen dritten Sektor? Ein Forschungsüberblick. - In: Journal für Sozialforschung 30 (2), S. 181–188

Short, J. R./Kim, Y./Kuus, M./Wells, H. (1996): The Dirty Little Secret of World Cities Research: Data Problems in Comparative Analysis. - In: International Journal of Urban and Regional Research 20 (4), S. 697–718

Siebert, H. (2000): Außenwirtschaft. 7. Aufl. Stuttgart

Sletmo, G./Holste, S. (1993): Shipping and the competitive advantage of nations: the role of international ship registers. - In: Maritime Policy and Management 20 (3), S. 243–255

Smillie, I. (1995): The Alms Bazaar. London

Smith, A. (1978): Der Wohlstand der Nationen [An Inquiry into the Nature and Causes of the Wealth of Nations, London 1776]. Übersetzt von H.C. Recktenwald. München

Soyez, D. (1985): Ressourcenverknappung und Konflikt: Entstehung und Raumwirksamkeit mit Beispielen aus dem mittelschwedischen Industriegebiet. Saarbrücken (Arbeiten aus dem Geographischen Institut der Universität des Saarlandes, Bd. 35)

Soyez, D. (1997): Raumwirksame Lobbytätigkeit. - In: *Graafen, R./Tietze, W.* (Hrsg.): Raumwirksame Staatstätigkeit, Festschrift f. K.-A. Boesler zum 65. Geburtstag. Bonn, S. 205–219

Soyez, D. (1998): Globalisierung ‚von unten': Transnationale Lobbies und industrieller Wandel. - In: *Gebhardt, H./Heinritz, G./Wießner, R.* (Hrsg.): Europa im Globalisierungsprozess von Wirtschaft und Gesellschaft. Stuttgart, S. 55–65 (51. Deutscher Geographentag Bonn 1997, Tagungsbericht und wissenschaftliche Abhandlungen 1)

Soyez, D. (2000): Lokal verankert – weltweit vernetzt: Transnationale Bewegungen in einer entgrenzten Welt.

- In: *Blotevogel, H.-H./Oßenbrügge, J./Wood, G.* (Hrsg.): Lokal verankert – weltweit vernetzt. Stuttgart. S. 29–46 (Tagungsbericht und Wissenschaftliche Abhandlungen, 52. Deutscher Geographentag Hamburg)
Soyez, D. (2001): Entgrenzt, aber situiert... Zur Politischen Geographie transnationaler Bewegungsorganisationen. - In: Reuber, P./Wolkersdorfer, G. (Hrsg.): Politische Geographie: Handlungsorientierte Ansätze und Critical Geopolitics. Heidelberg, S. 117–132 (Heidelberger Geographische Arbeiten, H. 112)
Soyez, D./Barker, M. L. (1998): Transnationalisierung als Widerstand: Indigene Reaktionen gegen fremdbestimmte Ressourcennutzung im Osten Kanadas. - In: Erdkunde 52 (4), S. 286–300
Spode, H. (1988): Der moderne Tourismus - Grundlinien seiner Entstehung und Entwicklung im 18. bis zum 20. Jahrhundert. - In: Storbeck, D. (Hg.): Moderner Tourismus, Tendenzen und Aussichten. Trier, S. 39–76 (Materialien zur Fremdenverkehrsgeographie 17)
Stavenhagen, G. (1969): Geschichte der Wirtschaftstheorie, 4. Aufl. Göttingen
Sternberg, R. (1998): Innovierende Industrieunternehmen und ihre Einbindung in intraregionale versus interregionale Netzwerke. - In: Raumforschung und Raumordnung 56 (4), S. 288–298
Stiglitz, J. (2002): Die Schatten der Globalisierung. Berlin
Storper, M. (1997): The Regional World. Territorial Development in a Global Economy. New York
Storper, M./Venables, A. J. (2004): Buzz: face-to-face contact and the urban economy. - In: Journal of Economic Geography 4, S. 351–370
Sturgeon, T. J. (2003): What really goes on in Silicon Valley? Spatial clustering and disposal in modular production networks. - In: Journal of Economic Geography 3, S. 199–225
Swyngedouw, E. (1997): Neither Global Nor Local: 'Glocalization' and the Politics of Scale. -In: *Cox, R. K.* (Hrsg.) Spaces of Globalization: Reasserting the Power of the Local. New York/London, S. 137–166
Take, I. (2002): NGOs im Wandel. Von der Graswurzel auf das diplomatische Parkett. Wiesbaden
Taylor, A. M. (2004): Global Finance: Past and Present. - In: Finance & Development 40 (1), S. 28–31
Taylor, P. J. (2000): Is there a Europe of Cities? World Cities and the Limitations of Geographical Scale Analyses. GaWC Research Bulletin 25, http://www.lboro.ac.uk, 5.7.2000
Taylor, P. J./Hoyler, M. (2000): The Spatial Order of European Cities under Conditions of Contemporary Globalization. - In: Tijdschrift voor Economische en Sociale Geografie 91 (2), S. 176–189
Taylor, P. J./Walker, D. R. (2001): World Cities: A First Multivariate Analysis of their Service Complexes. - In: Urban Studies 38 (1), S. 23–47
Thomas, W./Znaniecki, F. (1958): The Polish Peasant in Europe and America, 2 vols. Boston, New York
Tickell, A. (2000): Dangerous derivatives: controlling and creating risks in international money. - In: Geoforum 31, S. 87–99
Todaro, M.P. (1976): International Migration in Developing Countries. A Review of Theory, Evidence, Methodology and Research Priorities. Geneva
TourCon Hannelore Niedecken GmbH (Hg.) (2003): TID Touristik Kontakt 2003. Jg. 38, Hamburg
Ubbels, B./Rodenburg, C./Nijkamp, P. (2000): Different perspectives on the global development of transport. - In: Serie research memoranda, Vrije Universiteit, faculteit der Economische Wetenschappen en Econometrie 26. Amsterdam
UNCTAD (United Nations Conference on Trade and Development) (2004): World investment report 2004. The shift towards services. New York
UNCTAD (United Nations Conference on Trade and Development) (2005): Key Data from World Investment Report, Annex tables No. 10, 12. New York und Genf
UNDP (Hg.) (2001): Human Development Report . New York
United Nations (2005): Consultative Status with ECOSOC. New York
UNIDO (United Nations Industrial Development Organization) (2004): Industrial Development Report 2004. Industrialization, environment and the millennium development goals in Sub-Saharan Africa. The new frontier in the fight against poverty. 4. Aufl. London. Wien.
Uthoff, D. (1996): Tourismus in Südostasien - Klischee und Realitäten. Ein Versuch zur Korrektur eurozentristischer Vorstellungen. - In: Meyer, G./Thimm, A. (Hg.): Tourismus in der Dritten Welt. Mainz, S. 73–114 (Interdisziplinärer Arbeitskreis Dritte Welt 10)
Vernon, R. (1966): International investment and international trade in the product cycle. - In: Quaterly Journal of Economics 80, S. 190–207
Vernon, R. (1979): The product cycle hypothesis in a new international environment. - In: Oxford Bulletin of Economics and Statistics 41.4, S. 255–267
Vitols, S. (2003): From Banks to Markets: The Political Economy of Liberalization of the German and Japanese Financial Systems. - In: *Yamamura, K./Streeck, W.* (eds): The End of Diversity? Prospects for German and Japanese Capitalism. Ithaca and London, S. 240–260
Vorlaufer, K. (1996): Tourismus in Entwicklungsländern. Möglichkeiten und Grenzen einer nachhaltigen Entwicklung durch Fremdenverkehr. Darmstadt

Vorlaufer, K. (1999): Tourismus und Kulturwandel auf Bali. - In: Geographische Zeitschrift 87, S. 29–45
Vorlaufer, K. (2001): Tourismus - ein Instrument zum Abbau regionaler Disparitäten in Entwicklungsländern? - In: Geographie und Schule 133, S. 11–22
Vorlaufer, K. (2002): CAMPFIRE – the Political Ecology of Poverty Alleviation, Wildlife Utilisation and Biodiversity Conservation in Zimbabwe. - In: Erdkunde 56, S. 184–206
Vorlaufer, K. (2003.1): Tourismus in Entwicklungsländern: Bedeutung, Auswirkungen, Tendenzen. - In: Geographische Rundschau 55 (3), S. 4–13
Vorlaufer, K. (2003.2): Jagdtourismus und Biodiversität in Namibia. - In: Geographische Rundschau 55 (7/8), S. 46–53
Wahl, P. (2001): „Sie küssten und sie schlugen sich" - Zum Verhältnis von NGO und internationalen Regierungsorganisationen. - In: Brand, U./Demirovic, A./Görg, Ch./Hirsch, J. (Hrsg.): Nichtregierungsorganisationen in der Transformation des Staates. Münster, S. 121–139
Wallerstein, I. (1974): The Modern World System. Capitalist Agriculture and the Origins of the European World Economy in the Sixteenth Century. New York
Wallerstein, I. (1979): The Capitalist World-Economy. Cambridge
WBBGU (Wissenschaftlicher Beirat der Bundesregierung Globale Umweltveränderungen) (1998): Welt im Wandel: Wege zu einem nachhaltigen Umgang mit Süßwasser. Jahresgutachten 1997, Berlin, Heidelberg
Weber, M. (1905): Die protestantische Ethik und der Geist des Kapitalismus. - In: Archiv für Socialwissenschaft und Socialpolitik, Bände XX und XXI
Weltbank (Hrsg.) (2005): Weltentwicklungsbericht 2005. Bonn
Werlen, B. (1997): Sozialgeographie alltäglicher Regionalisierungen. Band 2: Globalisierung, Region und Regionalisierung. Stuttgart
Wilson, M./Corey, K. (2000): Information Tectonics. Space, Place and Technology in an Electronic Age. Chichester, New York
Wojcik, D. (2002): The Länder are the building blocks of the German capital market. - In: Regional Studies 36, S. 877–895
Wolpert, J. (1965): Behavioral Aspects of the Decision to Migrate. - In: Papers of the Regional Science Association 15, S. 159–169
WTO (World Trade Organization) (2004): International trade statistics 2004. Genf.
World Tourism Organisation (WTO) (ed.) (1985ff.): Yearbook of Tourism Statistics. Madrid
World Tourism Organisation (WTO) (ed.) (1998): Tourism 2020 Vision. Madrid
World Travel & Tourism Council (WTTC) (ed.) (2003.1): The Tourism Industry. Report for the World Summit and Sustainable Development. Competitiveness Monitor (www.wttc.org/compMon/travel/Tourism.httm)
World Travel & Tourism Council (WTTC) (ed.) (2003.2): The World of Opportunity. The 2003 Travel & Tourism Economic Research (www.wttc.org/measure/TSARegTpt.htm; 17.06.03)
Zeller, Ch. (2003): Innovationssysteme in einem finanzdominierten Akkumulationsregime – Befunde und Thesen. - In: Geographische Zeitschrift 91 (3+4), S. 133–155
Zeller, C. (2004): North Atlantic innovative relations of Swiss pharmaceuticals and the proximities with regional biotech arenas. - In: Economic Geography 80.1, S. 83–111
Zlotnik, H. (1992): Empirical Identification of International Migration Systems. - In: Kritz, M. M./Lim, L. L./Zlotnik, H. (eds.): International Migration Systems: A Global Approach. Oxford, S. 19–40
Zukin, Sh. (1995): The Cultures of Cities. Oxford: Blackwell

Zu Teil 3

Acevedo, D./Espenshade, Th. J. (1996): Implications of the North American Free Trade Agreement for Mexican Migration into the United States. - In: Guitiérrez, D. G. (ed.): Between Two Worlds. Mexican Immigrants in the United States. Wilmington/DE, S. 229–245 (Jaguar Books on Latin America 15)
Acuña, R. F. (1996): Anything But Mexican. Chicanos in Contemporary Los Angeles. London, New York
Archibugi D./Iammarino, S. (2000): Innovation and globalisation: Evidence and implications. - In: Chesnais, F./Ietto-Gillies, G./Simonetti, R. (eds.): European Integration and Global Corporate Strategies. London
Arocena, R./Sutz, J. (2001): Changing Knowledge Production and Latin American Universities. - In: Research Policy 30, S. 1221–1234
Barnes, E. (1998): Hadeed Motors Ltd. 25 Years of Excellence. Antigua
Bathelt, H./Malmberg, A./Maskell, P. (2002): Clusters and Knowledge: Local Buzz, Global Pipelines and the Process of Knowledge Creation. Copenhagen (Danish Research Unit for Industrial Dynamics, CRUID Working Paper No. 02–12)
Benson, K./Kayal, M. Ph. (eds.) (2002): A Community of Many Worlds. Arab Americans in New York. New York

Berman, T. et al. (1994): Clayoquot & dissent. Vancouver

Besson, A./Besson, G. (2001): The Voyage of the Mediterranean Star. The Syrian Lebanese Women's Association of Trinidad and Tobago. The First Fifty Years. An Anniversary Publication 1950–2000. Trinidad and Tobago

Besson, G. (1992): The Syrians and the Lebanese of Trinidad. - In: *Besson, G./Brereton, B.:* The Book of Trinidad. Newtown, Port of Spain, S. 398–404

Bläser, R. (2005): Gut situiert: Bankwatch-NGOs in Washington, D.C.. Köln (Kölner Geographische Arbeiten 86)

Bortagaray, I./Tiffin, S. (2000): Innovation Clusters in Latin America. Curitiba (Discussion Paper Presented at the 4th International Conference on Technology Policy and Innovation. Curitiba, Brasil 23–31 August 2000)

Boyd, M. (1989): Family and Personal Networks in International Migration: Recent Developments and New Agendas. - In: International Migration Review 23 (3), S. 638–670

BPS Biro Pusat Statistik/Central Bureau of Statistics (2002): Direktori Industri Pengolahan/ Manufacturing industry directory. Jakarta

Braun, B. (2002): The intemperate rainforest: Nature, culture, and power on Canada's West Coast. Minneapolis/London

Bürkner, H.-J. (2000): Transnationalisierung von Migrationsprozessen - eine konzeptionelle Herausforderung für die geographische Migrationsforschung? - In: *Blotevogel, H. H.* u.a. (Hg.): Lokal verankert - weltweit vernetzt. Stuttgart, S. 301–304 (52. Dt. Geographentag Hamburg, 2. bis 9. Okt. 1999. Tagungsbericht und wissenschaftliche Abhandlungen)

Butler, K. D. (2001): Defining Diaspora, Refining a Discourse. - In: Diaspora 10 (2), S. 189–219

Chakravarthy, B.S./Perlmutter, H.V. (1985): Strategic planning for a global business. - In: Columbia Journal of World Business 20, Summer, S. 3–10

Clifford, J. (1994): Diasporas. - In: Cultural Anthropology 9, S. 302–338

Cline, W. (1987): The future of world trade in textiles and apparel. Washington

CORE/Commission on Resources and Environment (1995): British Columbia's strategy for sustainability. Victoria (Annual Report Summary 1994–95)

David, P. A./Foray, D. (2002): An Introduction to the Economy of the Knowledge Society. - In: International Social Science Journal (UNESCO), S. 9–29

DeFreitas, G. (1991): Inequality at Work. Hispanics in the U.S. Labor Force. New York, Oxford

Del Castillo, R. G./De León, A. (1997): North to Aztlán: A History of Mexican Americans in the United States. New York

Dicken, P. (2003): Global shift. Reshaping the global economic map in the 21st century. London

Dicken, P./Hassler, M. (2000): Organizing the Indonesian clothing industry in the global economy: the role of business networks. - In: Environment and Planning A 32, S. 263–280

Dickerson, K.G. (1995): Textiles and apparel in the global economy. Englewood Cliffs NJ.

Echtermeyer, M. (2000): Elektronisches Tourismusmarketing – Gefahr oder Chance für Reisebüros? - In: *Landgrebe, S.* (Hg.): Internationaler Tourismus. München, S. 101-113 (Lehr- und Handbücher zu Tourismus, Verkehr und Freizeit)

Escher, A. (2000): Arabische Netzwerke in Lateinamerika. Theoretische Überlegungen und empirische Anmerkungen mit Beispiel Venezuela. - In: *Loimeier, R.* (Hg.): Die islamische Welt als Netzwerk. Möglichkeiten und Grenzen des Netzwerkansatzes im islamischen Kontext. Würzburg, S. 355–366

Etzkowitz, H. (2002): The Triple Helix of University-Industry-Government - Implications for Policy and Evaluation. Stockholm (Institutet för studier av utbildning och forskning. Working Paper 2002, S. 11)

Etzkowitz, H./Leydesdorff, L. (2000): The dynamics of innovation: from National Systems and „Mode 2" to a Triple Helix of university-industry-government relations. - In: Research Policy 29, S. 109–123

Etzkowitz, H./Webster, A./Gebhardt, C./Terra, C./Branca, R. (2000): The Future of the University and the University of the Future: Evolution of Ivory Tower to Entrepreneurial Paradigm. - In: Research Policy 29, S. 313–330

Feser, E. (2002): The Relevance of Clusters for Innovation Policy in Latin America and the Caribbean. Chapel Hill (University of North Carolina at Chapel Hill. Background paper prepared for the World Bank, LAC Group)

Flitner, M./Soyez, D./Venzke, J.-F. (2007): Boreale Waldländer: Ressourcenperipherien und Lebenswelten. - In: *Gebhardt, H./Glaser, R./Radtke, U./Reuber, P.* (Hrsg.) Geographie – ein Lehrbuch, Heidelberg

Freyer, W. (2000): Globalisierung in der Tourismuswirtschaft. - In: *Landgrebe, S.* (Hg.): Internationaler Tourismus. München, S. 13–50 (Lehr- und Handbücher zu Tourismus, Verkehr und Freizeit)

Freyer, W./Pompl, W. (1996): Schlüsselkompetenzen im internationalen Tourismusmanagement. - In: *Keller, P.* (Hg.): Globalisation and Tourism. St. Gallen, S. 303–322

fvw (1996, 2003): Europäische Veranstalter, Beilagen vom 26.04.1996 und 05.06.2003

fvw (2001, 2002, 2003b): dokumentationen Reisebüro-Ketten und Kooperationen

García-Acevedo, M. R. (1996): Return to Aztlán: Mexico's Policies toward Chicanas/os. - In: *Maciel, D. R./Ortiz, I. D.* (eds.): Chicanas/Chicanos at the Crossroads. Social, Economic, and Political Change. Tucson, S. 130–156

Garreau, J. (1981): The nine nations of North America. Boston

Gellner, E. (1983): The Tribal Society and its Enemies. - In: *Tapper, R.* (ed.): The Conflict of Tribe and State in Iran and Afghanistan. London/Canberra, S. 436–448

Gereffi, G. (1994): The organization of buyer-driven global commodity chains: how U.S. retailers shape overseas production networks. - In: *Gereffi, G./Korzeniewicz, M.* (eds.): Commodity chains and global capitalism. Westport, S. 95–122

Gereffi, G. (1996): Commodity Chains and Regional Divisions of Labor in East Asia. - In: Journal of Asian Business 12, S. 75–112

Gereffi, G. (1999): International trade and industrial upgrading in the apparel commodity chain. - In: Journal of International Economics 48, S. 37–70

Gereffi, G. (2000): The Mexico-U.S. Apparel Connection: Economic Dualism and Transnational Networks. - In: *Tardanico, R./Rosenberg, M. B.* (eds.): Poverty or Development. New York, London, S. 59–89

Gereffi, G. (2001): Beyond the producer-driven/ buyer-driven dichotomy: the evolution of global value chains in the internet era. - In: *Gereffi, G./Kaplinsky, R.* (eds.): The value of value chains. Spreading the gains from globalisation, IDS Bulletin 32 (3), S. 30–40

Ghosh, B. (2001): Towards a New International Regime for Orderly Movements of People. - In: *Ghosh, B.* (ed.): Managing Migration: Time for a New International Regime? London, S. 6–26

Glaeser, E.L. (2000): The new economies of urban and regional growth. - In: *Clark, G. L./Feldman, M. P./Gertler, M. S.* (eds.): The Oxford Handbook of Economic Growth. Oxford, S. 83–98

Glick Schiller, N./Basch, L./Blanc-Szanton, Ch. (1992): Towards a Definition of Transnationalism: Introductory Remarks and Research Questions. - In: *Glick Schiller, N.* u.a. (eds.): Towards a Transnational Perspective on Migration. Race, Class, Ethnicity, and Nationalism Reconsidered. New York, S. IX-XIV (Annals of the New York Academy of Sciences 645)

Go, F.M. (1996): Globalisation and corporate organisation. - In: *Keller, P.* (Hg.): Globalisation and Tourism. St. Gallen, S. 261–301

Go, F.M./Pine, R. (1995): Globalization strategy in the hotel industry. London

Goldring, L. (1997): Power and Status in Transnational Social Spaces. - In: *Pries, L.* (Hg.): Transnationale Migration. Baden-Baden, S. 179–195 (Soziale Welt, Sonderband 12)

González, A. (1999): Chicano Politics and U.S. Policy in Central America, 1979-1990. - In: *Montejano, D.* (ed.): Chicano Politics and Society in the Late Twentieth Century. Austin/Texas, S. 154–172

Gonzalez, N. L. (1992): Dollar, Dove and Eagle. One Hundred Years of Palestinian Migration to Honduras. Ann Arbor

Gormsen, E. (1994): Die Stadt Mexiko – Megalopolis ohne Grenzen? - In: *Gormsen, E./Thimm, A.* (Hg.): Megastädte in der Dritten Welt. Mainz, S. 73–116

Gurak, D. T./Caces, F. (1992): Migration Networks and the Shaping of Migration Systems. - In: *Kritz, M. M./Lim, L. L./Zlotnik, H.* (eds.): International Migration Systems: A Global Approach. Oxford, S. 150–176

Hadeed, L. (ed.) (2001): The HADEED'S. A Commemorative Publication. The Hadeed Family Reunion Saturday 14th July, 2001 (ohne Ort)

Hart, J. M. (1998): The Evolution of the Mexican and Mexican-American Working Classes. - In: *Hart, J. M.* (ed.): Border Crossings. Mexican and Mexican-American Workers. Washington DE, S. 1–26

Hassler, M. (2003.1): The global clothing production system: commodity chains and business networks. - In: Global Networks, A Journal of Transnational Affairs 3, S. 513–553

Hassler, M. (2003.2): Crisis, coincidences and strategic market behavior: the internationalization of Indonesian clothing brand-owners. - In: Area 35, S. 241–250

Hassler, M. (2004.1): Changes in the Indonesian clothing industry: trade and regulation. - In: Singapore Journal of Tropical Geography 25, S. 64–76

Hassler, M. (2004.2): The geography of clothing production in Indonesia: developments in time and space. - In: Asian Geographer 23 (1-2), S. 93–108

Hassler, M. (2004.3): Raw material procurement, industrial upgrading and labor recruitment: intermediaries in Indonesia's clothing industry. - In: Geoforum 35, S. 441–451

Hayter, R. (2000): Flexible crossroads: The restructuring of British Columbia's forest economy. Vancouver/Toronto

Hayter, R. (2003): „The War in the Woods": Post-fordist restructuring, globalization, and the contested remapping of British Columbia's forest economy. - In: Annals of the Association of American Geographers 93 (3), S. 706–729

Hayter, R./Barnes, T., J./Bradshaw, M. J. (2003): Relocating peripheries to the core of economic geography's theorizing: Rationale and agenda. - In: Area 35 (1), S. 15–23

Hayter, R./Soyez, D. (1996): Clearcut issues: German environmental pressure and the British Columbia forest sector. - In: Geographische Zeitschrift 84 (3/4), S. 143–156

Hayter, R./Soyez, D./Glon, E. (2001): La politique forestière en Colombie Britannique: Le changement des impératifs. - In: Hommes et Terres du Nord 2001 (3), S. 139–146 (Spécial Amérique du Nord)

Heath, J. E. (1998): The Impact of Mexico's Trade Liberalization. Jobs, Productivity, and Structural Change. - In: *Wise, C.* (ed.): The Post-NAFTA Political Economy. Mexico and the Western Hemisphere. University Park/PA, S. 172–200

Hill, H. (1992): Indonesia's textile and garment industries: developments in Asian perspective. Singapore (Institute of Southeast Asian Studies, Occasional Paper 87)

Hitti, Ph. K. (1924): The Syrians in America. New York

Hoekmann, B./Kostecki, M. (1995): The political economy of the world trading system. Cambridge
Hoffmann, B. (2002): Internet und Politik in Lateinamerika, Teilband II, Costa Rica. Frankfurt am Main (Schriftenreihe des Instituts für Iberoamerika-Kunde, Band 5/II).
Hoffmann, K./Rush, H. (1988): Microelectronics and clothing: the impact of technical change on a global industry. New York
Hourani, A./Shehadi, N. (eds.) (1992): The Lebanese in the World. A Century of Emigration. London
Hugo, G. (1997): Changing Patterns and Processes in Population Mobility. - In: *Jones, G. W./Hull, T. H.* (eds): Indonesia Assessment, Population and Human Resources. Singapore, S. 68–100 (Australian National University/Institute of Southeast Asian Studies)
Hülshof, M. (1991): Zapotec Moves. Networks and Remittances of U.S.-bound Migrants from Oaxaca, Mexico. Amsterdam (Nederlandse Geografische Studies 128)
Ingram, G. B. (1994): The ecology of a conflict. - In: Berman, T. et al. (Hg.): Clayoquot & Dissent, Vancouver, S. 9–71
Kayal, Ph. M./Kayal, J. M. (1975): The Syrian-Lebanese in America. A Study in Religion and Assimilation. Boston (The Immigrant Heritage of America Series)
Keck, M. E./Sikkink, K. (1998): Activists beyond borders: Advocacy networks in international politics. Ithaca/New York
Klaver, J. (1997): From the Land of the Sun to the City of Angels. The Migration Process of Zapotec Indians from Oaxaca, Mexico to Los Angeles, California. Utrecht, Amsterdam
Kraus, W. (1995): Segmentierte Gesellschaft und segmentäre Theorie: Strukturelle und kulturelle Grundlagen tribaler Identität im Vorderen Orient. - In: Sociologus 45 (1), S. 1–25
Lafleur, G. (1999): Les Libanais et les Syriens de Guadeloupe. Paris, Saint-Claude
Larrain, F./Lopez-Calva, L./Rodriguez-Clare, A. (2000): INTEL: A Case Study of Foreign Direct Investment in Central America. Harvard University (CID Working Paper No. 58)
Leydesdorff, L. (2000): The Triple Helix: An Evolutionary Model of Innovations. - In: Research Policy 29, S. 243–255
Light, I. (1984): Immigrant and Ethnic Enterprise in North America. - In: Ethnic and Racial Studies 7/2, S. 195–216
Loimeier, R. (Hg.) (2000): Die islamische Welt als Netzwerk. Möglichkeiten und Grenzen des Netzwerkansatzes im islamischen Kontext. Würzburg (Mitteilungen zur Sozial- und Kulturgeschichte der islamischen Welt 9)
Lundvall, B.-Å. (Hg.) (1992): National Systems of Innovation. Towards a Theory of Innovation and Interactive Learning. London
MacIsaac, R./Champagne, A. (Hg.) (1994): Clayoquot mass trials: Defending the rainforest. Philadelphia, PA.
Maclean's (1991): A Powerful Screen Attack (May 13, S. 26)
MacMillan Bloedel Limited (1993): MacMillan Bloedel & Clayoquot Sound: Briefing notes prepared by MB Public Affairs. Vancouver (als Manuskript vervielf.)
Marger, M. (1989): Business Strategy among East Indian Entrepreneurs: The Role of Group Resources and Opportunity. - In: Ethnic and Racial Studies 12/4, S. 539–556
Massey, D. S./Durand, J./Gonzalez, H./Alacron, R. (1987): Return to Aztlán: The Social Process of International Migration from Western Mexico. Berkeley
Massey, D. S./Espinosa, K. E. (1997): What's Driving Mexico-U.S. Migration? A Theoretical, Empirical, and Policy Analysis. - In: American Journal of Sociology 102 (4), S. 939–999
Mata, F./Jofré, A. (2001): Informe final. Estudio de oferta y demanda del recurso humano. Programa de Apoyo a la Competitividad del Sector de Desarrollo de Software de Costa Rica. San José
Mattar, A. H. (1941): Guia Social de la Colonia Arabe en Chile (Siria – Palestina – Libanesa). Santiago de Chile
McAllister, I./McAllister, K. (1999): Kanadas vergessene Küste. Im Regenwald des Großen Bären. Oststeinbek
Montejano, D. (1999): On the Future of Anglo-Mexican Relations. - In: *Montejano, D.* (ed.): Chicano Politics and Society in the Late Twentieth Century. Austin/Texas, S. 234–257
Nabti, P. (1992): Emigration from a Lebanese Village: The Case of Bishmizzine. - In: *Hourani, A./Shehadi, N.* (Hg): The Lebanese in the World: A Century of Emigration. London, S. 41–63
Nancy, M./Picard, E. (eds.) (1998): Les Arabes du Levant en Argentine. Aix-en-Provence (Collection des Cahiers de l'Institut de Recherches et d'Études sur le Monde Arabe et Musulman 11)
Nicholls, D. (1981): No Hawkers and Pedlars: Levantines in the Caribbean. - In: Ethnic and Racial Studies 4/4, S. 415–431
Niosi, J. (1999): The Internationalization of Industrial R&D - From technology transfer to the learning organization. - In: Research Policy 28, S. 107–117
Pangestu, M. (1997): The Indonesian textile and garment industry: structural change and competitive challenges. - In: *Pangestu, M./Sato, Y.* (eds.): Waves of change in Indonesia's manufacturing industry. Tokyo, S. 29–59 (Institute of Developing Economies)
Parnreiter, Ch. (1999): Migration: Symbol, Folge und Triebkraft von globaler Integration. Erfahrungen aus Zentralamerika. - In: *Parnreiter, C./Novy, A./Fischer, K.* (Hg.): Globalisierung und Peripherie. Umstrukturierung in Lateinamerika, Afrika und Asien. Frankfurt/M., S. 128–149

Pavitt, K./Patel, P. (1999): Global corporations and national systems of innovation: Who dominates whom? - In: *Archibugi, D./Howell, J./Michie, J.* (eds.): Innovation Policy in a Global Economy. Cambridge, S. 94–119

Peck, J.A./Dicken, P. (1996): Tootal: Internationalization, Corporate Restructuring and 'Hollowing Out'. - In: *Nielsen, J. E./Dicken, P./Peck, J. A.* (eds.): The Internationalization Process: European Firms in Global Competition. London, S. 109–129

Peleikis, A. (2003): Lebanese in Motion. Gender and the Making of a Translocal Village. Bielefeld

Plummer, B. G. (1981): Race, Nationality, and Trade in the Caribbean: The Syrians in Haiti, 1903-1934. - In: International History Review 3/4, S. 517–539

Portes, A./Bach, R. L. (1985): Latin Journey: Cuban and Mexican Immigrants in the United States. Berkeley

Portes, A./Rumbaut, R. G. (1996): Immigrant America. A Portrait. 2nd ed. Berkeley, Los Angeles

Pries, L. (1997): Neue Migration im transnationalen Raum. - In: *Pries, L.* (Hg.): Transnationale Migration. Baden-Baden, S. 15–36 (Soziale Welt, Sonderband 12)

Pries, L. (1998.1): „Transmigranten" als ein Typ von Arbeitswanderern in pluri-lokalen sozialen Räumen. Das Beispiel der Arbeitswanderungen zwischen Puebla/Mexiko und New York. - In: Soziale Welt 49, S. 135–150

Pries, L. (1998.2): Transnationale soziale Räume. Theoretisch-empirische Skizze am Beispiel der Arbeitswanderung Mexiko-USA. - In: *Beck, U.* (Hg.): Perspektiven der Weltgesellschaft. Frankfurt/Main, S. 55–86 (Edition Zweite Moderne)

Pries, L. (1999): Mexikanische Arbeitswanderung in die USA. Gegenwärtige Struktur und neue Formen transnationaler Migration. - In: Geographische Rundschau 51 (7–8), S. 382–387

Quandt, C. (1997): The Emerging High-Technology Cluster of Campinas, Brazil. Ottawa, Canada (Paper presented at „Technopolis 1997", http://www.idrc.ca/lacro/smmeit/innovacion/Campinas.doc, 02.02.2003)

Rouse, R. (1996): Mexican Migration and the Social Space of Postmodernism. - In: *Guitiérrez, D. G.* (ed.): Between Two Worlds. Mexican Immigrants in the United States. Wilmington/DE, S. 247–263 (Jaguar Books on Latin America 15)

Salas, M. T. (1995): El Inmigrante Latino: Latin American Immigration and Pan-Ethnicity. - In: *López, A. S.* (ed.): Latino Employment, Labor Organizations and Immigration. New York, London, S. 148–161 (Latinos in the United States: History, Law and Perspective 4)

Sassen, S. (1991): The Global City. New York, London, Tokyo. Princeton, New Jersey

Sassen, S. (1996): U.S. Immigration Policy toward Mexico in a Global Economy. - In: *Guitiérrez, D. G.* (ed.): Between Two Worlds. Mexican Immigrants in the United States. Wilmington/DE, S. 213–228 (Jaguar Books on Latin America 15)

Sassen, S. (1997): Informalisierung in den Global Cities der hochentwickelten Marktwirtschaften: hausgemacht oder importiert? - In: *Komlosy, A./Parnreiter, C.* u. a. (Hg.): Ungerecht und unterbezahlt. Der informelle Sektor in der Weltwirtschaft. Frankfurt/M., S. 235–248

Sassen, S. (1998): Globalization and Its Discontents. New York

Schnapper, D. (1999): From the Nation-State to the Transnational World: On the Meaning and Usefulness of Diaspora as a Concept. - In: Diaspora 8 (3), S. 225–254

Schuster, G. (1993): Kahlschlag im Paradies. - In: Der Stern, Nr. 50, S. 194–197

Shils, E. (1982): The Constitution of Society. Chicago

Sigrist, Ch. (1994): Regulierte Anarchie. Untersuchungen zum Fehlen und zur Entstehung politischer Herrschaft in segmentären Gesellschaften Afrikas. Hamburg

Smith, R. (1999): Reflections on Migration, the State and the Construction, Durability and Newness of Transnational Life. - In: *Pries, L.* (ed.): Migration and Transnational Social Spaces. Aldershot, S. 187–219

Social Welfare Society of Amar Village (Hg.) (ohne Jahr): Telephone Directory for Amarians in the Village & Abroad (englisch und arabisch)

Soyez, D. (1996): Distant dictates. Remote impacts of industrial societies' greening strategies. Introduction to the Theme Issue. - In: Geographische Zeitschrift 84 (3+4), S. 125–129

Soyez, D./Barker, M. L. (1998): Transnationalisierung als Widerstand: Indigene Reaktionen gegen fremdbestimmte Ressourcennutzung in Ost-Kanada. - In: Erdkunde 52 (4), S. 286–300

Spar, D. (1998): Attracting High Technology Investment: INTEL's Costa Rica Plant. Washington (FIAS Occasional Paper No. 11)

Stamm, A. (1996): Strukturanpassung im costaricanischen Agrarsektor: Neue Perspektiven für die Entwicklung ländlicher Räume? Münster (Wirtschaftsgeographie 8)

Stamm, A. (2002): Technologie und Innovation - Verpasst Lateinamerika den Anschluss an die Wissensgesellschaft? - In: Lateinamerika-Jahrbuch 2002. Frankfurt am Main, S. 67–88

Stamm, A./Kasumovic, A./Krämer, F./Langner, C./Lenze, O. /Olk, C. (2000): Ansatzpunkte für nachholende Technologieentwicklung in den fortgeschrittenen Ländern Lateinamerikas: das Beispiel der Softwareindustrie von Argentinien. Bonn

Stanbury, W.T. (2000): Environmental groups and the international conflict over the forests of British Columbia, 1990 to 2000. Vancouver

Steinbach, J. (2003): Tourismus. Einführung in das räumlich-zeitliche System. München

Sutz, J. (2001): Los sistemas de innovación en Latinoamérica - ascenso o descenso en una economía mundial basada en la tecnología? - In: *Altenburg, T./Messner, D.* (Hg.): Wettbewerbsfähiges Lateinamerika. Herausforderungen für Wirtschaft, Gesellschaft und Staat. Festschrift zum 60. Geburtstag von Klaus Eßer. Bonn, S. 211–222
Therrien, M./Ramirez, R. R. (2001): The Hispanic Population in the United States: March 2000. Population Characteristics. Washington D.C., (U.S. Census Bureau Current Population Reports P20-535)
Thieme, G./Laux, H. D. (1996): Los Angeles. Prototyp einer Weltstadt an der Schwelle zum 21. Jahrhundert. - In: Geographische Rundschau 48 (2), S. 82–88
U.S. Bureau of Labor Statistics (ed.) (2001): Labor Force Statistics from the Current Population Survey. Washington D.C. (Internet Release, http://stats.bls.gov/cpshome.htm)
U.S. Census Bureau (ed.) (2001.1): Current Population Survey, March 2000. Ethnic and Hispanic Statistics Branch, Population Division. Washington D.C. (Internet Release, http://www.census.gov/population/www/socdemo/hispanic/ho00.html)
U.S. Census Bureau (ed.) (2001.2): 1997 Economic Census: Minority- and Women-Owned Business Enterprises. Washington D.C. (Internet Release, http://www.census.gov/epcd/mwb97/us/us.html)
UNCTAD (United Nations Conference on Trade and Development) (2002): Partnerships and Networking in Science and Technology for Development. Genf, New York
UNDP (United Nations Development Program) (2001): Human Development Report. New York
Valle, V./Torres, R. (2000): Latino Metropolis. Minneapolis
Vélez-Ibáñez, C. G. (1996): Border Visions. Mexican Cultures of the Southwest United States. Tucson
Villa, L. (1997): Universidad privada y empresa: Las experiencias de vinculación del Instituto Tecnológico de Estudios Superiores de Monterrey, el caso del Campus Monterrey. - In: *Casas, R./Luna, M.* (eds.): Gobierno, Academia y Empresas en México: Hacia una nueva configuración de relaciones. Mexiko, S. 247–279
Vorlaufer, K. (1993.1): Transnationale Reisekonzerne und die Globalisierung der Fremdenverkehrswirtschaft: Konzentrationsprozesse, Struktur- und Raummuster. - In: Erdkunde 47, S. 267–281
Vorlaufer, K. (1993.2): Transnationale Hotelketten: Entwicklung, Struktur und räumliche Ausbreitungsmuster. - In: Petermanns Geographische Mitteilungen 137, S. 289–308
Vorlaufer, K. (1994): Transnationale Ferienclubketten - raumzeitliche Entfaltung, Struktur, Probleme. - In: *Domrös, M./Klaer, W.* (Hg.): Festschrift für Erdmann Gormsen zum 65. Geburtstag. Mainz, S. 375–392 (Mainzer Geographische Studien 40)
Vorlaufer, K. (1998): Die Globalisierung der Tourismuswirtschaft. - In: *Gebhardt, H./Heinritz, G./Wießner, R.* (Hrsg.): Europa zwischen Integration und Regionalismus. 51. Deutscher Geographentag in Bonn 1997, Bd. 1. Stuttgart, S. 66–76
Vorlaufer, K. (1999): Tourismus und Kulturwandel auf Bali. - In: Geographische Zeitschrift 87/1, S. 29–45
Vorlaufer, K. (2000): Die Internationalisierung der Hotellerie: Determinanten, Strategien, Strukturen. - In: *Landgrebe, S.* (Hrsg.): Internationaler Tourismus. München, S. 51-80 (Lehr- u. Handbücher zu Tourismus, Verkehr und Freizeit)
Vorlaufer, K. (2003): Tourismus in Entwicklungsländern: Bedeutung, Auswirkungen, Tendenzen. - In: Geographische Rundschau 55 (3), S. 4–13
Wallace, I./Shields, R. (1997): Contested terrains: Social space and the Canadian Environment. - In: *Clement, W.* (Hrsg.): Understanding Canada. Building on the New Canadian Political Economy. Montreal/Kingston/London/Buffalo, S. 386–408
Weber, D. (1998): Historical Perspectives on Transnational Mexican Workers in California. - In: *Hart, J. M.* (ed.): Border Crossings. Mexican and Mexican-American Workers. Washington DE, S. 209–234
Weiermair, K. (1996): Globalization in tourism: Impact for tourism manpower, employment and systems of training/schooling. - In: *Keller, P.* (Hg.): Globalisation and Tourism. St. Gallen, S. 245–257
Werlen, B. (2000): Sozialgeographie. Eine Einführung. Bern/Stuttgart/Wien
Willems-Braun, B. (1997): Buried epistomologies: The politics of nature in (post)colonial British Columbia. - In: Annals of the Association of American Geographers 87 (1), S. 3–31
Wilson, J. (1998): Talk and log: Wilderness politics in British Columbia, 1965-96. Vancouver
WTO World Trade Organization (2002): Annual Report 2002. Geneva
Yacoub, A. E. (1994): Amar. Home and Abroad. Homs (englisch und arabisch)
Younis, A. L. (1995): The Coming of the Arabic-Speaking People to the United States. New York

Zu Teil 4

Airbus Industrie (1995): The air cargo market. Toulouse
Amad, Y. J. (1975): Administration on Integrated Rural Development. - In: International Review, S. 119
Bank of Ghana (1993): Annual Report. Accra

Barrett, H. R./Illberry, B. W./Browne, A. W./Binns, T. (1999): Globalization and the changing networks of food supply: the importation of fresh horticultural produce from Kenya into the UK. - In: Transactions British Geographers NS 24, S. 159–174

Bauchhenß, W./Bornkessel, M. (2004): „lehrer-online - Unterricht mit neuen Medien" (http://www.lehrer-online.de/url/digitaler-graben), 04.02.2004

Blume, G. (2006): Die neuen Kulturrevolutionäre. - In: Die Zeit, Nr. 21, 18 Mai 2006, Dossier S. 15–18

Bowen, J. T. (2004): The geography of freighter aircraft operations in the Pacific Basin. - In: Journal of Transport Geography 12, S. 1–11

Budke, A./Kanwischer, D./Pott, A. (2004): Internetgeographien - Beobachtungen zum Verhältnis von Internet, Raum und Gesellschaft. Stuttgart

Bundeszentrale für politische Bildung: Informationen zur politischen Bildung 280, 3/2003

Central Bank of Samoa (1996 ff.): Bulletin. Apia

Computerwoche (2006): Der nächste Coup der Inder. - In: Computerwoche vom 3. Februar 2006, S. 40

Cornelsen (Hg.) (1998): Aktuelle Landkarte 4/98, Die Kampagnenzeitung Nr. 3 November, S. 16

Davidow, W.H./Malone, M. S. (1993): Das virtuelle Unternehmen. Frankfurt/M., New York

Department of Statistics (1994): Quarterly Statistical Bulletin, 1st, 2nd, 3rd and 4th Quarters. Apia

DHL (1995): Verkaufshandbuch. Frankfurt 7/95

Dolan, C./Humphrey, J. (2000): Governance and Trade in Fresh Vegetables: The Impact of UK Supermarkets on the African Horticulture Industry. - In: Journal of Development Studies 37 (2), S. 147–177

Evers, H. D. (1987): Subsistenzproduktion, Markt und Staat. Der sogenannte Bielefelder Verflechtungsansatz. - In: Geographisch Rundschau 39, S. 136–140

Evers, H.D./Schiel, T. (1988): Strategische Gruppen. Berlin

Fairbairn, T. (1985): Island Economies. Studies from the South Pacific. Suva

Fuchs, P. (1998): Globalisierung und Logistik. - In: *Flath, M. und Fuchs, P.* (Hg.): Globalisierung, Beispiele und Perspektiven für den Geographieunterricht. Gotha, S. 36–49

Gereffi, G. (2001): Shifting Governance Structures in Global Commodity Chains, With Special Reference to the Internet. - In: American Behavioral Scientist 44 (10), S. 1616–1637

Giarini, O. /Liedtke, P. M. (1998): Wie wir arbeiten werden. Der neue Bericht an den Club of Rome. Hamburg

Glaser, J. (1993): Distributionslogistik und Stadtentwicklung. - In: *Läpple, D.* (Hrsg.): Güterverkehr, Logistik und Umwelt. Berlin, S. 161–186

Government of W. Samoa (1975): Third Five Year Development Plan 1975–1979. Apia

Government of W. Samoa (1982, 1990): Socio-economic Situation, Development Strategies and Assistance Needs, Vol. 1 Main Report. Apia

Government of W. Samoa (1984): Fifth Development Plan 1985–1987. Apia

Government of W. Samoa (1988): Socio-economic Situation, Development Strategy and Assistance Need (Main Report). Apia

Government of W. Samoa (1992.1): Seventh Development Plan 1992–1994. Apia

Government of W. Samoa (1992.2): Public Sector Investment Programme 1992–1995. Apia

Government of W. Samoa (1993): National Environment and Development. Management Strategies. Apia

Government of W. Samoa (2001): Census of Population and Housing, o. O.

Government of W. Samoa (2002): 2001 National Accounts Report. Apia

Hardie-Boys, N. (1994): The Rhetoric and Reality of Conservation Aid in W. Samoa. Christchurch

Hauchler, I./Messner, D./Nuscheler, F. (Hg) (2001): Globale Trends 2002. Frankfurt a. M.

Hennings, W. (1999): Garantie für soziale Sicherheit. Trotz zunehmender Individualisierung schützt das Landrecht die samoanische Kultur. - In: Pazifik Netzwerk (Hg.): Unser Land – unsere Seele. Pazifikstaaten und ihre Landrechte. Neuendettelsau, S. 18–21

Hennings, W. (2000): Welche Entwicklung für die Verlierer der Globalisierung? Ein Plädoyer für die Subsistenzperspektive. - In: *Blotevogel, H. H./Ossenbrügge, J./Wood, G.* (Hg.): Lokal verankert – weltweit vernetzt. Stuttgart, S. 343–345 (Tagungsband des 52. Deutschen Geographentages in Hamburg)

Hughes, A. (2000): Retailers, knowledges and changing commodity networks: the case of the cut flower trade. - In: Geoforum 31, S. 175–190

IwD (Institut der Deutschen Wirtschaft) (Hg.) (1998): Wirtschaft und Unterricht 24/8, 24. 9. 1998. Köln

Jessen, J. (2003): Wenn Marken uns die Welt versprechen. - In: Die Zeit, 10. Juli 2003

Kiedel, K.-P. (2000): Kühlschiffe – Der weite Weg der Banane von der Plantage zum Verbraucher. Bremerhaven

Kimmerle,. M (1997): Europas Weg in die Informationsgesellschaft auf dem Information Superhighway – Globale Online-Dienste im High-Tech-Wettlauf zwischen der EU und den USA, www2.politik.uni-halle.de/rode/diplma/Kimmerle/bruck.htm, abgerufen am 02.08.2006

Krüger, J. (1994): Eine polit-ökonomische Betrachtung der EG-Handelspolitik; Beispiel: Bananen. Paderborn

Löscher, Ch./Röder, P. (2002): Globalisierung, Cornelsen Verlag. Berlin

Maillard, J.-Cl. (2002): Le commerce international de la banane, marché, filière, système. - In: Les Cahiers d´Outre-Mer 55 no. 220, S. 371–392

Meyer, Th. (2006): Nearshoring nach Mittel- und Osteuropa. - In: Deutsche Bank Research (Hg.): Economics 58, www.dbresearch.de

Ministry of Agriculture, Forests, Fisheries & Meteorology (o.J.): Annual Report July 1994-June 1995. o. O.

Möhle, H. (1999): Branntwein, Bibeln und Bananen. Der Deutsche Kolonialismus in Afrika – eine Spurensuche. Hamburg

Neiberger, C. (2003): Über den Wolken ... Zur Umstrukturierung in der Luftfrachtbranche und deren räumlichen Auswirkungen. - In: Europa Regional 11 (4), S. 199–209

Nuhn, H. (1995): Bananenanbau und Weltmarktverflechtung tropischer Kleinstaaten Zentralamerikas - Konflikte und erste Auswirkungen der EU-Bananenpolitik. - In: *Sevilla, R./Torres Rivas, E.* (Hg.): Mittelamerika. Abschied von der Revolution. Unkel/Rhein, S. 163–191

Nuhn, H. (1998): Deregulierung der Verkehrsmärkte in Westeuropa und räumliche Konsequenzen. - In: *Gebhardt, H./Heinritz, G./Wiessner, R.* (Hg.): Europa im Globalisierungsprozeß von Wirtschaft und Gesellschaft, 51. Deutscher Geographentag Bonn 1997, Bd. 1, Stuttgart

Nuhn, H. (2003.1): Bananen für den Export. - In: Museum der Arbeit, Hamburg (Hg.): Tanz um die Banane. Handelsware und Kultobjekt. Hamburg, S. 20–42

Nuhn, H. (2003.2): Der zweite Bananenzyklus in der Zona Atlantica Costa Ricas – von der traditionellen Plantagenwirtschaft zum Kontraktanbau und zur ökologischen Modernisierung. - In: Erdkunde 57, S. 2–20

Plehwe, D. (2000): Neue Horizonte transnationaler Integration: Die Entwicklung von grenzüberschreitenden Logistiknetzwerken. - In: *Biehling, H.-J./ Steinhilber, J.* (Hg): Die Konfiguration Europas – Dimensionen einer kritischen Integrationstheorie. Münster, S. 276–303

Rudolph, H. (2001): Der Lebensmitteleinzelhandel als Treiber weltregionaler Warenketten. - In: *Rudolph, H.* (Hg.): Aldi oder Arkaden? – Unternehmen und Arbeit im europäischen Einzelhandel. Berlin, S. 81–102

Salm, B. (1996): Alles Banane? Politische, ökonomische, ökologische und soziale Folgen der Bananenpolitik der EU. Bielefeld (Schriften zur Didaktik der Wirtschafts- und Sozialwissenschaften 60)

Schmidt, V. (2003): Kahlschlag bedroht die Heimat des Sumatra-Elefanten/Klima leidet stark. - In: Frankfurter Rundschau vom 9.4. und 11.4.2003

Schneider, D. (1993): Die Wettbewerbsvorteile integrierter Systemanbieter im Luftfrachtmarkt. Frankfurt

Scholz, F. (2002): Die Theorie der „fragmentierenden Entwicklung". - In: Geographische Rundschau 54 (7), S. 6–11

Skrodzki, J./Brunner, U. (1988): Bananen – Konsequenzen des Geschmacks. St. Gallen, Köln, Sao Paulo

Soyez, D. (2000): Lokal verankert – weltweit vernetzt: Transnationale Bewegungen in einer entgrenzten Welt. - In: *Blotevogel, H.-H./Oßenbrügge, J./Wood, G.* (Hrsg.): Lokal verankert – weltweit vernetzt. Stuttgart. S. 29–46 (Tagungsbericht und Wissenschaftliche Abhandlungen, 52. Deutscher Geographentag Hamburg)

Statistisches Bundesamt (1996): Länderbericht Pazifische AKP-Staaten. Wiesbaden

Stiglitz, J. (2002): Die Schatten der Globalisierung. Berlin

The Constitution of the Independent State of W. Samoa, o.J., o. O.

Thomas, P. (1987): Western Samoa. Custom, change and constraints in relation to land rights, registration and productivity. - In: *Acguaye, V./Crocumba, B./Crocumba, R.* (Hg.): Land Tenure and Rural Productivity in the Pacific Islands. Suva, S. 135–154

Turner, G. (1984): Samoa. A Hundred Years Ago and Long Before. London

Tu'u'u leti Taule'alo (1993): W. Samoa. State of Environment Report. Apia

Vahrenkamp, R. (2002): Die Rolle der Luftfracht in der internationalen Logistik – eine Übersicht. - In: logistik management 4 (4), S. 13–22

Vahrenkamp, R. (2003): Der Gütertransport im internationalen Luftverkehr. - In: Internationales Verkehrswesen 55 (3), S. 71–75

Vahrenkamp, R. (2005): Logistik - Management und Strategien, 5. Aufl. München

van de Pol, R. (2004): Der digitale Graben als Faktor des sozio-kulturellen Wandels? Zürich, August 2004). http://socio.ch/intcom/t_vandepol.htm, abgerufen am 11.08.2006

Ward, R. G. (1995): Deforestation in W. Samoa. - In: Pacific Viewpoint 36

Weltbank (1975): The Assault on World Poverty. Problems of Rural Development, Education and Health. Baltimore, London

ZMP (Zentrale Markt- und Preisberichtstelle für Erzeugnisse der Land-, Forst- und Ernährungswirtschaft GmbH) (2005): Marktbilanz Obst 2005. Bonn

6 Glossar

Alltägliche Geographie: Begriff aus der handlungstheoretisch orientierten Sozialgeographie, der die soziale Konstruiertheit von Räumen und ‚Geographien' durch die Alltagspraktiken individueller Subjekte beschreibt. Demnach werden nicht die physisch-materiellen Bewegungen in bzw. Ausgestaltungen von Räumen thematisiert. Es wird stattdessen untersucht, wie Räume durch menschliche Handlungen stetig produziert und reproduziert werden, auf welche Art und mit welchen Interessen im Alltag über bestimmte Räume kommuniziert wird und wie sie sich angeeignet werden.

Ansatz: *Geopolitischer A.,* Lehrgebiet im Überschneidungsbereich der Geographie und Politikwissenschaft, in dem die territoriale Kontrolle als Ausgangspunkt für außenpolitische Interessen militärischer, wirtschaftlicher oder kultureller Art angesehen wird. *Realistischer A.,* Lehrgebiet der Sozialwissenschaften, das Beziehungen im internationalen System über die nationalen Interessen der Staaten und ihrer Regierungen erklärt. *Interdependenter A.,* Lehrgebiet der Sozialwissenschaften, das Abläufe im internationalen System als Ergebnis multilateraler Abhängigkeiten und damit losgelöst von einzelstaatlichen Interessen untersucht. *Regimetheoretischer A.,* Lehrgebiet der Sozialwissenschaften, das die Interaktionsformen in Akteurskonstellationen als Ausgangspunkt zur Analyse von Politikfeldern nimmt.

Arbeitsteilung: Begriff für die Zerlegung ganzheitlicher Produktionsprozesse im Hinblick auf verschiedene Dimensionen, so nach den Fähigkeiten und der Ausbildung der Menschen (in spezialisierten Berufen): soziale A.; nach der organisatorischen Aufteilung in spezialisierten Betriebsstätten eines Unternehmens: funktionale A.; nach der räumlichen Aufteilung einzelner Schritte der Produktion von Waren und Diensten: räumliche A. In der internationalen A. wirken alle drei Dimensionen der A. zusammen.

Arbitrage: Ausnutzung von (auch kleinen) Preisunterschieden von Finanzprodukten (bes. Devisen) an unterschiedlichen Orten durch möglichst gleichzeitigem An- und Wiederverkauf. Der Begriff wird auch für die ökonomische Nutzung anderer Preisunterschiede verwendet werden (z. B. Standortarbitrage).

Außenhandelstheorien: Begriff für die Erklärung des Handels zwischen Nationen. Man unterscheidet klassische, neoklassische und neuere Erklärungsansätze. Die klassischen Außenhandelstheorien gehen auf *Adam Smith* und *David Ricardo* zurück und erklären den internationalen Handel durch Kostenvorteile der Produktion, die neoklassischen A. durch länderspezifische Vorteile, neuere Theorien durch Wettbewerbsvorteile und staatliche Politik. Die zuvor genannten Außenhandelstheorien werden auch als „realwirtschaftliche" A. bezeichnet. Eine Erklärung des Außenhandels durch Wechselkurse sowie Geld- und Kapitalmarktdifferenzen wird durch die „monetäre" Außenhandelstheorie versucht.

Boomerang-Effekt: Aus den amerikanischen Politikwissenschaften stammender Begriff. Er bezeichnet die Wirkung von transnationalen Prozessen, in denen innenpolitisch benachteiligte Akteure versuchen, Blockaden hinsichtlich wichtiger Problemfelder (etwa in der Umweltpolitik) dadurch aufzubrechen, dass sie im Ausland gezielt nach Verbündeten suchen, um mit deren Hilfe von außen kommenden Druck auf Regierungen, Institutionen oder Unternehmen des eigenen Landes auszuüben.

Bretton Woods: Der Name steht für das 1944 in dem kleinen Ort Bretton Woods, New Hampshire/USA, durch eine UN-Konferenz beschlossene Wechselkurssystem mit festen Wechselkursen auf der Basis der Goldparität und dem US-Dollar als faktischer Leitwährung. Zugleich wurden das → IWF und die → Weltbank gegründet. Mit der neuen Weltwährungsordnung von B. W. sollten günstige Bedingungen für die internationale Arbeitsteilung und den Welthandel geschaffen werden. Im März 1973 wurde das System nach vielen Anpassungen und Auseinandersetzungen zugunsten eines Systems flexibler Wechselkurse aufgegeben.

Call Center: Unternehmen oder Organisationseinheit, in dem/der Marktkontakte telefonisch hergestellt werden. Call Center dienen zu Informationszwecken (Hotlines, Produktinformation, Kundendienst, Marktforschung etc.) und/oder Auftrags- und Bestellannahmen (z. B. für Tickets). Ein Inbound Call Center nimmt nur extern eingehende Anrufe entgegen (z. B. Bestellungen, in der Tourismuswirtschaft Buchungen). Ein Outbound C. C. ruft Personen von sich aus an (z. B. Erhebung statistischer Daten, Verkaufsangebote).

Carrier: (von engl. to carry: tragen) Sammelbegriff für Unternehmen, die den Transport von Waren, Daten oder Personen übernehmen (z. B. eine Fluggesellschaft).

Catering: Dienstleistung zur Bereitstellung von Speisen und Getränken durch eine Fremdfirma, z. B. zur Versorgung von Krankenhäusern, Zugrestaurants, Messen, Großveranstaltungen (Events) und Passagier-Flugzeugen.

Charta von Athen: Bezeichnung für die 1933 in Athen verabschiedeten Grundsätze zur Stadtgestaltung, die Prinzipien der Funktionstrennung im Stil einer „aufgelockerten und gegliederten Stadt" betonen.

Code Sharing: Kooperation von Fluggesellschaften, indem diese einzeln genehmigte Flugstrecken zur Kosteneinsparung gemeinsam mit wechselseitiger Passagier- und Frachtabfertigung bedienen.

Community-Forschung: Forschung über gesellschaftliche Gruppen, die zusammenhängende Gemeinschaften darstellen.

Corporate Network: Physikalisches Kommunikationsnetzwerk (Festnetztelefon, Mobiltelefon, Fax, Intranet, e-mail) eines Unternehmens, unabhängig vom Standort der jeweiligen in- und ausländischen Betriebsstätten.

Crown forests: Kanadischer Begriff für Wälder im Eigentum der Öffentlichen Hand, also unter der Jurisdiktion des kanadischen Staates oder seiner Provinzregierungen stehend (insgesamt 94% des kanadischen Waldlandes). In der Regel vergeben die Provinzen für eine begrenzte Zeit, z. B. 25 Jahre, Konzessionen für Nutzungsrechte an private Wirtschaftsunternehmen. Je nach Gesetzeslage und regionalen Traditionen sind damit mehr oder weniger genaue Auflagen verbunden, etwa hinsichtlich des erlaubten Erntevolumens oder der Wiederbegründung von Beständen.

Cyber Geography: Visualisierung und Analyse räumlicher Verflechtungen, Netzwerke und Datenflüsse sowie virtueller Standorte im Internet.

Decksleute: Schiffspersonal von unterem und mittlerem Rang, das weisungsgebundene Tätigkeiten ausübt (ursprünglich an Deck der Segelschiffe).

Dependenztheorie(n): Theorien zur Erklärung anhaltender Unterentwicklung in Entwicklungsländern aufgrund der Deformation ihrer Gesellschaft und Wirtschaft (auch als ‚strukturelle Heterogenität' bezeichnet) durch Abhängigkeit (‚Dependenz') von den (entwickelten) Industrieländern (‚Metropolen').

Destination, touristische: Zielort oder Zielgebiet einer Reise, z. B. eine Stadt, ein Land oder eine Region. Aus der Sicht des Reisenden sollte die D. alle für seinen Aufenthalt erforderlichen oder wünschenswerten Angebote umfassen (Unterkunft, Verpflegung usw.). Die D. ist so das touristische Produkt, das sich aus Einzelleistungen zusammensetzt. Für einige Branchen der Tourismuswirtschaft bzw. das touristische Marketing wird die D. als Einheit mit ihren oft spezifischen Attraktionen und Angeboten gesehen. Die D. einer Fluggesellschaft bezieht sich zunächst auf den Standort des Zielflughafens und dann auf dessen Einzugsgebiet.

Dienstleistungen: Durch Personen erbrachte Leistungen für andere, die nicht zu Sachgütern führen. Soweit für D. ein persönlicher Kontakt zwischen Produzent und Konsument notwendig (uno actu-Prinzip) ist, z. B. bei einem Haarschnitt, sind sie nicht lagerfähig, immateriell und können nicht gehandelt werden. Bei den übrigen D. ist physische Nähe zwischen dem D.leister und seinem Kunden nicht erforderlich, z. B. bei einem Konzert auf einer CD. Fast alle D. können heute international gehandelt werden, nicht nur Transport in Verbindung mit Güterexporten, auch D. von Banken, Versicherungen und Softwareentwicklern über IT-Netze.

Digital Divide: Globales und regionales Versorgungs- und Nutzungsgefälle digitaler Kommunikationstechnik.

Digitale Brüche: → Digital Divide

Direktinvestitionen: langfristige Kapitalanlage im Ausland zur Gründung, Erweiterung oder zum Erwerb eines Unternehmens oder Betriebes („merger and acquisition": M&A) mit dem Ziel der Kontrolle über dieses Unternehmen oder diesen Betrieb; oft auch als „FDI" (foreign direct investment) bezeichnet. Direktinvestitionen sind nicht immer reale Investitionen, auch Kredite z. B. an ausländische Tochtergesellschaften werden dazu gezählt.

dualer Arbeitsmarkt: Zweiteilung des Arbeitsmarktes in technologisch anspruchsvolle, hoch qualifizierte und sozial abgesicherte Arbeit einerseits und technologisch anspruchslose, niedrig qualifizierte und durch prekäre Vertragsverhältnisse gekennzeichnete Arbeit andererseits.

Economies of Scale (Skalenerträge, Größenkostenersparnis): definiert in der Produktionstheorie der Betriebswirtschaftslehre bzw. in der Mikroökonomie die Abhängigkeit der Produktionsmenge vom Volumen der eingesetzten Produktionsfaktoren (v. a. Kapital, Arbeit). Steigende (interne) Skalenerträge ergeben sich dann, wenn die Produktionsmengen stärker steigen als die eingesetzten Faktoren. Mit steigenden Produktionsmengen sinken – bis zu einer bestimmten Gesamtmenge – i. d. R. die Stückkosten eines produzierten Gutes; die Grenzkosten (d. h., die Kosten für die Herstellung der letzten produzierten Einheit) sind relativ gering. Als externe Skalenerträge werden u. a. Agglomerationsvorteile und Netzwerkvorteile bezeichnet. Diese spielen heute in der geographischen Analyse eine besondere Rolle.

Eigenbetrieb: Betriebsform, in der die Funktion des Betreibers und Eigentümers zusammenfallen. In der Hotellerie wichtiger Begriff im Unterschied zum Pacht- oder Management-Betrieb.

Einkommenselastizität: Die E. gibt an, wie stark sich die Nachfrage nach einem Gut relativ verändert, wenn sich das Einkommen eines Haushalts (relativ) verändert. Die E. ist i.d.R. positiv. Bei Gütern des gehobenen Bedarfs (z. B. Reisen) ist die E. größer als 1, d.h., die Nachfrage nach diesen Gütern steigt stärker als das Einkommen. Bei lebensnotwendigen Gütern (z. B. Brot) ist die E. kleiner als 1 (Engel'sches Gesetz).

Eklektische Theorie: Eigentlich ein allgemeiner Begriff, der eine Auswahl aus verschiedenen Theorie-Ansätzen bedeutet. In seiner eklektischen Theorie des Multinationalen Unternehmens versucht *Dunning* (1966) – unter anderem aufgrund der Theorie der Unternehmung sowie verschiedener Standort-, Organisations- und Handelstheorien –, Standortentscheidungen transnationaler Unternehmen zu erklären. Er unterstellt, dass für Direktinvestitionen drei Bedingungen erfüllt sein müssen: Wettbewerbs-, Standort- und Internalisierungsvorteile. Obwohl die eklektische Theorie die Vorteile selbst nicht erklärt, bildet sie einen weiterführenden Analyserahmen der Auslandstätigkeiten transnationaler Tätigkeiten.

Epistemologie: Synonym für Wissenschaftstheorie, philosophische Disziplin, die sich mit Voraussetzungen, Methoden und Zielen der Wissenschaft beschäftigt.

Ethnozentrismus: Bezeichnung für einen Bewertungsmaßstab, der sich ausschließlich vom eigenen kulturellen Standpunkt leiten lässt. Eng mit Nationalismus und Rassismus verbunden.

exit-voice: Die Wahl zwischen dem Versuch, auf kollektive Entscheidungen Einfluss zu nehmen, um die Situation zu verbessern („voice"), oder dem Rückzug aus dem Kollektiv („exit"). Nach der rational-choice-Theorie wägt der Akteur angesichts von Problemlagen in kollektiven Zusammenhängen beide als Alternative bewusst gegeneinander ab.

Export: Lieferungen von Gütern und Dienstleistungen einschließlich zuvor importierter Leistungen ins Ausland.

exportorientierte Sonderwirtschaftszone: Gebiet innerhalb eines Staates, in dem sich die Gesetzgebung in Bezug auf das Wirtschafts- und Steuerrecht vom restlichen Staat durch geringere Regulierung unterscheidet, und in dem, etwa mittels spezieller Zollbestimmungen, günstige Bedingungen insbesondere für die Exportwirtschaft geschaffen werden sollen.

Faktormobilität: Räumliche Verlagerung der in der neoklassischen Theorie angenommenen Produktionsfaktoren Kapital und Arbeit, die dieser Theorie zufolge zu einem Ausgleich von räumlichen Disparitäten führt.

feudale Kommunikations- und Interaktionsmuster: Beziehungen zwischen Individuen, Gruppen, Institutionen oder Staaten, die asymmetrisch sind, d. h. von einer Seite bestimmt werden und in dieser Weise ein Herrschaftsverhältnis ausdrücken („feudale Struktur").

First Nations: Heute allgemein übliche Bezeichnung für die Ureinwohner Kanadas (Indianer, Inuit). Ursprünglich war der Begriff in deutlich politischer Absicht gesetzt, um sich hiermit gegen den als diskriminierend empfundenen, bis ins späte 20. Jahrhundert weithin genutzten (und vielfach unreflektierten) Ausdruck von den two founding nations Kanadas zu stellen, den die anglo- und frankophonen Bevölkerungsgruppen europäischer Herkunft für sich verwendeten.

Frachtführer: Gewerbsmäßige Güterbeförderung vom Absender zum Empfänger unter Haftung für Schäden, Verlust und Liefertermin.

Franchise: F. ist im engeren Sinne die Gebühr, die ein Unternehmen/Betrieb (Franchisenehmer) dafür bezahlt, dass dieser z. B. die Markennamen und das Know-how eines anderen Unternehmens (Franchisegeber) verwenden darf. F.-Hotels sind rechtlich selbständige Betriebe, die jedoch z. B. den werbewirksamen Namen einer Hotelkette tragen dürfen und vom Marketing und dem Reservierungssystem des Franchisegebers profitieren.

Gateway: Konzentrationspunkt verkehrs- und wirtschaftsorientierter Dienstleistungen mit der Funktion der Bündelung von Personen-, Güter- und Nachrichtenströmen und der Vermittlung zwischen einem Hinterland (Binnenraum) und einem Vorland (Ausland). Begriff wird insbesondere für große internationale Flug- und Seehäfen verwendet.

GATS (General Agreement on Trade in Services): Abkommen zur Liberalisierung des Welthandels mit Dienstleistungen wie Bank-, Versicherungs-, Transport-, Kommunikations- und Beratungsleistungen sowie Tourismus. Diese unterliegen bisher mehr nicht-tarifären Handelshemmnissen als Zöllen. Der Widerstand gegen eine Öffnung von Dienstleistungsmärkten ist allerdings groß, daher steht das G. noch am Anfang.

GATT (General Agreement on Tariffs and Trade): Abkommen zur Liberalisierung des Welthandels mit Waren. Von 1947 bis 1995 wurde der Welthandel im Rahmen des GATT auf acht Welthandelsrunden schrittweise liberalisiert, d.h. vor allem Zölle abgebaut. Das GATT ging 1995 in der → WTO auf.

GaWC (Globalization and World Cities Study Group and Network): ein internationales Netzwerk von Forschern, die Studien über den Zusammenhang von Globalisierung und Stadtentwicklung erstellen, und zugleich eine Plattform für die Publikation neuer Forschungsarbeiten auf diesem Gebiet, angesiedelt an der University of Loughborough (UK) unter der Leitung von Prof. *P. J. Taylor*.

Gemeinwohl: Begriff der politischen Philosophie und Alltagspraxis, der das vermeintlich übergeordnete Interesse des Volkes oder einer Gemeinschaft betont.

Geodeterminismus: Bezeichnung für Erklärungen, die eine unmittelbare Abhängigkeit sozialer Phänomene von physisch-geographischen Sachverhalten annehmen.

Globale Unternehmen: Der Begriff wird für die weltweite Integration und Koordination der Auslandstätigkeiten eines Unternehmens verwendet. In einem anderen Sinn bezeichnet man ein Unternehmen dann als G. U., wenn seine Wertschöpfung in den einzelnen Weltwirtschaftsräumen in etwa dem Anteil dieser Räume an der Gesamt-Wertschöpfung auf der Erde entspricht.

Globale Wertketten: bezeichnen die Verknüpfung von Stufen der Herstellung eines ver- oder gebrauchsfertigen Produktes (wie Bananen, Automobile oder Kleidung) von der Forschung und Entwicklung, Produktentwicklung, Produktion bis zum Vertrieb, die funktional und räumlich (global) getrennt sind (→ Wertschöpfungskette). Viele Wertketten werden nicht allein über Marktbeziehungen, sondern durch große wirtschaftlich dominante Unternehmen, sogenannten Leitunternehmen, koordiniert und gesteuert, weil Zulieferern Kenntnisse der Rohstoff- und Produktmärkte und Produzenten Kenntnisse der Absatzmärkte fehlen. Die einzelnen Tätigkeiten erfolgen durch rechtlich unabhängige, wirtschaftlich jedoch häufig abhängige Unternehmen. Leitunternehmen sind u.a. Produzenten von Endprodukten (Montagebetriebe), große Einzelhandelsunternehmen und Eigentümer von Markenprodukten, die die von ihnen entwickelten und vermarkteten Produkte nicht oder nicht mehr selbst herstellen (→ OBM). Produzentengesteuerte Wertketten sind typisch für die Automobil-, Luftfahrt- und Elektronikindustrie, in denen wenige Anbieter mit großem Einfluss auf Lieferanten und Handel dominieren, kundengesteuerte Wertketten bestehen in arbeitsintensiven Branchen wie der Sportartikel-, Bekleidungs- und Spielwarenindustrie, die durch viele Anbieter (Produzenten) und wenige Großkunden (Abnehmer) und Eigentümer bekannter Marken gekennzeichnet sind.

Globalisierung: Bezeichnung für die aktuelle welthistorische Epoche umfassender weltweiter Vernetzungen zwischen Orten in kultureller, sozialer, wirtschaftlicher und politischer Hinsicht sowie die daraus entstehenden Wirkungen positiver und negativer Art auf die jeweils an einem Ort gegebenen Strukturen. G. wird als ein gesellschaftlicher Prozess mit widersprüchlichen Folgen verstanden. Es bestehen unterschiedliche Vorstellungen über ihre historische Bedeutung, ihren aktuellen Umfang und ihre Erklärung.

Glokalisierung/glokal: Deutsche Entsprechungen eines seit Beginn der 1990er Jahre auch in der Geographie häufig verwendeten Neologismus (engl. glocalization/glocal). Ursprünglich wurden damit hauptsächlich ökonomische Prozesse einer ‚globalen Lokalisierung' bezeichnet. Bald hat sich der Bedeutungsumfang aber auf alle Erscheinungen oder Problemfelder ausgedehnt, in denen lokale und globale Aspekte ebenso simultan wie untrennbar eine Rolle spielen. Heute impliziert der Terminus in jeder geographisch fokussierten Mehrebenenanalyse einmal, dass Ereignisse, Prozesse oder Sachverhalte einer Maßstabsebene immer auch mit denen anderer Ebenen verbunden sein können. Zum anderen wird mit seiner Verwendung unterstrichen, dass keine Reifizierung einer Maßstabsebene beabsichtigt ist. Im Gegenteil wird davon ausgegangen, dass viele Akteure eine Skalenpolitik (politics of scale) betreiben, also die mit unterschiedlichen Maßstabsebenen verknüpften Potenziale zur Verwirklichung eigener Ziele instrumentalisieren.

GPS (Global Positioning System): Digitales System der Standortbestimmung mit Unterstützung durch Satelliten.

Greencard: umgangssprachliche Bezeichnung in den Vereinigten Staaten (USA) für einen offiziellen und rechtlichen Immigrationsstatus, der korrekt „Lawful Permanent Residency" (LPR) genannt wird: Der Einwanderer erhält eine zeitlich unbeschränkte Aufenthalts- und Arbeitsgenehmigung für die USA.

Grenzproduktivität des Kapitals: jene physische Produktionssteigerung, die durch den infinitesimalen Mehreinsatz des Faktors Kapital unter Konstanz aller anderen Faktoren hervorgerufen wird.

Horizontale Integration: Der Zusammenschluss (durch Fusionen, Übernahmen) von Unternehmen der gleichen Produktionsausrichtung zu einem Konzern.

Hub: Knotenpunkt und Drehscheibe mit Sammel- und Verteilerfunktion von Transportströmen, insbesondere im Flug- und Seeverkehr. Häufig verwendet zur Kennzeichnung der Verkehrsorganisation über Naben (Hubs) und Speichen (Spokes), d.h. Bündelung der Transporte über mittlere Distanz mit Hilfe der Speichen im Hub für den zusammengefassten Ferntransport zum nächsten Hub, der die Verteilung übernimmt.

Humankapital: Der Wert aller jener Fähigkeiten und Qualifikationen eines Individuums oder einer Gruppe von Individuen, die für den Produktionsprozess bzw. für das Erzielen von Einkommen einsetzbar sind.

Incoming-Agenturen: Agenturen zur Betreuung ausländischer Touristen im Inland, deren Leistungen inländische Transporte, Reiseleitungen, Führungen, Beratung etc. umfassen. IA. sind entweder als Teile vertikal integrierter Reisekonzerne oder als eigenständige Unternehmen tätig.

intermodal: Transport unter Nutzung verschiedener Verkehrs(modi)träger, z. B. Bahn + Binnenschiff + Lkw.

international subcontracting: → internationale Lohnveredelung

internationale Lohnveredelung: Lohnveredelung bezeichnet die Vergabe von ausschließlich arbeitsintensiven Produktionsschritten durch ein produzierendes Unternehmen an ein anderes Unternehmen (den Lohnfertiger), wobei das vergebende Unternehmen sowohl die Vorprodukte stellt als auch die Endprodukte wieder abnimmt. Ein Lohnfertiger hat daher nur die Arbeitsprozesse zu organisieren; dafür erhält er ein Entgelt. Wird ein solcher Auftrag an ein ausländisches Unternehmen vergeben, spricht man in der amtlichen Statistik von „passiver Lohnveredelung" und im Englischen von „international subcontracting".

internationale Migration: Wanderung zwischen Nationalstaaten, verbunden mit einem relativ dauerhaften Aufenthalt im Zielland.

Internationaler Währungsfonds (IWF): Der Internationale Währungsfonds wurde 1944 gemeinsam mit seiner Schwesterinstitution Weltbankgruppe (→ Weltbank) auf der Konferenz von → Bretton Woods gegründet. Seine ursprüngliche Aufgabe bestand darin, die Mitgliedsländer bei Zahlungsbilanzdefiziten durch kurzfristige Darlehen zu unterstützen, um dadurch ein Weltwährungssystem mit stabilen Wechselkursen zu garantieren. Seit dem Zusammenbruch des Systems fester Wechselkurse – verstärkt jedoch erst seit der Schuldenkrise in den 1980er Jahren – ist zunehmend die Vergabe mittel- bis langfristiger Darlehen mit entwicklungspolitischer Schwerpunktsetzung in den Mittelpunkt seiner Aktivitäten gerückt. Die Vergabe der Kredite ist meist an eine Reihe wirtschaftspolitischer Bedingungen geknüpft, die den Nehmerländern in Form sogenannter Strukturanpassungsprogramme (SAP) auferlegt werden. Sitz des IWF ist Washington, D.C.

Internet: Globale, multimediales Kommunikationssystem auf der technischen Plattform des TCP/IP Protokolls.

Intranet: Multimediales Kommunikationssystem auf der Grundlage der Internet-Technik für geschlossene Benutzergruppen.

ISO-Standard: Freiwillige Standards, die durch die International Organisation for Standardisation (ISO) entwickelt werden. ISO ist ein internationaler nicht-profitorientierter und nicht-regierungs-gebundener Zusammenschluss von nationalen Standardisierungsorganisationen, der 1947 in Genf gegründet wurde und Organisationen aus mehr als 138 Staaten umfasst. Von besonderer Bedeutung für die Weltwirtschaft wurden die Standard-Familien ISO 9000 (bezüglich der Prozessqualität in der Herstellung von Waren und Diensten) und ISO 14000 (Umweltstandards in der Herstellung von Waren und Diensten), aufgrund derer Produktion weltweit ausgelagert und Produkte weltweit gehandelt werden.

Just in time: Modernes Konzept der Produktionslogistik in der Montageindustrie, bei dem die Zulieferung nicht auf Lager, sondern direkt ‚rechtzeitig' (nach Zeit, benötigter Menge und angeforderter Qualität) an das Montageband stattfindet. Heute umfassend für verschiedene Stufen der Zeitgenauigkeit und der Art der Einfügung der Zulieferteile in den Produktionsprozess (sequentiell, synchron) verwendet. Die Einführung von JiT-Logistik verlangt eine Reorganisation von Abläufen in und zwischen Unternehmen und oft eine Neuorganisation von Standorten und deren Verflechtung.

Kapitalrente: Ergebnis nach Steuern im Verhältnis zum investierten Kapital.

KEP: Kurier-, Express-, Paketdienste.

Kettenwanderung: Wanderung, bei der der Zielort aufgrund persönlicher Kontakte zu zuvor dorthin migrierten Personen ausgewählt wird.

Kulturerdteil: Ein Raum subkontinentalen Ausmaßes, dessen Einheit nach *A. Kolb* (1962) „auf dem individuellen Ursprung der Kultur, auf der besonderen einmaligen Verbindung der landschaftsgestaltenden Natur- und Kulturelemente, auf der eigenständigen geistigen und gesellschaftlichen Ordnung und dem Zusammenhang des historischen Ablaufes" beruht. Gewöhnlich werden neun bis zehn Kulturerdteile unterschieden; z. B. der zwei Kontinente übergreifende „Orient" oder „Schwarzafrika". In der Fachwissenschaft umstritten, ist die Einteilung der Erde nach Kulturerdteilen und deren inhaltliche Füllung von *J. Newig* (1983) zur Strukturierung des geographischen Curriculums im Sinne einer „allgemeinen Geographie am regionalen Faden" empfohlen worden und hat viel Zustimmung erfahren.

Leasen (von engl. to lease: mieten, pachten): Leasing (Nomen des Verbs leasen) ist eine Finanzierungsform. Der Leasingnehmer erhält vom Leasinggeber gegen ein Entgelt ein (Leasing-)Gut zur Nutzung. Im Unterschied zu Mieten oder Pachten hat der Leasingnehmer jedoch Wartung und Instandsetzung zu tragen. Der Leasinggeber übernimmt dafür v.a. die Finanzierung des Leasinggutes. Nach Ende des Leasingvertrages geht das Leasinggut an den Leasinggeber zurück. Beim Leasing schützt i.a. der (kommerzielle) Leasingnehmer seine Liquidität und finanziert das Gut durch laufende Erträge. Doch sind die Kosten des Leasing über den gesamten Nutzungszeitraum gesehen höher als bei einem fremdfinanzierten Kauf.

Least Developed Countries (LLDC): am wenigsten entwickelte Länder der Erde, definiert aufgrund eines Beschlusses der UN-Vollversammlung. Kriterien sind ein sehr geringes Bruttoinlandsprodukt (BIP) pro Kopf, geringe Lebenserwartung, geringe Einschulungs- und Alphabetisierungsraten, ein sehr geringer Anteil der Industrie am BIP, eine Einwohnerzahl von weniger als 75 Mio., etc.. Die weitaus meisten der 48 LLDC liegen in Afrika.

Linienreederei: Schifffahrtsunternehmen, das regelmäßig nach Fahrplan Transportverbindungen zwischen Häfen anbietet.

Logistik: Effiziente Planung, Organisation, Vorbereitung, Durchführung und Kontrolle von Transportströmen. Im Rahmen der Produktion auch die ganzheitliche Betrachtung des Material- und Informationsflusses von der Rohstoffbeschaffung in richtiger Menge und Qualität über die zeitgerechte Anlieferung und Verarbeitung bis hin zur Distribution des Endproduktes an den Kunden.

makro-/mikroanalytischer Ansatz (in der Migrationsforschung): Unterscheidung von Migrationstheorien nach dem Ausgangspunkt der Analyse. Während mikroanalytische Ansätze beim Individuum oder handelnden Subjekt ansetzen, starten makroanalytische Ansätze bei der Gesellschaft(-sstruktur).

market-based environmentalism: Von nordamerikanischen Umweltaktivisten verwendeter Begriff für Pressionsstrategien, mit denen marktimmanente Prozesse und Sachverhalte (Konkurrenz, Vertrauen, Reputation etc.) genutzt werden, um Wirtschaftsakteure, vor allem große Unternehmen, zu zwingen, umweltschädliche Produktions- oder Verhaltensweisen abzustellen (auch market-driven environmentalism).

Massentourismus-Syndrom: die Erschließung und Schädigung von Naturräumen für Erholungszwecke in großem Maßstab; eines von 23 Syndromen des globalen Wandels, das vom Wissenschaftlichen Beirat der Bundesregierung ‚Globale Umweltveränderungen' als grundlegende Basisdynamik der Mensch-Umwelt-Beziehungen identifiziert wurde.

Megacity: Bezeichnung für bevölkerungsreiche Großstadtregionen von mehr als 5–7 Mio., oft 8–10 Mio. Einwohnern; doch gibt es keinen einheitlichen Schwellenwert. Megacities weisen meist eine polyzentrische Raumstruktur auf. Ursprünglich wurde der Begriff für die schnell wachsenden Metropolen in Ländern der Dritten Welt verwendet – oft unter Bezug auf die Schwierigkeiten der Steuerung derart großer urbaner Gebiete –, doch inzwischen werden auch die nach Einwohnerzahlen herausragenden Metropolen und großen Ballungsräume der führenden Industrieländer als M. bezeichnet. Beispiele sind Mexico City, Bombay, New York, die Rhein-Ruhr-Agglomeration.

MERCOSUR (Mercado Común del Sur): spanische Bezeichnung des 1991 gegründeten gemeinsamen Binnenmarktes von Brasilien, Argentinien und Uruguay, port. MERCUSUL.

Metropole: Großstädte bzw. Stadtregionen, die nach ihrer Einwohnerzahl, ihren wirtschaftlichen Kapazitäten und überregionalen und internationalen Funktionen eine „herausgehobene Stellung" im nationalen Wirtschaftsraum oder auch im internationalen Stadtsystem haben. M. ist daher ein funktionaler Begriff, für den die politische und kulturelle, vor allem aber die wirtschaftliche Zentralität im Sinne der Konzentration von wirtschaftlichen Entscheidungs- und Kontrollfunktionen („headquarter cities") einer Großstadt/-region relevant sind. Es gibt allerdings keine einheitliche Bezeichnung der M.. In neuerer Zeit wird die wirtschaftliche Zentralität auch an einer Konzentration von Schlüsselsektoren der Wissensökonomie (hochqualifizierte Unternehmensdienstleistungen und innovative bzw. forschungsintensive Industriebranchen) festgemacht.

Metropolregion: Bezeichnung für den über den administrativen Raum einer Metropole hinausgehenden regionalen Verflechtungsraum von einer (Metropolen-)Kernstadt und ihren Umlandgebieten, der nach funktionalen oder administrativen Kriterien abgegrenzt sein kann. Oft ist die räumliche Ausdehnung einer M. größer als die einer einzigen Stadtregion. In jüngster Zeit wird der Begriff M. auch im planungspolitischen bzw. normativen Sinn für neu institutionalisierte territoriale Kooperationsräume von großen Ballungsgebieten und polyzentrischen Großstadtregionen verwendet.

NAFTA (North Atlantic Free Trade Area): Bezeichnung eines 1994 begründeten Freihandelsabkommens zwischen Kanada, den Vereinigten Staaten von Amerika und Mexiko.

Neokolonialismus: Herrschaft von „entwickelten" Staaten und (z. B. ökonomischen) Akteuren aus diesen Staaten über „unterentwickelte" Staaten und Ökonomien, die indirekt, über politische und ökonomische Mechanismen, und nicht direkt durch Kolonialismus ausgeübt wird.

Neoliberalismus: Gesellschafts- und wirtschaftstheoretischer Grundansatz, der die ‚Freiheit' des Einzelnen in seinem Handeln zu seinem Besten nur unter bestimmten Umständen und nur durch allgemeine Regeln vom Staat begrenzt sehen will. N. gilt seit mehreren Jahrzehnten als die herrschende wirtschaftspolitische Doktrin in der Weltwirtschaft, die – ihren Ausgang von den USA nehmend – vor allem durch den IWF und die Weltbank verbreitet wird. Im Zentrum stehen Privatisierung und weitgehende Deregulierung, insbesondere die Öffnung der Märkte; also Politikvorstellungen, die u.a. dem sog. Washington Consensus und der Strukturanpassungspolitik der Weltbank zugrunde lagen.

Nettodeviseneffekt: Saldo aus den Deviserlösen aus Exporten (Bruttodeviserlöse) und dem (Devisen-)Aufwand einer Volkswirtschaft für Importe, die zu dieser exportorientierten Produktion benötigt werden. N. beschreibt als ein makroökonomischer Begriff zur Zahlungsbilanz die Art der ökonomischen Verflechtung einer Volkswirtschaft (oder einzelner Wirtschaftssektoren) mit dem Ausland. Er macht deutlich, dass nicht die Exporterlöse insgesamt, sondern nur die im Lande selbst erstellte Differenz zum Importaufwand zur wirtschaftlichen Entwicklung beiträgt.

OBM (Original Brand Name Manufacturer): Unternehmen, die Eigentümer von selbst entwickelten Marken sind und diese auch vermarkten, jedoch die Produkte selbst nicht herstellen (Beispiele in der Sportschuhindustrie: Nike, Puma).

OEM (Original Equipment Manufacturer): Bezeichnung in der Automobilindustrie für Unternehmen, die Endprodukte (Autos) selbst entwickeln und allein oder zusammen mit Zulieferern herstellen. Der Begriff wird jedoch nicht einheitlich verwendet: Als OEM werden auch Unternehmen bezeichnet, die nach Vorgabe von → OBMs (oder andere Kunden) Endprodukte oder größere Komponenten komplett herstellen (daher auch gelegentlich „Komplettersteller" oder „full package supplier"). Die durch diese OEM hergestellten Produkte werden unter der Marke des OBM oder Kunden vertrieben.

Offshore Staat: Zumeist kleineres Land mit liberaler Gesetzgebung, das Einnahmen durch die Ansiedlung von ausländischen Dienstleistungsunternehmen (insbesondere des Finanzsektors) anstrebt, die nicht auf den Inlandsmarkt tätig werden, sondern quasi exterritorial internationale Geschäfte abwickeln. Ausländische Unternehmen siedeln sich an, um den (beschränkenden) Regulierungen ihrer Herkunftsländer zu entgehen.

Offshoring: Verlagerung oder Abgabe von Tätigkeiten eines inländischen Unternehmens an selbständige Unternehmen oder eigene Betriebsstätten im Ausland.

old growth: Sammelbezeichnung für Wälder mit Jahrhunderte alten Baumriesen, vor allem der Küstenregionen in British Columbia, die seit der Kolonisierung Kanadas noch nicht durch moderne Waldwirtschaft genutzt worden sind. Vielfach fälschlicherweise synonym verwendet mit ‚Urwald', obwohl diese Wälder traditionelle Wirtschaftswälder der → First Nations darstellen; allerdings sind die Nutzungsspuren nicht ohne weiteres erkenntlich.

Ontologie: philosophische Disziplin, die sich mit der Grundstruktur der Wirklichkeit und des Seienden auseinandersetzt, beispielsweise mit der Frage, ob die strikt auf Erfahrungswissen beruhenden realistische O. angemessen ist oder die konstruktivistische O., die gedankliche Projektionen als Grundstrukturen ansieht.

Open Sky (Politik): Bemühungen (insbesondere der USA) zur Flexibilisierung der bilateralen staatlichen Luftverkehrsabkommen auf Gegenseitigkeit hinsichtlich der Kapazitäten (Fluggerät, Flugfrequenzen etc.), um den Gesellschaften mehr Entscheidungsspielräume zu gewähren und den Wettbewerb zu ermöglichen.

OTC (Over the counter): Direktgeschäfte zwischen Banken und großen Kunden unter Umgehung der Börse als Marktplatz von Finanzprodukten. OTC-Geschäfte betreffen in der Regel sehr große Einzelgeschäfte.

Outsourcing: Verlagerung oder Abgabe von Tätigkeiten eines Unternehmens an andere Unternehmen, z. B. mit dem Ziel der Verringerung der Fertigungstiefe.

Pauschalreise: ursprünglich das von einem Reiseveranstalter konfigurierte komplette Angebot aller wesentlichen Leistungen einer Reise (Transport, Unterkunft, Verpflegung, Reiseleitung usw.) an den Endkunden. Reiseveranstalter gehen heute dazu über, ihre Leistungen auch in einem Baukastensystem anzubieten, so dass Reisewillige die einzelnen Leistungen individuell nach ihren Bedürfnissen zu einer P. zusammenstellen können.

Place (-Konzept): Der Begriff wurde Anfang der 1970er Jahre von humanistischen Geographen als Reaktion auf die nomothetische Geographie eingeführt, um Besonderheiten spezifischer ‚Orte' gegenüber allgemeinen Prozessen theoretisch besser fassen zu können. Das Konzept bedeutet keinen Rückfall in die idiographisch-deskriptive Analyse von Raumausschnitten, sondern ist eine konzeptionelle Fundierung des konkreten „Place" in Abgrenzung zum abstrakten „Space". Der größte Teil der humanistischen Arbeiten zum Place-Konzept beschäftigt sich mit den Bedeutungs- und Erfahrungsebenen von bestimmten Orten, also mit den sozialen und emotionalen Bindungen der Menschen zu diesen Orten.

Portfolio: Allgemeiner Begriff für ein Bündel von Gegenständen im Besitz eines ökonomischen Akteurs (Institution oder Individuum), dessen Zusammensetzung unter rationalen Gesichtspunkten erstellt und gegebenenfalls mehr oder weniger kurzfristig geändert wird. In der Finanzwelt umfasst ein P. verschiedene Finanzprodukte, im Management und Marketing eine Kollektion von Produkten, Dienstleistungen oder Warenzeichen, in der Hotellerie mehrere Betriebe unterschiedlicher Besitz-, Eigentums- und Nutzungsrechte. In der Außenwirtschaftstheorie bezeichnen Portfolio-Investitionen im Unterschied zu → Direktinvestitionen Anlagen von kurzfristigem, evtl. spekulativem Charakter.

Produktlebenszyklusmodell: Ausgehend von der Vorstellung, dass auch Produkte einen Lebenszyklus von der Entstehung bis zum Verfall haben, erklärt Vernon (1966) die geographische Struktur von Außenhandel und Direktinvestitionen mit dem Bedeutungswandel wichtiger Standortfaktoren in den unterschiedlichen Phasen des Produktlebenszyklus. Da die Zahl der berücksichtigten Faktoren gering und die Erklärung vor allem auf Investitionen US-amerikanischer Unternehmen bezogen ist, erklärt das P. (heute) nicht die Standorte der transnationalen Unternehmen.

rational choice: Theoretischer Ansatz, nach dem individuelle Akteure aus mehreren Handlungsalternativen und angesichts von Handlungsbeschränkungen diejenige wählen, von der sie – unter der Annahme, dass sie ihre Präferenzskala eindeutig kennen – den größten Nutzen erwarten.

Räumliche Disparitäten: Räumlich ungleiche Ausstattung mit sozialen Gütern (z. B. Arbeitsplätzen, Infrastruktur, abstraktem Reichtum), die räumlich ungleichwertige Lebensbedingungen bedeutet.

Reduktionismus: Beschreibung von Positionen, die alle Phänomene durch eine grundlegende Wissenschaft erklären wollen (z. B. Mikrophysik). Häufig benutzter Begriff zur Kritik verkürzender Erklärungen.

Reiseveranstalter: bündelt die Angebote von einzelnen Leistungen für eine Reise (Transport, Unterkunft, Reiseleitung usw.) aus dem eigenen Unternehmen/Konzern und/oder anderer Touristikunternehmen zu einem eigenständigen Produkt (wie z. B. → Pauschalreisen), das entweder direkt (eigene Reisebüros, Internet) oder indirekt über Reisebüros selbständiger Unternehmer (oft Franchisenehmer) an Kunden verkauft wird.

Reiseverkehrsbilanz: Teil der Zahlungsbilanz einer Volkswirtschaft, der den Saldo bezeichnet, der sich aus den Einnahmen der Tourismuswirtschaft von Ausländern im Inland und den Ausgaben von Inländern im Ausland ergibt.

Remigration: Rückwanderung in das Ursprungsland, aus dem zuvor emigriert wurde.

Ressourcenperipherie: an natürlichen Ressourcen reiche Hinterländer, die in einem wechselseitigen Abhängigkeitsverhältnis von teilweise weit entfernten Zentren oder Metropolregionen stehen.

RoRo: (Englisch: Roll-on Roll-off) Fahrzeugverladung über höhenverstellbare Rampe von der Pier aufs Schiff und umgekehrt.

Securities: An Börsen handelbare Finanzprodukte, die durch Sekuritisierung entstehen.

Sekuritisierung: Finanztechnischer Vorgang, bei dem große Schulden (Kredite, etc.) in kleine Teile zerlegt und anschließend als Wertpapiere zum Erwerb durch ‚Jedermann' an die Börse gebracht werden (auch Verbriefung genannt).

sozialer Status: Individuelle Stellung eines Menschen innerhalb eines hierarchisch geordneten Sozialsystems, basierend auf Einkommen, Macht, Bildung, Prestige etc.

soziales Kapital: Ressourcen, die sich nicht im Besitz von Individuen befinden, sondern sozialen Beziehungen und Netzwerken innewohnen und als solche für individuelles oder kollektives Handeln genutzt werden können.

Strategische Allianz: eine langfristig angelegte und vertraglich festgelegte Zusammenarbeit in bestimmten Aufgabenfeldern von weiterhin selbständigen Unternehmen. Im Luftverkehr arbeiten z. B. verschiedene Fluggesellschaften in Allianzen bei ihren → Vielfliegerprogrammen und der Abstimmung ihrer Flugpläne zusammen. In anderen Branchen gehen Unternehmen strategische Allianzen z. B. bei der gemeinsamen Entwicklung von Produkten oder Erschließung von Märkten ein.

Suezmax: Maximalgröße eines Schiffes für die Passage durch den Suezkanal.

tdw: (Englisch: ton dead weight): Bruttotragfähigkeit, d. h. Gewicht der Ladung eines Schiffes in t einschließlich Treibstoff im vollbeladenen Zustand bis zur Ladelinie.

SWIFT (Society for Worldwide Interbank Financial Telecommunication): 1973 von Banken gegründete Gesellschaft zur Abwicklung der internationalen Telekommunikation zwischen Banken. Die Gesellschaft betreibt ein eigenes Netz mit je einem Rechenzentrum in Europa (NL) und den USA, für das gelegentlich der Begriff S. ebenfalls genutzt wird.

Terms of trade: Verhältnis des Index der Exportgüterpreise zum Index der Importgüterpreise eines Landes in dessen Währung. Begriff für das realwirtschaftliche Tauschverhältnis eines Landes, das beschreibt, wie viele Importe für ein gegebenes Bündel an Exportgütern getauscht werden können. Eine Verschlechterung der ToT ergibt sich, wenn der Importgüterpreisindex (aus Industrieländern) schneller steigt als der Exportgüterpreisindex (der Entwicklungsländer). Das ist der Kern der umstrittenen Theorie des Ungleichen Tauschs. Unter Ökonomen bestehen verschiedene Definitionen des Begriffs ToT.

TEU: (Englisch: Twenty foot Equivalent Unit) 20-Fuß Container mit den Maßen: 8 x 8 x 20 ft.

Think Tank: Bezeichnung für außer-universitäre Forschungseinrichtungen, die Konzepte und Handlungsstrategien – meist in den Bereichen Wirtschafts-, Außen- und Sicherheitspolitik – entwickeln, um damit Einfluss auf die politische Willensbildung zu nehmen. Im Deutschen werden sie auch als „Denkfabrik" bezeichnet. Da sie die Nähe zu politischen Akteuren brauchen, um ihre Ideen durchzusetzen, sind sie typischerweise im räumlichen Umfeld von Regierungsinstitutionen angesiedelt. Wenngleich sie v.a. in den USA mehrheitlich neoliberaler oder neokonservativer Provenienz sind (z. B. Heritage Foundation), existieren auch zahlreiche progressive und linksorientierte Think Tanks. Sie werden meist von Unternehmen oder privaten Stiftungen finanziert.

Transaktionskosten: Kosten der Vorbereitung, Durchführung und Kontrolle einer ökonomischen Transaktion zwischen zwei Partnern unter der Annahme, dass beide nicht vollständig, aber ungleichmäßig über den Gegenstand (z. B.

Qualität einer Ware, Leistung) und das zukünftige Handeln des Partners (z. B. in Bezug auf Zahlungsfähigkeit und -bereitschaft) informiert sind (Informationsasymmetrie) und immer zu ihrem eigenen Vorteil („opportunistisch") handeln. T. sind danach Kosten der Information, der Vertragsgestaltung sowie der Durchsetzung von Verträgen. Wichtiges Konzept der Neuen Institutionenökonomie.

transnationale Migration: Wanderung von Menschen zwischen Nationalstaaten mit variabler Aufenthaltsdauer im Zielland, wobei die Wanderung zwischen zwei oder mehreren Staaten selbst die zentrale Daseinsform darstellt.

transnationaler sozialer Raum: Relativ dauerhafte, auf mehrere Orte verteilte bzw. zwischen mehreren Räumen sich aufspannende verdichtete Konfigurationen von sozialen Alltagspraktiken, Symbolsystemen und Artefakten, die durch Migration entstehen.

Transnationales Unternehmen: sind die wichtigsten Akteure des Welthandels und der Kapitalanlage im Ausland. Von nationalen Unternehmen unterscheiden sich internationale, multinationale oder transnationale Unternehmen durch Tätigkeiten (Außenhandel, Direktinvestitionen, Vergabe von Lizenzen und Franchising, Steuerung von Wertketten) in mindestens zwei Ländern. Da die Abgrenzungen internationaler Unternehmen von multinationalen Unternehmen sehr unterschiedlich sind, werden sie in Anlehnung an den angelsächsischen Sprachgebrauch trotz erheblicher Unterschiede im Umfang und in der Reichweite der Auslandstätigkeiten und in der Bindung an das Herkunfts- oder „Heimat"-land gleichgesetzt und allgemein als transnationale Unternehmen bezeichnet. Von transnationalen Unternehmen werden → globale Unternehmen unterschieden (→ Transnationalitätsindex).

Transnationalisierung: Grenzüberschreitende Prozesse, an denen nicht-amtliche Akteure beteiligt sind (Individuen, zivilgesellschaftliche Gruppen, Unternehmen). Mit dem Ausdruck Krypto-Transnationalisierung wird hier der Sachverhalt bezeichnet, dass solche Prozesse auch fast unmerklich, etwa auf privater Basis, einsetzen und eine spätere augenscheinliche Transnationalisierung vorbereiten können.

Transnationalitätsindex: Index des Grades der Transnationalität eines Unternehmens, gebildet durch den Durchschnitt der vier Indizes Direktinvestitionen in % des Bruttoanlagevermögens und in % des BIP, Wertschöpfung der Auslandsstandorte in % des BIP und Beschäftigung der Auslandsstandorte in % der Beschäftigung insgesamt.

Transshipment: Umschlag von Fracht (insbes. Containern) an speziell hierfür von den Unternehmen ausgebauten Drehkreuzen zur Nutzung von Kostenvorteilen durch → economies of scale. Hierdurch ergibt sich eine bessere Auslastung des Schiffsraumes z. B. im Rahmen der Routenplanung und von → ‚Hub-and-Spoke-Systemen'.

Triade (von griech. Triados: Dreiheit): Als T. werden die drei hochentwickelten Weltwirtschaftsregionen Japan, USA/Kanada und West-/Mitteleuropa bezeichnet. Diese Regionen weisen eine relativ homogene Wirtschaftsstruktur und starke Außenhandelsbeziehungen untereinander auf.

UNCTAD (United Nations Conference on Trade and Development): 1964 als Organ der UNO mit Sitz in Genf gegründet. 2005 gehörten ihr 188 Länder an. Bisher haben neun UNCTAD-Konferenzen stattgefunden.

verlängerte Werkbank: Pejorative Bezeichnung für Zweigbetriebe im Bereich der Produktion mit nur einer oder wenigen Funktionen, geringer Kapitalintensität, niedrigem Qualifikationsgrad der Beschäftigten und nur geringen Entscheidungskompetenzen; üblicherweise in peripheren Räumen.

Vertikale Integration: Der Zusammenschluss (durch Fusionen, Übernahmen) von Unternehmen unterschiedlicher Herstellungs-(Wertschöpfungs-)Stufen eines Produktes zu einem Konzern. Ein Reisekonzern z. B. kann so Reisebüros, → Reiseveranstalter, Hotels, Transportunternehmen und → Incoming-Agenturen umfassen.

Vielfliegerprogramm: Strategie zur Kundenbindung durch ein Bonussystem für Flugmeilen mit der eigenen Gesellschaft oder einem Allianzpartner durch die Gewährung von Vergünstigungen z. B. Freiflügen.

Volatilität: Intensität der kurzfristigen Schwankung von Preisen (oft von Finanzprodukten, aber auch von Rohstoffen).

Wahrnehmungsgeographie: Forschungskonzept, nach dem die Wahrnehmung der realen Welt durch sensorische und kulturelle Filter subjektiv ist, so dass derselbe ‚Raum' sehr unterschiedlich wahrgenommen werden kann. Forschungsgegenstand sind Images und Mental Maps von Individuen und sozialen Gruppen sowie, als Folge unterschiedlicher Wahrnehmung und unterschiedlichen Handelns, die daraus resultierenden spezifischen Raumstrukturen; z. B. die Raumgestaltung durch gruppenspezifisches Einkaufs- oder Freizeitverhalten.

Wal-Martisierung: Begriff für die sozialen Folgen aus der globalen Konzentration eines Unternehmens, bis nur mehr ein (Quasi-)Monopolist in einem Land übrig bleibt. Dann steht jeder einzelne, ob Mitarbeiter oder Lieferant, Riesenkonzernen gegenüber und hat nach Zerschlagung von Gewerkschaften und Betriebsräten oder aufgrund harter Verträge zunehmend weniger Einfluss auf die Arbeits- und Preisgestaltung. Der Begriff bezieht sich auf den US-amerikanischen Handelskonzern Wal-Mart, der seit seiner Gründung 1961 eine Niedrigpreis-Politik und strenges Kostenmanagement verfolgt. Das Unternehmen ist bekannt für seine Anti-Gewerkschafts- und Niedriglohnpolitik. Es erkauft dies durch hohe Fluktuation, ist aber sowohl in den USA als auch anderen Ländern sehr erfolgreich, wodurch W.M. auch mit einem Verdrängungswettbewerb gegen den Mittelstand im Handel gleichgesetzt wird.

Weltbank: Die Weltbank wurde gemeinsam mit ihrer Schwesterinstitution → IWF 1944 auf der Konferenz von → Bretton Woods gegründet und hatte ursprünglich den Zweck, den Wiederaufbau des kriegszerstörten Europa zu finanzieren. Seither wurde sie stetig erweitert und umfasst heute fünf spezialisierte Institutionen, die unter dem Dach der Weltbankgruppe vereinigt sind. Sie alle verfolgen heute die gemeinsame Kernaufgabe, die wirtschaftliche Entwicklung in den weniger entwickelten Mitgliedsländern durch finanzielle und technische Hilfen sowie wissenschaftliche Expertise zu fördern. Die Vergabe der Kredite ist meist an eine Reihe wirtschaftspolitischer Bedingungen geknüpft, die den Nehmerländern in Form so genannter Strukturanpassungsprogramme (SAP) auferlegt werden. Sitz der Weltbankgruppe ist Washington, D.C.

Wertkette: → Wertschöpfungskette

Wertschöpfungskette: Abfolge von Tätigkeiten zwischen dem Rohstoff und/oder der Produktentwicklung und dem Endprodukt, durch die sich der Wert der Tätigkeiten erhöht. In der W. fließen Waren und Dienstleistungen vom Hersteller zum Verbraucher, Geld dagegen in der Gegenrichtung – vom Verbraucher zum Hersteller. Die zu dieser Kette gehörenden Informationen fließen zuerst vom Verbraucher zum Hersteller (z. B. bei der Bestellung eines Buches im Geschäft, das dieses dann beim Verlag abruft, der wiederum für die Produktion seine Mittel bestellt usw.). Die warenbegleitenden Informationen fließen entweder mit ihnen (z. B. Lieferschein) oder gehen diesen voraus (z. B. Lieferavis). Handel und andere Dienstleistungen wie Transporte, technische Dienstleistungen, Finanzdienstleistungen und Lizenzen unterstützen die Koordination in der W. und sind Teil derselben.

World Travel & Tourism Council (WTTC): Die 1990 gegründete WTTC repräsentiert rd. 100 der weltweit größten Unternehmen und Konzerne der privaten Reiseverkehrswirtschaft. Sie hat sich u.a. das Ziel gesetzt, Regierungen, internationale Organisationen und Öffentlichkeit über die Bedeutung des Tourismus als einen Wirtschaftsbereich zu informieren, der in der Welt die meisten Einkommen generiert und die meisten Arbeitsplätze bietet. Die in Brüssel ansässige WTTC unterhält zu diesem Zweck u.a. eine große Forschungsabteilung, die Daten über den weltweiten Tourismus erhebt, analysiert und publiziert.

WTO (World Trade Organization): Die Welthandelsorganisation ist 1995 mit der so genannten Uruguay-Runde aus dem Allgemeinen Zoll- und Handelsabkommen (→ GATT) entstanden. Ihr Ziel ist die Beseitigung von Handelshemmnissen (für Güter, Dienstleistungen und Patente), die durch eine generelle Liberalisierung und Deregulierung des internationalen Handels erreicht werden soll. Die WTO mit Sitz in Genf hatte im Jahr 2004 118 Mitglieder. Sie regelt mehr als 90 % des Welthandels.

www (world wide web): Teil des Internet und Kern der öffentlichen Nutzung des Internet (durch Surfen im Netz) und der e-mail-Korrespondenz.

zirkuläre Wanderung: Wanderung, bei der ein Migrant für längere Zeit in sein Heimatland zurückkehrt, um dann erneut in dasselbe Zielland zuzuwandern.

Zivilgesellschaft: Konzept zum Verhältnis von Staat und Gesellschaft, heute zumeist als ‚Gegenmacht' zu Staat und Multinationalen Unternehmen verstanden. Umschließt daher bürgerschaftliche Organisationsformen wie Initiativen, Vereine, Verbände, oft vereinfachend auch alle Nichtregierungsorganisationen (NGO). Von der Z. erwartet man eine stärkere politische Einflussnahme auf die Wahrung der Menschenrechte, die Kontrolle demokratischer Institutionen und die Abwehr negativer Globalisierungseinflüsse.

Zyklen, Kuznets Z.: etwa zwanzigjähriger Wachstumszyklus in Industriegesellschaften, benannt nach dem US-Ökonomom *Simon Kuznets*. **Kondratieff Z.,** Bezeichnung eines 1926 von *Nikolai K.* publizierte Wachstumstheorie (auch Theorie der langen Wellen), bestehend aus einem etwa 50 bis 60 Jahre dauernden Zyklus, der sich in eine etwas länger andauernde Wachstums- und Abschwungphase unterteilt. **Schumpeter Z.,** im Anschluss an Theorie von Kondratieff von *Joseph S.* weiterentwickeltes Konzept, das von der Existenz grundlegender Innovationen zu Beginn der langen Welle ausgeht.

7 Register

A
Abkopplung 312, 313, 332
Agrarprotektionismus 100
Agrarsubvention 100
Akkulturation 308
Arbeitskosten (→ Lohnkosten) 132
Arbeitsmarkt für Immigranten 41
Arbeitsmarkt- und Migrationspolitik 38
Arbeitsmarkt, ethnisch segmentierter 159
Arbeitsmarkt, regionaler 159
Arbeitsmarktspaltung 143, 152
Arbeitsmigration 38, 39, 84, 154, 209
Arbeitsteilung, globale 210, 243
Arbeitsteilung, internationale 2, 49
Arbeitsteilung, räumliche 3, 30, 3, 32, 72, 143
Aufnahmegesellschaft (→ Zielgesellschaft) 43, 44
Ausgrenzung 312, 313, 332
Auslandsschulden 309, 310
Außenhandel 95–105, 131
Außenhandelstheorie 5, 98–102, 116, 131
Außenhandelstheorie, monetäre 116, 122, 123, 124
Außenhandelstheorie, reine 116, 118
Auswanderer 171
Autochthone Ressourcen 166

B
Baumwolle 100
Bazarökonomie 134
Bekleidungsindustrie 197–210
Billiglohnland 59
Boomerang effect 86, 228
Börse 73, 74, 76, 80
brain drain 160
Bretton Woods 72f., 74

C
Code sharing 57
Communities 43, 154, 162
Computerreservierungssystem 108, 175, 186f.
Container 51, 56, 58
Corporate Network 67
Cyber Geography 70

D
Death of distance 3
dedicated terminals (→ Hafenterminal) 59f.
Dependenztheorie 18, 21, 22, 30–33, 39, 308, 310
Deregulierung 33, 48, 72, 74, 80
Destinationen (touristische) 111, 112, 175, 196
Deterritorialisierung 33, 34, 175
Diaspora-Gemeinschaft 166, 168
didaktischer Würfel 14, 233

Dienstleistungen 95, 96, 102-105, 127, 128, 129, 132, 134, 143, 148
Dienstleistungsexporte, -importe 102, 103, 134
Diffusion 188, 190
digital divide 66
digitale Brüche 63
digitale Spaltung 240
digitaler Graben 241f.
Dimensionen (des Fachunterrichts) 233
Direktinvestitionen 3, 38, 40, 48, 61, 75, 83, 96, 104, 125–130, 131, 133, 176f.,
Disparität 111, 113, 114
Distanzlosigkeit 71
diversity of capitalism 74
dualer Arbeitsmarkt 41

E
E-Commerce 64, 187
economies of scale (→ Skaleneffekte) 121, 122, 125, 177, 187
Einkommenselastizität 114
Einwanderer-Communities 43, 44
Ekklektische Theorie 131, 132
Electronic Global Village (→ globales Dorf) 64
Elektronikindustrie 6
embeddedness 70
Emigration 155, 158
Emissionen 61
Entgrenzung 20, 23, 25, 28, 33, 34, 35, 87, 93, 175
Entwicklungsländer 3, 73, 78, 197, 210f., 219f.
Entwicklungsländerunterricht 8
entwicklungspolitisches Lernen 8, 10, 233
Ethnische Diskriminierung 155
Ethnizität 45
Euro-Währung 73
exit-voice 42
Exportförderung 199
Exportorientierte Produktionszone 6
Exportorientierung 6

F
Faktormobilität 38
Familienkonzern 167
Fernreise 109, 183
feudale Kommunikations- und Interaktionsstruktur 39
Filialisierungsstrategie 190, 193f.
filière 135
Finanzdienstleistungen 67
Finanzialisierung 73
Finanzmarkt 72, 75, 79, 83, 176
Finanzplatz (→ Finanzzentrum) 79ff.
Finanzströme 74, 75–78, 82, 84
Finanzzentrum (→ Finanzplatz) 79f., 144f., 146

Flaggenstaat 59
Flughäfen 55, 263, 268, 269, 276, 277, 279
Fluglinien 56, 262
fokale Unternehmen 281, 282
Fordismus 222
Frachtfluggesellschaft 254, 256, 260, 264, 266f.
fragmentierende Entwicklung 3, 18, 308, 312, 313
Fragmentierung 7
framing 90, 91
Franchise 178, 183
Freihandelsdoktrin 123

G
Gateway 61
GATS 105
GATT 48, 99
Gefangenen-Dilemma 125
Geldmengenpreismechanismus 122
Geographische Entwicklungsforschung 85
Geoökonomie 27, 28
Geopolitik 25, 27, 28
Glasfasernetz 66
Gleichgewicht (ökologisches, ökonomisches, soziales) 312, 328, 330f.
Global City 8, 34, 41, 61, 141-150, 152
global player 143, 183, 188, 191, 195, 309, 310, 312
Global Team 67
globale Devisenströme 107
globale Familiennetzwerke 6, 165
globale Finanzmärkte 106
globale Warenkette (→ Warenkette, → globale Wertkette) 202, 281, 306
globale Wert(schöpfungs)ketten 134ff., 237, 282
Globale Zivilgesellschaft 7, 84
Globales Dorf (→ Electronic Global Village) 165f., 173, 175, 187
Globalisierung 1, 3, 5, 8, 19, 20, 33, 34, 36, 37, 46, 47, 50, 66, 72, 83, 99, 116, 117, 125ff., 129, 134, 141, 143, 144, 148, 152, 165, 173, 175, 176, 210
Globalismus 29, 35
Globalizing City 141, 143, 146, 147, 148, 152f.
glocalisation 34
glokal 86
Glokalisierung 128
Goldstandard 73, 123
Grenzregime 161
Grundbedürfnisansatz 8
Güterverkehrs- und Distributionszentrum 53

H
Hafenbetreiber 59
Hafenterminal (→ dedicated terminal) 54
Handel, interindustrieller Handel 95
Handel, intersektoraler 95
Handel, intra-industrieller 3, 95, 121
Handel, intrasektoraler 95
Handel, intra-Unternehmenshandel 3, 95

Handelsbilanz 83, 309, 310
Headquarter-City 142, 145f.
Heckscher-Ohlin-Theorem 120, 121
Hedging 132
Herkunftsgesellschaft 44, 45
Hotellkette 182, 188, 189
hub (and spoke) 54, 261
Humankapital 38

I
Illegalität 155, 160
IMF (International Monetary Fund, Internationaler Währungsfonds) 72, 73, 74, 76, 83, 92
Immigrantengesellschaft 39
Immigrationspolitik 161
Importsubstitution 6, 158, 214
indocumentado 160
Industrialisierung 197
Informationsaustausch 235
Informationsgesellschaft 62
Informationssystem 53
Informationstechnologien 72, 74, 187 (→ IuK-Technologien)
informell 160
INGO (transnationale NGO) 7
Innovationsnetzwerke 211
Innovationszentrum 146
Innovationszyklen 70
Integration 37, 54, 72, 173, 176, 177–186, 283
Integrator 55, 260, 267, 275
Intermediär 202, 206f., 227
internationale Bevölkerungsmobilität 40
internationale Beziehungen 20, 27, 35
internationale Verbünde 57 (→ Strategische Allianz)
internationale Wanderung 39, 41
Internationalisierung 99, 104, 125–127, 180
Internet 1, 49, 53, 63, 71, 74, 85, 108, 167, 187, 234ff.
Internet-Zensur 250
intervenierende Hindernisse 38
Investitionen (der Migranten) 161
IuK-Technologien (→ Informationstechnologie) 7, 33, 66
IWF (→ IMF) 48

J
joint venture 127, 186
just-in-time 246, 260

K
Kapital, ökonomisches 45
Kapitalmobilität 37
Kapitalströme 74, 78f.
Käufer-gesteuertes Produktionssystem 202
Käufer-Produzenten-Beziehung 198
Käufer-Unternehmen 202, 205
Kernkompetenz 135
Kettenwanderung 42, 171

Klassifizierung von Städten 141
Kommunikation 37, 235
Kommunikationspolitik 64
Komparative Kostenvorteile 17, 18, 31, 119f.
Kompetenzen 15
Kondratieff-Zyklen 32
Konferenzen 55
Kontrollkapazität 142, 143, 147
Kontrollpotenzial 146
Korruption 205
Kreuzfahrttourismus 109
Kreuzschifffahrt 178
Kupferkoaxialkabel 66
Kurierdienst 55

L

Ladekapazität 51
Land-Stadt-Migration 155
Lange Wellen 20, 22, 30
Langstreckenziele 111
Least Developed Countries 107
Lebensstil 46, 153, 221
Lernbereich Globale Entwicklung 12
Lernen, globales 8, 11, 13–15, 233
Lernen, interkulturelles 10, 233
Lernen, umweltpolitisches 10, 233
Lernwerkstatt 234
Liberalisierung 72, 83
Logistik 53, 62, 67, 243, 245
Lohnkosten (→ Arbeitskosten) 137, 199, 206, 208
Low-budget-Konzept 185
Luftdrehkreuz (→ hub) 109
Luftfrachtaufkommen 256, 259, 262, 270–272, 279
Luftfrachtmarkt 274, 279
Luftfrachtrouten 276
Luftverkehr 50, 108, 109, 175, 178, 179
Luftverkehrsnetz 274

M

Macht 39, 92, 199
Machteliten 85, 95
Machtgeometrien 90
marginale Selbständigkeit 160
Marginalisierung 61
Marshall-Lerner-Bedingung 123
Massenmedien 241
Massentourismus 109, 111, 116
Mega-City 141
Mehrbetriebsunternehmen 191
Mehrmarkenkonzept 183
Mercosur 34, 212
Merkantilismus 118, 122
Metropole 41, 143, 144
Migrantengemeinschaft 43
Migrantennetzwerk 38, 43, 44
Migration 37
Migration, illegale 160

Migration, internationale 3, 6, 37, 38, 39, 40, 42, 47, 152
Migration, transnationale 38, 46f.
Migrationsentscheidung 37
Migrationspfad 154, 159
Migrationspotenzial 40
Migrationssystem 38, 44f., 48, 154
Mikrostaat 106
Mobilität 20, 23, 26, 28, 34
Mobilitätspfad (→ Migrationspfad) 41, 44
Mobilkommunikation 65
Moderne 20-26, 28, 30, 33, 35, 36
Modernisierung 20, 21, 23, 24, 26, 29, 30, 31, 35
MultiFibreArrangement (MFA) 199
Multinationales Unternehmen (→ Transnationales Unternehmen) 49, 61, 73, 83, 125
Mutualismus 162

N

Nachbarschaftseffekt 190
nachhaltige Entwicklung (→ Vier-Faktoren-Modell) 12, 18, 93
NAFTA 34, 50, 158
Nationales Innovationssystem 219
Nationalstaat (→ Staat) 19, 26, 30, 34, 37, 41, 47, 72, 80, 144, 166, 174
Naturkatastrophen 110
nearshoring 248
neokoloniale Regierung 40
Neoliberalismus 7
Netzoptimierung 261
Netztechnologie 71
Netzwerk 43–47, 49, 62, 67-70, 84, 154, 162, 174, 175, 209, 210
Netzwerkansatz 42–44, 45, 48
Neue Internationale Arbeitsteilung 6f.
Newly Industrialized Country 191
NGO (→ transnationale Nicht-Regierungsorganisation) 220, 223, 228
nicht-tarifäre Handelshemmnisse 3

O

OBM (Original Brand Name Manufacturer) 135, 138
OEM (Original Equipment Manufacturer) 135, 136, 139, 140
off-shoring 103, 244
Open-Sky-Politik 57, 274
Organisationsnetz 148, 149, 150
out-sourcing 103, 244, 248

P

Peripherie 61
Perspektivenwechsel 234
Pilger 107
Pioniertouristen 111
plurilokal 47
Politics of Scale 85, 91

367

Politische Geographie 22
Poststrukturalismus 35
prekäre Beschäftigungsverhältnisse 161
Privatisierung 48
Produktion 95, 105
Produktionscluster 146, 147
Produktionsnetzwerk (globales) 5, 134, 148, 197, 202, 205f.
Produktionsverlagerung 199
Produktivität 207
Produktlebenszyklusmodell 131
proximity 34
Push-Faktoren der Emigration 40
Push-pull 38, 39

Q
Quellgebiet (touristisches) 175, 178

R
rational choice 42
Rationalisierung 244
Raumbilder 93f.
Raumkonstrukt 38
Raumkonzept 18
räumliche Disparitäten 38
Raumüberwindung 244
Raumwirksamkeit 87, 93, 231
Realismus 20, 27, 28, 30
Reederei 59
Regionalisierung 20, 22, 23, 24, 25, 29, 32, 77, 196
Regulierungsbehörden 65
Reisedevisen 105, 106, 107, 112, 113, 114, 115, 176
Reisekonzern 176
Reisesegmente 111
Reiseströme 175
Reiseveranstalter 175, 178
Reiseverkehrsbilanz 106, 107
Reiseverkehrswirtschaft 175
Remigration 42
Re-scaling 91
Ressourcen 89, 222
Ressourcenperipherie 220f., 232
Ressourcenverbrauch 61
Restwelt (ausgegrenzte) 308, 312, 332
Reterritorialisierung 33
Rimessen 161

S
Satellit 66, 71, 74
Scale Jumping 91
Schiffsgrößenentwicklung 52
Schiffsregister 59
Schwellenland 55
Seerechtskonvention 58
Seeverkehr 55f., 58
Segmentäre Gesellschaft 166, 174

Selbstethnisierung 162
Selbsthilfe 43, 162
Semi-permeable Grenze 161
Sendungsverfolgung 55
Skaleneffekte 51, 121, 122, 207
soziale Bewegungen 89
soziale Kosten 114
Soziale Rückbindung 161
Sozialer Raum 37, 47, 164
Soziales Kapital 38, 45-47
sozialräumliche Polarisierung 152
Sozialstrukturelle Unterschichtung 155
Spediteur 50, 245
Staat (→ Nationalstaat) 25, 27, 28, 31, 34
Städtehierarchie 142, 145, 146, 150
Städtesystem 142, 143, 145, 146, 150, 152
Stadt-Fragmente 141, 152
Standards 6f., 51, 219
strategische Allianz 51, 55-58, 127, 177
strategische Gruppen 308, 309, 310, 311, 313f., 328
Strategische Handelspolitik 125
strukturelle Abhängigkeit 310
Subsistenz 308, 310, 311, 312, 321, 322, 323, 327, 328, 332
Süd-Nord-Migration 43

T
Technologiehandel 211
Technologieregion 212, 217
technologische Innovation 51
Teilökonomien 148, 151, 153
Telearbeit 246
Telematik 52
terms of trade 18, 310, 320
Terror-Organisation 252
Textil- und Bekleidungsindustrie 6, 17, 101, 204
Tourismuspolitik 112
Touristenankünfte 105, 107, 112
Transaktionskosten 50, 74, 80, 132, 140
transnational scapes of resistance 85, 94, 249
transnationale Kette 191
Transnationale Nicht-Regierungsorganisation (→ NGO) 84-95, 220, 223, 228, 229, 230f.
Transnationale soziale Räume 43, 46f., 94, 166
Transnationale Unternehmen (→ Multinationales Unternehmen) 6, 125, 126, 130, 131, 132, 144, 145
Transnationalisierung (von Konflikten) 224-226
Transnationalismus 162
Transnationalitätsindex 129
Transport- und Kommunikationskosten 49
Transportkette 51-55, 257
Transportsysteme 49
Transshipmenthafen 52
Triade 3, 50, 77f., 83, 95, 111, 128, 144, 149, 190
Triple Helix 210, 219
Twin Cities 161

U

UMTS-System 66
Umweltbelastung 115
Umweltproblematik 86, 221, 229
Umweltschutz 61
UNCTAD 100
Unternehmenskultur (touristische) 195
Urbanisierung 155

V

Verflechtungsanalyse 311, 327f.
Verflechtungsansatz 8, 308
Verwundbarkeit 115, 220, 221, 230
Vier-Faktorenmodell (→ nachhaltige Entwicklung) 12, 233
Virtualität 71
virtueller Netzknoten 168
Virtuelles Unternehmen 244, 247

W

Währung 72, 73, 74, 75, 76, 80, 83
Wanderungsentscheidung 38, 41, 42
Warenexporte 96-98, 103, 104, 132, 134, 135
Warenimporte 96-98, 132, 135
Warenkette (→ globale Warenkette, globale Wertkette) 31
Warenströme 95
Washingtoner Prozess 92
Wechselkursregime 72f., 84
Weltbank 48, 72, 73, 74, 76, 92, 310
Weltbild 8
Weltgesellschaft 23, 28, 29, 39f., 166
Welthandel 4-5, 99, 100, 101, 102, 126, 275
Welthandelsgeographie 5, 8
Weltmarkt 30, 77, 100, 116, 117, 119, 122, 308, 309, 310, 311, 312, 319, 327
Weltmarktfabrik 6, 33, 83
Weltreisen 111
Weltstadt 141f., 147, 149-153
Weltsystem 2, 5, 7, 30, 39, 40, 41, 308
Weltwirtschaft 2, 3, 7, 99, 105, 210
Wert-Gewicht-Verhältnis 257
Wertschöpfung (Verlagerung von) 134
Wertschöpfungskette (touristische) 175
Wettbewerbsfähigkeit (von Ländern) 83, 98, 134
Wettbewerbsfähigkeit (von Unternehmen) 103, 126, 133, 140, 243
Wirtschaftskreislauf 61
Wirtschaftskunde 16
Wissensgesellschaft 62
Wissensnetzwerk 217
Wissenspipeline 210, 217, 220
Wissenstransfer 206
WTO (World Trade Organization) 17, 85, 96, 99–101, 104, 132

Z

Zahlungsbilanz 106
Zentrum-Peripherie 22, 30, 32, 33, 34
Zertifizierung 226, 227
Zielgebiet (touristisches) (→ Destination) 175, 178
Zielgesellschaft 46
zirkuläre Wanderung 42, 44, 160
Zucker 100f.
Zulieferstruktur 205
Zuwanderungsrestriktionen 161
Zyklizität der Wanderung 159